Ein großes, die Konturen eines halben Jahrtausends umfassendes Gemälde vom Leben und Alltag des Menschen ist hier entworfen. Von der Dumpfheit des mittelalterlichen Dorfes ist die Rede, von der Schinderei, aber auch der Vielfalt des bäuerlichen Arbeitstages, vom bunten Lebenswirbel in der mittelalterlichen Stadt, vom Glücksrad, das sich dort zwischen Gauklern, ehrbaren Zunftbürgern und allerlei fahrendem Volke drehte, von der durch Fehde oder Fest nur selten durchbrochenen Einsamkeit der ritterlichen Burg, vom herben, aber auch erfindungsreichen Ordensalltag im mittelalterlichen Kloster: ein Bericht vom Singen und Sagen in früher Zeit, vom Essen und Trinken, Wohnen und Schlafen, Handwerken und Reisen, Lesen und Lernen, Aufwachsen und Sterben. Das Buch will nicht in eingleisig-ideologisierter Weise dem Leben »vom kleinen Manne« nachspüren, sondern gilt, freilich mit breitem Blick auf die im Schatten stehenden Schichten, der Lebensganzheit. Auf seinen Seiten ist, abgelesen aus einer Fülle urkundlichen Materials, aus der Dichtung, der Baukunst, der Malerei, der Musik, das mittelalterliche Leben in seinen Höhen und Tiefen eingefangen, in seiner ohnmächtigen Angst und Armut, in seinem Leiden und Lieben, in seinem bewundernswert tiefen Denken, in seiner Glaubensherrlichkeit.

Otto Borst, 1924 in Waldenburg im Hohenloheschen geboren, Professor für Landesgeschichte an der Universität Stuttgart, hat sich in zahlreichen Essays, Abhandlungen und Rundfunksendungen besonders der Geistes- und Sozialgeschichte zugewandt. Unter seinen Büchern gehören die »Alten Städte in Württemberg« (2. Aufl. 1975) und die »Geschichte der Stadt Stuttgart« (3. Aufl. 1983) zu den meistgelesenen. In zwei Büchern zur kommunalen Verkehrs- und Wirtschaftspolitik (1971) und zur städtischen Literatur- und Geistesgeschichte (1975), Vorstudien zum vorliegenden Buch, hat er auch dem Mittelalter weiten Forschungsraum gewährt. 1976 ist er mit dem Publizistik-Preis des Deutschen Nationalkomitees für Denkmalschutz ausgezeichnet worden, 1982 für sein Buch »Die heimlichen Rebellen. Schwabenköpfe aus fünf Jahrhunderten« mit dem Schubart-Literaturpreis.

insel taschenbuch 513
Borst
Alltagsleben im
Mittelalter

Otto Borst
Alltagsleben im Mittelalter

Mit zeitgenössischen Abbildungen

Insel Verlag

Umschlagabbildung:
Straßenszene aus dem Ulmer Terenz, deutsch,
gedruckt bei Konrad Dinckmut 1486.
Herzog August Bibliothek, Wolfenbüttel.

insel taschenbuch 513
Erste Auflage 1983
© Insel Verlag Frankfurt am Main 1983
Alle Rechte vorbehalten
Vertrieb durch den Suhrkamp Taschenbuch Verlag
Umschlag nach Entwürfen von Willy Fleckhaus
Satz: Fotosatz Otto Gutfreund, Darmstadt
Druck: Ebner Ulm · Printed in Germany

6 7 – 89 88 87

Inhalt

1 Vom anderen Leben

Neulich sah ich ein junges Liebespaar mir entgegenkommen, in der prall gefüllten Fußgängerzone unserer Innenstadt. Er mit Jeans, die mehr als eine Generation Leben hinter sich zu haben schienen, die Linke hatte er verloren um die Schultern seiner Freundin gelegt. Sie mit langem Wollrock und schmalem, bleichen Gesichtlein. Kein aufregender Fall. Vergessen habe ich nur nicht, daß er in beide Ohren je einen Knopf gedrückt hatte, und daß sein seltsam vereinzelter Blick davon herrührte, daß er Musik für sich hörte. Das Transistorgerät in der Rechten war kaum zu sehen. Aber die Töne erfüllten den jungen Mann. Es bedarf nur eines leisen Drucks. Und du hast Pink Floyd bei dir, oder James Last, oder die Abbas. Es dröhnt und trommelt und gurrt in deinen Ohren. Als wärest du gar nicht mehr hier.

Was der Altersgenosse vor einem halben Jahrtausend, im Mittelalter, dazu gesagt hätte? Immer wieder versuche ich mir vorzustellen, wie das Bauernweib des Jahres 1350 reagiert hätte, wäre ihr über dem Acker eine Tornado begegnet oder hätte man ihr im Dunkel der bretternen Wohnstube einen Fernseher angeknipst. Wieweit ist unsere Wirklichkeit schon vom Fernsehgerät geprägt? Sagt nicht ein Witzbold, er ist Angestellter in einem zweitausendköpfigen Versicherungskonzern, er habe gestern, kaum zu glauben, den obersten Chef persönlich, »live« gesehen?

Wir sind Medienkonsumenten. Wir holen uns Nairobi »live« zur Tagesschau, oder Cape Canaveral, oder den lavaartigen Boden des Mondes. Kaum nachvollziehbar, wie gewaltig die Wirkung des gesprochenen Wortes im Mittelalter war, wie die Predigten der Bettelmönche die Leute aufwühlten und hinrissen. Mag sein, daß die krampfartige Ergriffenheit der Menge wieder rasch verflog, daß die Themen der Balladen und Heiligenlieder und Wallfahrtschöre, wir sind die Helle gewöhnt und die wissenschaftlich verantwortete Klarheit, wir haben alles ausgeleuchtet, sich in monotone Dumpfheit verloren. Von der Finsternis des Mittelalters sprachen die Aufklärer.

Ja, es war eine tiefgründige, aber auch eine goldhintergründige, eine ungemein farbige Zeit. Der Farbensinn des Mittelalters schlägt immer wieder durch, in den Kleidern und in den Takeleien, in den Kostümierungen bei Einzügen und bei Turnieren, selbst die festlichsten Fernseharrangements verblassen davor zu bescheidenen Versuchen. Die Konturen des Mittelalters sind unendlich viel schärfer als die unserer Zeit. Wer von der »Formlosigkeit« (J. Huizinga) der modernen Geschichte redet, denkt an die tiefen Kerben, die man in mittelalterlicher Zeit dem Leben einzugraben wußte. Jahrzehnte, Jahrhunderte, in denen man groß sein darf im Lieben und im Hassen, in denen man unter Geißeln und Singen in langen Zügen einhergeht, aus jeder Stadt wachsen neue Scharen zu, in denen man sich den unergründlichen Reizen sinnlich-symbolischen Denkens hingibt, in denen man mit blinder Leidenschaft das eigene Rachebedürfnis mit einem unbeugsamen, steinharten Rechtsgefühl zu verknüpfen vermag. Nicht die Perversität in der Rechtspflege ist es, die uns heute staunen macht, sondern das abgestumpfte Jahrmarktsvergnügen, welches das Volk an den Menschen hat, die am Pranger stehen. Als Maximilian 1488 zu Brügge als Gefangener auf den Marktplatz geführt wird, steht ihm zur Lektion auch die Folterbank daneben, das Volk kann nicht genug bekommen, die des Verrats verdächtigten Magistratspersonen immer wieder in der Folter zu sehen. Und die Stuttgarter standen im Dezember 1516 »vergnüglich«, wie der Chronist sagt, mit dabei, als Herzog Ulrich den hochverdienten Konrad Breuning auf dem Marktplatz enthaupten und den achtzigjährigen Konrad Vautt, den ehrwürdigen Mann, vierteilen ließ.

Unser Leben ist Grau in Grau. Die Aufklärung und alles, was wir mit dieser Vokabel an intellektualistischer und industrialistischer Verselbständigung meinen, hat die Welt nicht nur entzaubert, sondern auch entschärft, vernünftigt, verdurchschnittlicht. Wo wir das augustinische Experimentum medietatis wörtlich nehmen und, längst emanzipiert, den Versuch nach einer diesseitigen, verweltlichten Mitte wagen, neigt sich das Mittelalter in Demut. Tilman Riemenschneider, im Bauernkrieg selber in die fanatischen Zugriffe des ausgehenden Mittelalters hineingezogen, hat um 1500 aus Lindenholz eine hl. Elisabeth herausgeschnitten, eine Statue voller Demut, ein zu ruhigster Innigkeit verklärtes Gesicht – eines der letzten Zeugnisse dieser Epoche, vor dem wir nur verstummen können.

Die Aufklärung und alle mit ihr verbundenen »nützlichen« Ansprüche haben ein Denken in Wachstum und Fortschritt installiert. Hast du was, bist du was. Ab dato gewöhnt man sich an, in den Nationalstaaten, in den Fabriken, in den Familien, die Welt nur noch nach den Bilanzen und den (natürlich aufsteigenden) Kurven zu taxieren. Zeit ist Geld. Im Mittelalter hat man die Zeit noch wörtlich verbrauchen müssen, wir planen sie ein, wir investieren sie, um es genauer zu sagen: sie verbucht uns. Die Digitaluhr unserer Tage, die alle Sekunde nichts anderes als eine neue Ziffer zeigt, präsentiert nicht einmal mehr den im Kreis geordneten, zwölfstündigen Tag: ein Stakkato von Zeitfetzen, mehr nicht. Aus der natürlich-zyklischen Zeit ist eine lineare Zeit geworden.

Und selbstverständlich eine technische. Wir können gar nicht mehr anders: Das »technische Zwischenreich« (A. Weber) hat sich zwischen uns und die Welt geschoben. Wir sind in ein »sekundäres System« (H. Freyer) gedrängt und haben uns Mühe zu geben, den Zugriff der Technologien bis hin zum Eindringen der Mikroelektronik in unser Haus noch zu spüren. Das Mittelalter ist eine ländliche Gesellschaft. Die Sünde wider die Natur ist die ärgste Sünde. Am Ende des 8. Jahrhunderts hat man das Fest Allerheiligen, der Bauern wegen, verlegt. Die Art und Weise, die Welt zu sehen, die dem Bauern eigen ist, dominiert im gesellschaftlichen Bewußtsein des Mittelalters.

Wir, sage ich, ohne dabei zu fragen, wer die Dinge beherrscht, ob nicht die Technik zum Subjekt der Geschichte geworden und der Mensch nur noch »mitgeschichtlich« (G. Anders) geworden ist. Der antiquierte Mensch unserer Gegenwart ist auch der nivellierte, ebenso von einer anonymen Technokratie wie von einer anonymen Bürokratie aufgesogene Mensch. Das Mittelalter, so sehr wir der verführten Masse damals gewahr werden, lebt aus einer persönlichen Bindung. Niemand, der nicht »seinen« Herrn gehabt und gekannt hätte. Auch in der Stadt, dem Kollektiv, ist dieser natürlich-personale Bezug noch gewährleistet. Stadt bietet uns heute allenfalls noch ein Konsum-Happening, die mittelalterlichen Ligaturen sind längst verschwunden, vergessen. Kant spricht ja in seiner berühmten Beantwortung der Frage, was Aufklärung sei, nicht vom Ausgang »der« Menschen aus der selbstverschuldeten Unmündigkeit, sondern »des« Menschen. Dies der große, der atemberaubend neue Appell an den Menschen.

Ein Individuum in diesem modernen – und antik-hellenistischen – Sinne kennt das Mittelalter nicht. Bezeichnend genug, daß die Tragödie der mittelalterlichen Literatur unbekannt geblieben ist. Nur dort, wo der einzelne aus den göttlich-menschlichen Ordnungen herausgelöst ist, kommt es zum unvermeidlichen, tragisch-schuldhaften Gegensatz. Dem Mittelalter blieb in seiner Gewißheit der christlich-kirchlichen Heilsordnung und der Erlösung die Tragik fremd. Die Passionsspiele gipfeln nicht im Opfertod, sondern in Christi Auferstehung. Unter der Einwirkung des mittelalterlichen Kollektivismus in seinen verschiedenen Ausformungen erhält das Wort »Individuum« einen fragwürdigen Beigeschmack. Der einzelne ist verdächtig. Freiheit bedeutet nicht das, was die Aufklärung und ihre Folgezeit darunter verstanden. Für den Menschen des Mittelalters ist Freiheit gleich Privileg, ein Grund, warum das Wort so häufig im Plural erscheint. Freiheit ist der garantierte Rechtsstand, der »gerechte Platz vor Gott und vor den Menschen« (G. Tellenbach).

Wer diese konträren Vorstellungswelten zwischen damals und heute sich nur einigermaßen vergegenwärtigt, wird sich fragen, ob das Mittelalter für uns überhaupt noch verstehbar ist.

Tatsächlich heben gerade die besten Kenner der im europäischen 12. Jahrhundert scheinbar aus dem Nichts aufsteigenden Lyrik hervor, wie sehr uns »der Sinn und die Voraussetzungen dieser frühen Kunst fremd und rätselhaft« (M. Wehrli) seien. Die Polysemantik der Sprache des Menschen im Mittelalter ist so ausschließlich, daß die Gefahr, jenen Menschen falsche Motive zu unterstellen oder echte Stimuli falsch auszulegen, gar nicht weit entfernt ist.

Dazu kommt, daß die Quellenlage arg einseitig ist. Wir haben in der Hauptsache die schriftlichen Hinterlassenschaften des Klerus und der Herren vor uns, nicht aber der Unterschichten und der Bauern. Wir kennen fast nur noch die erhalten gebliebenen Steinbauten, während der sehr viel größere Teil der Holzbauten verschwunden ist. Darf man da überhaupt nach der wichtigsten Sphäre menschlicher Subjektivität fragen, nach dem Alltag? Alltag ist das, was »alle Tage« geschieht, eine Einheit von Handlungs-, Bewußtseins- und Lebensformen, die zur Regel geworden sind und menschlichem Leben damit eine »unbewußte« und zugleich feste Struktur geben. Wir hinterfragen die schriftlich-privaten Zeugnisse und die Literatur. Und stellen fest, daß die »mehrdeutige Erklärung« gerade eine nicht wegzudenkende Eigenschaft des Intellektuellen im Mittelalter ist. Wir hinterfragen, um das Interieur des Herren- und Bürger- und Bauernhauses kennenzulernen, die Altartafeln und die Ölbilder und die Buchmalereien. Und stellen fest, daß zwischen Abbild und Sinnbild in der mittelalterlichen Malerei eine weite Spanne klafft.

Im Grunde bleibt uns nicht viel mehr als die Ermutigung, es mit dem Satz des Grafen York v. Wartenburg zu halten, den er im November 1885 an Dilthey schrieb: die letzte methodologische Voraussetzung für die Erkenntnis der Lebendigkeit im historischen Verstehen sei die eigene Lebendigkeit. Sie freilich wird sich hüten müssen vor allen Klischees, die uns unter dem Stichwort »Mittelalter« überkommen sind. Sicher haben unsere Eltern dabei an wippende Federbüsche gedacht, an den Goldglanz der Tafelbilder, an die Erschaffung eines mythischen »mittelalterlichen Menschen« aus der Retorte, in die man mancherlei Ingredienzien hineintat, Farbbrocken von den Heiligenbildern, ein wenig Moos von den ragenden Kathedralen und ganze Hände voll Mystik.

Was war das »Mittelalter«? Jene Epoche, die der Hallenser Professor Christoph Cellarius 1688 im Titel eines Schulbuchs als medium aevum (Mittel-Alter) bezeichnete, die Johannes Andrea schon 1469 in einer Apuleius-Ausgabe gleichermaßen als »media tempestas« (mittlere Zeit) tituliert, und die der unbekannte Verfasser von Les débats des hérauts d'armes (zwischen 1453 und 1461) als »le temps moien« ansprach? In diese wertfreie und chronologisch gemeinte Etikette – die mitten zwischen längst Vergangenem und Gegenwart liegende Zeit – hat erst die Aufklärung den wertenden Akzent gebracht. Ihr schien das Lumen der Belehrung und der glückbringenden Gesellschaftsreform, während das Mittelalter dumpf und finster den Menschen in der Gefangenschaft seiner eigenen Unmündigkeit ließ.

Es spricht für Schillers, des Historikers, intuitiven Blick, daß er, obschon selbst einer der unbändigsten Sprosse der Aufklärung, dies Bild vom Mittelalter gehörig relativierte. »Der verachtende Blick«, schreibt er 1792, »den wir gewohnt sind auf jene Periode des Aberglaubens, des Fanatismus, der Gedankenknechtschaft zu werfen, verrät weniger den Stolz der sich fühlenden Stärke als den kleinlichen Triumph der Schwäche, die durch einen ohnmächtigen Spott die Beschämung rächt, die das höhere Verdienst ihr abnötigte«. Was wir »vor jenen finsteren Jahrhunderten« allenfalls voraus haben mögen, sei höchstens ein vorteilhafter Tausch. Schiller ist der erste, der im Mittelalter auch eine humanitäre Vorbildlichkeit sieht. »Waren gleich die Zeiten der Kreuzzüge ein langer, trauriger Stillstand in der Kultur, waren sie sogar ein Rückfall der Europäer in die vorige Wildnis, so war die Menschheit doch offenbar ihrer höchsten Würden nie vorher so nahe gewesen, als sie es damals war.«

1   *Fest und Feier, Auftritt und Begegnung sind im Mittelalter ohne Laut und Schall nicht denkbar: »Hier reyt der keiser mit seinem volck seinem lieben sun (Sohn) entgegen mit grossen freuden und jubiliren«. Aus der »histori von den siben weisen meystern«, Druck von Anton Sorg in Augsburg, 1476*

Inspiriert durch diese Ehrenrettung, aber auch durch Wackenroder über den Dolmetsch Tieck, durch Burke, Johannes von Müller und vor allem Herder, hat Novalis in seinem Essay »Die Christenheit oder Europa« das Mittelalter mit neuen Konturen versehen. »Es waren schöne glänzende Zeiten, wo Europa ein christliches Land war, wo *eine* Christenheit diesen menschlich gestalteten Weltteil bewohnte; *ein* großes gemeinschaftliches Interesse verband die entlegensten Provinzen dieses weiten geistlichen Reichs.« Die Unterstreichung der Einheit und des Bandes ist Hardenbergs ureigene Zutat. Für ihn ist das Mittelalter die große Zeit, weil sie eine geschlossene Zeit und eine gläubige Zeit war. »Kindliches Zutrauen knüpfte die Menschen an ihre Verkündigungen.« Diese Glaubensgemeinschaft hat die Reformation zerstört. Und die Aufklärung hat sich im Aberwitz gewiegt, eine eigene Vernunftreligion begründen zu können. Jetzt walten

»die Anachoreten in den Wüsten des Verstandes«. Das Mittelalter indessen war Harmonie und Schönheit. »Mit welcher Heiterkeit verließ man die schönen Versammlungen in den geheimnisvollen Kirchen, die mit ermunternden Bildern geschmückt, mit süßen Düften erfüllt und von heiliger erhebender Musik belebt waren. In ihnen wurden die geweihten Reste ehemaliger gottesfürchtiger Menschen dankbar, in köstlichen Behältnissen aufbewahrt.«

Hardenbergs Aufsatz, im Jenaer Freundeskreis im Herbst 1799 vorgelesen, ist auf Goethes Rat hin nicht gedruckt worden. Erst die vierte Auflage der Hardenbergschen Schriften von 1826 bringt den ganzen Aufsatz. Indessen war über die Romantiker-Freunde dieses so prononcierte wie gefühlige Mittelalter-Bild längst weitergegeben. Mit Tiecks »Minneliedern«, mit »Des Knaben Wunderhorn«, mit einer Unzahl literarischer und historischer Äußerungen hat die Romantik das Mittelalter-Verständnis dieses ganzen 19. Jahrhunderts bestimmt. Was immer es auch in Wirklichkeit gewesen sein mochte, ob beispielsweise in der historisierenden Kleidung oder Malerei der Renaissance als Mittelalter, kümmerte einen letztlich wenig. Das »Mittelalter« war jedenfalls geeignet, die eigenen Sehnsüchte und Unsicherheiten aufzunehmen, die individuell-künstlerischen, die religiös-philosophischen, die politisch-nationalen. Die deutschen Burschenschafter haben sich ebenso im mittelalterlich gemeinten Barett gefallen wie die Nazarener, im Revolutionsjahr 1848 hat man unter dem Signum einer auf das deutsche Mittelalter zurückgreifenden Reichsidee einen neuen deutschen Reichsstaat schaffen wollen, und 1871 ist der zum Deutschen Kaiser aufgestiegene Preußenkönig allen Ernstes als der aus dem Kyffhäuser erwachte Barbarossa gefeiert worden. Unter den Bildern, die Hermann Wislicenus ein paar Jahre später an die Wände der Goslarer Kaiserpfalz brachte, ist Barbarossas Erwachen zugleich ein Kaiserporträt.

Daß der Historismus Kaiser Wilhelms II., daß der in seiner Ehre zutiefst verletzte Nationalismus der Weimarer Jahre vom

»deutschen Mittelalter« immer wieder neue Nahrung zog, wissen wir. Hitler hat am Abend des »Tages von Potsdam« Richard Wagners »Meistersinger« spielen lassen, die treue, redliche Staffage vor den Türmen Nürnbergs gab den vergangenen und künftigen Nürnberger Reichsparteitagen die höhere Weihe, die SS-Offiziere wurden im Braunschweiger Dom eingesegnet, in wirtschaftsorganisatorisch-sozialer Hinsicht wollte man einen mittelalterlichem Vorbild abgelesenen »Ständestaat«, was immer das auch heißen mochte, und ins Vorwort einer Deutschen Ahnentafel schrieb man 1938 allen Ernstes: »Irgendwie geht auch Deine Familie über den Höhepunkt mittelalterlicher deutscher Kultur in die Epoche der heldischen deutschen Geschichte zurück.«

Mittelalter als festester, als klassischer Ausdruck deutschen Wesens, so hat man das in den national- und bildungsbürgerlichen Kreisen unseres ersten Jahrhundertdrittels allenthalben gesehen. Federn wie die von Gertrud Bäumer haben in breitester Wirkung geworben für diese Gewißheit. Nach ihr, man denkt an die massenweise besuchte Stauferausstellung Baden-Württembergs im Sommer 1977, einer der Kommentatoren meinte damals, jetzt endlich sei der Sozial-Mief des kleinen Mannes bei den zeitgenössischen Historikern unter den Tisch gekehrt: nach ihr ist das 13. Jahrhundert, das »staufische«, die eigentliche und hohe Zeit des Mittelalters. Ein deutscher Mensch von dieser Frische und Kraft, von diesem Ernst und Adel sei »seitdem nicht wieder erschienen«. »Nur in diesem einen Jahrhundert gelang – in Leben und Kunst – der wesensgemäße Ausdruck des Deutschen in einer reinen Form.« Der exemplarische Ausdruck ist sublimiert im Naumburger Dom. »Die Gestalten des Naumburger Doms zeigen den mittelalterlichen Menschen auf seiner Höhe, so wie die Ritterdichtung des Parzival, des Iwein und des Tristan. Sie zeigen auch im Lettner in der Kreuzigungsgruppe den Glauben des Mittelalters auf seiner Höhe.« Ein Gegensatz zwischen Kreuzigungsgruppe und Stifter-Figuren? »Noch ist eine innere Einheit beider Gruppen da, von der man ahnt, daß ihr im Strom der geschichtlichen Mächte nur eines Augenblickes Dauer beschieden sein wird.«

Die Nähe des Mißbrauchs solcher Deutung durch die nationalsozialistische »Weltanschauung« ahnen wir. Nicht daß Gertrud Bäumer sich in die Niederungen des Blut- und Boden-Traums begeben oder dem rassistischen Aberwitz gehuldigt hätte. In der Synagoge am Straßburger Münster sieht sie »die Essenz der germanischen Religiosität«. Sie sei, diese Figur, »im Grunde nicht ein Bekenntnis zum Judentum, sondern zu dieser neuen und die Seele seltsam bewegenden christlichen Idee«. So geschrieben in ihrem schon 1929 erschienenen Buch über »Die Frauengestalt der deutschen Frühe«, einem »Bilderbuch«, mit dem sie die Frauenbildnisse des Mittelalters zu sammeln suchte.

Die Leidenschaft, zu heroisieren, wohnt diesem Mittelalterbild, wie es Gertrud Bäumer vertritt, am ausgeprägtesten in ihrem 1941 publizierten Buch »Der ritterliche Mensch. Die Naumburger Stifterfiguren«, immer inne. Wir überlegen uns heute, einigermaßen betroffen von solcher Interpretation, was an Führungen und Verführungen, von rassistischen bis sozialdarwinistischen Ideen, in diesem Bild zusammengeflossen sein muß. Die Germanen, »unsere Vorfahren«, sind bestimmt von tiefen Einsichten in das Leben, sie wissen von der harten, nackten, furchtbaren Zerstörbarkeit des Edlen. Sie wissen, daß die Bedrohung das Leben groß und kostbar macht. »Gefahr ist die Luft, in der das Edle wächst; es ist nicht der Sinn der Welt, ein Asyl für die Feigen zu sein.« Gertrud Bäumer nimmt es wörtlich und ernst, wenn es noch im 10. Jahrhundert im Beowulflied heißt, die Germanen bewohnten »dunkles Land«. Die Germanen, »ihre« Germanen, sind Helden, die den Kampf mit der Vergänglichkeit in einem hohen, gleichnishaften, mythischen Sinne aufnehmen. »Aber es ist heroische Größe darin, wie der Mensch sich diesem düstern Ausblick stellt – wie er das trostlose Schicksal annimmt.«

Indessen wird auch hier die Distanz gewahrt von der nazistischen Geschichtsklitterung, in der die germanischen Vorfahren zu jenen Übermenschen werden, die der christlichen Formkraft und Heilsbotschaft gar nicht bedürfen. Im Gegenteil sieht Gertrud Bäumer im Christentum geradezu die Erfüllung germanischen Suchens und Bewährens. Im Kapitel »Christlich-Germanisch« faßt sie die Treue als essentiellen Bestandteil urgermanischen Erbes. Treue schließt Todesbereitschaft ein. Wer die Treue bricht, um nicht sterben zu müssen, vernichtet sich selbst vor seinem Tode. »Sei getreu bis in den Tod«, nebenbei bemerkt nicht bis »zum Tode«. Die christliche Komponente, die den – unchristlichen – Untergang der Burgunder überdeckt, ist unverkennbar. Der vorchristliche Wert der Treue wird überwunden durch das Evangelium, das als ein gesteigertes Ja zum Leben die Schranken der Endlichkeit sprengt. Bis zum 10. Jahrhundert ist, nach Gertrud Bäumer, »Germanien auch innerlich christlich geworden«. Das »Christentum ist Fundament für alle Bereiche des inneren Lebens, es durchleuchtet mit seinen Werten das persönliche Tun und die Ordnungen des gemeinsamen Lebens«.

Das Eigentümliche und das Fruchtbare des geistigen Kampfes, der in der ritterlichen Dichtung des Mittelalters geführt wird, besteht darin, daß er gläubig geführt wird. Es geht in dieser großen und beeindruckenden Ausdrucksform mittelalterlichen Wesens um nichts anderes, als innerhalb des christlichen Weltverständnisses Raum zu schaffen für die natürlichen Mächte der Liebe, des Adels, der Ehre, des Mutes, der Kultur, die das diesseitige Leben gestaltet und beherrscht. Im Parzival erscheint dieser selbsterrungene Laienglaube des Mittelalters in seiner letzten Tiefe und Bündigkeit. Wolfram als die reifste, geschlossenste Persönlichkeit der ritterlichen Welt, hat im Parzival das Ringen seiner Zeit um das Wesen des Menschen, um den Sinn des Daseins, um Gott und die Welt in einem Bild ritterlichen Lebens mit festen, wahrhaftigen Zügen dargestellt. »Parzival ist der eigentliche Schlüssel zur ritterlichen Laienfrömmigkeit des Mittelalters. Man kann an ihm nicht vorübergehen.«

Wir sind uns der Sache längst nicht mehr so sicher, wie es noch die Generation der Bäumer war. Wir sehen gar keine Möglich-

2 Die Heiden stoßen ins Horn. Aus der Heidelberger Handschrift (P) des
Rolandsliedes des Pfaffen Konrad, Ausgang 12. Jahrhundert.

keiten mehr, das Mittelalter als Arsenal für nationale Demon-
strationen oder als Archetypus der wahrhaft klassischen deutschen Kultur zu benutzen. Die Mittelalterforschung der Gegenwart hat aus dem tradierten, so wunderbar harmonischen
Mittelalterbild ein Trümmerfeld gemacht, dem freilich die inter-
essantesten sozialgeschichtlichen, rechtsgeschichtlichen, kultur-
geschichtlichen Fragestellungen erwachsen sind. Wir stoßen auf
andere Denk- und Verhaltensformen und auf ein anderes Leben,
und wir stehen zunächst einmal vor merkwürdigen Kontrasten.
Hie die selige Verlorenheit der Christusnachfolge, dort ein
handfestes, durchaus irdisches Tauziehen um Rechtsanteile und
Dörfer und Häuser. Hie rührende Innerlichkeit, dort eine Lautheit, die das Grobianische längst überschritten hat. Riemenschneiders um 1500 geschaffene Beweinung Christi, sein Schön-
heitssinn vermeidet hier jene Extreme äußerer und innerer
Bewegung, deren sich die spätgotischen Künstler häufig bedienen, um emotionale Ergriffenheit in Aktion umzusetzen: Riemenschneiders Werk steht ja an zeitlich letzter Stelle eines
Prozesses, der wenigstens anderthalb Jahrhunderte vorher eingesetzt hat. Der Schöne Brunnen auf dem Nürnberger Haupt-

markt, eines der frühesten Platzdenkmäler, das Architektur und Skulptur verbindet, zeigt unter den vierzig, an der gleichzeitigen Prager Plastik sich orientierenden Steinfigürchen auch den Kopf des Königs Artus. Es ist alles andere als ein herrisch-überlegenes, nicht einmal, wie die vielen Versionen der Artus-Sage nahelegen könnten, ein heiteres, lebensvolles Gesicht. Der Kopf erschließt eine für die damalige Zeit neue Dimension menschlichen Selbstverständnisses durch den eingezogenen, verinnerlichten Gesichtsausdruck. Die Züge sind eher versonnen als kühn. Sie weisen eher auf einen Denker als auf einen Herrscher.

Und daneben, um im Bild zu bleiben, mitten auf dem Nürnberger Hauptmarkt jene marktschreierische Lautheit. Die romantische Musik, einsetzend zu Beginn des letzten Jahrhunderts und zu einem der Kunstprinzipien geworden bis in die Gegenwart hinein, hat das Decrescendo zur Selbstverständlichkeit gemacht, das Moderieren und Modulieren, die lavierte Tonzeichnung sozusagen. Die Musikinstrumente des Mittelalters präsentieren sich dagegen in einem Rohzustand. Eine technische Apparatur, der man den Ton verdankt *und* seine Drosselung, steht gar nicht zur Verfügung. Wenn man sie hört, diese Instrumente, kommen sie in voller akustischer Stärke; das Zarte, das verschwimmende Pianissimo ist nicht ihre Sache. Verständlich, warum diese Musik die Begleiterin im Kampf sein kann. Man stellt sich, man ringt um den Preis »beim Klang der Trompete«. Beim Turnier ist immer Geschrei. Wenn ein »Wettspiel« vor der Bühne abläuft: die Rufe der verschiedenen Herren erschallen den ganzen Tag über. In einer Zeit, in der man Literatur nur hört (und nicht lesen kann), empfindet man »Schall« nicht als Belästigung, sondern als das unersetzbare Zeichen von Information. »Der scal wart so groz ... daz nieman den anderen machte gehoren« (Der Schall war so mächtig ... daß keiner den anderen verstand), das ist in des Pfaffen Konrad Übertragung des altfranzösischen Rolandliedes (um 1170) etwas tatsächlich Unerhörtes, und den späteren Balladen und Heldendichtungen ist es selbstverständlich, daß sich Neues »in der Purge« mit einem »wunderschönen Schall« ankündigt oder »mit Lauten und Pfeifen«.

Man könnte darin Herrenart erblicken, die Lebensart eines Standes. Philipp von Artevelde ließ alle Tage vor seinem Hotel die Spielleute blasen, wenn er zu Tisch ging. Eines der Jagdlieder Oswalds von Wolkenstein fordert auf: »Los! zü hin all mit laut und schall, / das es den forstern wolgevall, / perg und tal.« Hat man nicht von barocken Zügen in der Wiener Spätzeit der Babenberger, also im zweiten Drittel des 13. Jahrhunderts gesprochen? Steht nicht die werbende, tönende Sprache des Flamboyant in seltsamem Kontrast zur stillen Introvertiertheit dieses Artuskopfes? Aber auch den Leuten gefällt das Laute, auch das Volk will fiedeln, sich auf die Schenkel klatschen. Da geht es hoch her, wenn nur eine Kanne Wein in der Nähe steht, und man wird nicht für übertrieben halten, was eine 1509 in Mainz erschienene »Geistliche ermanung zum frommen leben« registriert: »Wann zwo oder dri zusammenkommen, so müssen sie singen, und si singen alle bei der Arbeit in Haus und Feld, bei Gebet und Frömmigkeit, in Freud und Klag, bei Trauer und Gelag«.

Die Kontraste im Leben und Denken ließen sich weiterverfolgen, bis hin zur Mischung zwischen bizarrer Prachtliebe und Devotion, zwischen Schamgefühl und Unbefangenheit, zwischen Keuschem und Obszönem. Starke Spannungsübergänge und jähen Wechsel schier unvereinbarer Gegensätze wird man im mittelalterlichen Leben immer finden. Es ist so grell und bunt, »daß es den Geruch von Blut und Rosen in einem Atemzug vertrug« (J. Huizinga).

Liegt das daran, daß es nicht durch die Vernunft gebändigt ist? Daß noch keiner den Imperativ der Aufklärung, Sapere aude, wage deine Vernunft einzusetzen, hat hören können, geschweige denn, daß er ihn befolgt hätte? Wir vermissen weniger das »System« – die mittelalterlichen »Summen« besorgen die Systematisierung und Klassifizierung aufs genaueste – als das in unserem Sinne wirklichkeitsgemäße Denken. Statt dem Willen zur »Objektivität« werden wir allenthalben der Tendenz zu Träumen und Visionen gewahr. Jacobus de Voragines Legenda aurea war das populärste und verbreitetste religiöse Volksbuch des Mittelalters. Es hat mit seinen, wie wir sagen würden, einfältigen Heiligengeschichten bis 1500 siebzig bis neunzig Druckauflagen erlebt.

Wie sich das kulturelle Leben des Mittelalters nicht als Bücherwelt darstellt, sondern als eine Kultur der Gestik, so zeigt sich das Denken als ein magisches Denken, als ein Denken in Symbolen. »Im Mittelalter ist jede Form die Hülle eines Gedankens. Man kann sagen, der Gedanke bearbeitet die Materie von innen und gestaltet sie. Die Form läßt sich von der Idee, die sie erzeugt und die sie belebt, nicht abtrennen« (E. Mâle). Das Wort hat eine magische Kraft ebenso wie die Zahl Gefäß der Magie ist. Die Natur ist ein Symbol der unsichtbaren Welt. Die Urkunde dient als Symbol, sie brauchte überhaupt keinen Text zu haben, es gibt genügend »cartae sine litteris« (Urkunden ohne Buchstaben), und dem juristischen Akt kann nur ein magisches Ritual Gültigkeit verleihen. Jeder Handlung kommt eine symbolische Bedeutung zu, Schwert, Lanze, Stuhl, Handschuh und so fort haben neben ihrer pragmatischen Rolle auch die Funktion von Symbolen.

Die Lust an der bildlichen Darstellung und an der Zeichenhaftigkeit hat deshalb ihren guten Grund, weil der visuelle Charakter des mittelalterlichen Geistes immer auf eine höhere Wirklichkeit zielt. Man »sieht« mehr. Das Symbol steht für mehr als nur den platten, dürftigen Vordergrund. Natürlich vermag eine derartige Denkform, für die der Lebenswert in der symbolischen Erklärung alles Bestehenden bis hin zur bestechend-großartigen Deutung des Makrokosmos liegt: natürlich vermag eine solche Denkform, etwa im historisch-chronologischen Sinne, nicht zu relativieren und historisch-adäquat zu analysieren. Das Denken und Urteilen in Symbolen macht die Frage, wie es wirklich gewesen, unwichtig. Die mittelhochdeutsche Dichtung zeigt die Geschichte als begrenzte, endliche Schöpfung, wie sie dem gläubigen Blick als ein Kosmos überschaubar wird. Dieser endliche »Raum« wird abgeschritten, als ein einmaliger, gerichteter, unwiederholbarer Verlauf.

Dabei wäre es falsch, von einer Geschichtslosigkeit zu reden oder gar von einer Zeit, die der Erinnerung feindlich gewesen sei. Der Zisterzienser-Orden ist nichts anderes als eine Neufassung von Ordens-Vergangenheit, und die großen Minnesangs- und Spruchsammlungen des deutsch-schweizerischen Großbürgertums um 1300 leben schon von einem antiquarischen Interesse und einem deutlichen Bewußtsein von Tradition. Das Gewicht der Vergangenheit lastet geradezu auf dem Gesellschaftsaufbau des Mittelalters, auf den Feudalstrukturen in einem schier unvorstellbaren Maß. Was »seit aller Ewigkeit« war, das gilt. Man lebt in ständiger Erinnerung, man macht es so, wie man es gestern gemacht hat, und insofern dürfen wir auch bestreiten, »daß es im Mittelalter kein Geschichtsgefühl gegeben hätte«. Aber Aaron J. Gurjewitsch, dem wir dieses Wort verdanken, kann im gleichen Atemzug vom »unhistorischen Denken« des Mittelalters sprechen: den Historismus des 19. Jahrhunderts findet man im Mittelalter auf alle Fälle nicht. Geschichte ist im Mittelalter in den göttlichen Heilsplan eingegliedert und empfängt von dort her ihren Sinn; seit Augustinus ist es üblich, die irdische Geschichte der Erlösungsgeschichte unterzuordnen.

Die frühen Weltkarten umreißen die Konturen einer endlichen Welt; der Menschheitsgeschichte wird unverändert eine Zeit von 6000 Jahren belassen. Eine eigentliche Entwicklung gibt es nicht. Die Chroniken und Viten und Annalen bieten allerlei Einsprengsel und »Antiquitäten«, aber keine Geschichte im Sinne einer kontinuierlichen und zusammenhängenden Entwicklung. Das Mittelalter kennt nur eine statische Welt. »Geschichte« ist ihm nicht dynamisch, sondern statisch. Die »ordenunge« steht obenan. Die Ordnung, so in Bernhard Rorbachs, des Frankfurter Patriziers Liber Gestorum, geschieht in Einzug und Anwesenheit Kaiser Friedrichs III. in Frankfurt. Der Empfang macht den statischen Aufbau der städtischen Welt deutlich. Der »Staat« als

3 *Mittelalterliches Denken, obschon dem Dogma und Symbol verpflichtet,
kennt die Neigung zum »Weltsystem« und die Neugierde am »Weltinnenraum«
sehr wohl. Alexander der Große taucht, von Tieren begleitet, in einer Kristallku-
gel ins Meer hinab, um die Ungeheuer der Tiefe zu erforschen. Federzeichnung
aus der Weltchronik des Heinrich von München, oberdeutscher Meister, um
1390.*

die Ordnung ist gegenwärtig beim Einzug des Herrschers. Geschichte als Bewegung wäre das Abweichen vom Zustand der Ordnung.

Die Helden des Ritterromans altern nicht. Der Mensch entwickelt sich nicht, sondern bewegt sich von einem Alter in das andere. Die Unfähigkeit des Mittelalters, Welt und Gesellschaft in ihrer Entwicklung zu sehen, macht den Menschen nur in seiner gewohnten Umgebung sicher und flößt ihm Mißtrauen gegen alles Neue ein. Neuerungen sind Sünde. Die zyklische, mithin nicht »weitergehende« Wahrnehmung von Zeit gebiert das volkstümliche Bild vom Rad des Schicksals, wie man es am Basler Münster oder an der Kathedrale von Amiens findet: Fortuna, die »weltliche«, als Symbol einer gläubigen Resignation und einer Furcht vor jedem Neuen. Selbst in den Chroniken der Städter, der »Modernen«, sieht man in einer Neuerung das Leben gefährdet. Die Klagen über einen das Recht verletzenden, die Straße sperrenden »unwonliken«, »nyen« Zoll gewinnen aus diesem Bewußtsein ihr Gewicht. Bei jedem Rechtsbruch gilt es, den alten, gewohnten Rechtszustand wiederherzustellen. Was sich verändert, führt zum Verfall.

Es geht im Mittelalter nicht um Wechsel, sondern um Dauer. Sein bedeutet: sich nicht verändern. Dem Phänomen der Bewegung steht man mit einiger Gleichgültigkeit gegenüber. Man interessiert sich nicht für das, was sich bewegt, sondern was ruht. Alles, was mit Unruhe und Forschen zusammenhängt, ist nicht »in Ordnung«. Der unendlichen, von uns kaum mehr rekonstruierbaren Ruhe in der Landschaft, Glockenläuten, Sensendengeln, der malmende Gang eines Wagens unterbrechen sie allenfalls, man hört den rhythmischen, weit ausholenden Flügelschlag ziehender Höckerschwäne, der die Luft so stark in Bewegung bringt, als seien zwei Dutzend Blasebälge in Tätigkeit: der befremdlichen Ruhe entspricht das stumme Da-Sein von Zeit: geduldiges Warten, Beharrlichkeit, Wiederholung. Es ist eine, wie wir sagten, vorab ländliche Zeit, eine schleppende Zeit. Manchmal scheint sie wie stillzustehen.

Da sich kaum etwas ereignet, bedarf es auch keiner Daten und keiner exakten Messungen. Da alles in die Gewißheit der endlichen Erlösung gebettet ist, liegt der Gedanke an ein Aufbäumen und an revolutionären Widerstand recht fern. Das »vorrevolutionäre« Mittelalter, wie wir bezeichnenderweise sagen, kennt den Aufstand aus sozialen Ursachen nicht. Die Bergleute im Erzgebirge haben gewiß mehr gelitten als die rebellischen Bauern. Aber es sind keine Revolutionen von dort ausgegangen, weil der Bergmann in einer festen sozialen Ordnung gelebt hat, in der es für ihn zum Normalzustand gehörte, daß einige seiner Kameraden von Zeit zu Zeit durch schlagende Wetter getötet wurden. Die Zeit kennt kein bewußtes Streben nach Verbesserung und Reform. Die Dinge bleiben, wie sie sind. Die Bevölkerungsgröße bleibt sich gleich, die Stadtgrundrisse bleiben gleich, die Schwöreide des 14. Jahrhunderts werden in den Reichsstädten noch im 18. Jahrhundert so verlesen, die Ordnung von 1388 des damals gegründeten Nürnberger Bruderhauses erscheint noch in der dritten oder vierten Ordnung von 1624 bis in den Wortlaut hinein.

Das Mittelalter also eine amorphe Masse? Ein Block aus Jahrhunderten, die sich nie bewegten? Wer nur die herkömmlichen Daten und Fakten aus dem Geschichtsbuch notiert, wird zu derlei Ergebnissen kommen müssen. Aus deutscher Perspektive registriert man die ottonischen und salischen Kaiser, einen Herrscher nach dem anderen, »Canossa« und das Wormser Konkordat, die Reformbewegung und den Investiturstreit, die Kreuzzüge und die Tragödie der Staufer, den Sieg der Fürsten über das Königtum und die Reformversuche am Vorabend der Reformation. Zahlen und Namen, die den Beschauer im genauen Wortsinne nicht weiterbringen, zumal das angebliche Grundthema der Epoche, der Kampf zwischen Kaiser und Papst, zwischen weltlicher und geistlicher Macht, am Ende kein neues Bild präsentiert. Jesu Wort, daß sein Reich nicht von dieser Welt sei, hat die Menschen des Mittelalters allemal und immer gleich stark bewegt.

Keine Entwicklung, keine Veränderung also? Auf die Beschleunigung des Verfalls der römischen Welt im 4. und 5. Jahrhundert folgen Anzeichen für die Belebung des Handels im 8. und 9. Jahrhundert. Fortschritte in der Feldbauwirtschaft korrespondieren mit der Kalenderreform Karls des Großen, die den Monaten Namen gibt und an die gleichzeitigen Festigungen im politisch-territorialen Raum erinnert. Als vor Jahren einmal ein Kongreß amerikanischer Wissenschaftler für mittelalterliche Geschichte zusammenkam, sah man sich plötzlich vor der Frage, ob man das 10. Jahrhundert nicht gleichfalls als eine Renaissance zu bezeichnen habe. Überall, auf dem Gebiet der »Nationalsprache«, des Handels, der Ernährung, der Feldbaumethoden verraten sich Neuerungen. Das Erwachen des mittelalterlichen Abendlandes scheint nicht nur durch Einflüsse von außen bedingt gewesen zu sein, durch Anstöße des normannischen und jüdisch-arabischen Handels, sondern auch durch die Modernisierung in der Landwirtschaft, durch die Vergrößerung der Anbauflächen und die Ertragssteigerung mit Hilfe des neuen Räderpflugs und seines Pflugstreichbretts, durch die zunehmende Ausbreitung der Dreifelderwirtschaft und die damit verbundene Erzeugung proteinreicher Feldfrüchte, durch die Einführung des modernen Gespanns, schließlich durch Fortschritte auf militärischem Gebiet, am sichtbarsten in der Erfindung des Steigbügels und der damit verknüpften Verbesserung der Reittechnik.

Die entscheidenden Akzente setzen wir wohl im 11. Jahrhundert. Die sozialen und politischen Strukturen bilden sich heran und verfestigen sich. Die Gesellschaft beginnt sich zu individualisieren. In Westdeutschland taucht das Wort »Lehen« auf; das Lehenswesen nimmt seinen Weg bis zur vollen Entfaltung. Man hat bis zur Mitte dieses 11. Jahrhunderts das »erste Feudalzeitalter« (J. Le Goff) gerechnet und konstatiert, ab der Mitte dieses Säkulums laufe die gesellschaftliche und die wirtschaftliche Entwicklung auseinander. Damit verknüpft ist eine um das Jahr 1000 aufkommende Expansion nach innen. Jetzt beginnt man, zum einfachen Leben sich zu bekennen. Man mag die jetzt aufkommenden Kreuzzüge mit dieser Verinnerlichung zusammenbringen oder in ihnen eher das Gegenteil, den Ausweg aus den engen abendländischen Verhältnissen sehen: daß der »Geist des Mittelalters«, das, was wir als typisch mittelalterlich empfinden, jetzt zum Durchbruch kommt, ist offenbar. Radulf Glaber (um 980 bis um 1050), der burgundische Chronist, schreibt in seinen Historiae: »Als das dritte Jahr nach dem Jahr tausend ins Land zog, wurden fast auf der ganzen Erde, vornehmlich aber in Italien und Gallien, die Kirchen umgebaut; nicht etwa wegen Baufälligkeit – die meisten waren sogar recht gut erhalten–, sondern weil jede christliche Gemeinde, von glühendem Wetteifer erfaßt, eine noch prächtigere besitzen wollte als die Nachbargemeinden. Es war geradezu, als schüttelte die Welt ihr Alter ab und legte allenthalben einen weißen Mantel von Kirchen an. Damals wurden fast sämtliche Kirchen der Bischofssitze, die den verschiedenen Heiligen geweihten Klosterkirchen, ja selbst die Dorfkirchlein von den Gläubigen schöner wiederaufgebaut.«

Der Stein, bis dahin unter den Baustoffen eine höchst luxuriöse Sache, wird häufiger unter den Bauwerken, was wesentlich zum Aufschwung des Baugewerbes und zur Entfaltung der mittelalterlichen Wirtschaft überhaupt beiträgt. Die Gestaltung des Kirchenaltars wird akzentuierter und differenzierter. Darin, daß die Mensa, der Altartisch, seit dem 11. Jahrhundert mit einem Baldachin auf Säulen überdacht wird, ließe sich ein nebensächliches kunsthistorisches Spezialistenergebnis wittern. Wer aber bedenkt, daß die Menschen des Mittelalters, vom heutigen Zugriff visueller Industrien her beurteilt, in einer bilderlosen Zeit zu leben hatten, wird dem Kirchenaltar eine breite »meinungsbildende« Funktion nicht absprechen können. Wenn der einfache Bauersmann, wenn der Adlige aus der kargen Abgeschiedenheit seiner Burg in die Kirche und vor den Altar zu stehen kam, muß er wie gefangen gewesen sein von der Bildersprache des Altars. Seit dem 11. Jahrhundert ist die gebräuchlichste Form des Hoch- oder Hauptaltars das Retabel, ein

Aufsatz auf der Mensa oder auf einem Sockel unmittelbar hinter dem Altar (= alta ara, spätlat. altare). Die Fläche des Retabels (= retrotabulum = Rückwand) wird mit Reliefs oder Malerei geschmückt. Um die Mitte des 14. Jahrhunderts wird das Retabel durch bewegliche Flügel erweitert, mittels der Predella (ital., aus althochdeutsch bretil, Brettchen) oder »Staffel«, einem Untersatz von etwa einem Drittel der Schreinhöhe, womit die Flügel des Altars beweglich waren, ohne daß man die Mensa hätte abräumen müssen. Die beiderseits bemalten Flügel, im 15. Jahrhundert durch weitere Flügel zum »Wandelaltar« erweitert (man ist prozessionsartig um den Altar herumgegangen), konnten die Geschehnisse des Kirchenjahres, des eigentlichen »Jahrs« im Mittelalter, mit wechselnden Ansichten und Bildern begleiten. Der Altar illustriert das Jahr. Er ist das Propagandavehikel des Pfarrers und der Kirche, ein Demonstrationsinstrument ungeahnter Manipulationsmöglichkeiten. Gewiß hat er die organische Einheit, die bis dahin im Kirchenraum gegeben und auch durch aufwendige Wandbilder nicht irritiert war, gesprengt. Aber er hat dem Klerus ein großartiges Instrumentarium für »Sprache« in die Hand gegeben.

So hat dieses 11. Jahrhundert der Dominanz der Kirche die Wege geöffnet, übrigens nicht nur im Optischen, sondern auch im Akustischen. Erst im 11. Jahrhundert begegnen wir einer Ordnung der Mehrstimmigkeit in der Musik, die eine Erfindung des Abendlandes ist. In einem Traktat des 9. Jahrhunderts unter dem Titel »Musica Enchiriadis« war die theoretische Anweisung veröffentlicht worden, auf welche Art und Weise zwei Stimmen miteinander verbunden werden konnten. Der italienische Mönch Guido von Arezzo entwickelte dann im 11. Jahrhundert jenes Notensystem, das sich über die Jahrhunderte bewährte und heute noch im Gebrauch ist. Bis dahin gab es keine taugliche Notenschrift, mit deren Hilfe man die Tonhöhe hätte fixieren können. Hunderte von Melodien mußten gehört und auswendig gelernt werden. »Die meisten haben von frühester Jugend an bis ins graue Alter«, bezeugt ein Sprecher aus Mönchskreisen im

9. Jahrhundert, »alle Tage für die Vorbereitung und Bewältigung des Kirchengesangs verwendet.« Das wird jetzt anders. Um das Jahr 1000 findet man Mittel und Wege, Melodien exakt zu definieren. Die Melodie wird transportabel. Die größte Erfindung der Musikgeschichte wird ermöglicht, die mehrstimmige Komposition, das kontrollierte Miteinander mehrerer Stimmen.

Man ist angesichts solcher methodischer Innovation versucht, sich überhaupt nach »praktischen« Neuerungen umzutun. Tatsächlich setzt vom 11. Jahrhundert an ein »technischer Aufschwung« (J. Le Goff) ein, freilich mehr quantitativer als qualitativer Art. Waren bis dahin seit dem Altertum bekannte Werkzeuge, Maschinen, Techniken nur vereinzelt im Schwange, mitunter sogar nur Kuriositäten, so finden sie jetzt allgemeine Verbreitung. Die »landwirtschaftliche Revolution des 11. Jahrhunderts« (W. Abel) meint ebenso diese technischen Verbesserungen der Jahrtausendwende wie die jetzt aufkommende Villikationsverfassung, eine Grundherrschaft, die um einen herrschaftlichen Herrenhof mit größerer Eigenwirtschaft als Mittelpunkt aufgebaut und dem eine größere Zahl bäuerlicher Wirtschaften angegliedert wird. Diese großagrarische Wirtschaft bringt eine bald deutlich werdende Produktionssteigerung. Eine der Folgen davon ist das im 11. Jahrhundert einsetzende Wachstum der Bevölkerung.

Die Verinnerlichung, diese leidenschaftliche Mahnung an das Kreuz, reicht auch in das folgende 12. Jahrhundert hinein. Aber die Minoritenorden, die jetzt aufkommen, sind etwas Neues, keine Benediktiner mehr, die wie Lehensherren ein Leben in Muße und Beschaulichkeit führen, sondern ein Stoßtrupp, der mitten hineingreift in die anscheinend bedenklichen Realitäten des städtischen Lebens. Die »Rehabilitierung« der Welt und der Natur beginnt erst im 12. Jahrhundert. Die Romanautoren bemächtigen sich des Bilds der Bewegung, und mit Recht hat man im Aufkommen der provenzalischen Troubadours dieses Jahrhunderts »eine der wichtigsten Wendungen des mittelalterlichen Geistes« (J. Huizinga) erkannt. Es ist das Jahrhundert, das den Übergang zur Gotik bringt, das eine ganze Reihe neuer Technologien freisetzt, in dem Peter Abälard, »der erste europäische Intellektuelle« (J. Gimpel) Vergils Satz mit Nachdruck wiederholt, glücklich sei, wer die geheimen Ursachen der Dinge erkannt habe. Nimmt man ihn wörtlich, diesen Rückgriff auf die Antike, scheint es naheliegend, wie üblich bis in die jüngste Zeit hinein, von der »Renaissance des 12. Jahrhunderts« zu sprechen. Aber der Blickwinkel, der nur eine Neuauflage von früher einmal Dagewesenem sehen wollte, wäre zu eng. Das erste Auftreten der deutschen Minnelyrik, das man sozusagen mit der Uhr in der Hand für die Zeit »um 1160« angesetzt hat (M. Wehrli), verweist auf etwas spezifisch Neues. Der Übergang von der agrarischen Adelsgesellschaft zu einer gemischt feudalen-stadt-bürgerlichen Gesellschaft, der sich im Wechsel zum 12. Jahrhundert vollzieht, ist ebensowenig eine Wiederholung wie der volle, in diesem 12. Jahrhundert sich vollziehende Durchbruch »der für die Frau günstigen kirchlichen Eheauffassung und die städtische Freiheit im Eheschließungs- und Erbrecht« (E. Ennen). Tatsächlich meint man mit dieser »Renaissance« des 12. Jahrhunderts jene Erregung, in der Guillaume de Conches sich heftig dagegen wehrt, seinesgleichen das Recht des Forschens abzusprechen und »wie Bauernlümmel« dazu zu zwingen, »einem Glauben ohne Verständnis anzuhängen«. Letztlich geht es um nichts geringeres als um die Vereinigung von aristotelischem und christlichem Denken in einer »Summe«; die damals in Paris herrschende geistige Atmosphäre ist wie ein Signet dafür.

Der Aufbruch, der im 12. Jahrhundert auch die ersten Voraussetzungen für die Entstehung eines modernen Staates in Deutschland schafft (K. Jordan), führt notwendigerweise zu einer »Verweltlichung« und zu einer unerwarteten, völlig neuen geistig-politischen Atmosphäre. In die Zeit um 1200 fällt die größte Wachstumsrate der europäischen Bevölkerung, Frankreich und England stehen an der Spitze. Der Weg vom 12. ins 13. Jahrhundert wirkt wie der Ausgang von einer pessimistischen in eine großmütig-frohe Zeit. Das 13. Jahrhundert, sagt Aaron J. Gurjewitsch, stelle den Wendepunkt dar. »In allen Lebensbereichen zeigen sich Symptome, die von den wachsenden Ansprüchen der Persönlichkeit auf Anerkennung zeugen.« Inwieweit mit diesem Phänomen einer latenten Individualisierung das gleichzeitige Aufkommen von Hexenverfolgungen verknüpft ist, müßte erst noch untersucht werden. Sicher ist, daß mit dem Aufkommen der Universitäten, seit dem frühen 13. Jahrhundert also, die Menschen beginnen, »bewußt und planmäßig ihre Erfahrungen zu sammeln« (R. W. Southern). Sie betrachten sich nicht mehr so sehr als hilflose Opfer des Angriffs feindlicher Geister, sondern als Pilgrime und Sucher, dies Wort auch im wissenschaftlich-künstlerischen Sinne gemeint. Die ältere Naturbeobachtung (des 12. Jahrhunderts) versuchte, wie es die moderne Naturwissenschaft tut, Naturvorgänge aus ihren Ursachen, also kausal zu erklären. Im 13. Jahrhundert setzt sich eine Erklärungsweise durch, die Veränderungen der Materie, das Wachstum der Pflanzen etwa, von ihrem Ziel und Zwecke her und mithin final zu erläutern sucht. Dieses finale Denken will die Gründe der Veränderung ebenso wie das Ziel und den Drang nach Vollendung erkennen. Es kommt nicht von ungefähr, daß Zeitbeziehungen frühestens in der zweiten Hälfte des 13. Jahrhunderts im Bewußtsein der Menschen zu dominieren beginnen, daß es damals mit der Mensuralnotation zu einer Festlegung von Zeitwerten und Zeitverhältnissen kommt. Jetzt werden, im Zusammenhang mit der allgemeinen Entwicklung des linearen und gerichteten Zeitbewußtseins, auch Tempo und Rhythmus notiert.

Mit dieser »Modernisierung« des Lebens geht ein erstes Stück »Säkularisierung« einher. Nach dem glanzvollen Aufstieg der mittelalterlichen Dichtung im 12. Jahrhundert schlägt die Literatur des dreizehnten einen neuen Weg ein. Nützlichkeit wird wichtiger als ästhetisches und religiöses Spiel, Prosa verdrängt die Poesie. Didaxe, Lebensweisheit, Erbauung, Wissenschaft gewinnen die Oberhand über fiktionale Dichtung. Das künstlerische Gefühl verfällt ins Artistische. Die Kunst wird vom Leben

abgelöst, der Geist von der Materie, oder auch: von der Ge-
schmacklosigkeit. Ulrich von Lichtensteins 1257 erschienenes
Frauenbuch ist eine dialogische Klage über den Verfall ritterlicher Zucht und höfischer Klage. Die Kehrseite der Medaille
wird sogleich sichtbar, wenn man bedenkt, in welche Abgründe
sensationeller Romantik der Frauendienst eines Ritters sinkt, der
sich zu Ehren der ungnädigen Geliebten (wer kann es ihr
verdenken) seine Hasenscharte operieren und einen steifen
Finger abhacken läßt, den er ihr auch noch als Huldigung
übersendet. Und welche Abgründe von abstoßender Narrheit,
wenn ein Mann wie Ulrich von Lichtenstein dies nicht nur
erfindet, sondern tatsächlich auch getan hat.

Im Verlaufe dieses Jahrhunderts wird die Naturalwirtschaft
von der Geldwirtschaft verdrängt. Das Klassengefüge erhält
seinen ersten und zugleich wohl größten Stoß, die »Aufbruchsge-
sellschaft« (K. Bosl) beginnt sich bemerkbar zu machen. Die
Kluft zwischen den einzelnen Klassen und Schichten wird breiter
und tiefer. Die städtischen Klassen halten der Ausbeutung der
bäuerlichen Arbeitskraft, dem Ideal der Grundherren, ihren
Wertmaßstab, die Eigenarbeit entgegen. Sie können das um so
eher, als dieses Jahrhundert eine ganze Reihe wesentlicher Erfindungen offeriert, die Drehbank mit Scheibe und zwei Peda-
len, die hydraulische Säge, die Schraubenwinde, das Spinnrad,
die Verbesserung des Quadranten, die Glasbläserei, den Gebrauch von Kohle in der Industrie, das Heckruder, das die Steue-
rung des Schiffes erleichtert, die Mühle zum Zwirnen der Seide.

Man spürt schon den Abschied von mittelalterlicher Universalität (die von der Latinität gehalten wurde), wenn einem im
späten 13. Jahrhundert vorwiegend deutsche Urkundensprache
entgegentritt. Und man stößt auf erste Anzeichen von Bürger-
lich-Behaglichem, wenn zu Ausgang des Jahrhunderts die Lust
am Reisen zu schwinden beginnt und sich die Wortführer der
mittelalterlichen Gesellschaft zur Seßhaftigkeit bekennen. Das
Fensterglas wird eingeführt, die Löcher in den Mauern und die
Rinderhäute verschwinden, und in den letzten Jahren dieses

34

Jahrhunderts erfindet man die Brille, die schwachen oder kranken Augen die Sehkraft wiederschenkt. Brillen zur Korrektur der Kurzsichtigkeit gab es in Italien schon um 1280. 1306 meinte der Dominikaner Giordano da Pisa in einer Predigt zu Florenz, es ließen sich noch viele Dinge entdecken. »Man könnte jeden Tag etwas entdecken, und noch immer gäbe es so vieles, von dem man noch nichts weiß. Es ist kaum zwanzig Jahre her, seit man entdeckt hat, wie man Brillen herstellt, die ein gutes Sehen gewährleisten. Brillen sind eines der nützlichsten Dinge der Welt, und diese Entdeckung wurde erst vor kurzem gemacht. Ich, der ich vor euch stehe, habe den Erfinder gekannt, und wir haben miteinander gesprochen.«

Vor dem 14. Jahrhundert fallen die »Neuen«, die Intellektuellen und die Kaufleute, die »Bürger« noch weniger ins Gewicht. Jetzt wird das anders, jetzt machen sie sich immer deutlicher bemerkbar, in einem Prozeß, der sich freilich über Generationen hinzieht. Will man in der Ölmalerei, die schon seit dem 12. Jahrhundert bezeugt ist, auch eine Auftragssache und mithin eine Demonstration des neuen Bürgerstandes sehen, so hat man einen zeitlichen Anhaltspunkt für diesen mühsamen und langwierigen Aufstieg. Vor dem Ende des 14. und Anfang des 15. Jahrhunderts wird sie nicht wesentlich entwickelt und setzt wirklich der Überlieferung zufolge so recht erst mit den Gebrüdern van Eyck (Hubert 1426 in Gent begraben, Jan 1441 in Brügge) und Antonella da Massina (in Messina 1479 gestorben) ein. Indessen gehört die Entdeckung der Perspektive ebenso in diese neue Horizonte aufreißende Entwicklung wie der Wechsel und die doppelte Buchführung, die sich im Verlaufe dieses Säkulums einbürgern und wesentlich zur Eigenwertigkeit der Handelspraxis und zur »Technisierung« des Lebens beitragen.

Aber dieser Zuwachs korrespondiert mit unverkennbaren Erschütterungen. Daß zwischen dem 10. und 14. Jahrhundert ein wirtschaftliches Wachstum sich breitmacht, ist nicht zu verkennen, auch wenn man innerhalb dieser Konjunktur die Veränderungen der Wirtschafts- und Sozialstruktur ebenso berücksichtigen muß wie den Übergang von der Naturalwirtschaft zur Geldwirtschaft und die Entwicklungen des Feudalzinses. Mitten im 14. Jahrhundert scheint diese dennoch kontinuierliche Entwicklung abgebrochen. Eine Agrarkrise höchsten Ausmaßes, durch die demographische Katastrophe der Pestepidemien verstärkt, verschafft den Erzeugern von gewerblichen Produkten ein Übergewicht für lange Zeit, Hungersnöte grassieren in himmelschreienden, in jämmerlichen Ausdrucksformen, man spürt erste Formen von Geldentwertungen, man erzählt sich in verständnislosem Grauen von Handbüchsen, von Rohren, die an einem Ende mit einem Zündloch verschlossen sind, dort wird eine Holzstange eingesetzt, um das Feuerrohr vom Auge des Schützen fernzuhalten und es nach dem Abschuß, so sicher ist man des Pulvers noch nicht, auch als Schlagwaffe gebrauchen zu können.

Das 14. Jahrhundert bringt den Beginn einer neuerlichen Todes-Entdeckung. Wo man Generationen zuvor, in wunderbarer Geschlossenheit für das 11. Jahrhundert, Spiritualismus konstatiert, stößt man im vierzehnten Jahrhundert auf Mystizismus: beides Ausprägungen einer verschiedenen, und doch dieser dem Mittelalter gleichermaßen zugehörigen Haltung. Sind die Stöße, die man im 14. Jahrhundert registriert, Ankündigungen eines Ausgangs, eines Endes? Barbara Tuchman sieht im Tode ihres Helden, des Barons de Coucy, der, Tod und Teufel entronnen, 1397 gestorben ist, das Ende der Epoche des Feudalismus. Wenn vom Verfall des Mittelalters die Rede ist, läßt man ihn zu Ausgang des 14. Jahrhunderts beginnen. Aber in Wirklichkeit scheint aus der Krise dieses Jahrhunderts »eine neue Welt hervorzugehen« (J. Le Goff). Auf die Wirtschaft wirken sich wenige Techniken umwälzend aus, das Schießpulver fördert die großen Staaten, weil das Aufrüsten eine teure Sache ist. Die Christenheit indessen ist die alte geblieben. Die »Summen«, die großen theologischen Bilanzen, ziehen unter das Wissen der Zeit einen Schlußstrich, der wie ein Generalbaß sich ausnimmt: Gott hält die Welt in Händen.

Erst das 15. Jahrhundert scheint ganz aufzubrechen. Die Welt ist erfüllt von Blut und Tränen, von Getöse und Raserei. Die Gotik steigert sich zu jenem extravaganten und barocken Stil, dem man in Frankreich das Prädikat »flamboyant« gegeben hat: die Schneußformen des Maßwerks ziehen sich wie Flammen in zitternde, unruhig schwingende Länge. Jetzt ist das Bürgertum, das mag ein Exempel für seine politische Bedeutung überhaupt sein, in Sachen Kunst vor Adel und Klerus getreten und dominierender Kulturträger geworden, während auf der anderen Seite die Fürsten versuchen, ihre Territorien abzurunden, das alte Recht zum modernen Staat zu versachlichen und die Städte in ihre Herrschaftsbereiche einzuordnen.

Wie sehr sich unter der Decke nicht nur die politisch-gesellschaftlichen, sondern auch die mentalen Verhältnisse verändert haben, verrät das Auftreten der schicksalschwersten Erfindung der ganzen Epoche, der Pendelgewichtuhren und der Uhren mit mechanischer Hemmung. Die von Giovanni di Dondi zwischen 1277 und 1300 geschaffene Uhr, sie hat eine mechanische Spindelhemmung mit Paletten, einen Schwingbalken und ein von Gewichten bewegtes Steigrad, besungen im zehnten, vor 1321 entstandenen Gesang von Dantes »Divina Commedia«, bringt etwas gänzlich Neues: die exakt meßbare und die exakt beherrschende Zeit. Die Zeit nimmt weltlichen Charakter an. Im Verlaufe des 15. Jahrhunderts wird das allenthalben spürbar. Die Rechnungsbücher des Benediktinerstifts Göttweig notieren füi das Jahr 1468 erstmals die Ausgabe von 4 Pfund 6 Schilling 10 Pfennige für eine in Wien gekaufte Uhr. Im gleichen Jahr erhält ein »urmaister« mehrere, vergleichsweise hohe Geldbeträge für die Reparatur zweier Uhren, eine davon wird ausdrücklich als Turmuhr bezeichnet.

Läuft die säkulare Zeit, neben der sakralen und gänzlich unabhängig von ihr bald von jedem besseren Turm abzulesen, der christlichen Weltordnung davon? Ist das Aufbrechen dieses Jahrhunderts, von dem wir sprachen, ein Auseinanderbrechen? Da und dort schlägt die tiefklare Formensprache der frühen und hohen Gotik in verwirrende Bizarrerie um. Die »Monstranzen«, in denen die Hostie gezeigt wird, nehmen ungewöhnliche Ausmaße an. Die Frömmigkeit ist mehr denn je auf Schaustellung aus, die Volksprediger reißen das Volk zu Wogen der Begeisterung, der Selbstanklage, der Entfesselung hin, der Adel tummelt sich mit abenteuerlichem Kopfputz im Vordergrund der Szene, auf Festen, auf Turnieren, die höfische Literatur zerfließt in einer Welle preziöser Mythen und Märchen.

Nachspiele der Größe? Untergang? Ende? Ulrich Füetrers Buch der Abenteuer, eine riesenhafte, zwischen 1473 und 1478 in Auftrag gegebene Kompilation, hat man den »Sterbelaut des Mittelalters« (H. Fischer) genannt. Die bekannteste aller dieser Signaturen ist Johan Huizingas vielübersetztes Buch über die Lebens- und Geistesformen des 14. und 15. Jahrhunderts in den Niederlanden und Frankreich geworden, das er mit »Herbst des Mittelalters« überschrieben hat. Er wollte unter dieser Überschrift zwar nur »eine figürliche Ausdrucksweise« verstanden wissen, und er hat in der Darstellung auch nie versäumt, auf Zusammenhänge zwischen Spätmittelalter und Renaissance aufmerksam zu machen. Indessen markiert er die von ihm durchmessene Zeit doch immer als »eine der Endperioden«, und einmal wird ausdrücklich dargetan, daß der Geist des Mittelalters seinen Weg »bis zum Ende« gegangen sei.

Vorgänge der Natur – die bis heute kompletteste Sammlung nennt sich »Minnesangs Frühling« – auf Vorgänge der Geschichte zu übertragen, bleibt eine problematische Sache. Die jahreszeitlich-biologistische Determination meint etwas anderes als die menschliche Freiheit; als eine Entscheidung für oben und unten wohnt sie auch jedem Augenblick von Geschichte inne. Mehr als einmal erweist sich das »Ende« als ein Übergang, steckt im »Absterben« schon der Keim des Neuen. Bei aller Offenheit für Genese und Erbschaft bietet Huizinga notwendigerweise doch nur eine karge, obschon poetisch und elegisch getönte Liste weiterwirkender Hinterlassenschaften des ausgehenden Mittelalters. »Und der Glanz spätmittelalterlichen Glückes ist auch

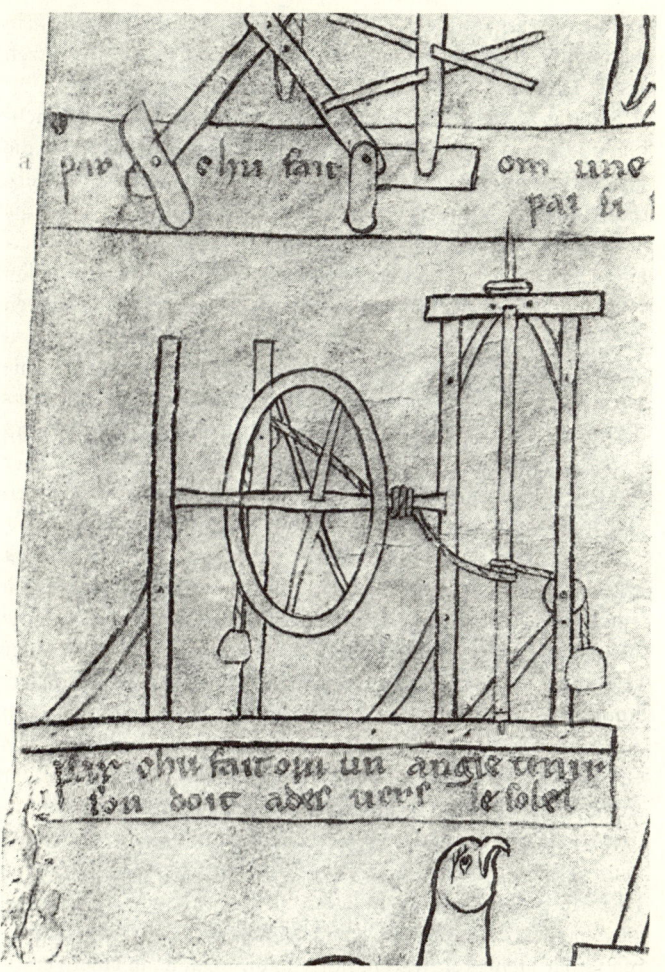

4   Das (nach Hans R. Hahnloser) frühest dargestellte Uhrwerk mit Rädern,
eine Spitze mit Teller, auf dem sich eine (hier fehlende) Engelsfigur dreht. Um
die vertikale Achse geht eine Schnur, die rechts von einem Gewicht herabgezo-
gen wird, links zu einem großen Rade führt und von einem Gegengewicht
festgehalten wird. Nach Villard de Honnecourts Bauhüttenbuch, um 1235.

nicht ganz vergangen, er lebt noch im Volkslied, in der Musik, in den stillen Weiten der Landschaften und den ernsten Antlitzen der Porträts.«

Hat das Mittelalter den nachfolgenden Generationen tatsächlich nur die – von ihr ohne Zweifel geborene – Folklore, nur die Erinnerung an (wirkliche, echte) »Landschaft«, nur »Gesichter« und Bilder weitergegeben? Brach über alles andere, über die politischen, wirtschaftlichen, sozialen Bereiche ein »Ende« herein? Es ist ungemein schwer, wo nicht aussichtslos, kulturellen Niedergang und »Verfall« exakt nachzuweisen. Hält man neben die sogenannte Dekadenz, die in der Gestalt Neidharts und seiner Bauerndichtung den Höhen der Staufer-Klassik folgt, die Nürnberger Kleinmeister im zweiten Viertel des 16. Jahrhunderts, die sich im Nachgang zum hohen Humanisten-Niveau jetzt der unteren Schichten annehmen, dann scheint man eher typischen und immer wieder sich wiederholenden Reaktionen als einem einmaligen Verhängnis auf der Spur zu sein.

Nicht einmal die für das »letzte« 15. Jahrhundert als Neuheit reklamierten Reden und Visionen von der Endzeit verraten einen Ton, der bis dahin nie zu hören war. »Mundus senescit«, »die Welt altert«, die Realität dieses Satzes ist dem ganzen Mittelalter vertraut. Die menschliche Geschichte ist ein einziger Niedergang. Es gibt sechs Phasen Geschichte wie es sechs Altersstufen gibt; die Welt ist in den sechsten Zeitabschnitt, das heißt ins Greisenalter eingetreten. »Gut war es auf der Welt zur Zeit der Alten«, heißt es im Alexiuslied in der Fassung des 11. Jahrhunderts, »Da gab's noch Treu, Gerechtigkeit und Liebe.« »Wie ist heute alles so anders geworden«, schreibt der normannische Historiker des 12. Jahrhunderts, Ordericus Vitalis, »die Liebe erkaltete, das Böse überwiegt. Die Wunder, die früher Unterpfand der Heiligkeit waren, hörten auf.« Dante, in einer veränderten, nämlich verstädterten Umwelt lebend, legt seinem Urahn Cacciaguida eine Klage über den Niedergang der Städte und der Familien in den Mund, und Guiot de Provins, ein altfranzösischer Dichter aus dem Anfang des 13. Jahrhunderts, konstatiert

lapidar: »Früher waren die Menschen groß und schön, verglichen damit sind sie heute die reinsten Kinder und Zwerge.«
Gottfried von Straßburg, mitten in sogenannter Hoch-Zeit,
klagt, die Minne sei »getriben unde gejaget« (an den fernsten Ort
verjagt) und »umbe kouf gemeine« (käuflich zu haben), und
Neidhart, Walthers Konkurrent und Zeitgenosse: »mit der
vreude wart versant / zuht und êre; disiu driu sît leider nieman
vant« (Mit der Freude hat man verbannt / Zucht und Ehre. Diese
drei seitdem verschollen sind). Niemand ist »glücklich« im Sinne
dieser auch politisch geforderten Glücklichkeit der Aufklärung.
»Ich muoz von der wârheit jehen«, so Moriz von Craûn um
1200, in der angeblichen Blüte der Stauferklassik, »mîn herze ist
vröude noch maget« (Ich muß es wirklich sagen: / richtiges
Glücklichsein war mir immer fremd). Walther von der Vogel-
weides »Elegie«, eine Schöpfung, die mit Recht als ein dichteri-
sches Wunder des Mittelalters gilt, führt in eine Welt, die
»frömde worden«. »Diu welt ist allenthalben ungenaden vol«
(Die Welt ist allenthalben voll Mißgunst«), die jungen Leute,
denen der Sinn einst hochgemut stand, betragen sich »jaemerlî-
che«. »tanzen lachen singen zergât mit sorgen gar, / nie kristen-
man gesach sô jaemerlîchiu jâr« (Tanzen, Lachen, Singen ver-
geht ganz in Sorgen, / nie hat ein Christenmensch so jammervolle
Zeiten erblickt). Zwanzig Jahre früher, um 1207, mahnt Walther: »Nû wachet, uns gêt zuo der tac, / geln dem wol angest
haben mac / ein jeglich kristen ... diu sunne hât ir schîn verkêret, /
untriuwe ir sâmen ûz gerêret« (Wacht auf! es naht uns der Tag, /
vor dem wohl Angst haben kann / jeder Christ ... Die Sonne hat
ihren Glanz verloren, / Untreue ihren Samen gestreut).

In einer Endzeit zu leben, dieses Bewußtsein ist dem ganzen
Mittelalter geläufig. Was im bairischen Petruslied aus dem
Anfang des 10. Jahrhunderts im reuigen Sündenbekenntnis
schon anklingt, wird im Annolied, um 1180 im kölnischen
Siegburg entstanden, schon wortwörtlich ausgesprochen: feste
Städte seien zerstört worden, das habe man gehört, liebe Freund-
schaften hätten ein Ende genommen, »nû ist cît, daz wir

41

dencken, / wî wir selve sulin enden« (Nun ist es Zeit, daran zu denken, / wie wir selbst enden werden). Walthers Klage über die unheilschwangere soziale Lage ist eine Übertragung dieser Memento-Mori-Stimmung auf die eigene, reale Situation und Umgebung: die Anzeichen der Destruktionen mehren sich, früher lagen die Dinge besser, jetzt lebt man in einer Spätzeit. 1375 drückt sich der Dichter John Gower so aus: »Auf dieser Welt wird alles zusehends schlimmer. Schäfer und Kuhhirten verlangen für ihre Mühe mehr, als der Vogt in früheren Tagen für sich selber forderte ... Ach, was für eine Zeit! ... Die Armen und das niedere Volk wollen besser essen als ihre Herren. Und mehr noch, sie stecken in schönen Kleidern, die in allen Farben leuchten.« Im Grunde läuft diese Rede auf die gleiche bittere Erkenntnis hinaus, die schon Walther nicht loswerden konnte: Untreue und Unrecht beherrschen die Straße, »diu welt ist ûzen schoene«, aber innen »vinster sam der tôt« (innen finster wie der Tod), Neid und Unglaube greifen immer weiter um sich. 1420 schreibt Konrad Justinger in seiner vom Berner Rat aufgetragenen Chronik, die Erkenntnis der Welt am persönlichen Erleben gewinnend: »Nieman weret daz unrecht. Es fürcht nieman me got, wieder gewaltig noch ungewaltig, und enteret man die heiligen, darumb so stat die christanheit in großer not.«

Das 15. Jahrhundert, sehr viel reicher an literarischen Äußerungen als das zehnte, hat solche und ähnliche Klagelaute in Fülle aufzuweisen, sie sind in diesem Säkulum fast zur Formel geworden. Neu am 15. Jahrhundert indessen ist, daß sich allenthalben ein erstaunlicher Realismus bemerkbar macht. Ein Blick auf die Entwicklungen in der Malerei macht das am deutlichsten. Der typisch mittelalterliche Dichter und Künstler umgeht »fast völlig die reale Natur«, er gibt »keine Landschaften wieder« und bemerkt »nicht die Besonderheiten der einzelnen Menschen« (A. J. Gurjewitsch). Die alten heidnischen Symbole und Mythen kehren in christlicher Umformung wieder; die Naturkräfte werden in eigentümlichen Kosmographien personifiziert, die

Beziehungen des Menschen zu den Dingen und zur Wirklichkeit sind nicht unmittelbar – wie auch Besitz als materielle oder psychologische Wirklichkeit im Mittelalter nahezu unbekannt ist –, zwischen den Menschen und die Welt schieben sich mystische und pseudowissenschaftliche Abstraktionen. Eher ist das »andere«, das Wunderbare, das Reich der Heiligen, das Himmlische Jerusalem die Wirklichkeit.

Diese Vorstellungswelt bekommt ihre Risse. Der Auszug aus der Wirklichkeit fiel ja zusammen mit der Übernahme des Christentums. Der ersten mittelalterlichen Malerei, der Buchmalerei, steht die Antike Pate. Aber man verläßt bei dieser Übernahme die Wirklichkeit, die der Antike in einem erstaunlich modernen Sinne zur Verfügung stand. Um 1380 indessen ist in Niederösterreich eine Maria lactans aus Lindenholz geschaffen worden, eine Muttergöttin, die ihrem Söhnlein die Brust reicht, wie es die Muttergöttinnen der antiken Kulte auch getan hatten. Ein erstes, bemerkenswertes Stück Natürlichkeit. Die Wallfahrer, die diese Skulptur in der Sigmundskapelle bei Mariazell in der Steiermark anzubeten kamen, mag dieser ungenierte Lebensbezug doppelt angezogen haben.

Mehr und mehr bekommt »Natur« Einlaß in die Malerei. In ihren früheren mittelalterlichen Zeugnissen kam einem eine eigentümlich abstrakte Landschaft entgegen, allenfalls Details wie Tiere oder Pflanzen sind wirklichkeitsgetreu. Wenn Wernher der Gartenaere etwas bringt, »daz ich mit mînen ougen sach«, so ist das nur Beteuerung, nicht Auftakt zu einer folgenden konkreten Situationsbeschreibung. In der Dichtung empfinden wir die wenigen Hinweise auf das Leben der Natur eher als Klischees. Selten, daß man, wie Bernhard von Ventadorn, »die Zeit des Vogelsangs« beschreiben hört. »Ich höre Gänse und Reiher singen, und in den Gärten sehe ich die Lilien blühen, die blaue Blume, die in den Gebüschen wächst.« Es gibt »keine individuellen Wahrnehmungen der Landschaft« (A. J. Gurjewitsch), übrigens eines Landes, das viel mehr waldlosen Raum gehabt haben muß, weit mehr Sümpfe und

Moraste, als man von späteren, zu Trockenlegungen und Kulti-
vierungen befähigten Zeiten her noch zu rekonstruieren ver-
möchte.

Erst im 15. Jahrhundert wird das anders. Vor Konrad Witzens
Altarblättern erlebt man den Anfang einer neuen Kunst. Die
Seitenflügel seines Genfer Petrusaltars, der die stolze Inschrift
trägt »Hoc opus pinxit magister Conradus Sapientis de Basilea
MCCCCXLIIII« (Dies Werk malte Meister Konrad Witz aus
Basel 1444), geben nicht nur eine der frühesten und damals
größten Darstellungen der Natur wieder, sondern auch ein
einzigartiges Landschaftsporträt. Nicht irgendeine Landschaft,
Konstrukt einer Imagination, sondern der Genfer See mit dem
Môle und dem Petit Salève im Hintergrund, nicht anders, als
man das heute noch so sieht. Am jenseitigen Ufer finden sich
Wäscherinnen, Reiter und Bogenschützen. Liebevoll sind die
Wege und Felder, die trennenden Hecken, die Mauerzüge ge-
schildert; hier glänzt ein achteckiger Wehrturm in die Weite,
dort sticht eine Handvoll Häuser, Pfahlbauten mit Holztreppen
als Zugang, in den See. Witzens Verkündigung an Maria, ein
Gemälde auf Holz aus der gleichen Zeit, hält in höchster
Eindringlichkeit einen schmucklosen Raum fest. Scharfe Schlag-
schatten machen die Bolzen im rissigen Holz des Trägergerüsts
greifbar nahe, die Krampe, die man als primitiven Griff in das
Türblatt gehauen hat: die herbe Kraft des Gestalteten ist die
Frucht einer genauen, unbestechlichen Beobachtung.

In der zweiten Hälfte des 15. Jahrhunderts ist solcher Realismus keine Besonderheit mehr. Der Meister des Tegernseer
Hochaltars erzählt die Endphase des Passionsdramas, die Häß-
lichkeiten in Person, bizarre Formen von Waffen und Kleidung,
zahllose Details, die nicht wirklichkeitsnäher hätten sein können. Der Meister der Pollinger Tafeln hält, gleichfalls um die
Mitte dieses 15. Jahrhunderts, den Chor einer gotischen Kirche
fest, die Glasfenster mit Moses und einem Propheten, spitzbogi-
ges Maßwerkfenster und Rippengewölbe, den Ausblick über die
Friedhofsmauer auf die Häuser an einer gepflasterten Straße.

Der Meister des Albrechtsaltars in der Stiftsgalerie zu Kloster-neuburg zeigt, um dieselbe Zeit, in der Geburt Mariens, wie das Neugeborene in einer Holzmulde gewaschen und darnach in ein Tuch eingedreht wird. Die Gefäße, die des weiteren zur Hand sind, der Holzbottich, wohl für das kalte Wasser, der Tonkrug für das warme und die Tonflasche, verraten die große Fürsorge, die man im Mittelalter beim Anrichten des Wassers für die Neugeborenen hat walten lassen.

Die Symbolik des Transzendenten ist verlassen, der Schritt in die Welt des Profanen getan. Wo immer denkbar und statthaft, werden die Menschen auf den Holztafeln und Leinwänden festgehalten, wie sie sind, in ihrem Leben, ihrem Alltag. Im 15. Jahrhundert nimmt die Arbeitsthematik immer mehr Raum ein, man kann geradezu »von einem Einfall der Arbeitsthematik in die darstellende Kunst dieser Zeit reden« (V. Husa). Die Innenseite, um nicht zu sagen die Kehrseite des Daseins kommt zum Zug. Als um 1476 in Regensburg ein armer Wicht, aus welchen Gründen auch immer, die konsekrierten Hostien stiehlt und sie aus einer silbernen Pyxis in den Keller eines Hauses wirft, nimmt sich sogleich, nachdem der Dieb ergriffen und die Hostien feierlich eingeholt worden waren, ein Maler des Frevels an: das alles ist eine Art Bildreportage, undenkbar für die hohe Zeit des Mittelalters, das Haus mit seinem gotischen Erker, mit den Fensterläden und Butzenscheiben, die gepflasterte Gasse, das gaffende Hündlein, die Männer und Frauen auf den Beinen, der Blick durch die offenstehende Türe in das Interieur eines Bürgerhauses: eine deutsche Stadt, wie sie damals wirklich war. Zehn Jahre vorher hatte Friedrich Herlin aus Nördlingen auf die Rückseiten des Hauptaltars in der Jakobskirche zu Rothenburg ob der Tauber Szenen aus dem Leben des hl. Jakobus zu malen. Auf einem Flügel des mit der Jahreszahl 1466 signierten Werkes hat Herlin eine Rothenburgansicht geboten, eine der ersten Stadtinnenansichten, die wir aus der deutschen Malerei haben, das alte gotische Rathaus, den Marktplatz, wie ihn der Besucher Rothenburgs in seinen Umrissen noch heute vorfindet, Bürger,

45

die hinter dem Stiergespann herstaunen, Ratsherren mit Falken und Hunden, Marktfrauen, Kaufleute.

Es geht jetzt um die Wirklichkeit. Die Frage ist nicht mehr, wie die Welt sein sollte, sondern wie sie ist. In Nürnberg, wo Michael Wolgemut, einer der Lehrer Dürers, auch seine Porträts nicht vor diesem herben Realismus verschont, steht man betroffen vor dem Selbstbildnis des Adam Kraft am Sockel des Sakraments-häuschens zu St. Lorenz (von 1493–96), einer leicht getönten, lebensgroßen Sandsteinskulptur, ein nachdenklicher, ange-strengter Künstlerkopf, ein Mann in der Hocke, der nicht nur diesen dutzendfach geschwungenen Sockel trägt, sondern auch die dem hellen Tag sich öffnende Kunst. Kaum eine Generation zuvor hat drüben in Heilsbronn einer der ersten Meister der Gegend, vielleicht Veit Stoß selber, ein Kruzifixus aufgestellt, der unter der Dornenkrone, unüberbietbare Lebensnähe, Men-schenhaar trägt, ein vom Tod grauenhaft entleertes Antlitz, ein Stück erschütternder, bloßgestellter Wirklichkeit. Um sie geht es jetzt, bis hin zu den Warzen im Gesicht und den schlaff gewordenen, eingefallenen Wangen. Dürer hat das seinen Schü-lern im dritten Buch seiner Proportionslehre ans Herz gelegt: »… auf dass die allerkleinsten Dinglein wolgeschickt und auf das Best gemacht werden. Und diese Ding sollen auch im Werk auf das Allerreinest und Fleissigst ausgemacht werden und die allerkleinsten Runzelein und Ertlein nit ausgelassen, so viel das müglich ist.«

Das Porträt ist denn auch das höchste und eigentliche Ge-schenk dieses Jahrhunderts. Die Tatsache, daß das Mittelalter der individuellen Eigensprache des künstlerischen Ausdrucks nicht jene Bedeutung beimißt, wie das heutige Zeit tut, die vielzitierte mittelalterliche Furcht vor der Originalität hat jüngst zur lapidaren Feststellung verführt, »daß es in der mittelalter-lichen Malerei kein Porträt gibt« (A. J. Gurjewitsch). In Wirklich-keit hat man sich in der bildenden Kunst vergleichsweise früh dem Individuum genähert. Auf dem Siegel des Wiener Domkapi-tels von 1365 ist eine römische Porträtgemme des 3. Jahrhun-

46

derts dadurch in ein priesterliches Bild umgewandelt, daß man Stola, Kreuz und Kapitelwappen hinzufügte. Seit dem frühen Mittelalter gab es keine Bildnisse mehr, die durch Besonderheiten der Gestalt oder des Gesichts eine Persönlichkeit erkennbar machten. Unverwechselbares Aussehen ersetzten beigegebene Zeichen. Im 14. Jahrhundert beginnt man wieder, Menschen naturgetreu abzubilden; die Entdeckung des Menschen als Individuum nimmt ihren neuerlichen Anfang. Das Aussehen Kunos von Falkenstein, des Erzbischofs von Trier, wird in der Limburger Chronik genau beschrieben. Die Abbildung im Perikopenbuch des Trierer Domschatzes und der Kopf der Darstellung auf seinem Grabmal stimmen mit der Beschreibung überein.

Sicherlich muß man mit dem, was man aufkommenden Individualismus nennen mag, vorsichtig sein. Burkard Zink, ein Außenseiter und sozusagen ein Selfmademan, der zwischen 1450 und 1468 aus eigenem Antrieb seine Chronik niederschreibt, gibt Reflexionen in diesem Buch, die ihn als einen Menschen von großer »subjektiver« Anteilnahme zeigen. Aber man löst ihn doch aus seiner Zeit und Welt, interpretiert man seinen Lebensbericht als das frühe Zeugnis für ein Bewußtwerden des Individuums. Wie in der deutschen Malerei des 15. Jahrhunderts die Gestalten zunehmend profilierter und »natürlicher« erscheinen, und die Bilder doch noch den überlieferten und frommen Zwecken dienen, so verrät sich Zink in seiner »Selbstbiographie« doch noch als ein Mann, der der überlieferten, mittelalterlich-städtischen Vorstellungswelt verhaftet ist. Der Weg von der Kölner Parlerbüste, der »schönen Parlerin« aus der Mitte des 14. Jahrhunderts, mit ihrer Wärme und Erdnähe ein neues Verhältnis zum organischen Leben bekundend, bis zu Hans Pleydenwurffs Bildnis des Georg von Löwenstein von 1455, einem der frühesten deutschen Porträts und in der Charakterisierung der Physiognomie wie in der Feinheit der Farbgebung eines der bedeutendsten vor Albrecht Dürer: der Weg vom tastenden Versuch mit Naturkräften zur »fertigen« Darstellung der originalen Individualität geht durch viele Generationen.

Am Ende freilich ist etwas Unerwartetes und etwas Neues da: der Einzelne ist nicht mehr von der Genossenschaft verschlungen. Er zeigt sich nicht mehr durch das Allgemeine, durch das Kollektiv, sondern allein. Das ist kein »Ende«, sondern ein Anfang. Die Renaissance hat ihn, wie wir wissen, mit leidenschaftlichem Pathos weitergeführt, und die Aufklärung hat ihn auf ihre Weise zum Höhepunkt der »Emanzipation« gesteigert. Daß das Mittelalter alles andere als ein Block war, der sich nie bewegte, eine Zeit, in der »nichts passierte«, muß ebenso klar sein wie das Faktum, daß aus dieser Epoche ein reicher Strom geschichtlich gestaltender Kräfte hervorging. Daß in dieser Zeit die Sprache – und übrigens der Ton – für das Völkische, Heimatliche, Nationale gefunden wurde, tausendfach variiert und kolportiert bis in unsere Tage, ist ja nur eines der Erbgüter. Im politischen Bereich hat die *eine* Ausprägung mittelalterlicher Staatlichkeit, die Genossenschaft, zu einer Fülle von Rezeptionen und Imitationen in allen folgenden Jahrhunderten geführt, so sehr, daß man kaum eine Form moderner »Bünde« von dieser Abhängigkeit ausnehmen möchte. Im sozialen Bereich hat allein das mittelalterliche Spital vorbildliche und nie vergessene Akzente gesetzt; wenn heute Folgen eines Anstaltsaufenthaltes konstatiert werden sollen, spricht man von »Hospitalisierung«, und wo Unfallhilfe geleistet werden soll, ruft man nach den »Maltesern« oder »Johannitern«.

Selbst im technologischen Bereich haben im Mittelalter erstaunlich breite und »moderne« Entwicklungen eingesetzt, die spätere Zeit nur zu modernisieren brauchte. Die naturwissenschaftliche Revolution, deren Anfänge gewöhnlich mit dem großen Namen Galilei verbunden werden, sind nur die Fortsetzung antiaristotelischer wissenschaftlicher Strömungen, die im 14. Jahrhundert eingesetzt haben. Daß das 17. Jahrhundert dem Mittelalter ein wohlausgeformtes, unentbehrliches methodisches Rüstzeug verdankt, scheint ebenso glaubhaft wie der Hinweis, Galileis Verwerfung der aristotelischen Physik sei nichts anderes als die Stellungnahme, die Wissenschaftler schon einmal, nämlich in den siebziger Jahren des 13. Jahrhunderts zu dieser Frage bezogen hatten. Daß das Ausnützen von Wasserkraft zum Antrieb des Wasserrads vom 12. Jahrhundert an Gemeingut wurde, gehört in diese Perspektive, auch, daß im Mittelalter die Benutzung eines Systems von Hebeln und Rollen große Verbreitung erlangte. In Form von Kränen, Winden, Göpeln und Fördermaschinen hat man sie vor allem bei vertikaler Materialbeförderung im Bauwesen und Bergbau verwendet. Die Technologie chemischer Prozesse, beruhend auf Erkenntnissen aus dem Gebiet der anorganischen wie der organischen Chemie, erlangte in der Metallurgie, im Färbereigewerbe, in der Destillation oder den Gärungsprozessen eine große Vervollkommnung. Die Grenzen dieser technischen und ökonomischen Möglichkeiten konnten nur durch qualitative Veränderungen überschritten werden, durch den Übergang zur Manufaktur und schließlich, mit dem Einzug der Maschine und der Unterwerfung unter ihren Takt, zur industriellen Produktion.

Töricht, auch nur annehmen zu wollen, im Mittelalter habe sich nichts bewegt und sei nichts fortgeschritten. Die »gewisse Zeitlosigkeit«, die das Mittelalter, wie Jacques Le Goff will, mit

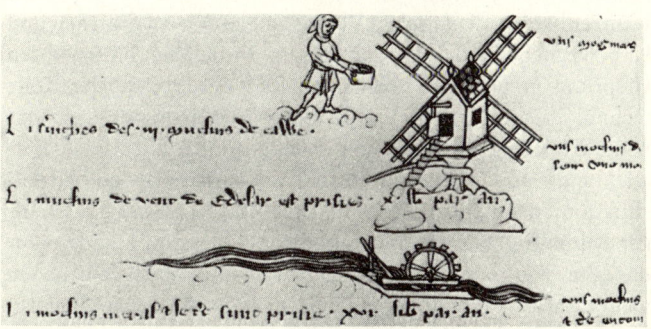

5   Ein Bauer beim Getreidesieben, eine auf einem Erdhügel errichtete Windmühle und das Rad einer Wassermühle. Aus dem sog. Vieil Rentier, einer Aufstellung über Dienste und Abgaben, die um 1275 einem Jehan de Pamele aus Oudenaarde zu leisten waren.

den primitiven Gesellschaften gemein hat, könnte tatsächlich den Schluß nahelegen, daß sich zwischen Karl dem Großen und Karl V. »im Grunde wenig geändert hat«. Legt man die Maßstäbe europäischer Industrialisierung an, käme man ja auch zu einer enttäuschenden Bilanz: im Hüttenwesen bringt auch die Einführung der Hochöfen keine umwälzende Neuerung, im Maschinenbau kommt es, von der Kurbel abgesehen, »praktisch zu keinerlei Fortschritt«, in der Geldwirtschaft konstatiert man sogar eine Rückschrittlichkeit.

Aber hat das Mittelalter darum im industriellen Bereich »nichts Wesentliches geleistet« (J. Le Goff)? Hat sich der Fortschritt nur auf das geistige Leben bezogen, womit dann die bedeutenden Fortschritte in der Bauhüttentechnik und in der Maltechnik erklärbar wären? Wenn ich danebenhalte, daß Jean Gimpel jüngst hat ein Buch mit der Überschrift »Die industrielle Revolution des Mittelalters« erscheinen lassen, wenn ich dieses Buch noch einmal lese, dann wird mir klar, daß sehr viel mehr »Material« vorhanden ist, als angenommen, und daß man sicherlich behutsamer und geduldiger urteilen muß, als man von der motorischen Entwicklung unserer anderthalb Jahrhunderte Industrie her gewöhnt ist. Sicherlich hat Václav Husa recht, wenn er betont, die falschen Vorstellungen von der Starrheit und Unbeweglichkeit der Produktion im Mittelalter hätten ihren Ursprung in unklaren Ansichten über die tatsächliche Rolle technologischer Veränderungen. Sie werden nicht nur durch das neue Werkzeug hervorgerufen, sondern auch durch den Entwicklungs- und Organisationsgrad der Wirtschafts- und Sozialsituation. In diesem größeren Komplex hat Husa, bei gleichzeitiger Betonung, daß der mittelalterliche Bauer und Handwerker das alte Werkzeug noch jahrhundertelang neben dem neuen weiterführen kann, überzeugende Beweise für technologisch-industrialistischen Fortschritt geliefert.

Mit der Fortschrittsdebatte scheint es wie mit dem Streit um die »Primitivität« des Mittelalters zu sein: es kommt ganz auf den Standpunkt an, den ich einnehme. Was ist primitiv? Ist es primitiv, wenn es den Chinesen gar nicht in den Sinn kam, das Schießpulver zu etwas anderem als zu Feuerwerken zu verwenden? Wenn die Azteken Berge von Gold in ihren Tempeln häuften, aber nicht daran dachten, es in »Umlauf« zu setzen? Claude Lévi-Strauß und seine Schule hat den Historiker gelehrt, mit behenden und großartigen Antworten vorsichtig zu sein. Jacques Le Goff, im Blick auf das Mittelalter ohnehin verdächtig balancierend zwischen »primitiv« und »halbprimitiv«, widerlegt sich selber, wenn er dem mittelalterlichen Denken brillante Abstraktionsfähigkeit bescheinigt. Es blieb dem Sowjetrussen Aaron J. Gurjewitsch vorbehalten, im Blick auf die angebliche Primitivität des Mittelalters an das Ranke-Wort zu erinnern, daß jede Epoche unmittelbar zu Gott sei. Es sei einfach, dem Mittelalter primitive, unzulängliche Verhaltensformen nachzusagen. Derlei Unterfangen zeugten nur »von der Unkenntnis der inneren Welt des mittelalterlichen Künstlers oder Dichters«. Und Johan Huizinga, gewiß ohne Verdacht, wenn es um den Nachweis urtümlicher und unreflektierter mittelalterlicher Lebensformen ging, rechnet es als die eigentliche Leistung des mittelalterlichen Geistes, daß er die Welt in einer großartigen Hierarchie der Begriffe untergebracht habe. »Der Symbolismus schuf ein Weltbild von ungleich strengerer Einheit und innigerem Zusammenhang, wie das kausal-naturwissenschaftliche Denken es zu geben vermag.«

Letztlich finden sich alle diese Interpretationen in der Gewißheit, das Mittelalter als eine einheitliche und geschlossene Epoche begreifen zu dürfen. Wir haben auf zahlreiche Stufen und Veränderungen in der Zeit zwischen 800 und 1500 verwiesen, so sehr, daß kaum einer im 15. Jahrhundert würde das 9. Jahrhundert wiedererkennen wollen. Und doch ist diese Epoche, wie immer man sie bezeichnen will, die Etikette Mittelalter scheint mir kaum mehr als ein Arbeitstitel zu sein, eine großartige Einheit. Die Klammer, die alles zusammenhält, ist der Glaube an Gott, an Christus, seinen Sohn, und an den heiligen Geist. Wir müssen mit dieser Erkenntnis ebenso ernst machen, wie die

6 *Der Teufel, hier angekettet, ist die dem Göttlichen entgegenwirkende Kraft und leibhaft gegenwärtig. Feder in schwarz, kölnisch (?), um 1420.*

Menschen des Mittelalters mit ihrem Glauben ernst gemacht haben. Mittelalterliches Bewußtsein ist religiöses Bewußtsein. Wirklichkeit ist die Christenheit. Die »Welt« führt immer zu Gott. Die einzige Sicherheit: die Religion. Der alte Glaube ist auch in der sogenannten Spätzeit nie angetastet worden; die Säkularisierung, die Verweltlichung hat erst die Renaissance eingeleitet und erst die Aufklärung besorgt. Augustin hatte mit seinem philosophisch-theologischen Programm immer die Kirche als Institution und als Orientierungspunkt im Auge. Ihm ging es darum, wo immer die Zeit in Unruhe geriet, mit Strenge zu sagen, was der Mensch sei, was er hoffen dürfe und welchen Pflichten er zu genügen habe. Nicht die Welt der Erscheinungen, sondern das göttliche Wesen ist die erste und höchste Realität.

An dieser Gewißheit hat man festgehalten. Wo immer wir vom Mittelalter reden, hat sie unsere erste Urteilskategorie zu sein. Als die Männer der Pariser Fakultät der Freien Künste einen Alleingang der Naturwissenschaft einzuleiten drohten, ist ihnen das 1277 durch kirchliche Verordnung und Exkommunikationsandrohung untersagt worden. Johannes Gerson, seit 1395 Kanzler der Sorbonne, hat sich scharf gegen einen Forschungsgeist gewandt, der die Natur in ihren letzten Geheimnissen ergründen will.

Gott bleibt der König. Die Theologie bleibt die Herrin. Dem Menschen bleibt Gotteslob und Gottesdank. Wo die Welt ihm äußere Güter versagte, erschloß sie ihm im Inneren unendlichen Reichtum. Es ist diese mittelalterliche Innerlichkeit und Weltabwendung, die Heinrich von Laufenberg die Verse hersagen lassen:

Ich wölt daz ich do heime wer
vnd aller welte trost enber,

Ich mein doheim in himelrich,
do ich got schowet ewenclich.

2 Die Leute auf dem Schachbrett

Auf ihren Platz in der Kirche hat meine Großmutter immer Wert gelegt. Mir muß der Mund offengeblieben sein, als ich sie als Bub, ihr unverzichtbarer Begleiter, einmal bei mäßig besetzter Kirche leise, aber bestimmt eine nicht viel jüngere Frau von ihrem »eigenen« Sitzplatz verweisen sah. Sie war die Rektorsfrau. Ihre Vorväter, sechs, sieben Generationen, waren alle Lehrer, der Vater wie der Sohn. Nicht, daß sie als hochnäsig oder dünkelhaft gegolten hätte. Aber sie blieb in ihrem Stand. Andere waren höher, andere niedriger. Jeder hatte seinen Platz.

Das Mittelalter hätte nicht viel Wesens von solchem Denken gemacht, es kannte kein anderes. Zwar hat Gregor der Große dem kommenden Mittelalter den Satz »Omnes homines namque homines natura aequales sumus« vorgegeben (Alle wir Menschen sind von Natur aus gleich). Aber man hat diese bei Cicero und Seneca abgelesene Gewißheit übermalt, wie die auch an die Antike anknüpfende klösterliche Buchmalerei einfach die tradierte, bis dahin selbstverständliche Wirklichkeit übermalt hat. Allein das im Mittelalter hingenommene, andauernde Nebeneinander von Luxus und Armut läßt auf das permanent akzeptierte Nebeneinander von Hoch und Niedrig schließen. Die mittelalterliche Feudalgesellschaft baut auf dem Klassenantagonismus geradezu auf, vorab auf der politischen und sozialen Herrschaft der Grundbesitzer über die abhängige Bauernschaft.

Das Land, der Staat, das Gemeinwesen lebt (noch) nicht als Territorium, den voll ausgebildeten Flächenstaat bringt erst die frühe Neuzeit: es lebt in den Ständen. In seiner Ballade, in der Jean Meschinot in der Gestalt des armen Frankreich König Ludwig XI. seine Schuld vorhält, geht auch die Frage nach der Zerstörung des Landes. »Je suys« »Qui?« »La destruicte France!« »Par qui?« »Par vous« »Comment?« »En tous estats« (Ich bin – Wer? – Das zerstörte Frankreich. – Durch wen (zerstört)? –

54

Durch Euch — Wie? — In allen Ständen). Die Zerstörung eines Landes wird nicht geographisch und nicht wirtschaftlich, sondern soziologisch verstanden. Das »Land« ist die Ordnung seiner Bewohner, »ordo« ist die Bezeichnung für den einzelnen Stand, die Ordnung ist durch die Abgrenzung zwischen den Ständen und Klassen gewährleistet.

Der Ordo-Gedanke ist im Mittelalter nie preisgegeben, vielmehr konkretisiert und detailliert worden. Gerade in der städtischen Wirklichkeit, wo man am ehesten eine wenigstens heimliche Rebellion gegen die feudale Ständeordnung hätte erwarten können, sanktioniert man in breiter Front das geheiligte Schema von den untereinander abgestuften Ständen. Seit dem späten 13. Jahrhundert, zur gleichen Zeit, in der die Hierarchien der Minneallegorien und die Legenden der Heiligen, als gekrönte Fürsten versammelt unter der Regentschaft Marias, populär werden, erscheinen Zunft- und Regimentsordnungen in den Städten. In der moralischen Literatur werden Ständerevuen in allen möglichen Formen beliebt, katalogartige Aufreihungen und Auftritte der nach Stand, Beruf, Alter, Geschlecht unterscheidbaren gesellschaftlichen Gruppen.

Weil man Bilder für die Erscheinungsformen und Zusammenhänge seiner Umwelt haben wollte, wurde das Schachspiel (schachzabel) zum Abbild der gesellschaftlichen Ordnung. Seit dem Ruodlieb (um 1050, wohl vom Tegernsee) ist es mit seinem ehrwürdigen orientalischen Ursprung in Deutschland bezeugt; im 12. und vor allem im 13. Jahrhundert gewinnt es weiteste Verbreitung. Der oberitalienische Dominikaner Jacobus de Cessolis begründet gegen Ende des 13. Jahrhunderts mit seinem Sittenspiegel De moribus et de officiis nobilium super ludo scaccorum eine neue, in Deutschland dann bald wuchernde Literaturgattung: das Schachbuch als Sitten- und Ständerevue, genauer gesagt: das Spiel als Spiegel der Gesellschaftsklassen. Jeder darf einmal ziehen, alle Leute haben ihren Platz auf dem Schachbrett, aber sie haben eben alle ihren vorgezeichneten Platz. Sie sind am Zug und nicht am Zug, die Leute auf dem

Schachbrett, aber keiner ist ausgenommen von den Regeln und Bahnen.

Man käme zu interessanten Einsichten in den Katalog der Pflichten und Sitten der Gesellschaftsklassen, würde man sich in die Seiten dieser »Schachliteratur« vertiefen. Schon der unbekannt gebliebene Autor der in England noch vor der Hälfte des 13. Jahrhunderts entstandenen Moralitas de scaccario (Moralität des Schachspiels) vergleicht seine Figuren mit Mitgliedern der zeitgenössischen Gesellschaft, den »Rex« und die »Regina«, den Springer, der ihm zum Abbild des miles, des Ritters wird, die entstellte arabische Bezeichnung des Läufers (alphilus oder alphinus), des Turmes (rochus) und des pedinus, des »Marschierers« (Bauern): das sind die Klassen. Der König bewegt sich und schlägt nach allen Seiten, denn alles, was dem König beliebt, hat die Gültigkeit eines Gesetzes. Die Königin bewegt sich diagonal und schlägt alles mittelbar: das Frauengeschlecht ist geizig, und es bemächtigt sich aller Dinge auf ungerechte und raubgierige Art. Der Rochus figuriert für den Richter. Der zieht durch das Land in gerader Spur, will heißen: er leitet alles gesetzlich, er läßt sich nicht durch Geschenke und Gaben vom geraden Weg der Gerechtigkeit bringen. Der Ritter durchläuft drei Punkte, zwei in gerader Richtung, weil Ritter und Grundherren mit Recht Land einziehen und halten ohne Rückgabepflicht, einen mit einem Sprung zur Seite, weil sie allemal unrechtmäßig erworbenes Gut entwenden dürfen. Die Alphini sind Bischöfe, denen der Autor der Moralität gar nicht gut gesonnen ist: ihre Würde stammt nicht wie die Mosis von Gott, ihre Beförderung verdanken sie nächst dem König nur ihren Bitten und Bestechungen. Sie bewegen sich diagonal über drei Felder, weil die Verderbtheit der Prälaten von Haß, Gaben oder Gunst kommt. Der Pedinus schließlich ist ein armer Teufel. Wenn er arm und schlicht bleibt, lebt er richtig. Er schlägt diagonal zum Zeichen, daß er sein Vermögen durch Meineid, Bestechung oder Lüge erwirbt.

Ein seltsam ernüchterndes Gesellschaftsbild, diese Schach-Allegorie. Bei Johann von Wales, der sein Breviloquium de

7 *Christus, der Weltenrichter über den Regenbogen, teilt den drei Ständen ihre Aufgaben zu. Links der geistliche Stand, von dem mit der Tiara gekrönten Papst angeführt: Tu supplex ora (Du sollst demütig beten). Rechts der Fürstenstand, an seiner Spitze der Kaiser mit der Bügelkrone: Tu protege (Du sollst Schutz gewähren). Unten die Bauern mit dem zweizinkigen Karst: Tuque labora (Und Du sollst arbeiten). In der Dreiheit der oratores (Beter), bellatores (Krieger) und laboratores (Arbeiter) fehlt der Bürger. Aus der »Prognosticatio« (Vorhersage) des Astrologen Johannes Lichtenberger, 1492 gedruckt in Mainz bei Jacob Meydenbach.*

virtutibus antiquorum principum, gleichfalls ein Vorläufer der Schachbücher, um 1260/70 als Lektor in Oxford niederschrieb, sind die Alphili nicht Bischöfe, sondern Richter und Berater des Königs. Sie sollen gerecht, weise und aufrichtig sein, sich der Meditation ergeben, um klug und weise das regeln und ordnen zu können, was andere durch ihrer Hände Arbeit erworben haben. Die geharnischten, mit Gold geschmückten Ritter symbolisieren den Stand der Adligen. So wie sie nach außen mit dem Harnisch geschmückt sind, so sollen sie alle durch keusche Sitten überragen; die liberalitas (Freigebigkeit), pietas (Frömmigkeit), fortitudo (Tapferkeit) und misericordia (Barmherzigkeit) gehören zu ihren Haupttugenden. Ihnen ähnlich sind die Rochi, die Vertreter und Botschafter des Königs; ihre Haupttugenden sind neben Gerechtigkeit, Frömmigkeit und paciencia (Geduld) die humilitas (Demut) und voluntaria paupertas (freiwillige Armut). Nach den Rochi wird das Verhalten des Königs bewertet. Die Pedini bedeuten die singulorum officialium et artificium genera (die Arten der einzelnen Handwerke und Künste). Namentlich sind nur vier genannt. Es wird vorausgesetzt, daß sie auf dem Schachbrett symmetrisch plaziert sind. Dem Bauern auf Platz drei ist die größte Aufmerksamkeit gewidmet: »necesse est autem pre omnibus officiis culture terre insistere ... terra namque est mater omnium« (Vor allen Arbeiten ist es notwendig, den Landbau voranzutreiben ... denn die Erde ist die Mutter von allem). Johannes von Wales beginnt schon, die Berufsstände vorzustellen, getrennt und markiert nach ihrem Handwerkszeug, das sie benützen. Einfach und deutlich genug bedeutet Meier Helmbrecht seinem »ze hove« drängenden Sohn: »dîn ordenunge ist der phluoc« (dein Stand ist der Pflug). Signifikant für des Menschen Stand ist, womit er umgeht.

Die Liste der Berufsstände ist in den späteren Schachbüchern mehr und mehr erweitert worden. Der genannte Jakob von Cessole, der um 1300 auf Drängen seiner Mitbrüder sein Liber de moribus verfaßt, es sind an die hundert Handschriften bekanntgeworden, reklamiert für den Bauern innerhalb der Ständereihe den ersten Platz: der Bauer erledigt elementare Arbeit, darunter ist auch der Gärtner und der Weinbauer verstanden. An zweiter Stelle steht der Schmied, weil seine Erzeugnisse besonders von Rittern benützt werden, an dritter, vor dem Alphilus, der Notar, an vierter, vor dem König, der Kaufmann, ihm folgen der Arzt, der Pilger, der Wächter, und schließlich, an letzter Stelle vor dem linken Rochus, ein Taugenichts und Spieler. Jakob beschreibt ihn als Struwwelpeter, der in seiner rechten Hand eine kleine Münze hält, in der linken ein paar Würfel, und hinter dem Gurt steckt ein Sack voll Briefe. Er steht für alle die Schwelger und diejenigen, die ihr Vermögen vertan haben, die Spieler und Dirnen, die Spione, Läufer und Kuriere.

Eine farbige Gesellschaft, das muß man dem Genueser Dominikanerbruder lassen, und eine lebendige obendrein. Wir sehen sie vor uns vorüberziehen, den würdigen Rochus, den gewappneten Ritter, hoch zu Roß, der Bauer davor, krumm und lahm gearbeitet hat er sich, der Notarius, eine Schere in der Rechten, ein großes, breites Schwert in der Linken, ein Etui mit Pergamenturkunden hinter dem Gürtel und einer Feder hinter dem Ohr, vom Ersten der Welt geht die stellvertretende Reihe bis hinunter zum Pilger, der zugleich für die Kuratoren und Schankwirte steht, und zum Würfler, der mit einem Juchzer sein Leben verspielt, die Dirne, die gute Miene dazu macht, steht nicht weit von ihm.

Eine verbürgerlichende Bearbeitung solchen Szenariums liefert Konrad von Ammenhausen, Benediktinermönch und Leutpriester im Städtchen Stein am Rhein, in seinem 1337 vollendeten Schachzabelbuch. Die Ordnung der Spielfiguren ist die Ordnung der Welt. Nach dem Königspaar folgen die weltlichen Herrscher, nach den »Alten« (Läufer) die Richter und Ritter, nach den »Rochen« (Türmen) die Landvögte und die hohen Beamten, und schließlich die Reihe der acht »Venden« (Fußsoldaten, Bauern): die Bauern, die Bauhandwerker, das mit Haut und Haar befaßte Gewerbe, also alles, was von den Wollwebern über die Metzger und Bartscherer bis zu den Schreibern reicht, die Kaufleute und Geldwechsler, die Ärzte und Apotheker, die Wirte, die Stadthüter und Amtsleute und endlich achtens die Verschwender, Spieler und Boten. Sie alle – den Klerus und die geistliche Hierarchie vergißt der Thurgauer Bauernsohn, obwohl er doch geistlichen Standes ist – repräsentieren die Welt so, wie das Schachbrett die Stadt Babylon darstellt. Konrad liebt diese seine Welt, ihren guten Gang, um die er sich rührend besorgt macht, unter allem Verzicht auf die Unergründlichkeit des Mystischen, das damals in seiner nächsten Nähe, im Kloster Katharinental bei Dießenhofen eifrig gepflegt wird. Babylons

8 »Stand« wird im Mittelalter nicht nur im politischen oder sozialen Sinne
verstanden. Auch die Frau ist nur denkbar in der Ordnungsfolge der – dreifach
vorrangigen, dem Leben der Engel gleichen – Jungfräulichkeit (oben), der Ehefrau (unten) und der Witwe (Mitte). Ehestand trägt dreißigfache Frucht, Wit-
wenstand sechzigfache, Jungfräulichkeit hundertfache. Dieser symbolischen
Wertung entspricht die Darstellung des Frauenstands vor Stationen der Feldarbeit. Oben ernten Jungfrauen, links schneidet eine mit der Sichel das Korn, die
anderen drei tragen Garben. Im Mittelstreifen links zwei Witwen, eine mit der
Hacke, die andere sät aus ihrem gerafften Gewand, nach rechts bringen zwei
Mädchen Korngaben in eine (kleine) Scheune, von einem Jungen in der Tür
empfangen. Unten sind Eheleute am Werk, ein Mann gräbt mit einem Spaten,
seine Frau sät Körner aus einem Kasten. Rechts schneidet eine Frau vor baumbe-
standenem Hügel, tief sich beugend, mit einer Sichel das Korn, das ihr Mann
hernach bündelt. Aus einem Speculum virginum, mittelrheinisch, um 1190.

Buntheit ist nur scheinbar. In Wirklichkeit paßt alles zusammen, der Kleinbürger meldet sich zu Wort, wenn nur Fleiß und Treue und Redlichkeit, Gewissenhaftigkeit und Treue im eigenen Beruf und gegeneinander hochgehalten werden. Die Bauern stehen vor den edlen Figuren, das heißt ohne die unteren Stände können die oberen nicht leben.

Wie
sölten edel luete geleben,
sölten in (ihnen) nicht antwerkluete geben
ir notdurft ze allen dingen?
ein lantvogt möht niht betwingen
sîn lant, des er pflegen sol,
âne (ohne) den bûman (Bauern), der vüegt im wol.

Welche Stände die Welt des Mittelalters wirklich durchzogen haben, ist freilich damit nicht geklärt; dafür ist das Schachbrett zu klein und zu sehr Gleichnis. Man hat gerne von den beiden Urständen gesprochen, und damit den Krieger und den Bauern gemeint. »Got hât driu leben geschaffen, gebûre, riter, phaffen« sagt Freidank. Der Ordo, im Denken der Scholastik am schärfsten ausgeprägt, betrifft die gesamte Kreatur, in ihr, durch ständige Insubordination bedroht, auch die menschliche Gesellschaft. Das alte Schema der genannten drei Stände – Nährstand, Wehrstand, Lehrstand –, auf antike Vorgaben bis hin zu Aristoteles und Platon zurückgreifend, ist theoretisch kaum in Frage gestellt, allenfalls mit anderen Inhalten gefüllt worden. Der Bischof Adalbero von Lyon spricht schon in seiner Dichtung auf den Kapetingerkönig Robert den Frommen um 1020 davon, daß die Gesellschaft der Gläubigen nur einen Leib bilde, »der Staat aber umfaßt drei«. Und deutlicher: »Das Haus Gottes, das man für eins hält, ist also in drei geteilt: Die einen beten, die anderen kämpfen, die dritten schließlich arbeiten.«
Diese Einteilung in diejenigen, welche beten, welche kämpfen, welche arbeiten, in die Klasse der oratores, der bellatores, der

laboratores, hat etwas bestechend Klares und Einleuchtendes an sich. Aber sie umfaßt, auch wenn Autoren wie Adalbero die ganze Bauernschaft mit einbeziehen und laboratores mit Hörigen gleichsetzen, im Grunde nur die Gesamtheit der oberen Schichten, die melior pars, nur die Eliten. Die faktischen Verhältnisse sehen anders aus, zumal am Ausgang des Mittelalters, wo die solchermaßen dreigeteilte Gesellschaft nurmehr eine Fiktion ist, indem an die Stelle der drei Klassen die drei Stände treten, Geistlichkeit, Adel und dritter Stand, den man in Westeuropa und insbesondere in Frankreich in keinem Falle mit der Gesamtheit aller Nichtadligen gleichsetzen darf. Er umfaßt nicht einmal das gesamte Bürgertum, sondern auch hier lediglich die oberen Schichten, die Notabeln.

Der grundlegende Wandel bahnt sich im 11. Jahrhundert an. An die Stelle von ordo tritt jetzt gelegentlich conditio, Stellung, und um 1200 status, der »Stand«. Stand hat eine sehr viel umfassendere Bedeutung, das Wort meint jede Gruppierung, jede Funktion, jeden Beruf, so daß jetzt auch Gesellschaftseinteilungen in sieben oder in zwölf Stände geboten werden können: »Stand« ist Zustand, Wirklichkeit gewordener Ausdruck einer von Gott gewollten Seinsweise. »Stand« kommt von stare, stehen. Wer »Stand« sagt, geht davon aus, daß die Gesellschaft nicht »offen« und nicht veränderbar ist, sondern gegründet ist in eine Architektur, die – wie im Mittelalter allein aus technischen Gründen – gar nicht lange darüber nachzudenken braucht, was oben und was unten ist. »Stand« heißt: nicht Veränderung, sondern (statisches) Gehäuse. Die Gesellschaft (wie die Geschichte) bewegt sich nicht, sondern »steht« fest. Freilich ist damit, im Mittelalter, nicht gesellschaftliches Einerlei gemeint. Der Abstufungen und Gruppierungen sind ungezählt viele, vom Geburtsstand über die Berufsstände zu den Rechtsständen, vom Ehestand bis zum letzten Küchenmeister und zum letzten Küchen-Subdiakon. Die plausibel klingende spätmittelalterliche Aufteilung in Adel, Bürger und Bauern faßt wohl die berufsständische und die geburtsständische Abkunft zusammen, läßt aber beispielsweise dem Klerus und überhaupt der kirchlichen Hierarchie im Weltbau keinen Platz.

Sicher ist, daß die Gliederung der Gesellschaft in Stände im Mittelalter alle theologischen und politischen Betrachtungen bis in ihre hintersten Ecken hinein durchdringt. Wieviel der Stand bedingt, ermißt man daran, daß in manchen Teilen Europas das Erbrecht des weiblichen Standes gilt: die Kinder erben den Stand der Mutter auch, wenn diese eine Adlige und der Vater nur ein Ministeriale oder nur ein Bauer war, oder die Mutter die Tochter eines Ministerialen und der Vater nur ein Bauer war. Sicher ist, daß die ständische Durchdringung der mittelalterlichen Gesellschaft von dem gleichermaßen grundlegend prägenden, auch Literatur und Kultur bestimmenden Lehenswesen zu scheiden ist. Der Vasall leistet seinem Herrn bei der Huldigung den Lehenseid; kraft des Lehensverhältnisses schuldet der Vasall dem Lehensherrn Rat und Hilfe. Der Lehensmann hat einen Beitrag zu den Verwaltungsgeschäften, zur Rechtsprechung und zu den kriegerischen Unternehmungen seines Herrn zu leisten; das Lehenswesen stützt sich auf das Land. Es ist in erster Linie eine Besitzordnung, welche die landwirtschaftliche Nutzung regelt.

Mit dem Begriff »Stände« meint man eine Gesellschaftsordnung. Sie aus heutiger Sicht zu verstehen, verlangt nicht nur die begriffliche Trennung von der »Lehenspyramide«, die für eine Rechts- und Verwaltungsorganisation steht, sonden auch die Beseitigung eines in seiner Auswirkung fatalen Irrtums: Adel und Rittertum seien einerlei. In Deutschland ist nicht jeder Ritter adlig. Hier blieben bis zum Ausgang des Mittelalters Adel und Ministerialität getrennte Stände, obgleich sie gemeinsam die Ritterschaft bildeten. Und um das Fäßlein voll zu machen: »Was Adel genau war, kann man nicht definieren« (J. M. v. Winter). Wann der erste, der Adelsstand, entstand, läßt sich schwer sagen, auch, wann es zur gesellschaftlichen Position des Adelsstandes in der nachkarolingischen Zeit gekommen ist.

Wir können nur versuchen, in das verwirrend vielfältige

Stände- und Klassenbild des Mittelalters eine sinnfällige Ordnung zu bringen, indem wir uns zu Definitionen durchringen, die ihrerseits in ihrer Tendenz zur starren Fixierung in der Gefahr sind, das breite Spektrum des Mittelalters, dieses halben Jahrtausends, nicht völlig abzudecken. Stand ist eine Rechtsform, Klasse eine Sozialform. Zu einem Stand zu gehören bedeutet, eigenen Rechtsgrundsätzen unterworfen zu sein. Die Ritterschaft war vor der Zeit ihrer Erstarrung eine soziale Klasse. Nachdem der Adel zu Beginn des 13. Jahrhunderts der Ritterschaft beigetreten war, bestand diese Klasse aus Angehörigen dreier verschiedener Stände, die auch in ihr verblieben: der Ministerialen, die sich im 11. Jahrhundert aus Unfreien und Halbfreien rekrutierten, aus nichtadligen Freien und aus Adligen. Stände in diesem Sinne, wir folgen den Forschungsergebnissen von J. M. v. Winter, wären von »unten« nach »oben« Hörige, Halbfreie, Ministerialen, Freie und Adlige. Als mittelalterliche Klassen treten auf, gleichfalls in aufsteigender Reihenfolge: Tagelöhner, arme Bauern, bessergestellte Bauern, Herrenbauern, Ritterschaft, Fürsten.

Der genannte Meier Helmbrecht, dessen Geschichte Wernher der Gartenaere erzählt, ist der Vater eines jungen Mannes, der aus den Schranken seiner Bauernwelt ausbricht. Mit anderen Worten: die Ständewelt ist je länger, desto weniger eine »starre Ordnung« (K. Bosl). Jacques Le Goff hat mit seinem monumentalen Werk »La Civilisation de l'Occident Médiéval« von 1964 zeigen wollen, daß das Mittelalter »mit seiner Zeitauffassung und Mobilität alles andere als unbeweglich war«. Solche Mobilität darf auch in ständischem Sinne begriffen werden. Nicht nur mit dem Aufkommen der Stadt beginnt sich die Attraktivität an rechtlichen Freiheiten, wirtschaftlichen Möglichkeiten und sozialer Mobilität zu entfalten, auch auf dem Land ermöglichen die technischen und organisatorischen Neuerungen und Verbesserungen den Bauern Investitionen zur Erhöhung der Produktivität. Das bringt rechtliche Besserstellungen und schließlich eine Verdienstchance, die aus der Verknechtung eine − gutbezahlte und gesuchte Spezialisierung macht. Mäher

9 Alle mittelalterliche Staatlichkeit ist von personaler Beziehung geprägt; die
Lehnshuldigung – hier der Edelleute von Perpignan vor König Alfons II. – ist
ihr höchster Ausdruck. Kniend legt einer nach dem andern seine Hände
zwischen die des Königs und leistet dabei den Treueid: »Deine Feinde sind
meine Feinde, deine Freunde sind meine Freunde, ich will dir allezeit treu, hold
und gewärtig sein.« Buchillumination des 12. Jahrhunderts.

zur Erntezeit waren sehr gefragt, die Arbeit setzte eine besondere instrumentale Qualifikation voraus, die im Rechtsbuch Ruprechts von Freising aus dem Jahre 1318 gar als »hantwerch«, also als ein Stück der eigentlich bürgerlichen Provinz bezeichnet wird. Dem Dichter des Meier Helmbrecht schwebten gewiß Zustände vor, der Aufstieg des Bauernbuben zum »Strauchritter«, die sich damals so abgespielt haben können. Aus derselben Zeit – zwischen 1250 und 1280 – berichtet die Steirische Reimchronik vom armen Schneider Berchtold aus Wien, der durch die Gunst des Herzogs und der Herzogin zum Schützenmeister avanciert:

»Er was vor einer armer snîdaere
nû macht in (ihn) sô ahtpaere
der herzog und diu herzoginne
mit grôzem gewinne,
sô gar waren si im holt.
unz daz der selp meister Perhtolt
schutzenmeister wart.«

Solche Beispiele lassen sich beliebig vermehren. Der französische Ritterroman »Fergus« macht wahrscheinlich, daß Fergus und seine Eltern historische Personen im Schottland der ersten Hälfte des 12. Jahrhunderts gewesen sind: ein Bauernsohn, so der Roman, kann zum Ritter aufsteigen. Den Fall darf man, innerhalb eines bestimmten Kreises von Möglichkeiten, versteht sich, verallgemeinern; die Grenzen zwischen reichen Bauern und Rittern sind fließend. Aber nicht nur sie, auch die zwischen Ritterschaft und Stadtbevölkerung; beide Gruppen können so sehr ineinander aufgehen, daß es unendlich schwer wird, dem ohnehin nicht zeitgenössischen, erst dem gelehrten Humanismus entspringenden Wort »Patriziat«, gemeint ist die städtische Oberschicht, festen und eindeutig definierten soziologischen Boden zu geben. Städterinnen heiraten in den Adel ein, das Schicksal der Agnes Bernauerin ist ein spätes, berühmtes Beispiel hierfür, die schöne Tochter des Augsburger Baders, die sich 1432 heimlich mit dem baierischen Herzog Albrecht III. vermählt, die Ministerialen sind nichts anderes als Aufsteiger, die Wanderung vom Land in die Stadt bringt meist einen gesellschaftlichen Aufstieg, die von Karl V. 1530 in den erblichen Reichsgrafenstand erhobenen Fugger kommen aus dem bäuerlichen Graben bei Schwabmünchen, über die Zunftzugehörigkeit kommt man in die Ratsaristokratie, über das reiche Patriziat (und die Universitäten) gelangt man in die höheren Ränge der Fürstlichen Kanzler und bischöflichen Domvikare, und auf der Wende zum 16. Jahrhundert scheint das ganze Sozial- und Ständesystem überhaupt aus den Fugen zu geraten.

Aber, um Mißverständnissen vorzubeugen: solange man vom Mittelalter reden darf, bis zum Ausgang des 15. Jahrhunderts also, gilt die ständische »ordenunge« als gesetzt, als heilig. So leiten die Mönche von St. Laud in Angers einen Vertrag ein: »Gott selber hat gewollt, daß unter den Menschen die einen Herren, die anderen aber Knechte seien, auf daß die Herren gehalten wären, Gott zu ehren und zu lieben, und die Knechte, ihren Herrn zu lieben und zu ehren nach dem Worte des Apostels: ›Ihr Knechte, gehorcht den irdischen Herren mit Furcht und Zittern. Ihr Herren, behandelt eure Knechte nach Gerechtigkeit und Billigkeit; laßt das Drohen! Ihr wißt ja, daß sowohl für sie als auch für euch der Herr im Himmel ist.‹«

In Wirklichkeit sind der Möglichkeit, den Grenzen der Stände und Klassen zu entkommen, im Mittelalter enge Schranken gesetzt. Wer die elementare Kraft des Klassenbewußtseins und der Klassendemütigung für die Ideologien unserer Neuzeit erkennt, nicht nur Marx hat hier Akzente gesetzt, obwohl er es am nachhaltigsten getan hat, der wird sich der zentralen Bedeutung dieses sehr bewußten und immer aufs neue unterstrichenen mittelalterlichen Klassenantagonismus erst eigentlich klar. Ein tieferer Gegensatz zu dieser wie immer demokratisierten Vorstellung von der »offenen Gesellschaft« unserer Gegenwart ließe sich gar nicht denken. Im Mittelalter weiß jedermann, zu

welchem Stand er gehört. Gerade in den Heiraten, bei denen die
Sonder- und Ausnahmefälle mit so viel Aufwand hervorgehoben
werden, kommt das zum Ausdruck. Der Patrizier Nikolaus
Muffel, mit dem es durch eigene Schuld ein unglückliches Ende
nahm, schreibt 1468 eine Familienchronik für seine Kinder, »das
sie wissen in was stands ich gewesn«.

Man braucht solches Wissen zum Leben. Der Stand gibt die
Profile ab für das Leben. Walther von der Vogelweide, gewiß
keiner von den politischen Leisetretern und ein Revolutionär,
wo man auf die Darstellung freiheitlicher Menschlichkeit sieht,
entdeckt in der Kreatur den vernunftgeborenen Willen, sich feste
Rechtsordnungen zu schaffen. »sô wê dir, tiuschiu zunge, wie
stêt dîn ordenunge! (Doch weh dir, deutsches Volk, wie steht es
mit deiner Ordnung!) In Walthers eigener Umgebung gibt sich
»diu mugge ihr künec« (die Mücke ihren König) und fällt damit
ab von der großen, heiligen Ordnung. Wie sehr man den
überlieferten, gültigen Ordo unterhöhlt hat, so an anderer Stelle,
erkenne man daran, wie die Leute sich kleiden, »nû merkent wie
den frouwen ir gebende stât: die stolzen ritter tragent dörpellîche
wât« (Seht nun, wie den Frauen der Kopfputz steht: die stolzen
Ritter tragen bäuerliches Kleid). Wernher der Gartenaere bringt
diese beschwörende Warnung vor der Auflösung der ständischen Eigenbereiche in die anscheinend empirisch abgesicherte
Formel: »wan selten im gelinget / der wider sînen orden ringet«
(Denn niemals hat derjenige Erfolg gehabt, / der gegen die
Gesetze seines Standes aufbegehrt).

Selbst in den Chroniken der Städter, für deren geheime
Opposition gegen jedes hochmittelalterliche Streben nach hier-
archischer Ordnung der Wertbereiche man Verständnis haben
könnte, schließlich hat sich die Stadt als revolutionäre Neuheit in
die Feudalwelt gestellt, selbst in den Chroniken der Städter wird
ohne jeden Abstrich die Ordnung postuliert. In der Lübecker
Ratschronik, niedergeschrieben zwischen 1438 und 1482,
nimmt man entschieden Stellung gegen das Gebaren Karls des
Kühnen. Er ist seinem sündigen Hochmut zum Opfer gefallen.

Die Ordnung der Welt ist im Gewissen verankert, und Gewissen und Rechtsbewußtsein fallen in eins.

Gelegentlich reißt in dieser offiziellen Ratsannalistik die Oberfläche der Erscheinungen auseinander und wird die Hölle sichtbar, die im Rechtsbruch der Menschen sich auf der Erde zu verwirklichen strebt. Der Kinderkreuzzug nach St. Michael in Frankreich 1457 erscheint als ein höchst unbegreifliches Ereignis. Niemand weiß, ob er Gottes- oder Teufelswerk ist. Die Ahnung wird spürbar, daß hinter der im Recht dauernden Ordnung der Welt eine Kraft wirksam ist, die alles auseinanderreißen kann. Friedrich III. wird nach dem Bericht der Konstanzer Chronik 1442 in Aachen gekrönt »mit kayser Karolus cron und sinem swert, das im (ihm) vom hymel by ainem engel gesent ward, und mit syner stöl (stola). Do by warent die curfürsten und sust vil ander großer fürsten und heren«. Der Reichsstädter lebt in einer vornationalen Tendenz. Die Ordnung der Welt fällt zusammen mit der Ordnung des Reiches und der eigenen Stadt. Unwetter oder der Schweif eines Kometen, dutzendmal hält das die Stadtchronik fest, zerstört die Ordnung ebenso wie irgendein Übergriff in die Rechte der anderen oder in die Aufgabenbereiche der anderen Zunft. Denn: »Stand und Condition der Menschen sind ungleich.« Mit diesen Worten trat ein reichsstädtisches Kollegium drei Jahre nach der Französischen Revolution einer kleinen Gesandtschaft von »Büigern« aus Paris entgegen. Altständisches Menschenbild gegen aufklärerisch-demokratisches, von der naturwissenschaftlich-mathematischen »Summe« gespeistes Menschenbild.

Seine ständische Grundeinstellung hat das Mittelalter nirgendwo verheimlichen können. Man kleidet sich »an-ständig«, wie es dem eigenen Stand zukommt. Die Kleidung ist – und bleibt – das sichere Erkennungsmerkmal für die jeweilige soziale Zugehörigkeit. Noch die Details der Kleidung sind ständisch geregelt; die strenge Hierarchie von Stoffen, Farben und Pelzen gibt den verschiedenen Ständen ihren Rahmen und ihre Würde. Die Kleiderordnungen, in der Barockzeit werden sie zur Litera-

10 *Berufsstände. Oben links ein – wohl adliger – Vogelfänger mit Leimruten,
oben rechts die vornehme Küche mit Schlachter, erbostem Herrn und betrete-
nem Koch, unten links ein schreibender Mönch und ein malender Laie (er malt
den aus Monatszyklen bekannten »Maikönig«), unten rechts Meßopfer. Federzeichnung aus dem sog. Reuner Musterbuch, um 1210–1220.*

tur eigener Farbe anschwellen, sind ein Erbe des späten Mittelalters: wes Standes, des Kleider. Punktum. Fanden die modischen
Neuerungen, die im letzten Viertel des 13. Jahrhunderts zu
beobachten sind, auch Gefallen beim Klerus, so verbietet man
auch denen, wie auf dem Provinzialkonzil zu Salzburg 1274,
offene Kleider, silberne Gürtel, Schnallen und geschwänzte Hüte
zu tragen.

In der ländlichen Kleidung spiegelt sich bis weit in die Neuzeit
hinein dort, wo sie sich als Tracht erhalten hat, vielfach noch die
alte, durch obrigkeitliche Gesetze beeinflußte Vorstellung wider,
daß jeder Stand in der gesellschaftlichen Ordnung eine eigene,
ihm gemäße Ausstattung zu besitzen habe. Das konnte nicht
ausschließen, daß die Tracht – nicht die bäuerliche Arbeitskleidung, die war oft mehr als primitiv – mannigfach durch die
Mode beeinflußt wurde. Selbst die Farbe für die Wochenstube ist
ständisch geregelt. Grün war im 15. Jahrhundert das Vorrecht
der französischen Königin und der Prinzessinnen. Selbst Gräfinnen durften keine »chambre verde« haben. Stoff, Pelzwerk und
Farbe von Decken und Spreiten sind vorgeschrieben. An den
Höfen, am burgundischen, am spanischen, am habsburgischen
sind die Sitzordnungen eine geheiligte Sache. Die aus Holz,
Metall und Bein hergestellten Faltstühle, die Nachfahren der
römischen »sella curulis«, waren im Hochmittelalter Vorrecht
der Kaiser und Könige, der Bischöfe und Äbte. Daran erkannte
man, was den kirchlich-religiösen Bereich anging, die Rolle des
Bischofs oder Abtes als Vertreter Christi auf Erden. In den
Kirchen hat man für die Vertreter bestimmter Stände bestimmte
Stühle hergerichtet, geschlossene, späterhin verglaste Oratorien
für Fürstlichkeiten, die in den Patronatskirchen der Hohenlohe
oder Waldburg-Zeil und so fort heute noch »besetzt« sind,
Kirchenstühle für Patrizier und Honoratioren, die man im
letzten Jahrhundert durch Anzeige in der Zeitung um teures Geld
weiterverkaufen konnte und die heute noch, mit Messingschild-
chen markiert, im Gebrauch sein können.

Wo einmal der Stand zum Maßstab im Leben geworden ist,

71

verkrusten sich bestimmte Umgangsformen und Tätigkeiten zu einem Ritus, der »bis in den Tod« hinein Geltung hat und von einem Mitglied anderen Standes schon gar nicht mehr verstanden wird. Der Ritus eines Zünftigen beim Eintritt in »sein« Zunfthaus in einer anderen Stadt, trotz der deutschen Wörter, die man dabei gebraucht, für einen Soldaten oder einen Leutpriester ein böhmisches Dorf, gehört ebenso hierher wie der Ritus und die Sprache beim waidgerechten Jagen; sie sind schon am Ausgang des Mittelalters eine für den »Pfeffersack« oder schriftgelehrten Stubenhocker gänzlich unverständliche Zeremonialhandlung. Aber man bleibt dabei, mit einer ans Pathologische grenzenden Hartnäckigkeit. Selbst auf dem Schafott werden Rang und Standesehre beachtet. Das Blutgerüst des Connetable von Saint Pol ist mit gestickten Lilien geschmückt, karmesinrot sind das Betkissen und das Augentuch, der Henker, ein zweifelhaftes Privileg für den Sünder, ist ein jungfräulicher Mann, der noch nie eine Hinrichtung vollzogen hat.

Vor allem das Essen – bei dem in bestimmten Kreisen die Kinder zu stehen hatten – hat eine spezifisch standesgemäße Seite. Man nennt die Speisenfolge »ordo«, das ist das gleiche Wort, mit dem man im Mittelalter lange den »Stand« bezeichnete. Vom Essen, von der Speisenqualität her präsentiert sich die mittelalterliche Gesellschaft in jener ständischen Gliederung, wie sie Paolo Santonino mit seiner Reisegesellschaft auf den Ritten durch Kärnten und Osttirol zwischen 1485 und 1487 erlebt hat. Der ländlichen Oberschicht gehören der niedere Adel, die Pfarrer und Klöster an, der ländlichen Mittelschicht die »Dorfgemeinde« und einzelne bäuerliche Haushalte. In Stadt und Markt sind als Gastgeber und Spender von Mählern nur Angehörige der Oberschicht anzutreffen, dazuhin der niedere Adel, die Archidiakone und Pfarrer, das Kloster und das Bürgertum. Die Abstufung der Essen, die der Reisegesellschaft vorgesetzt werden, erfolgt je nach diesen Ständen, in der höchsten, in der niedrigsten Gesamtzahl von Gängen. Bei den Festessen des niederen Adels zu Ehren der Gäste notiert Santonino acht bis

11   *Ständisch getrennte Lebensaufgaben: der Kleriker hat für Besinnung und*
Gedanken (Vita contemplativa) da zu sein, der Ritter für die Tat (Vita activa).
Bildrand links die Wand der heiligen Gedanken, rechts die Wand der guten
Werke. Federzeichnung aus einem Liber avium, um 1200.

zwölf Gänge, beim Bürgertum kann das bis um die Hälfte zurückfallen.

Natürlich gibt es Speisen, die allen gleich munden, so daß man zu der Ansicht kommen konnte, Kraut und Rüben seien auf dem Speisezettel aller mittelalterlichen Gesellschaftsschichten zu finden (M. Heyne). Aber die Zubereitung von Kraut hat, sieht man genauer hin, wesentlich variiert. Rüben mit Speck war wiederum nur den »Oberen« gegönnt, und erst ein Krautgericht mit Speck brachte jenen hohen Grad von Ehrung und Würdigung zum Ausdruck, den ein Gastgeber seinem Gast mit dem Mahl erweisen wollte und konnte. »Gepfeffertes« war eine Speise von hoher Geltung, beim niederen Adel zu finden und seltener auch in einem Pfarrhaus. Die Aalrutte, noch heute als Speisefisch hoch geschätzt, galt als Rarität und war den oberen Schichten vorbehalten. Weizen als mittelalterliches Nahrungsmittel kannten im wesentlichen nur Hausgenossen der Oberschicht. Schwarzbrot war eine Speise des niederen Volkes, »vulgaria« nennt es Santonino. Weißbrot, in der Hauptsache als Beigabe zu Speisen, kannten nur die Oberen, denen im Gailtal auch der crustulus und die pastilla, zwei Gebäckarten, vorbehalten blieben. Es ißt nicht jeder, was ihm beliebt und was er sich möglicherweise auch einmal leisten könnte, so wie man sich, auch davon weiß ein Reisebericht wie der von Santonino viel zu sagen, nicht zu Tisch setzt, wie's beliebt, sondern in allen Schichten seine festen, Stellung, Rang und Alter respektierenden Plätze hat.

Die Auswirkungen dieser strikt beobachteten Ständewelt auf Leben und Alltag, das ist es, was uns am meisten interessiert. Die Antwort lautet, auf eine knappe Formel gebracht: es gibt keinen Alltag »des« mittelalterlichen Menschen, sondern nur verschiedene Ausgaben je nach der ständischen Zugehörigkeit. Als man vor Jahren einmal in den Vereinigten Staaten die Leute befragte, welchem Stand sie sich im einzelnen am ehesten zugehörig fühlten, plädierte die überwältigende Mehrheit für die »middle class«: ganz Amerika eine einzige middle class. Im Mittelalter wäre das ebenso undenkbar gewesen wie ein einheitliches Weltbild undenkbar war. Das Verhältnis zur Wirklichkeit, oder das, was wir heute darunter verstehen, war beim Ritter ein anderes als beim Bürger, beim Bauern wieder ein anderes als beim Universitätsprofessor. Burkard Zink, dem weitgereisten Augsburger Chronisten, der säuberlich »alle land, stett und märk, gegend und dörfer« verzeichnet, »die ich Burkhardt Zingg bei meinen Tagen erfaren und in den ich gewesen bin«, erscheint die Welt als eine Summe von »fürsten, herren, stetten, bischöff, prelaten, äpten«. Die Welt ist nicht Fläche, der Raum nicht Landschaft. Er ist in Namen gepreßt, die an Rechtsträger gebunden sind.

Jeder Stand hat seine Sprache, seinen Horizont, seine Farbe, seine Atmosphäre, seine Eigenart. Vor Bauern malt man anders. Hans Memlings »Bildnis eines jungen Mannes«, das ein mit Blumen gefüllter Majolikakrug auf einem Teppich ziert, ist Städtersache. In Gebieten mit vorwiegend bäuerlicher Bevölkerung hat man andere Motive herangezogen, der Nachttopf auf der »Geburt Mariens« eines Inntaler Meisters von 1480 oder auf der gleichen Darstellung des Meisters von Mariapfarr im Lungau (um 1500) beweisen das. Die gegen Ende des 13. Jahrhunderts in einem bayerischen Benediktinerkloster entstandene Biblia pauperum, die Armenbibel, Vorbild Dutzender, Hunderter von Bildtypologien in Handschriften, Glasfenstern und Drucken, ist aus der Reverenz vor solchen Standen erwachsen, die im Schreiben oder Lesen nicht geschult sind.

Anderer Stand, anderes Denken, anderes Singen. Jeder Stand hat »seine« Musik. Mönche und Geistliche haben den Gregorianischen Kirchengesang, die Herren ihre Spielleute und Minnesänger, die Bauern ihr lautes Gedudel und Gefiedel. Die Edelfrauen sind getrennt von den übrigen Frauen, die wohlhabenden Frauen haben mehr Geburten als die übrigen, aber sie können sich, am stärksten eingezwängt in Standesetiketten, auch am wenigsten durch eigene Berufsarbeit verwirklichen. Bauern, deren Sprache von den »Oberen« gering geschätzt wird, während der »Obere«, ob er reitet, jagt oder liebt, »edel« ist: Bauern

12 *Fragendes Aufbegehren gegen die mittelalterliche Ständeordnung. Rechts an*
der Spitze der Krieger, dahinter, im Hermelinmantel, ein Mann des Fürstenstan-
des, hinter ihm ein Gelehrter, an dritter Stelle ein Handwerker mit dem Haubeil
auf der rechten Schulter, am Schluß der Bauer mit dem Dreschflegel, zerlumpt,
aber eher fragend als gedrückt. Die unterste Verszeile des Spruchbandes schließt
mit dem Aufruf: »Erwacht sy (sei), es würt dir zu schwer!« Ausschnitt aus einem
Holzschnitt der Dürer-Werkstatt um 1526, nach einer älteren Darstellung im
»Michelfelder Teppich« aus der ersten Hälfte des 15. Jahrhunderts.

bestraft man in bestimmten Strafsachen, bei Vergewaltigung
etwa, anders als die oberen Kreise. Während diese mit schwer-
sten Strafen zu rechnen haben, läßt man es in bäuerlichen
Kreisen mit einer Geldstrafe bewenden.

Wenn mittelalterliche Kultur eine Kultur der Form ist, so hat
sie das dieser beständigen Verneigung vor den Ausformungen,
will heißen vor den Ständen und Klassen der Gesellschaft zu
verdanken. Der erste Stand, er könnte in seinem Alter mit dem
Landmann, dem Bauern streiten, geht in seiner usurpierten oder
tatsächlichen Vorbildlichkeit voran, die übrigen folgen. Der
Patrizier ergötzt sich am literarisch-symbolischen Beiwerk der

Artus-Runde, der Zünftler an der »Höflichkeit«. Das Leben ist nicht Terrain für Durchbrüche und Alleingänge in gesellschaftlichem Betracht. Es ist hierarchisches, irdisch-systematisiertes, abgestuftes, gebändigtes System, in dem das Gefühl für Form seinen Platz und seinen Sinn hat. Auch die spontanen Zärtlichkeiten sind sorgfältig in feste Formen gebracht, doppelt rührend, wenn man die originäre Leidenschaftlichkeit der Generationen bedenkt, auch die Lebensverhältnisse werden stilisiert, zur schönen Form, zur Gültigkeit der Spiel-Regel, zum tradierten Ritus des Schau-Spiels. Das angeborene Bewußtsein von der Verschlungenheit der transzendentalen Wirklichkeit der Dinge mit der ständischen Aufgliederung der Gesellschaft bringt es mit sich, daß jede Vorstellung von letztlich unwandelbaren Grenzen umrissen ist und in einer Form für sich dasteht. Die Form herrscht. Das Leben wird zusammengehalten durch unverrückbare Akzente, durch die Sakramente der Kirche, durch die Feste des Jahres, durch die Gezeiten des Tages, durch die Kammerungen, in denen jeder Mensch seinen Ort hat. Alles hat seinen festen Stand.

3 Schildes ambet ist mîn art

Die Burg als erste gesellschaftlich ausgezeichnete Wohnform
fügt sich nicht nur in diese von der Form her geprägte Lebenswelt, sondern repräsentiert sie zunächst auch. Am Ausgang des
Mittelalters, für die Generation Luthers, gab es kein deutlicheres
Synonym für die Dauer im Wandel als die »feste Burg«. Von
dieser Assoziation hat man auch in den folgenden Jahrhunderten
bis weit in die Neuzeit hinein nur ungern gelassen, und wo immer
künstlerischer Formwille mit »trutziger Wehr« sich zu verbinden hatte, hat man, idealisierend und dekorierend, daß es nur so
seine Art hatte, auf die Burg verwiesen. Nicht nur Neuschwan-
stein, auch Kaiser Wilhelms II. Hohkönigsburg sind Sinnbilder
dafür. Letztere, man bedenke das, ist nur deshalb nicht fertig
geworden, weil der Erste Weltkrieg mit seinen Flugzeugen und
Materialschlachten und Tanks darüber hinwegging.
   Die Burg als befestigter Platz, der Höhen- oder Wasserlage
durch Wälle, Gräben und Mauern ausnutzt, ist fast allen alten
Völkern der europäischen und vorderasiatischen Kulturkreise
bekannt. Ihre Wurzeln sind so mannigfach wie ihre Lage (Hö-
henburg, Wasserburg, Stadtburg und so fort), ihre politisch-
soziale Funktion (Hofburg, Ministerialenburg und so weiter)
oder ihre architektonische Gestaltung, die von der Randhaus-
burg über die Ringmauerburg bis zur Schildmauerburg alle
erdenklichen und notwendigen Gegebenheiten sich zu eigen
macht: es gibt keinen Typus »Burg«, wie es keinen allgemeingültigen Typus »Stadt« gibt, sondern immer wieder neue Individualitäten, die der bald romantisierten »Urwüchsigkeit« des Bur-
genbaus willig Vorschub leisteten.
   Sicher ist, daß in frühgeschichtlicher Zeit Wohnbau und
Wehrbau zwei verschiedene Dinge waren. Hier stand das Wohnhaus, nur durch einen Zaun geschützt, dort die Fliehburg. In
spätkarolingischer Zeit scheint eine Synthese von beidem vorge-

13   *Eine Burg des 15. Jahrhunderts, ohne Namen, aber doch der Wirklichkeit sehr nahe kommend. In der Mitte schaut der alte Palas mit zwei rundbogigen Fenstern hervor. Flankierende Türme finden frühestens Ausgang des 14. Jahrhunderts in Deutschland Eingang; sie sind abgeschlossen durch Erker-Aufbauten und – aus Italien kommende – Maschikulis, Gußlöcher zum Herabgießen von Pech u.a. Die Schießscharten in den Türmen und die beide verbindende Zwingermauer künden an, daß man sich schon auf Feuerwaffen einzustellen beginnt; um ihnen völlig standhalten zu können, müßte diese Burg zur Festung werden. Je höher und bizarrer der Fels, aus dem die Burg herauswächst, desto attraktiver: das ist eine ständische Frage – der Burgherr hebt sich ab von den »anderen« –, aber auch eine ästhetische. Schließlich kann die Burg nicht verwegen genug sein, auf den Altarblättern und Silberstiftzeichnungen zumal, und am Ende ist sie nur noch Repräsentation und Angabe. Aus den Commodorium ruralium libri des Petrus de Crescentiis, Druck von Peter Drach, Speyer 1493*

nommen worden zu sein. Jetzt treten die Ringmauer und der Turm als wichtigste Elemente auf; sie können einzeln oder nebeneinander vorkommen. Die Normanneneinfälle des 9. Jahrhunderts und die Ungarnzüge des 10. Jahrhunderts geben einen starken Anstoß zum Burgenbau. Heinrich I. leistet den eindringenden ungarischen Reiternomaden Widerstand. Mit seinem Sieg 933 in offener Feldschlacht bei Riade an der Unstrut leitet er zugleich eine erste »Burgenpolitik« ein: an den Grenzen entstehen Befestigungen, die den Feind abwehren, aber auch regionale Verwaltungsaufgaben erfüllen.

Aus der Fluchtburg wird die Wohnburg, indem der Adel, der bis dahin unter den Bauern in den Dörfern gewohnt hatte, auf den unbesiedelten Gipfeln der Berge neue Gebäude errichtet. Eine Burgenbauwelle erfaßt ganz Europa. Ihren Höhepunkt erreicht sie im 12. Jahrhundert; die »staufische Klassik« meint auch eine Glanzzeit der Burg: häufiger als vorher und nachher wird sie auch ein Stück höherer Architektur. Curt Tillmann hat über 19 000 historische Burg-Denkmäler für Deutschland gezählt, gewiß kein definitives Ergebnis, wenn man bedenkt, daß die frühe Burg vor allem ein Holzbau gewesen ist, der tatsächlich spurlos verschwinden konnte. Immerhin haben wir Nachweise von mehr als sechstausend untergegangenen Burgen in Deutschland, dreitausend befinden sich heute in staatlichem oder privatem Besitz, ebenso viele stehen leer oder sind mehr oder minder schlecht genutzt, doppelt so viele sind teilweise zerstört oder verfallen.

Die geschichtlichen Vergolder unter den Burgenliebhabern können uns nicht darüber hinwegtäuschen, daß die Burg für lange Zeit hin ein arg einfaches Aussehen behielt, daß der »adlige« Lebensstil dort unter dem blieb, was ein durchschnittlich-bürgerlicher Haushalt heute bei uns gewohnt ist, daß nur wenige Burgen den Weg zur Gestalt vom Schlage der Wartburg geschafft haben. Die befestigten Plätze, die »festen Häuser« und Burgställe waren kleinräumige Anlagen auf Erdwerken. Ein gewöhnlicher Ritter oder Knappe, der sich vom Herrenbauern emporgearbeitet hatte, wohnte eben in einem »Steinhaus«. Das hatte herkömmlicherweise nicht mehr als zwei Zimmer, einen Wohn- und Empfangsraum, in dem aber auch geheizt und gekocht wurde, erst später hat man den »Rittersaal« aus diesem Raum gemacht, und ein Schlafgemach für die ganze Familie. Rundherum mögen noch ein paar hölzerne Häuschen für das Personal gestanden haben. Aber besonders wehrhaft und komfortabel war das Ganze nicht.

Mit der Zeit bringen Wehr- und Wohnbedürfnisse, natürlich nicht ohne ihrerseits mit den politischen und wirtschaftlichen Trends verknüpft zu sein, ein größeres Arsenal an baulichen Requisiten mit ins Spiel. Daß den »Burgstall« einstens nur ein Graben, Wall und Palisadenzaun markierten, hatte man längst wieder vergessen. Jetzt wird *ein* Turm, der Bergfried, aufgeführt, wohl nicht ganz ohne Erinnerung an den römischen burgus, den gleichfalls von Palisaden umgebenen Wachtturm. Der Bergfried gerät zu einem immer gewaltigeren Mauerwerk, er kann Wände bis zu sechs Meter Dicke haben. Der Eingang liegt in den oberen Stockwerken und ist über Leitern, die bei Gefahr entfernt oder vernichtet werden können, zu erreichen. Wo er außen Buckel-quader zeigt, jene unbehauenen Werksteine mit nur roh bearbei-teter, buckliger Vorderseite und exaktem, schmalen Randschlag, wahrscheinlich ein Erbstück des großen arabischen Einflusses, ist er, angesichts der damaligen hochmittelalterlichen Belage-rungstechnik, so gut wie uneinnehmbar.

In Deutschland war der Bergfried ursprünglich so groß, daß er vor der zweiten Hälfte des 12. Jahrhunderts die Wohnräume des Burginhabers aufnehmen konnte. Reichte er dazu nicht aus, konnte eine Holzbrücke, die bei der Verteidigung rasch zerstört war, die Verbindung mit anderwärts untergebrachten Wohnräu-men herstellen. Im Bergfried wurden die Vorräte gelagert und die wertvolle Habe deponiert; er war, bei Gefahr, Herzstück und Leben der Burg. In seiner Tiefe befand sich das Burgverlies, ein fürchterlicher Kerker. Darüber, im Untergeschoß, war der Keller untergebracht, während das Erdgeschoß eine Halle, die Dürnitz, für die Unterkunft der wachhabenden Mannschaft hergab. Das Erdgeschoß war heizbar, und der Kamin ging durch alle Ge-schosse. Die Verbindung zwischen ihnen war durch die linksläu-fige Wendeltreppe hergestellt.

Der eigentliche Wohnraum der Burg ist der Palas, mit einem größeren Aufenthaltsraum, mit Kammern, mit der Kemenate. Selten, daß der Palas, wie auf der Burg zu Nürnberg, zu einem wirklichen »Palast« werden konnte. Ein paar Schritte weiter stößt man auf die Burgkapelle oder zumindest einen Kapellen-einbau, auf ein paar Gesindehäuser, auf Stallungen und Spei-cher. Man hat die Dinge so zusammengefügt, wie der Bergkegel oder Felsvorsprung es nahelegen mochten: die Funktion der Burg konzentriert sich in Lebensschutz und Verteidigung. Mit Hilfe des »Flankierens« konnte man dieser Aufgabe am nächsten kommen. Der Feind sollte gezwungen werden, sich möglichst lange und womöglich mit seiner rechten, weniger gut zu schüt-zenden Flanke den Verteidigern auszusetzen. Alle die Rampen und Aufgänge und Torwege liefen in diesem Ziel zusammen.

Im Vergleich zur mittelalterlichen Stadt hatte die Burg eine einfache Funktion. Ist die Stadt an gemeindliche, kommunale Vielfalt und Arbeitsteilung und mithin an kollektive, genossen-schaftlich »demokratische« Ansprüche gebunden, so verrät sich die Burg als ein gänzlich aristokratischer, einem einzigen Burgherren und einer einzigen Familie, nur in seltenen Fällen einer Handvoll Adelsfamilien gehöriger »Punkt«. Dementspre-chend kann auch die Architektur, bei größeren Anlagen darf davon gesprochen werden, einem einzigen und signifikanten Akzent, dem Bergfried und gegebenenfalls der damit verbunde-nen Schildmauer bestimmt werden. Alles übrige ordnet sich dieser Dominante unter. Die Burg hat sich in ihrem Grundriß und ihrem Aufriß nur nach diesem einzigen Zweck der Schutz-funktion und nach den Intentionen des Burgherrn zu richten.

Der Einzelne, der die Sicherheit und die Blüte seines Lebens so unmittelbar mit den Mauern eines Wehrbaus verbunden hat, will das auch zeigen. Nur ein Atemzug, und der fortifikatorische Zweck wechselt in den Schein der Repräsentanz hinüber. Im ersten Stock des Palas liegt der Saal, das Schau- und Prunkstück der ganzen Anlage, besonders in Hofburgen prächtig ausgestat-tet, von Dichtern oft in begeisterten Worten umschwärmt. Der eine erzählt von der Decke aus Zedernholz, in weniger attrakti-ven Fällen beeindruckt zumindest eine flache Balkendecke, durch Mittelsäulen gestützt, dem anderen hat es der Fußboden aus grünem Marmor angetan, ein dritter greift ganz tief in die

Saiten und singt von einem Palas, der, wunderbar anzusehen, aus wasserhellem Kristall erbaut gewesen sei.

Wir gestatten auch dem mittelalterlichen Poeten einen dichterischen Freiraum. Aber auch in Wirklichkeit haben die Künstler die Saalwände mit Figuren, Ornamenten und Blumen zu schmücken verstanden, da gab es biblische Szenen, Davids Kampf gegen Absalom, die Abenteuer Alexanders, galoppierende Ritter, die Gestalten der Heiligen, Zyklen aus Tristan und Isolde oder aus Hartmanns Iwein. Auch Teppiche hat man an die Wände gehängt, mit Darstellungen aus dem trojanischen Krieg oder aus der Aeneis. Soweit diese Umhänge hinter den »rückelachen« (Sitzen) nicht die volle Höhe der Wand erreichten, ist die freibleibende Wandfläche »gemuoset«, mit reichen Mustern polychromiert. Manchmal hängen auch Wappenschilder an diesen Flächen. Die Steinpfeiler und die Holzträger des Saals, durchweg feingegliederte Architektur, nehmen an der lebhaften Färbung des Ganzen teil. Der Brauch, die Schilder des Hausherrn und seiner Gäste als Schmuck der Innenwände zu verwenden, erscheint fast wie ein Nachklang aus germanischen Zeiten.

Der große Saal ist ein Männerraum. Man steht zum Empfang, aber man findet dann auch reichlich Sitzgelegenheiten. Sitze sind in der Fensterwand angebracht. Bei reichen Bauten stellt sie sich mit ihren gekuppelten und gewölbten, hoch über dem Fußboden angebrachten Fensteröffnungen als eine tiefe und hohe Nische dar, so tief, daß sie wie ein Kämmerchen für sich aussieht und auch als solches gebraucht wird. Die Sitzplätze hier sind vielfach aufgemauert und werden mit Kissen belegt. Bei Gelegenheiten, wo es draußen etwas zu sehen gibt, Besuche kommen an, Aufzüge gehen vorüber, es wird zu Kampfspielen geblasen, sind den Frauen die Fenster stets als bevorzugte Plätze eingeräumt. Im Saal sind andere Sitze aufgestellt. Weil eine so große Menge gebraucht wird, sind es wohl schlicht zusammengeschlagene, kantige Gestelle, die völlig unter Decken und Kissen untergehen.

Die Tische werden erst hereingetragen, wenn das Mahl schon bereitet ist. Dann bringen die Diener die Schragen, kreuzweis

14 Von der Wasserzufuhr kann das Leben einer Burg abhängen. Ziehbrunnen in einem Burghof, oben links Taubenschlag. Aus den Commodorium ruralium libri des Petrus de Crescentiis, Druck von Peter Drach, Speyer 1493.

verschränkte Untergestelle, auf die sie eine Platte legen. Diese Gestelle werden wohl unter dem gemeinsamen Wort »bette« verstanden, und wir sehen aus gelegentlichen Erwähnungen, daß sie gern an die Saalwand der Tür gegenüber namentlich für Ehrengäste gerückt wurden. Es ist das gewöhnlich eine Schmalwand, als oberste auch als vierte Wand bezeichnet, mit besonders reich ausgestattetem, auch erhöhtem Sitz, der dann auf der »büne« oder »brücke« steht. Hier speist auch die Herrschaft mit den vornehmen Gästen. Hölzerne Stühle und Bänke findet man nur bei den Mahlzeiten im Saal. Der Faltstuhl, nur vornehmen Herren als Sitz dienend, war auf der Burg ein Einzelfall. Im Grunde ist er ein zusammenklappbarer Stuhl, mit Lehne, aber mit prächtig geschnitzten, womöglich Tierköpfe zeigenden Armstützen. An der Stelle des Sitzbrettes ist ein Leder gespannt, aber auch darauf liegt ein weiches Polster. Aus diesem Faltstuhl, den die Franzosen Faudestuel nannten, ist schließlich unser Fauteuil geworden.

Als Fußbodenbelag für die Wohnräume der Burg hat man mehr Ziegel und Estrich als Bretter verwendet, und die allgemeine Sitte, den Boden mit Gras und Blumen zu bestreuen (»gras und semede [Schilf] was gestreuwet ûf der kemnâte boden«), konnte diesem Material nur günstig sein. Fußboden von Marmorplatten, wie einer im »Tristan« erscheint (»von grünem marmel alse ein gras«), dürften selten gewesen sein. Häufiger sind Tonfliesen, mit eingepreßten oder eingeschnittenen Mustern, die in großer Mannigfaltigkeit heraldische, menschliche, tierische Figuren zeigen. Daß zur Freude der Herrschaft und ihrer Gäste in Käfigen Vögel gehalten und im Palas ausgestellt werden, erfahren wir da und dort; so häufig wie im Bürgerhaus der Stadt scheint die Sitte in der Burg freilich nicht gewesen zu sein. Hunde werden viel gehalten, auch Wiesel. Im »Wolfdietrich« heißt es vom Speisesaal: »nahtegal und galander, die sungen widerstrît«. Der »sal« im Palas der Burg hat wie der Palas selber Repräsentations- und Wohnaufgaben. Je magerer die Repräsentanz einer Burg ausfällt, desto weniger ist ein Palas nötig, bei den kleinen Burgen fehlt er ganz. Dafür kommt die »kemenâte« auf, die mit besonderer Unterstreichung des Traulichen und Wohnhaften das Wohngebäude einer Burg bezeichnet, in dem ein einfacherer Repräsentationsraum nicht ausgeschlossen ist, das aber in der Hauptsache der engeren Familie dient. Das Wort kemenâte, in dem der Kamin, die populäre Umformung des lateinischen »caminus« steckt, meinte ursprünglich den heizbaren kleineren Wohnraum im vornehmen Haus. Es bewahrt diese Erinnerung an die erste Bedeutung, wenn es das Wohn- oder Schlafgemach der Burgherrschaft, der Burgherrin oder der Gäste neben oder über dem Saale meint; es erweitert sie, wenn es auf das ganze Haus mit mehreren solchen Gemächern geht. In diesem Sinne kann eine Burg neben einem Palas eine, wenn die Familie groß ist, mehrere Kemenaten haben. Und es ist nicht ausgeschlossen, daß in lässigerem Sprachgebrauch kemenâte selbst für palas und umgekehrt steht.

Verstehen wir darunter ein eigenes Gebäude, so darf die

85

folgende Schilderung der Zimmerschen Chronik sicherlich dafür als Vorstellung des Durchschnittstyps genommen werden: »es het der grosz steinin stock am schlosz ain hölzin haus darauf, in die rigel gemaurt und etliche schuch an allen orten uszgeladen, wie dann die alten im geprauch. Es ist aber gleichwol in sollichen werlichen stock kain gewelb gewest, sondern allain hölzin bunien (Decken) und deren etliche ob ainandern, und hat man durch hölzin stegen von ainem soler (Söller = Vorplatz) zum ander uf oder ab kunden kommen. Ober aber im rigelwerk, ob dem stock, do hat es die recht wonung sampt der kuchin gehapt. Derselbig boden ist eintweders mit zigeln fur feuer besetzt gewest, oder aber, als nemlichen in der kuchin, mit ainem laimin estrich beschlagen.« Durch Prunk hat sich diese Zimmersche Kemenate auf Burg Hohenzimmern also nicht gerade ausgezeichnet. Die Kapelle der von Gottfried Werner von Zimmern erworbenen Burg Falkenstein trug einen Turm, »der war so hoch, das man uber alle welder und helzer (Gehölze) biß gar nahendt geen Mengen (eine der fünf Donaustädte, vom staufischen König gegründet) sehen megte«. Halb belustigt, halb ehrfürchtig fügt der Chronist hinzu: »Der war oben mit holz und rigelwerk (Fachwerk) uf die alten manier weit außgelassen, und wie ich von den alten mehrmals gehöhrt, so war derselbig thurn, wann ein straker luft gieng, dermaßen wacken und sich bewegen, das ain schussel mit wasser unverschutt uf dem tisch nit bleiben mogte.« Gottfried Werner hat ihn dann abbrechen und durch einen neuen ersetzen lassen, »von merer sicherhait wegen«. Tatsächlich war es nicht ungefährlich, weitab vom Schuß auf steiler Höhe zu leben. Als um 1140 auf der Felsburg Ravenstein bei Geislingen ein Holzgeländer brach, stürzten mehrere Ritter den Felsen hinab zu Tode. Wind, Hagel und Blitz setzten der exponierten Lage besonders zu. Altbodman, 1295 noch als »die newe burg« bezeichnet, ist zwölf Jahre später durch Blitzschlag und anschließenden Brand – überall auf den Burgen gab es meist nur hölzerne Stiegen – völlig zerstört worden. Auch auf Hohenzimmern brach ein Brand aus, durch

»liederliche Haushaltung«, wie die Zimmerische Chronik meint. Das Haupthaus brannte bis auf die Grundmauer ab, und mit ihm, was darin war, »viel alter brief, register, redel (Zinsbücher) und anders, daran dem stammen und namen Zimmer vil gelegen, schöne alte armature von tartschen, werinen, turnierzeugen ist auch mit hingegangen«. Das Gebäude enthielt also das – rechtlich wichtige – Familienarchiv und die schon mit leicht romantischem Firnis überzogene Rüstkammer: nicht einmal diese waren gewölbt.

Versteht man unter Kemenate im besonderen das Schlafgemach, so werden wir gut tun, bevor wir eintreten, den Klopfring anzuschlagen: die »hovesche« Art ist zuerst auf der Burg eingezogen. Nur die Katzen schlüpfen unangemeldet hinein, für sie sind unten an den Türen kleine Löcher ausgesägt. Die Kemenate ist kleiner und wohnlicher als der Saal. Auch hier hat man den Wänden mittels Malereien das Kalte, Abweisende genommen, auch hier liegt auf dem Fußboden ein Teppich. Angezogen wird man am meisten durch das Bett, in dem der Burgherr und seine Gemahlin zu schlafen pflegen. Es ist hergerichtet wie das Spannbett im Saal, eine Art Bank mit reich verzierten Füßen und Querleisten. An Stelle eines Sitzbretts oder mehrerer Sitzleisten ist dazwischen aber ein elastischer Sitz aus Strickwerk angebracht: an den beiden äußeren Querleisten hat man parallel zu den langen Seiten der Bank durch starke Ringe Stücke gespannt. Ein paar Federkissen darauf, über das Ganze eine schön gesteppte Decke: das Spannbett, das »Sofa« ist fertig.

In der Kemenate liegt die pelzgefütterte Decke über der mit Seidenstoff überzogenen Decke. Auf der Burg, wo oft nur ein einziger Kamin Wärme spendet, dauert der Winter lange. Bedenkt man, daß Burgräume – aus späterer, an anderen Maßstäben orientierter Sicht – allgemein als feucht und dunkel geschildert werden, dann versteht man auch, warum man sich in aller Burgenherrlichkeit so rührend nach dem Frühling gesehnt hat. Eigentlich »gemütlich« ist es dort oben wohl nur zur warmen Jahreszeit. Und was die Betten anlangt, so gab es genug Ritter, die auf einer einfachen Schütte Stroh schliefen. Vor dem Fußende des Bettes stehen zwei große Truhen, eine vielleicht aus einfachem Holz, die andere mit fein ziselierten gotischen Beschlägen. Den Schrank, wie wir ihn dann spätestens aus der Barockzeit gewohnt sind, findet man auf der Burg ebensowenig wie im mittelalterlichen Bauernhaus. Die ältesten erhaltenen Schränke des Mittelalters, spätgotische Schöpfungen mit schweren Beschlägen und Zinnenkranz, stammen aus dem späten 13. und dem frühen 14. Jahrhundert.

Schon der Blick in das Interieur der Burg macht klar, daß wir uns von unseren aus gründerzeitlicher Dekorationsfülle, aus dem Dekor des »schönen Heims« genährten Vorstellungsnormen nicht verführen lassen dürfen. Wie wir die mittelalterliche Landschaft zunächst einmal als ein Land der Ruhe, der unendlichen Ruhe angesprochen haben, so werden wir in der Innenausstattung des Burgsaals und der Burgkammer nur mit wenig Mobiliar und überhaupt nicht mit Nippes rechnen dürfen. Für Schloß Ochsenburg, damals im Besitz der St. Pölter Augustiner-Chorherren, verzeichnet das Inventar von 1437 zwei Betten für die »kamer« des Propstes, des Burgherrn also, zwei Hauptpölster, ein seidenes Kissen, ein Spannbett, einen wollenen Gulter und einen Gulter aus blauer Leinwand, zwei Leintücher, zwei »lederlach« (lederne Leintücher), einen »welhisschen sarrokch« (Mantel aus italienischem Stoff), einen »petsarrokch« (Morgenmantel) aus rupfener Leinwand, einen Stuhl mit genähtem Sitzkissen, ein Lederpolster, Kamm und Bürste in einem Futteral, einen großen Spiegel, ein Feuerzeug, ein »messeins fäustel«, eine Sanduhr, ein alabasternes Salzfaß, zwei Streitäxte und eine Handbüchse, ein Schwert, eine Truhe und vor der Kammer schließlich eine Almer (Schränkchen, Kästchen). In anderen Räumen der Burg standen Gießfaß und Becken als besonders erwähnenswert, ein Spielbrett, ein eiserner Tischleuchter, zwei »köpfe« (gedrechselte Trinkgefäße) aus Fichtenholz, ein pfauenfederner Wedel und eine Schlaguhr.

Übrigens stand neben den Truhen (oder Laden), die Kleider

und Wäsche aufbewahrten, auch gerne ein Betpult, mehr oder minder reich mit Schnitzereien verziert. Auch wenn die Burg eine Kapelle hatte, mitunter von rätselhaft ausladender Größe, ich erinnere nur an die aus französischer Schulung herausgewachsene Kapelle der Burg Krautheim, mit das Beste, was frühgotische Kunst in Deutschland in dieser Spezies aufzuweisen hat: auch wenn die Burg eine Kapelle hatte, war im Schlafzimmer Gelegenheit zur Andacht. Neben ein paar Blumen in Töpfen oder Vasen hat ein Andachtbild, wenigstens ein Kruzifix wohl niemals gefehlt. Im 14. Jahrhundert dienen für die Hausandacht die aus Elfenbein geschnittenen Diptychen und Triptychen, die in Troyes fabrikmäßig angefertigt wurden, Elfenbeinstatuetten der hl. Jungfrau, und was es dergleichen mehr gab. Wer unter den weniger Begüterten war, besaß zumindest einen kleinen gemalten Klappaltar, der je geöffnet und geschlossen werden konnte. Aus dem 15. Jahrhundert sind noch Prachtstücke solcher Hausaltäre erhalten, ich nenne nur die beiden Altäre des Rogier van der Weyden oder Albrecht Dürers kleinen Dresdener Altar.

Man hat auf der Burg »ze hove« – der Burghof, wir vergessen das nicht, ist zum Stichwort für die aristokratische, die höfische, die vorbildliche Lebensform geworden – auch immer ein Bad genommen. Den Badezuber haben die Diener in einen der vorhandenen Räume oder ins Freie gestellt. 1045, ein früher Beleg für eine Burg-Badestube, hat man auf Burg Persenbeug in Gegenwart Kaiser Heinrichs III. eine Feierlichkeit abgehalten, als plötzlich die tragenden Ständer im Saal unter der Last der Gäste zu weichen begannen und, mit tödlichen Folgen, der Kaiser kam mit dem Schrecken davon, die Gesellschaft in der Badestube des Untergeschosses landete. Für Parzival wird ein Bad bereitet, indem man eine Kufe an sein Bett trägt und in das Badewasser Rosen wirft; Isot überfällt den Tristan in einem besonderen Baderaum. Daß solche Baderäume mit Behaglichkeit, ja mit Luxus eingerichtet waren, bezweifeln wir nicht, wenn auch im Herzog Ernst der utopische Charakter des Berichtes bedacht werden muß: »dâ bî stuont ein schone bat: / daz was

algemeine / von grüenem marmelsteine / wol gewelbet und
überzogen, / gevest mit starken swibogen. / wie möhte daz
zierlîcher sîn? / zwô bütten rôt guldîn / die stuonden in liehtem
schîne. / zwô rôre silberîne, / geworht mit grôzen fuogen, / die daz
wazzer dar în truogen. / mit listen sô was daz getân. / swederez
man wolde hân, / warm wazzer oder kalt, / des truogen die rôre
mit gewalt / den beiden bütten genuoc. / ein êrîn antwerc ez truoc /
anderthalp ûz dem bade dan, / als wir daz vernomen hân.« (Dicht
daneben stand ein schönes Badhaus, / das ganz mit grünen
Marmorsteinen / kunstvoll überwölbt und / verkleidet und mit /
starken Schwibbögen gestützt war. / Konnte es überhaupt schöner sein? / Zwei rotgoldene Badewannen / standen in glänzender
Helle. / Zwei silberne Rohre, / kunstvoll angefertigt, / leiteten das
Wasser hinein. / All das war sehr überlegt geschaffen worden. /
Was man von beiden auch wünschte, / warmes oder kaltes
Wasser, / das führten die Rohre mit Druck / den beiden Wannen
zu. / Wie wir vernommen haben, / floß es auf der anderen Seite /
durch ein Rohr aus Erz wieder aus dem Bade ab.)

Immerhin unterstellen wir, nach Abzug der überhöhten Li-
nienführung dieses Berichts aus der phantastischen Burg Grip-
pia, daß man mit Nachdruck darauf bedacht war, in den kalten
und permanent militärischen Mauerbau der Burg auch ein Stück
Behaglichkeit und feineren Lebensstils einzuschmuggeln. Bedeutsam genug, daß die Einführung des Kamins, wie wir sagten,
der Bezeichnung eines Zimmers oder ganzen Gebäudes den
Namen gab. Die Erfindung des gemauerten Kamins war ein
zivilisatorischer Fortschritt ohne Zweifel, aber er half auch die
Kluft zwischen Herrschaft und Bediensteten vergrößern, da sich
der Burgherr und seine Familie fortan an wärmende Feuer in die
oberen Gemächer zurückziehen konnte. Die ärmliche Burganlage hat des Kamins wohl lange oder überhaupt entbehrt. Dafür
war ein offenes Herdfeuer da, wie in der Halle jenes Ritters, von
dem uns in dem niederdeutschen Schwank »Die treue Magd«
erzählt wird, und das in den Gesindestuben, soweit hier nicht
bloßer Gluttopf aushelfen muß, und in der Küche gewöhnlich

15 Burgleben ist, sieht man von Gastereien und den Abgabeterminen der Bauern ab, Leben in Einsamkeit. Zwei Bewaffnete halten Burgwache. Aus dem Speculum humanae salvationis, das Günther Zainer in Augsburg um 1472 gedruckt hat.

ist. Schließlich hat der Ofen den Kamin bedrängt, ohne ihn ganz zu verdrängen. In den Ruinen der schon 1399 völlig zerstörten Feste Tannenburg sind Ofenkacheln gefunden worden, die nach ihrem in heraldischen Figuren sich tummelnden Schmuck herrschaftlichen Zimmern angehört haben müssen.

Die Beleuchtung der Burgräume hat sich von der des Bürgerhauses nie wesentlich unterschieden. Wo es gilt, höfischen Prunk zu schildern, strahlen freilich die Lichter der Burgen heller. Dort brennen, in den Festräumen, die Lichter von der Decke herab, an den Wänden, auf den Eßtischen. Neben den schlichten Holzleuchten, die wohl in der Mehrzahl gebraucht wurden, trifft man auf den eisernen Hängeleuchter, für die der uralte kirchliche Kronleuchter Vorbild geworden ist. Die Kerzenträger an der Wand waren einfache Armleuchter. Stellte man Kerzen auf die Eßtische oder leuchtete man den Herrschaften zu Bette, hatte man dafür den »luhter«, von dem seit romanischer Zeit reiche, kunstvoll ausgeführte Formen erscheinen. Aber es gibt auch große, auf den Boden zu stellende Standleuchter. Die Wachskerzen – Wachszins hatte man an weltliche wie geistliche Herrschaften zu entrichten – mußten groß und dick sein, damit sie, auf den Dorn gesteckt, auch eine Weile aushielten. Aber man zieht auch seine geringen Unschlittkerzen auf der Burg und speist die dürftige Lampe mit Öl oder Tran. Als Nachtlicht in der Kemenate brennt die gläserne Ampel. Moriz von Craûn in seiner langen, um 1200 entstandenen, den höfischen Dienstgedanken schon parodierenden Märe: »nû bran ein lieht in einem glas, / daz alle naht dâ inne was« (Da brannte alle Nacht in einer Glasschale ein Licht). Die Fackel, die wohl nur noch im ärmeren Bauernhaus als Lichtquelle herhält, erleuchtet neben der Feuerpfanne den Burghof des Nachts.

Hier, im Burginnern, mag der Brunnen gestanden haben. In Santoninos Reisebericht tauchen als Brunnen in der Stadt der Ziehbrunnen, der Fließwasser spendet, aber auch bestimmte Zierformen, insbesondere Springbrunnen auf. Villach besitzt allein auf einem Platz deren zwei. Auf Burg Goldenstein fasziniert Santonino die Schwierigkeit, unter der man hier auf exponiertem Burgberg eine Brunnenanlage installiert hat. Der Springbrunnen auf Burg Lengberg war mit einer hölzernen Brunnenschale versehen, die voll ungewöhnlicher Fische war. Der Ziehbrunnen in der Burg, immer wieder auf Altartafeln und Votivbildern zu finden, war sicherlich die wertvollste Anlage; man hat ihm gerne ein besonderes Brunnenhaus gegönnt. Er spendete, bis zu siebzig oder achtzig Meter durch den Fels bis zum Grundwasser getrieben, immer Wasser, auch dann, wenn selbst die sorgfältigste Leitung der Dachrinnen – die Dächer sind mit Ziegeln eingedeckt, aber auch mit Nonne und Mönch, das heißt mit Hakenziegel und Fugendecksteinen – in die Zisterne versagen mußte.

Schön wäre es gewesen, hätte man eine Wassersprenganlage für die ganze Burg haben können. Aber wie jede Utopie, so zeigt auch diese ein Stück Wirklichkeit: man sieht in der Burg kein Absteigequartier für solche, die das Raufen und das Befehlen nicht lassen können, man will sie wohnlich und vielleicht sogar adrett, auf alle Fälle sauber haben. Ich bin sicher, daß der Burghof – das Unvermeidliche haben die Aborterker jenseits der Mauer in die Tiefe befördert – einer nur einigermaßen gutsituierten und ständig bewohnten Burg sich aufgeräumter präsentierte als das Gassengeviert einer vergleichbaren zeitgenössischen Stadt. Die jungen Städter, gewesene Bauern und zunächst nur die groben Konturen einer Ackerwelt gewöhnt, konnten von der »Sitte« auf Burg und Schloß nur lernen. Und in Wirklichkeit haben sie ja auch in Haus und Hof, inmitten ihrer neuen Städte, mehr vom adlig-ritterlichen Lebensstil übernommen, als wir heute noch erkennen können.

Auf einen Garten, auf ein Gärtchen wollte eigentlich keine Burg verzichten. Da und dort entdeckt man heute noch, am Burgweg zu völlig verlassenen, verfallenen Burgruinen, das Gestrüpp ist plötzlich unterbrochen, ein Karree immer noch sprechender »Kultur«, das Wort in seinem wörtlichen Sinne, uralte Blumenwurzeln treiben, die Erde hat eine andere Farbe, in der rechten Ecke haben sich rührende Röslein nach oben gedrängt. Man denkt sich die Sache wohl zu sehr im Stile der Nazarener, wenn man das Burggärtlein zur Domäne der Burgherrin deklariert, die dort den Nachmittag verbringt, die Blümlein zu gießen und das Unkraut zu jäten. Bei Moriz von Craûn ist es ein »boumgarten«, der unmittelbar an die Kemenate stößt, im Wigaloas ein Garten mit Blumen und Klee, im Iwein liegt er wie eine Terrasse neben dem Palas, auch er voller Bäume. Auf die Obstbäume, die man ja pflegen mußte und nicht einfach bloß wachsen lassen konnte, hat man besonderen Wert gelegt, aber auch auf die Linde, unter deren breiten Schatten man sich setzte (»in dem garten stuont diu linde breit«, so im Garel). Der Blumengarten ist offenbar selbstverständlich, der Rosengarten der Heldensage bekannt, Laurin hat seine Rosen noch besonders geschmückt (»mit guldînen borten, mit golde und mit gesteine het Laurîn der kleine die rôsen schône behangen«, mit goldenen Borten, mit Gold und Edelsteinen hat Laurin, der kleine, die Rosen aufs schönste behangen). Der »wurzgarte«, der Gewürzegarten war wohl die einzige nurmehr nützliche Variante, und sie ist von der mittelalterlichen Stadt, genauer gesagt in den unbebauten Freiräumen zwischen Zentrum und Mauerbering, innerhalb der Ringmauer oder vor dem Tor rasch nachgeahmt worden.

Überhaupt haben die Gartenanlagen in der Stadt, der krûtgarte, der boumgarte, der wurzgarte, dort begonnen, wo die Adelshöfe und geistlichen Stifte in einer Stadt lagen, die Pfleghöfe und Amtshäuser, die Kreuzgänge der Klöster oder die Beginenhäuser. Burg und Schloß haben – neben dem Kloster – der Stadt, ihrem Lebensstil und ihrer Gestaltung die vielfältigsten Inspirationen gegeben. So unwohnlich die Burg war oder sein mochte: die »Döns«, wie man die oberdeutsche Stube, dort hinter die Herdwand gelegt, nach ihrer Aufnahme in das niederdeutsche Hallenhaus für mehr als ein halbes Jahrtausend lang nannte, leitet sich von der mittelalterlichen »durnitz« ab, dem beheizbaren Gemach der Burgen. Wo es um die behaglicheren Dinge geht, konnte die Burg ein Exempel statuieren.

Von den feierlich-festlichen gar nicht zu reden. Keine Frage, daß das Leben auf der Burg am Normaltag, im Alltag eine eintönige Sache war. Die Burg ist, zumal die größere, Zentrum, gewiß, sie ist, modern zu sagen, Verwaltungsmittelpunkt und nicht ohne Ausstrahlungen auf ihr Umland. Aber sie ist auch eine »Solitude«, allein und einsam im weiten Land. Man muß einmal auf einer der Burgruinen am Rande der Schwäbischen Alb gestanden haben, es gibt natürlich Dutzende anderer Regionen dieser Art, um zu spüren, wie sehr die Verlassenheit sich in das Alltagsleben der Burg gemischt haben muß. Man lebt für sich, man ist geschützt, aber auch abgeschirmt, das ist die Kehrseite der Medaille. Was der Reichsritter Ulrich von Hutten 1518 an den Nürnberger Patrizier Willibald Pirckheimer über sein Leben auf der Burg Steckelberg bei Fulda schreibt, er ist dort 1488 geboren, dürfte dreihundert Jahre vorher nicht anders gewesen sein. Er ist sich über die Unterschiede zum urbanen Leben durchaus im klaren. »Ihr Bürger lebt in den Städten nicht nur angenehm, sondern auch bequem, wenn es euch so gefällt.« Gewiß ist mancherlei Frustration und wohl auch Lebensneid in diese Rede gemischt, mit einer Nuance Übertreibung und Ungerechtigkeit, wie das so ist; insgesamt trifft sie aber doch wohl die Atmosphäre. »Die Burg selbst, mag sie auf dem Berg oder im Tal liegen, ist nicht gebaut, um schön, sondern um fest zu sein; von Wall und Graben umgeben, innen eng, da sie durch die Stallungen für Vieh und Herden versperrt wird. Daneben liegen die dunklen Kammern, angefüllt mit Geschützen, Pech, Schwefel und dem übrigen Zubehör der Waffen und Kriegswerkzeuge. Überall stinkt es nach Pulver, dazu kommen die Hunde mit ihrem Dreck, eine liebliche Angelegenheit, wie sich denken läßt, und ein feiner Duft! Reiter kommen und gehen, unter ihnen sind Räuber, Diebe und Banditen. Denn fast für alle sind unsere Häuser offen, entweder weil wir nicht wissen können, wer ein jeder ist, oder weil wir nicht weiter danach fragen. Man hört das Blöken der Schafe, das Brüllen der Rinder, das Hundegebell, das Rufen der Arbeiter auf dem Felde, das Knarren und Rattern von Fuhrwerken und Karren; ja wahrhaftig, auch das Heulen der Wölfe wird im Haus vernehmbar, da der Wald so nahe ist. Der ganze Tag, vom frühen Morgen an, bringt Sorge und Plage, beständige Unruhe und dauernden Betrieb. Die Äcker müssen gepflügt und gegraben werden; man muß eggen, säen, düngen, mähen und dreschen. Es kommt die Ernte und Weinlese. Wenn es dann einmal ein schlechtes Jahr gewesen ist, wie es bei jener Magerkeit häufig geschieht, so tritt furchtbare Not und Bedrängnis ein, bange Unruhe und tiefe Niedergeschlagenheit ergreift alle.«

Im Gegensatz zum Dorf und vor allem zur Stadt des Mittelalters, die sich mit der schrittweisen Entwicklung der Zivilisation selbst fortentwickelt hat, verrät sich die Burg als eine ganz zeitgebundene, »mittelalterliche« Bau- und Wohnform. Sie kann sich nicht weiterentwickeln und nicht »anpassen«. »Auf einem runden schmalen Kofel«, schreibt Oswald von Wolkenstein 1426, »umgeben von dichtem Wald, hohen Bergen, tiefen

Tälern; Steine, Stauden, Stöcke, Schneestangen, sehe ich täglich allzu viele. Noch etwas macht mich bang: daß mir der Lärm der kleinen Kinder in die Ohren dringt durch und durch.« Die burgherrschaftliche Familie entpuppt sich als ein mit Gezerfe und Gezeter geladenes Gebilde fast kleinbürgerlichen Schlags. »Vor Angst« schlägt Oswald seine Kinder, da kommt die Mutter angebraust, der zornige Wortwechsel droht handgreiflich zu werden (»Gäb sie mir eines mit der Faust, müßte ich es sehr entgelten«). Die schönen, die »hohen« Zeiten auf der Burg sind vorüber. »Wohin ich schau, stören mich die Schlacken an den Eisen, mit dem ich einst umging. Dafür sehe ich nur Kälber, Geißen, Böcke, Rinder und Leute in Holzschuhen, schwarz, häßlich, rußverschmiert im Winter.« Die Burg ist keine zivilisatorische Konkurrenz mehr. »Mancherlei Kurzweil habe ich: Eselgesang und Pfauengeschrei. Ich bin ihrer überdrüssig.«

Das Mittelalter ist noch nicht zu Ende, da steht die Burg schon auf dem Altenteil. »Aber wie dem allen«, beklagt sich die Markgräfin Anna von Brandenburg von der Plassenburg aus am 30. März 1463 bei ihrem Gatten, »möchten wir uns mit eüer verwilligung von diesem freüdlosen unnd unnserm leib unbequemlichen lande mit schrifften zu eüer lieb, unnser allerhöchstenn zuversicht bringen«. Die Burg als Lebensform hat ausgedient. Man wandert bergabwärts, in die Schlösser der Talauen oder überhaupt in die Städte. Man tut das nicht ohne romantische Verklärung der »Frühzeit« und nicht ohne selbstanklagendes Eingeständnis einer gewissen Dekadenz. »Unsere vorfaren haben ainest (einst) uf den hochen bergen in iren heusern und schlösern gewonet«, meint Frits Jacob von Anweil, ein alter Ritter, auf einer Turnierbesprechung in Konstanz, die Zimmerische Chronik berichtet darüber, »do ist auch traw und glauben bei innen (ihnen) gewest, iezunder aber so lassen wir unsere bergheuser abgeen (abgehen), bewonnen (bewohnen) die nicht, sonder vilmehr befleißen wir uns in der ebne zu wonnen, damit wir nahe zum badt haben«.

Die Verabschiedung der Burg hat ihren Grund nicht nur im

Trend zur Bequemlichkeit, genauer gesagt zum »modernen« Lebensstandard, auch nicht nur darin, daß der Ritterstand – auf den Burgen – keine rechte politisch-gesellschaftliche Aufgabe mehr sieht. Dahinter steckt auch ein wahrgenommener sozialer Wandel. Sollte man als Ritter draußen im unwirtlichen Land sich unter Schafen und Ziegen bewegen, während drinnen in der Stadt die »Pfeffersäcke«, über Nacht zu Unsummen von Geld gekommen, in Samt und Seide sich tummelten? Tatsächlich waren die Burgherren auch Bauern. Die Ritterspiegel des 15. Jahrhunderts haben dem Ritter, bezeichnend, daß das überhaupt notwendig war, ein Handwerk verboten, Rinder- und Pferdeverkauf indessen erlaubt. Schon im »Kleinen Lucidarius« des Seifried Helbling aus dem Ende des 13. Jahrhunderts kichert man über die bedeutenden Gespräche der adeligen Landherren. Sie unterhalten sich bei Hofe darüber, ob und wie ihre Kuh am meisten Milch bringt, ob man den eingekauften Wein selber trinkt oder besser weiterverkauft. Graf Eitelfritz von Zollern hat in der Mitte des 15. Jahrhunderts mit Schafen gehandelt, und der schlesische Ritter Hans von Schweinichen hat Generationen darnach auf der Burg Gröditzberg als Junge Gänse gehütet und nach Eiern gesucht. Außerdem hatte er die Mühle und die Drescher zu beaufsichtigen, die Fischerei zu versehen und das Futter auszugeben.

Indessen war die Burg nicht nur Mittelpunkt eines landwirt-schaftlichen Eigenbetriebes, sondern auch, modern gesagt, Zu-schußbetrieb, und zwar in ganz erheblichem Maße, seitens des bäuerlichen Umlandes. Man hat nicht völlig über die eigene »Zubehörde«, das Zubehör an Äckern, Wiesen und Weinber-gen, an Wald und Fischwassern, an Rindvieh, Schweinen, Geflügel und Bienenstöcken (die wichtig waren, weil es keinen Zucker gab), an Obstbäumen und Taubenschlägen gelebt, ein-fach deshalb, weil man es in den meisten Fällen gar nicht konnte. Man stellt sich in der Burg auf Vorratswirtschaft ein, die Gedichte bersten in den Aufzählungen der Schinken und Würste ebenso, wie es die Bretterregale getan haben dürften, und man ist ganz angewiesen auf die Fronarbeit der umliegenden Bauern. »Die uns ernähren«, sagt Hutten, »sind bettelarme Bauern, denen wir unsere Äcker, Wiesen und Wälder verpachten. Der Erwerb, der daraus eingeht, ist im Verhältnis zur Arbeit, die er kostet, schmal; doch wird alle Mühe angewandt, um ihn reich und ergiebig zu machen, denn wir müssen sorgsame Hausväter sein.«

Und so muß also, wie es im Gedicht »Des Teufels Netz« aus der ersten Hälfte des 15. Jahrhunderts heißt, der Bauer »mit einem rösslin uf die burg traben und im (ihm, dem kleinen Ritter)

16 *Herrschaftlich-feudale Burgwelt ist ohne die dienende Zubringerarbeit der Bauern nicht denkbar. Burg mit Ritter und einem Bauern, der einen Schubkarren fährt. Aus Bothos »Croneken der sassen«, Druck von Peter Schöffer, Mainz 1492.*

inbringen sin holz und höw, garban, mist und ouch das ströw«
(mit seinem Rösslein auf die Burg traben, und ihm bringen sein
Holz und Heu, Garben, Dung und das Streu). Martin Crusius
schildert in der Schwäbischen Chronik Ende des 16. Jahrhunderts die uralt überkommenen Fronarbeiten zum Schloß Lichtenstein: »Ein Dorf muß Holz hauen, das andere hinführen, das
dritte muß Mist wegführen, das vierte Gras mähen, das fünfte
dasselbe dürrmachen und einführen.« In einem Weistum (bäuerliche Rechtsaufzeichnung) von 1509 steht unmißverständlich,
was man zu tun hat: »Wer von meins gnedigen hern wegen uff
Durenbergk wonet, dem mussen die von Welmich uff sein
gesinnen sein speis, husradt oder wine oder profandt hinoff
tragen, so schwere als fier an einer stangen hinoff tragen
moegen.« »Hinauftragen« müssen hat man übrigens oft über
eine Distanz von einem halben tausend Meter oder weit mehr
hinweg.

Gleichviel, »die da oben« leben in ihrer ebenso gesicherten wie
einschichtigen Welt. Der Burgverwalter hat für die Vorräte zu
sorgen und die Untergebenen zu überwachen, die Knechte
versorgen die Pferde, pflegen die Waffen, flicken das Lederzeug.
Die Burgherrin leitet den Haushalt, weist Mägde und Näherinnen an, besorgt den Garten. In den Prozeßakten von 1461 der
Burgherrin Ursula Reiferin von Altspaur heißt es, sie betätige
sich in der Burgküche, »ebenso finden wir sie mit ihrer Jungfrau
im Krautacker beschäftigt«. Der Hauskaplan liest morgens die
Messe und unterrichtet hernach die Kinder der Familien und die
Knappen. Vom Söller (von solarium, Sonnenplatz) aus genießt
die Burgherrschaft den Blick in die Weite oder durchmustert von
dort die Arbeiten im Burghof oder auf den Feldern draußen. Und
die Abende? Die vielen kirchlichen Feier- und Festtage? Die
Eindimensionalität des Lebens auf der Burg ist ein Topos in der
mittelalterlichen Literatur, lyrisch und episch und dramatisch
und schließlich in Albrecht von Eybs Ehebüchlein (1472 gedruckt) auch didaktisch gefaßt: »Wie sich ein fraw halten solle In
Abwesen irs mannes.« Viele dieser Isolations-Themen, nicht nur

99

das bis zum Bänkelsang hinunter erniedrigte von der allein gelassenen Gattin des Burgherrn, die verführt und untreu wird, sind im Grunde nur aus der Armut an anderweitigen Impulsen und aus den pathologischen Rückwirkungen dieser im eigenen Saft schmorenden Eingezogenheit geboren.

Kein Wunder, daß jeder, der an das Burgtor klopfte, eine Sensation machte, daß »Spiel und Feier«, auch wenn sie ein noch so bescheidenes Konterfei haben mochten, in größter Aufmachung geschildert und weitererzählt werden. In der Glanzzeit der deutschen Burg, der Spanne zwischen dem 12. und 14. Jahrhundert, sind die Dichter nicht müde geworden, die Idealburg auf dem bizarren Felsen zu feiern, »zwei hundert klâftern hôch der vels und daz gemiure«, und im 15. Jahrhundert kam dann das international verbreitete Lied vom »Schloß in Österreich« auf: »In Österreich da ligt ein Schloß, / das ist ganz wol gebauwet / Von Silber und von rotem Gold, / mit Marmelstein gemauret.« Tatsächlich scheint mancher Burgturm, die Vielzahl der Berichte spricht gegen die Verbreitung eines Märchens, einen Goldknauf getragen zu haben, zur Orientierung für den Fremden und zum »Glanz« des eigenen Hauses. Und vollends bei der Illustration der Burgfeste konnten die Dichter sich nicht genug tun, da rauscht es geradezu durch die Burgsäle und um das Burggemäuer. Die vornehme Burganlage machen die Sänger uns dadurch deutlich, daß sie die Zahl der Insassen hervorheben. Vierhundert und mehr Frauen zeigen sich im »Parzival« in den Fenstern eines Palas, fünfhundert und dazu ebensoviel Ritter in einem Saal im »Wolfdietrich« und so fort. Die Festfreude, die verschwenderisch geübte Gastfreundschaft, kann sich so steigern, daß die Gäste in Hütten und Zelten auf dem Plane vor der Burg untergebracht werden müssen (»dô sach man ûfgespannen hütten und gezelt, dâ die geste solten die nahtselde hân«, im Nibelungenlied).

In solchen, und sicherlich vielen weniger himmelhochjauchzenden Stunden bewährt sich die Burg als Treffpunkt der Leute von Stand, und die Burggesellschaft als die von den Herren geformte Keimzelle edler Feudalgesellschaft. Zu ihr gehören die jungen Vasallensöhne, die auf die Burg gekommen sind, ihre militärische Lehre zu machen, das Gesinde, und nicht zuletzt das ganze Völkchen der Unterhalter, das sich die Herren zu ihrer ergötzlichen Zerstreuung, aber auch zur redlichen Information und schließlich aus Prestigegründen halten. Der Marner erzählt um 1250, was die Burggesellschaft von ihm haben will: »Sing ich dien liuten mîniuliet, / sô wil der êrste daz / wie Dieterîch von Berne schiet, / der ander, wâ künc Ruother saz, / der dritte wil der Riuzen sturm, sô wil der vierde Ekhartes nôt, / Der fünfte wen Kriemhilt verriet, / dem sehsten taete baz / war komen sî der Wilzen diet (Wenn ich den Leuten meine Lieder vorsinge, / dann will der erste das / hören, wie Dietrich Bern verließ, / der zweite, wo König Rother saß; / der dritte will vom Reußenkrieg hören, dagegen der vierte von Eckeharts tödlicher Bedrängnis, / der fünfte, wen Kriemhild verriet, / der sechste hätte lieber gehört, / was mit den Wilzen passiert ist.« Der Marner, ein wandernder Liederdichter, der offenbar um 1270 ermordet worden ist, hat auch immer Leute unter seinen Zuhörern, die nur Minnesang hören wollen oder denen »diu wîle bî den allen lanc«, denen bei alledem die Zeit zu lang wird.

Der Spielmann, der fahrende Sänger, befindet sich in einer zweischneidigen Lage. Er muß das Lob seines Brotherren singen, und will selber ein Herr werden: der gesellschaftliche Aufstieg mittels Reime ist ein schwierig Ding, und das Janusgesicht zeigt sich in immer wieder neuem Doppelspiel, hie Abhängigkeit, dort Gesellschaftskritik, hie Süßholzraspeln, dort ein ungewaschenes Maul, hie Wirklichkeit, hie Märe. Sicherlich kommt von dort her die Verachtung, die man am Ausgang des Mittelalters den fahrenden Musikanten entgegenbringt. »Spielleute und Lumpen, / Wachsen auf einem Stumpen«, sagt ein zeitgenössisches Sprichwort. Der Spielmann ist beides, ein gerngesehener und gerngehörter Unterhalter, und Prügelknabe, Sündenbock und billiges Aggressionsobjekt.

Der Mann von Adel, und als die Burg nicht mehr zu besingen

war und die Auftraggeber in der Stadt saßen, der sittsame Bürger prangert dem Spielmann alle jene Laster an, in die er selber verstrickt ist – oder die er nur zu gerne genossen hätte, wenn ihm nicht die Gelegenheit dazu gefehlt hätte. Im Grunde war es die Freiheit, um die jene die Spielleute beneideten, die auf Gedeih und Verderb ihrer Obrigkeit ausgeliefert und zur Seßhaftigkeit gezwungen waren. Aus diesem Neid heraus wurden dem Spielmann die elementarsten Rechte aberkannt: für ihn war keine Gerichtsbarkeit zuständig, ihm und seinem Weibe konnte man ungestraft Gewalt antun. Die Klagen der Spielleute sind darnach: von unsagbarer Traurigkeit durchzogen, von einer erlebten, erlittenen Einsamkeit.

Hat ihn sich der Ritter nur gehalten, damit der eigene Schild desto besser leuchte? Das Ritterideal ist wie das Kontrastprogramm zu den intellektuell ungebändigten Kommentaren und Bildern der Dichter, zur unbehausten Vielfalt ihrer Stimmen. Dabei hat der »Ritter«, das große Novum der Sozialgeschichte, keinesfalls eine lange Vergangenheit hinter sich. Als das Wort »riter« um 1060 als Übersetzung von »miles« aufkam, bedeutete es nichts weiter als »Reiter«, einer, der zu Pferde ist. Um 1120 erscheint eine neue, den »riter« benützende Wortverbindung, die »riterschaft«. Immer noch ist gemeint: Kriegsleute zu Pferde. Erst die auffallende Beliebtheit, die das mittlerweile mit zwei t geschriebene Wort »Ritter« zwischen 1180 und 1250 gewinnt, zeigt eine Veränderung des Wortwertes an. Eine Vokabel, mit der man zunächst ganz einfach einen Soldaten meinte, nimmt den Gefühlsinhalt alles dessen an, was tapfer, edelmütig, vornehm und höfisch ist. Fortan wird es zur Benennung von Adligen und Königen benutzt.

Troubadours und Minnesang, kirchliche Traktatschreiber und Kreuzprediger haben in ihren Liedern und Sätzen die Ritterideale weit verbreitet. Wenn der kirchliche Meinungsbildner an dieser Propagierung vor allem beteiligt ist, hat das seinen guten Grund: der Ritter ist Diener. Drei Arten des Dienstes gelten für ihn vor allem, Dienst für den Herrn, Dienst für Kirche und Christenheit und Frauendienst. Bonizo von Sutri hat in seinem wahrscheinlich 1085 entstandenen »Liber ad amicum« die Theorie entwickelt, Christen sei es erlaubt, im Dienst der Kirche für ihren Glauben mit Waffen zu kämpfen. Derartige Offenbarungen haben natürlich, wie der Kreuzzugsgedanke überhaupt, die Entstehung eines christlichen Ritterideals sehr befördert.

Die werbenden Stimmen blieben nicht ungehört. Das Ritter-ideal »kam an«, wie jeder elitäre Anruf mit Antworten rechnen darf, entsprechen ihm nur die Zeitstimmung und die Zeitnot. Allemal liegt das Geheimnis darin, daß nicht Freiheit und Genuß versprochen, sondern Dienst und Verzicht gefordert wird, Lei-stung, um das moderne Reizwort zu gebrauchen. Die tatsäch-lichen Kriegsleute des 12. Jahrhunderts, die als Gefolgsleute oder Lehnsleute von Fürsten und Adligen zu Pferde für ihre Herren kämpften, entwickeln allmählich ein Zusammengehörigkeitsge-fühl und fühlen sich einer Korporation zugehörig: der Ritter-schaft. Sie sind, gerade in den Augen ihrer Zeitgenossen, mehr als gewöhnliche Soldaten. Sie beginnen, eine gesellschaftliche Klasse mit eigenem Lebensstil zu bilden.

Man spürt allenthalben, daß das Ritterideal des 12. Jahrhun-derts aus dem Vasallenideal des 11. Jahrhunderts entstanden ist. Der Ritter verdient sich sein Leben in doppeltem Sinne, nicht nur damit, daß er Rechtsanforderungen genügt. Es genügt nicht, so die ritterliche Devise, sich des Schlechten zu enthalten, vielmehr muß man das Gute tun. Daß man dabei auf die anspruchsvoll-sten Traditionen zurückgreift, verrät der Text eines weitverbrei-teten Segensgebetes für ein Schwert aus der zweiten Hälfte des 10. Jahrhunderts, mit dessen deutschem Wortlaut auch ein Ritter um 1300 oder später hätte bestehen können: »Erhöre, so bitten wir dich, Herr, unsere Gebete und mache dieses Schwert deiner wert, womit dein Diener (folgt der Name) sich zu umgürten wünscht, indem du es mit der rechten Hand deiner Majestät segnest, damit es zur Verteidigung und zum Schutz von Kirchen, Witwen, Waisen und allen, die Gott dienen, gegen die

Wildheit der Heiden gereichen kann, und damit es anderen Feinden Angst, Schrecken und Entsetzen einflößt.« Der Auftrag für die Edelleute liegt zuallererst darin, die Schwachen zu schützen. In einer Urkunde des Grafen Wilhelm von Valentinois von 1183 heißt es: »Es ist ein besonderes Merkmal des Adels, und es erfordert die Gewalt unseres Schwertes, daß wir Witwen und Waisen verteidigen und beschützen, Recht sprechen und Gerechtigkeit üben an den Armen in ihrer Not.«

Das Schwert hat dabei seine besondere Rolle: wer das Schwert trägt, trägt auch diese tiefe Verantwortlichkeit. Die sogenannte Schwertleite, die Umgürtung mit dem Schwert, wird vorgenommen, wenn ein junger Edelmann fünfzehn wird und damit in die Welt der Erwachsenen eintritt. Ursprünglich in Deutschland nur bei Söhnen von Adligen vorgenommen und kein kirchlicher Akt, wird aus der Schwertleite allmählich die Beförderung zum Ritter, die seit dem 13. Jahrhundert auch gewöhnlichen Ministerialen zuteil wird, und schließlich im 14. Jahrhundert der Ritterschlag. Die Schwertumgürtung verknüpft sich mit einer kirchlichen Handlung. Nach der Beförderung zum Ritter, das wird Brauch, geht man in die Kirche, sein Schwert segnen zu lassen.

Als 1213 ein französischer Graf Simon de Montfort seinen Sohn vor dem Altar mit dem Schwert umgürten ließ, gab der Mönch, der das beschrieb, den Kommentar: »O neue und unerhörte Ritterschaft! Wer könnte dabei seine Tränen zurückhalten?« Die Elite war etabliert. Aber vertragen solche Ideale ein Establishment? Das Zeichen der Ritter: »ketenwambis und swert«, wie es im Meier Helmbrecht heißt, Kettenwams und Schwert. Den Kopf schützte ein Topfhelm, auch er ein Zeichen des Ritters. Heute noch werden Wappen in Form eines Schildes mit aufgesetztem Helm dargestellt. Der Topfhelm bestand aus dem in einem Stück getriebenen Scheitelstück und zwei seitlich zusammengenieteten, die Wandung bildenden Platten. Durchbohrungen an der Vorderseite unter den Sehschlitzen dienten der besseren Luftversorgung des Trägers. Von diesen Topfhelmen existieren heute in Deutschland nur noch rund zwei Dutzend.

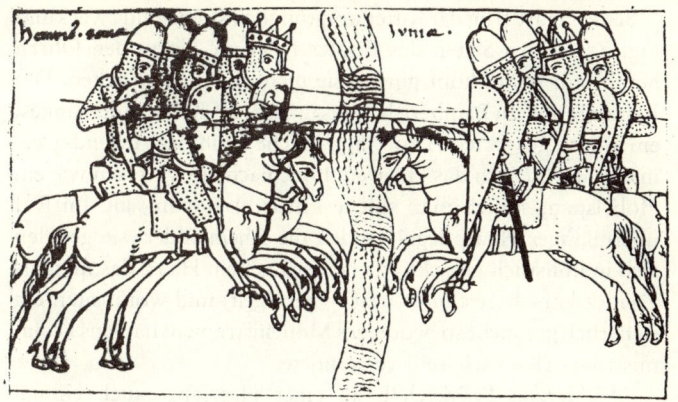

*17 Im Oktober 1105 sprengen am Regenfluß zwei Reiterscharen gegeneinan-
der, Heinrich IV. und sein Sohn Heinrich, die Reiter in Kettenhemden, mit
Schilden und Lanzen. Vater und Sohn sind durch Krone und Nameninschriften
gekennzeichnet, den Fluß, der sie trennt und ein wirkliches Zusammentreffen
verhindert, hat der Künstler in drastischer Überhöhung nicht horizontal, sondern vertikal dargestellt. Zeitgenössische Kopie nach Originalen, mit denen das
Geschenkexemplar der Weltchronik Ottos von Freising, das der Bischof 1157
dem Kaiser Barbarossa widmete, geschmückt war.*

Zimier nannte man den auf dem Helm sitzenden Aufputz: die
Gefahr, aus dem Dienstgebot ein leeres Privileg werden zu
lassen, lag ebenso nahe wie die, die Kampfkleidung in Mode
umzusetzen. Ulrich von Lichtenstein schildert liebevoll den
farbenprächtigen, aus rotem Scharlach gewirkten und mit Schel-
len behangenen »wâpenroc«, den man, wie die aus Leinen, Samt
oder Seide hergestellten Kappen, ein Überkleid in roter, grüner,
blauer oder Goldfarbe, über dem Harnisch anlegte. Unter dem
Harnisch und über dem Hemd trug der Ritter ein Wams aus
grobem Leinen oder Filz. Kopftracht des Ritters ist ein Hut, der,
allemal durchsetzt mit Perlen, aus Leder oder überhaupt nur aus
Pfauenfedern gemacht wurde. Auf dem Helm trug man auch ein
»schapel«, einen binden- oder kranzartigen Kopfschmuck, mit
Goldfäden durchwirkt oder mit Perlen besetzt, den beide Geschlechter tragen konnten.

Seine Haare trug der Ritter ursprünglich streng und zweckmä-
ßig. Zu beiden Seiten des Kopfes fielen sie bis zu den Ohren
herab, am Hinterkopf gingen sie nicht über den Nacken. Der
Reitermeister zu Bamberg hat uns in seinem »Reiter«, der langes,
ein wenig gelocktes Haar trägt, solche Frühform lebendig gemacht. Rollte sich das Haar am Ende nach auswärts ein wie ein
Hobelspan, sprach man solche Frisur als »spân« an. Im Ruf
übermäßiger Haarpflege standen die Rheinländer; sie gefielen
sich in künstlich gelocktem und geringeltem Haar, das man als
»reidez hâr« bezeichnete (reit = geringelt) und wofür man ein
sicherlich gar nicht so bequemes Modeinstrument namens »cala-
mistrum« (Kräuseleisen) verwendete.

Als Herzog Friedrich II. zu einer Heerfahrt auch einmal
Bauern aufbot, drängten sie sich zwischen die Hofleute und
fielen prompt auf wegen ihrer standeswidrig langen, blonden
Ringellocken; Neidhart hat sie hernach als »Gaupfauen« gefeiert. Friedrich selbst hat übrigens den Vorwurf hinnehmen
müssen, sein Haar in langen geflochtenen Zöpfen wie die
Ungarn zu tragen. Von besonderer Pikanterie gab sich die
sächsisch-thüringische Haarmode der Ritter: das Haar ließ man
vorne zu einem großen Schopf wachsen und hinten ganz kurz
scheren. Die Polen indessen trugen einen völlig glatt geschorenen
Kopf, nur an der Seite um einen imaginären Scheitel blieben
etliche Haarbüschel stehen. Bärte, als Schnurrbärte, waren im
9. Jahrhundert ausgeprägt, dazu wurde ein Kranzbart getragen.
Unter den Ottonen wuchs dieser Kranzbart zu einem rechten
Kinnbart, der bis zum Ende des 13. Jahrhunderts gebräuchlich
war. Wohl unter antikem Einfluß gab der Staufer Friedrich II.
das Zeichen zur Bartlosigkeit, die bis ins 14. Jahrhundert hinein
anhielt. Die seit der Mitte des 14. dieses Jahrhunderts wieder
modischen Bärte waren ausgesprochene Kinnbärte; vom Hof
Karls IV. aus hat sich diese Barttracht stark verbreitet.

Komik hat sich schon immer in die Tragödie gedrängt;
manchmal gelingt das auch der Karikatur vor den Gefilden von
Pathos und Ernst. Vom gestriegelten und gebügelten Ritters-

mann singt nicht nur Heinrich von Melk (sieh hin, »wie sin sceitel si gerichtet, / wie sin har si geslichtet«, sieh hin, wie sein Antlitz aussieht, / wie sein Scheitel gerichtet, / sein Haar geordnet ist). Im 14. und 15. Jahrhundert scheinen sich immer mehr Auswüchse bemerkbar gemacht zu haben. Vielen Rittern, Neu-Rittern, merkt man zu sehr den Aufsteiger an. Die sozialpoliti-sche Bedeutung des Minnesangs liegt ja wohl primär darin, daß er ein wesentlicher Faktor bei der Konsolidierung des Kleinadels am Hofe der Großen sein konnte. Die ihm gleichfalls nachgesag-te Verbalisierung von Wirklichkeitsflucht zielt dabei nicht auf das Gegenteil; die Verherrlichung einer »höheren« Welt mochte gar nicht im Widerspruch zu dieser heimlichen Standes-Etablie-rung stehen.

Andererseits würde man wohl in kleinbürgerliche Maßstäbe verfallen, wollte man hinter der Ritterpoesie nur verbrämten gesellschaftlichen Ehrgeiz wittern. In seinen guten und großen Zeiten will der »hohe muot«, der die seelische Atmosphäre des Rittertums kennzeichnet und wörtlich so umschreibt, einen von Autoritäten und Abhängigkeiten losgelösten Trutzgesang laut werden lassen, das Lied einer neuen und schöpferischen Fröm-

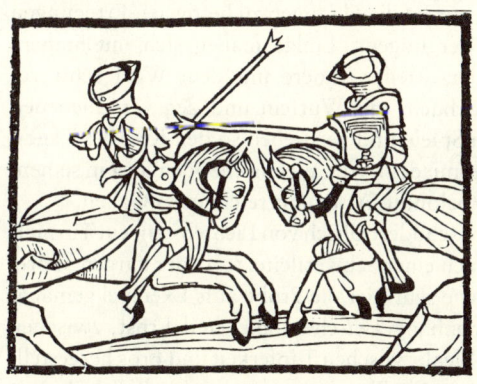

18 Ritterstechen: »Wie der ritter von stouffenberg auff dem hoffe so ritterli-chen stach«. Aus Eckenolts »Ritter von Stauffenberg«, Druck von Martin Schott, Straßburg o.J.

migkeit, einer Erfahrung von Liebe, die in der Tat »eine neue Grundlage schafft für die Würde des Menschen« (A. J. Gurjewitsch). Daß dieser Jubelgesang des Lebens und diese Entdeckung der Liebe aus zwei Quellbezirken gespeist wird, dem Schönen und dem Guten, macht diesen großartigen Versuch eines Standesideals doppelt wertvoll. Seinem Wesen nach ist der ritterliche Gedanke ein Ideal schönen Lebens, ein ästhetisches Ideal, gewoben aus bunter Phantasie und erhebender Empfindung. Aber es paart sich mit einem ethischen Ideal, indem sie es in unmittelbare Beziehung zu Frömmigkeit und Tugend setzt.

Ist am Ende nur der zur Schönheit erhobene Hochmut daraus geworden? Die schöne, die aristokratische Standesehre manifestiert sich im Kampf ebenso wie in der verborgenen Hilfe am notleidenden Nächsten. Wo die Wirklichkeit beides verwehrt, ist der spielerische Kampf mit dem Risiko des Sich-Bewähren-Müssens, das Turnier, der jederzeit verfügbare Ausweg. Das ist zunächst einmal einfach Zeitvertreib. In der von Geoffrey von Monmouth geschilderten Artusrunde dachten die zum Müßiggang verdammten Ritter »an eine Steinschlacht und begannen ein Spiel zu Pferd; die Damen aber schauten auf der Höhe der Mauern zu und schürten die Flammen zu heftigsten Erregungen nach Art dieses Vergnügens. Einige maßen sich mit Stäben, andere mit Lanzen, wieder andere mit dem Wurf schwerer Steine, jene mit Schach, mit Würfeln und den verschiedenen Arten der übrigen Spiele und vertrieben so den Rest des Tages, wobei sie Streit vermieden. Wer auch immer den Sieg in seinem Spiel errang, den belohnte Artus mit reichlichen Gaben.«

Ein wenig später schildert Ulrich von Lichtenstein ein Turnier, das, abgehalten nach einer Schwertleite, trotz der kargen Worte doch klarmacht, wie sehr hier die Probe aufs Exempel gemacht und der Zusammenhang zwischen Spiel und Ernst, zwischen Wirklichkeit und Ideal, zwischen Tapferkeit und Eros hergestellt wird. »Der turner (das Turnier) und daz stechen«, doziert Heinrich Wittenweiler im »Ring«, »sind nit erdacht um daz allein, Daz man hofier den frawen rain: Sei sein auch dar zuo jo

19 *Krieg ist Grausamkeit, auch im Mittelalter. In seinem »Spiegel des mensch-*
lichen Lebens«, dem letzten illustrierten Werk des Augsburger Druckers Gün-
ther Zainer (um 1477), hat Rodericus freilich einen nurmehr auf das Instrumen-
tarium zurückführenden Kommentar dafür, auch für die gefallenen und ver-
stümmelten Krieger: »Von der beschwärd, arbeyd vnd ungemach der ritterschaft
In übung der waffen«.

gemacht, Daz man da mit die ritterschaft Erzaig und da zuo
lerne.« So sieht diese standesgemäße Erziehung und Bewäh-
rungsprobe dann aus: »Fünf tûsent ritter oder baz / des werden
fürsten brôt dâ az. / dâ was puhurt, tanzes vil, / und ander vil
manc ritters spil. / dâ was diu herzoginne rîch, / und ir tohter
minneclîch, / und ander vil manc vrowe guot: / die gâben uns dâ
hôhen muot.« (Fünftausend Ritter oder mehr aßen da sein Brot.
Man buhurdierte, tanzte und trieb viele andere ritterliche Spiele.
Die vornehme Herzogin und ihre liebreizende Tochter und viele
andere treffliche Damen waren anwesend und versetzten uns in
freudige Feststimmung.)

Was hier, man möchte sagen, coleurfähig und in aller Zucht
vonstatten geht, sackt wenig später in Kraftmeierei und Grob-
heit, und schließlich überhaupt in monströse Volksbelustigung
ab. Schon Wernher der Gartenaere meint, »die alten turnei sint

verslagen« (Die alten Turniere sind abgeschafft). Früher habe sich der Schlachtruf so angehört: »held ritter weset frô« (Held Ritter, seid froh). Bei den neuen, die man eingeführt habe, rufe man den ganzen Tag nur »Jage Riner, jage, jag! Stich, schlag zu!«. Ein steirischer Reimchronist beklagt zu Anfang des 14. Jahrhunderts, daß es den Rittern schon zu unbequem geworden sei, gerüstet zu gehen und man die bequeme Gugel (Haube) vorziehe. Seifried Helbling meint im »Kleinen Lucidarius«, »zuht und mâze« seien verlorengegangen. Man strebe nicht nach ritterlichem Ruhm, sondern nach Vermögen. Die Ritter verließen das Aufgebot ihres Herrn, ihnen sei die Heirat mit einer reichen Bauerntochter und der Handel mit Weizen wichtiger.

Das Rittertum beginnt zu »verliegen«; die Burgen beginnen sinnlos zu werden. In den Tagen, in denen Lucas Cranach der Ältere ein »Turnier auf dem Marktplatz« (Holzschnitt von 1506) zeigt, einen Sport von Professionellen, möchte man sagen, kommt man anderswo zu Hunderten zusammen, um die Mannen beim Stechen zu sehen: gewonnen hatte, wer den anderen mit seiner mächtig-stumpfen Lanze auf freier Bahn aus dem Sattel hob. Der Helm der Rüstung war unbeweglich auf dem Bruststück verschraubt. Der Reiter mußte mit einer Leiter auf das Pferd steigen oder mit einem Flaschenzug hochgezogen werden. Die Turnier-Romantik war eingezogen, und bald war die Beschreibung und das Konterfei überhaupt wichtiger als die Wirklichkeit.

4 Der tumpe gebûr

Das Kernstück des riesigen Wandelaltars in Isenheim war ursprünglich ein geschnitzter Schrein. In seiner Mitte thronte der
hl. Antonius Eremita, der Patron des Isenheimer Antoniter-
klosters, unter reichem Gesprenge, begleitet von zwei lebensgroßen Heiligenfiguren. Grünewalds berühmte Altartafeln sind
diesem um 1500 entstandenen Skulpturenwerk erst zehn bis
fünfzehn Jahre später angefügt worden.

Der Meister der aus Lindenholz geschnitzten Plastiken ist
Niklas Hagenower von Straßburg. Als Spätgotiker wendet er
noch den Bedeutungsmaßstab an, mit dem die Renaissance dann
aufgeräumt hat. Daher sind zwei Assistenzfiguren, die dem
Heiligen Tieropfer darbringen, im Vergleich zu ihm, nach
mittelalterlicher Tradition, winzig proportioniert. Die beiden
Statuetten eines Junkers und eines Bauern, die dem Heiligen
einen Hahn und ein Ferkel darbringen, sind dankbar Gerettete.
Antonius Eremita wurde um Hilfe beim sogenannten »Anto-
niusfeuer« angerufen, einer furchtbaren, zu Gliederbrand und
Tod führenden Vergiftungskrankheit durch verdorbenes Getreide.

Den packenden Realismus der beiden kleinen Skulpturen hat
man schon immer bewundert. Der Bauer ist farbig gefaßt, in Rot,
Grün und Violett. »Dem Volk aufs Maul schauen« – das
Lutherwort kommt einem hier in abgewandelter Form in den
Sinn. Nach all den übersinnlichen Gestalten des Mittelalters ist
diese Wirklichkeit künstlerisches Neuland. Mit dem Bauern hat
Hagenower einen volkstümlichen Typus hingestellt und ein
Stück Leben für uns gerettet. Das Bäuerlein ist eine Person von
robustem Selbstbewußtsein, die ihr verbrauchtes Gesicht in
breite Lachfalten des Einverständnisses mit dem Betrachter legt.
Das drollige Spanferkel hält den Kopf schief und scheint gleich-
falls zu lächeln. Der Bauer schaut aus dem frommen Rahmen mit

verblüffender Direktheit heraus. Die kraftvoll-klare Komposition wird witzig akzentuiert mit dem Ensemble aus abstehendem Turbanzipfel, Ferkelohren und Zeigefinger – eine leise Karikatur, die dadurch unterstrichen wird, daß ausgerechnet dieser Bauer sich so theatralisch mit einem fast orientalischen Kopfschmuck dekoriert, ein Mann, der bei Colmar oder Schlettstadt oder Offenburg hätte zu Hause sein können.

Daß der Bauer um 1500 so ausgesehen hat, bezweifeln wir nicht. Darf indessen dies ebenso verschmitzt wie selbstsicher dreinschauende Gesicht als repräsentativ für den ganzen Stand gelten? Was war der Bauer? Wo kam er her? 1381, beim englischen Bauernaufstand, haben die Männer »Als Adam grub und Eva spann, wer war denn da ein Edelmann?« auf ihre Fahne geschrieben. Das war nicht nur Protest gegen die Sozialordnung, sondern auch ein Vermerk der Priorität. »Wir waren zuerst da.« Bauer, althochdeutsch gibûrs, einer, der zum Haus gehört, bezeichnet den zu einem Herrenhaus wie den zu einem Siedel- und Rechtsverband Gehörigen, der zunächst, ohne ständische Unterscheidung, frei oder unfrei war. Tacitus berichtet, daß die germanischen Herren Land an Unfreie ausgaben, die nicht in ihrem Haus beherbergt wurden, sondern nach Art römischer Siedler den Boden gegen Abgaben, aber wirtschaftlich selbständig bebauten und der unbeschränkten Verfügungsgewalt des Herrn unterstanden. Ihre Wohnstätten lagen in Dorfform um den Herrenhof. Schon im ersten nachchristlichen Jahrhundert gab es eine aus der Hausherrschaft erwachsene Grundherrschaft, die nicht in Bodenleihe, sondern in persönlicher Unfreiheit begründet war.

Grundherrschaft und Unfreiheit sind die stärksten Wurzeln und auch der Rahmen mittelalterlichen Bauerntums. Dazu kommt ein genossenschaftliches Element. Gibûrs kommt aus dem lateinischen Wort vicinus, Nachbar, das mit civis, dem »Bürger« zusammenhängt. Nicht nur die Grundherrschaft, auch die Dorfgemeinde muß für die Entstehung und Frühzeit des Bauerntums berücksichtigt werden, ein abgeschlossener und

schon bald erstaunlich weitentwickelter Wirtschafts- und Sozial-
verband, der auch beachtliche Selbstverwaltungsaufgaben
wahrnahm und löste. Und schließlich scheinen abhängige Bauern schon in der Frühzeit auch Gefolgsleute ihrer Herren gewesen zu sein. Das war wirtschaftlich und sozial der Weg, auf dem
freie Elemente in die Grundhörigkeit kamen, in der sie sich mit
dem Hauptkontingent der Unfreien zum mittelalterlichen Stand
eines nivellierten Bauerntums verbanden.

Man sagt dem bäuerlichen Lebenskreis noch heute konserva-
tive Haltungen nach, und so verstehen wir, daß diese Entwicklungen in den ersten mittelalterlichen Jahrhunderten nur langsam vor sich gingen. Erst seit der Karolingerzeit bildet sich die
lange Zeit für »urgermanisch« gehaltene bäuerliche Siedlungs-
gemeinschaft des Dorfes vollständig aus (K. S. Bader). Und erst
mit dem 13. Jahrhundert liegen die wesentlichen Züge des
Dorflebens in voll eingespielter, »fertiger« Form vor uns. Zunächst scheint es die Regel gewesen zu sein, daß ein auf oder
beim Herrenhof wohnendes unfreies Gesinde das Land des
Herrenhofs, des Fronhofs bebaut. Auch die für Haus und Hof
des Grundherrn nötigen gewerblichen Gegenstände stellt man in
diesem Verbund noch selbst her. Im 12. Jahrhundert beginnen
die Grundherren, wie wir sagten, die Verbindung aufzulösen.
Das Fronhofland wird in selbständig wirtschaftende Bauernstel-
len aufgeteilt. Die Bauern leisten von ihren Stellen aus Naturalabgaben; die nicht mehr benötigten Fronleistungen sind in
Geldabgaben umgewandelt. Der Herrenhof wird zum Meierhof,
den ein Pächter umtreibt; Meier Helmbrecht war einer von
ihnen.

Vielleicht hätten diese organisatorischen Änderungen den
Sozialstatus des Bauern gar nicht so wesentlich verändert, wenn
nicht gleichzeitig im 12. Jahrhundert eine erste größere Stadt-
bauwelle eingesetzt hätte, die nicht bloß die notwendigen Ar-
beitskräfte in die Städte zog, sondern den Bauern auch die
Möglichkeit gab, dort nach Jahr und Tag frei zu werden.
»Stadtluft macht frei« – das war ein Schlag für den grundbesit-

zenden und von Herrschaftsrechten lebenden Adel. Um die Konkurrenz zu bestehen, blieb gar nichts anderes übrig, als von der Pacht des Bauern auf Erbpacht überzugehen, wodurch das Lehengut über Generationen im Familienbesitz des Bauern bleiben konnte. Natürlich ging auch das nicht von heute auf morgen. Der Abt des reichen Klosters Weingarten hat die neue Situation erst einmal vorsichtig abgetastet, wenn er 1170 verordnet: »Wir machen den Bauern folgendes Zugeständnis: Diejenigen, die dem Hörigenverband dieses Klosters angehören, dürfen, solange sie zum Anbau der Felder und zur Erfüllung ihrer schuldigen Dienste fähig und willens sind, unter keinem Vorwand von ihren Gütern entfernt werden; vielmehr sollen auch ihre Söhne, wenn sie geeignet erscheinen, der väterlichen Arbeit nicht beraubt werden.«

Aber der Anfang für eine bessere Existenz des Bauern war gemacht. Dies vor allem in quantitativer Hinsicht: was vor einem Jahrhundert nur ganz selten einmal vorkommen mochte, wird jetzt vielen Bauern und ganzen Landschaften zuteil. Im großen geistig-politischen Umbruch der Stauferzeit, der mit Burgenbau und Städtegründung, Kloster- und Vogteipolitik elementare öffentliche Aufgaben und Möglichkeiten bringt, sind auch die Bauern ein politischer Faktor, so sehr, daß die Staufer auch Bauern frei machen, sie zur Rodung bisher unerschlossener Waldgebiete ansetzen und durch sie Binnenkolonisation betreiben lassen. Höher und besser ging es nicht mehr. Hier ist der Bauer im Besitz einer Freiheit, die auf Heeresdienst oder Rodung und Siedlung beruht und so gut ist wie die seit der karolingischen Zeit immer wieder verliehene Königsfreiheit. Die Bauern der Barockzeit, die nichts weiter sind als dumpfe, unbeachtete Untertanen, deren Funktion allein darin liegt, für den Tisch – und übrigens für die Kasse – der Feudalherrschaft mitzuarbeiten und mitzuernten, sind kleine, erbärmliche Leutchen dagegen.

Man kann nicht sagen, daß der mittelalterliche oder überhaupt der mitteleuropäische Bauer vor 1800 arm oder reich gewesen ist, geknechtet oder selbständig, stumpfe Kreatur oder gefährlich-revolutionäre Gruppe. Das alles ist jeweils davon abhängig, welche Rolle dem Bauern in der jeweils sozialen und politischen Lage zukam. Brauchte man ihn, kam man seiner persönlichen Situation entgegen. Ging es auch ohne diese besondere Sorgfalt und Rücksicht, ließ man ihn links liegen. Als im 13. Jahrhundert, bedingt durch die Entwicklung des Handels, das Geld als Zahlungsmittel eine wachsende Bedeutung erhielt, war der Bauer beziehungsweise seine Abgabe plötzlich eine interessante Sache geworden. Die Naturalabgaben oder Arbeitsleistungen wurden in einen fixen Geldbetrag umgewandelt, so daß bei der schnellen Entwertung des Geldes der reale Wert der Abgaben sank. Das trug, jedenfalls zunächst, zur Stärkung der bäuerlichen Position bei, da der Bauer nun frei über seine Arbeitszeit verfügen und seine Produkte auf dem Markt zu steigenden Preisen verkaufen konnte. Die Situation des wenig besitzenden niederen Adels wurde genau dadurch verschlechtert, weil er auf ein fixes Einkommen beschränkt war. Zu Beginn des 16. Jahrhunderts, als durch den Zufluß des mittel- und südamerikanischen Silbers eine erste Inflationswelle durch Europa ging, war das längst vergessen: was der Bauer auf den Markt brachte und bezahlt bekam, war morgen keinen Kreuzer mehr wert. Der Bauernstand war politisch, wir würden heute sagen, ideologisch zu wenig grundiert und zu sehr abhängig von der Konjunktur, als daß er hätte eine Macht darstellen konnen. Verglichen mit den anderen Ständen war sein Rechtsfundament so zweitrangig, daß man es vergessen konnte, wann immer die Zeiten das erlaubten.

Wir wundern uns also nicht über Sebastian Münsters, freilich erst aus der Reformationszeit stammenden Bericht über den vierten, den Bauernstand, es sei denn, manche Fakten dieser Schilderung machten uns doch unerwartet betroffen: »Der vierte Stand ist der Menschen die auf dem Felde sitzen und in Dörffern, Höffen und Wylerlin und werden genennt Bawern, darum sie das Feld bawen und das zu der Frucht bereitet. Diese fürn gar ein schlecht und niederträchtig Leben. Es ist ein jeder von dem andern abgeschieden und lebt für sich selbst mit seinem Gesind und Viech. Ihre Häuser sind schlechte Häuser von Kot und Holz gemacht, uff daz Ertrich gesetzt und Strow gedeckt. Ihre Speiß ist schwarz trucken Brot, Haberbrei oder gekocht Erbsen und Linsen. Wasser und Molken ist fast ihr einzig Trank. Eine Zwilchgippe, zwen Buntschuck und ein Filzhut ist ihre Kleidung. Diese Leute haben nimmer Ruh. Früw und spat hangen sie der Arbeit an. Sie tragen in die nächste Stett zu verkauffen was sie Nutzung überkommen auf dem Feld, und von dem Viech, und kaufen dagegen, was sie bedörffen. Dann sie haben keine oder gar wenige Handwerkslewt bey ihnen sitzen. Ihren Herren müssen sie offt durch das Jahr dienen, das Feld bawen, säen, die Frucht abschneiden und in die Schewer führen, Holz hawen, und Gräben machen. Do ist nichts, das das arm Volk nitt thun muß und on Verlust nitt auffschieben darff.« Ein gleichzeitiger Schriftsteller vervollständigt diese Schilderung, indem er sagt: »Dieß mühsälig Volck der Bawern, kohler, hirten ist ein seer arbeitsam volck, das jedermanns Fußhader ist, und mit fronen, scharwerken, zinnsen, gülten, steuern, zöllen hart beschwert und überladen.«

»Jedermanns Fußhader«, zu neuhochdeutsch jedermanns Fußabkratzer also? Mir scheint das schon eine recht moderne, nämlich negative Version. Mehr als zwei Jahrhunderte vorher legt der Dichter Wernher der Gartenaere seinem Bauern Helmbrecht eine durchaus positive Sinngebung bäuerlicher Arbeit in den Mund, wenn er den alten Helmbrecht sein Söhnlein auffordern läßt: »Lieber sun daz waerest dû / ob dû mir woldest volgen nû. / sô bûwe mit dem phluoge. / sô geniezent dîn genuoge. / dîn geniuzet sicherlîche / der arme und der rîche, dîn geniuzet der wolf und der ar / und alliu creatûre gar / und waz got ûf erden / hiez ie lebendic werden« (Mein lieber Sohn, du wärest dieser Mann, / wenn du mir jetzt folgen würdest. / Du brauchtest nur mit dem Pflug das Feld zu bestellen! Dann haben viele Nutzen von dir. Mit Sicherheit nützt du / dem Armen und dem Reichen, / dem Wolf und dem Adler / und überhaupt allen Lebewesen / und allem, was Gott auf der Erde / jemals ins Leben rief). Aber der Gutedel, das Söhnlein, läßt sich nicht locken. Auch nicht durch Wernhers feine Bemerkung, »von dem bûwe«, von der Feldbestellung und dem Ackerbau würden, »vil manec frouwe« (viele Damen) »geschoenet«, ja »manec künec wirt gekroenet / von des bûwes stiuwer« (viele Könige werden gekrönt / durch die Abgaben aus dem Feldbau).

Kommt aus dieser Version vom Ur-Dienst und der Ur-Aufgabe des Nährstands das Bauernlob, das dem Mittelalter auch bekannt war? In den Fastnachtsspielen der Nürnberger vom Schlage Hans Folzens und Hans Rosenplüts in der zweiten Hälfte des 15. Jahrhunderts und frühen 16. Jahrhunderts wird die Figur des Bauern immer wieder ins politisch, moralisch und religiös Positive umgewertet. Und Konrad von Ammenhausen bezeichnet in seinem 1337 vollendeten Schachzabelbuch die gerechten Bauern sogar als »ein krôn ob andern antwerklüten«. Freilich empfiehlt er ihnen die gewissenhafte Entrichtung des Zehnten, Solidarität mit den Nächsten und Arbeitsfleiß, wobei er sich nicht versagt, alle Zweige der Landwirtschaft samt Bodenseefischerei genauestens zu explizieren. Aber »swer bûwes pfligt« (wer immer Landwirtschaft treibt), erledigt Fundamentalarbeit. Die Bauern tragen das Ganze. »Si bûwent ûs der erde vruht, / der alle die lüte müessen leben.«

Bäuerliche Arbeit ist also zunächst einmal Feldbestellung, Ackerbau, Weide- und Wiesenwirtschaft. Seit der Mitte des 8. Jahrhunderts vollzog sich der allmähliche Übergang von der Zweifelder- zur Dreifelderwirtschaft, der auch im 13. Jahrhundert in manchen Teilen Europas noch nicht abgeschlossen war. Die Zweifelderwirtschaft hat nur jeweils die Hälfte des nutzbaren Ackerlands zur Frucht gebracht. Die andere Hälfte bleibt brach liegen, um im Jahr darauf genügend kräftigen Boden zur Aussaat zu bieten. Bei der Dreifelderwirtschaft konnten nicht nur die Hälfte, sondern zwei Drittel der bestellbaren Flächen genutzt werden. Der Bauer hat sie in drei Abschnitte unterteilt. Das erste Drittel wird im Herbst mit Wintergetreide, Roggen

20 *Bauer bei der Grasmahd. Er arbeitet mit einer Brustsense, deren Querleiste er gegen die Brust drückt. Der Wetzstein muß feucht bleiben und steckt deshalb in einem – von Ort zu Ort anders benannten – Behältnis. Gegenüber seiner Arbeitskleidung – Lederschuhe, Beinlinge, Wams, Hut – ist die Frau wohl etwas zu adrett, sind die Stacheln ihres hölzernen Heurechens etwas zu scharf geraten. Aus Petrus de Crescentiis' Commodorium ruralium libri, Druck von Peter Drach, Speyer 1493.*

und Weizen bestellt, auf dem zweiten Drittel baut man im Frühjahr Sommergetreide, Hafer und Gerste, und Hülsenfrüchte, Bohnen, Linsen, Erbsen. Der Rest bleibt brach liegen.

Bauernarbeit ist also immer auch Gemeinschaftsarbeit. Der Stand der Agrartechnik, aber auch das Aufeinander-Angewiesensein haben zu regelmäßigen Versammlungen geführt, auf denen das Notwendige untereinander abgesprochen wurde, wann gepflügt und wann gesät werden sollte, wann die beweglichen Zäune zum Schutz der Ernte aufgestellt, wann das Vieh zur Weide auf das Gemeindeland getrieben, wann Stuten und Deckhengst zusammengebracht werden sollten. Daß sich hier Erfahrungswerte und »Traditionen« einstellten, war eine ganz natürliche Sache. Tatsächlich war der Arbeitskalender der bäuerlichen Arbeit allmählich so festgelegt, daß man diese und jene Arbeit am Tage eines bestimmten Heiligen begann, der womöglich durch einen Volksreim festgelegt war. Daß man im Mai die Rebstöcke aufbindet, im Juni pflügt, im Juli heut, im August erntet und so fort, das wurde die selbstverständlichste Sache von der Welt. Als der Buchdruck erfunden war, sind solche »Unterrichtungen des gantzen Jars, was zu jeder Zeit gut und nützlich zu tuon ist«, die sich übrigens nicht auf bloße »Termine« für die landwirtschaftliche Tätigkeit beschränkten, durch den Druck verbreitet worden. Daß der Bauer trotz solcher Gebunden- und Geschlossenheit das Beobachten und »Anpassen« nicht vergaß, zeigen die zahlreichen bäuerlichen Wetterregeln. Sie stammten zum großen Teil aus ältester Zeit und wurden gleichfalls in die »Kalender« aufgenommen.

Wir wissen, daß Landwirtschaft und Bauernbetrieb mit diesen klassischen und krönenden Arbeiten nicht getan sind. Haus und Hof verlangen tägliche Hilfe und Vorsorge, das Holzsammeln ist nur eine von diesen Tätigkeiten, freilich eine der wichtigsten und bezeichnenderweise auch eine, die man der Ärmlichkeit des Bauernlebens wie ein Markenzeichen angehängt hat (Helmbrecht: »der gebûr kloup dâ wite / nâch der gebûren site«, Der Bauer sammelte dort Holz, / wie es Bauern tun). Man wird indessen nicht vergessen, daß zur bäuerlichen Arbeit auch Viehhaltung gehört, Stallfütterung, Schlachtvieh, Milchwirtschaft: das ist eine ganze Litanei für sich. Der Mensch treibt Raubbau »draußen«, aber auch das Vieh richtet auf Feldern und Wiesen großen Schaden an. Es müssen immer mehr Gehege eingerichtet werden, in denen die Tiere, vor allem die Ziegen – dem mittelalterlichen Bauern ein besonderer Dorn im Auge – nicht weiden dürfen.

Die Vielgestaltigkeit der Bauernarbeit hat eine erstaunliche Fülle von bäuerlichen Arbeitsgeräten zur Folge gehabt. Man sieht sie heute noch (oder wieder), in der Hauptsache Nachfahren der mittelalterlichen Archetypen, in den großen und kleinen Museen, Pflüge aller Art mit Pflugmesser und Streichbrett, Nackenjoche oder Doppeljoche für die Ochsen, dreieckige, u-förmige oder viereckige Eggen, Sicheln und Ladgabeln, Gestellsensen und Dreschflegel, geflochtene Siebe aus weitmaschigem Geflecht zum Sieben des Korns, Wetzsteine und Dengelhämmer, hölzerne Gabeln und Rechen, Melkschemel und Scheren für die Schafschur, gekrümmte Bienenkörbe. Ackergerät durfte den Sommer über auf dem Feld bleiben: »wan der akhersmann im frieling seinen pflueg und andere baugeschirr genn acker ausfirt, so mag er denselben seinen pflueg oder egen zu feld lassen stehen und bleiben bis wider zum herbst«.

Die Arbeit im mittelalterlichen Dorf würde man arg verkennen, wollte man sie, wie marxistisch-materialistische Geschichtsschau das gerne tut, in die arglose Eindimensionalität einer nicht-arbeitsteiligen Monokultur verweisen. Nach der Auflösung der Villikationen ersetzen in den Dorfgemeinschaften, die durch diesen Prozeß gestärkt werden, dörfliche Handwerker die an Bedeutung zurückgedrängten Standesgenossen auf dem grundherrlichen Hof. Bäcker, Schmied, Fleischhauer und Zimmermann sind seit dem 13. Jahrhundert in mehreren Landschaften als dörfliche Handwerker bezeugt. Spinnen, Weben, Schneidern war bei der Notwendigkeit zur Selbstversorgung in den bäuerlichen Haushalten vor allem als typische Frauenarbeit überall anzutreffen. Alles hat der Bauer nicht selbst hergestellt. Das gilt allenfalls für seine Versorgung mit Lebensmitteln. Alles andere hat er fertig gekauft oder auf Bestellung machen lassen, wie denn auch der Bauer nicht ganz ohne Geld ausgekommen ist und ihn das Aufkommen der Geldwirtschaft sehr wesentlich berührt hat. Ausnahmen solcher Auftragsarbeit bilden gebietsweise der Anbau von Flachs und die Herstellung

21 *Seinen Pflug hat unser Illustrator offenbar nur dem Hörensagen nach gemalt. Mit einer derart »literarischen« Konstruktion hätte niemand eine Furche ziehen können. Aber daß die Landpferde damals klein, leistungsschwach, ohne Kreuzleine und also schwer lenkbar waren, ist sicher. Es hat immer eines Mannes bedurft (links), der sie antrieb. Richtig ist auch, daß unmittelbar nach der Bodenbewegung der Vögel wegen die Einsaat folgte (siehe die Gestalt rechts, die aussät, im beackerten Land liegen bereits die Körner). Die Mühle im Hintergrund mit ihrem Hinweis auf den letzten Akt, das verarbeitende Mahlen, könnte darauf schließen lassen, das Bild habe die Geschlossenheit bäuerlicher Selbstbewirtschaftung (»Von der Saat zum Brot«) verdeutlichen wollen. Aber die Burg im Hintergrund links verweist auf die präsente Grundherrschaft und damit auf hörige, auch zu Frondiensten verpflichtete Bauern. Aus Rodericus Zamorensis, Spiegel des menschlichen Lebens, Druck von Günther Zainer in Augsburg, um 1474.*

von Leinen, auch die Schafhaltung zur Wollgewinnung für den Eigenbedarf.

Der Pflug, das hörten wir, war sozusagen Standeszeichen. Der Bauer hatte Handwerksgeräte, und sie waren, will man unbedingt chronologische Maßstäbe anlegen, die ersten in der unabsehbaren Reihe der menschlichen Arbeitsgeräte. Der Räderpflug auf der Bronzetür der Sankt-Zeno-Basilika in Verona vom Ausgang des 11. Jahrhunderts gilt als die älteste Darstellung dieses Instruments, wobei der Symbolgehalt der Szene dort nicht ohne Bedeutung ist: sie zeigt den von Kain ermordeten Abel. Abel ist nach dem Sündenfall Ackerbauer geworden. Bauernarbeit ist beides, Fluch und Segen.

Die Einführung des schweren Räderpflugs, auch Beetpflug, nördlich der Alpen vielleicht bereits seit dem 6. Jahrhundert bekannt, war eine wesentlich wirksamere Waffe gegen den Boden als der römische Hakenpflug. Der riß den Boden nur auf und ließ zudem unberührte Teile zwischen den Furchen zurück, was wiederum ein Querpflügen erforderlich machte. Der schwere Pflug wendete den Boden zugleich, der Boden wurde zunächst senkrecht vom Pflugmesser, dann von der seit dem 10. Jahrhundert bekannten eisernen Pflugschar waagerecht geschnitten, angehoben und schließlich vom Streichbrett zur Seite gedrückt.

Auch beim Gebrauch des Zugtieres stellte sich eine entscheidende Verbesserung ein. Das alte Geschirr, bei dem die Zuglast auf der Brust lag, drückte dem Tier den Brustkorb zusammen, machte ihm das Atmen schwer, ermüdete es rasch. Das neue Geschirr, das Kummet, verteilt die Zuglast auf die Schultern. Es ist seit rund 800 bekannt, die erste Darstellung findet sich in einem Manuskript der Stadtbibliothek Trier, breitet sich aber erst im 11. und 12. Jahrhundert allmählich aus. Für damalige Zeiten war das Kummet eine epochemachende Neuerung, wie das die Bogensichel gegenüber der alten, einfachen Hakensichel auch war. Die Verfeinerung der Sense, die seit dem 9. Jahrhundert in Gebrauch war, brachte mit dem 13. Jahrhundert einen wesentlich besseren Grasschnitt. Und was die Verarbeitung des Getreides anlangt, so hatte der hölzerne Dreschflegel seit dem 9. Jahrhundert einen raschen Aufstieg.

Alle diese Leistungssteigerungen, sichtbar auch in den seit dem 11. Jahrhundert überall gebräuchlichen, mit Nägeln befestigten Hufeisen, in der Verstärkung der Zugkraft durch hintereinandergeschaltete Pferdepaare, durch die seit dem 13. Jahrhundert üblich gewordenen Ortsscheite am Wagen und die Flachsbrechen: alle diese Leistungssteigerungen berührten auch die Arbeit der Bauersfrau. Sie hat eigentlich überall mit dabei sein müssen.

»Bî dem moust du niuwen / dehsen swingen und bliuwen / und dar zuo die ruoben graben« (Bei dem mußt du stampfen, / den Flachs brechen, schwingen und schlagen / und dazu noch Rüben ausgraben), heißt es im Meier Helmbrecht, gemeint als Warnung an die junge Schwester, doch ja keinen Bauern zu heiraten.

Die Tätigkeiten, die das Leben der Bauersfrau sauer machen (»dîn leben wirt dir sûr«), geben nur einen Bruchteil des alltäglichen Katalogs wieder. In einem der ländlichen Tagelieder Oswalds von Wolkenstein (ca. 1377–1445) ruft die Bäuerin der Gret, ihrer Magd, zu: »Gret, louff gen stadel, süch die nadel, nim den rechen mit! / gabel, drischel, reitter, sicherl vindstu dort« (Gret, lauf zum Schuppen, such die Nadel, nimm den Rechen mit! / Gabel, Dreschflegel, Kornsieb und Sichel findest du dort). Aber zuvor hat das Gretlein im Haus mitzuhelfen: »Stand auff, Maredel! liebes Gredel, zeuch die rüben auss! / zünt ein! setz zü flaisch und kraut! eil, bis klüg! / get, ir faule tasch! die schüssel wasch!« (Steh auf, Margretlein, liebe Gretel! Zieh die Rüben heraus! / Mach Feuer, setz Fleisch und Kraut zu! Schnell, sei gescheit! / Nur zu, du faule Tasche, spül die Schüssel!). Zu einem Bauernhaus gehört alles, Putzen, Kochen, Schöpfen von Wasser, Schüren des Feuers, Käsen, Viehversorgen, Gemüsegarten, Getreideeinbringen, das heißt Mähen und Garbenbinden und so fort. Immer wieder sieht man auf Ölbildern oder Stichen das Pflügen ohne Ochsen. Der Mann führt den Pflug und zieht die Furchen, die Frau hat das Zugtier mit dem Ochsenstachel anzutreiben. Als Gerbert von Aurillac eine seiner aquitanischen Bäuerinnen pflügen sah, sie nach dem Grund fragte und zur Antwort bekam, ihr Mann sei krank, sie sei allein und es sei Zeit zur Aussaat, gab er ihr für jeden Tag der Saatzeit Geld zur Entlohnung eines Landarbeiters, so daß »sie aufhören konnte, wie ein Mann zu arbeiten«. Gerberts Biograph fährt fort: »Denn Gott verabscheut alles, was gegen die Natur ist.« Zahllose andere Abbildungen zeigen die Frau im Dorfe worfeln, Mähern Getränke bringen, beim Schweineschlachten zupacken oder spinnen. Nur die Schäferei ist ihr versagt. Da man mit den Herden oft große Strecken zurücklegen mußte, blieb das Männersache. Dafür fällt ihre zahlreiche Mitarbeit im Brauereigewerbe auf, und die Weiterverarbeitung der vom Fronhof gestellten pflanzlichen und tierischen Fasern ist nach dem Prümer Urbar ausschließlich Frauensache: die Frauen müssen Leintücher, Hemden und Hosen herstellen, notabene im Bauernhaus. Aber es gab auch Tuchmanufakturen in Grundherrschaften, sogenannte »Genitien«, übernommen vom »Gynaeceum« der Spätantike, in denen nur Frauen tätig waren.

Wieviel gerade die Bauersfrau im Mittelalter zu leisten hatte, läßt sich natürlich nicht (mehr) mit »statistischem« Material belegen. Allenfalls das Bild der früh gebeugten, früh gealterten Bäuerin stünde dafür. Zu Beginn des 20. Jahrhunderts waren Bäuerinnen unserer Breitengrade, Interviews ergaben das, während der Sommermonate durchschnittlich vierzehneinhalb Stunden bei den anfallenden Feldarbeiten tätig. Die meisten traten den Gang ins Feld morgens zwischen halb sechs und halb sieben Uhr an und kehrten zwischen acht und neun Uhr abends nach Hause zurück. Vorher beziehungsweise anschließend hatten sie zusätzlich die unaufschiebbaren Arbeiten in Haus und Stall zu erledigen. Daß neuere agrare Revolutionen, etwa die Umstellung auf Zuckerrüben- und überhaupt Hackfruchtkultur, besonders negative Auswirkungen auf den Gesundheitszustand von Hochschwangeren, Gebärenden, Kindbetterinnen und Stillenden hatten, wissen wir. Auch, daß die höhere Sterblichkeit von verheirateten Frauen »in ihren besten Jahren« auf körperliche Mehrfachbelastung zurückzuführen ist. Wir dürfen dieses Bild unbedenklich auf das – fast stadtlose – »Land« des Mittelalters übertragen.

Daß die Bauersfrau nur in der Binnenwirtschaft zu finden war, ist eine am pausbäckig-bürgerlichen Frauenideal des 19. Jahrhunderts (»Kirche, Kinder, Küche«) genährte Vorstellung, die wir verabschieden müssen. Das Bauernweib, dem gegenüber den Vornehmen rasch ein »du Hure« oder »du Hexe« entschlüpft, die aber auch, wie die Bauerntochter Margarete von Cortina, zur Heiligen aufsteigen kann, ist zur Allround-Tätigkeit geboren. Sie ist freilich auch an Quellen und Brunnen zu finden, um der Plauderei mit der Nachbarin Raum zu geben, beim Spinnen und Weben, bei der Vielzahl von Kirchenfesten, die über acht Wochen im Jahr ausmachten. Und natürlich stand sie am meisten in der Küche, denn für das Bad hat sie immer zu sorgen, und für die Speise auch. »ir kint müezen ezzen / ûz dem wazzer daz koch« (Ihre Kinder müssen wäßrigen Brei essen), so im Helmbrecht über die Bauernkinder. An anderer Stelle ist von der heute noch bekannten Stosuppe, und vom »krût«, vom Kohl, die Rede. Seifried Helbling nennt die Nahrungsmittel, die den Bauern zustehen, er beruft sich dabei auf eine Landordnung Herzog Leopolds V.: Gerstenbrei, Selchfleisch und Kraut, an Fasttagen Hanf, Linsen und Bohnen. Hauptnahrungsmittel

22   *Melkerin mit Kuh. Aus dem Ortus Sanitatis des Johannes de Cuba, Druck von Jakob Meydenbach, Mainz 1491.*

dürfte der Mehlbrei gewesen sein, zu dem es meist Obst gibt. Erst im 12. und 13. Jahrhundert wird es in allen Gesellschaftsschichten üblich, Brot zu den Mahlzeiten zu essen, das »compagnium«, das ab dato im Abendland seine fast mythische, von der Kirche untermauerte Bedeutung erhält. Doch kennen die Bauern auch ein Eßfest, den Schlachttag im Dezember, woran sich die Schmausereien zum Jahresende anschließen und die Fleischmahlzeiten während der langen Winterszeit.

Ob sie da immer warm genug gekleidet waren, wird man sich fragen. Viel Auswahl haben sie auf alle Fälle nicht zur Verfügung. Des Meier Helmbrecht keineswegs armer Sohn zieht mit einem »valden«, einem Kleidersack von zu Hause aus. Gewöhnlich trägt der Bauer einen kurzen, aus grobem Zeug gefertigten Kittel. Selbst beim Adel hatten sich im 13. Jahrhundert Unterkleid und Unterhemd noch nicht überall durchgesetzt. Zu kurzen, kaum über die Knie reichenden Hosen wurde ledernes, durch Bänder zusammengehaltenes Schuhwerk getragen, der Bundschuh, seit dem 13. Jahrhundert populäres Symbol gegenüber dem bespornten Ritterstiefel. Seit den Bauernunruhen im Hegau 1469 standen die bäuerlichen Revolten unter diesem Signet. Auch in der Haartracht verrät sich der Unterschied zum adligen Herren. Der Bauer trägt das Haar über den Ohren abgeschnitten, das lange Haar bleibt den edelfreien Herren vorbehalten.

Die Kleidung ist vorgeschrieben, durch Rechtsordnung festgelegt, wichtigste Substanz der Ständeordnung. »An Werktagen dürfen sie (die Bauern) lediglich ein kurzes Messer und einen Pflugstab tragen, ein Schwert nur die Hauswirte, aber keine anderen und nur zum Kirchgang.« So der bayerische Landfrieden von 1244. Gleichviel, modische Strömungen hat man früh registriert. Plötzlich wurde grünes, braunes und rotes Tuch aus Gent bei den Bauern verarbeitet, das Wams modisch eng geschnitten, wurden weite Prunkärmel daran genäht und die Gürtel mit Metallplättchen beschlagen. Die Bundschuhe aus einfachem Rindsleder ersetzen Bauersleute durch feinere Schnallenschuhe. Man trägt rote Hüte und hängt an die protzigen Gürtel Täschchen für Geld und Gewürze, insbesondere für Ingwer. Man nannte diese aus Fell oder Seide angefertigten Täschchen »phosen«. Und schließlich wird man so aufmüpfig, daß man an Stelle der einfachen wollenen Fäustlinge aus Venedig importierte Lederhandschuhe trägt.

Die Provokation mag schon im Kontrast zum angestammten Bauernhaus gelegen haben. Es ist aus Strohlehm oder aus Holz erbaut; Stein wird höchstens für das Fundament gewöhnlich. Zwei Typen herrschten in Deutschland vor, im Norden das sächsische, im Süden das fränkische. Das friesische, das oberdeutsche (bayerische Alpenhaus, Schwarzwälderhaus) und das alemannische (schwäbische und schweizerische) Haus kann man als Übergangstypen ansehen. Das altsächsische Bauernhaus vereinigt Wohn- und Wirtschaftsräume unter einem – mächtigen – Strohdach, während das fränkische, wenn man will als höhere Kulturform auftretende Bauernhaus Wohnraum und Wirtschaftsgebäude trennt und sie um zwei oder drei Seiten eines abgeschlossenen Hofes verteilt. Im Regelfall besteht das ganze Haus, das alte Bauernhaus, aus einem einzigen Raum; ein Loch in der Decke dient als Rauchfang. Die Dächer dieser Block- oder Fachwerkhäuser sind mit Stroh, Schilf oder Schindeln gedeckt. Auf Holzschindeln pflanzte man gerne Hauslauch, der schützte gegen Blitzgefahr. Wo »Schornsteine« vorkamen, waren auch sie von Holz.

Türen saßen nicht in eisernen Angeln, sondern waren in Lederriemen befestigt. Das Tageslicht fiel durch Luken, die durch Weidengeflecht, durch Holzgitter oder Schweineblasen notdürftig verschlossen waren. Festgestampfter Lehm ergab den Fußboden; Holzdielen waren selten. Rohes Balkenwerk bildete die Wände, deren Ritzen mit Moos verstopft waren. Der offene Herd diente zu beidem, zum Kochen und zum Heizen. Im sächsischen Bauernhaus schaute das Vieh auf die Diele, dem weitaus größten Raum des Hauses, wo der Herd stand und wo man sich hauptsächlich aufhielt. Überall, im Norden und Süden

Deutschlands, konnten Bauernhaus-Stuben mit Holz bekleidet sein, bei Ziegel- und Lehmbau hat man sich vielfach auch mit bloßem Kalkbewurf begnügt. Ein grobgezimmerter Tisch und Bänke an den Wänden waren das hauptsächlichste Mobiliar, Stühle werden kaum erwähnt, höchstens der dreibeinige Sessel, der »Bock«.

Will man den ungewöhnlichen Wanderdrang der Bauern aus dieser baulichen Kümmerlichkeit erklären, so wird man vor allem an diese leichte, halb provisorische Bauart denken müssen. Der altgermanische Grundsatz, daß jeder Hausvater sein eigener Baumeister sei, gilt für die bäuerlichen Kreise bis weit über das Mittelalter hinaus. Ein Weistum des 15. Jahrhunderts aus der Rhön erklärt ein Holzhaus für gut gebaut, wenn es von drei Männern mit drei Haken nicht umgerissen werden kann. Ein besonders fester Bau kann da nicht statt haben. Auch das Handwerkszeug, Axt, Säge, Richtschnur, war klein beieinander. An sorgfältiges Glätten und Fugen ist da nicht zu denken. Wohl aber an das Auswaschen der Wände, an die Gefahren von Feuer und Hagelschlag, die auch den Holzbau bedrohen. In einer gelegentlichen Schilderung des Meierhofes im Armen Heinrich ist dieser permanenten Bedrohung besonders bewegt gedacht: »ze dem (zu Gott, als frîem bûman, als freiem Bauern) wil ich mich ziehen / und solhen bû fliehen / den daz fiur und der hagel sleht / und der wâc abe tweht, / mit dem man ringet unde ie ranc« (zu Gott will ich mich wenden / und solchen Bau fliehen / den das Feuer und der Hagel schlägt / und die Wasserwoge abwärts trägt / mit dem man ringt und je gerungen hat).

Das Einraumhaus, das freilich auch weiterentwickelt werden konnte, Neidhart singt von einer großen Bauernstube mit einem geräumigen Heizofen, einer Fortbildung des Backofens: das Einraumhaus hat wenig Mobiliar. Die Holzkästen, Bänke und der Tisch sind rasch aufgezählt. Die Kleider verstaut man in den Kästen, die Bänke und der Tisch dienen zum Sitzen, Essen, Arbeiten und Schlafen. Der Tisch ist nicht das leichte Speisege-stell wie in vornehmen Haushaltungen, sondern so groß, daß die

23 *Der in der Nähe von Ettiswil ausschweifend lebende Landsknecht Hans Spieß erwürgt, nur mit dem Hemd bekleidet, seine nackt im Bett liegende Frau (1503). Niedrige Bauernstube der Zeit, Boden, Wände und Decke in Holzriemen, zwei kleine, verschlossene Fenster, »Golgatha« als einziger Bildschmuck, Stubentüre mit einfacher Holzverriegelung, kunstvoller bearbeitete Bettstatt, Nachtkasten und hölzernes Nachtgeschirr. Aus Diepold Schillings Luzerner Chronik von 1513.*

ganze Familie daran Platz hat, eine massive Platte, die auf vier Stollen oder häufiger auf einem Gestell mit schräg gestellten Beinen (»schragen«) ruht. Nur bei den besseren Bauern gibt es Stühle, dort sind sie mitunter »mit vêhen küssen« (mit bunten Kissen) bedacht. Als Eßgerät halten hölzerne Löffel her, allenfalls das Messer des Vaters, das der immer bei sich trägt, die Gabel war noch unbekannt. Metallgeräte aller Art sind Kostbarkeiten. Wo es bei der Bank als Schlafstelle nicht bleibt, ist das Hauptmöbel das Bett, ein einfaches Brettergerüst, pritschenartig mit Bettstücken belegt, oder aber eine Sponde nach städtisch-adliger Art, mit einer Bank davor und einem Umhang geschmückt. Bettücher sind selten (Helmbrecht: »lilachen was dâ fremde«, Bettücher gab's da nicht). Strohbreite oder »strosak« kennt man besser, oder man benützt irgendwelche Decklaken, die man gegebenenfalls auch auf den Boden oder die Schlafbank legt.

Eine einfache, eine primitive Welt. Als Energiequelle hat man nur seine eigene und die tierische Kraft. Kleine Hütten aus Lehm und Stroh, der Fußboden ist hartgestampfte Erde, die Notdurft verrichtet man im Freien, Trinkwasser fehlt, Männer, Frauen, Kinder schlafen im selben luftleeren, düsteren Raum, der Geschlechtsverkehr spielt sich in Anwesenheit der Kinder ab, nebenan steht das Vieh. Bei den Ärmsten teilt man, im Winter auch der Wärme wegen, den Raum mit ihm. Wenn die Versorgung des Viehs es erfordert, wenn es hell wird, steht man auf, im Sommer jedenfalls zwischen vier und fünf Uhr. Zwischen neun und zehn Uhr nimmt man die Hauptmahlzeit ein, zwischen vier und fünf Uhr nachmittags die zweite Mahlzeit des Tages. Und wenn es dunkel wird, geht man zu Bett, zumal man in der Hauptsache ohne Beleuchtung auskommen muß. Es genügt die Anpassung an die rhythmische Zeit, die ohnehin nicht zu beeinflussen war.

Anlage und Bauart des Dorfes scheint uns vom Zufall und vom Abstand der einzelnen Gehöfte bestimmt. Der bäuerlichen Distanz von allzu naher Nachbarschaft hat ein westfälisches Weistum Rechnung getragen: »Sofern derselbig, der das new haus, dha vorhin keins gestanden, zu zimmern vorhabens, soll he mit dem zimmer van anderer leuth grunde so weit wegbleiben, als eine zahme feldhenne in einem flöge (Fluge) in der lengde (Länge) fliegen kann, wird geachtet auf eines manns dreihundert tritt.« Aber die Offenheit der Dorfanlage darf nicht darüber hinwegtäuschen, daß alles mit einem Zaun, ja einer Mauer umschlossen sein konnte. Obwohl das Dorf im Gegensatz zur Stadt allemal nur aus ortsgebundenen Materialien gebaut war, konnte es sich wie eine kleine Stadt geben. »Dazuo wir haben auch ein gesäss«, heißt es in Heinrich Wittenweilers »Ring«, »allen dörfern mit übermäss / mit einem zaun gemauret wol / darumb ein pach rint wassers vol. Zwai tor und hütten vier / mit einem teuffen graben zier / hat das dorff zuo seiner maur / allen

veinten gar ze saur. So mechtig sein wir und so reich / Nie kain
volk ward uns gleich« (Wir haben dazu auch festen Wohnsitz / in
allen Dörfern im Überfluß / mit einem Zaun gut ummauert /
darum rinnt ein Bach voller Wasser. Zwei Tore und vier Häuser /
nebst einem tiefen und prächtigen Graben / hat das Dorf als
Mauer / allen Feinden zur großen Not. So mächtig sind wir und
so reich / Nie kein Volk ward uns gleich).

Das ist natürlich städtische Schlitzohrigkeit und blanke Ironie.
Aber die quasi-städtische Machart des Dorfes dürfen wir ernst
nehmen. Man kennt das Spiel im Dorf, davon später, sehr wohl.
Aus dem dörflichen Spielplatz wächst das Spiel- oder Tanzhaus.
Nicht selten wird aus ihm ein Gemeinde- und Rathaus (wenn es
vielfach auch bei der einfacheren Lösung blieb, die Taverne, das
Dorfwirtshaus, für gemeindliche Zwecke zu nutzen). Und die
Dorfbilder aus Stumpfs Schweizerchronik oder Polydor Vergi-
lius' »Erfindern von Dyngen«, Dürers Dorfinterieur im Stich
vom verlorenen Sohn sollten nie den Eindruck erwecken, daß
wir es mit einer einheitlich-behäbigen »dörflichen« Harmonie zu
tun haben. Es gibt im Dorf wie in der Stadt kleine und große,
arme und reiche Familien. So mannigfach wie die Dorfsoziologie
ist auch seine Bauweise.

Das Dorf, diese Handvoll Behausungen in teilweise weitesten
Abständen voneinander, in der Mitte vielleicht ein Dorfplatz mit
fester Kirche und Linde, umgeben von einem Zaun, dem Etter,
der dem Entlaufen des Viehs wehrt und allen Eindringlingen,
durch den ein versperrbares Tor führt auf den überaus schmutzi-
gen Hauptweg: das Dorf des Mittelalters ist keine Idylle? Im
Hermetismus seiner Atmosphäre, kaum hat man städtische
Mauerberinge zu bauen begonnen und ist es in der Städtewelt
laut geworden, ist es tatsächlich ein Eiland der Ruhe, nicht nur
die Heimat der Magie, deren »Priesterinnen« die Bauersfrauen
sind, sondern eine Insel der Ursprünglichkeit. In den Zeiten der
Wallfahrten, der von Bußforderungen gemarterten Seele, in der
Zeit der Geißlerzüge, der gehäuften Messen, in dieser Zeit des
Aufruhrs der Seele ist das »einfache« Leben des Dorfknechts mit

24 *Bloßes Nebeneinander von Höfen ergibt noch kein Dorf, gerade im Mittelalter nicht. Gemeinsame Anlagen wie Anger, Brunnen, Weg, Dorftore oder
Rathaus bewirken eine genossenschaftliche Geschlossenheit, die sich, zusammengehalten vom Dorfzaun, in seltenen Fällen von der Dorfmauer, auch in der
baulichen Erscheinung widerspiegelt. Tanzbelustigung in einem Schweizer Dorf,
im Hintergrund Weinberge und eine Burg. Aus der in Zürich bei Christoph
Froschauer 1547/48 erstmals erschienenen Schweizerchronik von Johannes
Stumpf.*

seiner Dirne, das Treiben der Tagelöhner und der Bauerntag für
die komplizierten Verseschreiber ein Thema. Der ewige Bauern-
knecht ist es, wie ihn Berthold von Regensburg schildert:
Eitelkeit in Kleidung, Gang und Sprache, wenn's sonntags zum
Tanz geht, schalkhafte Manier auf dem Markte, Unmaß im
Essen, Naschen in den Vorratskammern der Herrin, wenn er zu
knapp gehalten wird und sich heimlich das Fett von der Suppe
abgießt. Sind bei der Feldarbeit Knechte und Mägde beschäftigt
und die Herrschaft geht weg, so liegt die Arbeit. Scherzen und
Lachen und Ringen geht los. Eine jungenhafte Naivität allenthal-

ben, von Verantwortlichkeit für die Arbeit keine Spur. Wo zwischen Herrschaft und Knecht ein großer Abstand ist, wo sie nur befehlen und jene nur wirken, sie reiche Kleider, jene ein zerrissenes Hemd, sie volle Schüsseln, jene karges Brot haben, da ist auch der Abstand zwischen ihren Sorgen und denen des Knechtes groß.

Aber die Bauern haben keine Briefe geschrieben und nichts aufgezeichnet von ihrem Leben, von ihren Sehnsüchten, von ihren Ängsten. Man war abhängig in den Dörfern da und dort, von den Herren, von Wind und Wetter, vom Boden und vom Wald. Es gab Unterschiede im Dorfe, versteht sich, und allmählich liefen die einen den anderen, der Mehrzahl, davon und bildeten ein »Dorfpatriziat« (K. S. Bader). Wenn man sich am Dorfplatz traf oder, ein bäuerlicher Treffpunkt ersten Ranges, in der Mühle, dort hatte man sich die Zeiten des Mahlens durch Plaudern zu vertreiben, nannte man die »Großköpfigen« des eigenen Dorfs beim Namen. Es gab Unterschiede im Dorf. Es ist keine auf totaler Gleichheit beruhende Gemeinschaft. Reiche gab's, die Nachkommen alteingesessener, angesehener Familien, und Arme.

In der Abhängigkeit vom Boden waren sie alle gleich. Die Natur sperrt sich. Manchmal sind die Anstrengungen von Monaten in einer Nacht zunichte. Im 14. Jahrhundert bietet sich von der Zuider See bis zum Kraichgau dasselbe Bild: »Der Wind«, heißt es in den Texten, »hat die Felder wieder mit Sand zugeweht, und so sind sie verödet oder liegen jedenfalls brach.« Der Boden ist ausgelaugt. Die mittelalterliche Wirtschaft, die sich in der Hauptsache auf die Landwirtschaft stützt, hat hier ihre größte Not. Es gibt noch keinen (chemischen) Kunstdünger, und der natürliche Dung reicht bei weitem nicht aus. Die Viehzucht ist schwach, die Viehseuchen sind verheerend, das Weideland kommt erst an zweiter Stelle, die Gewinnung der pflanzlichen Nahrung hat den Vorrang, der Fleischbedarf läßt sich auch mit Wildbret decken.

Raum ist der Gradmesser für Versorgung, Sattwerden, Hungern, Haben und Sein. Grundbesitz ist die einzige Sicherheit, ihn können nicht einmal die Räuberbanden, die alles mit sich nehmen oder zerstören, wegschleppen. Reich sein heißt über Raum verfügen. Zum Raum gehört der Wald, wenigstens ein Stückchen Wald. Der Wald ist der größte, der erste Abenteuer-Bringer. Im ungarischen Wald, so erzählt Burkard Zink in seiner Hauschronik, wird er plötzlich von einem gespenstischen Märchen umfangen. Da verreitet er sich, auf dem Weg zu König Sigismund nach Ofen, und findet sich mit einem Schlag »allain in dem großen ungeheuren wald«, vor ihm zwei Reiter, die bei seiner Anrufung Gottes verschwinden. Ein spukhaftes Schloß taucht auf, von einer torlosen Dornenhecke umzogen. Und wie aus dem Dickicht geboren, sperren ihm »zwai große hauende schwein« den Weg. Erst die wiederholte Anrufung Gottes gibt dem Verirrten wieder die rettende Straße aus dem unheimlichen Geviert heraus.

Und der Wald ist der Rohstoffbringer. Von ihm bezieht der Bauer Holz für Zäune, Bretter und Schindeln, für Fässer, Wagen, Räder, für Licht und Wärme: Holzarbeit nimmt mitunter des Bauern meiste Zeit in Anspruch. Der Wald nimmt und gibt. Er steckt voller Drohungen, aber er hat auch Stein, Eisen, Steinkohle, auch Beeren und Früchte, hier gibt es Eichenrinde für die Lohgerberei, die Asche der abgebrannten Büsche für die Bleiche oder die Färberei. Freilich, unerschöpflich ist es nicht, das Reservoir Wald. Für eine einzige Köhlerei kann ein ganzer Wald im Umkreis von einem Kilometer innerhalb von schätzungsweise vierzig Tagen kahlgeschlagen werden. Um 1300 verfügt Frankreich über eine Waldfläche von 13 Millionen Hektar, eine Million Hektar weniger als heute. Zu Ende des 13. Jahrhunderts ordnet der Stadtrat von Colmar, um den Raubbau am Wald zu verhindern, die Zerstörung der Sägewerke an. Der Erfolg: »homines pauperes et nihil habentes« (arme Leute und Hunger-leider) strömen scharenweise mit Handsägen in die Wälder und richten hundertmal mehr Schaden an.

Man muß Wald besitzen und Land besitzen, um im Dorf

draußen gut über den Winter zu kommen. Unter Bauern wird der Mensch nach seinem Landbesitz taxiert. Die mittelalterlichen Vorschriften über die Erhaltung der Grenzsteine könnten nicht schärfer sein. Wer sie verrückt, wird, so wörtlich, mit Durchpflügen des Herzens bestraft. »Wer ein merkstain freventlich aushebe oder wurffe, den soll man in diselbe gruben begraben bis ahn seinen gurtel und soll vier pfert an einen pflug spannen, der scharf were und ihnen aus der kruben kehren.« Das mittelalterliche Dorf hat seinen Dorffrieden wie die Stadt ihren Marktfrieden. Wer ihn stört oder bricht, hat mit fürchterlichen Strafen zu rechnen. Sie werden, viele von ihnen, vom Dorfgericht verhängt, dem anzugehören zu den wichtigsten öffentlichen Funktionen des Bauern gehört. Den Vorsitz führt dort der Schultheiß. Er ist vom obersten Landesherrn eingesetzt, oft erblich belehnt, hier und da aber auch von der Gemeinde gewählt und vom Gerichtsherrn nur zu bestätigen. Auf dem Dorfgericht entschied die Majorität, der Richter »sprach« das Urteil. Es konnte »gescholten«, das heißt angefochten werden. An vielen Orten gab es aber keine Appellation. Nicht eigentlich die Armut hat mürbe gemacht, sondern die Hörigkeit im inneren Sinne des Wortes, die ungeschützte und bis in den persönlichsten Winkel greifende Abhängigkeit, die permanente Kontrolle von oben. Wer »Gotteshausmann« war, war dem »Gotteshaus«, dem Kloster, ganz verschrieben. Im Weistum der Propstei Weitenau von 1344 heißt es: »Der Probst soll jedem 18–20jährigen Gotteshausmann gebieten, ein Weib zu nehmen, bei Strafe von einem Pfund Pfennig. Der Propst soll jedem 14jährigen Gotteshausmädchen gebieten, einen Mann zu nehmen, bei Strafe von einem Pfund Pfennig. Witwen und Witwer, die vom Gotteshaus belehnt sind, kann der Probst zwingen, sich wiederzuverheiraten.«

Wie sehr Bauern »Untertanen« waren, verrät schon das Nellinger Weistum von 1354. An den Nellinger Probst, seinen Grund- und Leibherrn, hatte der Bauer einen Boden- und Leibzins, sein »Besthaupt« zu zahlen. Dem Schutzherrn, dem »Vogt«, hatte er Huld und Treue zu schwören. Starb ein Bauer, ging der Besitz an den Herrn zurück. Der teilte ihn dann wieder als »Lehen« an einen anderen Bauern aus. Wer ohne Erlaubnis des Propstes Holz im Klosterwald holte, mußte als Strafe für eine burdi (Traget) drei Pfund Heller, für einen – gestohlenen – Karren fünf Pfund Heller bezahlen. Wer es bei Nacht tat, soll »ze Propstes gnaden stan«, das heißt, mit dem durfte der Propst anfangen, was er wollte. Kurz: des »gotzhus lüte« standen in vollster Abhängigkeit.

In vielen Gegenden Deutschlands war es selbstverständlich, daß die Verheiratung der hörigen und leibeigenen Bauern beiderlei Geschlechts von der Einwilligung des Grundherrn, später des Gutsherrn abhing. Für die Bewilligung hatte der Bräutigam das sogenannte Heiratsgeld oder den Ehezins an die Herrschaft zu entrichten, eine Abgabe, die in den verschiedenen Regionen auch Bettmund oder Frauengeld genannt wurde, Hemdschilling, Jungfernzins, Vogthemd, Stechgroschen, Nagelgeld, Schürzenzins oder Bunzengroschen. Man könnte in diesen Firmierungen gutartige Ausflüsse des Volkshumors erkennen, und da und dort stimmt das wohl auch. Aber der Grimm darüber, daß in diesem angeblichen »Herrenrecht« nichts weniger als Zumutung und Schikane liegt, überwiegt. Er hat selbstverständlich zugenommen, je massiver das reformatorische Pochen auf die – zumindest religiöse – Mündigkeit des Menschen und hernach auf die von Natur aus zustehenden Grundrechte des Einzelnen auch auf die Dörfer und Höfe drang.

Solche Ideen wären schon im Mittelalter wichtig und Grundvoraussetzung gewesen. Aber mindestens ebenso wichtig wäre gewesen, daß man den Möglichkeiten eines gesellschaftlichen Aufstiegs wenigstens die Spur einer rechtlichen Grundlage gegeben hätte. Ganz im Gegenteil verordnet Rudolf von Habsburg im Jahre 1289: »Wir Rudolf von Gottes Gnaden, römischer König, Mehrer des Reiches, wollen, daß durch den Wortlaut der vorliegenden Urkunde zur Kenntnis aller gelange, daß der edle Graf von Berg, unser lieber Getreuer, als wir bei Germersheim am Aschermittwoch Gericht hielten, in unserer Gegenwart ein

Urteil darüber forderte, welchem Stand das Kind aus einer Ehe angehören soll, die Bauern oder Bäuerinnen, die Freie genannt werden, mit Schutzbefohlenen oder einem anderen höheren oder niederen Standes geschlossen haben. Unter der Zustimmung aller Anwesenden ist gerichtlich festgesetzt worden, daß das Kind immer dem schlechteren Stand folgen soll.«

Damit war zumindest nach dem Gesetzbuch – in der Praxis konnte es, wie wir noch hören, anders sein – der Weg nach oben ein für allemal verschlossen. Am Ausgang des Mittelalters sah sich der Bauer dann in einem Geflecht ungeschriebener und geschriebener Verpflichtungen und Forderungen, das man, in dieser Dichte und Intensität, keinem der übrigen Stände des Alten Reiches je zugemutet hat. Um 1500 war die Vielgestaltigkeit des Abgabewesens von der Landschaft, der Bodenbeschaffenheit, oder der agrarischen Betriebsform mitbestimmt, aber auch die jeweilige politische Entwicklung und das Verhalten einzelner Personen sprach mit hinein. Es gab Natural- und Geldleistungen, Fronden und Dienste unter allen möglichen Benennungen, je nach Herrschaft, Gegend und Ort. Schon in frühmittelalterlicher Zeit hatte der Bauer Jahr für Jahr einige Silberstücke, Geflügel und Kleinvieh zu bringen, auch handwerkliche Erzeugnisse wie Stöcke, Gartengeräte, Bretter, Leinenstoff, hatte er sich zur Mithilfe bei den wichtigsten Saisonarbeiten, Heu- und Getreideernte und Weinlese zu verdingen, zum Dreschen als Handdienst, zu Fuhrdiensten über größere Entfernungen, zur Abgabe von Schindeln und Brettern und so fort.

Wirtschaftlich und sozial ging die Abstufung von der bäuerlichen Aristokratie der Dithmarschen über ein behäbiges Freibauerntum, den Pächter von mehr oder minder günstiger Lage bis zum elenden Kleinhäuslertum und halbentwurzelten ländlichen Proletarier. Allein im Südwesten des Reiches gab es in den Dörfern Eigentum und geliehenen Besitz, wobei aber wiederum zwischen Leibpacht und Lehen zu unterscheiden war. Die Lehen zerfielen wieder in Erblehen und Fallehen, die ihrerseits, auch unter der Bezeichnung »Gnadengüter« oder »Schipflehen« bekannt, nur bis zum Ableben des Empfängers verliehen wurden. Die Mehrzahl der deutschen Bauern war um 1500 abhängig von irgendeinem Höheren, sei es einer geistlichen oder einer weltlichen Herrschaft, einem Landesfürsten oder einem Edelmann. Freier Bauernstand hatte sich noch im südlichen Bayern und den österreichischen Erblanden, in Teilen von Hessen und Thüringen, in kleineren Gebieten der Rheinpfalz, im Schwarzwald und in schwäbischer Waldlandschaft erhalten. Mitunter hatte er sich auch neu gebildet, vor allem in Nordwestdeutschland, besonders in den friesischen und niedersächsischen Küstengebieten, bei den Dithmarschen und in großen Teilen der Schweiz.

Was sich in diesen Sondergebieten abspielte, kann sicher nicht auf die Mehrzahl und den Durchschnitt übertragen werden. Dort, wo sozusagen der Normalfall anzutreffen war, belastete nicht einmal die Höhe der Abgabe den Alltag des Bauern,

25 *Bauern bei der Abgabe ihres Zinses, der in »Naturalien« – Käse, Eier, Geflügel, ein Lamm – entrichtet wird. Der Herr (links) in langem Gewand, mit modisch gelocktem Haar und Hut, die Bauern in kurzen Kitteln, wollenen oder leinenen Beinkleidern, mit Lederschuhen oder Stulpenstiefeln und dem Haumesser an der Seite. Aus Rodericus, Spiegel des menschlichen Lebens, gedruckt bei Günther Zainer in Augsburg um 1477.*

sondern der Zeitpunkt und die Ungeschicklichkeit, mit der sie erhoben wurden. Wohl schrieben Weistümer, die schriftlich festgehaltenen Dorfrechte, vor, der Zinsbote solle beim Einsammeln der Abgaben »so gnädiglich, geruhsam und still vorgehen, daß der Hahn auf dem Gatter nicht erschreckt, das Kind in der Wiege nicht geweckt« werde. Die Mahnung, nicht nach dem Buchstaben zu verfahren, blieb oft ungehört. Nicht immer ging es so glimpflich zu wie im Dorfrecht zu Rodt bei Freudenstadt, wo beim sogenannten Gutfall, der im besten Pferd oder der schönsten Kuh des Gültbauern bestand, so verfahren werden sollte: ist kein Vieh da, so werde als Gutfall eine Henne bestimmt, ist keine da, so nehme man, sofern Immenstöcke vorhanden, ein Bienlein, in Worten ein einziges, damit, wie es im betreffenden Artikel heißt, »der Herr seine Gerechtigkeit behalte«. War ein Mann durch Feuerbrunst, Mißwachs, Wassernot oder Wetterschaden in Zahlungsschwierigkeiten geraten, so traf ihn die leiseste Härte der Eintreibung wie ein Schlag, vollends, wenn man ihm den berüchtigten Rutscherzins aufbürdete, wonach der Satz erhöht und gar verdoppelt wurde. Sicherlich war es nicht unbescheiden, wenn die Schwarzwälder Bauern bei Triberg für den Fall, daß sie um Martini ihre Abgaben nicht gezahlt hätten, um eine Schonfrist baten und daß man erst nach deren Ablauf zur Pfändung schreite.

Wie immer im Leben und gerade im persönlichen Leben müssen die vielen kleinen Nadelstiche, die alltäglichen Quängeleien, von denen kein Aktenstück mehr Kunde gibt, am schlimmsten gewesen sein und am meisten zerstört haben. Im Nellenburgischen kam es zu Zerwürfnissen, weil die Bauern, die einen vier- bis fünfstündigen Weg zurückzulegen hatten, ein paar Augenblicke zu spät zur Fronarbeit erschienen, während die abgehetzten Bauern wiederum Anstoß daran nahmen, daß die Herrschaft, die ohnehin zuviel Dienst für sich beanspruche, auch noch Holzzufuhr für andere Edelleute von ihnen verlange. Die Herrin von Lupfen in ihrem bei Stühlingen über der Wutach liegenden Schloß hat von ihren Bauersleutchen, mitten in sengender Sommerhitze, säuberlichstes Schneckenauflesen verlangt. Gemeinhin läßt man mit diesem schier ohnmächtigen Aufbäumen, das sich an diesem Junitag des Jahres 1524 zu Füßen der Burg erhob, den Bauernkrieg, die einzige originäre deutsche Revolution beginnen.

Ohne im einzelnen den Beweggründen dieser nachhaltigen Zäsur deutscher Geschichte nachzugehen, haben wir hier doch festzustellen, daß nicht hoffnungslose Armut die Bauersleute zum Aufstand und vor die Burgtore getrieben hat, sondern die zunehmende Unsicherheit gegenüber einem neu und nach römischem, nicht nach Dorfrecht handelnden Landesherrentum, die Perversion der alten, auf Treu' und Glauben ruhenden Gegenseitigkeit, die Preisgabe des Schutzverhältnisses zugunsten von Amüsement und Schikane. Denn in einem Schutzverband befanden sich die Bauern zu Anfang des Mittelalters immerhin. Die Gegengaben, die diesem Wechselspiel erwuchsen, mögen die Härten der jahrein jahraus erledigten Arbeit wieder aufgefangen haben. Für die Bauern des Klosters Muri im Aargau galt, gleichgültig, wo sie wohnten, folgendes Recht: »Sobald irgendwo auf unserem Grund und Boden irgendwer angenommen, eingesetzt und verteidigt wird, so muß man ihm einen Pflug und Eisengerät und einen Wagen mit vier Ochsen geben, ferner eine trächtige Muttersau mit zwei jährigen Ferkeln und einen Hahn und zwei Hennen, die der Empfänger selbst das Jahr über füttern und dann zurückgeben soll, wenn auch die anderen Bauern Hühner zum Zins abgeben.« Diese um 1150 gegebene Bestimmung wird sehr wesentlich ergänzt durch einen Satz des um 1280 niedergeschriebenen Schwabenspiegels: »Wir sollen den Herren dafür dienen, daß sie uns beschützen. Beschützen sie uns nicht, so sind wir von Rechts wegen keines Dienstes schuldig.« In einer Urkunde des Markgrafen Heinrich von Hachberg über Rechte und Pflichten der freien Leute auf den Gütern des Klosters Tennenbach von 1305 heißt es: »Und darum sollen wir sie an Leib und Gut schützen vor Unrecht und Gewalt wie bisher.«

Wir sind da heutzutage etwas skeptisch gegenüber solchen Verlautbarungen, weil wir zu viele Fälle erlebt haben, wo der Schutz des Gefolgschaftsführers dann, wenn es ernst wurde, wie eine Seifenblase zerplatzte. Aber es gibt viele und rührende Beispiele für das Mittelalter, wo diese Schutzverpflichtung für den Bauern eingelöst wurde, und sei es auch nur aus Prestigegründen. Im übrigen ging es bei dieser Verpflichtung, das ist echt mittelalterlich gedacht, nicht nur um Rechts- und Kriegsfälle, um vordergründige Dinge, sondern um eine Sorgepflicht, die auch persönliche und immaterielle Bereiche betraf. Im Weistum des Klosters Blaubeuren von 1373 heißt es: »Sterben Mann und Weib und hinterlassen sie nun ein unmündiges Kind, das keine nahen Verwandten hat, die es aufziehen könnten, so soll der Abt sich des Leibes und Gutes des Kindes annehmen und er soll es erziehen, bis es mündig ist und ihm so helfen. Wenn Eigenleute des Abts in Armut geraten, so daß sie nichts mehr zum Leben haben und wenn sie keine Verwandten haben, die sich ihrer annehmen, so soll sie der Abt bei sich im Kloster aufnehmen und so lange für sie sorgen, bis sie ihr Brot wieder selbst verdienen können und nicht länger, es sei denn, der Abt tut dies freiwillig.« Und ein paar Jahre später, im Weistum des Dinghofes zu Leidringen von 1399: »Wenn Gotteshausleute sterben und Kinder hinterlassen, die auch dem Gotteshaus gehören, und die Waisen sind und nichts haben, soll das Gotteshaus sie aufziehen, bis sie volljährig sind; und die Güter ihres Vaters sollen ihnen vorbehalten sein.«

Da und dort waren also doch, und zwar an sehr entscheidenden Stellen, Bremsen eingebaut, die das allgemeine Abrutschen des Bauernstands in ein Elend ohne Namen verhindert haben und die Vokabel »Sklaven« doch als unmöglich erscheinen lassen. Wie die Dinge am Ausgang des 13. Jahrhunderts lagen, verrät uns die genannte Geschichte vom Bauern Helmbrecht und seinem Sohn, von Wernher dem Gartenaere. Wie der Dichter, reiben auch wir uns die Augen über diesen Bauernsohn, der lockiges blondes Haar trägt, das ihm »ob der ahsel hin ze tal«

fällt, also über die ganze Schulter herab. Das nicht genug: der Herr Sohn hat seine wallenden Haare in eine Haube gefaßt, auf der rundum Tierornamentik und Ritterbilder zu sehen sind, Motive höfischer Geselligkeit und ritterlicher Dichtung. Wir erahnen es: dieser Bauernbub will junger Herr sein, oder genauer gesagt, junger Herr werden. Tatsächlich pariert er seinem Vater, der ihn mit allen möglichen Argumenten von seinem Auszug in die Hofwelt abhalten will, mit klaren und konsequenten Worten. »Lieber Vater, laß ab von deinen Ermahnungen. Es kann nun mal nicht anders sein; denn ich will mir selbst ansehen, wie es sich dort am Hof leben läßt. Deine Kornsäcke dagegen sollen niemals wieder auf meinem Nacken reiten. Ich werde auch niemals wieder für dich Mist auf deinen Wagen laden. Und Gottes Zorn soll mich treffen, wenn ich dir je wieder die Ochsen ins Joch spanne und deinen Hafer aussäe. Fürwahr, das paßt nicht zu meinem langen blonden Haar, zu meinen gekräuselten Locken, zu meiner gutsitzenden Kleidung.«

Das Schicksal nimmt seinen Weg, wie es ihn nehmen muß. Die Ausfahrt, die auch noch die gutgläubige Schwester mit in das Abenteuer hineinzieht, endigt in der völligen Katastrophe. Der Sohn wird zum Mitglied einer jungen Verbrecherbande, die Terror über Burgen und Dörfer bringt, bis sie selbst zusammengeschlagen wird. Abgerissen und mit blutunterlaufenen Augen, bittet der verlorene Sohn wieder um Aufnahme daheim. Aber der Vater, Abbild unmenschlicher, und jedenfalls unchristlicher Härte, wirft ihn unter Verfluchungen wieder zur Türe hinaus und gibt ihn den nachbarlichen Bauern preis, die sich auf ihn stürzen und ihn an einen Baum hängen, ohne bei der Hinrichtung den Ruf zu vergessen: »nu hüete der huben, Helmbrecht«: Nun gib acht auf deine Haube, Helmbrecht!«

Ordnung muß sein. Die Haube, Symbol usurpierten Rittertums, zu Beginn der Erzählung Inbegriff des Aufstiegswillens und der Anmaßung des jungen Helmbrecht, dokumentiert am Ende das furchtbare Ergebnis dieses Übermuts, die Rache der göttlichen Gerechtigkeit an dem, der Ordnungen zu stören versucht. »wan selten im gelinget / der wider sînen orden ringet. / dîn ordenunge ist der phluoc.« So der Vater Helmbrecht, als der Sohn sich lossagte von ihm und seiner Welt: »Denn niemals hat der Erfolg gehabt / der gegen die Gesetze seines Standes aufbegehrte. / Deiner Herkunft nach gehörst du hinter den Pflug.«

Wollte man es in der mittelalterlichen Zunftsprache ausdrükken, so müßten wir den Vater Helmbrecht sagen lassen: Sohn, bleib' bei deinem Leisten. Schon in dieser, einem Heinrich von Melk zugeschriebenen Dichtung »Vom gemeinsamen Leben« aus der zweiten Hälfte des 12. Jahrhunderts »wellent sich die gebiurinne an allem ende / des rîchen mannes tochter ginôzzen / mit ihr chratzen unt mit ir stôzzen / daz si tûnt an ir gewande« (wollen die Bäuerinnen es in jeder Beziehung den Töchtern der Reichen gleichtun und zupfen und schieben an ihrem Gewand herum). Aber man sieht es einem »dörperlichen« Bauern an, auch wenn er sich mit schönsten Dingen umhängt. Es bleibt »sîn tumbelîcher muot« (sein unbedarfter Sinn), sagt Neidhart von Reuental (in Bayern sicher seit 1215), »erst ein toerscher leie« (er ist ein Narr, bar jeder Bildung).

Es ist wichtig, in Wernhers Novelle nicht nur das Plädoyer für die Bewahrung bestehender sozialer und familiärer Ordnungen zu erkennen, nicht nur den Beleg für die spezifisch mittelalterliche Auffassung, daß die ständisch geordnete Welt die von Gott geordnete Welt sei. Das Stück gewährt uns zusätzlich einen interessanten, um nicht zu sagen unfreiwillig-amüsanten Einblick in die Sozialsituation des Bauern wie überhaupt in die Gesellschaftsstruktur der Zeit. Zwar meint Helmbrecht der junge vor seinem Abschied, »Armut kann ich nicht aushalten«. Aber der väterliche Hof ist alles andere als ein Platz voller Armutei. Was an Hengsten und an Stieren und Ochsen, an Loden und Korn im Hause ist, zählt der Bub, freilich mit Verachtung in den Mundwinkeln, vor dem Abschied noch selber auf. Und als er, nach der ersten und gelungenen Aktion, einmal kurz daheim vorbeischaut, läßt der Vater ein Essen auffahren, daß uns das Wasser im Munde zusammenläuft – nur Wein hat er nicht, dafür das beste Quellwasser weit und breit. »Üppicliches« Bauernleben ist schon ein Lieblingswort Neidharts. Der alte Helmbrecht hat seinen Knecht und sein Gesinde und er betont, daß er zu den Bauern gehöre, die ihre Steuern auch zahlten – offenbar gab es solche, bei denen das nicht so selbstverständlich war. Und der Vater Helmbrecht lebt, unabhängig von den Befürchtungen im speziellen Fall seines Sohnes, aus einer deutlichen Selbstsicherheit. Auch »Bauernstolz« kennt mittelalterliche Dichtung, »des pawren stolzc«, wie Neidhart sagt, übrigens nicht ganz ohne Reaktion der solchermaßen Angedichteten: »Ich pin ein junger solzer paur / Und pin ganz auf den Neithart saur.« »Viel lieber bin ich ein Bauer / als ein armer Höfling / der keinen Anspruch auf Grundzins hat / und der nur immer / im Kampf sein Leben riskieren muß.« Wernher legt ihm sogar etwas wie eine Ideologie des Bauerntums in den Mund, die von hier ab ihre Entwicklungen gehabt hat bis zur Blut- und Boden-Mystik unseligen Andenkens: »Du brauchtest, mein lieber Sohn / Nur mit dem Pflug das Feld zu bestellen! / Dann haben viele Nutzen von dir. / Mit Sicherheit nützt du / dem Armen und dem Reichen, / dem Wolf und dem Adler / und überhaupt allen Lebewesen / und allem, was Gott auf der Erde / jemals ins Leben rief.«

Sicher sind alle diese Schilderungen des reich und hochnäsig gewordenen Bauern, bis hin zu Heinrich Wittenweilers »Ring« und Sebastian Brants »Narrenschiff«, eher Karikatur als Abbild der Wirklichkeit. Sie sollen den Bauern verspotten wegen seiner tölpelhaften und unangemessenen Sucht, die Pracht der Höheren nachzuahmen. Aber sie verraten doch auch, der »Helmbrecht« ganz besonders, daß man sich Auflösungen der Standesunterschiede immerhin denken konnte, daß Durchbrechungen der Sozialschranken offenbar vorgekommen sind oder vorzukommen drohten. Daß Wernher sich gegen Versuche von Teilen der Bauernschaft ausspricht, sich ritterliche Standards anzueignen, am deutlichsten etwa am Ende der Erzählung, wenn in exemplarischer Überhöhung behauptet wird, nun, da der junge Helmbrecht nicht mehr lebe, sei die Ordnung auf den Straßen

26 *Wenn der Herr außer Haus ist, tanzen die Mäuse. Ein Bauer zu Pferd. Aus Petrus de Crescentiis Commodorium ruralium libri, Druck von Peter Drach, Speyer 1493.*

wiederhergestellt und gebe es keine Raubritter mehr: das spricht doch sehr dafür, daß man gerade im gesellschaftlich-sozialen Bereich Übergänge und Durchlässigkeiten spürt.

Der Bauernstand hat nicht nur profitiert davon. Er hat sich auch genüßlich goutiert an den guten Zeiten. Je langer, desto weniger konnte von einer generellen Verelendung des Bauerntums die Rede sein. Nimmt man alle Berichte und Beschreibungen zusammen, bleibt ein facettenreiches Bild. Denen, die Kleidung, Kost und Wohnung des mittelalterlichen Bauern als Zeitgenossen denkbar einfach, ja kümmerlich und jammervoll finden, stehen wesentlich andere Schilderungen gegenüber. Da ist der Bauer, ein lächerlich auftrumpfender Flegel, der es Bürgern und Rittern gleichtun möchte, toll und voll, ein Kerl, der im Wirtshaus seine Habe versäuft und verspielt. Es sind weniger die kirchlichen Feste, das Osterfest mit Osterfladen, Ostereiern und Eiersingen, die Pfingstbräuche, voran das Wettrennen und das Ringstechen, als vielmehr die Anlässe, aus denen überall noch das heidnische Feuer herausstrahlte, die Sommersonnenwende, die Weinernte, die Schlachtfeste und so weiter, die zu – allemal öffentlichen und jähen – Ausgelassenheiten führten. Auf Hochzeiten, Kirchweihen und Tänzen geht es so hoch her, daß in Keller und Viehstall nichts mehr übrig bleibt, die Tische sich biegen, die Gäste rülpsen und speien. Denkt man an die zahlreichen Holzschnitte und Kupferstiche unserer altdeutschen Meister bis hin zu den berühmt gewordenen, bilderbogenartigen Kirmesbildern des Niederländers Pieter Bruegel, so stünde man nicht an, die Bauern, die da im Kreis herumtappen oder die Kannen leeren, sich behaglich in ihrer Haut zu finden, mit Goethe zu reden, »so wohl als fünfhundert Säuen«. Fast möchte man annehmen, den Bauern um Salem am Bodensee möchte es recht gut ergangen sein, wenn ihre Herrschaft verbot, bei Hochzeiten mehr als zehn Schüsseln auftragen zu lassen. Auch andere Obrigkeiten hielten es für angezeigt, auf Mäßigkeit zu dringen, so die wiederholten Mandate des Züricher Rates gegen bäuerliche Verschwendungssucht bei Kirchweihen und Familienfesten.

Wir zögern freilich, solche Züge und Mentalität allein bei den Bauern zu suchen. Ihre plumpen Freuden haben der Ungezähmtheit der Sitten überhaupt entsprochen. Der Ton ist am Ausgang des Mittelalters allenthalben roh. Auch in den höchsten Kreisen war lautes Fluchen, Rülpsen, Furzen etwas Gewöhnliches: »daß dich ein böß Jar ankomme«, »daß dich die pestilenz ankomme«, »daß dich das höllisch Fewer verbrenne« waren landläufige Redensarten. Es herrscht damals auf allen Gebieten eine Vorliebe für das Klobige, Kompakte, Massive. Im Verkehr der Geschlechter wird die Erotik durch die Sexualität verdrängt. Die männliche Kleidung, man sieht das noch an den Mannsbilder-Statuen auf den erhaltenen Brunnen der mittelalterlichen Spätzeit, wird farbenprächtiger, extravaganter und auffallender als die der Frau: der Mann wird zum Truthahn, zum Paradiesvogel, der seinen Brunstschmuck anlegt und seine männlichen Merkmale wohlausstaffiert nach vorne kehrt.

Das Bild, das man sich vom Bauern gemacht hat, wohlgemerkt bei denen, die schreiben konnten, kann nur vor diesem Hintergrund verstanden werden. Es ist zweideutig und fließt ebenso aus wie die Interpretation seiner Standesaufgaben. Zum einen steckt in seiner Rohheit und Unbedarftheit des Bauern, in seiner »tumpheit«, auch eine ordentliche Portion »Bauernschläue«. Mit der rächt er sich dafür, daß er am Gängelband des Herrn daherlaufen muß. Das ist der Lohn der Angst. Das ist der Bauer als der listige Fallensteller, der, wie in der Märe des Landsberger Bürgers Heinrich Kaufringer, als kluger Bursche seine Triumphe feiert über den pfäffischen Nebenbuhler. Im Grunde macht das wohl jeder so im Mittelalter; man vermag mit der Wirklichkeit nur durch List fertig zu werden. Auch Burgen und Mauern zu stürmen, gelingt fast nur durch List, auch Lebensmittel zu holen, ist, bei diesem Mangel, oft nur möglich durch List.

Sollte der Bauer, der da am Waldrand in die Sonne blinzelt, der keine Waffen hat, hintanstehen? Als die Bauern von Wittershausen vor dem Schwarzwald in der Nähe von Oberndorf von ihrem Herrn Johannes von Zimmern mit einer – selbstverschuldeten – Kornsteuer bedacht werden, bitten sie gnädigst, für einen Gemeindebau im Dorf ein paar Bäume schlagen zu dürfen. Das erlaubt ihnen der Herr. Sie antworten, einer genüge, sie bäten nur, Platz machen zu dürfen im Wald für diesen Baum. Prompt wird das genehmigt. Aber sie laden den Baum nicht der Länge nach auf den Wagen, wie üblich, sondern führen den Riesen mit zwei Wagen nebeneinander heim. Alles, was dieses quergelegte Baumungeheuer erreichen kann, Bäume, Hecken, Stauden, fällt hinter ihren Schlägen. Der halbe Wald ist weg, mit ausdrücklicher obrigkeitlicher Genehmigung. Bauernschläue.

Sicherlich ist diese verschlagen-listige Art daran schuld, gelegentlich kann sie, wie bei Helmbrecht, ins Selbstherrliche umschlagen, häufiger in den verbitterten Aufstand der lächerlich Gemachten, man hat viele Hunderte von Bauernrevolten gezählt allein für die Zeit vor dem Bauernkrieg: sicherlich ist diese listig-verschlagene Art daran schuld, daß man im Bauern nicht nur den

27 Vor allem das spätere Mittelalter kennt viele und ernsthafte Auseinandersetzungen zwischen Bauern und Herren. Hier kämpfen Bauern gegen Ritter: »In
den kam hertzog Hugens sun (Sohn) vnd mit ym vil herren... danocht lagen si
den paurn ob.« Aus Lirars Schwäbischer Chronik, gedruckt von Konrad Dinckmut in Ulm, 1486.

148

arglosen Tölpel gesehen hat. Er ist ein Dummrian, gewiß. War's nicht ein Bauernweib, die Walter den Traum deutete und ihm dabei anvertraute, »daz mîn dûme ein vinger sî« (daß mein Daumen ein Finger sei)? Paradebeispiel für den tumpen Bauern wäre wohl des Strickers Maere »Die Martinsnacht« aus der ersten Hälfte des 13. Jahrhunderts. Diebe sind des Nachts in das Bauernhaus eingebrochen, der Bauer hat sie gestellt. Da reißt der munterste unter den Einbrechern sein Gewand vom Leibe, und nun ist der Bauer so getroffen, »daz er niht ensprach / und nam et sîner gebaerde war« (daß er sprachlos stehenblieb und nur seine Gebärde anstaunte). Ein köstliches und nie zu Ende gehendes Lied, die Rede von arglosen Bauern. »Es fur ein pawr gen holz mit seiner hawen«, so beginnt tatsächlich eine Melodie aus dem Lochamer Liederbuch des 15. Jahrhunderts, »do kam der laidig pfarr zu seiner frawen« (Ein Bauer fuhr ins Holz mit seiner Hacke; / da kam der verfluchte Pfarrer zu seiner Frau).

Im Grunde meint man wohl gar nicht die »Dummheit« des Bauern im Sinne eines dumpfen, blöden Verstandes, vielmehr eine ganz unverbildete, »natürliche« Wesensart, der intellektualistische, raffinierte Schachzüge ganz unbekannt sind. Ulrich Boners Didaxe »Von einer veltmûs und einer statmûs«, die älteste Handschrift stammt aus der Zeit um 1420, illustriert das aufs deutlichste. Nach kurzer Stippvisite draußen auf dem Land lädt die Stadtmaus die Landmaus zu einem Gegenbesuch in der Stadt ein. Im wohlgefüllten Keller des Stadthauses ist alles da, die »beste spîse«. »Wir sîn wol behuot / vor hunden und vor katzen«, bekräftigt die Stadtmaus. Plötzlich rasseln Schlüssel an der Tür, der Koch tritt ein. »diu heimsche mûs vil balde vlôch« (die heimische Maus floh sehr schnell), während die Landmaus, vom Koch entdeckt und verfolgt, Todesängste aussteht. Als der Koch dann doch wieder hinaufgehen muß, erscheint die Stadtmaus wieder, höchst verbindlich: »trût gespile mîn, vröuw dich und lâ din trûren sîn!« Aber der Landmaus hat es die Sprache verschlagen. Erst langsam kommt sie wieder zu sich. Dann erklärt sie, lieber in »vrîer armout« leben zu wollen als in diesem gefährlichen Luxus. »der arme ist sicher zaller stunt, / der rîche ûz vorchten niemer kunt« (der Arme ist sicher zu aller Stund, / der Reiche kann sich nicht mehr sehen lassen aus Furcht). Boner, der Berner Bürger, mit erhobenem Zeigefinger, leicht wehmütig, leicht ironisch: »ân vorcht ein kleine bezzer ist / denn vil mit vorchte, wizze Krist!« (ohne Furcht zu leben ist ein klein wenig besser, als viel mit Furcht zu leben, wisse das, Christ!)

Aber nach dieser empfehlenswerten Devise, die der bäuerlichen Armut und Abhängigkeit den Segen erteilt, leben eben nicht alle Bauern. »Was groben paurns ist aber das?«, so fragt sich mancher spätmittelalterliche Schwank. Es sind derbe Leute, die fressen, daß sich die Balken biegen, und dabei noch wählerisch sind. Die Zimmersche Chronik weiß von einem Bauern zu berichten, »der behalf sich mit den deutschen trachten, als guet fleisch, brates, pfeffer, guet fisch und grosz krebs, und gab der welschen und frembden costen kain acht«. Es sind rohe Leute, homines rudes, und es gibt auf dem Dorfe nichts, was sie entrohen (erudire), erziehen könnte. Auffallend die ungedämpften Instinkte, wenn Berthold von Regensburg in seinen Predigten von der Bauern Frazheit und Trunksucht spricht. Sie ruinieren die Familien und bringen Frau und Kinder auf unrechte Wege, in einem Zorn und Haß, der Häuser anzündet und Menschen erschlägt. Elementares Leben, dieses Bauernleben. Wenn von der bäuerlichen Notzucht die Rede ist, scheint weniger ein pervers-verbrecherischer Akt vorzuliegen, sondern ein schieres Beispiel sexueller Rohheit. Es ist die Bauersfrau, welche Berthold ermahnt, sich mit einer Magd zu umgeben, wenn sie schwach im Kindbett liegt und der gewalttätige Mann sie bedrängt. Es ist die Bauernstube, wo zwischen Eltern und Gesinde Zoten fliegen und so die Kinder vor der Zeit und wenig »schicklich« aufgeklärt werden.

Im Adel, vor allem aber im doppelt bildungshungrigen Patriziat sieht man andere Gesichter. »Schouwet an mîn hâr«, mokiert sich Neidhart in einem seiner Klagelieder, »daz gevar ist als ein îs! / daz grâwet mir (des ist niht rât), / wande mir von

28 *Immer wieder, zu Ausgang des Mittelalters in verstärktem Maße, versuchen
die Bauern, karikiert als die erheiternd-komischen und vergeblich agierenden
Aufsteiger, es den Herren gleichzutun. »Bauernturnier«, Handzeichnung des
15. Jahrhunderts.*

getelingen niwan leit geschach« (Schaut mein Haar an / das sieht
aus wie Eis: / das wird mir grau, rettungslos, / denn mir widerfuhr
von Bauernburschen nichts als Leid). Die vital-gefährliche Überlegenheit des Bäuerlichen gesteht der ritterliche Sänger Hermann
von Sachsenheim in seiner Verserzählung »Die Grasmetz« aus
der Mitte des 15. Jahrhunderts auf merkwürdig selbstironische
Weise ein. Höfische Welt gegen die Welt der geburen. Der
Dichter tritt als ein alter Geck auf, der in gedrechselten Wendungen seine Minne einer grasmähenden Bauerndirne − daher
»Grasmetze« − anträgt. Sie erwidert mit Derbheiten. Als er
schließlich gewaltsam den Minnelohn rauben will, geht dem
Alten die Kraft aus.

Die Bauern baden nicht, sagt man in den Stadtgassen. Tatsächlich wird noch nach der Mitte des 13. Jahrhunderts in
bäuerlichen Kreisen Baden als Verweichlichung angesehen.
Kommt aus dieser brüsken Natürlichkeit, dieser stummen Stier-
nackigkeit die Verfolgungsideologie, die Rede vom Bauern als

dem wilden Tier? Ein Goliardengedicht des 14. Jahrhunderts gibt sich als »Deklination des Bauern«. Mit »Tölpel« fängt es im Singular an, mit Teufel und Plünderer hört es auf, im Plural ist die Klimax nicht besser. Beim genannten englischen Bauernaufstand 1381 sollen die Bauern, nach Froissant, geschrieben haben: »Wir sind Menschen, nach Christi Ebenbild erschaffen, aber man behandelt uns wie wilde Tiere!« Anscheinend ohne Anfechtungen, konnte man sie auch so sehen. Ende des 13. Jahrhunderts konstatiert der Franziskaner Ludwig, man verdamme die Bauern deshalb, weil sie nicht zum Gottesdienst gehen, weil sie stehlen, auch untereinander, weil sie der Trunksucht ergeben und meineidig sind. Der Zürcher Felix Hemmerlin läßt um 1450 einen Adligen sagen: »Nun weiß ich es recht. Der Bauer sticht den, der ihn salbt, und salbt den, der ihn sticht. Daher hat auch der Weise gesagt: ›Wasche und kämme den Hund – Hund ist und bleibt Hund.‹« Und ein anderer äußerte sich aus genauester Kenntnis des bäuerlichen Charakters so: »Das bäuerliche Volk, am besten im Leid, am schlechtesten in der Freud«, gleich als wenn er sagte: »äußerst fromm, solange es unterlegen ist, doch im Siege völlig ruchlos«, und ferner: »ein falsches und verderbtes Geschlechte«, wie es im Buch Mosis steht. Selbst dem Ungeheuerlichsten verschloß sich die wuchernde Phantasie des Mittelalters nicht. In der Bauernsatire im Umkreis von Wittenweilers »Ring« ist der Bauer zum unheimlich-grotesken Wesen, zum Untermenschen erniedrigt worden.

5 Vita apostolica

»Willst du Frieden und Eintracht mit anderen halten, so mußt du dich selbst in vielem brechen lernen. – Nichts Kleines ist es, in klösterlicher Gemeinschaft leben und sonder Klage darin wandeln und bis zum Tode getreu ausharren. Glücklich, wer darin gut gelebt und selig vollendet hat! – Willst du nach deiner Pflicht darin feststehen und vorwärtsschreiten: halte dich für einen fremden Pilgersmann auf dieser Erde! – Ein Tor mußt du werden um Christi willen: willst du ein Klosterleben führen! – Kutte und geschorener Kopf fördert nicht sonderlich: aber Sittenänderung und den Leidenschaften völlig absterben, das macht den Mönch. – Wer etwas anderes im Kloster sucht als rein Gott und seiner Seele Heil, wird nichts als Schmerz finden. – Zum Dienen bist du gekommen: nicht zum Herrschen. Zum Leiden und Arbeiten wisse dich berufen, nicht zum Müßiggang und Schwätzen. – Hier werden die Menschen erprobt: wie Gold im Feuerofen. Hier kann nur feststehen, wer sich aus ganzem Herzen demütigen will für Gott.«

Zugegeben, es ist für unsereinen, der sich in der Weltlichkeit unserer Tage bewegt, nicht ganz leicht, die Leitsätze des Thomas von Kempen zu verstehen und aufzunehmen. Und doch sind die vier Bücher »Über die Nachfolge Christi«, diesem um 1400 wirkenden Seelsorger und Theologen zugeschrieben, nach der Bibel das verbreitetste Buch der Weltliteratur. Ernst Jünger hat einmal gemeint, in einem seiner früheren Essays, es gebe nur drei wirkliche Eliten in Europa, die Geschichte geprägt und gemacht hätten, die englische Royal Navy, den preußischen Generalstab und den Jesuitenorden. Hinter der vielleicht etwas militaristisch ausgefallenen These steckt doch zumindest der richtige Hinweis, daß die Mönchsorden für Europa – und weit darüber hinaus – alles andere waren als nur eine originelle Begleiterscheinung. Das, was wir Mittelalter nennen, mehr noch, was wir europäische Geschichte nennen, ist ohne die mönchische Elite gar nicht zu verstehen.

Das erste abendländische Kloster hat der hl. Benedikt 529 auf dem Monte Cassino der heutigen süditalienischen Provinz Frosinone errichtet. Von dort ging eine Bewegung aus, die Hunderte und Tausende von Klöstern und immer wieder abgezweigte, reformierte, neugegründete Orden entstehen ließ; die Skala reicht von den frühen Benediktinern, die in ihrem Kloster leben, wie es ihren adligen Gepflogenheiten entsprach, bis zu den Bettelmönchen des Spätmittelalters, die sich nicht scheuen, an den Gassenecken der Städte zu stehen. Der Abt des Zisterzienserklosters Schöntal, in der Barockzeit ein reicher und mächtiger Mann, hat sich im 18. Jahrhundert das Foyer zum Eingang in seine persönlichen Gemächer mit je einem Abbild aller lebenden oder je einmal aufgekommenen Mönchs- und Nonnenorden ausmalen lassen. Es ist ein fröhlicher Ordenssaal daraus geworden, dessen Tapete die Figuren von 306 Ordenstrachten schmücken, ungemein lebendige und reizvolle Reihen, die besser als alle Handbücher dartun, wie sehr Mittelalter und frühe Neuzeit in Europa von den Mönchsorden bestimmt waren.

Was sich durchsetzt in der Welt, ist das Einfache. Die Ordensregel des hl. Benedikt, vor anderthalb Jahrtausenden aufgestellt, ist eine klare und unmißverständliche Sache. »Müßiggang«, heißt es da im 48. Artikel, »ist ein Feind der Seele; darum müssen sich die Brüder zu bestimmten Zeiten mit Handarbeit beschäftigen und wiederum zu bestimmten Zeiten mit heiliger Lektüre ... Von Ostern bis zum 14. September sollen sie frühmorgens hinausgehen und von vier Uhr bis acht Uhr die notwendigen Arbeiten verrichten, von neun Uhr bis zwölf Uhr lesen. Sind sie nach Tisch aufgestanden, so ruhen sie unter Beobachtung vollkommenen Stillschweigens auf ihren Betten; oder, wer etwa für sich lesen will, der lese, jedoch so, daß er keinen andern in seiner Ruhe stört ... Jeder soll in den Tagen der Fastenzeit ein Buch aus der Bibliothek erhalten und es vom Anfang an vollständig lesen; die Bücher sind zu Beginn der

Fastenzeit auszuhändigen. Vor allem sind ein oder zwei ältere Brüder aufzustellen, die in den Stunden, da die Brüder dem Lesen obliegen, im Kloster umhergehen und nachsehen, ob nicht ein nachlässiger Bruder gefunden wird, der sich dem Müßiggang oder der Unterhaltung hingibt, anstatt sich eifrig mit Lesen zu beschäftigen, wodurch er nicht nur sich selbst des Nutzens der Lektüre beraubt, sondern auch andere stört...«

Der Tageslauf im mittelalterlichen Kloster, so seltsam, ja unglaubhaft das klingt, ist eine harte, anstrengende Sache. Rechnet man dazu, daß man hinter den meterdicken Klostermauern nur an einer, vielleicht überhaupt an keiner Stelle einen Ofen fand – im Kloster Maulbronn fröstelt es den heutigen Besucher noch in der heißesten Sommerhitze–, dann versteht man, warum der Tod der Klosterbrüder im dreißigsten oder vierzigsten Lebensjahr das Übliche war. Nach kaum vierstündigem Schlaf standen die Mönche des Benediktinerklosters eine Stunde nach Mitternacht auf. Nur in den Monaten November, Dezember und Januar, wo die Nächte am längsten sind, schlief man ein wenig mehr. Man begab sich sofort zum Nachtgottesdienst, Vigilien oder auch Matutin genannt. Da wurden Psalmen gebetet, dann folgten drei Lesungen aus den Kirchenvätern und wieder sechs Psalmen. An Sonn- und Feiertagen schob man noch Gesänge aus dem Neuen Testament und den Hymnus »Großer Gott, wir loben dich«, das feierlich schwere »te deum laudamus« ein. An die Vigilien schlossen sich die Laudes an (drei Uhr), die mit Tagesanbruch endigten. Das eigentliche Morgengebet bei vollem Tageslicht war die Prim (sechs Uhr). Wie bei der Terz um neun Uhr, der Sext um zwölf Uhr und der Non um drei Uhr nachmittags wurde auch bei der Prim ein Hymnus mit drei Psalmen gesungen. Die Vesper (18 Uhr) hielt man vor Sonnenuntergang mit vier Psalmen und einem Hymnus, die Komplet (21 Uhr) war das Abendgebet mit drei Psalmen und einem Hymnus. Die Psalmenverteilung blieb so geregelt, daß alle hundertfünfzig Psalmen die Woche über gebetet wurden, wobei manche freilich während der Woche mehrmals wiederkehrten.

Das Kernideal des mönchischen Lebens, die vita apostolica, selber wie Christus und die Apostel zu leben, also Demut, Enthaltsamkeit, Askese, dies hat schon die Spätantike, die extremen Reichtum und Verfallenheit an Ausschweifungen wohl gekannt hat, ins Mark getroffen. Nur in der knappen Zeit von Ostern bis Pfingsten, einer fortlaufenden Fest- und Freudenzeit, hatten die Mönche zwei Mahlzeiten, eine mittags, die andere abends. Sonst ist, jahraus, jahrein, nur eine Mahlzeit eingenommen worden, und zwar zur Non, in der Zeit also zwischen zwölf und drei Uhr nachmittags. Zu Beginn der vierzigtägigen Fastenzeit, der Quadragesima, nahm man die einzige Mahlzeit erst nach der Vesper ein. Sie mußte aber so früh gehalten werden, daß man auch beim Essen keines Lichtes bedurfte, sondern alles noch bei Tageslicht vollendet werden konnte.

Was Mönche gegessen haben, läßt sich allein aus den vielen erhaltenen Rechnungsbüchern erschließen, in denen der Ankauf säuberlich festgehalten worden ist. Man hat sich einen erstaunlich reichhaltigen Speisezettel gegönnt, Rind-, Kalb-, Lamm- und Schweinefleisch wandern in die Klosterküche die Menge. Auch Eingeweide, Euter und andere Kleinteile verschmäht man nicht, Gänse, Enten, Hühner, Tauben sind dabei, Wildgeflügel wie Haselhühner, Wachteln, Fasane, Krammetsvögel, aber auch Reiher und Tauchenten und andere »waltvögel«. Wie man sich die Fastenzeit erträglich machen kann, demonstrieren die vierundzwanzig Sorten Fisch, die in den Rechnungsbüchern der Klosterneuburger Chorherren verzeichnet sind. Bei ihren Schwestern, den Klosterneuburger Chorfrauen, gibt es die Woche hindurch laut Rechnungsbuch: sonntags Fleisch, Braten, Kastraun, montags Fleisch, Braten, Kastraun, dienstags ebenso, dazu Milch, mittwochs Eier, Milch, Rüben, am Donnerstag Fleisch, Braten, Kastraun, am Freitag Fisch für die Kranken, Milch, Weißkraut und Gurken, am Samstag Eier, drei Achtel Milchrahm, Milch, Semmeln, Grieß und Semmelmehl. In den Göttweiger Rechnungsbüchern taucht auch der Ankauf von

29 Martin Schongauers dunkelbraune, ungemein wach beobachtende Federzeichnung »Mönch mit Kanne« vom Ausgang des 15. Jahrhunderts ist nicht
gerade das Abbild eines zielstrebig-asketisch kämpfenden Mönchtums.

»allerlei geburczt und speczrey« auf, an Gewürzen auch Ingwer,
Zimt, Zimtrinde oder Muskatblüte. In einer bayrisch-öster-
reichischen Klosterhandschrift des 15. Jahrhunderts werden
zum Abendessen in der Fleischzeit eingemachte Zunge, danach
Gänse, Schweinesulz und endlich Eier in Essig empfohlen. Am
Fastensonntag zu Mittag: Mandelmilch, Fisch in Pfeffer, Erbsen
mit Äpfeln, gebratener Fisch und Spezerei.

Auch im Tageslauf der Nonnen beanspruchen Stundengebet
und liturgische Hymnen die meiste Zeit; die erste Andacht
dauert von zwei Uhr morgens bis Sonnenaufgang, die letzte
begann um acht Uhr abends. Fünf Stunden pro Tag blieben der
Arbeit vorbehalten, die Lektüre und die drei Mahlzeiten bean-
spruchten die übrigen, das Mittagessen war von Lesungen und
»nüchternen Vergnügungen« begleitet. In der Landwirtschaft
betätigten sich nur wenige Schwestern; der Lebensstandard,
abzulesen an der Anzahl von Mägden, an den Wohnverhältnis-
sen, an der Qualität der Mahlzeiten, differierte in den einzelnen

Klöstern beträchtlich. Wo Not herrschte, besorgten Nonnen selbst die Hauswirtschaft einschließlich Kochen, Waschen, Weben, Spinnen.

In der Beschaffung ihrer Lebensmittel waren Klöster nahezu autark; Gemüse, Fleisch und Milchprodukte kamen aus eigenen Betrieben. Das Brot war selbstgebacken, das Bier in den Männerklöstern, Anfang heute noch lebendiger Brautradition, eigenhändig gebraut. Nur Salz und Gewürze mußten von außen geliefert werden, der Fisch nur, sofern das Kloster, viele der frühen lagen ja an Seen, keine eigenen Fischwasser besaß. In reichen Klöstern erledigten Laienschwestern oder Mägde die Hausarbeit; die Nonnen beschäftigten sich mit Stickerei, Spinnerei, mit der Illustration oder der Abschrift von Büchern. Der Äbtissin und ihrer Stellvertreterin standen weitere Amtsträgerinnen zur Seite, eine Sakristanin, die für Kirchengewänder und Kerzen verantwortlich war, eine Kammernonne, die für die Tracht ihrer Mitschwestern sorgte, eine Kellermeisterin, die Verpflegung, Bedienstete und Nutzgarten beaufsichtigte.

Die Nonne des Mittelalters darf allgemein als eine feingebildete Frau angesprochen werden; ich bin sicher, daß die Vorstellung von der Frau als der »Leserin« und überhaupt der Hüterin schriftlich tradierter Kultur wesentlich vom Bild der Nonne inspiriert worden ist. Als Kinder bei ihrer Aufnahme – viele zum Mönchstum bestimmte Söhne und Töchter kommen als Kinder ins Kloster – erhalten sie Unterricht im Lesen, Schreiben und Beten. Dazuhin werden sie, abgesehen von meist auswendig gelernten lateinischen Gebeten und Kirchenliedern, mit ausgewählten Kapiteln der Hl. Schrift, den Werken der Kirchenväter, der Lebensgeschichte der Heiligen und Ordensgründer und der übersetzten Regel ihres Klosters vertraut gemacht. Während der Mahlzeiten war es üblich, Texte in lateinischer Sprache vorzutragen, Homilien, Abschnitte aus der Ordensregel und so fort. Die meisten unter den Nonnen, deren Recht auf Bildung übrigens von keinem selbst der frauenfeindlichen mittelalterlichen Autoren abgelehnt worden ist, dürften auf diese Weise lateinisch und damit die Sprache der führenden Intelligenz gelernt haben.

Konversen, Laienbrüder, gab es seit dem 11. Jahrhundert zur Entlastung der Ordensgeistlichen oder Konventualen. Die Konversenordnung des Zisterzienserstifts Zwettl aus dem 14. Jahrhundert enthält zunächst religiöse Vorschriften, Beichtverpflichtung, Kommunionsbesuch, Meßbesuch, Ordenseintritt. Die »Klausur«, die Abtrennung von der Welt muß eingehalten werden. Schon das Gespräch mit einer Frau ohne Zeugen oder das Aufsuchen von Nonnen ist verboten. Huren sollen aus dem Umkreis des Klosters vertrieben werden. Innerhalb der genau festgehaltenen Tageseinteilung wird das Stillschweigen präzis reglementiert. Schmiede dürfen bei der Arbeit reden, wenn es sie dabei nicht hindert, andere klösterliche Berufsgruppen haben wieder anders zu verfahren. Im übrigen herrscht für Mönche und Konversen das Schweigegebot. Auch beim Essen werden beide Gruppen gleich behandelt, manchmal war es den Konversen zusätzlich gestattet, eine Zwischenmahlzeit, das »Mixtum«, einzunehmen. Als Kleidung wird den Konversen Rock, Hosen, Socken, eine Gugel (Kapuze am Rock) und eine Kappe zugestanden. Findet sich bei einem Konversen ein – nicht vorgeschriebener – Mantel, so kann ihn der Abt einziehen. Hemden dürfen nur die Schmiede tragen. Bis zur Beschaffenheit der Schuhschnalle ist das Aussehen der Konversen bestimmt, Holz, Bein, Eisen: jedem das Seine. Die Handschuhe – in der alten Zisterzienserordnung sind Handschuhe ein Zeichen von Verweichlichung – sollen nicht von Leder sein. Wagnern, Fischern und Winzern unter den Konversen gestattet man »hentlinge« von Tuch. Nachtschuhe sind verboten. Das Bettzeug gleicht dem der Mönche, wobei es allerdings zisterziensische Tradition ist, Felle anstatt Decken nur den Konversen zuzugestehen. Auch bei denen ist alles geregelt, bis zum Haarescheren und zum Aderlassen.

Erst die Bestimmungen über das gemeinsame Leben, über das gemeinsame Gebet und die gemeinsame Arbeit haben Ordensregeln zum eigentlichen Faktor des Klosterlebens gemacht. Im Kapitelsaal des Klosters finden die Beratungen der Brüder und, noch vor Tagesgrauen, die Arbeitsverteilung für den Tag statt. Im Refektorium, dem »Remter«, speisen die Brüder. Jede Woche trifft ein anderes Mitglied der Klostergemeinde der Tischdienst. Bei keiner Mahlzeit darf der Tischleser fehlen; auch er wird jede Woche abgelöst. Der gemeinsame Schlafraum, das Dormitorium, ist in gotischer Zeit mit Fensterreihen versehen worden, nicht mehr so auf das Notwendigste beschränkt wie im 6. Jahrhundert zu Zeiten des hl. Benedikt. Jetzt mußten die benediktinischen Mönche nach den Vorschriften des kanonischen Rechts auch Theologie studieren; die körperlichen Arbeiten verrichteten Laienbrüder oder weltliche Dienstleute, so daß sich für den Einzelnen das Bedürfnis nach einem eigenen Raum einstellte. So entstand die Zelle, die sich dann in den Zeiten des Niedergangs der klösterlichen Zucht für die Inhaber einträglicher Klosterämter zu einer prachtvollen Wohnung ausdehnen konnte.

Anfangs, aus späteren spätmittelalterlichen Zeiten sind für Klöster und Stifte wertvolle Kultgewänder, aber auch Teppiche oder kunstvolle Kultgegenstände überliefert, anfangs war das Kloster ein einfacher Bau. Diese kleingebliebenen Umrisse ließ man bald hinter sich, wobei freilich soziale und territoriale Unterschiede zwischen Kloster und Kloster sich bemerkbar machten. Zwischen der Benediktinerabtei St. Blasien, einem Staat im Staate, und dem Paulinereremitenkloster Goldbach bei Waldenburg im Hohenlohischen war ein Unterschied wie Tag und Nacht, man könnte da die Reichsstadt Nürnberg neben die Reichsstadt Bopfingen stellen. 1382 suchen die Zisterzienser von Lilienfeld um Dispens an, ihren Speisesaal zu beheizen, das heißt ein Winterrefektorium einrichten zu dürfen, da ihnen Essen und Trinken in der Winterzeit eingefroren waren. Zwei Jahrhunderte zuvor, in den Jahren 1202 bis 1209, war in Lilienfeld ein aus Holz gebautes Kloster entstanden: mehr als ein halbes Jahrzehnt haben die Mönche dazu gebraucht. Der berühmte St. Galler Klosterplan von 820 zeigt einen mächtigen, aber beeindruckend

klar gegliederten, steinernen Baukomplex aus Kirche, Wohn-
bauten, Pilgerhospiz und Wirtschaftsgebäuden. Die Kirche ist
das Zentrum der gläubigen Zitadelle. Daran schließen sich
Sakristeien und die Räume für die außerliturgischen Versammlungen, der Kreuzgang und der Kapitelsaal an, das Refektorium
für das gemeinsame Essen, das Scriptorium und die Werkstätten
für das gemeinsame Arbeiten, das Dormitorium für das gemeinsame Schlafen.

Das Kloster in dieser gelassen-großen Form war im Grunde
eine neue Art von Polis, eine Vereinigung oder vielmehr eine enge
Bruderschaft von Gleichgesinnten auch in der Architektur, sie ist
die adäquate und bewundernswert durchorganisierte, durch-
rationalisierte Entsprechung zur monacensischen Idee. Vielleicht ist der – große – Klostergrundriß der nie erloschenen
Sehnsucht des Mittelalters, das himmlische Jerusalem schon auf
Erden bauen zu dürfen, noch am nächsten gekommen. Und
wenn natürlich der geniale Kloster-Entwurf auch nicht gut, wie
man schon wollte, zur einzigen Initiatorin der mittelalterlichen
Stadt in Europa deklariert werden kann, so hat ihm die
mittelalterlich-urbane Welt mit ihrer Regelmäßigkeit doch viel
zu verdanken: neben der mittellateinischen Literatur, der Uhr,
dem Hauptbuch, dem geordneten Tageslauf auch elementare
Bauelemente jenes grandiosen Versuchs, einem Kollektiv das
einer Idee entsprechende Gehäuse zu geben.

Auch in der Spätzeit ist die Mönchskleidung von äußerster
Einfachheit. Der ungenierten und einfallsreichen Farbigkeit des
Mittelalters in Bekleidungsdingen, die wir vielleicht erst heute
wieder in den Tagen der Pop-Art erahnen können, war die
mönchische Askese ein bewußtes, ein anklagendes Gegenbild.
Schwarz, grau, vielleicht auch noch braun, keine weitere Farbe.
Die leinene oder wollene Tunika, ein langes Gewand mit kurzen
Ärmeln, die Kukulle, eine Art Regenmantel mit Kapuze, nichts
weiter. Der Abt solle, so setzt eine 817 unter Kaiser Ludwig dem
Frommen getroffene Abmachung fest, darauf bedacht sein, daß
jeder Mönch zwei Hemden, zwei Unterkleider, zwei Oberkleider

und zwei Kapuzen habe. Außerdem werden jedem vier Paar Fußlappen und zwei Paar Hosen, ein Gürtel, zwei Gamaschen bis zu den Knöcheln zugewiesen. Jeder bekommt zwei Paar Schuhe für den täglichen Gebrauch, für die Nacht im Sommer zwei Pantoffeln, im Winter dafür Holzschuhe. Dazu empfängt jeder Seife und Salbe. Fett kommt in die Speisen mit Ausnahme der Freitage.

Nach der Ordensregel waren die Zisterzienser verpflichtet, voll bekleidet zu schlafen; sie trugen deshalb besondere Nacht-schuhe (»calcii nocturnales«), die in klostereigenen Werkstätten fabriziert wurden. Die größtenteils mit Tonfliesen belegten Räume konnten wie gesagt nur selten beheizt werden. Ein denkbar einfaches Prinzip machte die Erwärmung des »Calefac-toriums« möglich: eine backofenförmige Kammer, in deren tonnenförmigem Gewölbe durchlochte (und verschließbare) Steine eingemauert waren, brachte die Wärme nach oben. In erstaunlichem Maße hygienisch ist die Latrinenanlage, das »domus latrinarum«, in unmittelbarer Verbindung mit dem Dormitorium und auf mächtigen Substruktionsbögen über dem Mühlbach errichtet. Das Kämmen der Haare wird stets in Verbindung mit Hände- und Gesichtswaschen erwähnt. Geba-det hat man bei den Benediktinern und Zisterziensern jährlich in zwei bis fünf Terminen. Für das Rasieren bereiteten Küchendie-ner warmes Wasser. Dann setzten sich die Mönche in zwei Reihen nach dem Kapitel in den Kreuzgang, je zwei erhielten Rasiergeräte, und einer rasierte den anderen.

Irgendwo fühlen wir uns, sehen wir noch näher hinter die Klosterkulissen, dann doch an Gewohnheiten der Pfarrer- und Lehrerseminare, der Internats- und Kadettenanstalten erinnert, an Institutionen übrigens, die ihre Ordnung als einen sehr verweltlichten und schließlich überhaupt nicht mehr verstande-nen Drill letztlich dem mittelalterlichen Kloster zu verdanken haben. In den um 1080 erlassenen Anordnungen des berühmten Abtes Wilhelm von Hirsau, des großen Organisators der klunia-zensischen Reform, heißt es klar, sobald der Klosterbruder das

30 Guthlac, späterer englischer Heiliger, erhält in Repton Abbey von der Hand seines Bischofs die Tonsur. Hinter dem Bischof der Schreiber mit einem Buch, rechts eine Äbtissin mit zwei Nonnen. Kahlscheren des Kopfes (tondere = scheren) war in Rom das Zeichen des Sklaven. Aus dem antiken Brauch wurde in der westlichen Kirche des 7. Jahrhunderts eine eigene, die Aufnahme des Söhnleins ins Kloster markierende Zeremonie. Zeichnung aus der »Guthlac Roll« vom Ende des 12. Jahrhunderts.

Zeichen zum Aufstehen vernommen habe, habe er sich zu erheben. »Ehe er jedoch die Decke abwirft, zieht er im Bette sitzend die Kukulle an und bedeckt mit ihr seine Beine, ehe er sich vor sein Bett stellt ... Er darf aber das Bett nicht nachlässig liegen lassen, er muß die Decke anständig darüber ausbreiten und es so in Ordnung bringen. Das Kopfpolster verbirgt er vollständig unter der Decke. Dann weckt er nötigenfalls mit Zischen die Brüder, die ihm zunächst liegen. Denn werden sie von ihm nicht geweckt und kommen sie also nicht zum gemeinsamen Gebet der Brüder ... dann muß auch er um Verzeihung bitten.«

Für den Mönch also war es Gesetz, nachts nur die Oberbekleidung abzulegen. Es geht im Kloster nicht – nicht mehr – um das Äußerliche, das Körperliche. Das Kapitel über »Die Bäder der Brüder« ist bei Wilhelm von Hirsau sehr klein geraten. »Sonst pflegen sich die Menschen, wenn sie sich rasiert haben, zu baden. Von unseren Bädern brauchen wir nicht viel zu sagen. Nur zweimal im Jahre, dann freilich ohne Erlaubnis, kann baden wer will: vor Weihnachten und vor Ostern. Sonst darf man mit Erlaubnis baden, wenn es die Gesundheit erfordert...« Das klingt noch einigermaßen tröstlich und nicht schockierend, und ist doch meilenweit entfernt von dem, was uns die staatlich kontrollierte, steril gemachte und aseptische Vollhygiene unseres Jahrhunderts gebracht und – angeblich – abgenommen hat. In den Klosterstuben des Mittelalters hat man sich, arglos und primitiv, möchten wir sagen, der Angst um den hundertfältigen Virus der Ansteckungen und Kollektivepidemien entledigt, noch ehe man ihn entdeckt hat. Im Bericht über das Kloster Burgfeld bei Hannover aus dem Jahre 1457 schreibt ein aus dem Österreichischen kommender Bruder Martin von Sengingen: »Die Brüder werden von einem Klerikermönch, nicht von einem Laien rasiert. Das Kloster ist eben von aller Welt abgelegen. Die nächste Stadt, eigentlich ein Städtlein, ist mehr als zehn Wegstunden entfernt. Der Platz zum Rasieren ist keine Stube, sondern Sommer wie Winter ein kalter Raum. Alle acht Tage werden die Bärte, alle vierzehn die Köpfe rasiert. Die Zellen sind einfach und niedrig, die Zwischenwände aus Lehm. Mit meiner Hand kann ich die Decke meiner Zelle berühren. Der Remter ist hinreichend geräumig, alle Orte sind mit Scheiben wohl versehen. Durch alle Aborte läuft Wasser. Den Krankenflügel habe ich noch nicht gesehen, er soll sehr bescheiden sein. Wandelgänge gibt es hier wenige.«

Schon zu den Zeiten des hl. Benedikt lebten unter seiner Schwester Scholastika Nonnen nach seiner Regel. Den 1098 gegründeten Zisterziensern gliederte sich schon 1132 ein weiblicher Zweig, die Zisterzienserinnen an. Damit war nicht nur, möchte man anmerken, den höhergestellten und adligen Fräulein eine Bleibe angewiesen, sondern auch einer gewissen menschlichen Rückständigkeit, die an Kindlichkeit grenzen konnte und die an die vielen, unter dem Stichwort der »sancta simplicitas«, der heiligen Einfalt, kursierenden Anekdoten über Nonnen erinnert. Es soll eine wahre Geschichte gewesen sein, die der Kölner Zäsarius von Heisterbach über das in der Diözese Trier liegende Nonnenkloster Lutzerath erzählt, wo nach einer alten Gewohnheit kein Mädchen über sieben Jahren aufgenommen wurde. Damit werde eine Einfalt bewahrt, so Heisterbach, »die den ganzen Körper leuchtend und klar macht«. Um 1210 lebte in Lutzerath eine nicht mehr junge Jungfrau, die in den Dingen, welche die Welt betrafen, noch das reinste Kind war, so daß sie kaum ein Tier und einen Weltmenschen unterscheiden konnte. Als sie kam, war sie keine fünf Jahre; seither ging sie nie mehr durch die Klosterpforte. Eines Tages stieg ein Ziegenbock auf die Mauer des Obstgartens. Als unsere Nonne ihn sah und sich gar nicht erklären konnte, was das eigentlich sei, sagte sie zu einer Schwester, die neben ihr stand: »Was ist das?« Die kannte ihre Einfalt und meinte: »Eine Frau von der Welt draußen.« Und fügte noch bei: »Wenn die Weltweiber alt werden, dann wachsen ihnen Hörner und Bart.« Worauf unsere gutgläubige Nonne für diesen Wissenszuwachs geziemend und allen Ernstes dankte.

Aber das ist nur die eine Seite. Die andere beginnt dort, wo die »abgeschaidenheit«, wie der Mystiker Meister Eckart, der Kölner Dominikaner das nennt, einen schier grenzenlosen Weg in religiöse Erfahrungen und Entzückungen eröffnet, die schließlich den marternden Zwiespalt zwischen Leib und Seele, zwischen Diesseits und Jenseits aufzuheben scheinen. Von diesem Streben nach einem engen Anschluß an eine geistliche Gemeinschaft wird das frauliche Gemüt besonders angezogen: Weltflucht und Erlösungssehnsucht werden zu einer einzigen Verführung. Nicht selten haben solche in Klosterkirche und -zelle gemachten »Erfahrungen« einen Grad erreicht, in dem theologisch-spekulative Probleme kaum mehr notiert werden, dafür aber Merkwürdigkeiten, die Spuren pathologischer Zustände verraten. Von der Schwester Guta Junging im Dominikanerinnenkloster Weil bei Esslingen wird berichtet, sie habe sich in ihrem Verlangen nach besonderer Kasteiung die Hände mit ihren Zähnen zerfleischt und sie nur mit höchster Kraft vom Munde wegziehen können.

In den noch erhaltenen, aus dem 15. Jahrhundert stammenden Niederschriften der Weiler Schwestern wird auch von der Nonne Heiltraut von Bernhausen erzählt, die an »schwerem Siechtum«, an der Wassersucht lange Zeit zu Bett lag. Als sie eine große Geschwulst bekam, fürchtete man um ihren Tod. »Aber unser Herr kam und durchgoß ihr Herz und ihre Seele so sehr mit Gnaden, daß auch der Leib Kraft empfing und sich die Geschwulst setzte.« Sie wurde davon ganz gesund, »ging sofort in den Chor um dem Herrn zu danken«. Sie liebte auch sehr den Evangelisten Sankt Lukas. Eines Tages war sie im Chore, da erschien er ihr sehr schön und minniglich. Er war mit himmelfarbenen Kleidern angetan und hatte vorne an seinem Herzen eine goldene Spange. Da ward ihr zu verstehen gegeben, die blauen Kleider bezeichneten seine himmlische Lehre und die Vorspange die göttliche Minne, die sein Herz ganz und gar entzündet hatte. Die Buchstaben, die in der Spange eingegraben waren, zeigten: Caritas dei. – Und so stand er vor ihr, überaus schön anzusehen, führte mit der einen Hand das allerwonniglichste Kind, unseren Herrn Jesum Christum, mit der andern Hand zeigte er auf das Kind und sprach zu ihr: »Du sollst dein Herz und deine Minne legen an diesen Schöpfer und nicht an die Geschöpfe.« Erotische Untertöne sind unüberhörbar. In einer ihrer Visionen diktierte die Mystikerin Angela von Foligno: »Als ich am Kreuze stand, legte ich meine Kleider ab und bot mich ihm selbst dar. Dabei versprach ich ihm, meine Keuschheit zu bewahren und ihn nicht durch eines meiner Glieder zu verletzen.«

Das Geheimnis des mittelalterlichen Klosters und der Ursprung seiner gar nicht zu überschätzenden geschichtlichen Kraft liegen darin, daß man bei allem Singen und Beten und bei aller meditativen Versenkung die »Geschöpfe«, die Wirklichkeit und die realen Gegebenheiten nicht vergessen hat. Als der Stern des Stauferkaisers Friedrich II. zu sinken begann, noch vor seinem Tod und vor den bodenlosen Unsicherheiten der nachfolgenden kaiserlosen, »schrecklichen« Zeit, baute der Marchtaler Klosterabt Dietrich, ein Bauernsohn aus Wettenhausen an der Donau, gegenüber dem Schlafhaus einen Getreidespeicher: das Gegenstück zu den Visionen der hochadligen und feinnervigen Schwestern von Weil und eine gesunde, unkomplizierte Bodenständigkeit, die, das sollten wir nicht übersehen, auch der Frau im Kloster unerwartete Möglichkeiten von Emanzipation gegeben hat. Im Klarakloster zu Villingen ist 1430 eine sechsunddreißigjährige junge Frau, die geborene Ursula Haider aus Leutkirch, zur ehrwürdigen Mutter Frau Äbtissin gewählt worden. Sie nahm das Amt, wie die Klosterchronik versichert, nur unter »unzähligen Thränen« an. Aber die dreizehn Jahre ihrer Amtszeit müssen die Zeit einer großartigen administrativen und pädagogischen Entfaltung gewesen sein. »Niemals befahl sie einer Schwester etwas, was sie nicht selbst zuvor im Werke verrichtet und gezeigt hatte. Sie handhabte und reformierte das ganze geistliche Leben mit solchem Eifer, daß es eine Lust war, ihr nachzufolgen. Durch ihr exemplarisches Leben war sie den alten Frauen, den Gesunden und Kranken also lieb, daß sie ihr in allem Gehorsam entgegenkamen, und so nahm unter ihr das Kloster im Geistlichen und Zeitlichen sehr zu.«

Die Klostergemeinschaft verweist ständig auf die Wissenschaft, das verrät schon die bescheidene Aufgabe des Mannes, der als Glöckner für den einigermaßen rechtzeitigen Beginn des Gottesdienstes zu sorgen hatte. Dafür geeignete Uhren gab es nicht, je nach der Jahreszeit fanden die Gottesdienste zu verschiedenen Zeiten statt, und zwar in verhältnismäßig rascher Aufeinanderfolge. »Am Weihnachtstag bereite dich vor«, mahnt die Nachtwächter-Instruktion eines Klosters bei Orléans aus

31 *Klosterfrau beim Schreiben. Aus dem Missale Lebucense, Druck von Bartholomäus Ghotan. Lübeck, um 1487.*

dem 11. Jahrhundert, »die Glocken zu läuten, wenn du die Zwillinge auf dem Schlafsaal gleichsam liegen und den Orion über der Allerheiligenkapelle stehen siehst. Und wenn am 1. Januar der helle Stern im Knie des Arktophylax (des Arkturus im Sternbild des Bootes) den Zwischenraum zwischen dem ersten und zweiten Schlafsaalfenster erreicht hat und gewissermaßen auf dem Dachfirst liegt, dann gehe und zünde die Lampen an.«

Haben die Benediktiner die mechanische Uhr erfunden (L. Mumford)? Die wirtschaftlich-technologische Führungsrolle der Zisterzienser ist schon recht gut belegt. Sie haben die seinerzeit modernsten »Fabriken« Europas geleitet; an der Entwicklung der Wasserenergie und der Behandlungsmethoden für Eisenerz in der Metallindustrie haben sie entschieden mitgewirkt. Sie haben industrielle und landwirtschaftliche Musterbetriebe eingerichtet, die Arbeitsvorschriften dafür erinnern »in einem gewissen Sinne« an die gleichen Anweisungen, »die Henry

Ford für seine Fließbandarbeiter erließ« (J. Gimpel). Eine Quelle des 13. Jahrhunderts über die Rolle der hydraulischen Energie in der Zisterzienserabtei von Clairvaux gehört zu den wichtigsten Dokumenten der »industriellen Revolution« des Mittelalters. In Clairvaux, man denkt an ähnliche Belege für süddeutsche Klöster zu Ausgang des Mittelalters, wurde im Haushalt der Mönche und in ihren Werkstätten fließendes Wasser benützt. Durch Blei- und Holzleitungen floß das Wasser zum Kochen und Waschen in die Küche, zur Bewässerung der Pflanzen in den Garten. Mit Wasser wurden auch die unter dem Abort (»neces-sarium«) befindlichen Kanalisationen durchspült und der Unrat weggeschwemmt. »Einer der Flußarme«, so die Quelle, »fließt durch zahlreiche Werkstätten der Abtei und wird überall ob seiner guten Dienste gesegnet ... das Wasser stürzt sich zuerst auf die Mühle, wo es sehr willkommen ist. Um das Getreide mit der Masse der Mühlsteine zu zerstoßen, um mit dem Sieb die Kleie vom Mehl zu sondern, setzt das Wasser seine Kraft ein. Und dann ist es schon im nächsten Gebäude, wo es den großen Kessel füllt und sich vom Feuer kochen läßt, damit die Brüder auch dann ihr Tranksame haben, wenn die Weinlese keinen rechten Ertrag abwerfen sollte.«

Die Mönche und Konversen des Zisterzienserstiftes Rein in Österreich legten in Werndorf und Stangersdorf Entwässerungs-gräben an, ähnliches geschah in Baumgartenberg. Bei Straßengel schufen sie einen künstlichen Wasserlauf, um damit sommers die Wiesen berieseln zu können; für die Bewässerung der Kloster-mühle legten sie einen hundert Meter langen Durchstich durch den felsigen Ulrichsberg unter Ausnutzung des Gefälles an. Heiligenkreuz leistete auf der ungarischen Seite der Leitha wichtige Rodungsarbeit und errichtete dort 1203 die Grangie (Klostergut) Königshof. Die dort konstruierten Entwässerungs-anlagen galten als vorbildlich und wurden von den Bauern des Umlandes nachgeahmt. Unter Abt Gerlach erhielt das Kloster Rein 1147 von Markgraf Ottokar III. zwei Salzpfannen am Ahornberg auf der östlichen Seite des Sandlings, wo es über sechzig Jahre im Trockenabbau und im Schöpfwerkverfahren mit unterirdischer Solebereitung Salz gewann. Als die Saline am Ahornberg erschöpft war, ließen die Brüder einen neuen Stollen eröffnen und fanden eine sehr reiche Salzader, so daß den Reiner Zisterziensern der größte innerösterreichische Salzbergbau, der zu Aussee, zu danken ist.

In den Händen der Mönche lag nicht nur die Kunst, die Wissenschaft und die Philosophie. Sie haben nicht nur Dome und theologische Systeme gebaut, sondern auch Straßen und Brücken, sie haben nicht nur Bildung und Moral ins Volk getragen, sondern auch Wälder gerodet und Sümpfe ausgetrocknet, nicht nur heute noch blühende Weinlandschaften angelegt und »Gärten« im schönsten Sinne des Wortes, man denke nur an die Reichenau, sondern auch im hohen Mittelalter die Methoden des Weinbaus und der Weinbereitung großartig weiterentwickelt, sie haben sich nicht nur, die Zisterzienser mit Vorliebe, Eisenerzlager und bestehende Eisenhütten übertragen lassen, sondern auch technologisch-theoretische Schriften übersetzt oder selber welche geschrieben. Wo das Leben Fortschritte macht, sehen wir sie am Werk, ob es sich um das Abbild des christlichen Kosmos in einer einläßlichen Symbolgestalt oder um aristotelische Dialektik handelte, um Stallfütterung oder Dreifelderwirtschaft: die Wirklichkeit ist allemal berücksichtigt worden.

Als den ersten rational lebenden Menschen hat Max Weber einmal den mittelalterlichen Mönch bezeichnet. Er hat dabei nicht einmal so sehr an die – hier kaum angedeutete – innovatorische Rolle der mittelalterlichen Klöster in Dingen der Technologie und Wirtschaftsorganisation im allgemeinen gedacht, als speziell daran, daß das Stundenbewußtsein nicht im profanen Alltag des Mittelalters, sondern in der Kirche, in den Klöstern zuerst hervortrat. Die Zeit, oder sagen wir bescheidener, der Zeitgebrauch ist eine Entdeckung des Klosters. Man mag im klösterlichen Dreistundenrhythmus, wie wir ihn oben vorgeführt haben, nichts anderes als die christliche Neuauflage der

32 *Der Vorleser (lector), ein älterer Dominikanermönch, genießt bei seinen jungen Klosterschülern nicht gerade ungeteilte Aufmerksamkeit. Aus einer Handschrift der zweiten Hälfte des 13. Jahrhunderts.*

römischen Stunden sehen. Entscheidend indessen ist nicht der – freilich geniale – Rückgriff auf die Vorlage, sondern die Hand-habung und die Wirkung.

Zeitmaße sind Spiegel der gesellschaftlichen Auseinanderset-zungen. Die Einteilung der Zeit ist wie die Schrift im Mittelalter lange Zeit ein Vorrecht der Mächtigen, ein Grundpfeiler ihrer Macht. Das Volk ist nicht Herr seiner Zeit. Es fügt sich, wenn es als interessierendes Objekt überhaupt in Frage kommt – die ländliche Zeit, die Zeit der Bauern, ist gar nicht gefragt – den Trompeten und den Hifthörnern. Und zuallererst den Glocken. Die horae canonicae des Klosters werden zum differenziertesten, gültigsten Zeitmuster; die klösterliche Elite gibt im genauen Wortsinne den Ton an. Wenn die Steirische Reimchronik (um 1300) zu präziseren Angaben der Tageszeit greift, verwendet sie die Wörter des Klosters und spricht von »prîmezît«, »nônezît«, »vesperzît«. Das mittelalterliche Jahr ist ein Kirchenjahr. Der Glockenturm bestimmt auch das städtische Leben. Die Zeit wird gespart und gemessen. Die Ewigkeit, das klingt fast wie ein Widerspruch, ist langsam aufgehoben.

Das Leben im Kloster hat also auf eine erstaunlich ambivalente Weise auf die Umgebung zurückgewirkt, in spiritualistischer Vorbildlichkeit ebenso wie in realistischer. Auch die Dichtung, die aus dem früh- und hochmittelalterlichen Kloster kam, hat einen unübersehbaren Zug von nüchterner Beobachtung und von Realismus an sich. Der Dichter des »Ruodlieb«, ein Mönch des Klosters Tegernsee aus dem letzten Drittel des 11. Jahrhunderts, ist imstande, unsere gesamten Begriffe vom sogenannten »mittelalterlichen Menschen« umzustoßen. Er erscheint weder vergangenheitsbelastet, noch Vorlagen untertan, alles bei ihm ist selbsterschaut, selbstempfunden, völlig eigen gestaltet, von den hergebrachten Stilisierungsformen weit entfernt. Der Ruodlieb-Dichter ist einer der großen und reinen Realisten der deutschen Literatur, er hat Augen für Dinge, die nach ihm lange keiner gesehen hat, er findet Farben und Töne, die die Kunstgeschichte selbst in den folgenden Jahrhunderten der Hochblüte vergebens sucht. Auch die Dichtung der Klosterfrauen ist keine skurrile, versponnene Sache, von den Schauspielen der Roswitha, der Nonne von Gandersheim, die alles andere als eine alte Jungfer ist, die die Welt kennt und dem Leser keine grelle Farbgebung und Wirklichkeitsnähe erspart, bis zum »hortus deliciarum«, dem Lustgarten der Herrad von Landsberg, der Äbtissin des Klosters Hohenburg auf dem elsässischen Odilienberg, in der uns die Welt der Hohenstaufenzeit aufs lebendigste präsentiert wird, die Gebräuche und Trachten und Lebenssituationen, in einer ungeniert souveränen, einer erstaunlich konkreten Art.

Das mittelalterliche Kloster ist ja nicht nur der Ort, in dem christliche Demut geübt und, in Entbehrungen und Entsagungen, der Heilsweg und die Nachfolge Christi aufgenommen wird, nicht nur geistliche Institution, sondern auch ein Punkt inmitten dieser sehr handfesten mittelalterlichen Territorialpolitik. Mag sein, daß dieser unvermeidbar-weltliche Rang zunächst weder gewollt noch gemeint war. Aber dann wuchsen den Klöstern Stiftungen um Stiftungen zu, verlangten die steigenden Einkünfte eine eigene Verwaltung, traten Klosterwirtschaften als Eigenproduzenten auf Märkten auf, unterhielt man Höfe als Musterbetriebe und hatte schließlich mehr Dörfer und Leibeigene als mancher Freiherr und Graf: auch von der Rechtsprechung her war der Abt eines weitläufigen Klosters mit Scheunen und Handwerkhäusern, mit einer Mühle und einem eigenen Haus für vornehme Gäste, mit Befestigungstürmen und Graben ein vornehmer, ein großer Mann.

Auch in Sachen politischer Begabung und Gestaltung wirkt das Kloster auf sein Umland zurück, so intensiv und so spürbar, daß jeder, der das Ur- und Idealbild des Klosters vor Augen hat, wehmütig hinter den geistlichen Verwaltern und Rechnern nach den psalmensingenden Mimen Christi sucht. Schon um 1260 hat der hl. Bonaventura, als bei einem Streit um die Rechte der eben entstandenen Bettelorden die Frage aufgeworfen wurde, ob religiöse Orden erlahmen und erschlaffen könnten, geantwortet: »Alles, was sein Dasein nicht sich selbst verdankt, neigt zu Verfall und Nichtsein, wenn es nicht von dem gehalten wird, der ihm das Dasein gibt; so auch jeder Orden und jeder Mensch.« Indessen zeigt diese erste Selbstbesinnung, die um ähnliche Reflexionen schon des Umkreises um den hl. Benedikt ergänzt werden könnte, nur die Möglichkeit der Reformen an. Ihnen hat man Raum gegeben, in einer überraschend flexiblen Weise und über mehr als ein Jahrtausend hin, ohne daß die Grundnormen verrückt oder verraten worden wären. Es gab keinen Klosterstreik und keinen Klosteraufstand, nirgendwo. »Der erste Grad der Demut«, sagt Benedikts Klosterregel, »ist der unverzügliche Gehorsam. Er ist für jene, denen Christus das Teuerste ist. Wegen des heiligen Dienstes, den sie gelobt haben, oder aus Furcht vor der Hölle, oder wegen der Herrlichkeit des ewigen Lebens kennen sie kein Säumen in der Ausführung, wenn etwas vom Oberen angeordnet wird, gerade so, als wäre es ein Befehl Gottes.«

Das hat gegolten, und gerade in dieser unabdingbaren Gehorsams- und Befehlsstruktur ist der geistliche Orden des Mittelalters zum Ausgangspunkt vieler bis in unsere Tage hineinwirkender weltlicher Orden geworden. In den aus dem 10. Jahrhundert stammenden »Consuetudines« der deutschen Klöster, einer Sammlung des klösterlichen Gewohnheitsrechts, werden die einzelnen Grade der Buße von ungehorsamen Klosterbrüdern säuberlich aufgezählt. »Wenn sich Gesetzesverächter erheben sollten«, heißt es da, »dann werden diese mit Schlägen gezüchtigt und der ›schweren Buße‹ zugeführt. Sie werden mit der ganzen Wucht dieser Verurteilung bestraft, ebenso wie der, der mit der bischöflichen Exkommunikation belegt ist. Wie dieser von der Gemeinde der Gläubigen getrennt wird, so die Verächter des Klostergesetzes. Aus der Hand des Abtes empfängt der Exkommunizierte im Kapitelsaal ein Buch und geht, um sich abseits an einem Bußplatz niederzusetzen. Niemand aus der Klostergemeinde wage es, ihn anzusprechen oder sich ihm irgendwie anzuschließen, will er die Verurteilung zur gleichen Strafe vermeiden. Nur einige der älteren Brüder dürfen es, aber nur nach Anweisung des Abtes, um zu sehen, ob der Bestrafte sich bessern will. Bei jeder Andachtsstunde der Brüder stehe er wie ein Mörder vor der Kirchentür. Wenn die Brüder dann herausziehen, muß er sich zur Erde werfen und liegenbleiben. Die Brüder haben an seinem Haupte vorbeizuziehen und ihn keines Blicks zu würdigen...«

Natürlich hat der Mönch des mittelalterlichen Klosters nicht »Jenseits von Gut und Böse« gelebt, sozusagen als Dutzendheiliger, der dann, hat er die Kutte genommen, fortan von allen zweideutigen und bösen Zugriffen der »vrô welte« verschont bleibt. Gerade die tiefgreifende, die ganze Individualität erfassende Verbindlichkeit der Klosterzucht mag schuld daran sein, daß wir, außerhalb der Zellentüre und außerhalb der Klosterpforte, so gut wie gar nichts hören von inneren Kämpfen, von

33 *Nonnen bei künstlerischer Arbeit. Aus Boccaccios De claris mulieribus,
Druck von Johannes Zainer, Ulm 1473.*

verwirrenden Zweifeln, vom leise abtötenden Hader mit dem
Schicksal. Gewiß, das Mittelalter kennt sie nicht, wir sagten es,
die selbstverschuldete, einen Ohnmächtigen treffende Tragik des
Einzelnen: das Ich ist nicht isoliert, sondern eingebunden in eine
höhere, fraglose Ordnung. Der Orden ist ihr makelloses Abbild,
die Norm des klösterlichen Alltags die unüberspringbare Hürde,
die Formelhaftigkeit der Bekenntnisse aus den Klosterzellen, die
Konvention, die keiner der Insassen brechen kann und will.

Und doch muß der Stachel des Widerspruchs auch im klöster-
lich-gemeinsamen Leben zum Vorschein gekommen sein, die
Stunde der Anfechtung und des Versagens, in denen nichts
anderes herausbricht als die widerspruchsvolle, die schwache
Kreatur. In einer seiner Didaxen meint Heinrich der Teichner
(um 1300 bis um 1377) einmal, »der muenich der ist behuet / vor
manigem schaden auf der weit / do der auser inne leit« (denn ein
Mönch, der ist vor vielen Gefahren auf offenem Felde bewahrt,
welchen der auf dem offenen Felde Kämpfende ausgesetzt ist).
Stutzig macht, daß dieser Wiener Spruchsprecher das ausdrück-

lich betonen muß und daß nur von handgreiflich-äußerlichen Spannungen die Rede ist: die inneren hat man den Mönchen belassen und sie wohl als um so stärker taxiert. »Der münch der pulet umb das weib«, wie Hans Rosenplüt, der erste, aus Nürnberg stammende sicher bezeugte Handwerksdichter sagt, ist eine Geburt dieser Bürgerahnung aus der Stadt: wie müssen die Mönche es schwer haben auf ihrer Insel. Man ahnt und wittert, im bilder- und phantasievollen Mittelalter zumal, Anfechtungen die Fülle, und im Lancelot, im ersten deutschen Prosaroman (vor 1250), erwidert »die ebtißin« der adligen Frau, der Königin: »ir entwißent nit wie starck ein ding es ist orden zu behalten« (ihr habt keine Ahnung, wie schwierig es ist, die Ordensregel zu bewahren).

Einmal, in der Mitte des 15. Jahrhunderts, sind von einem Mönch Selbstgespräche aufgezeichnet worden, in denen von anderem die Rede ist als vom Glück einer weltabgeschiedenen, beschaulichen Seele. Die andere Stimme nennt er »Die Vernunft«; sie könnte auch die Tugendgöttin sein, die schon Herakles im Zweifel zwischen dem breiten und dem schmalen Pfad den Weg gewiesen hat. Der Verfasser ist ein Benediktiner Adam aus einem Sankt-Andreas-Kloster in Österreich, wohl aus dem Stift Gleink in Oberösterreich, dessen Patrone die allerseligste Jungfrau Maria und der Apostel Andreas waren:

DIE VERNUNFT: Sag mir, lieber Mönch, was hältst du von dem Stand, in dem du nun lebst? Wie schmeckt er dir? Ich weiß, du hast die Welt längst verlassen und auf ihren Pomp verzichtet; du bist in das gemeinsame Leben eingetreten, du hast das Ordenskleid angezogen ... Aber ich hätte gern, wenn du mir ohne Erröten mitteilen würdest, wie dir deine Bekehrung bekommt.

DER MÖNCH: Das Leben in der Welt, in der ich lange war, hat mir in allem mißfallen, deshalb habe ich auch darauf verzichtet. Aber ebenso will mir das Leben, das ich jetzt führe, ganz und gar nicht behagen; in vielem ist es mir zuwider. Es ermüden mich Versuchungen immer wieder, und mancherlei Trübsal erschüttert mich; ich kann kaum noch leben.

DIE VERNUNFT: Darüber brauchst du dich nicht zu wundern, dein ganzes Erdendasein ist eine Versuchung. Aber du mußt mit allen deinen Kräften, auf jede Weise, wie du nur kannst, im Kriege deines Königs unermüdlich ausharren – du wirst nicht gekrönt werden, wenn du nicht dem Gesetz entsprechend gekämpft hast.

DER MÖNCH: Du sprichst gut. Aber als ich die Welt verließ und zum Ordensleben kam, da hoffte ich doch, Frieden und Ruhe zu erreichen. Jetzt sehe ich gerade das Gegenteil. Ich bin in größerer Angst und Not als draußen in der Welt hineingeraten...

DIE VERNUNFT: So haben Mönch und Weltkind ihr Leid. Aber du siehst den Unterschied nicht gut. Du warst sicherlich, als du noch nach dem Fleische in der Welt lebtest, in größerer Not als jetzt – jetzt glaubst du, du seiest damals in geringerer gewesen. Je ungefährlicher dir zu jener Zeit dein Zustand erschien, desto bedenklicher war er ... Jetzt aber, wo du das Teufelsjoch von dir geschüttelt hast ... verfolgt dich dein Feind in seinem Neide hitziger als ehedem ... Wundere dich also nicht über deine Versuchungen, sondern kämpfe, damit du nicht überwältigt wirst ... Weißt du selbst nicht recht, wie du die Versuchungen überwinden magst, so zeige mir, welche dich am meisten ermüden. Worin wirst du versucht, was denkst du?

DER MÖNCH: Ich denke an die Menge der zierlichen und schönen Weiber

DIE VERNUNFT: Was hältst du von ihnen? Wie malst du dir sie aus, und wie erscheinen sie dir in deinen Gedanken?

DER MÖNCH: Gar schön, sehr angenehm und sehr süß.

DIE VERNUNFT: Wozu schön, angenehm und süß?

DER MÖNCH: Schön anzusehen, angenehm zu umarmen und süß zum Kusse.

DIE VERNUNFT: Wie ist dir, wenn du so denkst?

DER MÖNCH: Mein Geist seufzt, mein Leib wird aufgestachelt, mein Herz sehnt sich nach Stillung der Lust, und mein Fleisch jubelt.

DIE VERNUNFT: Diesen Jubel kann man nur beklagen und

beweinen. Warum jubelt dein Herz und dein Fleisch nicht vielmehr im lebendigen Gotte? Du solltest nicht wie ein Rabe, sondern wie eine Taube sein ... Weißt du nicht, daß du nichts als einen bemalten Mantel zu halten wünschest, wenn du mit lüsternen Augen ein Weib ansiehst? Siehst du nicht, daß etwas Stinkendes birgt, was dir unerlaubter Weise gefällt und dir als etwas Schönes erscheint? Wenn du ein zierliches Weib lustvoll zu umfangen begehrst, willst du einen Seidensack von Dreck in deinen Armen halten. Berührt sich auch der Sack höchst angenehm, so stinkt doch der Inhalt für die Nase ... Sieh, so sind die Weiber, von denen du denkst, daß sie schön, lieb und süß sind. Sie scheinen dir nur so, in Wirklichkeit sind sie es nicht...

DER MÖNCH: Deutlicher und deutlicher erfreuen mich Traurigen deine Worte, und sie belehren mich Unwissenden. Sie geben meinem schwachen Herzen Kraft. Du hast mir gezeigt, wie ich nicht allzu niedergeschlagen über solche Versuchungen sein darf; wie ich verachten muß, was da gleißt und süß zu sein scheint...«

Das Zwiegespräch des Ich mit dem eigenen Gewissen atmet ganz den Geist der Jahre um 1450: eine bestürzende, entwaffnende Offenheit, die in einer derben, drastischen Sprache illustriert wird. Kaum eine Generation später hat Hieronymus Bosch seine religiösen Bilder gemalt, in denen die Todsünden und Höllenstrafen und Versuchungen aus ihren Hüllen herausgetreten sind, rote, geschwollene, triefende Gefäße, in einer grausam-angstvollen Phantasie zu Fratzen verzerrt, unzählige, rätselhaft durchschnittene und grotesk zusammengesetzte, verwachsene, verkrüppelte, verkommene, verdorrte Figürchen und Fabelwesen vor feinen, helltonigen Landschaftsgründen: nichts als die tausendfach täuschende Sprache der Lüsternheit und Verführung, das purpurne Rot der Geilheit und das finstere Schwarz der Verzweiflung. Himmel und Hölle des Mittelalters: warum sollen diese Arme nicht da und dort in die Klosterzellen gegriffen und die Brüder vom gemeinsamen Leben am Hals und an den Lenden geschüttelt haben?

34 Eine »Recluse«, eine im Schutz einer besonderen Kapelle eingeschlossene
Nonne, die es nicht streng hält und einen Mann zu Besuch empfängt (was der
Text neben dem Bild aufs heftigste tadelt). Aus einer Handschrift des
15. Jahrhunderts.

Nicht umsonst bedient sich die Sprache fast aller Ordensan-
weisungen und -regeln der Wörter aus Kampf und Krieg. Wer
das innere Glück, wer den Frieden haben wollte, mußte Waffen
führen, nicht gegen andere und schon gar nicht gegen das Gesetz,
sondern gegen sich. Die Rede vom Mönch als dem behäbigen
Genießer, der seine Weinfässer schwefelt und vor jeder blauge-
sottenen Forelle mit der Zunge schnalzt, ist ein Zerrbild, das
nicht einmal die Barockzeit so zugelassen hat und in der
Hauptsache wohl der historisierenden Gartenlaubenatmosphä-
re der Gründerzeit zu verdanken ist. Dort, wo noch Unfertigkeit
war und die politischen, die sozialen, die psychischen Gefahren
noch nicht in einem System gegenseitiger Hilfe und Kontrolle
abgesichert waren – im Mittelalter–, steht der Mönch nicht

179

eigentlich abseits, sondern stellvertretend für ganze Gruppen und Stände. Er tritt uns, wenn wir das im Sinne einer Porträtaufnahme ausdrücken wollen, nicht als hüpfender, schäkernder Bonvivant gegenüber, mit hohlen Wangen vielleicht und einem Anflug von Exzentrik und Fanatismus in den Augen. Selbst dort, wo in den klösterlichen Gemeinschaftsräumen und in den Klosterstuben der Boden nicht gefährlich aufgerissen war, wo das große, das unheimliche Experiment zwischen Gut und Böse geglückt und sozusagen heile Welt zu Hause schien, weht uns, die wir als Weltkinder des 20. Jahrhunderts in den gotischen Hallen- und Wandelgängen stehen, immer die Luft der Andersartigkeit und der Eigenartigkeit an.

Wo man immer zusammenlebt und zusammenwohnt, Tag und Nacht, ja keine »Aktivität«, ja keine Mission, allenfalls Armenfürsorge, schleichen sich gerne die Schrullen und Grillen und Extravaganzen dieser im eigenen Zirkel sich drehenden Männer- oder Frauenwelt ein, die natürlich von den klugen Schreibern draußen um so größer und gefährlicher gemacht wurden, je weniger man hinter die Klostermauern gesehen hat. Man hat sicher die aufkommende Zuchtlosigkeit und die Schmutzkonkurrenz der Klöster noch farbfreudiger und noch sensationeller gemalt, weil alles, was mit dem Mantel des Geheimnisses umgeben ist – und niemand von uns hat je »hinter die Kulissen« eines Klosters gesehen –, auch immer der maßlosen, hämischen Übertreibung und Verunglimpfung ausgesetzt ist.

Sicher hat die Phantasie des Außenstehenden manches am Kloster als blanke Perversion demonstriert, was in Wirklichkeit eine arglose Sache und vielleicht nur die Lust der Lebendigsten des Klosterkonvents war, einem Schuß Originalität zur Verwirklichung zu verhelfen, nicht nur im Zusammenleben, sondern auch im Klosterbau, in seiner Architektur, in seiner Ausschmükkung. Daher kommt es, daß mancherlei gotische und vor allem barocke Klöster immer wieder Abweichungen von den sozusagen großen Architekturbeispielen zeigen, nicht an den auffallenden und repräsentativen Stellen, sondern im Detail: da bastelt und pinselt ein manchmal ins Skurrile abwandernder und auch dilettantischer Mönchsgeist herum, fügt hier eine Fratze und dort einen humorigen Schnörkel ein, die Dreingabe derer, die Zeit haben, auch zu Versponnenheiten und gleichsam zu Junggesellenscherzen.

Auf alle Fälle, da brauchen wir uns gar nicht mehr zu bemühen, ist das aus der Spätantike herausgewachsene Kloster auf eine unerwartete und fast paradoxe Weise mit der Welt verbunden. Wer angenommen haben sollte, hier spiele sich frommes Leben als Selbstzweck und unter Ausschluß der Öffentlichkeit ab, urteilt nur vom Hörensagen her. Als zu Beginn des 13. Jahrhunderts als Abwehr der Verweltlichung der Kirche die Bettelorden entstanden, unter ihnen als wichtigster Orden die Franziskaner, die Schöpfung des hl. Franz von Assisi, war nach fast einem Jahrtausend mönchischer Geschichte ein gänzlich neues Kapitel begonnen: der Aufbruch der »Minderbrüder«, die im Unterschied zu den »Besitzorden« auf Besitz verzichten und sich statt durch Besitz durch Bettel ernähren. Jetzt wird klösterliches Leben mit seelsorgerischer Betätigung verbunden und durch eine zentralisierte Verfassung ermöglicht, die keine selbständigen Klöster kennt. Die Unterschiede zwischen Benediktinern und Franziskanern sind Stationen eines Weges, die die Mönchsorden selbst gebahnt haben. Das Benediktinerkloster ist eine ortsfeste, nach draußen abgeschlossene Gründung, die sich selbst ernährt, Grundbesitz braucht und Naturalwirtschaft treibt. Ihre Ordnung ist, wie die bäuerlich-adlige, von Brauch, Ritus und Form bestimmt. Adlige Haltung des Gehorchens antwortet auf die Zersplitterung adligen Befehlens draußen. Der Hektik der Macht begegnet im Kloster die Stabilität der Weisheit.

Anders die Franziskaner. Sie stützen sich nicht auf isolierte Zellen, sondern offene Häuser, nicht auf ländlichen Grundbesitz, sondern städtische Geldspenden, nicht auf väterliche Ordnung, sondern brüderliche Liebe. In den Städten, über Nacht zu festen, volkreichen Plätzen geworden, droht sich Geldgier und schnöde Zinsknechtschaft breitzumachen. Mitten in diese aufbrechenden Dissonanzen, die der Devise »Stadtluft macht frei« ins Gesicht schlagen und die Eckensteher und die Krüppel und die Lahmen in die Gosse zu schieben drohen, stößt die fest organisierte, mit logisch-mathematischem Kalkül berechnete Kraft der Bettelorden. Von jetzt an sind die Städte ohne die Kutten der Kapuziner und Augustiner, der Dominikaner und Karmeliter nicht mehr zu denken.

Wie Feuer verbreitet sich diese Bewegung. Aus den 12 Gefährten des Jahres 1210 sind im Jahr 1260 rund 17 500 Franziskaner geworden. Der Materialismus der städtischen Kultur, noch ehe er ausufert und üppig wird, erhält einen Dämpfer von nachhaltiger Wirkung. »Die Bevölkerung der Stadt«, heißt es in einer um 1250 niedergeschriebenen Chronik, »wurde beim Anblicke der Einfalt und Demut der Brüder so betroffen, daß sie vor ihnen das Knie beugten und ihren Fußstapfen Ehre erwiesen.« Der Predigermönch Bruder Bertold ist zu einer legendären Figur geworden. »Wollte er predigen, so bestieg er einen Turm aus Holz, der wie ein Glockenturm war. Das war seine Kanzel auf freiem Felde. Auf der Spitze des Turmes pflanzten die Werkleute eine Fahne auf, so konnte das Volk erkennen, woher der Wind kam, und damit, wohin es sich zu setzen habe, um den Prediger gut zu verstehen. Und merkwürdig! die weit weg von ihm ihren Platz hatten, hörten ihn ebensogut wie die ganz in der Nähe, und niemand stand auf und verließ die Predigt vor Schluß. Sprach er aber einmal von dem entsetzlichen Letzten Gerichte, so zitterten alle wie die Binsen im Wasser. Da baten sie ihn bei der Liebe Gottes, er möchte doch diesen Gegenstand nicht mehr behandeln, da sich Schrecken und Entsetzen auf sie legte.«

Die mittelalterliche Frömmigkeit – und nicht nur sie – hat von der mönchischen Demut, die eine Kraft war, vielleicht am meisten gezehrt. Tausende sind hier bis ins Mark getroffen worden, adlige Damen und Rittersleute haben Haus und Gut verlassen und die Mönchsgelübde geleistet, Könige und Kaiser an der Klosterpforte angeklopft. Der Lohn, fragen wir, dieser Wanderung? »Wie die Söhne des Patriarchen Abraham«, heißt es in einer Lebensbeschreibung des Regensburger Schottenklosters, »wanderten sie aus in das Land, das ihnen Gott zeigte. Sehet, das wird der Preis dafür sein: im Hause des ewigen Gottes werden sie von Ewigkeit zu Ewigkeit mit den Engeln und Erzengeln wohnen, Aufstiege werden sie in ihrem Herzen bereiten, von Tugend zu Tugend schreiten, und so werden sie schauen in Zion der Götter Gott, dem Ehre und Ruhm von Ewigkeit zu Ewigkeit ist.«

6 Bî der statmûs

Wie eine Moosrose habe es mit seinen roten Dächern aus den grünen Tannenwäldern hervorgeguckt, erinnert sich Heinrich Heine in der »Harzreise« Osterodes. Noch damals, 1824, gibt sich die Stadt wie im Mittelalter: als ein abgeschlossenes Ganzes, mit Mauerbering und ziegelfarbener Dachlandschaft, eingebettet in die immer noch natur-, und nicht technikbestimmte mittelalterliche Landschaftlichkeit. Noch sind beide Bereiche, »Stadt« und »Land«, klar voneinander getrennt, zwei elementar verschiedene Lebensformen. Wer durch das Stadttor geht, passiert eine gesellschaftliche, rechtliche, wirtschaftsorganisatorische und kulturelle Zäsur ersten Ranges.

Er betritt alles andere als ein fertiges Gebilde. Gewiß, die Pfarrkirche und die Stadttürme, die Bürgerhäuser und Hospitäler, das Rathaus, die Stadtklöster, die Klosterhöfe sind aufeinander in einer bestechenden Komposition von Raum und Körper abgestimmt; Maßstab und Rhythmus leben voneinander unter einer höheren Rangordnung der Werte. Die Schönheit der mittelalterlichen Stadt kommt »von der ihr innewohnenden Ordnung« (K. Gruber). Sie empfängt sie nicht von der Sauberkeit irgendeiner »Topographie«, nicht von pedantisch-architektonischen Regeln, sondern vom Geist, der sich den Körper baut. Das Dorf ist Anpassung, die Stadt ist Schöpfung.

Aber diese Komposition präsentiert sich vor 1500 als ein Prozeß, als Ansatz, als Plan. Bürgerwille als Baukunst, dazu bedarf es Generationen; Rom ist nicht an einem Tag erbaut worden, Trier oder Lüneburg auch nicht. In der mittelalterlichen Stadt wird ständig gebaut. Hier stehen mächtige Holzkräne, die noch kaum verraten, daß da ein schmaler, hochgezogener Chor emporwachsen wird, dort ist, nur im Kern sichtbar, versteckt hinter einem Gitterwerk von Gerüsten, ein neuer, letzter Stadtturm im Werden, der dem längst gewonnenen Platzraum seinen kühnen Akzent geben wird. Es wird nicht nur erneuert, ersetzt, renoviert. Es fehlen, vor 1500, dem Stadtbild auch noch wesentliche Bauelemente, die erst der Ausgang des Mittelalters noch hinzufügt, und die erst nach 1500 so recht erkennbar und »fertig« sind. Unser verdächtig nostalgischer, an den genialen Stadt-Wiedergaben Merians orientierter Rückblick auf die alte, die mittelalterliche Stadt meint eine Spätphase, in welcher der Glanz der rhythmischen Durchgliederung wie die Herbstsonne auf die Stadtsilhouette fällt, in einer Art Ruhepause zwischen der angestrengten Ausbauzeit des späteren Mittelalters und der großen Denaturierung der urbanen Welt, mit welcher der Absolutismus und der Industrialismus dann zu Werke gehen werden.

Die eigentlich mittelalterliche Stadt befindet sich immer in statu nascendi. Ihr Entwurfscharakter liest sich am ehesten ab in den Torso gebliebenen Domen von Ulm bis Köln, Zeichen, wie unabdingbar dieser Stadt-»plan« mit der politisch-wirtschaftlichen Prosperität der einzelnen Stadtgemeinde verknüpft war. Die Statik der mittelalterlichen Welt ist in der mittelalterlichen Stadt überspielt und gesprengt. Der Bürger ist ein Eindringling in die überkommene, klassische Ständeordnung. Er muß sich seinen Platz erst erkämpfen, gegen die Herren, mit den Herren, wie es kommt, in offener Feldschlacht oder in der Revolution durch die Hintertür, das heißt in einer Generationen umspannenden soziologisch-kulturellen Unterwanderung.

Die Stadt ist Großburg, Kollektivburg. Im Annolied, um 1080 entstanden, wird von Köln gesungen, »der scônistin burge, / dî in diutschemin lande ie wurde« (der schönsten Stadt, / die je in deutschem Land entstand). Von der »burchmûra« als der Stadtmauer und dem »burctor« als dem Stadttor ist noch lange im 12. Jahrhundert die Rede; erst zu Ausgang dieses Jahrhunderts setzt sich die Formel »stat ze Ulme« (Stadt Ulm) und so weiter durch. Die Schutzfunktion der mittelalterlichen Stadt übertrifft auch ihre ökonomisch-administrativen Zentralaufgaben. Ihr Ruf ist primär davon bestimmt, wie dick und modern ihre Mauern sind. Die – sehr viel niedrigere, einfachere – Kloster-

185

35 *Die Stadt des Mittelalters war nie »fertig«. Die Wirklichkeit mittelalterli-*
chen – Generationen andauernden – Stadtbaus in biblischem Kleid: »Turmbau
zu Babel«. Aus Steffen Arndes' niederdeutscher Bibel, Lübeck 1494.

mauer ließe sich wohl auch als Symbol des klösterlichen Gelüb-
des deuten, die Stadtmauer ist Schutz in einem sehr handfesten,
sehr realen Sinne. Die Stadt muß »halten«, wenn die Mauerbre-
cher und die hölzernen Türme auf ihren Rädern daherkommen,
wenn der an Ketten hängende Sturmbock seiner dumpfen Arbeit
nachgeht, wenn sich die Angreifer auf ihren Maschinen durch
Dächer, »Katzen« genannt, gegen das siedende Wasser oder
flüssige Pech, gegen das heiße Öl oder den ungelöschten Kalk,
der von den Zinnen herabkommt, in kläglicher Angst zu schützen suchen. Auch das kann mittelalterlicher »Alltag« sein, für
Wochen, für Monate; in karolingischer Zeit schon hat man
Barcelona sechs Monate, Pavia neun Monate lang belagert.

Die mittelalterliche Stadt ist Großburg. Das vor-biedermeier-
liche Räuchlein, das sich über die lustige Idylle der Merian-Stiche
zieht, hat mit der fortifikatorisch-ernsten Atmosphäre der Stadt
vor 1500 nichts zu tun. Man muß einmal an einem Novembertag
vor der abweisenden Kälte der Friesacher Stadtmauer in Kärnten
oder vor der Dinkelsbühler Mauer im Fränkischen gestanden
haben, um diesen Hermetismus der mittelalterlichen Stadt ganz

zu begreifen. Es war ein regengrauer düsterer Spätnachmittag, an dem ich einmal einem der Altarblätter Bartholomäus Zeitbloms begegnet bin, hoffnungsloses Dämmerlicht fiel auf eine scharf konturierte Stadtansicht, breite, bis zu den Zinnen zweifach vermauerte Verteidigungszüge, geduckte Häuser dahinter, alles noch ohne Glasfenster, nur ein paar Löcher in der Haus- oder Turmmauer: die mittelalterliche Stadt, sonst als heiter-lebendiges Stelldichein überliefert, droben dreht die Wetterfahne, pausbäckig-satte Bürgerhäuser parodieren: die mittelalterliche Stadt konnte in Wirklichkeit wohl auch eine trostlos-traurige Seite haben.

Gesellschaftlich-ökonomische Durchbrüche wurden auch zu den Bauelementen der deutschen Stadt des Mittelalters. Eine frühe, auf die Jahrtausendwende zu datierende Frühform deutschen Stadtrechts findet sich im Boethiuskommentar Notkers des Deutschen von St. Gallen. Dort ist von den coniurati cives die Rede, von der bürgerlichen Einung. Die cives heißen »burgliute«, »Bürger«, und ihr Stadtrecht heißt Burgrecht. Es ist auf einen Ort (»burg«) bezogen, der in deutlichem Gegensatz zum Dorf steht und Großsiedlung ist. Das Burgrecht ist durch Satzung und Weisung entstanden und fortgebildet, es enthält in der Funktion des Stadtherrn ein herrschaftliches, in der Einung ein genossenschaftliches Element.

Sicher hat Notker bei einem seiner Schulbesuche das damalige Konstanz gesehen, eine Großsiedlung, die schon immer über die Graubündner Pässe Beziehungen nach Italien unterhielt. Von dort, aber auch aus den über Südfrankreich importierten spanischen Einflüssen und aus Flandern haben die kaufmännischen Einungen und Schwurverbände wichtigste Impulse empfangen. Die coniuratio, die kampfentschlossene Verbindung von Kaufleuten, die von einer Herrschaft nicht abhängig sind, setzt sich mehr und mehr durch. Durch die Veränderungen im agrarischen Bereich werden Menschen frei, die wiederum die vermehrte Nachfrage nach Handelswaren und gewerblichen Produkten und schließlich eine arbeitsteilige Wirtschaft ermöglichen.

36 Daß man die Stadt bis ins 13. Jahrhundert mit »Burg« bezeichnete und daß
ihre Hauptaufgabe in der Schutz- und Verteidigungsfunktion lag, war bis zum
Ausgang des Mittelalters geläufig. Hier eine Belagerung der – für mittelalterliche
Begriffe großen – Stadt Ulm: »Also zugent sie auff Ulm vnd zwungent sie auch
mit gewalt wider zuo christenlichem glauben«. Aus Lirars Schwäbischer Chronik, gedruckt von Konrad Dinckmut in Ulm 1486.

Die städtische Lebensform stellt sich also nicht über Nacht ein, nicht wie ein Staatsstreich, sondern auf dem Wege eines langwierigen und verschlungenen Prozesses, wie die Stadt denn auch eine sehr komplexe Erscheinung ist, Siedlungsakt und topographische Entwicklung, ökonomischer Fortschritt und Wandlung in der sozialen Struktur, fundamentale Neuerung auf rechts- und verfassungsgeschichtlichem Gebiet, Stiftung einer neuen, weder höfischen noch klerikalen Geistigkeit. Die Markt-gründung wechselt in die Stadtgründung über, zweifelsfrei zu fassen in der Freiburger Gründungsurkunde von 1120. Ihr sensationeller Satz: »Wer aber über Jahr und Tag in der Stadt gewohnt hat, ohne daß irgendein Herr ihn als seinen Leibeigenen gefordert hat, der genießt von da an sicher und unangefochten die Freiheit.«

Dem Ruf »Stadtluft macht frei«, dem das Faktum »Landluft macht eigen« gegenübersteht, folgen viele, die in ihrem länd-lichen Wohnsitz Lasten und Bindungen unterworfen waren. Dahinter verbirgt sich eine gesellschaftliche Revolution gar nicht zu überschätzenden Ausmaßes. »Communia autem novum ac pessimum nomen« (Die Gemeinden, ein neues und hassenswer-tes Wort), mehr kann Guibert von Nogent, ein Mann von Adel natürlich, zu Anfang des 12. Jahrhunderts über diesen Wandel nicht sagen. Die Bewohnerschaft der neuen Gebilde, der vor allem im 13. und 14. Jahrhundert planmäßig gegründeten »stet-te«, war rechtlich und sozial freilich gemischt, Eigenleute geist-licher Institute neben »Bürgern«, Ministerialen des Stadtherrn neben frei, unter Königsschutz herumreisenden Kaufleuten. Die Entwicklung der Bürgergenossenschaft zu einer in sich geschlos-senen Stadtgemeinde, die auf einem für alle Bürger verbindli-chen Stadtrecht begründet ist, als Rechtssubjekt handelnd auf-tritt, durch Bürgermeister und Rat verwaltet und rechtlich ver-treten, ist allgemein im Verlaufe des 13. Jahrhunderts abge-schlossen.

Das Rathaus, Ort der Ratsversammlung und der Ausübung städtischer Gerichtsbarkeit, wird zur »weltlichen« Mitte der

Stadt; die Schreibstube des Rates, die Ratskanzlei, ist Zentrum der städtischen Verwaltung.

Das Aufblühen der städtischen Kultur bringt nicht das »Verwelken« und schon gar nicht das Ende des Mittelalters, vielmehr eine sich immer weiter vertiefende Differenzierung des traditionellen, einheitlichen Weltbildes. Der heimliche Sieg des Bürgertums, eine Sache von Jahrhunderten, hat seine Umwege und seine Abweichungen. Lang wie eine Litanei, die Geschichte all jener Imitationsversuche im Lager der Bürgerlichen, es den Adligen gleichzutun. Allmählich findet man auch an den breiten und reichen Bürgertischen Gefallen an den preziösen Überlieferungen von König Artus' Tafelrunde, und irgendwo in Kreuzigungsgruppen oder Reliquienbüsten treten in den zurückhaltenden Gebärden der Trauer oder in den weichen Formen der Faltengebung, mitten in der Zeitstimmung eines internationalen höfischen Stils, Züge einer bürgerlichen Kunst hervor.

Daß sich der Bürger als eigene »Klasse« auf die Länge durchsetzt, daß dieser Prozeß bis weit in die Neuzeit hineingreift, das ist keine Frage. Wenn man die spätmittelalterliche Literatur durchmustert, trifft man auf eine andere, der großherzig und schönheitlich gestimmten Stauferklassik konträr gegenüberliegende Sprach- und Formenwelt, die man als bürgerlich bezeichnen kann. Sie begegnet uns immer wieder in einzelnen Aspekten, in den lehrhaften, redlich-handwerklichen, behäbigen oder pedantischen Zügen Hadlaubs, des Zürcher Bürgers um 1300, aber auch in den Dichtungen des Grafen Hugo von Montfort anderthalb Jahrhunderte später und selbst in denen Oswalds von Wolkenstein: letztlich war das schon keine Standessache mehr, sondern Stil und Stimmung einer neuen Zeit.

Unnötig darauf hinzuweisen, daß diese neureiche Bürgerlichkeit zu Ausgang des Mittelalters in Parität mit dem Adel auftreten konnte. Vielleicht suggeriert dieser Hinweis nur politisch-soziologische Überlegungen und erinnert uns nur an die Imhoff und Welser, die Fugger und Stromer, an Angleichungen des sozialen Status also. Wir meinen etwas ganz anderes und sehr viel Subtileres, jenen inneren, in Generationen sich vollziehenden Reifungsprozeß, der aus einer einfach-kräftigen Bauersfamilie von draußen eine Kaufmannsfamilie in der Stadt gemacht hat, der diese Kaufmannsgenerationen weit in der Welt herumführt und blendenden Reichtum ansammelt, bis irgendwann bei den Enkeln und Urenkeln dieser Familie eine geistig-künstlerische Elite sich meldet.

Mit den Städten kamen im späteren Mittelalter nicht nur Pfeffersäcke und Barchent auf, sondern auch das Profil einer sensibel und feinnervig werdenden Kultur. Mochte sich das Strauchrittertum draußen seinem fragwürdig und liederlich gewordenen Gewerbe hingeben: hinter den Stadtmauern Ulms oder Lübecks hörte man, in Samt und Seide, den Ritornells und Madrigalen zu oder las sich aus den »buochen« vor. Die lebenspralle Natürlichkeit Jörg Lederers, Martin Schaffners gelassene Diesseitigkeit, Daniel Mauchs unsagbare Zartheit: allein die Kunst Ulms ist ein großartiges Signet von Bürgerkultur. An ihrem Anfang steht der 1427 von Hans Multscher gearbeitete Kopf des deutschen Knappen, ein herziger, lausiger Bub, mit dem Multscher den Griff in die Wirklichkeit wagte. Aus ihrer Spätzeit leuchtet die Reliquienbüste des älteren Jörg Syrlin (um 1480), ein feines Gesicht voller Distanz, ein frommes Kunstwerk nicht ohne sehr weltliche Pikanterie (das Türlein zur Reliquie sitzt just im Brustausschnitt). Soll an die berühmte Nürnberger Madonna (um 1515) erinnert werden, jenes federnde Standmotiv mit der flüssigen Faltendraperie, das der schmerzerfüllten Maria ein ungewöhnliches Maß von Eleganz verleiht? Wie weit war der Weg zur derart kulturvollen Haltung eines nur mit Geld und Gefechten sich etablierenden Menschenschlags!

Der Fingerzeig auf allmählich gewordene städtische Grandezza und verinnerlichte Urbanität kann die Frage nicht verdecken, was städtischer Geist im Mittelalter bewirkt hat. Das von ihm geschaffene Stadtrecht zivilisiert und verdurchschnittlicht, wenn man so will. Die mittelalterlichen »Typen« eliminiert es. Das

37 Ritter vor dem Tor einer stark umwehrten, für mittelalterliche Begriffe
wohl uneinnehmbaren – und darin ihre Hauptfunktion erfüllenden – »Groß-
burg« Stadt. Links oben: Gebäudebau außerhalb der Mauer. Aus Lirars Schwäbischer Chronik, Druck von Conrad Dinckmut, Ulm 1486.

Kremser Stadtrecht von 1305 verbietet den Fremden, mit gespannter Armbrust oder Bogen die Stadt zu betreten. Vor dem Stadttor soll er die Sehne lösen. Bei Strafe von zehn Pfund oder des Verlustes einer Hand ist es auch verboten, ein »langes mezzer, daz ein stechmezzer haizzet, in der hosen oder in dem schuhe oder anderswa« verborgen zu tragen.

Man mag darin schon die Keime des Philistertums und der pantoffeltragenden Kleinbürgerlichkeit in den Städten sehen: Türe und Tor werden des Nachts verriegelt, und Wächter aufgestellt. Ja kein Krakeel, ja keine Diebe, ja kein Feuer. Die »Gerechtigkeit« von Streithofen und Einsiedel am südwestlichen Rand des Tullnerfeldes sieht eine Bestrafung im Ausmaß von 6 Schilling und 2 Pfennigen für jeden vor, der sich bei Ausbruch des Brandes der Nachbarschaftshilfe entzieht, mit der Entschuldigung: »Es berüert mich nit und ist fern von meinem hauß.« Regelmäßige Kontrolle der Feuerstätten wird eine Selbstverständlichkeit. Sicherheit ist alles. In St. Pölten sind die Faßzieher und Bader samt Knechten angewiesen, mit ihren Schaffen und Kufen zur Brandstelle zu eilen.

In der Stadt geht es deshalb um Sicherheit, weil man die Zeit braucht: für die Kaufleute ist die Zeit Geld. Die Zeit wird zum Maß der Arbeit. Und die Varianten und Möglichkeiten von Arbeit sind in der Stadt fast unübersehbar: die Stadt ist revolutionär auch dadurch, daß sie einen Neubeginn für die menschliche Arbeit setzt. Sie ist, aus dieser Sicht, nicht nur ein Ort politisch-gesellschaftlicher, sondern auch ökonomisch-beruflicher Befreiung. Ursprünglich steht der Arbeitsprozeß in den Zünften unter Bedingungen, die der ländlich-hauswirtschaftlichen Herkunft des Handwerks entsprachen. Ein Arbeits- und Vertragsrecht gab es nicht. Seit der Mitte des 14. Jahrhunderts werden jedoch arbeitsrechtliche Regelungen getroffen, Lehrzeit, Arbeitszeit, Lohn und Anzahl der Lehrlinge und Gesellen festgesetzt. Zumeist dauerte der Arbeitstag von Sonnenaufgang bis Sonnenuntergang. Der Mangel an einer Beleuchtung, die genaues Weiterarbeiten ermöglicht hätte, ließ eine andere Regelung kaum zu. Der Schutz vor dem Feuer wird auch zum Schutz vor zu langer Arbeitszeit.

Hinter dieser neuen Arbeits- und Wirtschaftsorganisation steckt ein natürlich sehr nüchternes und kalkulierendes Gehirn. Christoph Weigels 1698 einmal fallengelassene Bemerkung, Nürnberg sei »eine Mutter vieler Künste«, hat nicht nur für die damals schon jahrhundertealte Nürnberger »cramerye« Geltung, sondern überhaupt für die Stadt des Mittelalters. Sie ist das originäre Gehäuse für Erfindungen und Innovationen, für einen abwägend-kritischen und realistischen Geist. Bezeichnend, daß einer der Nürnberger Patrizierköpfe in seinem Tagebuch zu Mitte des 15. Jahrhunderts den päpstlichen Türkenablaß aufs Korn nimmt und im Handel des Papstes mit den »Rhodisern« fragwürdige Diplomatie wittert: »es war ain balbe bescheisserei.«

Die Städter kommen den Herren Machthabern auf die Schliche. Im Gegensatz zum dörflich-magischen Weltbild macht sich eine neue, so unabhängige wie hellhörige Haltung bemerkbar. Grundlage dieses geistigen Rüstzeugs ist ein materielles Werkzeug, das Buch. Im Laufe des 12. Jahrhunderts werden die Klosterschulen von den städtischen Schulen überflügelt. Hand in Hand mit der Verweltlichung des Buches geht eine Rationalisierung der Untersuchungsgewohnheiten und der Denkgewohnheiten einher; man stützt sich mehr und mehr auf die »Vernunft«. Die Scholastik ist, bei aller Reverenz vor dem Einfluß der klösterlichen Florilegien in diesem Punkt, ein typisches Produkt der Stadtkultur: das scholastische Denken lieferte den exakten Disziplinen der Zukunft heute noch lebendige Unterströmungen und erwies sich als »Mutter der modernen Wissenschaftlichkeit« (C. G. Jung).

Die Stadt, deren antifeudale Stoßkraft sich darin ausdrückt, daß ihre Macht mehr auf dem Geld (und allerlei Gerechtsame) als auf dem Boden beruht, entdeckt die Wirklichkeit. Sie zieht in der Stadtkultur an allen Ecken und Enden ein, genauer gesagt, sie ist ihr eigen von allem Anfang an, weil das Leben des Städters

von Grund auf für die Auseinandersetzung mit der – kommerziellen, politischen – Wirklichkeit disponiert ist. Burkhard Zinks
Augsburger Chronik aus der Mitte des 15. Jahrhunderts ist ein
Exempel für die Identifikation mit der Stadt und für eine
Wirklichkeitsobservanz von fast ausschließlicher Extravertiert-
heit. Als »bürgerlich« mag man bezeichnen, wie der wirtschaftliche Progreß, wie Lebenskosten und Besitz zum Maß aller Dinge
werden. Das Schicksal von Frauen und Kindern registriert Zink,
der Familienvater, wie ein Buchhalter. Viermal war er verheiratet, der Zink, und hatte sich dazwischen »ains torenden (betrü-
gerischen) freulins understanden«. Immer gleich sachlich und
unbefangen notiert er Politisches und die Preise, Straßenpflaste-
rung und Judenaustreibung: eine in der Literatur noch neue, am
Ende doch harte, ja erschreckende Sache.

Was ist die Stadt? Gut oder böse, Jerusalem oder Babylon? Als
im 9. Jahrhundert im Anschluß an die Offenbarung Johannis
eschatologische Strömungen und damit ihnen entsprechende
Kulturformen aufkamen, fand die Traumstadt unter dem Stichwort vom »heiligen Jerusalem« immer stärkeren Anklang. Der
Rückgriff auf die Apokalypse, noch Lucas Cranachs Malerschu-
le hat unter dem Thema »Ein Engel zeigt Johannes die Stadt
Jerusalem« eine großartig getreppte mittelalterliche Stadt aufgezeichnet: der Rückgriff auf die Apokalypse hat, wenn unserem
pragmatischen Intellekt von heute das zu glauben auch schwer-
fällt, nichts Historisches an sich. Jerusalem, Stätte des Heiligen
Grabes für alle Christenheit, ist Gegenwart, und der große
religiös-politische Aufbruch des Mittelalters, die Welle der
Kreuzzüge, macht sie vollends dazu. Daß in den Erfahrungen
und Erkenntnissen von Kriegsvolk, Rittern und Pilgern, die nach
dem Orient und ins Heilige Land zogen, eine Quelle von
Inspirationen zur Gründung mittelalterlicher Städte zu finden
ist, hat die Geschichtswissenschaft schon der zwanziger Jahre
dargetan (P. Lavedan). Allenthalben hat man auch in Deutschland Pläne von Jerusalem zu zeichnen begonnen; bis zum ersten
Drittel des 14. Jahrhunderts waren es 137. Eine dieser Hand-

schriften, »Descriptio terrae sanctae« (Beschreibung des Heiligen Landes), schenkte Karl IV. gelegentlich der Erbauung der Prager Neustadt 1349 dem Veitskapitel. Sorgfältige Vergleiche eines Planes der Idealstadt Jerusalem mit dem Grundentwurf der Räume und Straßen für die Prager Neustadt haben ergeben, daß sich »im Gebiet um den Karlsplatz klar gemeinsame Merkmale« ergeben (V. Lorenc).

Daß hier sehr viel mehr als Herrscherlaune im Spiele ist, wird bald klar. Viele Stadtsiegel deutscher mittelalterlicher Städte zeigen das Himmlische Jerusalem. Die romanische Lichtkrone im Hildesheimer Dom will nichts anderes sein als der Mauerkranz von Jerusalem, wie die Kronleuchter in Aachen und auf der Comburg auch. Unter den Malereien im Braunschweiger Dom ragt das Abbild vom Himmlischen Jerusalem heraus, ein Mauerring, dem 24 Türme in gleichmäßigen Seitenabständen vorgelagert sind, in den Kreisausschnitten die großen kirchlichen Feste, eine Darstellung, die gegenüber Parallelen in Matrei (Osttirol) oder Gurk in Kärnten durch ihren grandiosen Entwurf besticht.

Die mittelalterliche Stadt, ausgerechnet diese ganz auf handfeste Sicherheit und kommerziellen Nutzen angelegte Unterneh-

38 Die mittelalterliche Stadt konnte noch Gesamtkunstwerk sein. Köln in der deutschen Ausgabe des Fasciculus temporum des Basler Druckers Bernhard Richel von 1481.

mung, ein religiöser Akt? Auch hier werden wir mit unseren modernen Kategorien zurückhalten müssen. Auch hier fließen im Mittelalter himmlische und irdische Bezüge ineinander. Das 21. Kapitel der Offenbarung Johannis mit seiner Vision der Idealstadt (»Und sie hatte eine große und hohe Mauer, und hatte zwölf Tore...«) wird gleichsam reale Planvorlage, wenn auch mit einer »kleinen« weiterführenden Variante: aus dem Viereck dort wird die ideale kreisrunde Anlage hier. Die kreisrunden Weltpläne des frühen 13. und frühen 14. Jahrhunderts, ein kreisrunder Mauerzug um den Kosmos wie die Stadt, das Gassenkreuz im Inneren, das vier Viertel ausfüllt, wird zum gültigen Schema. Die Idealstadt des Mittelalters ist der vierteilige Kreis. Noch um 1560 hat der Schöpfer eines reizenden Rund-blattes von Nürnberg die große Vereinfachung des viergeteilten Kreises angewandt und die Stadt als zirkelförmigen Mauerzug, von Wappen ausgefüllt, in die Mitte seiner Kartenblätter gestellt. Vom Zentrum her angeordnet, öffnet sich ringsherum eine Unmasse von Details. Alle Signaturen, Schriftbalken, Straßen, Gebäude und Bäume verweisen nach innen: nur von der Mitte her können sie gelesen und betrachtet werden. Nicht nur die christliche Theologie stellte sich die ganze Welt als System konzentrierter Kreise vor, auch die spätere Entwicklung zeigte, daß dem Kreis weiterhin große Bedeutung zukam, von dem Grundrißbild der Städte, die in geometrischen Formen kompo-niert wurden, bis zu den Renaissance- und Barockdispositionen der Idealstädte.

Lag hinter der städtisch-bürgerlichen Beanspruchung dieses »Iersalêm der reinen stat«, wie Albrecht von Johannsdorf sie nennt, dieser »polis menousa«, der unerschütterlich-bleibenden Stadt, nichts anderes als ein schlauer Winkelzug gegen die Alt-Etablierten, gegen die Krieger und die landbestellenden Bauern, die sich – im Gegensatz zu den Städtern – auf göttliche Einset-zung berufen durften? Die Klosterkirche des hl. Bernhard sollte ein Abbild des himmlischen Jerusalem sein: die Stadt war es jetzt auch. Schon im 12. Jahrhundert galt die Stadt Provins in der

Champagne als das treueste Abbild Jerusalems, sie lag auf einer Hochebene wie Jerusalem. Der Biograph des Bischofs Meinwerk von Paderborn führt ausdrücklich an, daß sich dieser wünschte, des himmlischen Jerusalem schon auf Erden teilhaftig zu werden. Er machte sich deshalb daran, die Grabeskirche und ähnliche Objekte nachzubauen. Noch zu Beginn des 15. Jahrhunderts veranstaltete man in Görlitz besondere Feste, mit denen nahegebracht werden sollte, Christus habe sich während seiner letzten Tage »hic et nunc« (hier und jetzt) aufgehalten. Die Prozession endete außerhalb der Stadt in einem Garten, der Gethsemane hieß. Ein 1454 für junge Mädchen verfaßter »Gebetsgarten« legt der jungen Leserin nahe, sich, um der Passionsgeschichte besser gewahr zu werden, die nächste – wirkliche – Stadt einfach als »die Stadt Jerusalem« vorzustellen. Und die Teilnehmer an den Kreuzzügen fragten, wenn sie sich einer europäischen Stadt näherten, die sie zum ersten Mal sahen: »Ist das nicht Jerusalem?«

Aber war die Stadt nicht auch Babylon? Im Beatus-Kommentar zur Apokalypse, niedergeschrieben im 11. Jahrhundert in der Abtei Saint-Sever, wird das himmlische Jerusalem Babylon gegenübergestellt. Die Stadt, von zwei riesigen Schlangen, Sinnbildern der Verderbtheit, umwunden, erscheint im Schmuck ihrer Bauwerke verführerisch wie eine Kurtisane. An der Auffassung, daß die »mercatores«, die Städter, neben den drei »Urständen«, den oratores, den bellatores und laboratores, als die »Hinzugekommenen«, um nicht zu sagen ohne Wurzel Lebenden zu gelten hätten, ändert sich tatsächlich erst im Verlaufe des 13. Jahrhunderts etwas. Muß nicht die Stadt in einer Welt, in der schon der Laienstand als Zugeständnis an die menschliche Unvollkommenheit gilt, notwendigerweise bekämpft werden, allein deshalb, weil von ihr – vermeintlich oder wirklich – ein Säkularisierungsprozeß ausgeht? Guibert, 1104 Abt von Nogent geworden, schreibt in seiner um 1115 entstandenen Autobiographie: »In der Stadt fürchteten die Leute weder Gott noch ihre Herren.« Als 1128 im rheinischen Städtchen Deutz ein Brand

39   *Die mittelalterliche Stadt als Ort sozialer Extreme: »Ein Wuchernarr mit*
gefüllten Säcken und Fässern und ein armer Mann handeln miteinander.« Aus
der ersten deutschen Ausgabe von Sebastian Brants »Narrenschiff«, erschienen
am 11. Februar 1494 bei Johann Bergmann in Basel.

ausbricht, entwirft der Abt der Benediktinerabtei, der berühmte Rupert, eine stadtfeindliche Menschheitsgeschichte, auch sie auf die Bibel gestützt. Kain hat die Stadt erfunden. Ihm haben es alle Bösen nachgetan. Einer der schwerläufigen Hexameter des Cluniazensermönches Bernhard von Morlay (um 1140) beginnt mit: »Est ubi gloria nunc Babyloniae?« (Wo ist nun der Glanz Babylons?) Um die gleiche Zeit beeindruckt der hl. Bernhard seine Schüler durch eine maßlose Kritik an Paris – Babylon, Eberwin von Steinfeld schreibt seine Briefe gegen die Ketzer von Köln, Peter von Celle klagt: »O Paris, wie du die Seelen betörst und enttäuschst. Bei dir verderben die Netze der Laster, die Fallen des Bösen und die Pfeile der Hölle die unschuldigen Herzen.« Dante hat, wir sagten es, zu Anfang des 14. Jahrhunderts als der große Reaktionär den Niedergang der Städte in allen Farben ausgemalt.

Am Negativ-Bild der Stadt hat die mittelalterliche Pastorale, greifbar in mancherlei Sinngebung der Turniere, im Rosenroman, in der ländlichen Idyllisierung der späteren Minne, ebenso Anteil wie die beständige Invektive gegen den Luxus, das Lotterleben, die Verderbnis in der Stadt. »Das Geld zerstört die Städte«: Kreons Wort in Sophokles' Antigone meint keine Mahnung, sondern eine Gegebenheit. Die große, mit den Albigensern oder Franz von Assisi einsetzende Armutsbewegung des Mittelalters, die einmündet in die zur Bekehrung der Städte eingesetzten Bettelorden, hätte diese Devise allenfalls so erweitert: Das Geld zerstört über die Städte auch den Menschen. Helmbrecht warnt seinen Sohn immer wieder vor der Habgier in der Stadt, Berthold von Regensburg bezichtigt die Stadt der »trügenheit«, auch sein Straßburger Kollege, der Dominikaner, der sich Meister Ingold nennt, erklärt lapidar genug, die städtischen Kaufleute seien alle des Teufels. Kirchliche Kräfte helfen solchem Urteil im Hintergrund, indem sie den Zins, das heißt den Verkauf von Geld verbieten: das ist Wucher. Berthold hat die Betrugsarten der Stadt festgehalten, »der ist ein trügener an sinem loufe, der git wazzer für win, der verkouft luft für brot und machet ez mit gorwen, daz ez innen hol wirt« und so fort. Heinrich der Teichner wendet sich scharf und verbittert gegen die ausgeschnittenen Kleider in der Stadt, die zuviel nackte Haut sehen ließen und den Busen entblößten. Die Kleider sind weit und geschlitzt. Ein diesseitiges Körpergefühl, das aus dieser Mode spricht und sich nicht bloß mit der Schaustellung von Farben begnügt. Es ist die Kleidung, die im Tanz und in der Bewegung ihren Sinn erfährt, wenn der Wind durch die Falten und Schlitze streift, die löbelachen und tüechelin wehen und dem Körper das Gefühl eines rauschenden Lebensstroms geben. Die Mode der beginnenden mittelalterlichen Spätzeit sagt mehr aus über die »städtische« Sinnlichkeit als alle asketische Warnung.

Die Stadt, dieses künstliche Konstrukt, war nicht, wie der Bauer und seine Behausung, »von Anfang an da«. Für die Einheitlichkeit und Einfachheit dieser ländlich geprägten mittelalterlichen Weltanschauung muß »die hochgebaute Stadt« mehr als verwirrend und fremdartig gewesen sein. Tatsächlich finden sich auf den Altarblättern der zweiten Hälfte des 15. Jahrhunderts ungemein reichbestückte Städte-Stücke. Nachdem der Maler, auch die mit den siebziger Jahren einsetzende Druckgraphik verfährt so, sich einmal vom Stadttypus als der kaum erweiterten Groß-Burg gelöst hat, kann er die bereits spätmittelalterliche Stadt nurmehr vorführen als einen fast unübersehbaren Komplex incinandergeschachtelter oder getreppter Häuser, von winkelseitig aufeinander zustrebenden Mauerzügen, von Toren und Türmen, von Erkern und zinnenbewehrten Vorwerken. Man mag hier noch ganz die Präsentation des Idealtypus sehen: gerade daß man die mittelalterliche Stadtgestalt in ihrer idealen Ausprägung gar nicht anders als einen Überhang von vielfältigsten und »stattlichen« Bauteilen sehen konnte, ist ja das Bezeichnende an diesem Faktum. Friedrich Herlin hat in seiner genannten Altartafel von 1466 die – fingierte – Stadt Compostela in Spanien, in Wirklichkeit Rothenburg ob der Tauber geboten, vor eine mauerumfangende Stadt setzt er eine wahrhaft prächtige Burg, im Stadtinnern sieht man den gepfla-

40　Lastentragende mit Kiepe und Korb auf dem Weg zum Markt. Szene aus dem »Ulmer Aesop« des Johannes Zainer, um 1476.

sterten Marktplatz mit Ratsherren, Marktfrauen, Kaufleuten und so fort. Kaum wesentlich jünger ist die Nürnberger Stadtansicht auf dem Altarflügel »Die Auferstehung Christi« vom Meister des Landauer Altars. Unter dem Einfluß Hans Pleydenwurffs hat der Landauer im Hintergrund Stadt und Burg Nürnberg wiedergegeben. Die edle und hochgeschürzte Norimberga hat es ihm nicht schwergemacht, eine fulminante und beherrschende Stadtfront zu zeigen.

Für den Durchschnittsmenschen des Mittelalters, den »bumann« also, den landbautreibenden Bauern, zeigt sich nicht nur die Gestalt der Stadt von einer schwer zu bewältigenden Differenziertheit, auch ihr soziologisches Interieur, auch die Leute, die sie beherbergt, verwirren. Das, was man im mittelalterlichen Sinne »gemeine«, Stadtgemeinde nennt, ist in Wirklichkeit alles andere als die egale Summe von Einwohnern: eine Folge von Abstufungen, vom »Stadtadel«, der dem landsässigen Adel im Lebensstil bald zuvorkommt, bis zum »Stadtproletariat«, welche Vokabel natürlich aus sehr viel späterer Zeit stammt, ohne im Hinblick auf die in der Stadt lebenden oder vegetierenden »Unterschichten« des Mittelalters so ganz unpräzis zu sein. In der Stadt dreht sich das Rad der Fortuna schneller als irgendwo auf dem flachen Land. Der Großvater jenes Jakob Fugger des Reichen, der Beiname muß einen legendären Nimbus gehabt haben, wanderte als unbekannter Landweber 1367 nach Augsburg ein. In den Hansestädten fanden im 15. Jahrhundert bis zu zehn Prozent und mehr der Haushalte nur in Kellerwohnungen eine Bleibe. In Ravensburg, durch den Fernhandel der »Großen Ravensburger Gesellschaft« zur blühenden Stadt geworden, hatten 1473 die zehn reichsten Männer dreizehn Prozent des Gesamtvermögens der Bürger in Händen. Kurz: die Skala reicht von sagenhaft Reichen bis zu den vielen Gesellen, Knechten und Mägden, die im Nürnberg des Jahres 1449 immerhin über achtzehn Prozent der Stadtbevölkerung ausmachten. In Basel befand sich um die gleiche Zeit ein Fünftel der Einwohner in dienender Stellung. Es gibt eine ehrbare Armut in der Stadt, darunter stehen die Bettler, Betteln war ein Beruf, der Bettler mußte Fachkenntnisse haben und alle möglichen Tricks beherrschen. Sollte der Bauer von draußen, der neben seinesgleichen nur die Herren (und seinen Herrn) kannte, zusehen, wie er mit dieser Buntheit zurechtkam. Und was den Adel anging, so hat er sich des soziologischen Schmelztiegels »Stadt« erwehrt, ihn durch Unterwanderung oder Einheirat umfunktioniert oder ihn überhaupt zu einer eigenen, feudalen Stadt- und Bürgerpolitik benutzt.

Wer von der Einförmigkeit und der vergleichsweise einschichtigen Lebensweise des Landes kommt – »Burg« und »Dorf« sind ständisch gesehen eindeutige Fälle –, steht in der Stadt vor einem mehrdeutigen Eindruck. Da ist neben dem ruhelosen, auf den Plätzen herumlungernden Volk der fahrenden Schüler, in deren Schwarm ebenso verschüchterte Schützen wie freche Bettelstudenten treiben, die überreiche Hochfahrenheit der Kaufmannshäuser, da sind die »schädlichen Leute«, wie sie in den Chroniken heißen, Kuppler, Bauernfänger, Säckelschneider bis zum Landstreicher und falschen Pilgrim herunter, neben den würdigen Repräsentanten der Rats- und Zunftaristokratie, die in der Kirche, im Rathaus, im Kaufhaus ihren Platz haben. Da ist neben dem Spital, durch dessen »Laden« diesem ganzen elenden, armen Gelichter der »Ladenpfründner« täglich ein, zwei Schöpfer Suppe gereicht werden, die Tanzlaube, aus Holzgerüst auf dem Festplatz erstellt, seitlich hat man Leinentücher angebracht, die, mit Laub geschmückt, hochgezogen werden können. Auf dem Festplatz, voller Erwartung, was die Bretter heute bringen, flaniert die – für den »einfachen« Beobachter doppelt unsicher machende – Pseudoeleganz der Parvenüs, die kleinbürgerliche Hoffart, die nach den Modevorbildern des oberen Standes greift. Die Töchter »zepfelnt sie unde swenzelnt sie uf«, stellt Berthold von Regensburg erbittert fest, »so sie dennoch kume vier jar alt sint, unde hebent sie danne mit in an unde tribent daz unz daz es sich versteht übels und guotes… so hat ez sin muoter in der hohvart gewohnheit braht mit swenzeln mit ermelehen unde mit scheppelehen … so mit fürspangen, so mit vingerlinen, mit spaeher rede unde mit spaehen gengen«. Diese Eitelkeit, diese aufgedonnerte Putzsucht! »So mit zerhouwenem gewande«, wettert der Bettelmönch, der Korrigierer der städtischen Fallsucht, »daz da so waehe gesniten ist, hie der lewe, dort der are, hi der tore, dort der affe unde giege. und ir frouwen, ir get mit tüechelinen umbe: daz zwicket ir hin, daz zwicket ir her, daz gilwet ir hin, daz gilwet ir her.«

Das Land draußen ist bis zum 15. Jahrhundert, das auch für Deutschland Eisenhütten bringt, starre Ruhe. Viel Abwechslung dort? Anlässe zu Menschenauflauf, den das »Marktgeschrei« hätte zusammenbringen können? Balthasar Paumgartner schreibt aus Langenschwalbach Ausgang des 16. Jahrhunderts, er hätte ein Jahrhundert zuvor genauso formuliert, es habe »viel und mancherley lustige spazzierweg auf den feldern, wiesen und wäldten, bergen und thalen«, bestens für den, der »nuhn gern und weitt spazziern gehen mag«. Gegen diese neue, gezähmte Form der Pastorale steht der Lärm der Stadt, ihre permanente Aktivität, ihr schierer Kommerzzwang. Die Stadt hat ihren Markttag, die rote Fahne ist aufgesteckt, solange sie flattert, haben die fremden Verkäufer das Marktrecht. Auf Ständen,

Tischen, in Krambuden und den Stadtbänken sind die Waren ausgelegt, das kleine Handwerk der Stadt zeigt im Gewühl der Fremden und Einheimischen, was der Fleiß des Bürgers in dieser Woche geschaffen. Am Stadttor ist Aufenthalt und Gedränge; jeder Wagen, der den engen Durchgang passieren soll, wird vom Torhüter sorglich beschaut.

Drinnen, am »Roßmarkt«, trägt unser Kaufmann oder Land-mann die Futterkrippe nach vorne und schlägt sich dann unter die Leute, wird geschoben von einem Stand zum andern, hundert Geräte und Erfindungen, die wir heute noch gebrauchen, liegen auf dem Stadtmarkt des 14. Jahrhunderts feil, hundert andere des Schmucks, der Kleidung, des Hausrats müssen wir heute erst wieder deuten, weil sie uns fremd geworden. Wer von draußen kommt, staunt über die Pracht und Fülle, fühlt den Zauber des Geldes. Langsam beginnt unser Mann auch, prüfender gewor-den, in Hülle und Kasten zu suchen (denn Schaufenster, »Läden« gibt es nicht). Nebenan, der Landmann wird des Spektakels nicht gleich gewahr, schlägt einer das eine und andere Mal ein Rad, die Leute glotzen, klatschen in die Hände, einer bläst drüben auf seiner Schalmei, die Umstehenden beginnen mitzu-singen und zu johlen, drüben im Garten der Predigermönche wird ein Schwein mit Stacheln gezeigt, damit man an ihm Gottes wunderbare Schöpfung schauen kann. Ein fahrender Klerikus weist an der anderen Marktecke einen Kasten mit Schlangen vor, er hat sie, meint er, in der Nähe gefangen, sie gehorchten seinem Befehle, tanzten und hüpften. Und wieder ist einer zum Markt gekommen, dem der Rat erlaubt hat, kleine Vögel zu zeigen, die lachen können. Spricht ihr Herr, »Komm, Heinrich, und la-che!«, so tritt eines dieser Vöglein vor, neigt den Kopf zur Erde, erhebt ihn wieder und lacht aus Leibeskräften. Sagt der Meister, »Lache doch weiter!«, spricht das Vöglein: »Ich tu's nit – Ich tu's nit« – und die Umstehenden, die Landleute von draußen vor allem, wissen nicht, ob sie staunen oder lachen sollen. Aber sie überlassen den Vogel-Meister dann einem nachfolgenden Publi-kum und widmen sich selbst, ja man hat ein paar gute Käufe gemacht, dem ausgeschenkten Wein. Die Kinder spielen vor den Straßentüren, der Nachmittag beginnt sich zu neigen, am Kirchhof drüben lehnt ein Spielmann mit Geige oder Sackpfeife am Zaune, und ein lustiger Geselle pfeift die neuesten Weisen. Plötzlich tanzt alt und jung neben den Gräbern, jauchzt um das Gotteshaus, springt den Reihen. Dagegen hilft kein Verbot.

Größere oder große Menschenansammlungen auf engstem Raum sind im Mittelalter – und nicht nur in dieser Epoche – nur denkbar durch das Wechselspiel zwischen einer Zentral-Siedlung, der Stadt, und einem ökonomisch-agrarischen Umland mit Überschußproduktion, einem Gebiet also, das den Lebensmittelmarkt, den Obst- und Gemüsemarkt der Stadt beliefern kann. Umgekehrt versorgt die handwerklich-gewerbliche Marktproduktion der Stadt das Land. Die Stadt fördert die Rentabilitätschancen der Landwirtschaft, indem sie, ein auf Zufuhr angewiesenes Gebilde mit vorerst steigender Einwohnerzahl, den Erzeugnissen der Landwirtschaft ein sicherer Markt ist. In der Stadt kann der Bauer mit Gewinn verkaufen, was er zuvor noch dem Grundherren zu dessen Bedingungen überlassen mußte. Andererseits braucht sich der Stadtbewohner um die Nahrungsmittelproduktion weiter gar nicht mehr zu kümmern, so daß er sich in seinem eigenen Produktionssektor, dem von Handwerk, Gewerbe und Handel, immer weiter spezialisieren kann.

In der Stadt geht man also ungeniert, mit einer zunehmenden Hemdsärmeligkeit, an die Rationalisierung und an die Technisierung der Produktion, an die wachsende Ausdehnung und Ergiebigkeits-Rate des Güterverkehrs. Das Geld spielt eine wichtige, ja vielleicht die wichtigste Rolle dabei, es löst die Eigenbedarfsdeckung von früher auf, führt neue Gegensätze herbei, indem es neue Abhängigkeiten schafft und im übrigen die persönlichen Beziehungen auf ungeahnte Weise versachlicht. Die Stadt lebt anders, als man in den vielen – typisch »mittelalterlichen« – Jahrhunderten der Agrargesellschaft gewohnt war. Der Bauer lebt vegetativ und organisch, der Städter zerebral und mechanisch. Auf dem Lande ist der Mensch ein natürliches

41 *Bauernfamilie auf dem Weg zum (städtischen) Markt. Der Bauer trägt ein
mächtiges Schwert, aber unter seinem Leinenkittel lugt ein zerfetztes Hemd
hervor; die Mutter ist barfuß, als Peitsche dient ihr ein Ast, Kopf und Schulter
aber sind mit einem fülligen Tuch drapiert; das Bürschlein dahinter trägt eine
gezaddelte Sendelhaube, aber die gebührt nur Erwachsenen. Die Mißverhältnisse
– auf dem Pferd sieht man als »Marktgut« neben den Gänsen nur einen Sack,
und der Bauer trägt nur ein Körbchen – will Schongauer gewiß auf die Soziolla-
ge des Bauern zwischen Ärmlichkeit und ständischer Hybris bezogen wissen.
Rechts im Hintergrund eine Dorfansicht mit Ziehbrunnen, geflochtenem Zaun,
Fachwerkbauten mit Wandfüllung aus Flechtwerk und Lehmbewurf und steiner-
ner Kirche. Kupferstich Martin Schongauers vom Ende des 15. Jahrhunderts.*

Produkt der Umwelt, in der Stadt ist die Umwelt ein künstliches Produkt des Menschen. Noch ist sie die Ausnahme; bis ins 18. Jahrhundert hinein betrug der bäuerliche Anteil an der Bevölkerung nahe neunzig Prozent. Aber sie ist die Keimzelle neuer Gesellschaftsstrukturen, ein extrem egoistisches Gebilde, ein ökonomisch ausgerichteter Festungsbezirk, in dem die Agrargesellschaft verabschiedet und die Industriegesellschaft vorbereitet wird.

Hier, erst mit Beginn unseres Jahrtausends, treffen wir den Handwerker und den Kaufmann. Es ist nicht leicht, die Werkstatt und die Rechenstube der beiden zu finden. Wir müssen uns durchfragen und durchschlängeln wie heute, wenn wir mit dem Auto in die zufällig noch erhaltene Altstadtgasse einer Großstadt wollen. Damals, im Jahre 1300 oder 1500, waren Gräben und Wälle zu passieren, Ringmauern und Bollwerke, Ausfallbrücken und Auslugzinnen, bis man dann in der Stadt selbst war. Da die Straßen in den seltensten Fällen gradlinig waren, sondern meist krumm und gewunden verliefen, entstanden zahllose Winkel und Buchtungen, Ecken und Unregelmäßigkeiten: für den an Reißbrettplanungen gewöhnten Vorstadtbewohner unserer Tage ein wahres Chaos sich kreuzender, brechender, verschränkender Häuserlinien. Allgemein bestand die Sitte, die höheren Stockwerke in die Straßenfront vorzubauen. Das Obergeschoß als das eigentliche Wohngeschoß ragte über das Erdgeschoß hinaus, das in der Regel aus Stein gemauert war und zu gewerblichen Zwecken genützt. Hier hat unser Handwerker seine Werkstatt, und hier hat unser Kaufmann seine Wagen geparkt, mit denen es über den Brenner nach Italien ging, oder seine Weinfässer deponiert, die ihm einen schwungvollen Weinhandel möglich machten.

Die Auskragungen oder »Ausschüsse«, oft mit zierlichen Erkern und Türmchen geschmückt, haben vielleicht sehr bildhaft gewirkt, haben die Gassen aber eng und luftarm und finster gemacht. Auskragungen und »Überhänge« gab es nur deshalb, weil in den ersten Jahrhunderten der deutschen Stadt der

Holzbau noch dominierte, was wiederum zu regelmäßigen großen Feuersbrünsten führte. Zu ebener Erde, wo die Werkstätten waren, gab es da und dort auch Verkaufsbuden, wenngleich die Waren der Zünfte, und das betraf nahezu das gesamte Warenangebot, im städtischen Kaufhaus zu finden waren. Die Arbeit der Handwerker hat sich nur zum einen Teil im Haus vollzogen; der andere, und sicher weitaus der größte und längerfristige, wurde auf der Straße erledigt, wann immer das Wetter es erlaubte. Selbst der Keller des Hauses streckte seinen »Hals« in die Straße.

Was die Straßen, oder richtiger: die Gassen anlangt (nur solche, die durch das Stadttor führten und Fernverkehr besorgten, nannte man Straßen), so war die Pflasterung noch selten, so daß man auch steckenbleiben konnte im Morast. Man weiß, daß in manchen Städten als Entschuldigungsgrund für die Stadtratssitzung galt, im Schmutz hängengeblieben zu sein, so wie man heute in einer Autoschlange festsitzen kann. Man hat diese und viele andere Klagen und Verdammnisse der stinkenden und dreckigen mittelalterlichen Stadt immer wieder zitiert, so daß bis heute allgemeine Auffassung ist, die Stadt des 19. oder gar unseres Jahrhunderts sei der vor 1500 in jeder Hinsicht überlegen gewesen.

Es wäre noch der größte Fehler, in diesen Mißständen nur irgendwelche Behördenversäumnisse oder gar nur die Nachtwächtereien von Schilda zu sehen. Daß auch schon die mittelalterliche Stadt mit elementaren ökologischen Bedrängnissen in Konflikt geriet, muß in allem Ernst registriert werden. Die Großstädte waren so bedroht, wie heute bei uns nahezu jede städtische – freilich mit technischem Instrumentarium bestückte – Siedlung bedroht ist. Vertrieben von den Rauchschwaden der Industrie, verließ 1257 die englische Königin Eleonore fluchtartig das Schloß Nottingham. Die Verschmutzung der Wiener Straßen und Plätze im Mittelalter war so groß, so allgemein, daß öffentliche Festlichkeiten kommen mußten, um die Trester-, Holz-, Stein- und Kothaufen vor den Häusern zu dezimieren. Als

209

Cherea

Gnato

parmeno

pampbila

42   Vor allem Stadtleben ist im Mittelalter auch öffentliches Leben. Mit »Gasse« meint man keinesfalls nur den Fahrweg, die »Straße«, sondern den öffentlichen Raum, Häuser, Höfe, die Bewohner und ihr Leben miteingeschlossen.
»Gassen« in der Bedeutung von »sich plaudernd unterhalten« hat sich lange
gehalten, und wer zu jemandem »auf die Gasse ging«, besuchte ihn. Auch auf
unserem Bild, trotz seines spezifisch theatralischen Arrangements auch ein interessantes Zeugnis für die Platz- und Raumwirkung in der mittelalterlichen Stadt,
wird nicht im »Salon« oder in der »guten Stube« verhandelt (die es beide im
modernen Sinne noch nicht gibt), sondern auf der Gasse. Aus der deutschen
Terenzausgabe (Eunuchus) des Ulmer Druckers Konrad Dinckmut, 1486 (vgl.
Umschlagbild).

1452 König Ladislaus in Wien einzog, wurde in zweitägiger Arbeit der Unrat vom Fischmarkt beseitigt und auf dem Hohen Markt Laub gestreut. Hygienische Erfordernis war es, man erinnert sich an ähnliche Verordnungen im Paris von heute, dem Hundereichtum in der Stadt zu begegnen; 1444 sind nicht weniger als 866 und 1475 allein 510 Hunde durch den »Hunt-schlager« vertilgt worden. Die Beseitigung der Kadaver hat selbstverständlich wieder Probleme aufgegeben, wie sicherlich in Wien, wir haben Anhaltspunkte dafür, Ursachen häufiger Seuchen darin zu suchen sind, daß man Leichen heimlich, etwa in Wiener Klöstern, in der Stadt und nicht vor der Mauer beisetzte und noch keine Erfahrungen mit den durchlässigen Senkgruben hatte. Sie sind nur zeitweilig geräumt worden, so daß die Fäkalien in das umliegende Erdreich eindrangen und auch nahegelegene Brunnen verunreinigten.

Die Bemerkung, man habe 1876 erstmals einen lebenden Mikroorganismus als spezifische Ursache einer Infektionskrankheit nachgewiesen und damit der – ohnehin nur zögernd angenommenen – öffentlichen Hygiene neue Grundlagen gegeben: die Bemerkung klänge wie unnützer Anachronismus, enthielte sie nicht auch den Hinweis, Vergangenheiten nicht nach unseren, sondern jeweils nach ihren eigenen Maßstäben zu messen. Für den Menschen des Mittelalters, dessen Weltbild noch durch Erde, Wald und Heide geprägt ist, ist die Stadt etwas schockierend Neues, anziehend und abstoßend zugleich, eine Versuchung wie das Gold oder das Geld oder die Frau. Jetzt ist es nicht mehr das Land, sondern (wieder) die Stadt, in der man sich trifft und mit der »Welt« in Berührung kommt, wo man für »Bewegung« sorgt und für eine Verweltlichung von Kultur, für psychologische Wachsamkeit und Emanzipation von der Überliefe-rung: die Stadt ist ein Ort neuen sozialen Rechts und ein Brutplatz der neuen Ideen und Möglichkeiten. Die damit anste-hende Bewältigung der fast unglaublichen Spannung zwischen »Land« und »Stadt« wirkt um so unglaublicher, als alle frühen Stadtbürger vom Land kommen und die agrarische Vorstellungswelt kaum hinter sich haben, als man sich den Nachwuchs im städtischen Handwerk bis ins Reformationsjahrhundert hinein in der Hauptsache vom Dorf holen muß, als es zumindest viele kleine Städte gibt, die es bis in die Neuzeit hinein bei einem halbagrarischen Status auch in ihrer Mentalität belassen. Innerhalb der Mauern, die Gärten und Weingärten, Wiesen und Flur, Vieh und Misthaufen umschließen, führt der Städter vielfach noch ein Stück des »alten« Lebens. Er muß mit der Neuartigkeit urbanen Zusammenlebens erst einmal fertig werden, muß Erfahrungen sammeln und diese in einen allgemeingültigen Kodex von Verordnungen bringen: keine Rede von Schmutzfinken, die wider besseres Wissen und Gewissen im eigenen Saft schmoren.

Langsam erkennt man, daß Gassen und Straßen, auch in den Partikeln »vor der eigenen Haustür«, nicht Privatsache sind, die der Anrainer für eigene bauliche oder wirtschaftliche Bedürfnisse nach Belieben benutzen darf. In Prag hat man 1331 zu pflastern begonnen, und in Augsburg 1416, »wegesteine gesetzert«, wie es in einer Eisenacher Chronik heißt. Auf diesen »steinstrâzen« und »steinwecen« gibt es keine Trittbretter mehr, die (wie im Dorf immer noch selbstverständlich) zu den einzelnen Häusern führen. Die Fahrbahn ist nicht mehr kotig und mit tiefen Fahrrinnen durchzogen, es gibt keine auf die Straße verlegte Werkstatt und keine Balkengerüste und dergleichen mehr, die bis zur Hälfte auf der Straße lagern und den Weg versperren. In Paris, wo die Stadtväter seit langem darauf achten, daß die Gerber und Metzger flußabwärts und außerhalb der Stadtgrenzen sich ansiedeln, beschränkt man das Schlachten innerhalb der Mauern rigoros; die umweltfeindliche Tätigkeit der Gerber und Weißgerber wird genauen Regeln unterstellt. In Wien werden die Fäkalien in die im Tiefen Graben und der Rotenturmstraße als Kloaken dienenden Bäche geleitet und gelangen von dort durch das natürliche Gefälle in den Donauraum. Seit 1388 beginnt man, diese Rinnsale einzuwölben und zu Kanälen, »mörungen«, zu gestalten, deren Erhaltung erhebliche Kosten verursachen. Im Gugginger Weistum (vor 1489) wird bestimmt, daß »niemand unflat auf die gassen soll schitten noch in kain weg, daß noch kain unflat bei kainem prun auswaschen noch kain unsaubers vich dazu treiben«. Niemand solle »bî tage noch bî naht keinen harn noch hûspaht« (Hausrat), heißt es im Meraner Stadtrecht von 1437, »in die straze niht werfen noch tragen, heimlich noch offentlich«. Langsam werden die gewesenen Bauern zu Städtern erzogen. Die Gerechtigkeit der Herrschaft Heiligenkreuz zu Ulrichskirchen (1438–1452) verbietet unter Strafandrohung, Asche, »totenstro«, Stroh also, auf das Leichen gebettet wurden, tote Katzen und ähnliches auf die Gassen zu werfen. Die Passauer Grundherrschaft verordnet für St. Andrä vor dem Hagental 1489, daß kein Fleischhauer »wampen« geschlachteter Tiere im Bach auswaschen dürfe, dafür seien jetzt »rinnen« vorgesehen.

Wer genauer zusieht, wird also mit dem Pauschalurteil über die hoffnungslos verdreckte mittelalterliche Stadt vorsichtig sein. Es dürfte ebensoviel Verdammungen wie Lobpreisungen der Stadt vor 1500 geben; sie setzen, rührende, staunende Verwunderungen über so viel Glanz und Freundlichkeit und baulichen Bürgerstolz, mit je ein paar Versen in Dichtungen des 11. und 12. Jahrhunderts in Deutschland ein und erreichen im frühhumanistischen Stadtlob ihren Höhepunkt. Die »Norim-berga« des Konrad Celtis, dieses lebensvollen fränkischen Bau-ernsohns, die an greifbarer Gegenständlichkeit und Echtheit der Milieufarbe nichts zu wünschen übrig läßt, ist ein meisterliches Beispiel dafür. Eine Handvoll der Aquarelle Dürers und der Silberstiftzeichnungen Hans Baldung Griens, neuerliche, ins Reale gewandelte Apotheosen Jerusalems, gehören mit in die Reihe dieser Verhimmelungen.

Natürlich, volkstümlich sind diese Versuche, nach antikem und italienischem Vorbild die Städte auch in litteris, in Vers und Prosa zu erhöhen, nicht geworden. Dafür waren sie zu sehr literarischer Sport, zu sehr gespreizte Gelehrsamkeit, zu sehr rednerischer Aufputz. Indessen verraten sie alle, daß wir es in der

Stadt dort, wo Geld ist, auch mit köstlichen Beispielen von Freundlichkeit und Sauberkeit zu tun haben. Wie immer auch: die Stadt war der Einfaltspinselei und der dumpfen Natürlichkeit des Dorfes allmählich davongelaufen. Viele Reisende erwähnen den Unrat und den Schmutz in der Stadt erst dann, wenn sie welchen sahen. Offenbar war er selten genug, um aufzufallen. Eine wirkliche Verschlechterung trat zweifellos gegen Ende des Mittelalters ein, und zwar allen sanitären Einrichtungen zum Trotz. Sie beruhte auf dem Bau der vielgeschossigen Mietskaserne, häufig mit vier oder fünf Stockwerken, in manchen Städten noch höher. So hoch gelegene Wohnungen erschwerten die Benutzung von Toiletten außerhalb des Hauses. Schon die Entfernung der oberen Geschosse vom Erdboden verführte die Menschen dazu, sorglos ihre Nachtgeschirre auszuleeren. Hier erwies sich das Fehlen ausreichender technischer Vorkehrungen als ebenso ungeheuerlich wie einst in den römischen insulae, den Bezirken der Mietskasernen. Indessen ist das eine Erscheinung der spätmittelalterlichen oder erst frühneuzeitlichen Stadt, die Folge von hohen Mieten und städtischer Überbevölkerung. Bis diese einsetzte, roch eine mittelalterliche Stadt wahrscheinlich nicht anstößiger als ein Bauernhof. Jedenfalls hatte das 19. Jahrhundert mit seinen entsetzlichen sanitären Verbrechen keinen Grund, die frühere Zeit zu schmähen. Die offenen Abwasserleitungen eines »fortschrittlichen Zentrums der Zivilisation«, wie ein Beobachter aus Paris im Jahre 1873 das nennt, waren für die Nase vermutlich ebenso unerfreulich und für die Gesundheit nicht weniger gefährlich.

Was für die menschlichen Exkremente gilt, trifft auch auf Abfälle zu. Reste wurden von Hunden, Hühnern und Schweinen gefressen. Sie wirkten als Straßenreiniger. Eine Miniatur des Jahres 1317 zeigt ein Schwein und ein Schaf, die eine Brücke in Paris überqueren, das damals die größte Hauptstadt in Europa war. In gut verwalteten Städten des 16. Jahrhunderts, die für Straßenreinigung sorgten, war es in allen Teilen der Stadt verboten, Schweine zu halten, auch in den Hintergärten der

Häuser. In der Frühzeit aber war das Schwein ein wertvoller Diener der städtischen Gesundheitspflege. Wie viele andere Relikte des Mittelalters erhielt es sich in rückständigeren Städten bis zur Mitte des 19. Jahrhunderts.

Schwieriger waren zweifellos nicht eßbare Überreste zu beseitigen: Asche, Gerbereiabfälle und große Knochen. Aber es gab davon sehr viel weniger als in modernen Städten. Denn Blechbüchsen, Eisen, Glasscherben, Flaschen und Papier waren selten oder gar nicht vorhanden. Hauptsächlich handelte es sich bei den Abfällen im Mittelalter um organische Stoffe, die verfaulten und sich mit der Erde mischten. Und schließlich darf man den letzten städtischen Keimtöter nicht vergessen, das Feuer, durch das ganze Stadtteile aufs gründlichste desinfiziert wurden. Wenn das auch sozusagen eine Roßkur war. Daß »ein großes Feuer« den Vorzug habe, »die Ansteckung aus der Luft zu vertreiben«, wie ein Chronist des 15. Jahrhunderts sich ausdrückt, war eine Meinung, die sich auch in anderen Berichten und Stellungnahmen in ähnlichem Wortlaut finden läßt.

Wir beschreiben die übrigen Zeugen städtischer mittelalterlich-städtischer Hygiene und Sozialfürsorge nicht im einzelnen, die täglich besuchten Bäder, die fast unsichtbar organisierte Trinkwasserversorgung, die öffentlichen Spitäler und Isolierstationen, die Gesundheitsbehörden und beamteten Stadtärzte, übrigens da und dort in einer Zahl, die uns heute beschamt macht. Als Ganzes war die mittelalterliche Stadt nicht nur ein – in mancher Beziehung – beispielhaftes soziales Gebilde, sondern auch eine blühendere biologische Umwelt, als man glauben möchte, wenn man ihre verfallenen Überbleibsel betrachtet. Man mußte verräucherte Zimmer ertragen, aber im Garten hinter dem Bürgerhaus gab es noch Wohlgeruch, wurden duftende Blumen und Kräuter angepflanzt. Auf der Straße roch es, sieht man einmal vom Brutzeln und Braten der Schankwirte, von der Rauchfahne der Schmiedeesse oder vom warmen Duft der Backstuben ab, nach Bauernhof, was im 16. Jahrhundert, wo freilich die Pferde und Pferdeställe zunahmen, besser wurde.

Aber daneben gab es im Frühling auch – denn die Hinterhöfe und überhaupt viele Stadtteile waren unbebaut – den Duft blühender Obstbäume, während im Sommer der Geruch des frischgemähten Grases in die Gassen hereinwehte.

Echte Stadtkinder mögen heute über diese Mischung aus Gestank und Duft die Nase rümpfen. Aber kein Liebhaber des Landlebens wird sich durch den Geruch von Kuh- oder Pferdemist stören lassen. Sind die Dünste der Auspuffrohre, der säuerliche Geruch der Menschenmengen in der U-Bahn, der Gestank eines Stadtkanals, die schwefligen Ausdünstungen einer chemischen Fabrik, die karbolige Schärfe einer Bedürfnisanstalt oder auch der Chlorgeruch eines Glases Leitungswasser vielleicht angenehmer? Die moderne Stadt mit ihrer berühmten Algengrenze – diesseits wächst nichts mehr – »riecht« keinesfalls besser als die mittelalterliche. Weil diese Gerüche aber unsere Gerüche sind, fallen sie vielen von uns gar nicht auf.

Was Auge und Ohr angehen, so ist nicht zweifelhaft, wo die Vorzüge liegen. Insoweit waren die meisten mittelalterlichen Städte denen, die in den beiden letzten Jahrhunderten erbaut worden sind, turmhoch überlegen. In einer mittelalterlichen Stadt erwachte man beim Krähen eines Hahns oder dem Zwitschern von Vögeln, die unter dem Dachfirst nisteten, oder vom Stundenschlag des Klosters am Stadtrand, vielleicht auch beim Glockenspiel des Glockenturms auf dem Marktplatz, das den Beginn des Arbeitstages oder die Eröffnung des Marktes verkündete. Leicht kam ein Lied auf die Lippen, vom Chorgesang der Mönche bis zu den Kehrreimen der Balladensänger auf dem Marktplatz, die dort rasch ein Brettergerüst aufgebaut hatten, bis zu den Liedern der Lehrlinge und Mägde bei ihrer Arbeit. Singen, Schauspielen und Tanzen waren noch Dinge, die man selber tat.

Natürlich, die Technisierung der Stadt hatte noch nicht begonnen, und dementsprechend wurde auch noch, ohne Elektrizität, ohne Auto, ohne S-Bahn, ohne Werbung, fast ländlich-bäuerlich zwischen Tag und Nacht geschieden. Es gab keine

43 *Innenstadtszene: Katzenmusik vor einem Haus, die unbekleidete Hausherrin leert ihr Nachtgeschirr über die närrischen Musikanten aus. Aus Sebastian Brants »Narrenschiff«, Druck von Michael Greyff in Reutlingen, erschienen am 23. August 1494.*

Straßenlampen, keine lichtglänzenden Auslagen, keine erhellten öffentlichen Uhren, und in den Häusern brannten düstere Talg-kerzen, Kienspäne oder Trankrüfe, deren Strahlen nachts bis auf die Gasse drangen. Wer abends ausging, mußte seine eigene Laterne haben oder sich einen Fackelträger mieten. Nur wenn ein Potentat die Stadt mit seinem Besuch beehrte, wurde illumi-niert. Nach neun Uhr versank das ganze Leben in tiefen Schlum-mer, nur die Obdachlosen und Wegelagerer in ihren Verstecken und die Trinker und Spieler in ihren Schenken waren noch auf den Beinen.

War der Tag heraufgezogen, herrschte ein munteres Treiben, ein unaufhörliches Kommen und Gehen, Messen und Wägen, Rufen und Schwatzen. Der Ulmer Dominikanermönch Felix Fabri, ein weitgereister kluger Kopf, berichtet uns, in vielen Städten habe man den innersten Bezirk freigehalten vom Hand-werks- und Menschentreiben; dort, zwischen Rathaus und Kirche, standen die Steinhäuser der vornehmen Patrizierschaft, und die wollten verschont sein vom Lärm und den Leidenschaf-ten des kleinen Mannes. So spielte sich die eigentlich städtische Symphonie, ein Ineinander aus allen erdenklichen Geräuschen, in den Seitengassen und Geschäftsbezirken und Spezial-Markt-plätzen ab: alle Augenblicke Glockengeläute und fromme Ge-sänge, dazwischen das Brüllen und Grunzen des Viehs, das Grölen und Randalieren der Nichtstuer in den Wirtshäusern, das Hämmern, Hobeln und Klopfen der Tätigen in den offenen Werkstätten, das Rattern der Wagen und Stampfen der Zugtiere und dazu der melodische Lärm der zahllosen Ausrufer, die in einer Zeit des allgemeinen Analphabetentums das Plakat und die Neonröhre ersetzen mußten: »Gemalte Rößlin, gemalte Puppen, Lebkuochen, Rechenpfening, Roerlin, Oflaten, Kartenspiel!« – »Ich han gut Schnur in die Unterhemd, auch hab ich Nadeln, Pursten und Kem, Fingerhut, Taschen und Nestel vil, Heftlein und Hecklein, wie mans wil!« – »Hausmeid, die alten Korb heraus!« – »Hol Hipp! So trage ich hole Hipplein feil!« – »Heiß Speckkuch! Ir Herren, versucht mein heiß Speckkuch!« – »Heiß

Fladen! Ir Herren, so trage ich Fladen feil!« − »Zen außprechen!
Her an, her an, her an, welcher do hat einen posen Zahn!«

Unser Besuch »bî der statmûs«, die so recht zum Sinnbild für
die Geschicktheit und Zweideutigkeit städtischen Wesens geworden ist, hat schon mancherlei von dem deutlich werden
lassen, was städtisches Handwerkerleben im Mittelalter ausgemacht hat. Das Bürgerhaus diente als Werkstatt, Lagerhaus und
Kontor, man brauchte diese Funktionen also nicht auf verschiedene Häuser in verschiedenen Stadtvierteln zu verteilen. Als das
Geschäft sich ausweitete und die Produktion zunahm, entstand
um den Raum ein Tauziehen zwischen Haushalt und Arbeitsräumen, was zweifellos dazu führte, daß Schuppen, Vorratsräume
und Werkstätten sich auf den ursprünglichen Garten ausdehnten. Nur in wenigen Fällen wird die Werkgemeinschaft der
»Werkstatt«, die in der Regel nur wenige Personen umfaßt,
aufgebrochen, erweitert und an eine besondere Stelle verlegt. So
entsteht bei den Steinmetzen die »Hütte«, bei den Zimmerleuten
der »Platz«, bei den Papiermachern die »Mühle«, bei den
Buchdruckern die »Offizin«. Da und dort sind Gewerbe, die
klein und geräuschvoll waren, unmittelbar an den Stadtrand
oder gar vor die Mauer verlegt worden. Im übrigen blieb die enge
Verbindung zwischen Haushalt und gewerblichem Leben das
Übliche: das genaue Gegenteil von den abgesonderten, gesetzlich
sterilisierten Wohnvierteln von heute.

Nur Könige oder Gammler, sagen wir, dürfen heutzutage zu
Hause bleiben. Das mittelalterliche Haus zeichnet sich durch
einen allgemeinen Mangel an funktionell unterschiedenen Räumen aus. Zwar gab es in diesem oder jenem Haus keinen
Backofen, doch stand ein öffentlicher Backofen beim nächsten
Bäcker zur Verfügung. Es gab wohl kein privates Badezimmer,
aber dafür ein städtisches Badehaus in der Nähe. Es fehlte wohl
an der Möglichkeit, ein krankes Familienmitglied zu isolieren
und zu pflegen, aber es gab dafür zahlreiche öffentliche Hospitäler. Nur dem Handwerksmeister ist es gelungen, sein Haus
zugleich zum Geschäfts- und Arbeitshaus umzufunktionieren.

Wenn man berücksichtigt, daß über die Zunft überhaupt der handwerkliche Teil mit dem familiären, der öffentliche Bereich mit dem privaten verschmolzen worden ist, so stehen wir auch hier vor einer beneidenswert intakten, das Wort liegt uns auf der Zunge: gesunden Einheit.

Die Arbeit im Betrieb eines mittelalterlichen Handwerksmeisters dürfte sich im Kern kaum wesentlich von der einer heutigen Werkstatt unterschieden haben. Daß das Grundproblem aller Industrialisierung, nicht die Maschine, sondern ihr Antrieb, über den kleinen Elektromotor auch heute in jede Werkstatt hineingreift, das wissen wir. Insofern war mittelalterliche Arbeit noch im reineren Wortsinn »Hand-Werk«, weil zwar Stichel und Meißel und Zange und Klöppel zur Verfügung standen, aber kaum eine Bearbeitungsmaschine. Das Grundprinzip ist dadurch nicht berührt worden. Damals wie heute sieht der Handwerker »seine« Arbeit entstehen und fertig werden, er sieht sie als ein Ganzes, an dem auch Geselle und Lehrling ihre Anteile haben.

Unterschiede tun sich vielmehr dort auf, wo man die Hintergründe aufzuhellen versucht und nach der Mentalität, nach der Gesinnung fragt. Zunächst wird festzustellen sein, daß in den mittelalterlichen Handwerksstuben sich selten oder nie so etwas wie atemberaubender Reichtum angesammelt hat: das waren bescheidene Verhältnisse und sind es geblieben. »Handwerk hat goldenen Boden« – man zitiert das Wort noch heute gerne, aber wiederholt damit nur, was kapitalistische Vorstellungen der Gründerzeit damit gemeint haben oder besser: gerne damit gemeint hätten. Jeder unter den Meistern hat den Marschallstab im Tornister und kann es, versteht er es, zum reichen Mann und zum Generaldirektor bringen. Bevor die Ausbeute der Minen Amerikas den Geldumlauf auch in Deutschland vermehrte, und zwar erst um 1530, war bares Geld selten. Von Goldstücken, dem unantastbaren Wertbegriff der Bismarckzeit, sprach man schon gar nicht. Im übrigen waren dem Handwerksmeister der mittelalterlichen Zeit im wirtschaftsorganisatorischen wie technologischen Sinne natürliche Grenzen gesetzt. Über die Stadt hinaus war ein Markt nur schwer zu erreichen und einzukalkulieren, eine Massenproduktion war unmöglich, ganz abgesehen davon, daß dem massenweisen Absatz – die Kaufleute wußten ein Lied davon zu singen – die Unsicherheit auf Wegen und Straßen Tag und Nacht zuwiderlief.

Es war also dafür gesorgt, daß sich das Glücksrad in der Stadt nicht zu schnell drehte. Gewiß ist es den vielen Auseinandersetzungen zwischen Meistern und Gesellen zu danken, daß die Löhne vom 14. bis zum 16. Jahrhundert dem Anstieg der Preise nicht nur folgen, sondern ihn auch zeitweilig übertreffen konnten. Die Gesellen fielen damit nicht entscheidend unter das Einkommen der Meister ab. Ob die zahllosen Gelegenheitsarbeiter und Tagelöhner an dieser Entwicklung teilhaben konnten, bleibt freilich recht fraglich. Aufs Ganze gesehen hat das »goldene Handwerk« die Sozialstruktur der mittelalterlichen Städte nicht verändert, die »Stadtarmut« hat zu Ausgang des Mittelalters, zumindest in der politischen Diskussion, eher zugenommen.

Das Handwerk hat, gab man sich Mühe, der Meisterfamilie, zwei, drei Gesellen und den Lehrlingen ein hinlängliches Auskommen gewährt. Mehr nicht. Die großen Vermögen machte man im Handel. In Augsburg, der Kapitale, die vielen anderen Städten schon davongelaufen war durch ihren zielstrebig aufgebauten Handel mit Italien, galt vor 1500 als reicher Mann, wer zwei- bis dreihundert Gulden jährliche Einkünfte hatte. Natürlich gab es dort eine Handvoll Bürger, die – so auch in anderen süddeutschen Reichs- oder norddeutschen Hansestädten – über zweitausend Gulden jährlich einnahmen. Aber dagegen standen Hunderte von steuerpflichtigen Bürgern, auch solche, die zu den Zünftlern zählten, die nicht einmal den Mindestsatz – ein Jahreseinkommen von 10 Gulden – aufbrachten. Es gibt selbst patrizische Bürgerhäuser, deren Hausausrüstung uns heute »proletarisch« erscheint. Eine Erbteilungsurkunde von 1469 weist in einem patrizischen Hause nach: »4 Betten, 4 Tischlaken,

7 Handtücher, 1 Brunnengelte, 2 große und 7 kleine zinnerne Schüsseln, 3 Kannen, 2 messingene Leuchter, 10 irdene Schüsseln, 7 Teller, 3 buchsbaumene Löffel, 1 großes und 6 kleine Gläser, 3 Kessel, 4 Töpfe, 2 Pfannen.«

Aber selbst wenn der einzelne Handwerksmeister diesen bescheidenen Rahmen hätte sprengen können und wollen, wäre ihm eines im Wege gewesen: der Stil und die Grundhaltung des mittelalterlichen Wirtschaftens selbst. Die Wirtschaft des Mittelalters ist aus der Agrargenossenschaft hervorgegangen, die auf nahezu kommunistischer Basis ruhte. Auch in ihrer späteren Entwicklung verrät sie in den von ihr geschaffenen Organisationen, in den Zünften der Handwerker und in den Gilden der Kaufleute, eine Tendenz nach ökonomischer Gleichstellung oder doch wenigstens nach einer Angleichung ihrer Mitglieder. Man erwirbt, um zu leben, und lebt nicht, um zu erwerben. Die mittelalterliche, diese jugendliche Welt ist ja überhaupt noch lange von jener Empfindung durchdrungen, daß die Arbeit kein Segen, sondern eine Last und ein Fluch sei. Die Mönche und die Bürgersleute hatten Mühe, diese Ansichten zu differenzieren und wenigstens mit einem Fragezeichen zu versehen.

Aber es blieb dennoch bei der Grundeinstellung, und wir können ermessen, welchen Unterschied es in der gesamten Mentalität einer Kultur ausmachen muß, wenn das Geld nicht die allgemeine Gottheit ist, der jeder willenlos opfert und die alle Schicksale auf souveräne Weise modelt und lenkt. Man hat im Mittelalter das Evangelium ernst genommen und sich demzufolge das Gefühl erhalten, daß der Mammon vom Teufel sei und das Zinsnehmen und das Konkurrenzdenken keine Stütze in Christi Botschaft habe. Die Kaufleute der sogenannten frühkapitalistischen Ära, die Fugger und Welser in Augsburg, die Humpiss und Mötteli in Ravensburg und so fort, haben diese Bedenken vom Tisch gewischt und sich eine neue Organisationsform zunutze gemacht, indem sie Heimarbeiter für sich werken ließen, deren Arbeit aufkauften und, nach gründlicher Marktanalyse, »verlegten«, das heißt mit eigenen Wagen und Fuhrleuten auf die

Märkte Böhmens oder Spaniens brachten. Das Kapitel kam dabei wie von selbst und arbeitete auch schließlich für sich. Dennoch blieb solche Praktik einem Manne wie Luther eine unverständliche Sache. Bei ihm, meint er, gebe zwei und zwei vier, bei Jakob Fugger immer fünf. Das war nicht humorig, sondern trotzig und warnend gemeint. »Gott hat drei Leben geschaffen: Ritter, Bauern, Pfaffen. Das vierte schuf des Teufels List: das Leben Wucher genennet ist«, sagt Freidank. Unter Wucher versteht er offenbar jegliche Art von Handel. Und Geiler von Kaysersberg, der Volksprediger vom Oberrhein, wettert eine Generation vor Luther: »Mit Geld wuchern heißt nicht arbeiten, sondern andere schinden im Müßiggang.«

Hinter diesen Anmerkungen lauert nichts anderes als die Sinnfrage alles Wirtschaftens. Sie hat das Mittelalter, wie wir in Andeutungen schon erkannt haben, aufs äußerste beschäftigt. Man will nicht Reichtum, sondern Sicherheit. Dies garantiert die Zunft als die ausschließliche und erschöpfende Lebensform des mittelalterlichen Handwerksmannes auf vollkommene Weise. Nirgendwo spürt man etwas von einem Denken, das nur aufs Größer-Werden, auf das Ansteigen der Produktionsziffern und Wirtschaftsstatistiken und Kilometer und Tonnen gerichtet wäre. Unsere Geschichts- und Sozialwissenschaft sollte alle Kraft darauf verwenden, einmal herauszubekommen, wann und wie dieses – im inneren Sinne des Wortes – imperialistische Denken begonnen hat.

Der Zunfthandwerker – und das ist im Grunde jeder Handwerker des Mittelalters – will nicht mehr, sondern das Nötige. Der Drang nach Reichtum und wirtschaftlicher Macht ist gebändigt durch die Idee einer gottgewollten, im Jenseits verankerten ständischen Gliederung der Gesellschaft und durch eine religiös begründete Ethik, welche die Wirtschaft nicht zum Selbstzweck werden läßt, sondern sie unter das Gebot der Gerechtigkeit und sozialen Ordnung stellt. Kaiser Sigismund hat das in seiner großen Reformbotschaft vom Jahre 1438 in prägnant-zünftlerischer Weise so formuliert: »Unsere Vorfahren sind nicht Toren gewesen. Die Zünfte und Gilden sind zu dem Zwecke erfunden worden, daß Jeder durch sie sein tägliches Brot verdiene und Niemand ins Handwerk des Anderen übergreife. So wird die Welt ihr Elend los, und Jeder kann seinen Unterhalt finden und Jeder seiner Nahrung sicher sein.«

Es fällt uns schwer, diesem Prinzip »Sicherheit vor Risiko« zuzustimmen. Vor anderthalb Jahrhunderten haben wir uns angewöhnt, in Dingen der Werkstätten und Produktion dem Grundsatz »laissez faire« zu huldigen, das heißt der Gewißheit, daß die Wirtschaft dann am besten gedeiht, wenn der Staat sich am wenigsten einmischt. Sicher sind wir kuriert von der Meinung, in der Industrie dürfe jeder nach hemdsärmeliger Manier machen, was er wolle. Aber wir sind doch geneigt, der Wirtschaft heute einen Freiraum und auch eine eigene Gesetzmäßigkeit zuzubilligen. Was den zünftigen mittelalterlichen Handwerker anlangt, so hat er sicher so etwas wie Konjunktursituationen registriert und Gewinnchancen ausgenützt. Und sein Kollege von den Handelsbranchen, der Kaufmann, dem schon seit dem 13. Jahrhundert aus Italien importierte Banken, die sogenannten »Kawerschen« zur Verfügung standen, hat spätestens zwei Jahrhunderte hernach die doppelte Buchführung übernommen und zweifellos sehr genau kalkuliert und gerechnet.

Aber eine freie Wildbahn: davon hat man sich eindeutig distanziert. Wirtschaften war keine Sache für sich und nichts »anderes«, sondern Teil einer gottgemäßen Ordnung, die nach viel höheren Zielen ausgerichtet war als nach Gewinn und Verlust, Angebot und Nachfrage. Gott hat die Stände so gewollt, den Adel und die Geistlichkeit, den Bürger und den Bauer, und jeder Stand hat seine Kompetenz für sich und seine Berechtigung. Niemand billigt der Wirtschaft zu, und niemand nimmt sich das Recht heraus, diese Ordnung zu brechen und die Sicherheitsräume auch des einzelnen Berufsstandes durcheinander zu bringen. Niemand habe »ins Handwerk des anderen überzugreifen«. So war das in der Verordnung Sigismunds ausdrücklich gesagt.

Umfassende Abgrenzungen und Beschränkungen durch die

Zunft waren die logische Folge dieser Grundauffassung. Die Lohgerber in Lübeck durften jährlich nicht mehr als 415 Rinderhäute, 520 Kalbfelle und 304 Ziegenfelle gerben, und dem Rußfärber, dem besser gestellten wie dem armen, war pro Woche das Gerben von 32 Fellen erlaubt. Damit der begüterte Zunftgenosse nicht die Möglichkeit hatte, mit Hilfe vieler Gesellen mehr zu produzieren als andere, wurde die Gesellenzahl grundsätzlich beschränkt und die Abwerbung durch drastische Strafandrohung verboten. Auch die maximale Arbeitszeit durfte nicht überschritten werden. Daß man am Samstag und teilweise am Sonntag – nicht aber am blauen Montag – arbeitete, war selbstverständlich. Aber bei den Kisten- und Leuchtenmachern in Hamburg ist 1498 verboten worden, samstags nach 17.00 Uhr zu arbeiten. Die Brauer in Grevenbroich setzten 1502 – ein Beleg auch, wie lange insgesamt gearbeitet wurde – die Arbeitszeit von 3 Uhr morgens bis 9 Uhr abends fest. Schließlich waren selbst Ein- und Verkauf reglementiert. Bei den Frankfurter Schreinern durften nach einer Bestimmung von 1410 nur vier ausgewählte Personen das Holz für das gesamte Handwerk kaufen. Die Älterleute der Schuhmacher in Flensburg kauften den gesamten Bedarf an Tee, Tran und Fetten; Lohe durfte erst gekauft werden, wenn der Wagen der Verkäufer sich innerhalb der Stadttore befand. Das Bestreben, möglichst keine größeren Rohstoffmengen in die Hand eines einzelnen Meisters gelangen zu lassen, führte 1417 in Wismar sogar zu der Bestimmung, daß jeder einzelne Bürger sich an einem günstigen Kauf beteiligen könne.

Wir verstehen, warum keiner der mittelalterlichen Handwerker auf einem »goldenen Boden« stand und warum in der Zwiefalter Chronik vom Ausgang des 15. Jahrhunderts davon die Rede ist, daß sich die Leute mehrten, »die sich selber von ihren früheren Herren wegen der Not und Schwere der Knechtschaft, mit der sie von jenen aufs härteste bedrückt worden waren, losgekauft haben, um durch Eintritt in den Hofrechtsbereich unseres Klosters ein ruhigeres Leben zu bekommen. Von ihnen sind die einen Bauern, andere Weingärtner, manche auch Bäcker, Schuster, Schmiede oder Händler oder üben sonst irgendeines der verschiedenen Gewerbe aus.« Das sieht nicht darnach aus, als ob man als Handwerker des Mittelalters alle Chancen gehabt habe und sich eben nur habe tummeln müssen.

Unklar sind wir uns allenfalls darüber, warum eine Institution wie die Zunft es fertigbrachte, daß der Handwerker sich mit ihr fast ein Jahrtausend lang identifizierte. Die erste Nennung von ihr haben wir aus dem Jahre 1099, wo die Weber in Mainz urkundlich erwähnt werden. Ihre letzten Funktionen sind erst durch Gesetze der siebziger und achtziger Jahre des vergangenen Jahrhunderts beseitigt worden. Aber noch viele Fabrikanten um 1900 herum haben ihrer Belegschaft erzählt, wie sie als Gesellen in der Zunftherberge von Freiburg oder Leipzig angeklopft haben. Und Männer wie Friedrich Ebert, der württembergische Sozialdemokrat Wilhelm Keil, der Gewerkschaftssekretär und Weimarer Reichsarbeitsminister Rudolf Wissell, dem wir die umfassendste Zunftgeschichte verdanken, haben zeitlebens nicht die Abkunft aus der Erziehungswelt der Zunft verbergen können.

Mit dem Stichwort »Erziehung« ist die Antwort auf unsere Frage schon gegeben. Die Zunft hat deshalb fast ein Jahrtausend deutscher Geschichte mit repräsentieren und mit gestalten können, weil sie mehr, wesentlich mehr war als nur ein obrigkeitlich anerkannter Zwangsverband, der seinen Angehörigen das Recht zur Ausübung ihres Gewerbes sicherte, auf das er sie gleichzeitig beschränkte, und der die allgemeinen Interessen dieses Berufszweigs vertrat. Die Zunft war, wie Ranke einmal sagte, eine »künstliche Familie«. Ihr gehörten auch die Frauen, die Witwen der Meister und die Kinder an, in ihr erlebte man die Feiern im Ablauf des Lebens miteinander, in ihr teilte man »Freud und Leid miteinander«. Um zu leben, mußte man im Mittelalter einer Gemeinschaft angehören, dem Haushalt, der Gutswirtschaft, dem Kloster. Die Zunft war vielleicht die reinste, auf alle Fälle die populärste und am längsten andauernde dieser Gemeinschaften, eine Nachbildung der Sippe und eine familiäre Verbrauchs- und Arbeitsgemeinschaft, die den Einzelnen aus den Gefahren der Isolierung und der wirtschaftlich-sozialen Unsicherheit herausholte und ihm dafür die Solidarität der Gleichgesinnten und Gleichbetroffenen gab. Entscheidend dabei war wohl nicht, daß man in der Zunft »versorgt« war, daß man über sie seinen Mann kennenlernte oder im Zunfthaus seine Hochzeit feierte, daß die Zunft eine Witwen- und Sterbekasse unterhielt, daß sie eine Krankenkasse hatte, auf die mancher von uns heute nur mit Neid blicken kann, daß sie nicht nur die Krankenhauskosten, sondern auch die Krankenpflege übernahm, daß sie eigene Ärzte hatte und eigene Spitäler und so fort. Viel wichtiger war, daß sie über die materielle Sicherung hinaus auch die immaterielle übernahm, daß sie allen ihren Mitgliedern – wie gesagt den ganzen damit angesprochenen Familien – eine Heimat gab, einen nie in Frage gestellten Halt, über dessen Selbstverständlichkeit sich mancher moderne Beobachter nur wundern kann. Wir sind, wenn unsere Sozialanalytiker recht haben, in das »Massenhafte« und »Seelenlose« eines Industriezeitalters hineingeraten. Mit seinem Leistungsanspruch und seiner Abhängigkeit von der Zuwachsrate scheint es der Zunft und überhaupt dem mittelalterlich gestimmten Handwerk ganz den Boden entzogen zu haben.

Lächerlich, anzunehmen, die Zunft sei eingegangen, weil sie verkrustet sei, weil sie mit ihren Lohnbestimmungen und Konkurrenzverboten eine Tragikomödie eingeleitet, kurz: sich selbst überlebt habe. Sie hat sicher der modernen Welt mit ihrer immateriellen Unsicherheit und ihrer, wie ein niederländischer Soziologe sich jüngst ausgedrückt hat, »abstrakten Gesellschaft« nichts mehr zu bieten. Dafür war die Großfamilie im zünftlerischen Handwerkerhaus noch viel zu sehr »heile Welt«, in der man sich gegenseitig noch zu helfen in der Lage war, weil man das, was der Familienvater und seine Gehilfen im größten Raum des Hauses zusammenbauten, miterlebte, weil die Werkzeuge zum größten Teil selbst produziert wurden, weil Sinn und Zweck der Produktion und ihr Ablauf durchsichtig und versteh-

44 *In der mittelalterlichen Stadt steigern sich die sozialen Extreme und Span-*
nungen oftmals zu tätlichen Auseinandersetzungen: Straßenkampf in Köln, die
»Weberschlacht« des 20. November 1371 (oben rechts das Kölner Karmeliter-
kloster). Aus der »Cronica van der hilliger Stat van Coellen«, gedruckt von
Johannes Koelhoff d.J., Köln 1499.

bar waren, weil die Zeit ein problemloser Begriff war – der Sohn
rückte dem Vater nach, wo nicht, hatte die Zunft die Nachfolge
geregelt –, weil die Ereignisse der großen Welt nur selten in die
Werkstatt zurückschlugen und deren Existenz jedenfalls nicht
beunruhigten.

Freilich hat die Handwerkerzunft für diese beneidenswerte
Realitätssicherheit eine bestimmte Haltung ihrer Mitglieder als
Gegengabe verlangt. Wie jede Produktion der einzelnen Meister-
betriebe vor Auslieferung von der Zunft geprüft und sozusagen
abgehakt werden mußte, so mußten auch Meister und Gesellen
»ehrlich« sein. In der Rochlitzer Steinmetz-Ordnung von 1462
wurde verlangt: »Ein jeglicher Meyster soll seine Hüdtten frey
halten, als daß darinne kein Zweytracht geschehe. Und soll die
Hütten frey halten wie eine Gerichtsstadt.« Und: »Es soll auch

kein Meister keinen Gesellen fördern, der den anderen beleugt oder unrecht thut und sich mit offenbarlichen Frauen umbführt. Die, die in den Herbergen oder in Häusern, da sie arbeiten, mit Frawen oder mit Meyden unzüchtiglichen zusprechen oder Unzucht darine treyben, der auch nicht beichtet, den soll man verweisen, und vor einen Übeltheter halten.« Oder: »Do mag ein Meister ein gemeine Recht halten in seiner Hütten über seine eigene Gesellen; und soll auch recht richten und nicht nach Hasse, nach Feindtschafft, nach Freindschafft, bey seinem Eide!«

Wir spüren, daß diese Gemeinschaft es nicht darauf abgelegt hat, alles, um eines der vielen heute noch lebendigen Zunftwörter zu gebrauchen, »über einen Kamm zu scheren«, zu uniformieren und dem Verbandsziel zu opfern. Im Grunde war das Handwerkerleben in der Zunft auch immer ein Appell an die Persönlichkeit, auch gerade an die Frau, in einem Kreis, in dem jedem aktive Mitwirkung zugebilligt war und der, nach gleicher und geheimer Wahl, Führungsfunktionen nur auf Zeit delegierte. Auch der latente und nie endende Kampf zwischen Meistern und Gesellen ist auf dem genossenschaftlich-demokratischen Boden der Zunft ausgetragen worden, ohne daß man deshalb kapituliert oder das jahrhundertealte Brauchtum aufgegeben hätte. Vielleicht liegt darin die schönste Wirkung der Zunft – und damit des mittelalterlichen Handwerks –, daß sie Ordnung gesetzt hat, daß sie den Mut hatte, zu sagen, was richtig und falsch, was – auch dies Zunftsprache – »im Lot« war und »zünftig«, daß sie einer sonst nur rüde und nach Lohnauszahlung und Überstunden taxierten Arbeitswelt auch Formen zu geben wußte, hinter denen nichts anderes stand als die Achtung vor dem anderen.

Daß der städtischen Zunft die eigene »Ehrlichkeit« über die Gewinne ging, darin liegt ihre bis weit in die Neuzeit hinein spürbare Vorbildlichkeit. Handwerker konnte nicht jeder sein. Technische Fertigkeiten und Kapitalbesitz reichten dazu nicht aus. Die Zunft sollte vielmehr, bezeichnend, wie die bilderhafte

Handwerkersprache das formuliert, »so rein sein, als hätten die Tauben sie gelesen«. Wer Aufnahme finden wollte, mußte ehrlicher Herkunft und ehelicher Geburt sein, »vri ein neman- des egen«, »unbesprochen« und »untadelhaftig«, »dudischer (deutscher) art und herkunft«.

Bewundernswert, wie man trotz der Normen und der strengen Beachtung des »Herkommens« der handwerklichen Vielfalt freiesten Lauf ließ. Sie ist so farbig wie die Tracht und Berufsklei- dung im Mittelalter selber; die Zimmermanns- oder Schorn- steinfeger-Kleidung von heute ist nur noch ein rarer Abklatsch davon. Jede Gruppe hat ihren eigenen – späterhin wohl gar nicht mehr verstandenen, einfach übernommenen und nachgespro- chenen – »Gruß«, jede ihre eigenen »Gewohnheiten«. Die besondere Arbeitstechnik trennt allmählich in besondere Brauchtumsprovinzen. Der seestädtische Reepschläger schlug Seil und Garn nach links, der oberländische nach rechts zusam- men. Der eine arbeitet »auf der Rechten«, der andere »auf der linken Hand«. Die Böttcher waren nach der Richtung geteilt, in welcher der Schlegel beim Schlag geführt wurde, in ein Gebiet des »Linksherum« und eines nach »Rechtsherum«.

Stil und Form will man haben. Weil man es den feudal- höfischen Kreisen irgendwie gleichtun will? Weil einem hand- werkliches Arbeiten, das in billigster Weise bloß auf den Profit ausgerichtet ist, auf die Dauer keinen Spaß macht? Gleichviel: die städtische Zunft setzt Zeichen und Maßstäbe. In der »zech«, der zünftigen Zusammenkunft, so die Ordnung der Regensbur- ger »Peckenknecht« von 1341, soll man »sweigen vnd zühti- cleich darinn sitzzen vnd chain (kein) man (Mann) sol nicht reden in der zech vnd hat er icht (etwas) zu reden, so sol er der zechmaister ainen nemen (nehmen), der im sein sach red an seiner stat. Teet er dez nicht, so muos er ainen vyerdung wachs ze wandel geben«.

Die große Frage schon des ausgehenden Mittelalters ist, wie man Erarbeiten und Erwerben mit Gottseligkeit, die einzelne Handwerksstube mit der Gemeinschaft zusammenbringt; auch

45 *Die Stadt des Mittelalters ist von der Mauer gehalten und geformt.* »Nini-
ve« *in der deutschen Ausgabe des bei Bernhard Richel in Basel 1481 gedruckten*
Fasciculus temporum.

im Zeitalter der Industrie- und Gewerkschaften ist das eine
unerledigte Frage. Die Stadt-Zunft stellt ethische Normen auf,
wie die höfisch-ritterliche Kultur es auf ihre Weise getan hat.
»Auch sein wir ze rat worden«, so die gleiche Regensburger
Ordnung, »vnd vberain chomen, welhi fraw ain witib ist, Sie sey
ains pekchenknehtz witib oder sunst ains vnsers pruders witib,
die vnser pruoderschafft haben wil, die soll all Cottemper (alle
Vierteljahr) geben in die pruoderschafft drey Regensburger
pfennig vnd sol darinn erscheinen. Vnd ob dew (die) selb fraw
einen man nimmet, der in vnserei pruoderschafft nicht ist, vnd
ob der selb vnser prüder werden wil, so sol man in ze pruoder
nemen vnd er sol die pruoderschafft chauffen (kaufen) nach der
zechmaister vnd der prüder rat.«

Man regelt die Dinge nach städtisch-rationaler Art. »Wir sein
auch vber ain chomen (gekommen) mit gemainem rat, welher
pruoder in vnserr pruoderschafft chinder (Kinder) hat, die zuo
iren tagen vnd iaren chomen sind, die weil dew (die) selben chind
in seinem prot sind, so ist man in der pruoderschafft schuldig.
Wirt (wird) ez aber verheirat oder chömpt (kommt) es aus
seinem prot, So ist man im (ihm) der pruoderschafft nicht mehr
schuldig, Ez gewinn si dann.« Derlei »vernünftige« Verfahrens-

Regelung ist indessen mehr und mehr, davon ist keine auf Dauer angelegte Gemeinschaft frei, eingehüllt in eine von »draußen« als »geheim« empfundene Wolke von Gebräuchen. Sie wird dichter und dunkler, je weiter es in die Neuzeit hineingeht. Die 1735 in Baudissin in Druck gegebene »Seiler-Gesellen Handwerks-Gewohnheit« hält fest, was längst schon im Mittelalter üblich war. Klopft ein fremder Gesell an die Herberg, fragt ihn der Herbergsvater: »Bist du des Handwerks, mit Verlaub, das ich frage?« Der »Fremde« legitimiert sich als »Bruder« durch die richtige Antwort (wie durch das richtige Schnüren eines Felleisens, das geht bis zum richtig gepackten Tornister des Soldaten unseres Jahrhunderts): »Ich weiß nichts anders.« Darauf der Herbergsvater: »Ich sage dir Dank meine Gesellschaft, von wegen des Handwerks. Woher im staubigen Wetter?« Der Handwerksbursche: »Immer aus dem Land, das nicht mein ist, und komme wieder in eins daran ich kein Theil hab.« Der »Einstand« wird zur Abfolge ritueller Formeln, die nur dem »Eingeweihten« etwas sagen. Aber sie verraten auch die Abkunft der Zunft aus der mittlerweile, inzwischen selbstbewußt, ja elitär gewordenen Welt der Stadt. Sie hat unter den »alten« Ständen zumindest den der Zahl nach am weitesten überlegenen, den Bauern, mittlerweile überrundet. Der Herbergsvater fährt fort: »Ich möchte gern einen reichen Seiler-Gesellen sehen, der ein eigenes Land hätte.« Worauf der Geselle: »Ja die eigene Länder haben, bleiben wohl zu Hause.« Und der Herbergsvater, in gleich hämischer Distanz von solcherlei »territorialem Bewußtsein«: »Es stehet ihm auch zu rathen, denn die Bauern haben böse Hunde, und sind selbst nicht viel werth.«

7 Hinterm Ofen

Es ist ebenso schwierig, die Anfänge bürgerlichen Wohnstils zeitlich genauer zu fassen, wie diesen Wohnstil auf seine Charakteristika hin festzumachen. Im 12. Jahrhundert jedenfalls findet man die ersten und deutlichen Anzeichen dafür; der Aufstieg der mittelalterlichen Stadt ist unauflöslich verknüpft damit. Was anhebt, ist ein höchst komplexer Prozeß, genährt aus den Komponenten traditioneller Baukunst, wirtschaftlicher Notwendigkeiten, regional verschiedener Repräsentationsvorstellungen und sozialer Lebensgrundlagen.

Zunächst stand das, was man später nicht ohne Stolz und jedenfalls in aller Selbstverständlichkeit bürgerliches Wohnen nannte, in keinem Verhältnis zu den Prachtbauten von Kirche und Adel. Ausgrabungen haben deutlich gemacht, daß die Konstruktionen dieses frühen Bürgertums eine simple Sache waren, ebenerdige Behausungen in rechteckiger, schmaler Form und ohne alle ornamentale Beifügung, man denke nur an die Kübbungshäuser im niedersächsischen Raum des 14. Jahrhunderts, die aus den ursprünglichen Bauernhäusern entstanden sind. Da und dort hat man Fachwerk verwendet, vielleicht war der Rückseite des Giebels auch Steinwerk angefügt, so daß auch ein einziger heizbarer Raum zur Verfügung stand, den man nach Burg-Gewohnheiten Kemenate nannte. Unter dem Erdgeschoß konnte ein Keller liegen, der wegen seiner Brandsicherheit auch als Lagerraum dienen mochte. Alles in allem keine großartig »städtische« Kundgebung.

Die bäuerliche Herkunft lugt noch aus jeder Ecke. Im Kölner Raum, das Stadtbild von Köln selbst ist dadurch geprägt, bestimmte das niederdeutsche bäuerliche Einhaus die weitere Entwicklung des städtisch-bürgerlichen Hauses in deutlichstem Maß. Erst allmählich wandelte sich im alten Köln das Wohnhaus, ein einräumiges, von Lauben umgebenes, mit halb obererdig, halb unterirdisch gelegenen Räumen, zum Reihenhaus. Die Giebel mochten dazu dienen, einem Vorübergehenden privates Besitztum vor Augen zu führen; öffentliche Gebäude rückten mit ihren Traufseiten in die Fassadenreihe der Straßen. Überall in der mittelalterlichen Stadt fällt die Kollektivhaltung der Häuser auf; niemand baut für sich allein und aus sich allein, das »Solitär« bringt erst die Renaissance, sie entdeckt das ungebundene Individuum. Den Kamin an der Mittelwand verwendet man in diesem mittelalterlichen Kölner Haus zum Kochen; eine – charakteristische, fast unerläßliche – Wendeltreppe schwingt aus dem zur Straße liegenden Raum nach oben. Die Hofstube, bei vornehmeren Häusern der Saal, der in den ersten Stock gelegt wurde, bildete den Hauptbereich mittelalterlichen Wohnens. In den nordischen Städten der Hanse gingen die Bürger sehr bald dazu über, den privaten Bereich in Seitentrakten anzusiedeln, während in Köln – und hernach in Dutzenden von mittel- und süddeutschen Städten – in die Tiefe gebaut wurde.

Am weitesten verbreitet für bürgerliches Wohnen war das Fachwerkhaus, zumindest was Niedersachsen, das Westfälische und Rheinische, das Hessische und Fränkische, Teile Bayerns und das Schwäbisch-Alemannische anging. In übrigen Landstrichen, bis weit in den Osten Mitteleuropas hinein, herrschte die Steinbauweise vor, obwohl im allgemeinen das steinerne Haus, in Urkunden, sogar in Kaiserurkunden als die »domus lapidea« ausdrücklich und ehrfürchtig beim Namen genannt, im früheren Mittelalter der Kirche, dem Landesherren und wenigen Adeligen vorbehalten blieb.

Wie ein derartiges bürgerliches Holzhaus aussah, schildert uns der Bruder Wernher, ein Zeitgenosse Leopolds VI. (gest. 1230) und Friedrichs II. (gest. 1250). Wernher war oft in Wien und hat aus seiner Erinnerung festgehalten, was Technik und Aussehen des Hausbaues ausmachten. Das Haus war mit bedeutenden Kosten und kunstgerecht »mit holze rehte entworfen, die siule groz, die wende starc«. Das »schoene hus« Wernhers »uf dremel (Riegeln) wol gedillet stat« (mit Brettern sauber abgedeckt): die hölzernen Ständer sind in die Grundschwelle und den Rahmen eingezapft, darauf ruhen die Polsterhölzer der Trambäume. Dafür, daß die Konstruktion im rechten Winkel verbleibt, sorgen hölzerne Spangen, die diagonal im Rahmen angebracht werden. Wie sehr man sich schon vom Bauernhaus gelöst hat, verrät die Schließung der Türen. Sie sind nicht mehr mit einfachen hölzernen Riegeln und Schuben gesichert, wie das beim Bauernhaus bis in die Frühneuzeit hinein üblich war, sondern mit hölzernen und schließlich schmiedeeisernen Schlössern. Die Wände bestehen aus dicken, viereckig behauenen Bäumen. Über dem Erdgeschoß, auf Trambäumen, wird möglichst steil der Dachstuhl aufgesetzt und in ihm eine Diele untergebracht. Die Dachform gleicht einem Kegelstumpf; man benutzt glatt zugehauene »hengelboume« und dazwischen schwächere Balken oder Bretter dafür.

In Wien sind nach 1200, die Mittelalterarchäologie hat dafür Beweise erbracht, erste kleine Steingebäude errichtet worden. In die gleiche Frühzeit bürgerlichen Steinbaus gehört das berühmte Overstolzenhaus in der Rheingasse 8 zu Köln, erbaut zwischen 1225 und 1230 wahrscheinlich von Werner Overstolz, der es um 1255 seinem Sohn Johannes übertrug. Nach verschiedenen Umbaumaßnahmen erhielt es 1880 eine Tuffsteinverblendung, und die Straßenfront mit ihren rund dreißig Säulen wurde erneuert. Wohl zu allen Zeiten war es kein kleinbürgerlicher Anfang mehr, sondern ein Prachthaus: an Basen und Kapitellen der aus Blaustein gefertigten Säulengeschäfte wurden bei Restaurierungsarbeiten Spuren von Bemalung und Vergoldung gefunden. Blaugrauer Schiefer grenzte die alten Fensterwände mit ihren Eck- und Mittelsäulen ab. Diese Farben kontrastieren angenehm mit bunten und vergoldeten Schmuckteilen auf dem wahrscheinlich leicht getönten Putz des Mauerwerks der Fassade, die mit Mauerblenden leicht aufgelockert war: die erste und schon ganz »weltliche« Schauseite eines zu sich selbst findenden Bürgertums, von der nur die später hinzugekommenen Fenster und Fensterläden wegzudenken sind.

Das Overstolzhaus ist eine der großartigsten Repräsentantinnen des romanischen Bürgerhauses. Allemal handelt es sich, aus naheliegenden Gründen, um ein wehrhaftes Konstrukt. Die Städte liegen in harten Kämpfen mit den Herren ebenso wie mit denen, die das Land unsicher machen. Sie haben sich ihrer Haut zu wehren. Manch einer der reich gewordenen Bürger verliert bei der Mitfinanzierung eines städtischen Feldzugs seine Weinberge und – sein Haus. Der Wohnturm gehört noch ganz in diese romanische Epoche, als die Stadt gerade eben oder noch ungenügend Schutz vor Überfällen bot. Der Frankenturm in Trier, erbaut um die Mitte des 11. Jahrhunderts, hat prächtige Entsprechungen im Regensburger Runtinger-Haus, das auf einen um 1200 errichteten Wohnturm zurückgeht, im Baumburger Wohnturm am Watmarkt 4 in Regensburg, der in der ersten Hälfte des 13. Jahrhunderts entstand. Auch in Köln oder Mainz, in Augsburg oder Esslingen, in Frankfurt oder Rothenburg finden sich solche »Klötze«, bestens erhaltene oder kaum mehr erkennbare Spuren, erbaut und bewohnt von Stadtadel oder mächtig-bürgerlichen Patriziern, von Familien jedenfalls, die Sicherheitsverlangen mit Repräsentationsbedürfnis verbanden. Ihr großes Vorbild, die norditalienischen Stadtstaaten, Bologna mit seinem Asinelli- und Garisenditurm bewundert man heute noch. San Gimignano in der Toskana wirkt heute wie eine Turmstadt, obwohl von den einst achtundvierzig Wohntürmen nur noch wenige stehengeblieben sind: eine Stadt, die wie eine Sammlung von Burgen wirkt.

Das gotische Bürgerhaus, da und dort sieht man in den deutschen Wohntürmen noch frühgotische Fensterformen, kennt diese Zeiten elementarer Verteidigungsbereitschaft nicht mehr. Es ist Schmuck dazu gekommen und ein gewisses Maß an Behaglichkeit. Im vielbesuchten Dürerhaus zu Nürnberg hat man heute noch Gelegenheit, das Interieur und die Atmosphäre eines Bürgerhauses um 1500 zu erleben. Es wäre ein Ausnahmefall, könnte man – kaum eines, das uns für die Zeit vor 1500 exakt sein Erbauungsdatum angeben kann – mit dem Jahr der

Erbauung aufwarten. Dürer hat es jedenfalls 1509 von dem Astronomen und Mathematiker Bernhard Walther erworben und bar bezahlt; Walther hatte das Haus 1502 gekauft und umbauen lassen. Dürer wohnte dort mit seiner Frau Agnes, seiner Mutter und den zum Haushalt und der Werkstatt gehörenden Mägden und den Gesellen (worunter höchst lebendige Künstlerpersönlichkeiten, mit denen der Meister in der Reformationszeit seine liebe Not hatte). Als er 1528 starb, verließ die Witwe das Haus und vermietete es: die für das Mittelalter der Handwerker typische Großfamilie verließ »ihr« Haus.

Dürers Haus hat einen deutlich vierstufigen Aufbau, das aus Sandstein errichtete Fundament, die beiden Stockwerke mit Fachwerkfassade und das weit in die Straße vorkragende Dach. Die Gliederung der Hausfront hebt sich von den übrigen Bürgerhäusern dadurch ab, daß hier bereits die Horizontale betont wird, ein erster Hinweis auf den Einfluß der aufkeimenden Renaissance. Der Steinbau ist bis ins erste Stockwerk hochgezogen; auch das eine Eigenheit, die vom bisherigen Schema — Erdgeschoß Steinbau, die übrigen in Fachwerk — abweicht, in anspruchsvoller, kostspieliger Weise.

Das Erdgeschoß wird von der großen Eingangshalle beherrscht. Dürer hat sie wahrscheinlich zum Trocknen der frisch bemalten Leinwände benutzt, wie denn überhaupt diese Erdgeschoßhallen zu gewerblichen Zwecken herhalten mußten, in Straßburg standen dort die ersten Druckerpressen, in Esslingen die Weinfässer der Patrizierschaft, der genügend Kapital zur Verfügung stand, um mit Wein zu handeln, in Köln oder Mainz oder Augsburg die kleineren Wagen der »Verleger«, die im Verlagssystem ihre Waren auf den Markt bringen ließen. Neben der Eingangshalle liegen zwei Zimmer und eine kleine Stube. Möglich, daß hier Gesinde oder Gesellen zu Hause waren, im Normalfall müßten wir hier statt auf drei Zimmer auf *einen* großen Raum, die Werkstatt, treffen. Die Schuhmacher und die Schneider, die Gürtler und Säckler und wie sie alle heißen, hatten ihren »Arbeitsraum« drunten neben der Eingangshalle, das war

237

für die Anlieferung der Rohmaterialien ebenso geschickt wie für den Besuch der Kunden. Wir dürfen also vermuten, daß in Dürers Erdgeschoß auch die Druckerpresse des genialen und vielseitigen Künstlers stand.

Im ersten Obergeschoß betritt man eine weiträumige Küche mit großem gemauertem Herd und einem weit heruntergezogenen Kamindach. Die Wände, auch zum vorderen Wohnzimmer hin, sind nicht glatt oder verputzt, sondern wiederum in Fachwerk ausgeführt, dunkle, knorrige Balken, dazwischen die schneeweiß verputzten Felder, das Ganze eine kleine, aufgeräumte Welt von Schönheit für sich, die – furchtbar niedrigen – Türen mit Eselsrücken, die Decke mit Balken durchzogen, Butzenscheiben, der Boden mit Ziegelfliesen – im Erdgeschoß liegen noch Sandsteinplatten –, die Küche mit mehreren Borden neben dem mächtigen Rauchfang, mit vielerlei Kupfer- und Messinggeschirr, ein kleiner Abstellraum daneben. Man fragt sich, ob die Zangen und Kannen, Bottiche und Kupferkessel, Töpfe und Schieber, Kellen und Pfannen, Schürstangen und Krüge, ob dieses für moderne Begriffe – man denke an die aseptische und volltechnisierte, in unauffälligem Design verpackte Küche der Gegenwart – unabsehbar reiche Arsenal an »Geräten« eigens für den Dürer-Besucher zusammengesucht und präsentiert worden ist, oder ob Frau Agnes mit ihren Mägden einst mit diesen Borden und diesem Instrumentarium hantierte. Tatsache ist, daß die Ausrüstung der mittelalterlichen Küche immer reichlicher wurde. Man legte sich eiserne Roste verschiedenster Größe zu, eiserne Bratspieße von den einfachsten Formen bis hin zu einem Apparat, den man wie eine Turmuhr aufzog und der sich dann selbständig drehte, einen mächtigen Holzblock zum Fleischschneiden und Fleischklopfen, Mörser aus Bronze und Messing, irdene Häfen und Holzkufen: die mittelalterliche Küche wirkt mit ihren hundert Utensilien wie ein kleines und einziges Technikum im Haus.

Und die Arbeit in dieser Küche war das, was wir heute einen full-time-job nennen, nicht nur wegen der Kochtechnik, sondern

46 *Inneres einer großbürgerlichen oder herrschaftlichen Küche. Vorne eine
langstielige Pfanne zum Einhängen, dahinter Schüsseln, rechts daneben Holz-
gestell mit Tellern. Auf dem Herd drei Krüge und eine Pfanne, der Koch, mit
Lederschuhen, Beinlingen und Mütze, das rechte Bein stützt sich auf die gemau-
erte Herdplatte, rührt in einer Pfanne auf kleinem Feuer, der am Haken hängende Kessel bleibt unbenützt. Rechts neben ihm eine Magd, die spült; auf Holzzap-
fen des Abzugskamins stecken Töpfe. Links vorne ein älterer Mann mit Leder-
stiefeln, umgebundener Schürze und einem Band ums Haar bei der Speisezube-
reitung, in beiden Händen je ein Gerät, hinter ihm kommt eine Frau mit
Schüsseln. Der Männerkopf, der links hinten durchs Fenster sieht, ist wohl kein
Besucher, sondern der »Chef«, der kontrollierende Küchenmeister; in den herrschaftlichen Küchen hat er seinen eigenen und abgeschlossenen Beobachtungs-
stand. Holzschnitt eines Drucks von Peter Wagner, Nürnberg, um 1490.*

auch wegen der Nahrungsgewohnheiten. Das Prunkzimmer des Hauses liegt in diesem Stock und geht, der Küche gegenüber, zur Straßenseite hin, eine prachtvolle Truhe steht darin, an der Straßenseite zieht sich eine Wandbank hin, Holzvertäfelung, aber auch schon Stoff-Tapeten, reichgeschnitzte Sessel: es ist wahrscheinlich gar nicht mehr auszumachen, was just im Jahre 1520 so stand, was liebevolle Hand später hinzugefügt hat und lediglich so »ausgesehen haben könnte«.

Das große und helle Eckzimmer in diesem Obergeschoß macht eine Ausnahme; wir könnten's als »Atelierzimmer« ansprechen. Ansonsten fällt die dunkle Niedrigkeit aller Räume des gotischen Bürgerhauses auf, und die eng gelegten, schweren Balken der Decke, die im 14. Jahrhundert noch ziemlich roh, höchstens lebhaft gefärbt erscheinen und erst vom 15. Jahrhundert ab durch Einkehlungen und zierliches Ornament belebt werden, machen die Niedrigkeit noch fühlbarer. Sie ist, wie im Bauernhaus, die notwendige Folge des Bestrebens, die Wärme in den Wohn- und Arbeitsräumen möglichst zusammenzuhalten, wegen der schlechten Fenster, die gegen die Außenkälte nur mangelhaften Schutz gewähren, und wegen der Heizvorrichtungen die erst nach und nach vollkommener werden.

Freilich ist der – hier einmal pauschal angesprochene – Innenraum des spätmittelalterlichen Bürgerhauses sehr viel mehr als etwa eine Sache der Berechnung oder des Reißbretts, eher ein erweiterter Leib, ein erweitertes Kleid des Menschen. Das bewegliche Zelt des Nomaden, die um den Sonnenhof gelagerten Räume des antiken Südländers, die geschlossenen des nordischen Menschen, das getäfelte Zimmer der »deutschen Renaissance«, der Prunksaal des Barocks, die fein-bescheidene Wohnung des Biedermeiers, sie alle verraten das Leben des Insassen, sie alle sind vom Menschen ausgehender Niederschlag seiner gesamten Gebärdung. Steht einerseits im frühen und hohen Mittelalter die Bildung eines einzelnen Volkscharakters noch ganz in den Anfängen und also architektonischen Erscheinungen, die halb Europa gehören, gar nichts im Wege, so sind andererseits die Einflüsse von Burg und Kloster im bürgerlichen Wohnraum, des Fortifikatorischen und Sakralen noch für lange Zeit hinein spürbar. Das gehobene Menschentum der klösterlichen Bildung, in teilweise übernationaler Geistigkeit lebend, im engsten Heimraum der Zellen auf asketische Zurückhaltung verwiesen wie der Wachmann oder Burgherr in seinem auf Abwehr ausgerichteten schmalen Turmraum, überträgt viel vom Ausdruck und sehr vieles von den Erfahrungen, den technischen und künstlerischen Mitteln des Gottes- und Gemeinderaums auf die Stätten der bürgerlichen und familiären Versammlung. Als dann der Bürger aufzusteigen beginnt, kein Zufall übrigens, daß damit das goldene Zeitalter des Sakralbaus zu Ende geht, beginnt auch die starke, persönliche Kraft, lange noch im Dienste der Kirche und dennoch dem Werden einer modernen privaten Kunst dienend, dem eigenen Raum höhere Formen zu geben. Noch liegt in der großen Blütezeit der bürgerlichen Kunst gegen 1500 etwas vom Schimmer der Kirchenkunst; die »privaten« Räume auf Marienberg über Würzburg oder Hohensalzburg über Salzburg verraten das am deutlichsten. Aber überall breitet sich das Solide und Intime des bürgerlichen Menschen aus, der so viel entbehrte Freilandschaft im Heime zu ersetzen hat. Zwischen den Zimmern der Patrizier und jenen des Adels werden die Unterschiede immer kleiner. Die gleichen großen behaglichen Öfen, die gleichen Gliederungen stattlicher Holzgewände, die gleichen repräsentativen Unterstreichungen der Türen und Fenster.

Von der Raumeinteilung eines Bürgerhauses aus dem Spätmittelalter – kaum einmal, daß uns ein Altstadthaus eine Ahnung davon vermittelt, in Museen trifft man hie und da auf die Rekonstruktion wenigstens *eines* Raumes – gibt die Erbteilung eines Hauses im Markte Perchtoldsdorf aus dem Jahre 1471 eine gewisse Vorstellung. Das hinterlassene Haus des verstorbenen Bürgers Hermann Pekh in der Knappenstraße war ein einstöckiger Bau. Im Erdgeschoß lagen die Rauchstube, ein Vorhaus, eine hofseitige Kammer, ein Weinkeller. Im Obergeschoß befand sich über dem Weinkeller die »khachelstueben«, gemeint ein durch einen Kachelofen beheizbarer Raum, ein Vorhaus und zwei weitere Kammern. Der hier genannte, hinter dem Haus gelegene Hof, der durch eine Einfahrt von der Straße erreichbar war, ist typisch für den mittelalterlichen Wohnbau. Im Hof wird der Brunnen erwähnt und der Stadel mit zwei Pressen und einem Weinkeller. Vom Stadel führt ein Ausgang in die »setcz«, einen dazugehörigen Weingarten. Schließlich finden sich im Hof zwei nicht näher bestimmbare »gemach«, von denen jedes durch ein »laindach« gedeckt ist.

Schriftlich-literarische Funde machen es möglich, eigentlich müßten wir ja sagen, das »Stadthaus« des Mittelalters in seinem äußeren Habitus noch genauer und detaillierter anzusehen. Ziegel als Dachdeckung blieben der Ausnahmefall. Als Wolff-hart der Schermiczer 1411 den Maurer Heinrich von Münichen und den landesfürstlichen Zimmermann Thomas den Feuchter vertraglich verpflichtete, ihm zwei Häuser zu erbauen, sah er für beide Gebäude ein Ziegeldach vor. Niclas Teschler ließ 1445 sein Haus, den Regensburgerhof, mit einem neuen Dach aus Ziegeln versehen. Ziegelbrenner müssen damals fröhlichsten Konjunkturzeiten entgegengesehen haben, und sie haben ja goldene Zeiten im 19. Jahrhundert, der Epoche der großen Stadterweiterungen und der Gründerzeit, erneut erlebt.

Aber Ziegeldeckung ist eine teure Sache und bleibt es auch. Als man 1437 das Schloß Hardegg neu deckte, hat man nicht Ziegel, sondern Schindeln verwendet, 46 700 Schindeln, wie die Rechnung dieses Jahres genau vermerkt. Aeneas Silvius Piccolomini bedenkt 1438 in einem Brief nach Basel an einen Freund den Bürgerhäuserbau zu Wien mit besten Prädikaten. Besondere Freude macht ihm, daß die Häuser »hoch gegiebelt« sind. Unschön scheint ihm lediglich zu sein, »daß die Dächer mit Schindeln und nur wenige mit Ziegeln gedeckt sind«. Aber die Bürgersleute, witzig und pfiffig, wie »Pfeffersäcke« sein können, wissen sich zu helfen. Sie bauen Potemkinsche Dörfer und – streichen die Schindeln rot. Für Wien ist solche ungenierte

Prestige- und Imitationsarbeit im 15. Jahrhundert reich belegt, und die Kirchenmeisterrechnungen für Perchtoldsdorf führen noch für 1523 und 1528 Ausgaben für das Rotfärben von Schindeln auf. Das erklärt, warum manche der spätmittelalterlichen Maler ihren Häusern den Anschein geben, mit Ziegeldächern eingedeckt zu sein. In Nürnberg oder München suchte man entweder durch Verbote von Schindel- und Strohdächern die Verwendung gebrannter Dachziegel zu erreichen, immerhin war die Feuersgefahr dadurch vermindert, oder diese Aktion durch Gewährung von Prämien zu begünstigen, was Göttingen oder Bern auch praktiziert haben. Dennoch sanken im Wien des Bauernkriegs 1525 bei einem Stadtbrand nicht weniger als 410 Häuser zusammen, auch das ziegelgedeckte Haus des Humanisten Johannes Cuspinian war darunter. Schindelhäuser in Städten gab es bis weit ins 16. Jahrhundert hinein.

Daß Regenwasser eine für Mensch, Vieh und Land wichtige Sache war, dies brachte man aus der dörflichen Erfahrung mit. Man hat denn auch verhältnismäßig früh begonnen, an Häusern hölzerne Dachrinnen anzubringen, wobei diese Ableitung des Wassers oft genug Anlaß zu Streitigkeiten gab. Manchmal legte man, das konnte der Anfang generationenlanger Fehden sein, gemeinsame Dachrinnen an. Als der Wiener Kaplan Otto von Maria am Gestade 1335 ein Grundstück geschenkt erhielt, geschah dies unter der Bedingung, das Regenwasser mit einer Rinne ableiten zu lassen. Bürgermeister und Rat der Stadt Wien mußten 1455 an den Verweser des Hl.-Geist-Spitals 20 Pfund Pfennig dafür bezahlen, daß ihnen erlaubt wurde, ein Ziegeldach und eine Dachrinne auf dem neuen Mehlkasten anzubringen, »darein ir wasser ab dem selben ziegldach fleusset«.

Rechter Wasserabfluß hat schon etwas mit Stadthygiene zu tun, und Abtritte in ganz besonderem Maß. Das privet, wie man es nannte (von mittellateinisch privata, nämlich privata camera, die ganz intime Kammer), wurde auch zuweilen von Bewohnern zweier Häuser benützt, ein Zeichen, wie das Ding angebracht

243

sein konnte. An manchen gotischen Hausresten sieht man noch heute einen – steinernen, durchaus »festen« – Aborterker, wie ihn die Burg schon Generationen früher verwendet hat und wie man ihn im Verlaufe des 13. Jahrhunderts auch in Stadthäusern anzulegen begann. Auch ein Beleg für diese örtliche Situation ist die Erlaubnis für die Wiener Augustiner vom Jahre 1354, ihr heimliches Gemach (auch das Wort »secret« kannte man für Abort) in einem an der Ringmauer zu erbauenden Turm unterbringen zu dürfen. Klagen über unerträglichen Gestank sind immer wieder vorgebracht worden. Niemand hat sich zunächst des Abfalls an Hausrückwänden, an Gassenseiten, an Mauergräben angenommen, wie man das eben vom Dorf her gewohnt war. Der Göttweiger Hofmeister Friedrich führte gegen Wilhelm den Gürtler Beschwerde, daß vom Abtritt manchmal der Unflat durch die Mauer dringe und in allen Räumen des Göttweigerhofes sich der übelste Geruch verbreite. Hans Velber klagte 1445 zu Wien, daß das Secret des Veit Schattauer »ein tamphloch« habe, »daraus ruche im der unflat und pos gesmachen (böser Geschmack) in sein kamer«. Die geschworenen Werkleute, vom Rat der Stadt zur Klärung der Frage bestellt, entschieden, daß Veit Schattauer eine Art Rauchfang errichten müsse, um die Geruchsbelästigung einzudämmen, außerdem müßten beide Parteien für das Räumen und Instandhalten des »Secrets« verpflichtet werden.

Der Aborterker, der ja noch in vielen Bauern- und Kleinstadthäusern bis in unsere Zeit hinein als eigenes und kleines Außentürmlein erscheinen kann, ist gegenüber dem Fenster nur eine sekundäre architektonische Komponente des Stadthauses: die »Durchfensterung« kann dem mittelalterlichen Haus und Straßenzug neben der kollektiv und harmonisch gehandhabten Auskragung den hervorstechendsten Akzent verleihen. Zunächst konnte freilich von verglasten Fenstern im Bürgerhaus keine Rede sein. Konrad Witzens sehr akkurate und fast unheimlich wirklichkeitsnahe Verkündigung an Maria von 1444 zeigt ein glasloses, lediglich durch eine Mittel-Rippe geteiltes »Fenster«, praktisch ein Loch, durch das nicht nur Licht, sondern auch Wind und Wetter kann. Eine Generation später denkt Albrecht von Eyb in seinem 1472 erstmals gedruckten Ehebüchlein an jene Frau, deren Mann sie, auf einer weiten Reise, alleingelassen hat. Von ihrem Wohnhaus aus sieht sie jetzt »zuzeitten« auch durch »die klufte der venster« und entdeckt »do die hübschen, starken jüngling« auf dem Markt, »die so sangen, erseufftzten vnd annder zaichen der lieb erzaigten«: das Fenster schon ganz in seiner uns mittlerweile geläufigen Rolle der Kommunikations-Vermittlung, unentbehrlich geworden für Information und Ablenkung, Malmotiv seit Ausgang des 18. Jahrhunderts in locker-nebensächlichen oder nachdenklich-biedermeierlichen Kontexten.

Schwer zu sagen, wann das Glasfenster seinen Einzug im Bürgerhaus hielt. Bis zum 15. Jahrhundert findet man es nur an öffentlichen Gebäuden und dort auch nur in den Fenstern der oberen Stockwerke. Vorher boten Holzläden Schutz vor der Witterung; auch mit Papier, geölter Leinwand oder dünn gegerbter Haut, dem »sliem« behalf man sich. Zwar erlaubte ein Beschluß des Rates der Stadt Wien 1354 den Verkauf von Waldglas, das, aus Venedig eingeführt, nur auf dem Hohen Markt feilgeboten werden durfte. Aber es bedurfte einer technischen Neuerung, der Verbleiung, bis die ganze Fensterscheibe mit rautenförmigen oder runden Butzenscheiben aus Waldglas verschlossen werden konnte. Die Sache war teuer und benötigte viel Zeit. Der Wiener Glaser Steffen benötigte 1444 für sechs Fenster des Pilgrimhauses fünfhundert Butzenscheiben und empfing für das Material, die Verbleiung und Arbeitszeit die stattliche Summe von 10 Pfund und 5 Pfennigen. Beim Umbau des Wiener Rathauses 1457 wurden in der Ratsstube sechs Fenster, im neuen Saal sieben und auf dem Altan ein Fenster mit insgesamt 2404 Butzenscheiben um 35 Pfund und 13 Pfennig verglast. 1453 werden für die Verglasung einer Stube der Dorothea, der Witwe des Hans von Puchheim auf Burg Viendorf, für die Fensterrahmen und deren Beschlag nahezu vier

47 Durch »die Klufte der venster« entdeckt die junge, alleingelassene Frau »die
hübschen, starken jüngling« auf dem Markt, »die so sangen erseufftzten vnd
annder Zaichen der lieb erzaigten«. Die in Blei gefaßten Butzenscheiben sind
hier rautenförmig. Holzschnitt des Jahres 1461.

Pfund ausgegeben. Die als Fensterglas verwendeten kleinen
Butzenscheiben waren in Kisten und Truhen angeliefert und
teilweise einzeln berechnet worden. Seit der zweiten Hälfte des
14. Jahrhunderts war man auch darauf bedacht, die Fenster mit
eisernen Stangen zu vergittern.

Die Mühe ums Fenster war ein Kampf gegen Kälte und ein
Kampf ums Licht. Man mußte sich abschirmen, und man hat
diesen – wechselnden – Erfolg mit einer permanenten Trübnis
bezahlt. Der Hauptunterschied zwischen dem durchschnittlichen Wohnzimmer unserer Tage und dem des ausgehenden
Mittelalters liegt darin, daß wir Luft- und Sonnenanbeter,
neuerlichste ökologische Hemmnisse lassen wir einmal beiseite,
nahezu im Freien wohnen. Breiteste Glaswände und kittlose
Glasflächen garantieren uns das. Zwischen der Sonnenarchitek-
tur des Bauhauses und der trutzigen oder stolzen, aber jedenfalls
abschließenden Bürgerhausarchitektur um 1400 liegt eine Welt.
Man muß einmal wieder in einer Südtiroler Bauernstube gestanden haben, die kann sich heute noch so präsentieren wie vor

fünfhundert Jahren, um diese vergleichsweise Isolation und Düsternis zu erspüren, die einen in diesem niedrigen, bedrückenden Raum umfängt. Die beiden Zimmer-Seiten haben je zwei kleine Fensterchen, zweiflüglige Dinger, die mit Butzenscheiben verglast sind. Da strömt ein bißchen Licht herein; aber man kann durch die »Fenster« vom Draußen nichts erkennen.

Das Mittelalter ringt um Licht. Wenn die Aufklärung vom finsteren Mittelalter zu höhnen anfing, so konnte sie das mit einiger Berechtigung tun: dem Mittelalter fehlt das Licht, in einem wörtlichen und einem übertragenen Sinne. Wörtlich genommen machen sich die Beleuchtungsmöglichkeiten gegenüber der flimmernden Lichterhelle einer nächtlichen Großstadt von heute kläglich aus. »Unsere Behausung ist in ewige Nacht getaucht«, schreibt Sedulius Scotus, ein Dichter und politischer Denker des 9. Jahrhunderts von seiner Lütticher Unterkunft, »im Inneren fehlt jeder willkommene Lichterglanz.« Man spürt aus seinem Jammerwort, wie wenig selbstverständlich »Licht« noch ist: »Glaube mir, sie ist keine Wohnung, geeignet für Gelehrte, die das Geschenk blitzenden Lichtes lieben.«

Wichtigstes Beleuchtungsmittel bleibt die Kerze, aus Unschlitt oder Wachs hergestellt, wenn es gut geht, auf einen ein- oder zweiarmigen Kerzenleuchter aus Holz oder Messing aufgesteckt. Das Wachs oder den Talg für die Kerzen hatten die Hörigen zu liefern; in etlichen großen Abteien nannte man sie »luminarii« oder »cerarii«, etwa mit »Beleuchter« oder »Wachshersteller« zu übersetzen. Lampen aus Messing haben zu den Seltenheiten gehört. Nach einer Verordnung König Ladislaus' von 1454 mußte jede Person ein offenes Licht mit sich tragen, eine Laterne, die entweder aus Eisenblech oder aus Hornblende bestand. Sofern Sitzungen in Rathäusern bis zur Dunkelheit dauerten, standen Windlichter aus Wachs zur Verfügung. Altartafeln zeigen uns elegante, mit drei Ringen am Schaft ausgestattete Leuchter; für die Altäre selbst hatte man geschmiedete Altarleuchter mit gedrehten Schaften, großem Napf als Tropfschale und Kerzendorn oder zweiarmige Leuchter aus Kupfer. Vor den

Reliquienschreinen brannten Tag und Nacht viele Lichter. Wir verstehen, warum die Gläubigen beim Besuch einer Kirche von tiefer Verwunderung getroffen waren: sie waren nur an das ärmliche Licht einer Fackel gewöhnt oder mußten sich mit dem Schein ihres Herdfeuers begnügen. Altarmalereien zeigen uns auch die weitverbreiteten runden Laternen und Laternchen aus Blech, großen Abzugslöchern und Türchen. Der Laternenkörper konnte oben flach oder mit Zeltdach abgeschlossen sein. Schließlich entdeckt man auf den Altarbildern spätgotische Hängelaternen, prunkvolle Stücke, sechsarmige Messingleuchter oder raffinierte Radleuchter.

Aber es gab keine durchgängige, jedermann zur Verfügung stehenden Beleuchtung. Wie die Sprache, wie das Lesen, wie die Handhabe der »Zeit« war »Licht« eine Sache des Standes. Je einfacher der Mann, desto dunkler sein Dasein. Noch August Bebel, der Unteroffizierssohn, erzählt davon, daß er nicht das Licht der Welt erblickt, sondern bei seiner Geburt in den trüben Schein einer Ölfunzel gesehen habe. In der Kirche sind die Räume noch am hellsten, darin manifestiert sich ihr Herrschaftscharakter. Wachskerzen mußten an jedem Altar vorhanden sein, an Treppen oder Aufgängen hingen Öllichter. Kronleuchter zum Aufstecken von Kerzen schuf man schon zu romanischer Zeit, Stücke teilweise monumentalen Ausmaßes, die man auch noch in gotischer Zeit herstellte, mit Darstellungen theologischer Themen, des himmlischen Jerusalem, der Erlösung.

Aber die Straßenbeleuchtung war dem Mittelalter unbekannt. Höchstens in außergewöhnlichen Fällen, bei Arbeiten, die bis in die Nacht hinein gingen, konnte man Pechpfannen aufstellen oder Männer mit Fackeln postieren. Ansonsten mußte der Einzelne seine Beleuchtung mit sich führen. Noch bis ins 18. Jahrhundert hinein hat man in aufmerksameren und bedachteren Bürgerkreisen dem Besucher »heimgeleuchtet«. Für Gleichgültigkeit in diesen Dingen war die Gefahr der Nacht zu groß. Zum Schutz gegen das nächtliche Unwesen werden Tür und Tor verriegelt. Bei Nacht verübte Verbrechen bestraft mittelalterliche Rechtsprechung mit doppelter Härte: die Nacht ist die Zeit der Versuchung, der Gespenster, des Teufels. Sobald die Nacht einfiel, fürchteten sich die Leute. Wer keine Lampe hatte oder sie wegen der steten Brandgefahr nicht anzünden wollte, mußte in der Dunkelheit wachend oder schlafend das erste Licht des neuen Tages abwarten. Abt Lupus von Ferrières, lange Zeit Ratgeber Kaiser Ludwigs des Frommen, empfahl seinem Adressaten einen neuen Kurier, »dessen Lebensführung völlig seinem Beruf entspricht, außer daß er, wie ich meine, wegen seiner nächtlichen Anfälle von Panik, noch nicht allein schlafen kann«. Das barocke und romantische »Komm' Trost der Welt, du stille Nacht« gilt nicht für das Mittelalter. Seine Nacht gehört den Dämonen und Gespenstern. Mönchen und Mystikern ist die Nacht die Stunde des Ringens mit dem Übernatürlichen, und in der Lyrik tritt die Nacht dem Menschen als die Zeit der Verlassenheit und des Abenteuers gegenüber. Der nächtliche Wald ist für das Mittelalter nur Angst und Beklommenheit. Im Yvain des Chrétien de Troyes heißt es, schon ein wenig Klischee geworden: »Und Nacht und Wald versetzen ihn / In große Angst und Sorge...«

Daß die antike Devise per aspera ad astra mit »Durch Nacht zum Licht« übersetzt worden ist, mag doppelt wiegen in diesem Zusammenhang: Licht ist das Ziel alles Denkens und Glaubens wie die »sumerzît« das Ziel jedes durchlittenen Winters. »Man sol uns an dem liehte / kunden kristen gelouben und Kristes ammet«, heißt es in der Schilderung des Gralstempels im Jüngeren Titurel: die Schilderung einer Krypta soll es nicht geben. Die elementare Rolle, die das »Licht« im Denken und Schreiben der deutschen Mystik spielt, wird man dabei zu bedenken haben. Noch in der ehrwürdig-mythischen Formel des Schlußgebetes im »Ackermann aus Böhmen« klingt die numinose Licht-Bedeutung an: »O licht, das da nicht enphehet ander licht; licht, das da verfinstert und verblendet alles auswendiges licht; schein,vor dem verswindet aller ander schein.«

Das Licht, man versteht das, wenn man in der mittelalterlichen Wohnstube steht und mühsam nach wärmender Helle sucht, das Licht ist als physische Erscheinung das Beste, das Ergötzlichste, das Schönste. Die Kerzen, die um die Altäre brannten oder bei den Prozessionen mitgetragen wurden, sind – bis heute gerne dargebrachte, »gestiftete« – Zeichen des Triumphes über den Kardinalfeind, die Dunkelheit. Bernhards Reform in Citeaux ist Teil einer Weltverachtungsideologie, die auf dem manichäischen Gegensatz zwischen Licht und Finsternis beruht. Wenn seine Mönche den Wald roden und ihn mit all seinen Finsternissen zurückdrängen, so ist das ein Stück zisterziensischer »Kultur«-Ideologie: Licht statt nächtlich-verderbliche Verlockung. Im Anschluß an den hl. Augustin erinnert man sich daran, daß »der Name Schönheit« auf den »Urquell allen Lichtes« hinlenkt. Im Paradiso beschreibt Dante den Weg des Menschen auf dieses göttliche Licht zu. Technische Fortschritte und zunehmende Lebenskultur gerade im Stadthaus ermöglichen es langsam, das Licht im Laufe der Zeit geschickter einzufangen; Dürers obere Stube, unser »Atelier«, wirkt schon wie das Endergebnis einer langen Entwicklung. Wie die Wände der gotischen Kirchen durchbrochen werden, so erhalten die Bürgerhauswände Fensterreihen; in unermüdlichem Stakkato kommen Fenster und Fensterchen daher. Seit dem 13. Jahrhundert untersuchen Wissenschaftler, ein Grosseteste, ein Witelo, das Licht und beschäftigen sich mit Vorliebe mit der Optik.

Das Licht ist Sicherheit und Vollkommenheit. »Nacht« ist das Antithema, das allenfalls im Verdikt erscheint. Im Nürnberger »Christus am Ölberg«, einem Ölgemälde auf Holz aus der Zeit um 1480, wird erstmals die Dunkelheit der durch natürliche und übernatürliche Lichtquellen erhellten Nacht wirklich dargestellt und nicht nur im Gebrauch von Fackeln symbolisch angedeutet: so spät erst wird die Nacht zum eigenständigen Thema. Bis dato gilt, was der Chronist Thietmar aus dem 11. Jahrhundert zu Anfang seiner Gespenstergeschichten allemal beteuert: »Gleichwie Gott den Tag den Lebendigen, so hat er die Nacht den Toten gegeben.« Auch die Liebe, die womöglich sehr weltlich, sehr irdisch gemeinte Liebe, leuchtet wie ein Zeichen der Befreiung durch die Nächte und Ängste. Heinrich von Morungen singt einmal: »Owê, sol aber mir iemer mê / geliuhten dur die naht / noch wîzer danne ein snê / ir lîp vil wol geslaht?« (O weh, soll mir denn nie mehr / leuchten durch die Nacht / noch weißer als Schnee / ihr schöngestalter Leib?).

Wir gehen in das Innere des Bürgerhauses. Von der Straße oder vom Hof her betreten wir die große Diele oder Halle, an die sich bei Handwerkern die Werkstatt, bei Kaufleuten das Kontor anschließen konnte. Draußen im Hof liegen die Stallungen. Über eine Treppe kommen wir ins erste Obergeschoß, wo sich außer der Wohnstube auch die Schlafräume befinden. Der Raum war knapp für die mittelalterliche Stadt, wollte die Schutzfunktion noch eine lebendige Sache sein. Die Enge der Gäßchen und des Baugrunds läßt einen Ausweg finden: durch die Ausdehnung des Wohnraums in die Höhe statt in die Breite wird der fehlende Grundflächenraum ersetzt, es kommt zur Stockwerksbildung. Schließlich hat man auch dadurch noch ein bißchen an Fläche gewonnen, daß man die oberen Stockwerke ein Stück übertreten und in die Straße hineinragen, »auskragen« läßt, so daß man dem gegenüberliegenden Haus fast die Hand reichen kann.

Die Raumeinteilung des Bürgerhauses hat ihre erklärbaren und zwingenden Gründe. Die Abtrennung einzelner Räume von dem einheitlichen alten Hausflur vollzieht sich wie beim Bauernhaus, jetzt aber aus den Antrieben des Handwerks und des Handels heraus. Die beruflich-ökonomische Differenzierung macht immer mehr besondere Räume notwendig; der Raum schrumpft zusammen, der ehemalige Mittelpunkt, der große Hausflur, der Herd, rückt hinterwärts zur Seite, um ihn herum bildet sich die Küche, gegebenenfalls gibt eine »ezzeloube« (Eßlaube) den Übergang zu den vorderseitigen Wohn- und Schlafräumen frei. Aber auch diese Raumfunktionen genügen im Obergeschoß nicht mehr, es kommen Kammern für das Aufbewahren von Kleidern, Wäsche und anderen Vorräten dazu. Der große Einraum schrumpft durch diese Absperrungen zu einem mehr oder weniger geräumigen, zu Wohnzwecken mitbenutzten Vorsaal zusammen. Man hat für ihn den alten, einst den ungeteilten oberen Einraum bezeichnenden Namen Söller bereit. Selbst den Namen »sal«, der sonst dem adligen Hause eigen ist, gibt man diesem letzten Großraum. Der über dem Obergeschoß liegende Dachraum, unter dem steil aufsteigenden Dach, ist wieder in mehrere Stockwerke geteilt, in einfache Räume, deren Böden aus lose gelegten Brettern bestehen und die Vorräte aufnehmen, Holz für die Heizung oder weggesetzte Gegenstände des Haushalts.

Trotz der auftretenden Funktionalisierung der Räume wird man doch immer wieder von Allzweckräumen im mittelalterlichen Haus reden müssen. Arbeit und Gewerbe, Konversation und Vergnügen, vieles, wenn nicht alles aus diesen Bereichen spielte sich in denselben Räumen ab, in denen die Handwerkerfamilie mit dem Gesinde und den Arbeitskräften lebte, aß und schlief. Meist gingen die Zimmer ohne Flur unmittelbar ineinander über. Um in einen bestimmten Raum zu gelangen, mußte man jeweils andere Räume durchqueren und damit, ob man wollte oder nicht, am Leben der dort sich aufhaltenden Personen teilnehmen. Die räumliche Organisation läßt die Absonderung des Einzelnen, Lebensformen, die wir heute mit Privatheit, Individualität oder Intimität umschreiben, nirgends zu.

Möglicherweise hat man das um so weniger als Zumutung empfunden, um so mehr man dem Kollektiv und der Öffentlichkeit verbunden war. Schon hier stößt man auf jene durchgreifende Gesellung mittelalterlichen Lebens: keiner, der nicht in irgendeiner Form genossenschaftlicher Bindung verhaftet wäre. Offenbar bestanden damals nicht nur zwischen den Haushaltsangehörigen aller Stände Kontakte, sondern auch zwischen verschiedenen Haushalten, mit der Nachbarschaft, mit der »Freundschaft«, das heißt mit den Verwandten, mit den Geschäftspartnern, mit den Zunftgenossen und so fort. Die historischen Quellen vermitteln ein Bild sehr reger gemeinschaftlicher Tätigkeiten auf den Straßen, auf den Plätzen, in den großen

Häusern. Die »Sozialität« des Mittelalters erscheint in der Offenheit der Häuser nach außen, in Beziehungsnetzen, die über Generationen hin geknüpft worden sind, in täglichen Begegnungen mit einer Vielfalt unterschiedlichster Menschen. Unterscheidungen zwischen geschäftlich-beruflichem, freundschaftlichem, gesellschaftlichem Verkehr scheinen ebensowenig eine Rolle gespielt zu haben wie etwaige konventionell festgelegte »Zeiten«: »man« besucht sich, »man« erzählt sich, »man« holt sich Rat, »man« bespricht sich, »man« erkundigt sich. Es gibt keine Technik der Bestellung, der Information, der Auftragserteilung, der Auskunft, man muß das alles von Angesicht zu Angesicht erledigen. Auch die allgegenwärtige Personalkulisse der »Dienstboten« ist von diesem Beziehungsaustausch nicht ausgeschlossen.

Wir verstehen, warum noch im 14. Jahrhundert die Form eines Türschlosses eine einigermaßen unbeholfene Sache war. Der ganze Mechanismus ist noch aus Holz, einschließlich des Schlüssels; indem er eingesteckt und wieder ausgezogen wird, drängt er die Sperrhölzer zurück und öffnet die Türe. Erst verhältnismäßig spät, erst im 15. Jahrhundert, kommen Eisenschlösser auf, immer noch klobige und ungewohnt voluminöse Apparaturen. Die Türen, die sie sichern sollen, zunächst aus schlichtem Holz gezimmert, haben die bäuerliche Querteilung – wie bei Ställen noch heute – völlig aufgegeben und sie durch den einen Flügel oder senkrecht gehende Zweiflüglichkeit ersetzt. Für ihren Schmuck erprobt zunächst nur der Schmied seine Kunst durch zierliche Beschläge. Aber die werden mit der Zeit immer reicher, und in der Zeit der späteren Gotik und der Renaissance tritt zu ihnen oder an deren Stelle die Holzschnitzerei. Wahre Überwucherungen der ganzen Türfläche mit Ranken- und Maßwerkmotiven sieht man jetzt, die Türringe, die Türklopfer, die Schlüsselbleche sind Kunstwerkchen von eigenem Rang, und in der Renaissance wird die Türe, mit architektonischen Motiven verziert, in verschiedenen Hölzern eingelegt, vollends das Prunkstück des Hauses. Türen im mittelalterlichen

Bürgerhaus, das ist ein Thema für sich, da hat man eisenbeschla-
gene Stücke eingehängt, mit Wappenblechen, die mit einem
Stück Blei in eine negative Form geschlagen wurden, der Goldschmied nennt das »ins Gesenke drücken«, da hat man für den
Zugring einer Tür eine geschmiedete Eisenplatte mit Setzmeißeln
ausgehauen und mit Punzen geschrotet, da werden, schon ist der
Reichtum der Renaissance aufgezogen, Muschelnischen geschaffen und zwei Sockelbretter mit intarsierten Rundfeldern.

Und natürlich war der Ofen eine wichtige Sache. Vielleicht ist
er neben dem Fenster die einzige Erfindung, die, als Heizanlage
mit regelrechtem Rauchabzug, die mittelalterliche Wohnkultur
erst eigentlich ermöglicht hat. Hinterm Ofen sitzen zu dürfen, ist
das genußreich hingenommene Privileg des »Bürgers«, beneide-
tes oder belächeltes Bürger-Symbol bis in die Gegenwart hinein.
Die Studenten- und Soldatenlieder scheren sich um den Daheim-
gebliebenen, der »hinterm Ofen sitzt«, einen Teufel, adieu du
enge Gasse, adieu du pausbäckige Wohnstubenluft. Ist es Trotz
oder Kompensation, wenn eine ritterliche Ordensregel noch des
Spätmittelalters will, daß man im Winter, ist man ein rechter
Ritter, friert?

Was ein rechter Bürger ist, friert nicht. Er macht den Ofen zum
Hätschelkind des Hauses. Aus dem einfach gemauerten Lehm-
ofen, noch der Wiener Schottenmeister aus den siebziger Jahren
des 15. Jahrhunderts zeigt einen Herdsockel aus Lehm, verkleidet mit einer Holzverschalung, wird der aufwendigste Einrich-
tungsgegenstand im Haus, als Kunstwerk eine Schöpfung des
deutschen Sprachraums, in den meisten anderen Ländern waren
offene Kamine üblich. Größte Buntheit an Wappen- und Figu-
renschmuck beherrschte die Öfen des 15. Jahrhunderts, die
Ofenkacheln mit ihrer perspektivischen Architektur wurden
zum ersten und wichtigsten Niederschlag von Vorbildern aus der
italienischen Renaissance. Anfangs sind solche, seit dem
13. Jahrhundert wie eine gewöhnliche Scheibe auf der Töpferscheibe gedrehten Ofenkacheln roh und unglasiert verbreitet
worden. Dann mündete der Sinn für Zierlichkeit in Möbelfor-

men in einen so allgemeinen Aufschwung ein, daß aus diesen rauhen Platten kleine, gelb, grün, dunkel glasierte Prachtstücke wurden, ein gesuchtes Wirtschaftsobjekt des spätmittelalterlichen Kunstgewerbes.

Damit verband sich auch ein Wandel in der Ofenform. Aus dem schlichten Backofen mit seiner Wölbung wird die gefälligere Kasten- oder Schrankform, die in der späteren Zeit oft in einem vier- oder sechseckigen, auch zylindrisch gegliederten Aufsatz ausläuft. Kommen dann figurale Reliefkacheln an einen solchen »chachlloffen«, so kann er der Glanz des ganzen Hauses sein. Man kennt den Meister, der ihn geschaffen hat, man kennt die Meister, wir müßten sagen, die Künstler, denen man die glasierten Erzählreihen an den Ofenwänden zu danken hat: für die Bewohner und Besucher eine Augenweide von immer wieder neuen Reizen.

Im Hochmittelalter zog der Rauch vom freistehenden offenen Herd, sein nie verlöschendes Feuer ist wesentliches Merkmal des alten, bewohnten Hauses, durch die Rauchlücke des Daches ab. Da und dort entdeckt man heute noch in deutschen Altstadthäusern derlei Rauchlöcher. Mit der Einführung der Kamine, also der in die Wand gerückten, gegen den Raum hin offenen Feuerstelle, und mit dem Aufkommen der Kachelöfen wurden, in zunehmendem Maße seit dem 15. Jahrhundert, die Häuser mit Rauchfängen ausgestattet. Das Kehren der Rauchfänge besorgten bis zu Beginn des 16. Jahrhunderts die »Kohltrager« (so in Österreich). Der erste Beleg für die Einwanderung italienischer Rauchfangkehrer stammt aus dem Jahre 1512. Bei Betrachtung der spätmittelalterlichen Stadtveduten fällt freilich auf, daß selbst in der zweiten Hälfte des 15. Jahrhunderts Schornsteine noch eine Seltenheit waren und häufig, so im Epitaph des Meisters vom Tucher-Altar für Klara Imhoff, nur bei den Häusern der wohlhabenden Patrizier zu finden sind. In der Regel war der Ofen in die innere Ecke der Stube gerückt, aber so, daß zwischen ihm und der einen Wand noch Raum freiblieb, »Helle« (»Hölle«) genannt: die wärmste Stelle des Hauses.

48 Mittelalterliche Stube (Kachelofen, darüber ein Bord mit Gefäßen, Butzenscheiben, Balkendecke mit herabhängendem Kerzenleuchter, Fliesenboden,
Schlafkemenate) mit Familie. Am Tisch sitzt rechnend der wohl als Handels-
mann tätige Vater mit Barett, vor ihm ein Junge, der in einem Buch liest, Mutter
und Tochter spinnen, ein kleines Kind liegt in der Wiege, davor ein schlafender
Hund. Aus der von Johannes Baemler in Augsburg 1476 gedruckten »gut
nüeczlich lere vnd vnderweysung«.

Daß das Stadthaus im Regelfall eine eigene Schlafkammer bot, war ein deutlicher Fortschritt gegenüber dem Bauernhaus. Dort konnte man sich bis in die Neuzeit hinein vor allem während der kalten Jahreszeit mit dem Liegen auf dem Ofen begnügen (das der künstlerisch-geometrisch gestaltete Kachelofen im Stadthaus von selber verbot). Schon in frühmittelalterlicher Zeit wird freilich für niedrige Leute und auch für das Bauernhaus ein Bett ohne Gestell genannt, nicht mehr als ein Strohlager mit oder ohne Bettstücke. Für die reicheren Häuser wird das Bett, als Bettstelle, als Bettstatt, so häufig erwähnt und gelegentlich auch abgebildet, daß wir schon für das frühmittelalterliche Bett mit genaueren Beschreibungen aufwarten könnten. Es scheint in der Hauptsache ein weicheres Lager gewesen zu sein, mit Kopfkissen und Deckbetten, mit der »plûmfedera«, auch die Flaumfeder hat früh Einzug gehalten. Das Daunenbett (plumeus lectus) notiert Santonino auf der ersten Reise (1485) mit Staunen als spezifisches Kennzeichen auch des bäuerlichen Wohnens im Oberkärntner und Osttiroler Raum. Er führt es auf die vielen in den Dörfern gehaltenen Gänse zurück. Immerhin gehören Daunenbetten zu den Besonderheiten des Mittelalters (M. Heyne).

Im Bürgerhaus fand sich im späteren Mittelalter am häufigsten das Spannbett, die leichteste Art, nicht nur flüchtiges Ausruhen bei Tage, sondern auch für die Nachtruhe und das Übernachten von Gasten gebraucht. Das »spanbette« bestand aus einer einfachen Bettlade mit Kopf-, Fuß- und Seitenbrettern, deren Boden aber durch gespannte Stränge hergestellt war. Die besseren Spannbetten entbehren des Betthimmels und der von da herabhängenden Vorhänge nicht, die sogar reich und bunt sein können, die gewöhnlichen begnügen sich mit der schlichten Bettstelle. Das Spannbett findet sich als Möbel der Schlafkammer, aber auch, hier wohl in einer zierlicheren Ausgabe, in der Wohnstube, da hat das Gestell Schubladen; im Tucherschen Haushaltsbuch ist »ein clein sponbeth in mein stuben mit 3 schubladen« registriert.

Was ohne Nebenbezeichnung einfach als »bette« erscheint, ist

257

gegenüber dem Spannbett ein geräumiges Stück Hausrat, als Lagerstatt nicht nur für *einen* Schlafenden gedacht, sondern als gemeinsames Ehe-, Familien- und selbst als Gastbett. Santoninos Reisegruppe fand zur Übernachtung in Osttirol und Kärnten eigene Schlafkammern vor, nur in Ausnahmefällen diente die Wohnstube zur Nacht. Immer standen Betten zur Verfügung, häufiger Federbetten, seltener Strohbetten. Nur einmal legte man Strohsäcke auf den blanken Boden, lediglich der Bischof, der »Reiseleiter«, erhielt dann ein Bett. Man schlief zu zweit im Bett, einmal ist das Bett so schmal (angustus lectus), daß der Berichterstatter, der Kanzler Santonino, und der Herr Archidiakon von Kärnten wie gebündelt aufeinanderliegen. Bemerkenswert also nicht das Schlafen mehrerer Personen in einem Bett, in allen Ständen machte man das so, als vielmehr das enge Bett: war Armut daran schuld, oder hatte sich der verkalkuliert, der die Bettstatt gefertigt hatte?

Die – häufig zerlegbare – Bettlade ist schwerer gebaut als das Spannbett, nicht mit Strängen oder Gurten, sondern mit einem hölzernen Bretterboden versehen, mit Stangen am Kopf- und Fußbrett. Sie tragen den Betthimmel mit niederhangenden Umhängen, wenn er nicht von oben her, von der Zimmerdecke her befestigt ist. Später wird statt der stoffenen Zierde auch ein hölzerner Überbau über die Bettlade eingeführt, von wechselnder Form, vom Halbhimmel bis zum völligen Gehäuse, und oft von feinster, kunstvollster Ausführung. Die Bettvorhänge und Betthimmel dienten einerseits, indem sie den Luftzug fernhielten und die Wärme beieinander ließen, als Kälteschutz, andererseits mußten sie auch das Ungeziefer abwehren, das sich von der Zimmerdecke auf den Schlafenden herabfallen lassen konnte. Manchmal hat der »Himmel« wohl auch die Bettstatt vom übrigen Raum abgetrennt, dort vor allem, wo die Schlafkammer auch Wohnstube war oder sein mußte.

Übertrieben zu sagen, man habe im Mittelalter im Bett gesessen. Aber man hat doch für unsere heutigen Vorstellungen recht schräg gelegen, den Kopf ungemein hochgelagert, mit prallen Kissen oder Rollen unterlegt, die Füße tief nach unten hängend. Die auffallende Kürze der mittelalterlichen Betten erklärt sich aus dieser Eigenheit. Zur Bettausrüstung gehörte seit ältester Zeit, aber nur wenig erwähnt, das Nachtgeschirr, in Becken- oder bauchiger Topfform, von Zinn, Blech oder Ton, unter das Bett gestellt. Die zeitgenössische Bezeichnung sagt höchst unverblümt, was gemeint war, seychscherb, oder brunz-kachel und so weiter. Für die Anwesenheit des Kaisers in Nürnberg im Jahre 1471 wird verordnet, »in alle kamer pruncz-scherben« aufzustellen, »in der keisers gemech weise verzinte pecklein (kleine Becken) in der herren kammer verglast, sust (sonst) weiss scherben zu jedem pet«.

Nachtkleider hatte man keine, man schlief nackt, ob arm oder reich, ob Bauer oder Adliger. Lediglich eine Nachtmütze oder Haube auf dem Kopf leistet man sich hie und da, nicht, wie man glaubte, um die Haare oder die Frisur zu schützen, sondern sich selber gegen Luftzug. Wie lange man geschlafen hat: es wird schon damals Frühaufsteher und Langschläfer gegeben haben, wie anzunehmen vergleichsweise mehr in einer Zeit, die noch nicht die Digitaluhr oder den elektrischen Wecker kannte (»Schlaf' schneller, Genosse«). Laut Santoninos Aufzeichnung aus den achtziger Jahren des 15. Jahrhunderts ist seine Reise-gruppe gegen 22.00 Uhr zu Bett gegangen und um 4.00 Uhr aufgebrochen, hat also etwa 6 Stunden geschlafen. Derart frühes Aufstehen ist nicht ungewöhnlich und vielfach belegt. Hielt sich die bäuerliche Tradition, mit Tagesanbruch aufzustehen, auch in den Städten?

Man hat sich sicherlich oft genug dem Schlaf einfach in die Arme, sprich auf die »matraz« oder auf die »bettiziecha« gewor-fen, auf »einen lederyn pfol«, und sich mit »phellînen« oder »vedriht« zugedeckt. Aber man konnte sich auch, wie in Conrad von Megensbergs Buch der Natur von 1349 oder im 1472 gedruckten Buch von Ordnung der Gesundheit, gewidmet Ru-dolf von Hohenburg und seiner Gemahlin Margarete von Thier-stein, besondere Vorschriften geben. Abends nach dem Essen soll man sich nicht hinlegen wie ein Vieh, sondern dem Schlaf mindestens eine Stunde lang durch Kurzweil wehren. Macht sich dann Schläfrigkeit geltend, so schlafe man so lange ruhig, wie man Schlaf in den Augen empfindet. Am morgen Leibesleerung, energische Beseitigung des Auswurfs aus Mund und Kehle, Waschen, Kämmen, Kratzen der Beine, Reinigen der Ohren. Für ein Schläfchen am Tage, zumal im Sommer, schickt sich ein kühler, dunkler Ort. Man ziehe die Schuhe aus und decke sich zu, das Haupt voraus. Immer zuerst auf die rechte Seite legen. Das Schlafen auf dem Rücken ist nicht gut. Auf dem Bauch mag liegen, wem der Magen erkältet ist.

Nicht bloß beim Essen und Arbeiten, beim Spielen und Festen, auch beim Schlafen ist engste räumliche Nähe zwischen den Haushaltsangehörigen die Regel. Der Haushalt, das sind alle, das ist das »Ganze Haus«, der Hausherr obenan, der Macht hat kraft Geburt und Stand, seine Familie, in den zwei, drei Generationen, sein Gesinde, die Gesellen, die Lehrlinge. Die Beziehungen des Ganzen Hauses sind in erster Linie durch die Stellung im wirtschaftlichen Zusammenhang des Haushalts geprägt. Das gilt nicht nur für das Verhältnis der herrschaftlichen Familie zu den Arbeitskräften und Bediensteten, sondern ebenso für die Ehebeziehungen oder für das Verhältnis der Eltern zu ihren Kindern.

Dies, daß die Betten bis zum 16. Jahrhundert häufig zerlegbar waren und erst abends aufgeschlagen wurden, führt zu einer Perspektive, in der die »Familie« in einer anderen Formung erscheint als in der Neuzeit. Die Verwandlung des zerlegbaren Bettes in ein festes Möbel im 17. Jahrhundert darf schon als ein Zeichen des Bedürfnisses nach wachsender Intimität verstanden werden. Der sogenannte bürgerliche Familiensinn zieht herauf. Im Mittelalter wird auch im Schlafbereich keine Trennung zwischen Herrschaft und Gesinde für notwendig gehalten; die persönlichen Bediensteten schlafen häufig in unmittelbarer Nähe ihrer Herrschaft. Die räumlichen Verhältnisse bewirken eine allgegenwärtige, informelle Überwachung des Sexuallebens durch die Haushaltsgemeinschaft. Ein eventuell aufkeimendes Bedürfnis nach intimer Zweisamkeit, auch nach dem Ausdruck von Zärtlichkeiten zwischen Haushaltsangehörigen verschiedenen Geschlechts muß im Angesicht zahlreicher neugieriger Augen schon im Ansatz ersticken. Die Ehepartner des Mittelalters kennen in ihrem »öffentlichen« Umgang miteinander das wohl kaum, was wir heute Emotionen nennen. Die Familie ist sicherlich inmitten des bunten Gemischs von Anforderungen und Beziehungen ein Zentrum. Aber ein Anspruch auf räumliche Absonderungen wird nicht erhoben. Die vorherrschende soziale Lebensform verbietet jede Individualisierung und jede Isolierung. Die räumliche Struktur des Hauses entspricht dem genau.

Und in gewisser Hinsicht auch das Interieur, das Mobiliar. Es gibt kein Ankleidezimmer der »Dame des Hauses« wie im Barock, kein Herrenzimmer, kein privates Reservat, keine Nippes, keine Erinnerungsecke, wo sich, wie in der Biedermeierzeit, die Familienbilder türmen oder, wie in der Gründerzeit, die pathetisch gerahmten, fotografierten Familienporträts. Undenkbar, in den Räumen des mittelalterlichen Bürgerhauses nach der verschwenderisch-kitschigen Pracht des gründerzeitlichen Salons mit Stechpalmen und Glaskaraffen, mit gefaßten Meermuscheln und versilberten Fruchtschalen suchen zu wollen. Die bloße, zumal historisierende Dekoration fehlt ganz. Im Testament des Korneuburger Stadtrichters Caspar Strasser von 1460, einem Mann reichen Bürgertums, ist alles aufgeführt, was der Herr Stadtrichter in seinem Haus gehabt hat, von den zwei Rössern und zwei Wagen bis zu den 28 großen und kleinen goldenen Ringen, zwei Paternoster aus Beryll kommen dazu, zwei korallene Paternoster, zehn Schleier und dazuhin noch etliche paar Ärmel und etliche Pelze. Nippes, Blumenständer, Vogelbauer und so fort gab es keine.

Das eigentliche Möbelstück zum Aufbewahren von Kleidern, Wäsche, Vorräten ist die Truhe. Es haben sich kostbare, prächtige Stücke erhalten. Der Schrank ist dagegen ein junges Möbelstück; er wird erst im Spätmittelalter auch für profane Zwecke in

Anspruch genommen. Da und dort kommen in spätgotischer Zeit Kredenzen mit Büffets auf oder hölzerne Kästchen mit aufklappbaren Deckeln mit und ohne Füße, als Behältnisse für Schmuck und Briefschaften. Der Handspiegel wird zu Ausgang des Mittelalters durch den Wandspiegel ergänzt, gewölbte, kalottenförmige Spiegel aus Glas, mit Metallfolien hinterlegt und in einen reichen Holzrahmen montiert.

Zum Sitzen ist die Bank da, zunächst ohne Rückenlehne, mit Kissen belegt, war eine Wandvertäfelung vorhanden, mit der Wand verbunden. Erst langsam findet man an Stühlen Gefallen, die einfachsten sind dreibeinige, niedere Sitzschemel, die man auch als kleine Tischchen verwenden kann, im Spätmittelalter kommt der Scherenstuhl dazu, der, weit verbreitet, auf die Anatomie des Menschen Rücksicht nahm, und der Stuhl mit gedrechselten Beinen und Rückenlehne, den man vielfach mit Polstern ausstattete. Der Tisch war ursprünglich eine schwere, massive Holzplatte auf vier Beinen, im Bauernhaus in die Ecke der Stube gerückt. Im Bürgerhaus hat man vor allem die zwei Schragen an Stelle der Tischbeine geschätzt, schräggekreuzte, massive Bretter; aber man kennt dann auch den Kastentisch oder den Schreibtisch, den Tisch mit einer Schieferplatte oder einer Platte aus Solnhofer Stein, in die man die schönsten Ornamente und Bilder ätzt.

Allein in punkto Hausrat, möchte man sagen, war die Einfachheit der mittelalterlichen Wohnung gesprengt. Stand nicht in der Wandnische ein Zinnkrug mit Deckel oder ein Salzfaß mit gedrehten Füßen? Hatte man sich nicht ein Straußenei-Gefäß aus vergoldetem Silber geleistet? Ein goldschimmerndes Gießbecken oder Becher in zylindrischen, konischen, polygonalen Formen? Es käme, wollten wir ernst machen mit solchen Fragen, auf die Häufung und schlicht auf die Zahl der Geräte an. Daß im mittelalterlichen Haus nicht so furchtbar viel Geschirr herumstand, bezeugen Nachrichten Paolo Santoninos unmißverständlich. Er war der Meinung, daß der Besitz von Trinkgefäßen, qui boni sunt pretii (die teuer sind), für einen Oberkärntner Dorfpfarrer eine außergewöhnliche Sache sei. Als seine Reisegruppe in St. Lorenzen im Glitschtal durch die Dorfgemeinde bewirtet werden soll, zeigt es sich, daß geeignete Trinkbecher fehlen und die meisten Teilnehmer gezwungen sind, sich mit gläsernen Flaschen und mit Geschirr aus Blei zu behelfen. Auf Burg Goldenstein benutzte man silberne »Köpfe«, einen vom adeligen Gastgeber zur Verfügung gestellten Gefäßtyp, der auch in der Herberge von Oberdrauburg Verwendung fand. Trinkgefäße aus Glas und Kristall erscheinen nur ausnahmsweise. Selbst die Angehörigen des niederen Adels trinken aus Bechern, die in Edelmetall gefertigt sind, das bleibt im ganzen Mittelalter so, trotz aller ungünstigen geschmacklichen und hygienischen Eigenschaften des Metalls. Der Meister des Schottenaltars im Schottenstift zu Wien stellt 1469/70 das Letzte Abendmahl dar: für alle Tischgenossen, rechts auf dem Tisch ein schlichter anzügiger Angster, stehen nur zwei Trinkgefäße zur Verfügung.

Natürlich bringt man es bei der Handvoll Leute, die in der Gesellschaftshierarchie zu den oberen Rängen gehören, da und dort zu wertvollsten Einzelstücken. Kostbar verzierte Kästchen kennt das 14. und 15. Jahrhundert recht wohl. Im 19. Jahrhundert hat man sie »Minnekästchen« zu nennen begonnen, in der romantischen Annahme, ein Ritter habe sie allemal mit Geschmeide gefüllt und der Dame seines Herzens überreicht: Urkunden deponierte man dort, gelegentlich wohl auch Schmuck oder Reliquien. Ganz selten einmal finden sich Teppiche nicht nur vor Kirchenaltären, sondern auch im Bürgerhaus, Bilder und Testamente bezeugen das. Aber auch hier handelt es sich um einen königlichen Luxus, den man wörtlich nehmen darf: König Ladislaus fordert 1455 von seinem Vormund Kaiser Friedrich III. seine »türkisch tebich« zurück. Rueland Frueauf der Ältere läßt in seiner Verkündigung Maria vor einem Pultschrank knien, über den ein anatolischer Teppich gebreitet ist. Der Teppich, auf dem in der Anbetung der Könige des Meisters der Darmstädter Epiphanie die Madonna thront, zeigt in Bordüre und Fond stark abstrahierte Muster. Der Albrechtsmeister verwendet bei der »Verkündigung«, Maria steht vor einem Betpult und liest, nach dem Wort des Propheten Jesaia, »Siehe, eine Jungfrau wird empfangen«, einen Überwurf mit Fabeltieren, mit einem Granatapfelmuster und Löwen auf je einem Sockel.

Das Durchschnittshaus des Mittelalters hat netzartige Tischtücher, »Pölster« aus Samt, Seide oder Leder, genähte Handtücher und Leintücher (»leilachen«), aber kaum Teppiche; das »hydennisch werck« kann (und will) man sich nicht leisten. »Wenn du nun hast ein ehefrawen«, meint Hans Sachs in einem seiner Fastnachtsspiele, »mustu dein hausz auch new erbawen, mit altanen auff welcsch manier, die ingmach mit täffelweck zier! mach käler (keller), gwelb, ställ, bad und brunnen«. Das »Täffelwerck« indessen, die Wandvertäfelung mit Zierleisten und schabloniertem Laubwerk, ist eine Sache der reich gewordenen Spätzeit und eigentlich schon Requisit der Renaissance.

Nur der Fliesenfußboden ist schon in der gotischen Zeit verbreitet. Ursprünglich verwendete man gestampften Lehm oder Steinplatten für den Fußboden. Eine Verbesserung des einfachen Lehmschlages brachte der »esterich«, durch Guß von Kalk und Sand hergestellt und sorgfältig geglättet. In ihn hat man den Fußboden gelegt, in Bayern und in der Schweiz so selbstverständlich, daß das Wort »Estrich« allmählich auch für das Bodengeschoß verwendet wurde. Man hat es beim einfachen Ziegelbelag des 13. Jahrhunderts, damals schon aufgefächert in rechteckige, quadratische oder oktogonale Muster, nicht belassen. Mehr und mehr wurden Fliesen aus rotem Ton üblich, die, glasiert und mit Tier- und Pflanzenmustern oder mit Wappen dekoriert, zu einem der belebendsten, wohl auch unruhigsten Elemente der Innenarchitektur wurden. Wenn auch mancherlei buntfarbene und schachbrettartige Muster, die wir auf Altarbildern finden, eher Teile einer mittelalterlichen Materialsymbolik sein dürften: die Bodenfliese gab Möglichkeiten zu originellsten

49 *Wo dumpfe Stubenenge durch Alkohol überspielt wird: Mann beim Trunk in einer Stube (mit Balkendecke, Fensteröffnung und massivem Holztisch). Aus dem Ortus sanitatis des Straßburger Druckers Johann Prüss. Um 1500.*

Variationen, und die Wandfliese konnte den Töpfer zu erstaunlichen, künstlerisch ausgereiften Schöpfungen reizen.

Aeneas Silvius hat in seinem genannten Brief die Wiener Bürgerhäuser mit rechtem Lob bedacht. Groß seien sie, gut gebaut und reichlich ausgeschmückt. Breitgewölbte Hausflure hätten sie alle. An Stelle der in Italien üblichen Halle habe man heizbare Zimmer, Stuben genannt. Natürlich hat man, wir befinden uns nicht in den Zeiten der Betonmonotonie, starke regionale Unterschiede zwischen Nord- und Süddeutschland und so weiter zu berücksichtigen. Sicherlich setzen sich im 15. Jahrhundert gemeindliche Bauvorschriften durch; an ihnen organisiert sich die kommunale Selbstverwaltung geradewegs. Aber sie scheren schon deshalb nicht alles über einen Kamm, weil stammliche Bedingtheiten deutlich unterscheiden und trennen. Das fränkische Haus ist anders als das schwäbische. Wo das fränkische von Agilität bestimmt ist, gefällt sich das schwäbische in Geruhsamkeit und beschaulicher Klarheit. Das Kleinformige, die vielen Erkertürmchen und Zwerghäuser und Spitzhelme fehlen hier. Die schwäbische Stadt liebt die Fläche, das Körperhafte, das Geschlossene. Die fränkische Stadt sucht lineare Teilungen lebendig zu machen und die ornamentalen Akzente in Laune zu vergeben.

Auch das mittelalterliche Bauen kennt seine Zwänge. Aber Häuser von der Stange gibt es nicht. Sie sind alle ebenso »handgemacht« wie sie ohne Nummern sind. Namen haben sie wie Lebewesen, zum Schnecken, zum gelben Narren, zum wilden Schwein, zum geilen Mönch. Liegt nicht in dieser Individualisierung ein beneidenswertes, schmerzlich verlorengegangenes Glück?

8 Ein schapel klar uf mînem har

Wer dem Mittelalter ein einfach-natürliches Fortschreiten der Entwicklungen zubilligt, nicht gerade das, was man in unseren simpelsten industrialistischen Generationen unter »Fortschritt« verstanden hat, aber doch deutlich spürbare Reihen von Veränderungen, der wird in Dingen der Kleidung dafür seine Beispiele finden.

In germanischer Zeit trägt der Mann einen Rock mit einem Kopfloch und langen, aus Wolltuch oder Leinwand gefertigten Ärmeln, dazu eine durch Gürtung festgehaltene lange, nicht enge Hose bis zu den Knöcheln. Die Füße decken eine Art Opanken, Schuhe, die aus *einem* Stück Leder durch Umlegen, Dehnen und stückweises Zusammennähen entstanden sind, eng anliegen und unter oder über dem Knöchel gebunden werden. Im Winter oder bei schlechtem Wetter kommt ein Mantel dazu, aus Pelzen oder Tierhäuten, aus schwerem oder leichterem Wollstoff. Dieser rechteckige Mantel wird auf der einen, der rechten Schulter durch eine Metallschließe oder eine Nadel zusammengehalten. Kapuzen, mit dem Mantel häufig fest verbunden, sieht man nur bei schlechter oder kalter Witterung. Die Unterschenkel sind meist mit Bändern umwickelt, der Rock ist auf den Seiten unten eingeschnitten, man will bei der Landarbeit oder auch beim Reiten durch die Kleidung nicht gehemmt sein.

Zur Frauentracht gehört ein langer, weiter und dadurch in Falten fallender Rock mit langen Ärmeln, in der warmen Jahreszeit auch ohne Ärmel. Der Rock ist gegürtet; am Gürtel hängt Schmuck, sehr viel häufiger aber Gerät, das die Frau für ihre Arbeit benötigt. Seltener sind Jäckchen mit Halbärmeln. Das Schuhwerk unterscheidet sich kaum von dem der Männer.

Das lang wallende Haar kann durch ein gehäkeltes Netz zusammengehalten werden; auch Häubchen sind schon belegt. Der

Frauenmantel wird nicht auf der Schulter geschlossen, wie die Männer das machen, sondern vorn.

Auch in der frühmittelalterlichen Zeit ist die Kleidung noch eine einfache, überschaubare Sache. Die Hose besteht aus Wolle, Leinwand oder Leder, neben den Lederschuhen kennt man auch geschnitzte Holzschuhe oder geflochtene Bastschuhe, für die ärmellosen Umhängemäntel dient, von Gras, Stroh, Lindenbast oder Fellen abgesehen, ein Wollstoff in den Naturfarben. Da man im allgemeinen dunkle Schafe zog, blieb die Kleidung entsprechend dunkel und »farblos«. Auch in der hochmittelalterlichen Zeit hat sich an diesem Gesamtbild wenig geändert. Die romanische Frauenbekleidung Mitteleuropas beruht auf einem einfachen, geraden hemdartigen Schnitt, Männer pflegen bei der Arbeit nicht weniger einfache Kittel zu tragen, die sich nur durch die Länge unterscheiden. Reicht der Frauenrock meist bis zur Erde, tragen die Männer ein kürzeres Gewand, das freilich nach Alter und Rang verschieden ist; ältere Männer aus höheren sozialen Schichten haben längere Röcke als die Jungmänner, zumal aus niederen Schichten und Gruppen.

Immer noch ist die Kleidung der Ausdruck einer gewissen Eingezogenheit und Gesellschaftslosigkeit. Zwar finden wir auf böhmischen Malereien der frühromanischen Zeit auch soziale Unterschiede in der Frauenkleidung. Aber die Differenzen zeigen sich nicht im Charakter oder gar im Schnitt, sondern nur in der Ausstattung. Der besondere Konservatismus der romanischen »Mode« verrät sich vor allem darin, daß die Modeänderungen in der romanischen Zeit bedeutend langsamer vor sich gehen als später, wo rasche Änderungen der wirtschaftlichen Grundlage auch rasche Änderungen der Mode zur Folge haben.

Langsam zeigen sich erste Neuerungen. Bleibt die Mode bis zum 12. Jahrhundert im Banne der graeco-italischen Antike, so stößt man jetzt auch auf Einflüsse aus Byzanz, nicht im Schnitt und im Gesamtcharakter, wohl aber in der Verzierung und im Material. Was die Gotik zu ihren modischen Grundelementen rechnen wird, Kopftuch und Mantel, kündigt sich schon in

Ansätzen an. Zwar bleibt das romanische Kleid in zwei bis vier Teile geteilt, bleiben die Ärmel vom Kleid durch eine aufgenähte Borte getrennt: die künstlerische Grundlage der romanischen Mode. Wir erkennen darin die Elemente der romanischen Architektur wieder; sie ist blockartig und gliedert ihre Oberflächen durch Lisenen, Arkaden und Rundbogenfriese. Aber es ist doch auch eine Übergangszeit, der wir hier begegnen: die Typen der geläufigen weltlichen, klösterlichen und königlichen Gewänder bilden sich heraus, oder umgekehrt, die geistliche Tracht beginnt sich von der weltlichen Tracht zu sondern. Der Mönch behält den alten, weiten Kapuzenmantel, die cuculla, und den sackartigen, mit Ärmeln und einer Kapuze versehenen, an den Seiten zusammengenähten Leibrock, die Kutte. Beide Kleidungsstücke lassen nur die Füße frei, dunkle, schwarze Überhänge übrigens, wie man das bis dahin gar nicht anders gekannt hat, erst die neuen Orden des 11. und 12. Jahrhunderts nehmen auch weiße Kutten und Kukullen. Wenn eine Kleidung bis zu den Knöcheln reicht, dann ist sie ab dato Zeichen einer geistlichen Tracht, das bleibt über das Mittelalter hinaus bis heute so.

Die gotische, die spätmittelalterliche Mode registriert so starke und weitreichende Ortsveränderungen, wie sie die Kreuzzüge bringen, ebenso, wie sie aus einem veränderten Körpergefühl heraus lebt. Der Leibrock bei Mann und Frau liegt dem Oberkörper und den Armen satt an, von der Taille an besitzt er allerdinge mehr Weite, besonders bei der Frau, und fällt unterhalb des Gürtels in reichen Falten. Über diesen Leibrock zieht die neue Mode ein Überkleid ohne Ärmel, den surkôt an, mit engerem oder weiterem Hals- und Armausschnitt. Selten einmal, daß der surkôt, von sehr viel gröberem Stoff gefertigt, auch bei den Bauersfrauen vorkam. Das Einsetzen von Spickeln – womit er wie der Leibrock für Handarbeitende überhaupt erst »tragbar« geworden wäre – war den Bauern nach der »Kaiserchronik« verboten.

Begnügte man sich vorher, für Hunderte von Jahren, für ein halbes Jahrtausend mit *einer* Kleidung und sozusagen mit einem

269

härenen Einheitsgewand, wird jetzt »Mode« zu einer besonderen und eigengesetzlichen Landschaft, die in immer stärkere und in immer kürzerfristige Bewegungen hineingerät. Die Leinwand der Frauen-Unterkleider wird immer feiner, die Formen ihrer Ärmel immer ausgefallener. Die Haare sind weiterhin mit einem Schleier bedeckt, aber man trägt sie auch in langen Zöpfen geflochten oder läßt sie ganz offen herabfallen. Die ledige Frau zeigt ihre Haare freilich eher als die verheiratete, die nun das »gebende« anlegt, eine leinene, gesteifte, knapp aufsitzende Kopfbedeckung mit einem Kinnband. Das Kinnband war oft so stark angezogen, daß die Dame nur lispeln und erst nach ungeniert weiter Lockerung – essen konnte.

Der Mann hat seinen Mantel jetzt gleichmäßig über beide Schultern gelegt. Ist er weit geöffnet, dann verhindert ein Riemen, der »Tasselriemen«, das Hinunterrutschen. Aus den metallenen Scheiben, die diesen Riemen hüben und drüben am Mantel festhalten und gleichzeitig das Ausreißen des Stoffes verhindern, werden prächtig gearbeitete Zierstücke, die Tasseln. Die von den Hüften bis zu den Knöcheln reichende Langhose germanischen und keltischen Ursprungs verschwindet allmählich und wird durch zwei Kleidungsstücke ersetzt: die Bruch (bruoch, Schamhose), eine eng die Lenden- und Gesäßpartie umspannende, sehr kurze Leinwandhose, und die Beinlinge, lange Strümpfe (auch Socken genannt, nach dem lateinischen soccus), die an der Bruch angenestelt wurden oder, wenn keine Bruch getragen wurde, an einem Gürtel. Diese Hosenform hat seit dem 13. Jahrhundert bis in die Reformationszeit hinein jede andere Art verdrängt. Die Gründe dafür, vom Reiz des Neuen abgesehen: die – auch bei den Frauen eingeführten – Beinlinge passen sich den Körperformen an, und die Möglichkeit, mehrere Bruche zu besitzen, gibt zu häufigerem Auswechseln Gelegenheit.

Das gotische Unterkleid, das ist das Neue, das Revolutionäre an der Sache, ist geschnitten. Es betont die Modellierung des Körpers, um die sich in gleicher Weise das Oberkleid und seine verschiedenen Abarten bemühen. Gewiß ist das bisherige weibliche Arbeitskleid hierfür die Grundlage, ein herabfließendes, ungegürtetes Gewand, das bis zu den Hüften am Körper anliegt und sich von da an gegen den Boden hin verbreitert, mit einem kleinen ovalen Ausschnitt und engen, langen Ärmeln. Aber was macht die Gotik daraus! Das Überkleid vereint sich mit dem Unterkleid, »das« Kleid liegt eng, am Ende geht es gar nicht mehr enger, am Körper an, der Körper tritt sichtbar hervor, die Vertikalität ist durch den Schnitt des Rocks betont, während die Falten des Leibchens in entgegengesetzter Richtung gerafft sind: die gotische Haltung, die S-förmige Beugung des Leibes, das Ideal der Gotik, wird in ihrer Mode am deutlichsten. Von der modischen Kleidung dieser Zeit werden feste Fäden zum formellen Kodex guter Sitten zurückgeknüpft, zu einer verbindlichen Gesellschaftsnorm, die sich nicht nur auf die Tafelmanieren beschränkt, sondern auch die Art des Gehens und die Haltung des Körpers, der Hände, der Füße und die vornehme Sitzstellung vorschreibt.

Man sollte hier allem Dekor, hinter den Stirnbändern und Netzhauben, den Ärmelmanschetten und Kopfbedeckungen, die den tiefen Ausschnitt, der den Busen betont, im wahrsten Sinne des Wortes abschließen und krönen: man sollte hinter all diesen komplizierten und raffinierten Zutaten, vom Dekolleté über das gestickte Netz bis zum klüglich drapierten Schleier, das suchen, was auch die Gotik gesucht hat: den Körper, den Menschen, die Wirklichkeit. Es gibt in der gotischen Kultur freilich auch jenen anderen Weg, die Flucht in die mystische »abgeschaidenheit«, die antikörperliche-spiritualisierende Verbrämung. Aber die Eroberung des Diesseits durch die Mode, das heißt durch ständig wechselnde, sich gegenseitig treibende Kleidungs-Gewohnheiten ist sehr viel stärker. Wir erkennen das nicht nur daran, daß die hoch gegürteten Kleider mit diesem empire-ähnlichen Schnitt aus der Zeit Kaiser Wenzels vom Dekolleté bis zu den Knien mit Knöpfen besetzt sind, die typisch gotische, nämlich vertikale Linie durch ein neues Detail verstärken und die »brüstlin wolgestalt«, wie der Mönch von Salzburg erstaunlicherweise singt, sichtbar werden lassen. Mindestens ebenso bedeutsam ist, daß mit dem Ungeniert-Körperlichen der Wirklichkeit überhaupt Rechnung getragen wird. Diese Mode kreist nicht mehr, wie die romanische, um eine Idee und mithin um ein Abstraktum, sondern um die Realität des Menschlichen.

Die Wirklichkeitstendenz zu Ausgang des Mittelalters, wir sind ihr in der Malerei und in der Literatur begegnet, verrät sich hier einmal mehr. Die Mode will dem menschlichen Körper ebenso gerecht werden wie sie ihn zeigen will, und selbstverständlich hat das seine Rückwirkungen auf den Künstler. Die um 1390 entstandene Madonna von Wittingau, im modischen Sinne mit allen Zutaten der Zeit versehen, mit Unterkleid, Stirnband, Mantel und so fort, ist eines der frühen Beispiele; »die technische und funktionelle Analyse des Kleides zeigt, daß der Künstler sie aus der Wirklichkeit übernommen hat« (O. Šroňkova). Was die modischen Veränderungen wollen, wollen auch die musikalischen. Präsentiert noch die hochentwickelte Kompositionskunst eines Guillaume de Machaute in der Mitte des 14. Jahrhunderts merkwürdig bizarre Tonstücke, höchst aufschlußreich für die Lebensatmosphäre jener Generation, so wendet sich die Musik seit der Mitte des 15. Jahrhunderts in hohem Maß dem Menschen und seinen physischen und psychischen Gegebenheiten zu. Sie nähert sich darin der bildenden Kunst und der Architektur dieser Zeit, in der die Proportionen der Bauwerke denen des Menschen angepaßt werden. Auch die Musik geht den Weg zur Wirklichkeit. Die Formung der Melodien gehorcht nicht mehr, wie bisher, abstrakten mathematischen Überlegungen, sondern ist auf Sangbarkeit angelegt. Der Gang zur (jeweiligen) Individualität ist unverkennbar. Im Verlaufe des 15. Jahrhunderts wird die »menschliche Qualität« der Musik entdeckt. Sie entwickelt eine differenzierte musikalische Affektsprache, mit deren Hilfe sie die unterschiedlichsten Gefühle darstellen kann.

Die Allüren der Mode passen sich nicht nur in diesen Trend, sondern greifen eines schönen Tages auch wieder darüber

50 *Höchste Mode in größter Lässigkeit: Mädchen mit enganliegendem Kleid und Mieder und einer kunstvoll geknüpften Haube. Kupferstich Martin Schongauers vom Ausgang des 15. Jahrhunderts.*

hinaus. Vom perlenbesetzten oder mit anderem Material geschmückten Surkot ist in der Entwicklung des gotischen Kleides
kein weiter Weg mehr bis zu dem Punkt, wo in letzter Phase vom
Leibchen der Rock abgetrennt wird und dieser zum selbständigen, mit Taschen besetzten Bestandteil der Kleidung aufsteigt.
Die zweite, wahrhaft revolutionäre Neuheit folgt auf dem Fuß:
der tiefe Ansatz des Gürtels an den Hüften, der die eigentliche
Grundlage der Gotik, ihre Vertikalität, aufhebt. Die Figur der
Salome auf dem Altar in Zátoň (um 1430) zeigt schließlich eine
dritte Neuheit: der tiefe, spitze Ausschnitt, mit Perlen gesäumt
und bis zur Taille reichend, ist durch einen brokatenen Brustlatz
verhüllt. Es ist der erste nachweisbare Brusteinsatz auf europäischen Kunstdenkmälern überhaupt. Um die Mitte des 15. Jahrhunderts findet man Brustlätze allenthalben. Sie bilden freilich
keinen Kragen mehr, sondern sind durch das Schnürband verziert; das Schnür- oder Miederleibchen, ein Faktor, der die
Funktion und die Erotik des Kleides betont, ist schon ein
Merkmal des Renaissance-Kleides.

Mode ist Wechsel. Die Dorffrau, die auf dem Feld arbeitet,
trägt zwar auch eine »Rise« (ein Kopftüchlein) und eine Schürze.
Aber die ist über ein loses, nicht anliegendes Kleid mit breiten
Ärmeln gebunden: ein Kleid, das sich fast ohne Änderung bis
heute erhalten hat. »Mode«, das Wort ist erst im Frankreich des
15. Jahrhunderts aufgekommen, erst in diesem Jahrhundert
nimmt die Veränderlichkeit der höfischen und städtischen Mode
ein anderes Tempo als die Form der Arbeitskleidung des Volkes
an: Mode lebt von der Kurzatmigkeit ebenso wie von der (am
Lande, am Dorfe vorbeigehenden) Internationalität. Die böhmische Prinzessin Anna, die Gattin Richards II., hat die höfische
Mode Karls IV. 1382 nach England gebracht. Die berühmtesten
Erzeugnisse der Prager Schneider, kurze wattierte Männerwäm-
se, die man um 1360 zu tragen begann, sind auf Bestellung ins
Ausland verkauft worden. Die »böhmischen Kogeln«, eine
Hutart, die zu Wenzels IV. Zeit gegen Ende des 14. Jahrhunderts
in Böhmen entstand, haben sich über ganz Mitteleuropa ausge-

breitet. Umgekehrt ist der wichtigste Anstoß zum »schönen Stil«
in der Mode, der eine neue Linie geltend macht, die zum ersten
Mal Hüften und Büste und Bauch betont, von der französischen
Königin Isabella (1371–1435) ausgegangen, eine Novität, die
also auf dem umgekehrten Weg von Westen nach Osten expor-
tiert wurde.

Mode ist Standessache und daher mit Geld verknüpft. Das
billige, sich immer gleichbleibende Arbeitskleid dient jener
großen Mehrzahl, die sich für die fünf oder zehn Prozent der
Gesellschaftsspitze abrackern darf. Die kann sich das knapp
anliegende Kostüm, im Doppelsinn des Wortes, »leisten«. Dieser
von Stutzern und Gecken angeführte Einbruch einer »Mode« ist
von den Zeitgenossen denn auch als eine latente Revolution
empfunden worden. In der Limburger Chronik des Notars und
Stadtschreibers Tilemann Elhen von Wolfhagen (1347/48–nach
1411), einer Art extrovertierter Selbstbiographie, heißt es: »Item
darnach oder ein jar da dit sterben, dise geiselerfart, romerfart
unde judenslacht, als vur (vorhin, oben) geschreben stet, ein ende
hatte, da hup di werlt (Welt) wider an zu leben unde frolich zu
sind, unde machten die menner nuwe kleidunge. Di rocke waren
unde ane geren (ohne Keilstücke an der Hüfte) unde waren auch
nit abegesneden umb die lenden unde waren also enge, daz ein
man nit darinne geschriden konnte, unde waren die rocke ein
spanne nahe ober di knien. Darnach machten si di rocke also
korz, ein spanne ober den gortel. Auch trugen si heuken
(Mäntel), di waren alumb ront unde ganz, daz hiss man glocken;
di waren wit, lang unde auch korz. Item da gingen auch die
langen snebel an den schuwen an, unde die frauwen drugen wide
heubtfinster (Hauptfenster, Halsausschnitte), also daz man ire
broste binach halbe sach« (so daß man ihre Brüste beinahe bis
zur Hälfte sehen konnte).

Man wird wohl kaum je rekonstruieren können, bis zu
welchem Luxus die um 1350 einsetzende Mode sich tatsächlich
aufschwang und verirrte. Sicherlich sind selbst die aufwendig-
sten und fernsehgerechtesten Krönungsfeierlichkeiten unserer

51 Familienbewußtsein und Mode zu Ausgang des 15. Jahrhunderts. Der
Adelsmann trägt einen weiten Übermantel, langes, wallendes Lockenhaar und
eine Kappe mit Federn, die Dame ein Kleid mit gerafftem Rock, engem Mieder,
Brustlatz, gebauschten Ärmeln und einer Doppelhaube; an der Stirne eine kostbare Brosche, um die weichen Linien des Halses eine Kette. Aus Bothos »Croneken der sassen«, Druck von Peter Schöffer in Mainz, 1492.

Tage nur ein schwacher Abglanz des mittelalterlich-modischen Aufgebots. Es gab auch später extravagante Moden, die Landsknechtstracht der frühen Reformationszeit, das französische Adelskostüm kaum eine Generation nach dem Dreißigjährigen Krieg. Aber die tolle, die märchenhafte Buntheit, die man sich auf den französisch-burgundischen Hoffesten leistete, bleibt ohne Beispiel, die Damen mit der Zuckerhutform des »hennin«, das Haar ist entfernt oder verborgen, um die sonderbar gewölbte Stirn zu zeigen, die Herren in den langen Schuhschnäbeln, den »poulaines«, in eingeschnürten Taillen und ballonartig aufgepufften Ärmeln, die an den Schultern in die Höhe stehen, mit Hauben, die man wunderlich wie einen Hahnenkamm oder wie flammendes Feuer um den Kopf drapiert, noch nie gesehene Farben, das Scharlachrot, das rote Färbemittel voraussetzt, eine ganze Skala von Blau und Grün, in den riesigen Pasteten spielen die Musikanten, aufgetakelte Schiffe und Schlösser kommen daher, Affen, Walfische, Riesen, Zwerglein: eine sagenhaftabenteuerliche, eher ans Lächerliche reichende Menagerie.

Ist die Mode »eine Erscheinung der städtischen Kultur« (E. Ennen)? Wer den schweren und barbarischen Ernst der burgundischen Hoffeste, sie alleine, in die nötigen geschichtlichen Zusammenhänge bringt, wird die Frage nicht einmal stellen wollen. Daß die städtische Hoffart bald sprichwörtlich wird, ist kein Gegenbeweis, auch nicht, wenn Berthold von Regensburg Hoffart selbst bei den Stadtarmen findet. Die haben kein Geld, um kostbaren Schmuck und Kleider zu kaufen, aber »unde so ez niht me mac fürbringen ze hohverte, so rücket daz den gürtel hoeher, so krümbet daz den huot uf, so hohvertet daz sine genge, daz sine sprache«. In Wirklichkeit ist die hoch-vart in den Städten, allen antistädtischen, nicht ein himmlisches Jerusalem, sondern das schlimme Babylon anvisierenden Ideologien zum Trotz, mitunter sehr, sehr klein geschrieben. In spätmittelalterlich-städtischen Testamenten, die in großer Zahl auch Kleidervermächtnisse enthalten, ist häufig sogar das »pfait« aufgeführt, ein gewöhnliches, leinenes Unterhemd. Wer wollte angesichts dieser Bescheidenheit des Durchschnitts einen Vergleich wagen zu den wertvollen orientalischen, mit Applikationen und Stickereien geschmückten Stoffen des Adels, zum flandrischen Tuch, das der städtischen Handwerkerfamilie – und damit der überwiegenden Mehrheit der mittelalterlich-städtischen Bevölkerung – ebenso fremd blieb wie jene mit Akanthusblättern oder Linien, mit Mustern aus Kreisen und Kreuzen, mit den von China beeinflußten Vorlagen von Phoenixen oder mit Rhombenmotiven bestrittene Textilornamentik, die in adlig-ritterlichen Kreisen, wenn überhaupt irgendwo, ihre Bleibe und ihren Sinn hatte?

Nicht, daß eine typische Stadtmode gefehlt hätte. Die städtische Mode des 15. Jahrhunderts ist eine autonome Sache, jene mit Brustlätzen geschmückten Gewänder, an den Ohren eingerollte und in einem Netz festgehaltene Frisuren, ein munteres Barett krönt das ganze Arrangement. Die hoch angesetzte Büste entspricht der hohen Taille, der tiefe Ausschnitt verkürzt das Leibchen. Aber das städtische Kleid nähert sich wieder dem Volks- und Arbeitskleid; die arbeitende Stadtfrau wird durch die Länge des Gesellschaftskleides der Renaissance nur behindert. Ihr Kleid ist verkürzt, wenn auch nicht so sehr wie bei der Bauersfrau; sie bleibt bei der Gebende, wenn diese auch schwankt zwischen Barett und einfachster Rise. Im Grunde ist das Kleid der Stadtfrau eine Zwischenstufe zwischen der vornehmen Stadtmode und der Landmode. Der städtische Rock mit dem Leibchen hat jetzt kurze Ärmel bekommen, unter denen die weißen Ärmel des Hemdes hervorschauen. Als schützendes Oberkleid verwendet die arbeitende Städterin nicht nur die kurze Schürze, sondern eine, die bis zu den Schultern reicht und das Kleid von vorn und hinten bedeckt. Die Schürze, diese unerläßliche Ergänzung der Renaissancemode, wird zur Verzierung des Stadtkleides im 16. Jahrhundert, das seinerseits nicht mehr die höfische Mode imitiert und sich mit dem eigenen städtischen Stil zufrieden gibt.

Die adlige, die »höfische« Mode gibt den Ton an. Auf dem

Herrensitz, im Palas der Burg sitzt man zusammen und feiert man, während Handwerker und Händler, mancherlei Traditionen verbieten dem Adligen Handarbeit, ihren Geschäften nachgehen. »Der Königin«, so schildert der zwischen 1155 und 1160 entstandene »Le roman de Brut«, eine der frühesten Nachrichten über König Artus und seine Tafelrunde, den Gang zum Festmahl, »Der Königin folgten andere Damen, die ihr dienten, sehr frohgemut und heiter und von höchstem Adel. Sie waren wunderbar geputzt, reich gekleidet und prächtig geschmückt; manch eine hättet ihr da bemerkt, die sich jeder anderen Frau der Welt ebenbürtig glaubte. Viel teuren Staat schaute man da, teuren Schmuck und teure Gewänder, kostbare Kleider und Mäntel, Armbänder und Ringe, viele bunte und graue Pelze und Putz vieler Art.«

Wer den sündhaft teuren Reichtum, den das spätmittelalterliche Frauengewand entfalten konnte, sozusagen auf Tuchfühlung erleben möchte, wird sich einmal die Verlobung der hl. Agnes ansehen müssen, ein zwischen 1495 und 1500 entstandenes Gemälde auf Holz des Meisters des Bartholomäusaltars: Gesichter von Mädchen-Frauen, hier in einfach gehaltenem, aber großartig feingeschnittenem Gewand, dort in einem modischen Reichtum ohnegleichen, Stickereien, die eigene Kunstwerke sind, Schmuck, der nur in jahrelanger Arbeit entstanden sein kann, eine einzige Raffinesse der Form und Farbgebung. Als Paolo Santonino am Ende der achtziger Jahre des 15. Jahrhunderts mit seiner – immerhin bischöflichen – Reisegruppe Kärnten und Osttirol besucht, steht er wie betroffen vor der Schönheit der Omelia von Hornegg: »An diesem Tag trug sie ein schwarzes Kleid, das mit viel Gold und vielen großen Perlen und kostbaren Steinen am Halse und an den Ärmeln besetzt war. Auf der Brust hatte sie eine Goldkette mit einem großen und teuren Amethyst hängen, ihre Mitte umschlang ein langer, golddurchwirkter Gürtel, der an seinen Ende je einen soliden Knopf aus reinstem Gold aufwies.« Ein Alltagsfall.

Wer auch nur eine Handvoll Altarbilder oder Fresken von

Epitaphien oder Triptycha der spätmittelalterlichen Zeit durchmustert, entdeckt immer wieder neue Varianten von Schmuck,
Perlenbesatz für Frauen und Männer, Ohrgehänge wiederum bei
beiden Geschlechtern, Halsbänder, Anhänger, ein Fürspan, eine
das Gewand vorne zusammenhaltende Spange, kostbare Agraf-
fen, Ordensinsignien oder als neue Broschenform das burgundische »Heftlein«: dem gesteigerten Schmuckbedürfnis kamen die
französisch-burgundischen und italienischen Einfälle aufs beste
entgegen. Eine Wiener Ordnung dieser Zeit bestimmt unter
anderem, daß Frauen das Tragen von Perlen verboten sei, außer
an den Kleiderärmeln, und in Innsbruck will man den adligen
Frauen das Tragen von Ketten nur bis zu hundert Gulden und
einer »perleinen hawben« nur bis zu vierzig Gulden erlauben.

An den Kopfschmuck haben diese ohnmächtigen Dekrete
noch gar nicht gedacht. Wenn das junge und unverheiratete
Mädchen ein schapel trug, einen Kranz von Laub oder natürlichen oder künstlichen Blumen, mochte das noch ebenso hinge-
hen, wie wenn die verheiratete Frau ihr Antlitz in ein fest
umrahmendes Tuch steckte, kein Härchen guckte unter dem
Reif hervor. Aber wie stand es mit den Stirnreifen, die da und
dort mit den schönsten Kronen konkurrieren konnten, mit der
Schleiergebende? Das über der Stirn kokett zurückgeschlagene
und zu verschiedenen Knoten und Zipfeln zusammenfließende
Gebende wird gegen Ende der gotischen Epoche zur großen
Mode. Die gotische Dame verhüllt Kinn, Hals und Stirn, sie
ahmt im Aussehen die Nonne nach und erreicht auf diesem
Umweg das schiere Gegenteil: sie bedeckt das Gebende mit dem
Barett, eine kecke Krönung des Ganzen.

Und manchmal, wohl gar nicht so selten, macht man sich die
Wangen rot: »Chrâmer«, heißt es in den Carmina Burana, »gip
die varwe mir, diu mîn wengel roete.« Berthold von Regensburg
wettert – natürlich – in seinen Predigten gegen die Gewohnheiten der Dirnen, sich zu schminken. Im 14. Jahrhundert aber
werden Klagen darüber laut, daß auch die ehrbaren Frauen
gleich den »Hübschlerinnen« dem Schminken huldigen. Konrad

von Megenberg, der Rektor der Bürgerschule zu St. Stephan, kein geringerer als er, gibt wertvolle Anregungen, wie man Farbtöne auf die Haut aufträgt und dieser einen Duft verleiht. Man will hier eine »farbige«, dort eine weiße Haut haben. Die dazu angewendeten Mittel sind freilich nicht immer so harmlos, wenn das Rot durch Mennige, das Weiß durch Quecksilber erzeugt wird. Meist braucht man duftende Harz- oder Pflanzenfarben, auch feines Mehl und Fette. Für die Erweiterung der Augenpupillen kennt man andere Mittel, damit erhält man strahlenden Glanz.

Daß zu dreierlei »smickunge« nicht nur »geribeniu varwe« (geriebene Farbe), sondern auch ein – seit dem 13. Jahrhundert in den oberen Kreisen vorhandener – Spiegel nötig waren, versteht man. Zweifelsfrei ist wohl auch, daß Adel und Rittertum für lange Zeit hin in Dingen der Mode das erste Wort hatten. Der Reiter von Bamberg steht wie ein Symbol dafür: mit einem oder mehreren Fingern in den Tasselriemen hineinzugreifen und ihn schräg nach vorn hinunterzuziehen, galt als elegante ritterliche Gebärde. Natürlich gab es regionale Unterschiede. »Ich main, er sy ain geck vom Rin«, heißt es in Hermann von Sachsenheims »Mörin« aus der ersten Hälfte des 15. Jahrhunderts: die rheinischen Ritter galten als besonders modisch. In der Tendenz, der Mode eine erotisierend-provozierende Funktion zu geben, waren sich die Rittersleute indessen wohl alle gleich. Schon in der »Klage über Poitiers«, niedergeschrieben von einem Geistlichen nach der Schlacht bei Poitiers (1356), jammert der Autor über das Unanständige dieser Kleidung, über die kurzen Westen, welche die Schenkel in enganliegenden Hosen sehen lassen. Wie zahm ist diese Andeutung gegenüber den frühen Renaissance-Brunnen, auf denen sich die Ritter und Stadtherren mit einem zwar verpackten, aber unverhohlen profilierten männlichen Glied zeigten, Urbilder, mochte man meinen, von ritterlichem Mannestum.

Mode ist, so sagten wir, eine Sache von Stand und Geld. Haben Adel und Rittertum es am meisten nötig, ihrem Prestige durch modische Effekte nachzuhelfen, so können sie sich auch am ehesten dem Grundsatz entziehen, daß Mode und Stand zusammengehören. Abbau und Verfall zeigen sich dort am ehesten an, wo die Standestrachten durcheinander geraten. »Nû merkent wie den frouwen«, räsonniert Walther von der Vogelweide, »ir gebende stât: / die stolzen ritter tragent dörpellîche wat« (Seht nun, wie den Frauen der Kopfputz steht: / die stolzen Ritter tragen bäuerliches Kleid). Der Zisterzienser-Habit war genau festgelegt. Aber auf dem Generalkapitel von 1158 mußte ein ausdrückliches Verbot von Wildfellen und teuren Pelzarten ausgesprochen werden. Bezeichnend ist, daß die Bösewichter auf den spätmittelalterlichen Altartafeln, die Schergen und verkommenen Kriegsknechte, mit Beinlingen oder überspitzt-modischen Schuhen auftreten. Sie bewegen sich bereits extra ordinem, auch ihre usurpierte Kleidung bezeugt das. Jedes Handwerk hat seine Sondertracht, die weißen Schürzen und roten Westen den Fleischern, den Schmieden die Lederschürzen, die Stoffschürzen den Schustern und so fort. Ledige Mädchen haben ihr Schapel, ein Zeichen von Jungfräulichkeit und Reinheit. In einem Klosterlied kann die junge Nonne singen, nicht ganz ohne Koketterie im Umgang mit ihrem – verlorenen? – Jungfrauenstand: »So ein schapel klar uf mînem har / trüeg ich für den wile« (ein Schapel auf meinem Haar trüge ich lieber als den Schleier).

Mode und modisches Auftreten sind natürlich auch an ein bestimmtes Niveau hygienischer Voraussetzungen gebunden. Ein neues Kleidungsstück, wir hörten das, kann deshalb eingeführt werden, weil man es öfters wechseln kann, was wiederum nach Möglichkeiten zu waschen und zu baden verlangt. Der Bauer, der jahraus jahrein das gleiche Arbeitskleid trägt, braucht kein Bad. Ich mißtraue der These, man habe auf den Dörfern aus Abwehr vor Verweichlichung nicht gebadet, auch das Verhältnis der Mönchsorden zum Baden ist sehr ambivalent. Neuerdings hat man auch auf einen möglichen Kausalzusammenhang zwischen öffentlichem Bad und Ansteckung, zwischen »Wasser« und Angst aufmerksam gemacht: Wasserbäder sind gefährlich,

52 Ritterbad im Freien. Ein älterer, fast glatzköpfiger Herr sitzt in einer unter
einem großen Baum aufgestellten Badewanne; sein Körper ist, soweit er aus dem
Wasser herausragt, mit Blumen bedeckt. Drei Edeldamen bedienen ihn. Die eine
erfaßt seinen rechten Arm, die zweite legt ihm einen Kranz aufs Haupt, die dritte
reicht ihm einen goldenen Pokal. Neben der Wanne kniet eine Dienerin, mit
einem Blasebalg das Feuer unterhaltend, über dem in einem Kessel das Badewasser warm gemacht wird. Aus der Manessischen Liederhandschrift (zwischen
1300 und 1340).

man kann sich dabei vergiften, also meidet man das »öffentliche« Baden (N. Elias). Wie immer auch: es gab natürlich auch in den Dörfern da und dort Badestuben, und auch manches Kloster hatte eine, »oder wenigstens einen Raum, in dem die Badezuber aufgestellt werden konnten« (G. Zimmermann). Santonino badet sich im Dominikanerinnenkloster Studenitz in einem locus secretior, einem Gelaß, das weder als üblicher Baderaum noch als behelfsmäßiger Ersatz definiert ist. Das Waschwasser wurde aus einem schüsselförmigen Gefäß übergegossen. Die Trocknung erfolgte mit Hilfe eines vorgewärmten und offenbar speziell der Kopfwäsche vorbehaltenen Badetuches; es wurde üblicherweise dem Gast zur Verfügung gestellt und Santonino von der »Bedienung« – er sagt uns nicht, wer das war – aufgelegt und umgebunden. Der Bischof, der eigentliche Anführer der von Santonino beschriebenen Reisegesellschaft, bediente sich hernach der vom Kloster überlassenen Kleidung; er war durch den beschwerlichen Weg zunächst einmal in Schweiß gebadet. Übrigens kamen diese Kleider nicht aus dem »amtlichen«, liturgischen Bereich.

Das ritterliche Bad dürfte das erste und für lange Zeit hin auch das beste gewesen sein. Ursprünglich waren die abendländischen Verhältnisse in dieser Beziehung ja nicht gerade rosig, und für Muslims, die verpflichtet waren, sich täglich vor jedem der fünf Gebete zu waschen, müssen sie haarsträubend gewesen sein. 973 schreibt der Gesandte des Kalifen al-Hakam II. aus dem Frankenland: »Aber du siehst nichts Schmutzigeres als sie! Sie reinigen und waschen sich nur ein- oder zweimal im Jahr mit kaltem Wasser. Ihre Kleider aber waschen sie nicht, nachdem sie sie angezogen haben, bis daß sie in Lumpen zerfallen.«

Einflüsse des Orients haben denn auch hier Wandlungen gebracht. Auf Schloß Persenbeug läßt sich für das Jahr 1045 eine Badestube nachweisen. In der Burg trifft man auf beides, eine besondere Badestube oder eine in das Schlafgemach gestellte einfache Badewanne. Für Parzival wird ein Bad bereitet, indem man eine Kufe an sein Bett trägt und in das Badewasser Rosen wirft, Isot überfällt den Tristan in einem besonderen Baderaum. Daß solche Baderäume in den Burgen und frühen, burgartigen Patrizierhäusern mit Behaglichkeit, ja mit Luxus eingerichtet waren, ist zweifellos, wenn auch die Beschreibung im Herzog Ernst, dort ist die Rede von goldenen Badebütten, eine Sache der Phantasie sein mag. Indessen, eine silberne Badewanne für ein Fürstenkind ist bezeugt (»ein badekubelîn daz was silberîn, darinne badin solde daz megetîn«: ein Badekübelein, das war silbern, darin sollte das Mägdlein baden).

Santonino berichtet, daß sein Bad auf Burg Prießenegg am späten Nachmittag (ad vesperam) in der burgeigenen Badestube stattgefunden habe. Es handelt sich um ein Wasserbad, das meist in einer Kufe genommen wurde. In besonderer Geste der Gastfreundschaft bediente den Badenden zuerst die junge Gemahlin des Gastgebers und darnach dieser selbst. Dabei wurde dem Badenden der Oberkörper durch lockere Abreibungen massiert und dann das Haar gewaschen, bis es völlig sauber war. Das Bad beschloß eine Reinigung der Glieder vom Leib bis zu den Füßen unter häufigem Begießen mit Wasser.

Dies dürfte, sehen wir einmal von dem sehr persönlichen Empfang durch Burgherrin und Burgherr ab, die übliche Prozedur im einfachen Bad gewesen sein. Sie kann auch im Freien stattfinden. Aber auch wenn man im Sommer im Freien badet, die Manessische Liederhandschrift gibt einen Beleg hierfür, fehlt der Kessel nicht, dessen Inhalt in einfachster Weise, wie beim »Abkochen« der Jugendgruppen oder Militäreinheiten noch heute, erhitzt wird. Heißes Wasser mit kaltem nach dem Bedürfnis und dem Geschmack des Badenden zu mischen, heißt man dann »daz bat bereiten«. Ulrich von Lichtenstein ist bei seiner »Venusfahrt« 1227 nach einem Turnier zwischen Neunkirchen und Traiskirchen einem solchen Bad im Freien nachgekommen, die Reinigung des Körpers wurde durch Bader besorgt. Um Wohlgeruch zu verbreiten, hat man auch ihn (und die Wasseroberfläche) mit Rosen bestreut. Nach dem Bad wurde ihm vom Kämmerer das Badegewand gereicht.

Ulrich nannte dies ein »wazzerbat«, was darauf schließen läßt, daß auch das Dampfbad damals bekannt war. Um 1450 ist das dann eine geläufige Unterscheidung, hie das Schwitzbad (swayss-pad), dort das Wasserbad (wasserpad mit edlem chrawt). Das Schwitzbad, für das mittelalterlicher Erfindergeist eine eigene Dampfheizung konstruierte, ob sie in praktischem Gebrauch war, steht dahin, kann im eigenen Gebäude und mit wenig Umständen veranstaltet werden. Als bäuerliches Steinschwitzbad, als »Bre-chelbad«, als zerbröckelndes unscheinbares Gemäuer irgendwo in der bäuerlichen Flur, bis unters geborstene Dach vollgestopft mit sperrigem Gerümpel, findet man es heute noch.

Gewöhnlich zitiert man als ältesten Beleg eines künstlich erhitzten und befeuchteten Baderaums Herodot. Er berichtet um 450 v. Chr. von den skytisch-sarmatischen Völkern und ihrer Gewohnheit, sich in einem Zelt in der Wärme erhitzter Steine zu baden; »denn im Wasser baden sie nie«. Der arabisch-jüdische Arzt Ibrahim Ibn Jakub, der vermutlich mit einer Gesandtschaft des Kalifen von Cordoba zum deutschen Kaiser Otto I. 973 nach Merseburg reiste, berichtete 972 aus den slawischen Grenzgebie-ten Mecklenburg und Böhmen: »Bäder haben die Slawen nicht, aber sie machen ein Gemach von Holz, dessen Ritzen sie mit Moos verstopfen. In einem Winkel dieses Gemachs bauen sie einen Feuerherd von Steinen und lassen darüber eine Öffnung, um den Rauch hinauszulassen. Wenn nun der Herd erhitzt ist, so verstopfen sie das Luftloch und verschließen die Türe. In dem Gemach sind Gefäße mit Wasser, woraus sie nun Wasser auf den glühenden Herd gießen, so daß der Dampf aufsteigt.« Die sog. Nestor-Chronik des Jahres 1056 beginnt: »Merkwürdiges sah ich im slawischen Land auf meiner Reise hierher (nach Kiew). Ich sah aus Holz gebaute Bäder, man heizt sie bis zur Rotglut an. Dann kleidet man sich aus, man ist nackend, man begießt sich mit Gärflüssigkeit, man greift zu jungen Zweigen und schlägt sich selbst, und zwar so sehr, daß man kaum hinunterkriechen kann: halbtot. Dann begießt man sich mit eiskaltem Wasser und nur so wird man wieder lebendig.«

53   *Badehausleben. Durch ein breitoffenes Fenster sieht man eine Dame bei der
Unterhaltung mit zwei Jünglingen. Auf der Fensterbrüstung ein junger Mann,
der die Laute schlägt, auf dem Tisch davor Speise und Trank, daneben ein müde
gewordener Jüngling. Durch die rechte Seitentür tritt ein Mädchen ein, nur mit
einem Tuch umhüllt. Hausbuchmeister, um 1480.*

Die Badestube gilt in der Forschung heute vielfach als Keimzelle der geheizten bäuerlichen Stube. Das althochdeutsche Wort »Stube« wird vom »Stieben« des Wasserdampfes abgeleitet. Das Schwitzbad war im gesamten Alpenraum und im bayerischen Voralpenraum weit verbreitet. Die privaten bäuerlichen Hitz-steinbäder sind schon aus der Lex Bajuvariorum des 7. Jahrhun-derts erwähnt. Ein Bericht aus dem Rauriser Bezirk im Salzburgi-schen von 1793 meldet, daß sich fast bei jedem Bauern, auch bei Kleinhäuslern, ein hölzern gebautes Schwitzbad befände; in Rauris allein soll es etwa hundert davon gegeben haben. Es ist das bäuerliche Exempel einer in allen Ständen des Mittelalters lebendigen Badekultur. Sie zieht ihre Anregungen aus zwei ganz verschiedenen Traditionen, aus dem der Antike entstammenden und im Mittelmeerraum gepflegten Warmwasser-Wannenbad und dem aus dem ostgermanisch-slawischen Raum stammenden Dampf- und Schwitzbad nach Art der finnischen Sauna.

Einfach genug ist es, das Schwitzbad. Eine Kufe wird zeltartig mit einem Tuch überdeckt, so daß der Dampf hübsch beisam-men bleibt, dem Badenden auf der Haut lagert und den Schweiß in Menge hervortreibt. Das »sweizbat« hat Seifried Helbling im Dritten Gedicht seines »Kleinen Lucidarius« aus dem letzten Drittel des 13. Jahrhunderts sehr genau beschrieben. Der Bader gibt mit einer Trompete das Zeichen, ein Ritter und ein Knappe begeben sich, jeder hat ein »Badepfait«, ein Badehemd dabei, in die öffentliche Badestube. Jeden empfängt ein Laubwedel, ge-nauer gesagt, den Besuchern werden zur Auswahl vier Wedel vorgelegt, woraus sie sich »die besten auswählen (»do quam (kam) er, der dâ wolde baden, alsô nacket an die tür, dô was oben dar vür guoter wedel wil geleit«). So betreten die beiden den eigentlichen Baderaum, die »stuba«, ein gedieltes, mit Bänken in hinterer und vorderer Reihe und mit wohlgeheiztem Steinofen versehenes, vor Nässe triefendes Gemach, in dem die »badwibel« bereitstehen. Den Ritter nimmt ein behendes Bade-mädchen in Empfang, netzt ihn zunächst mit lauem Wasser, knetet ihm dann den Rücken, Beine und Arme, während der

Knappe befiehlt, Wasser auf den Ofen zu gießen und so den Dampf zum Schwitzbad zu bereiten. Jetzt schließt man auch die Fensterladen; der Dampf soll nicht entweichen. Der Raum verfinstert sich, der Ritter aber findet lachend eine mit Kissen belegte Bank, auf die setzt er sich, indessen durch wiederholtes Begießen des Ofens der Dampf seine weitere Wirkung tut. Nachdem das eine Zeitlang gedauert hat, steht der Ritter auf den hölzernen nassen Fußboden hin, der Schweiß wird durch Abreiben und Begießen mit Wasser entfernt, wobei gischtende Lauge und Seife (»saive«) in Anwendung kommen, um die Haut ganz geschmeidig zu machen. Waschen und Erregen des Seifengischts besorgt wieder eine Badefrau.

Nur wenige haben sich – zunächst – diesen Luxus leisten können. Tannhäuser spricht davon, daß er zweimal wöchentlich bade, das bringe ihn, neben anderem, um sein Vermögen. Die öffentlichen Bäder in den Städten waren also ein hilfreicher Ausweg. Sie haben sicherlich dazu beigetragen, die hygienischen Verhältnisse in den Städten schon des 12. und 13. Jahrhunderts, innerhalb des Bereichs der Körperhygiene, als »ziemlich zufriedenstellend« (J. Gimpel) bezeichnen zu können. Erst allmählich geraten diese Bäder, nicht jeder Badmeister war ein Heros der Moral und ein Zauberer in Sachen Freizeit, in den Ruf reichlich lockerer Anstalten. Im Grunde hatte der Eigentümer die Pflicht, über den guten Ruf seines Unternehmens zu wachen und Aussätzigen und zwielichtigen Gestalten den Zugang zu wehren. Miniaturen zeigen, daß Männer und Frauen in den Bädern ungezwungen miteinander plauderten, aßen und scherzten. Freunde wurden im eigenen Badezimmer, es lag meist neben dem Schlafzimmer, nicht selten empfangen. Schon Burkard von Worms machte in seinem Predigerleitfaden Bemerkungen über jene, die zusammen mit Frauen badeten. Bis zum Ende des 13. Jahrhunderts gab es allein in Paris sechsundzwanzig öffentliche Heißbäder; die Oberschicht hatte ihre eigenen Einrichtungen. Einer der Pariser Haushälter befahl damals seiner Ehefrau, das Haus nur in Begleitung einer älteren, bekannt zuverlässigen

und frommen Städterin zu verlassen. Jean de Meung, der Verfasser des bekannten Rosenromans, erzählt mit zynischer Freude von all den Dingen, die jede lüsterne Frau hier erwarteten. Die altenglische Bezeichnung für Badeanstalt, »stew«, hat im modernen Englisch die Bedeutung Bordell angenommen.

Wie immer auch: die Bademägde, in der Wenzelbibel junge, frische Dinger mit einfachen Trägerkleidern, unseren Sommerkleidern ähnlich, mitunter auch ohne Achselbänder, aber alle mit Haarnetzen oder einer Schärpe auf dem Kopf, werden zu Dirnen, die Baderzunft zu einer verachteten Gruppe, die durch den – bald in mittelalterlichem Fanatismus vorangetriebe-

nen – Kampf gegen die Ausschweifungen in Finanzschwierig-
keiten gerät und schließlich in eine Flut von Konkursen. Die
Körperpflege dieser Art verschwindet aus den mittelalterlichen
Städten.

Hans Folz hat in seinem »Bäderbüchlein« (um 1500) dem Bad
in erster Linie eine heilsame, eine medizinische Funktion zugeschrieben. »So wir nun gnug gepadet han / Nach allem lust, und
auch gelept / Dem arczet nach und seim recept / Und unser
kranckheit geben ent / Durch sein treü ret und regiment, / Ist nun
not, das wir nach dem pad / Vermeiden, was weiter sei schad.«
Nach dem Bad kommt für den, der nicht krank ist und also, dies
Folzens Warnung, keine Unterlassungssünden zu begehen hat,
die Körperhygiene. Santoninos Reisebericht ist zu entnehmen,
daß seine Reisegesellschaft die Gelegenheit zur Körperpflege
nach einem Reisetag so oft wie möglich wahrnehmen konnte
und wahrgenommen hat. Im Anschluß an das Baden konnte sich
das auf das Kopfwaschen, auf das Scheren der Haupthaare, das
Rasieren und mitunter auch auf die Nagelpflege, das Kämmen
oder auch bloß auf das Waschen der Füße erstrecken.

Der Haarpflege hat man auf alle Fälle große Aufmerksamkeit
geschenkt; das im Mittelalter von Freien lang getragene Haar
verlangte das. Dies offen getragene Haar entsprach antikem
Brauch. Erst im ausgehenden Mittelalter ist der Kopf der
Männer fast ständig mit einer Kappe oder einem Barett bedeckt
und das Haar der Frauen unter wunderlichen Hauben versteckt.
Die höfische Gesellschaft des 12. und 13. Jahrhunderts hatte die
frühere, aus dem Karolingischen kommende Haartracht, die den
Eindruck des Festen und Kriegerischen erwecken sollte, gleichsam verweichlicht, indem sie Wert auf langes und lockiges Haar
legte. Dies Lockengeringel, als »reit« oder »geringelet« bezeichnet, hielt sich in den höheren Gesellschaftskreisen und späteren
vornehmeren Bürgerkreisen über das Mittelalter hinaus. Dies
Haar wollte gepflegt sein. Wo es nicht natürlich wächst, hilft
entweder nächtliches Aufbinden oder ein Kräuseleisen (»krüll-
îsen«) nach. Die Enden des Lockengeringels können nach ein-

55   Entlausung. Aus dem »Ortus sanitatis« der Offizin von Jakob Meydenbach, Mainz 1491.

wärts oder nach auswärts fallen. Tun sie das letztere, so daß sie
wie ein Hobelspan aussehen, so entsteht eine im 13. Jahrhundert
weitverbreitete, lange sich haltende Haartracht, der »spân«. Das
Haar wird täglich gekämmt, vor allem auch, um das Einnisten
von Ungeziefern zu vermeiden. Kämme gehören zu den ältesten
Toilettengeräten. Die im Mittelalter am meisten verbreitete
Form scheint der Doppelkamm gewesen zu sein; er wies auf der
einen Seite eine gröbere, auf der anderen eine feinere Zähnung
auf. Bürsten, aus Schweinsborsten oder auch Igelstacheln gefertigt, sind erst aus dem Spätmittelalter bekannt.

Sehr viel rückständiger wirkt das Instrumentarium zur Zahn-
pflege; es bleibt merkwürdig unvollkommen bis weit ins
19. Jahrhundert hinein. Am Morgen spült man den Mund und
reibt die Zähne mit einem Lappen, vielleicht unter Zutat von
Salz, Alaun oder einem kreidigen Zahnpulver ab. Da dies Pulver
aber häufig zu harte Bestandteile enthielt, die den Zahnschmelz
verletzten, und da das Brot unzählige kleine Steinpartikel ent-

hielt, die von den Mühlsteinen herrührten und zu einer starken Abnützung der Kauflächen führten, dürfte es mit den Zähnen im Mittelalter mehr schlecht als recht bestellt gewesen sein; »Zahnbrechen« war dann die letzte Hilfe. Aus den Bildnissen des Mittelalters kommen sie uns immer wieder entgegen, die zahnlosen Münder der alten Weiber und der Greise.

Wendiger und moderner war man, wo es ums Rasieren ging. Der Bader hatte es zu seinen unerläßlichen Verrichtungen zu zählen; die »scharsach«, das Schermesser, half ihm dabei, er hat es auch zum Kürzen der Haare verwendet. Bischof Wolfger von Passau wurde bei einer Reise in die nahe Umgebung im Januar 1204 in einer Hitzestube von einem Wundarzt zur Ader gelassen und von »anderen Badern« gereinigt. In Wien erwarb sich der hohe Mann einen Wetzstein für sein Rasiermesser, in der Nähe von Passau einige Behälter dafür. Schermesser haben wohl nur Männer der Gesellschaftsspitze mit sich geführt. Santonino hat sich rasieren lassen, wöchentlich einmal, und weil er auf einen

56 »*Vom Schwaißbaden vnd wasser baden*«. *Aus dem Buchkalender des Johann Bämler, Augsburg 1483.*

Barbier angewiesen war, meinte er auf seiner ersten Reise 1485, auch ein malus tonsor, auch ein schlechter Barbier genüge ihm. Weil die Rasur in der Regel dem Bade folgte, ist damit auch Aufschluß über die Häufigkeit des Badens gegeben. Einen eigenen Bartscherer hatte die Reisegesellschaft nicht; sie war immer auf die Bereitwilligkeit und die Möglichkeiten des einzelnen Gastgebers angewiesen.

9 Tandaradei

Einmal ist einer kuriert worden vom mittelalterlichen Spielteufel. »Als Herr Johann Werner von Zimmern von den hohen
Schulen wieder zu seinem Vater nach Zimmern gekommen, hat
er neben allem Waidwerk, das er besonders betrieb, auch große
Lust zum Spielen gezeigt. Weil aber der Vater merkte, daß ihm
das durch kein Verbot auszutreiben war, soll er oft gesagt haben:
›Potz Blatter! Mein Sohn würde alles, was ich zu meinen
Lebzeiten mit großer Arbeit, Mühe und Sorge erhalten habe,
verspielen und loswerden. Damit ich ihm darin zuvorkomme,
werde ich ihn in allen Spielen unterrichten lassen, damit er alle
Vorteile und alle Tricks des Spiels kenne und also vielleicht
einem anderen das Seine eher abnehme, als ihm durch die andern
etwas abgenommen werde.‹ Dazu hat der Vater einen Juden aus
Villingen bestellt, der zu dieser Zeit als besonders erfahren im
Spiel galt. Dieser mußte seinem Sohn alle unerlaubten Kunstgrif-
fe beibringen. Als nun Herr Johann Werner des wohl kundig war
und alles, was man wissen mußte, von dem Juden erfahren hatte,
hat er gemerkt, mit wieviel List und Trug das Spielen verbunden
ist. Darüber hat er einen solchen Unwillen bekommen, daß er
mit dem Spielen aufgehort und sich sein Leben lang des Spiels
enthalten hat.«

Abgesehen von seiner bemerkenswert antisemitischen Attitü-
de – der Meister des Falschspiels muß natürlich ein Jude sein, das
Mittelalter konnte da wohl gar nicht anders –, verrät dieses
Geschichtlein etwas vom Spielteufel, der in den Menschen des
Mittelalters rumort haben muß. »Große Lust zum Spielen«
bringt der Herr Sohn von den Hohen Schulen mit. Das läßt
einmal darauf schließen, daß die studiosi der spätmittelalterlichen Universitäten offenbar nicht immer hinter Büchern oder
Handschriften gehockt haben, zum anderen, daß das Spiel,
sonsthin eine der wichtigsten Nebensachen, gerne zur Haupt-

sache geworden sein und etwa den Platz der heutigen Fernsehmanie besetzt haben muß. Man arbeitet für die anderen, das ist der Bauer und der Handwerker. Man lebt für das Prestige, das ist die adlig-patrizische Minderheit. Aus dieser – reichlich grob umrissenen – Alltäglichkeit führen nur zwei Vergnügungen heraus, Fest und Spiel.

Burg, Kirche und Stadt sind die Theaterkulissen, ein »Theater« gibt es nicht. Die Bühne ist auf dem Marktplatz rasch aufgeschlagen, den feierlich-komischen Kulthandlungen, auch die Kirche ist in das Laienspiel mit einbezogen, folgen die Leute mit großen Augen, Gaukler und Possenreißer ernten Lachstürme, die noch Tage nachhallen. Auf den Burgen lösen sich Festessen, monumentale Mahle, mit Turnieren ab, Minnesänger, Spielleute, Tänzer oder Bärenführer bringen Abwechslung. Wenn es hochzeitet, stehen die Bauern noch Jahre danach in ausweglosen Schulden. Die mittelalterliche Gesellschaft projiziert ihre Hauptbeschäftigungen in magisch-symbolische Spiele und sublimiert, überwindet sie so, Turniere spiegeln das ritterliche Leben wider, Volksfeste das ländlich-bäuerliche.

Das Spiel hat eine unwiderstehliche Anziehungskraft. Die Würfel rollen auf allen Tischen. Übrigens gehören auch große Kugeln aus Eichenholz zu diesem großen und unerschöpflichen Spielinventar. Eine solche Kugel, vor ein paar Jahren in einer alten Silbermine im Siegerland entdeckt, gab den Forschern zunächst Rätsel auf. Erst der kleine Kegel, der aus dem zwanzig Meter tiefen Schacht herausgeholt wurde, gab den Hinweis, daß es sich nur um ein Kegelspiel aus dem Mittelalter handeln könne. Der Vergleich mit einer alten Ortssage, deren Schauplatz der Altenberg bei Hilchenbach/Müsen ist, überlieferte die Geschichte, daß die Bergleute aus Übermut mit silbernen Kugeln spielten; deshalb sei ihr Dorf von einer Feuersbrunst zerstört worden. Wie häufig, wir gehen da bis Romulus und Remus zurück, deckt sich die Sage mit einem Stück Wirklichkeit: die Untersuchung der Häuserreste am Altenberg ergab, daß die Siedlung gegen Ende des 13. Jahrhunderts nach einem Brand aufgegeben worden ist.

57 *Die Spielleidenschaft geht im Mittelalter quer durch die Stände, Geschlechter und Altersgruppen. Hier spielen zwei Männer, eine Frau und ein Junge. Aus
dem bei Günther Zainer in Augsburg 1472 gedruckten Buch »Das goldene
Spiel«.*

Man hatte, wie gesagt vor kaum drei Jahren, das bisher älteste
Kegelspiel gefunden.

Kegeln, vermutlich schon im 12. Jahrhundert bekannt, war im
Mittelalter weit verbreitet. Eine Xantener Handschrift von 1265
spricht von den »fratres kegelorum«, der Kegelgilde. Eintritt in
diese Gilde fand nur, wer eine Aufnahmegebühr in Naturalien,
zum Beispiel in Weizen entrichtet hatte. Die Kegelbahn soll
unmittelbar neben dem Dom gelegen haben. Die Spielregeln
waren damals anders. Offenbar wurde zunächst nur mit *einem,*
später sogar mit elf Kegeln gespielt. Dabei wetteiferten die
Mannen offensichtlich mehr ums Geld als um sportliche Ehren.
Historische Aufzeichnungen zeigen, daß Kegelbrüder im Mittelalter schließlich um Haus und Hof kegelten: der Spielteufel
setzte manchmal schlimm zu. Kupferstiche des späteren Mittelalters künden von Prügelszenen und Messerstechereien auf der

297

Kegelbahn. In Braunschweig durften »rovere und keghelere« (Räuber und Kegler) die Stadt nur auf der Durchreise betreten. In England und Frankreich, wo das Kegeln ebenfalls schnell populär wurde, hat man es in einer Art von Wehrerziehung verboten: die Landeskinder sollten vom wichtigeren Armbrustschießen nicht abgelenkt werden.

Das Spiel ist für eine Gesellschaft, die – wie die des Mittelalters – ständig unter Druck steht, der willkommene Ausweg. Wo man mit der Natur nicht fertig wird, verschreibt man sich dem Zufall, dem Glücksspiel. Aber eben darum, weil es Gottes Heilsplan in so boshafter Weise zu widersprechen schien, war es vielerlei Beschränkungen unterworfen: es ging gegen das Sittlichkeitsgefühl und war auch aus wirtschaftlichen Überlegungen verwerflich. Mancherlei Weistümer (Aufzeichnungen meist bäuerlichen Gewohnheitsrechts) verbieten jedes Karten-, Würfel- und Kugelspiel. Das Marktbuch von Ybbsitz aus dem Jahre 1484 verbietet jedes Glücksspiel außer zur Zeit des Jahrmarktes und bei Anwesenheit des Grundherren, des Seitenstettner Abtes. Vor allem darf es nicht zu lange gehen, nicht bis zur Kapitulation. In den Weistümern von Götzendorf und Rückersdorf aus dem Jahre von 1512 wird angeordnet, daß man bloß so lange spielen dürfe, bis eine Kerze ganz niedergebrannt sei. Und in Hirschstetten untersagte man in der ersten Hälfte des 16. Jahrhunderts jedes Glücksspiel ab einem größeren Verlust als 4 Groschen.

Alle haben sie gerne gespielt, solche, die das Spielen berufsmäßig, als »Profis« betrieben, die Bettler und Vagabunden, die ehrsamen Bürger, die ritterliche Gesellschaft auf der Burg, wo man mit spitzen Fingern Schachfiguren schob. In den Wiener schriftlichen Quellen des 15. Jahrhunderts werden Würfeln, Kegelscheiben, »Truckspiel« (eine Art Billard), Kartenspiel und das mit dem Hasardspiel vergleichbare »Kobern« erwähnt. Spielkarten, im Orient aufgekommen, haben die Kreuzfahrer nach Europa gebracht, dort haben sie im 14. Jahrhundert weiteste, freilich auch regional unterschiedliche Verbreitung gefunden. Der Holzschnitt und vor allem der Buchdruck müssen dem

Kartenspiel zu einer kaum mehr überbietbaren »Familiarität« verholfen haben: jetzt konnten Spielkarten noch rascher und noch billiger angefertigt werden, und selbst die Meister der frühen Graphik des 15. Jahrhunderts verschmähten es nicht, Spielkarten zu schneiden oder zu stechen.

Bevorzugte Orte des Spiels waren nicht nur die Schenke, die Lasterhöhle, die ein finanzkräftiger Wirt auch als Leihbank betreiben konnte, sondern auch die Friedhöfe in unmittelbarer Nähe der Kirchen und gewisse Plätze in der Stadt. Schon 1267 wurde das Würfelspiel auf dem St.-Stephans-Friedhof zu Wien untersagt. Anscheinend hatte das Interdikt nur geringen Erfolg; Albrecht I. hat 1296 ein neuerliches Verbot aussprechen müssen, mit dem Würfelspieler und Lotterbuben von allen Friedhöfen Wiens verbannt wurden. Die Wiener Ordnung des Jahres 1435 trifft genaueste Bestimmungen für das Würfel- und Brettspiel, das hiermit unter die Aufsicht eines Vertrauensmannes gestellt wird. Er hat die Einsätze zu verwahren und die Gewinne zu verteilen (und war damit sicherlich auch im Steuersinne ein interessanter Mann). Der Wirt des einzelnen »Leithauses« (Leutehauses, Wirtshauses) lieh gegen ein entsprechendes Entgelt Brett, Würfel und Licht. Der plötzliche Tod des jungen Königs Ladislaus führte zur Ausrufung einer Art Hof- und Landestrauer. Die Stadt Wien verfügte, daß in den Leithäusern Schach, Dame, Trictrac und Kartenspiel verboten sind. »Trictrac«, das Wurfzabelspiel, konnte auf dem gleichen Brett wie das Dame- und Mühlespiel gespielt werden. Die Spielbretter in den Wiener Wirtshäusern konnten wohl mit jenen Spielbrettern fürstlicher Personen kaum Schritt halten, die mit großem Aufwand zu solchen Prunkstücken ausgestaltet wurden wie das Brettspiel des Hanns Kels von 1537, dessen reicher plastischer Schmuck das Haus Habsburg verherrlicht hat. Dem Brett- oder Schachspiel, dem Dame und Ritter obliegen, begegnet man nicht selten in mittelalterlichen Miniaturen.

Dem Spielen, dem wir auch das Fechten mit Degen und Rapieren, mit langen Holzstangen, den Schnellauf, den Dauer-

299

lauf, den Weitsprung, vor allem: das von der Obrigkeit geförder-
te Schießen samt Schützenfest und Schützenhaus zuzurechnen
haben, ist das Feiern benachbart. Das lag nahe, daß man nach
tagelangem Armbrustschießen des Abends ein solennes Schützenfest inszenierte, daß man nach mittäglichem Eislauf mit
Schlittschuhen aus Knochen oder Holz sich in die Hitze der
Dorfschenke zurückzog. Wir denken da an die Bauernbilder
Pieter Bruegels aus den sechziger Jahren des 16. Jahrhunderts,
die freilich Gewohnheiten festhalten, denen man auch ein, zwei
Jahrhunderte zuvor in diesen Umrissen hätte begegnen können.
Die lehmbelassene Dorfstraße ist zum Tanzplatz geworden, die
schweren, klobigen Tische sind herausgestellt, ein paar Hocker
dazu, darauf sitzt einer, der den Dudelsack bläst, ihm rückt ein
Gevatter zu Leibe, der ihm fortwährend den Krug unter die Nase
heben will, von rechts trabt einer mit seinem Weib den Tanzen-
den zu, drei, vier Paaren, die in ungelenken, aber weit ausholenden Gesten ein »hovetänzel« mimen, drüben zieht einer mit langen
Armen seine »Alte« durch die Haustür, sie soll auch mitmachen:
jeder verliert sich auf seine Weise in diesen seligen Nachmittag.
Auch die Handvoll Zecher gehört dazu, die gestikulierend, begüti-
gend, schreiend am Tisch sitzt, auch das Mädchen, das dem kleinen
Kindlein, das sich auf den Festplatz verirrte, ein Tänzchen beibringen will. Es geht hoch her, der abgeschlagene Krughenkel vorne ist
ein Zeichen dafür. Warnend und still steht die Kirche in der
Straßenflucht, was soll's, sie drehen sich, umarmen sich, küssen
sich, eine most-selige, branntwein-selige, eigentümlich schwere,
dumpfe, globige Fröhlichkeit.

Es liegt in der Natur der Sache, daß wir so gut wie keine
zeitgenössischen Momentaufnahmen dieser mittelalterlich-bäu-
erlichen Festivitäten haben. Indessen hat sie einer mit dem Wort
festgehalten, in großartiger sprachlicher Kraft, Neidhart von
Reuental, der wie kein anderer den Stil Walthers, seines Zeitgenossen, ins Interessante und auch ins Zweideutige verkehrt hat.
Massive Vitalität und die Bloßstellung bäuerlicher Rohheit,
Prügelszenen und Obszönitäten wirbeln da durcheinander, Sze-

nen mit gesellschaftskritischem, die Ritter verhöhnendem, die
selbstbewußt werdenden Bauern mahnendem Hintergrund, ein
paar Striche nur, volksliedhafte und vagantische Formen sind in
diese Verse aufgenommen, der Gebrauch von Konkretheiten
und Idiotismen kann wahre Orgien feiern und eine »naturalistische« Szene vortäuschen:

Ir hüete, ir röcke, ir gürtel die sind zinzerlîch,
ir swert gelîche lanc, ir schuoch unz ûf daz knie ergât gemâl:
also truogen sîs den sumer ûf den kirichtagen.
üppiclîches muotes sind si ellenclîch,
daz sie waenent, sî sîn künftic von der Treisem hin ze tal.

(Ihre Hüte, Röcke, Gürtel, die sind niedlich, / ihre Schwerter lang
eines wie das andere, ihr Schuh, bemalt, reicht bis zum Knie: / so
trugen sie sie im Sommer auf den Kirchweihen. / Üppigen Mutes
sind sie alle, / daß sie meinen, man erwarte sie von der Traisen
abwärts [im ganzen Tullnerfeld?].) So sind die Bauern, so ist ihre
Tracht, ihr Auftreten, ihr Benehmen in Liebesdingen und bei
Festen. »Vil dörperlich stât allez sîn gerüste« (sehr bauernhaft ist
seine Ausrüstung): der Bauer ist ein reicher Kerl geworden, er
dünkt sich wer weiß was in seinem neuen Wams, »diust von
kleinen vier und zweinzec tuochen, / die ermel gênt im ûf die
hant« (das ist von vierundzwanzig feinen Tuchen, / die Ärmel
gehn ihm bis zur Hand). Und er feiert, daß sich die Balken
biegen:

Rûmet ûz die schämel und die stüele!
heiz die schragen
vürder tragen!
hiute suln wir tanzens werden müeder.
werfet ûf die stuben, so ist ez küele,
daz der wint
an diu kint
sandte wæje durch die übermüeder.

58 Geistlicher Ton und »weltlicher« Ton sind noch nahe beieinander. Über dieser, beim Blindekuhspiel sich vergnügenden Gruppe junger Leute ist ein lateinisches Kirchenlied festgehalten, aufgezeichnet in Neumen (sog. Schwarze Mensuralnotation).

(Räumt hinaus die Schemel und die Stühle! / Laß die Tischgestelle / wegtragen! / Heute werden wir vom Tanz recht müde werden. / Tut die Stube auf, so wird es kühl, / daß die Luft / den Mädchen / sanft durchs Mieder wehe.) Die noch in der Stauferzeit entstandenen »Winterlieder« Neidharts stehen am Anfang eines durch das ganze Mittelalter sich hindurchziehenden literarischen Naserümpfens über die ausgelassenen und derben Tänze der Bauern. In den höfischen Kreisen kannte man nur den sittsamen Tanz, Reigenbewegungen wohl, während derer man sich unter Fiedel-, Schalmei- oder Dudelsackmusik an den Händen faßte, und vielleicht war es im Hochmittelalter wie in der Frühzeit immer noch ein Reigentanz, mehr ein gemessenes Schreiten und Am-Ort-Treten als eine heftige Bewegung.

Neidharts »Winterlieder« erinnern daran, daß Hochzeitsfeste in allen Ständen, offenbar in der größten Breite bei den Bauern gefeiert wurden, Grund und Anlaß für die Obrigkeit, die größten und, wie man wohl sagen muß, unvernünftigsten Ausschreitungen einzudämmen. In der österreichischen Herrschaft Mollenburg wurde zu Mitte des 15. Jahrhunderts vorgeschrieben, daß bei Hochzeiten nicht mehr als drei Tische aufgestellt werden sollten, ein Frauentisch, ein Männertisch und ein Tisch für den Truchseß. Bei Nichtbefolgung drohte eine Strafe von 10 Pfund. Ein Lilienfelder Banntaiding (wie das Weistum eine Aufzeichnung über geltendes Gewohnheitsrecht) erlaubt 1451, daß einen Tag lang an sechs Tischen gefeiert werden dürfe. Zu Beginn des 16. Jahrhunderts gestattet dieselbe Klosterherrschaft jedoch, daß bloß 16 Personen eingeladen werden dürfen. Ein Banntaiding der Herrschaft Seitenstetten aus dem 16. Jahrhundert konzediert nur eine solche Anzahl von Gästen, die an zwei Tischen Platz nehmen können, da bei zu vielen Geladenen »vill unratt und unwillen ist entstanden«. Die detailliertesten Angaben aus dem niederösterreichischen Raum entnehmen wir dem Recht der Stadt Melk von 1497. Hier wird ausdrücklich vermerkt, daß diese Verordnung auch für die Allerreichsten Geltung habe. Für die Feier des Eheversprechens werden zwei Tische gestattet. Am Tag der eigentlichen Hochzeit dürfen beim »Frühmahl« sechs Tische besetzt sein, ein Tisch muß außerdem für den Truchsessen bereitstehen. Wenn als Festessen Fisch aufgetischt wird, so soll das bloß in einem Gang geschehen. Beim festlichen Abendessen sind insgesamt nur wieder zwei Tische genehmigt, Fisch darf dabei keiner gereicht werden. Die Strafe bei Vergehen beträgt 10 Pfund.

»Freizeit« hat sich in der ländlichen, bäuerlichen Welt in der Hauptsache auf derlei Fest- und Feierstunden konzentriert. Ansonsten gab es ja, sehen wir einmal von dem freilich respektablen Katalog der Spiele ab, keine freie Zeit, das war bei den Bauern bis lange in unser Jahrhundert hinein so. Anders die Freizeitbeschäftigung in adligen Kreisen. Eine gut ausgebildete Adelstochter mußte in der Lage sein, zu reiten, Falken zu züchten – Johann von Salisbury meinte, in der Falknerei überträfen die

Frauen die Männer–, Schach zu spielen, zu tanzen, zu singen, Gedichte vorzutragen, Geschichten zu erzählen und Romane und Poesie zu lesen. Nur das Reiten hat dabei seinen praktischen Zweck, alles übrige betrifft »Künste« und geselligen Zeitvertreib. Bezeichnend genug, daß Frauen in der höfischen Literatur nie als Verwalterinnen von Territorien oder Gütern, als Helferinnen bei männlichen Amtspflichten erscheinen. Selten einmal wird verraten, daß die Rittersfrau in Abwesenheit ihres Mannes eine Stellvertretung ausübt. Im übrigen ist die Frau die – vom schulischen und vor allem vom universitären Bereich freilich ausgeschlossene – Leserin. Sie stickt und zeichnet, sie hat ihre Rolle in der Kirchenmusik, in der Buchillumination und selbstverständlich in allen Formen der religiösen Praxis, sie ist selbst literarisch tätig und sie ist vor allem die Leserin, die Bewahrerin der Kulturtradition. Als Patroninnen der Dichter und Schriftsteller, von den religiösen Autoren bis zu den Verfassern höfischer Romane und Lieder, treffen wir die Frauen im Mittelalter immer wieder.

Zum Festen und Tanzen gehört die Musik. Zahllose Altartafeln zeigen uns Musikanten und Musikantinnen, die in liturgischer oder profaner Funktion auftreten und sich allemal in ihrem Niveau vom einfach-bäuerlichen Dudelsack sehr wesentlich unterscheiden. Erstaunlich, wie populär und wie selbstverständlich das Musizieren und die musikalische Umrahmung geworden ist. »Unterhaltungsmusik« gibt es die ganze mittelalterliche Epoche hindurch. Schon Alkuin, Vertrauensmann Karls des Großen und einer der bekanntesten Gelehrten des 8. Jahrhunderts, beklagt die Anwesenheit von Possenreißern und Zitherspielern bei den Mahlzeiten von Bischöfen und Äbten. Man müsse die Schriften der Kirchenväter, meint er, höher schätzen als die Heldenlieder der Germanen. Santonino berichtet in seinem Reisetagebuch aus den achtziger Jahren des 15. Jahrhunderts nicht nur von Tischschmuck – im Speisesaal der Burg Gonobitz war die Festtafel mit einer großen Menge von Rosen, mit duftigen Blüten und Kräutern geschmückt–, sondern auch von musikalischer Unterhaltung. In Gonobitz und wohl auch in Tristach treten die Sänger des Kirchenchors, vom Schulmeister angeführt, als Vokalisten auf, in Kötschach eine Gruppe von acht fahrenden Scholaren, die mit einem Trinkgeld belohnt werden, in Monsberg spielt eine Musikergruppe nach dem Nachtmahl zum Tanz auf, in Kötschach erscheint nach dem Essen der Spielmann des Grafen von Görz auf dem Plan und findet mit seinen witzigen Einfällen, seinen Gestus und seinen Sprüchen allseits Anklang. Mehrfach liegt der Zeitpunkt der Musikdarbietungen noch vor Abschluß des Mahls, in einem Fall wird sogar zwischen den einzelnen Gängen gesungen.

Ist Musik damals in mindestens gleichem Maße wie heute »konsumiert« worden, nur eben nicht auf technisiertem Wege über Rundfunk und Fernsehen, über Kassette und Recorder, sondern sozusagen handgestrickt? Es ist kein Zweifel, daß im Mittelalter die Musik als »ein wirksames Mittel zur Erhöhung des Genusses von Speise und Trank« verstanden wurde, auch dafür, daß sie »geselligen Zusammenkünften einen den Alltag überragenden Stellenwert zu verleihen« (W. Salmen) imstande war. Der Kaiser hat seine Trompeter und Pfeifer, man sieht sie, sozusagen zum Abschied vom musikfreudigen Mittelalter, noch einmal auf der Ehrenpforte, die Albrecht Dürer aus den Ideen Jörg Kölderers und des Humanisten Johannes Stabius für Kaiser Maximilian geschaffen hat, der Salzburger Bischof hat seine Trompeter und Sänger und Instrumentalisten. Musiker kamen auch in Gasthöfe, und manchmal trat auch ein Possenreißer auf, der musizierte, hin und wieder in Begleitung einer musizierenden Frau (der konnte aber auch andere Kunststücke, beispielsweise auf den Händen gehen). Manch einer sorgte für Gelächter, wie ein gewisser Zorzi, der sich »König von Portugal« betitelte und Ritter nach seinem Belieben ernannte. Auch der Graf von Görz hielt, offenbar in Lienz, einen Gaukler, der auf der Cythara spielen und das Horn blasen konnte und sein Publikum nach Art unserer Pantomimen ergötzte.

In der Stadt boten die Fastnachtszeit, Freischießen, Turniere, das Ständchenbringen, Kirchtage und Jahrmärkte Anlässe zu kräftig hallender Freiluftmusik. Gerade die Jahrmärkte führten ein buntes Völklein von Krämern, Jongleuren, Mimen und Spielleuten zusammen, für deren Atzung im allgemeinen die Kommune aufkam. Sie wußte auch »ihre« Klangaura zu inszenieren, so Dortmund für den Besuch Kaiser Karls IV., als es eine Empfangsprozession arrangierte, »in welcherer procession sich die hellen basunen (Posaunen) und ander vijlvoltige allerlei sote und lieflich spil und dat geluet aller klocken mit vreuden in der hoegde under der priester, clerich und scholer sank schal gegeven und sich horen luten«.

Das höfische Leben unterschied sich auch im Musizieren von der urbanen Eigenwelt oder den ländlichen Musikanten. Die »Hofdäntz« sind etwas anderes als die »Geschlechterdäntz«, und die Tänze der Stadt-Patrizier heben sich ab von den derben »Reien« des gemeinen Volkes. Conrad von Zabern trennt 1473 sehr deutlich das urbaniter cantare von der rusticitas (das städtische Singen von der Bauernart). Die Stadt hallt, wir sprachen vom Rang des Akustischen in der mittelalterlichen Lebenswelt, förmlich wieder von einem durch Töne und Laute »signalisierten« Stadtleben. Die – von »der Stat schilt« (Nürnberg 1485) getragenen und honorierten – Ratstrompeter oder Stadtpfeifer dienen nicht zuletzt dem Zeremonialbedürfnis der Stadträte. Die Glöckner, die Stundenrufer, die Stadthirten, die Türmer lassen wie die Stadttrommler rund um die Uhr ihre Schallsignale ertönen, Glokkensignale werden laut – man hat Marktglocken, Bannglocken, Gerichtsglocken, Sterbeglocken und so fort –, der Nachtwächter läßt sein »Hort ir hern lost euch sagen« erklingen und es wird »ein Lermen geschlagen«, wenn ein Aufstand im Inneren ruchbar wird oder ein größerer Krieg ansteht.

Stadtobrigkeit und Kirche halten ebenso »ihre Musik« wie das vornehmere Bürgerhaus. Die Schulen sind zum Kirchendienst wie zum Grabgesang und zum Umsingen des Bettelns wegen verpflichtet, für die Lehrkräfte ist das Singen vor dem Trauerhaus und am Grabe eine zusätzliche Einnahme, für die Bettel-

59 *Musik zu einer Tafelei. Die Musiker tragen Überröcke, der linke mit der Diskant-Schalmei eine Fellhaube mit Feder, der rechte mit Alt-Pommer eine Sendelbinde, die an der einen Kopfseite herunterhängt, die Frau an der linken Tischseite trägt die typische Patrizierinnen-Haube des späten Mittelalters, ein kunstvoll gelegtes wollenes Tuch, der reiche Mann an der rechten Tischseite ein Barett. Aus der Geschichte von Lazarus (am Boden) und dem reichen Mann, in der »Geistlichen Auslegung des Lebens Jesu Christi«, gedruckt bei Johann Zainer in Ulm, um 1485.*

schüler schlicht der Zugang zur Schule. Weiß man, daß es im spätmittelalterlichen Hamburg über hundert geistliche Bruderschaften gab, daß bei Einführung der Reformation in Lübeck an fünf Kirchen 192 Vikare tätig waren, dann hat man vom Ausmaß der täglichen Singpflichten einigermaßen einen Begriff. Musik ist da zur »ergetzlichkeit des Geblüts«, aber auch zur Leistungssteigerung, auch bei der Errichtung von Gemeinde- und Wehrbauten ziehen Musiker auf. Erstaunlich, wie viele der Musikanten aus den Schichten der Arbeiter und Tagelöhner kommen, als Pfeifer betätigt sich in Frankfurt 1440 ein Schuhflicker, 1446 ein »arbeider«, als Fidler 1486 ein Leinenweber, als

Lautenschlager 1432 ein Steindecker. Andererseits war das Bürgertum, die obersten Ränge zumal, darauf erpicht, zu einem »offenen danz« zugelassen zu sein: das war die Anerkennung, zur »Gesellschaft« zu gehören. In eigenen Tanzhäusern, der Kölner Gürzenich ist ein nie untergegangenes Beispiel dafür, hat man dieses Glück genossen. Aber auch die Hausmusik ist aufgekommen und gepflegt worden, die »stille Musik«, die spezifische Ausdrucksweise des lesekundigen Mittelstandes, der daheim mehrstimmigen Liedern lauschte, die mit der Laute, der Handharfe, dem Clavichord, der Hausorgel, mit Fidel und Flöten begleitet wurden. Das Lochamer Liederbuch oder das zitierte Liederbuch der Clara Hätzlerin gehören in diesen Zusammenhang.

Kurz: Musizieren war im Mittelalter eine muntere und allemal »eingeplante« Sache. Man war reich an Instrumenten, man hat da eine große antike Erbschaft angetreten. Es sind uns aus dem Mittelalter so gut wie keine Originale erhalten, wir haben sie uns nach zeitgenössischem Bildmaterial zu rekonstruieren. Sie waren, auch die der Renaissance, von denen wir noch viele haben, längst nicht so perfekt und technisch so ausgereift wie die unsrigen, dafür waren die Klangfarben, die man darauf erzeugen konnte, um so interessanter. Da ist die Fidel, das verbreitetste Streichinstrument des Mittelalters; ihr Vorläufer stammt aus dem Orient, späterhin hat sich die Violine daraus entwickelt. Da ist, neben der fidelverwandten Lira, das ebenfalls aus dem Orient stammende Rebec, nur mit drei Saiten bespannt, mit einem birnenförmigen Corpus, der sich ohne Hals zum Wirbelkasten hin verjüngt. Da ist das Psalterium, unserer heutigen Zither ähnlich, die Drehleier, bei der die Saiten durch ein im Inneren des Corpus laufendes, durch eine Kurbel angetriebenes Scheibenrad angestrichen wurden. Und schließlich gibt es eine ganze Reihe von Flöten, dazuhin ein Doppelrohrblattinstrument, aus dem sich später unsere Oboe entwickelte, endlich die Schalmei, ein näselnd klingendes Instrument, dem man seinen arabischen Ursprung gerne glaubt. Der Dudelsack ist eine Verbindung von

60   *Städtische Gesellschaft beim Tanz: »Hie dantzet der verloren sun vnd
vertut sin gut mit schonen frouwen vnd mit pfifen vnd trumpeten«. Die Frauen
tragen Schleppenkleider und Hauben, das Mädchen links hinten ein Schapel, die
Männer Schnabelschuhe, Beinlinge, einen Rock über dem Wams, einer offenes
langes Haar, einer (vorne) eine Haube, links rückwärts eine Borethe. Zur Musik
halten eine Trompete her (»Feldtrummet«), eine Schalmei und ein Bomhardt.
Aus dem »Spiegel menschlicher Behaltnis«, gedruckt von Peter Drach in Speyer,
1478.*

Schalmei und Luftschlauch mit zwei bis drei Nebenröhren, die
ständig einen Begleitton mitsummen lassen. Zu diesen ältesten
Instrumenten gehören auch die Hörner, anfänglich Bildungen
der Natur wie Muscheln und Tierhörner. Durch Umformungen
und Nachbildungen entstanden die Zinken, die Trompeten, die
Posaunen, die sich rasch zum unentbehrlichen Fundament der
»öffentlichen« Musik mauserten, während das schon in der
Karolingerzeit bekannte Hackbrett, mit seinen Metallsaiten und
seinem Resonanzboden die Urform des Klaviers, mehr für die
Hausmusik da war.

Vielfältig also die mittelalterliche Funktion von Musik. Ihre

309

erste Aufgabe blieb die der Unterhaltung. Sie war »Spiel« im schönsten, ergötzlichsten Sinne des Wortes, an dem sich alle erfreut haben, hoch und niedrig, groß und klein. Man hat viel gesungen, auch bei täglichen Verrichtungen, auch bei der Arbeit; noch aus karolingischer Zeit wird überliefert, das Bauernvolk habe – höchst Weltliches – im Atrium (Vorraum) seiner Dorfkirche, manchmal auch in der Kirche selbst getanzt und gesungen. Schon die Kinder haben ihre eigenen Liedlein geträllert und singend ihre eigenen Tänzlein getanzt, wenn sie nicht ihre Windrädchen drehten oder ihre Klappern spielen ließen und damit auf ihre Weise für einen Hintergrund an »Musik« sorgten. Murmeln, Hüpfen, Blindekuh kannten die Kinder des Mittelalters, großer Beliebtheit erfreuten sich Tonpuppen in recht einfachsten Formen, Frauengestalten, Turnierpferdchen oder irgendwelche Phantasiefiguren. Die Mägdelein lieben ihre »Tokke«, später hieß man das Puppe, über alles, die Buben ritten auf einer Gerte das Zauntor hinaus, und beide Gruppen fanden sich beim Reifentreiben und Kreiselschlagen, beim Versteckspiel oder beim »Plumpsack«.

Gab es überhaupt Kinder? Das heißt: gab es eine eigene Kindheit im Mittelalter? Verknüpft man diese Frage mit den beiden anderen – wie man das Kind im Mittelalter angezogen und wie man es abgebildet hat –, dann möchte man eher zu einer negativen als positiven Antwort kommen. Im Sommer ein Röcklein aus Leinen, im Winter eines aus Wollstoff und ein »hemdelîn« dazu, eine sehr einfache Sache. Ist das Kindlein sechs oder sieben, kleidet man es nach seiner Standes- und Geschlechtszugehörigkeit und paßt seine Kleidung im übrigen derjenigen seiner Eltern an. Das lange hemdartige Gewand des Kleinkindes findet man auf vielen Altartafeln wieder, da und dort hat man ihm ein Amulett oder einen Talisman umgehängt: Kinder sterben früh, Gott wolle helfen, manchmal ist auch ein Gürteltäschlein oder ein Umhängetäschlein dabei. Indessen »der Schnitt der Kinderkleidung ist derselbe wie bei den Erwachsenen« (M. Heyne).

Sind das überhaupt Kindergesichter, auf diesem Altarblatt mit der »Anbetung der Hl. Drei Könige«, auf jenem, das »Maria mit dem Kinde« zeigt? Auf den ersten Blick möchte man Jacques le Goff recht geben, der sich in Beantwortung unserer Frage an die Engel in den mittelalterlichen Bildern gehalten und sie als eine »Mischung aus Engeln und Eroten«, als »Erwachsene unbestimmbaren Geschlechts« definiert hat. Nun ist aber gerade dieses Sujet eine unglückliche Vorlage. Daß »der« Engel männlicher Natur war, ist in den frühchristlichen Traditionen eine selbstverständliche Sache. Noch weit ins Mittelalter hinein bleibt diese Vorstellung lebendig. Wo sie »feminisiert« wird, ergibt das zwangsläufig zunächst eine Heterosexualität und erst am Ende dieser Entwicklung, viele Engel als Wappenhalter illustrieren uns diesen Prozeß, ein »Engelein«.

Strenggenommen ist dem Kind im Mittelalter überhaupt kein Abbildungsraum gegeben, mit *einer* Ausnahme, dem Jesusknaben. Im mittelalterlichen Jesuskind lediglich einen »hässlichen kleinen Knirps« (J. Le Goff) zu sehen, geht freilich auch nicht an. Es ist richtig, daß man lange Zeit das Gotteskind nicht als ein wirkliches, kindliches Kind dargestellt hat, sondern als ein Symbol für die Göttlichkeit. Es trug die Züge eines Erwachsenen und war nur von der Körpergröße und seiner Beziehung zur mütterlichen Marienfigur her erkennbar. Cenni di Pepo, genannt Cimabue, nachweisbar zwischen 1271 und 1302, zeigt in einer auf Holz gemalten Komposition »Thronende Maria mit Kind« (1272–74) einen in byzantinischen Umrissen gehaltenen Miniaturerwachsenen. Bei Giotto di Bondone (1266–1337) verrät sich indessen ein revolutionärer Schritt. In seiner »Maesta« (um 1305–1310) deutet sich das echte Kindlein, der Bambino an, in erster Linie in den Proportionen. Die Erwachsene, Maria, wird mit anderem Maßstab gemessen als ihr Kind, wenn wir auch in beiden Fällen, typisch für Giotto, merkwürdig gedrungene Gestalten vor uns haben. Vollzogen wird dieser Schritt in der Sieneser Malerei, der Duccio di Buoninsegna (um 1255–1319) zum großen Meister und Vorbild geworden ist. Sein

»Marien-Triptychon« (um 1290–95) zeigt ein Jesuskind, das aus der Starre und Formalität byzantinischer Vorlagen gelöst, mit Eindrücken der gotischen und florentinischen bereichert und, im lieblichen Spiel mit der Mutter, in eine erste Art kindlicher Eigenständigkeit hineingeführt ist. Die Quatrocento-Malerei mit ihrem Hauptanliegen, die Dinge, wie sie sind, zu malen, geht diesen Weg zu Ende. Andrea Mantegna (1431–1506) zeigt um 1464 eine »Maria mit dem schlafenden Kind«: da schläft ein Kind, auch in den äußerlichen Konturen und Akzenten eine ganz eigene Kind-Welt verratend. Es ist der Zeitpunkt, in dem auch erstmals in der Malerei Darstellungen weltlicher Kinder im Kreise ihrer Familien, vornehmlich auf den Stifterbildnissen zu Altaraufträgen erscheinen, auch nördlich der Alpen. Prüft man Hugo van der Goes' zwischen 1476 und 1478 entstandenen Portinari-Altar, eine »der gewaltigsten Schöpfungen der altniederländischen Schule« (K. Malkon), entdeckt man neben den Heiligen Antonius und Thomas, alten, weisen Männern mit zerfurchten Gesichtern, auch den Stifter Tommaso Portinari mit seinen beiden Söhnlein.

Sind das nicht »rechte«, in ihre Andacht versunkene Buben? Sind diese Burschen nicht ein erster Beleg dafür, daß man sehr wohl die Eigenwelt des Kindes am Ausgang des Mittelalters zu verstehen sich bemüht hat? Lucas Cranach d. Ä. hat in seinen mit Aquarell und Deckfarben gefertigten Porträtzeichnungen (»Kopf eines Knaben mit schwarzen Augen und rotbraunem Haar«, »Kopf eines Knaben mit blauen Augen«, um 1510–15) den staunend-abwartenden Ausdruck des heranwachsenden Kindes, den fragenden Blick dessen, der einer fremden Welt konfrontiert ist, schon in großer Prägnanz getroffen. Zwanzig Jahre später hat Cranach einen kleinen – wahrscheinlich sächsischen – Prinzen zu porträtieren gehabt. Auch dieses – wirkliche – Kindergesicht mit den großen Augen ist etwas anderes als die gleichzeitig entstandene Serie von Männergesichtern mit hartgeschnittener Skepsis und trotziger Distanz.

Wir können der mittelalterlichen Malerei also nicht die pau-

61   *Hat Jugendleben – und seine Bändigung durch die Erwachsenenwelt – zu allen Zeiten gleiche Züge? Streitende Lehrlinge, Kupferstich Martin Schongauers vom Ausgang des 15. Jahrhunderts.*

schale Auskunft entnehmen, man habe dem Kind im Mittelalter »kaum Beachtung« geschenkt, ja es habe damals »eigentlich gar keine Kinder« (J. Le Goff) gegeben. Sicher war Kindheit im Mittelalter nur eine kurz bemessene Spanne Zeit. Viele Kinder dürften, entsprechend der allgemein niedrigen Lebenserwartung, ihren Großvater nie gesehen haben, dafür aber, besonders im ländlichen Bereich, so früh zur Arbeit geschickt worden sein, daß die Kindheitsphase im Vergleich zu heute eine verkümmerte Sache blieb. Indessen wird man sich verwahren müssen gegen die Ansicht, das Kind sei, als Eigenwesen, insofern »ein Produkt der Stadt und des Bürgertums« (J. Le Goff), als dort die Frau heruntergedrückt, ja erdrückt worden sei, während das Kind sich emanzipiert und plötzlich zu Hause, in der Schule, auf der Straße eine Rolle gespielt habe.

Auch in der mittelalterlichen Stadt hat das Kind nur eine kurze Frist gehabt. Giovanni Boccaccio ist noch als Kind von einem Kaufmann in die Lehre aufgenommen worden, Studenten der Geisteswissenschaften an den Universitäten zählten zwölf bis vierzehn Jahre, teilweise sogar nur zehn, zuvor hatten sie bereits in auswärtigen Schulen gelernt. Mädchen übersiedelten frühzeitig in Stadt- oder Klosterschulen, im Alter von fünfzehn waren viele schon Hausfrauen und Mütter (wie die fürs Kloster Auser- sehenen, wie wir sagten, in der Mehrzahl als Kinder dorthin kamen). Wer ein (städtisches) Handwerk erlernen sollte, kam in jungen Jahren zu einem Meister in die Lehre und blieb Lehrling oft sieben Jahre lang, auch Mädchen schickte man gerne in Handwerkerhaushalte. Die englische Verordnung von 1388, die denjenigen Mädchen und Jungen, die unter zwölf regelmäßig als Fuhrleute oder hinter dem Pflug arbeiteten, diese Tätigkeit auch für die Folgezeit verbindlich machte, war für die Zeitgenossen kaum eine Sensation.

Nach allem, was die Quellen sagen, darf man gewiß nicht jene biedermeierlich-spätbürgerliche Betulichkeit erwarten, mit der man im Kind ein emotionales Wesen mit spezifischen »kindge- mäßen« Bedürfnissen reklamiert. Diese Gefühlsbindungen sind ein Produkt des bürgerlichen Zeitalters und dem Mittelalter noch ganz fremd. Nach dem 7. Lebensjahr treten die Kinder aller Stände damals in ein Lehrverhältnis, und in diesem wirtschaft- lichen Zusammenhang des Haushalts, das Mittelalter hat eine sehr pragmatische, sehr utilitaristische Seite, erfüllt auch das Kind seine Aufgabe, weil es (auch) dem Ganzen nützt.

Von dieser recht verständlichen Perspektive her – jede Familie muß »über den Winter kommen« –, muß man die Rolle des Kindes in der mittelalterlichen Gesellschaft zu verstehen suchen. Keine Rede davon, daß das Mittelalter »kein Verhältnis zur Kindheit« hatte (Ph. Ariès). Lassen wir einmal das berufsorien- tierte Denken ebenso beiseite wie jene für unsere Begriffe noch unterentwickelte Bereitschaft zur Respektierung von Lebens- epochen (man würde ja im Mittelalter ebenso vergeblich nach einer Geriatrie suchen), dann sagen die urkundlichen Belege nichts anderes aus, als daß das Kind im Mittelalter« geliebt und zuweilen als lästig empfunden wurde wie zu allen Zeiten« (K. Arnold).

Im übrigen ist es doch erstaunlich und auch unbestreitbar, daß schon Theologen der Merowinger- und Karolingerzeit, an spätmittelalterliche Nachfolger soll gar nicht erinnert werden, sich in ihren Schriften ernsthaft um die Stadien der Kindheit und Jugend bemühen. Eine erste Stufe sieht man in der Phase vom ersten bis zum siebten Lebensjahr. Sobald das Kind dem greulichen Wikkelkissen und der Wiege entwachsen ist, darf es sich frei bewegen, auf dem Boden herumkriechen und Gehversuche machen. Das Spätmittelalter kennt bereits zweierlei fahrbare Gehschulen, eine mit drei und eine mit vier Rädern, Holzschnitte zeigen sie uns hier und da.

In höheren Kreisen, freilich vorzugsweise nur in diesen, kennt man die Erziehung der Kinder sehr wohl. Sie wird ebensowenig von der eigenen Mutter besorgt wie das Stillen, für die Edelfrauen wie für die reichen Bürgerinnen macht das die Amme, deren Entlohnung an großen Höfen beträchtliche Höhen erreichen kann. Die Rückwirkungen dieser Fremdheit im Säuglingsalter waren sicherlich weitreichender, als wir uns das heute vorstellen können, nur bei der – selber stillenden – Bauersfrau gibt es das in deutlicherem Maße, die natürliche Zuneigung zum Kind und die emotionale Bindung zwischen beiden. Auch die Erzieherin hat einen einträglichen Beruf. An Hof kann sie mitunter zu einer mächtigen Person werden, wir haben rührende, aber auch erschütternde Beispiele für die Dominanz dieser energischen Autorität, der Dame Erzieherin.

Die zweite Entwicklungsstufe des jungen Menschen reicht im Mittelalter vom siebten bis zum vierzehnten Lebensjahr. Man läßt, soweit man sich das noch leisten kann, den Kindern Lesen und Schreiben beibringen; was das Lesen anlangt, so dienen vor allem das Alte und Neue Testament als Lesebuch, merkwürdigerweise auch mancherlei Rechtsbücher. In karolingischer Zeit scheint man sich noch ganz auf den Psalter konzentriert zu haben; man hat ihn als Lese- und Erbauungsbuch aufbewahrt. Wenn ein Kind den Psalter beherrschte, lernte es Grammatik und Kirchengesang und beschäftigte sich mit den Gottesdienstordnungen. Der um 880 geborene Odo, Biograph Geralds von Aurillac, wurde einem in der väterlichen Burg lebenden Priester

62 *Mutter und Kind, das Kleine im Laufstühlchen. Aus Heinrich Laufenbergs*
»Versehung des Leibes«, Druck von Erhard Ratholdt, Augsburg 1491.

anvertraut, der ihm die Grundlage seines Wissens vermittelte.
Auch Mädchen lernen Lesen auf dieser Stufe, auch in den
Unterschichten trifft man auf Kinder, die geradezu von einer
Lernwut ergriffen sind. Es gibt Nachrichten, denen zufolge
solche Kinder von zu Hause durchgebrannt sind, nur um lesen
und lernen zu können. Natürlich darf auch dieses Stadium in
seiner zeitlichen Begrenzung nicht ganz wörtlich genommen
werden. Immerhin fällt aber auf, daß der spätere Kaiser Karl IV.,
der älteste Sohn König Johanns von Böhmen aus dem Hause der
Luxemburger, just mit sieben Jahren von zu Hause weggeschickt
und am Hofe seines Onkels, König Karls IV. von Frankreich
erzogen wird; dort erhält er den Namen Karl.

Die dritte Phase setzt meist schon mit dem zwölften Lebensjahr ein und umfaßt die Zeitspanne zwischen diesem und dem
achtzehnten Jahr. Man hat sich lange überlegt, warum in der um
1300 aufkommenden Glasmalerei in Deutschland auch immer
Scheiben zu finden sind, die Maria und das Jesuskind zeigen, die
Gottesmutter führt das Kindlein an der Hand, das seinerseits

kräftig ausschreitet und zur Schule geht, schon eigene Person für sich: die infantia Christi wird als eine eigene Phase erfahren und dargestellt. Wer das zwölfte Jahr erreicht hat, hat diese erste Lernzeit hinter sich. In der Merowingerzeit haben die jungen Leute dieses Zeitabschnittes vor allem ihre körperliche Ausbildung erhalten, aber auch eine Einführung in die Verwaltungspraxis: der Hof ist die erzieherische, die eigentlich ausbildende Institution.

Haben sich die Kinder damals in ihrer Sonderheit erfahren, sind sie sich ihrer bewußt geworden? Mittelalterliche Eltern der höheren Stände scheinen nicht unbedingt Wert darauf gelegt zu haben, ihre Kinder im eigenen Hause zu erziehen. Die eine, die sozusagen weltliche Tradition, verrät die Tendenz, Zeugnisse schon des fünften bis siebten Jahrhunderts lassen das deutlich erkennen, Kinder sich möglichst früh vom Zuhause lösen zu lassen. Man verweist auf das Verhalten der Raubvögel: die lassen ihre Jungen so bald wie möglich aus dem Nest fallen. Der junge Mensch soll sich so bald wie möglich bewähren, schon Theoderich redet davon.

Die andere ist die christliche Tradition. Sie beruft sich auf Lukas 14,26: »So jemand zu mir kommt und hasset nicht seinen Vater, Mutter, Weib, Kind, Brüder, Schwestern, auch dazu sein eigen Leben, der kann nicht mein Jünger sein.« Beide Traditionen ermöglichen dieser auf Selbstandigkeit bedachten Jugend ein neues Selbstverständnis. Sie veranlassen sie aber auch, mit ihren Müttern nicht eben aufs freundlichste umzugehen. Coliban, der aus eigenem Entschluß, komme, was wolle, Mönch werden will, steigt über seine jammernde, dann kniefällig bittende Mutter einfach hinweg und ruft ihr, ein letztes Mal sich wendend, lachend zu, sie solle doch froh sein, er kehre ja nicht wieder nach Hause zurück. Auch von Bonifatius wissen wir, daß er sich mit seinem Wunsch, den geistlichen Beruf zu ergreifen, brüsk über die Einwände und Wehklagen seines Vaters hinweggesetzt hat. Da und dort erfahren wir, daß Jugendliche das Vermögen ihrer Eltern an sich gerissen und an die Armen verteilt haben. Nicht

nur einmal ist es passiert, daß man sich seines Vaters entledigt und an seiner Stelle einen Bettler zum Ersatzvater ernannt
hat.

Verständlich, warum kirchliche Institutionen derlei Aktionen
nicht hingenommen haben. Dann und wann hat man mit
Ausschluß der Jugendlichen aus der Kirche gedroht. Die jungen
Leute ihrerseits haben sich auf die Auskünfte des Neuen Testa-
ments berufen, in einer solchen Ernsthaftigkeit und Festigkeit,
daß die Frage naheliegt, aus welchen Quellen diese Sicherheit
geschöpft hat. Wichtigstes und nie verlorenes Vorbild war
Abraham, der Glaubensheld, der im Paradies, so das Neue
Testament, bevorrechtigt war und als Urbild des Gläubigen galt.
»Und der Herr sprach zu Abraham: gehe aus deinem Vaterlande
und von deiner Freundschaft und aus deines Vaters Hause in ein
Land, das ich dir zeigen will« (1.Mose 12,1). Diesem »Vater« zu
folgen, ist jetzt der Entschluß der jungen Leute beiderlei Geschlechts. Sie verlassen ihre Hofdienste und ihre höfischen
Einschränkungen und ziehen in die Fremde. Wir haben Beispiele
dafür, wie dieser Exodus verstanden worden ist: als ein politischer Führungsauftrag in wörtlicher Nachfolge Abrahams, des
Stammvaters der Israeliten und der verwandten arabischen
Völker, aber auch als ein künstlerisch gehandhabtes Selbstän-
digkeitswollen, als eine Emanzipation innerhalb sozialer und
ständischer Bezüge.

Die Bilder, die Jugendliche von sich haben, wandeln sich wie
die sittlichen Normen oder die Rollenverständnisse der Generationen. Zeigen sich in der Merowingerzeit die Robusten unter
den Jugendlichen, junge Menschen, die den Kampf draußen
suchen und sich damit gegen die Sitte und die Konvention der
Älteren wenden, verrät sich hier also eine latente Unruhe unter
den Jungen, so macht sich vom achten Jahrhundert an eine
Wende bemerkbar. Jetzt wollen die Jugendlichen nicht mehr die
Krieger »im elend« (im Ausland) sein. Der Widerstand gegen die
Älteren erschöpft sich ganz im Gegenteil in einer Suche nach
Vorbildern, nach Halt und nach Engagement. Der junge Gregor

löscht sein Dasein im Kloster und möchte mit Bonifatius ziehen. Man bricht mit dem alten deshalb, weil man in der wärmenden Nähe des Vorbilds sein will. Man möchte nicht mehr wiederentdeckte, uralte Lebensformen nachvollziehen, sondern im Windschatten der großen Autorität und mithin in hellster Gegenwart so leben, wie der eigentliche und rechte Mensch leben soll.

Es gibt also nicht nur Kindheit und Jugendlichkeit im Mittelalter, sondern auch das kindlich-jugendliche Bewußtsein davon. Und es gibt schließlich ein Bewußtsein der Eltern und der Erwachsenen von der Jugend als dem Keim und dem Ausgangspunkt künftiger Entwicklungen. Man hatte Friedrich II., den späteren großen Hohenstaufenkaiser, während seiner Kindheit in Palermo angegriffen und festgenommen; seine eigene Palastwache war bestochen worden oder feige davongelaufen. Aber Friedrich zeigt sich, ein erzbischöflicher Bericht verrät uns das, als ein wütend-selbständiges Herrlein, von einer Kühnheit, die einem die Sprache verschlägt. Und das sei recht so, bemerkt der Erzbischof. Denn hier zeige sich genau das, was man später von diesem Menschen erwarte, Herrschertalent, Führerqualität. Nirgendwo Tadel also oder billiges Entsetzen, sondern Einsicht in die Anlage eines künftigen Lebens, in eine kindlichen Zwischenepoche. Zwölfjährig zeigt sich Friedrich als ein ständig rastloses Wesen, tätig von früh bis spät und von einer atemberaubenden Unabhängigkeit. Ist sein rüder Umgang mit der Soldateska, fragt man sich besorgt, überhaupt fördernd für den späteren, den reifen Mann? Noch einmal Überlegungen einer Handvoll Leute, die für die Erziehung verantwortlich sind und diesem Geschäft immer unter Berücksichtigung der beiden Pole »heute« und »künftig« nachgehen. Und schließlich beruhigt man sich. Die Würde seines Auftretens, die Distanz zur Umwelt, sein kriegerisches Geschick, sein Mienenspiel, das gelegentlich Schrecken verbreiten kann: das alles befähigt diesen jungen Menschen für seine spätere, hohe Aufgabe.

Freilich bleibt dieses Verständnis für die Jugendzeit als einer Ausbildungsphase ständisch begrenzt und begriffen. Auch der

Städter, in wenigen Fällen sogar der Bauer kennt eine solche Vorbereitungszeit des Jugendlichen. Berthold von Regensburg wendet sich an die Handwerker, ihre Kinder in den späteren Handwerkerberuf mit Kräften einzuführen, man brauche keine Ritter, aber rechte Schuster. Selten einmal, daß dieses Konzept gestört wird. Im »Parzival« wird der Jugendliche – der Titelheld – nicht auf eine standestypische Erziehung hingeführt, sondern ganz im Gegenteil, markiert als das tumbe, ewige Kind, verwiesen auf eine dem Vater und seinem traurigen Schicksal entgegengesetzte Bahn. Aber das sind, nur aus einer bestimmten geistesgeschichtlichen Situation heraus, verstehbare Sonderwege. Grundsätzlich gilt im Mittelalter der Auftrag, daß das Kind standestypische Eigenschaften zu entwickeln habe. Dadurch erwirbt es sich die Fähigkeit, späterhin in der Gesellschaft seinen Platz einnehmen zu können.

An theoretisierenden Bemühungen, diesem Vorhaben so etwas wie ein pädagogisches Fundament zu geben, hat es nicht gefehlt. In seinem berühmten Dialog Della famiglia (um 1440) hat der italienische Künstler und Gelehrte Leon Battista Alberti dem Kind einen eigenen Raum gegönnt. Man muß sich kümmern um seine Kinder, dies etwa seine Devise, man muß in ihnen die nachfolgende Generation sehen. Ziel der Kindererziehung ist die körperliche Ertüchtigung; sie kann in der Leibeserziehung, in den Leibesübungen verwirklicht werden. Aber man muß aus dem jungen Menschen, hier kündigen sich schon Renaissance-Ideale an, auch im ernsthaftesten Sinne einen rechten Menschen zu machen versuchen. Zielt die Erziehung des 13. Jahrhunderts auf die Entfaltung standestypischer Eigenschaften, so geht es der Erziehung des 15. Jahrhunderts schon um die Vorbereitung einer künftigen individuellen Bewährung.

Daß wir hier keine trivialen Selbstverständlichkeiten vor uns haben, daß auch das Mittelalter Mühe mit den Jugendlichen haben konnte, darf unterstrichen werden. Die Brüder des nicht-patrizischen Augsburger Kaufmanns Lucas Rem waren unfähige Kaufleute. Sein unehelicher Sohn Jacob wurde von seiner Mutter

Wer seinen kinden vbersicht
Jrem mutwil.vnd sie stroffet nicht
Dem selben zu letzst vil leides geschicht

℟ Von ler der kinder
Der ist in narheit gantz erblindt
Der nit mag acht han.das sein kyndt
Mit zuchten werden vnderweist
Vnd er sich sunders dar auff fleist
Das er sie loß ir gan an straff
Gleich wie an hirten gent die schaff

63 *Zur Kinderzucht. Aus der deutschen Ausgabe von Brants »Narrenschiff«*
des Nürnberger Druckers Peter Wagner, 1494.

in Antwerpen aufs schlechteste behandelt. »Nach fil unbilichen bossen (bösen) Sachen und Jamerlichen verderben, die muoter an im (ihm) taun hatt (getan hat)«, wird ihr das Kind fortgenommen. Von da an hält es der Bub nirgends mehr aus, er wechselt die Lehrstellen, heute in der Buchhaltung, morgen im Schreinerhandwerk, ein frecher, trutziger, bockiger Bursch, das sind Prädikate, mit denen das väterliche Tagebuch ihn unter anderen belegt. Wahrscheinlich würden wir heute von frühkindlichen Traumata reden, und auf alle Fälle von einer permanenten Protesthaltung. Sie geht tiefer als bei jenen Wiener Mädchen, die sich angeblich, Aeneas Silvius Piccolomini berichtet jedenfalls davon, ohne Wissen ihrer Eltern ihren Mann auswählten, und ganz gewiß tiefer als bei jenem Professor und Subdiakon Johann Mair, der 1492 wegen einer am Zeigefinger der linken Hand erlittenen Verunstaltung mit bischöflicher Lizenz dispensiert worden ist. Als Neunzehnjähriger hatte er beim Klosteressen seinen »chrausen«, einen Trinkkrug aus Ton, nachdem er getrunken hatte, so fest niedergesetzt, daß dieser in der Hand zerbrach. Trotz Chirurgenhilfe bleib der Zeigefinger steif.

Man wird den echten Widerstand der Jungen gegen die Alten von der Aufsässigkeit zu trennen haben, die in verschiedenen Ausdrucksformen wohl in jeder Generation zu finden ist. Epochentypisch ist nur das Wechselspiel zwischen Ursachen und Wirkungen. Die Kinder scheinen, auch im Mittelalter, die Wirkungen ihrer Umwelt auszunützen und aufzufangen, um Gefahren abwenden zu können, die ihnen von der Gesellschaft erwachsen. Im Mittelalter bevorzugen Kinder neue Verhaltensweisen, weil sie Möglichkeiten benötigen, den tatsächlichen oder erwarteten Zugriffen ihrer Umgebung zu begegnen. Nicht jeder Widerspruch gegen die ältere Generation spricht für die Suche nach einer neuen Haltung, nicht jeder Ausrutscher und nicht jede Ungezogenheit ist »Widerstand« und Epochenvorgang. Aber es ist ohne Zweifel, daß auch im Mittelalter die Jugendlichen nach neuen Ufern gesucht und daß Eltern den spezifischen Eigenwert der Kindheit respektiert haben.

Der vorhin zitierte Fall des Diakons Mair, der sich beim Trinken einen steifen Finger geholt hat, erinnert uns an die Rede, daß man im mittelalterlichen Deutschland (und nicht nur im damaligen) maßlos gesoffen habe. »He, Weinschenk! Spül' meinen Becher aus und bring anderen, besseren Wein. Im Namen des Herren, trink mir mit einem Zug aus, was man dir jetzt vorsetzt, mein Freund!« Gedichtfetzen wie dieser aus einer Handschrift des 9. Jahrhunderts mögen tatsächlichen Situationen entsprochen haben. Einem anderen frühmittelalterlichen Gedicht entnehmen wir das Selbstbekenntnis eines Gelehrten, dem der Verstand verwirrt ist, »weil mir der Wein fehlt«, und der nun auf dem Marktplatz – vergeblich – eine Grammatik gegen ein paar Becher Wein zu tauschen sucht. Literarischer Scherz oder Alltagssorge? Die Gesprächsanleitungen der in Vulgärlatein abgefaßten Parodie der Lex Salica beginnen stets mit dem Satz: »Gib mir zu trinken.« »Wir trinken dicke zu vil« (viel zuviel): des Strickers rührendes Selbstgeständnis aus der ersten Hälfte des 13. Jahrhunderts, als wandernder Berufsdichter muß er in so manches Glas geguckt haben, ist in allen späteren Jahrhunderten dutzendfach variiert worden. Wer Santoninos Reiseberichte, immerhin ist der Mann in vielen Jahren mit vielerlei Gesellschaften und Gruppen zusammengekommen, daraufhin überprüft, wird den Topos von der Trunksucht der Deutschen freilich nur mit allergrößter Vorsicht behandeln. Die von Santonino bei einem einzigen Anlaß vermerkte Trinkfreude eines einheimischen Klerikers, eines »clericus alemanus«, kann gewiß »nicht allgemeinverbindlich aufgefaßt werden« (H. Hundsbichler).

Nicht anders scheint der Fall in punkto Essen. Man hat sich an die Auskunft gewöhnt, daß der Mensch im Mittelalter unvorstellbar viel gefressen habe. Die besondere Tüchtigkeit der Deutschen, der »alemani«, war schon für die italienischen Reisenden des 15. Jahrhunderts eine sprichwörtliche Sache. Hat man hierzulande einfach Spaß am Essen gehabt, war's einfach die Lust an der Freud'? In einer Ordnung für die Nürnberger

Zwölfbrüderhäuser, Altersheimen für die Handwerkerschaft der Stadt, wird wiederholt gerügt, »daß etliche Brüder Weiber, Kinder, oder sonsten ihre Freundt, sonderlichen an den Tagen, wann sie Baad haben, zu ihnen ins Brüderhaus kommen, etwas vom Swein oder zu Zeiten auch getrancks mit sich bringen, und dasselbige bey ihnen in ihren Kämmerlein oder auch in der Stuben verzehren, und also ein gefreß miteinander halten«. Schon 1388 wird deshalb verboten, daß Brüder »ein zech haben mit ihren weibern oder kindern oder freunden« (= der Verwandtschaft).

Eine allgemeine teutonische Freß- und Sauflust? Man wird sehr sorgfältig zu unterscheiden haben, wo hier mit exaktem, verläßlichem »Belastungsmaterial« gearbeitet wird und dort lediglich mit »Zuschreibungen«, die kräftigem Sozialneid zu verdanken sind. Unerläßlich bei allen solchen Angaben, Stand und Situation im einzelnen in Rechnung zu stellen. »Si fault de faim perir les innocens / Dont les grans loups font chacun jour ventrée« (So müssen die Unschuldigen vor Hunger umkommen, / Weil die großen Wölfe sich jeden Tag den Bauch vollschlagen), reimt Eustache Deschamps (1346–1406), der an seinem eigenen Besitz die Verwüstungen des Hundertjährigen Krieges erlebte. Johannes Gerson (1363–1429), der große Theologe, hat diese Kriegsfurie unmittelbar zum Anlaß jener mutigen und ergreifenden politischen Predigt genommen, die er im Palast der Königin zu Paris am 7. November 1405 gehalten hat. »Der Arme hat gewöhnlich kein Brot zu essen außer vielleicht ein wenig Roggen oder Gerste.« Hungersnöte züngeln immer wieder übers breite Land, die Menschen sind vom Hunger, vom möglichen Hunger maßlos geängstigt. In der Phantasie steigen mythische Freß-orgien auf, die biblischen Speisungswunder sind wie Stachel in dieser armselig-eingebildeten Welt, und der Traum vom Schla-raffenland hat noch Pieter Bruegel zu seinem bekannten Bild angeregt.

Wie war es wirklich? Es gab gute und es gab böse Zeiten, Alltag und Fest, hohe und niedrige Schichten. Hatten sich die

Dinge einmal auf Normalmaß eingependelt, konnte man rasch sehr modern reagieren, indem man fast so etwas wie ein »Ernährungsbewußtsein« praktiziert. Die deutsch-italienische Reisegruppe des Bischofs von Caorle, die in der Mitte der achtziger Jahre des 15. Jahrhunderts durch Kärnten und Osttirol zieht, geht sehr haushälterisch, Santonino schreibt in seinem Tagebuch davon, mit den Essensangeboten um. Bestimmter Speisen enthält man sich ganz, um Belastungen für den Magen auszuweichen. Die Käsesuppe mit Zwiebeln und Gewürzen, die »offa alemanica« verschmäht man deshalb, so Santonino wörtlich, weil man Husten bekommen könnte, Gehirnkongestionen (crassitudo cerebri) oder Blähungen, das gekochte Rehfleisch in den Herbergen rührt man überhaupt nicht an aus Angst vor Magenverstimmung (stomachi fastidium).

Das könnte eine Eigenart nur dieser Reisegesellschaft gewesen sein. Aber wir werden zu berücksichtigen haben, daß kaum eine der Reisegruppen zu Ausgang des Mittelalters besonderen Reiseproviant mit sich geführt hat. Manchmal gibt es nur Käse und Eier zur Hauptmahlzeit; von der Freude am Fressen keine Rede. »Reficere« sagen die zeitgenössischen Briefe zu »speisen«, das heißt »sich wieder aufrichten«. Die körperlichen Anstrengungen nicht nur der Reisenden (und damit vorab der Händler, der Kaufleute), sondern auch der Landarbeiter, der Bergwerksarbeiter und so fort, letztlich aller Handarbeiter, waren für heutige Begriffe überdimensional. Obwohl trainiert, geriet der Einzelne immer wieder an den Rand der Erschöpfung. Wenn man auch in neuester Forschung den vielfach angezweifelten Fleischverbrauch im mittelalterlichen Deutschland – jährlich 100 kg und mehr – im großen und ganzen unangetastet läßt, für West- und Südeuropa indessen jetzt geringere Werte postuliert (H. Neveux), so müssen doch immer noch bedeutende regionale Unterschiede in Rechnung gezogen werden. Zu der von zwei verläßlichen italienischen Gewährsleuten als »mos Germanorum« hingestellten Beigabe von Fleisch zu Fischgerichten bringt Santoninos Reisetagebuch über die Kärntner und Osttiroler Reise

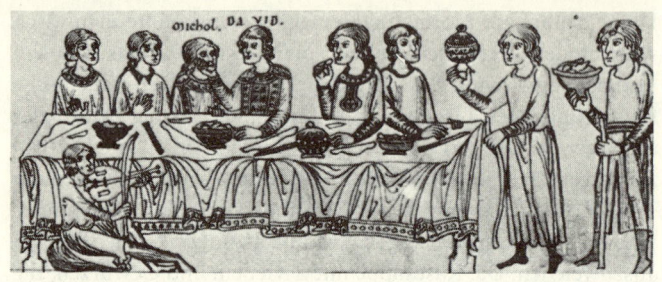

64 *Selbst die königliche Hochzeitstafel – Hochzeit Davids mit Sauls Tochter*
Michol – kann sich der hochmittelalterliche Zeichner nur in einer für unsere
Begriffe ernüchternden Einfachheit vorstellen: viel mehr als Messer und Schüs-
seln zeigt diese »Tafel« nicht. Vor dem Tisch hockt ein Musikant mit Fidel, zwei
Schenken mit ihrem Amtsstab bringen Doppelpokal und Geflügel. Kolorierte
Federzeichnung aus einer Handschrift mit dem Psalmenkommentar des Petrus
Lombardus, Bayern, zwischen 1175 und 1200.

1485–87 ausschließlich nur gegenteilige Belege: es war nicht
immer und nicht überall so.

Wir könnten einmal selber mit zu Tisch gehen und die
Speisekarte im Detail studieren. 1303, am ersten Tag seines
Aufenthaltes, wurde der Bischof Benno von Seitz vom Magistrat
der Stadt Weißenfels anläßlich der Einweihung der Stadtkirche
mit folgendem Menü begrüßt: Eiersuppe mit Safran, Pfefferkör-
ner und Honig – Schaffleisch mit Zwiebeln – Brathuhn mit
Zwetschgen – Stockfisch mit Öl und Rosinen – Bleie in Öl
gebacken – gesottener Aal mit Pfeffer – gerösteter Bückling mit
Leipziger Senf – gesottene Fische, sauer zubereitet – eine gebak-
kene Barbe – kleine Vögel in Schmalz gebraten – eine Schweins-
keule mit Gurken (›korcken‹). Mehr als hundert Jahre später, am
Sonntag, dem 17. Juni 1492, aßen in der Residenz des Bischofs
von Trient, Ulrich III. von Frundsberg, Giorgio Contarini, Graf
von Zapho und Paolo Pisano, die Gesandten Venedigs, mit dem
Bischof zu Abend. Elf Gänge wurden aufgetragen: Gekochtes
und gebratenes Fleisch mit Fisch aller Art und Salat – Weichseln
und Kirschen – Ein mit Brot gefüllter Kapaun in einer gelben Sauce

– Eier auf hölzernen Spießen – Hasen- und Wildschweinfleisch in schwarzer Sauce – Eine Art Brezel in Öl gekocht – Weichsel- mus – Fische und gekochtes Fleisch – Trockener Braten – Eine Mixtur aus Milch und Eiern – Konfekt. Wiederum ein paar Jahrzehnte darnach gab der Nürnberger Bürger Gustav Scheuerl zu Ehren Philipp Melanchthons ein Festessen: Schweinekopf und Lendenbraten in saurer Sauce – Forellen und Äschen – Rebhühner, Kapaun und Hecht in Sülze – Wildschweinbraten in Pfeffersauce – Käse – Kuchen – Obst und Nüsse – Lebkuchen und Konfekt.

Schwer auszumachen, wo hier Ausnahme aufhört und Regel beginnt. Beim ersten Mahl handelt es sich um ein festliches Empfangsessen des 14. Jahrhunderts, beim zweiten, heute wür- den wir sagen, um ein Arbeitsessen des Bischofs aus dem 15. Jahrhundert, beim dritten finden wir uns bei einem bürger- lichen Gastmahl aus dem ersten Viertel des 16. Jahrhunderts. Was hat man am Werktag gegessen? Santonino kann ein Früh- mahl mit neun Gängen, ein »convivium opulentissimum«, ein »äußerst reichhaltiges Gastmahl« nennen. Bekommt er ein Mahl von acht oder mehr Gängen vorgesetzt, spricht er von »pompa«, von außergewöhnlich-pompösem Aufwand, womit natürlich nicht nur die Menge der Speisen, sondern auch der gesellschaftli- che Rahmen gemeint ist.

Daß unsere Menü-Beispiele jedenfalls nicht aus normalen Arbeitstagen stammen, ist zweifellos. Die Unterschiede in der Ernährung zwischen Adel und Bauern waren ungemein groß, ganz besonders, was den Fleischkonsum betraf. Wildbret war von der Tafel der Bauern durch das Jagdregal ausgeschlossen. Nur in den kalten Monaten konnte geschlachtet und ein gewisser Fleischvorrat gefahrloser aufbewahrt werden. Oktober und November waren die Schlachtmonate. Bauern decken ihren Haushaltsbedarf an Hülsenfrüchten – Erbsen, Wicken, Sauboh- nen – aus den eigenen Gärten. Der Bauer und seine Familie ernährt sich von Pflanzenkost und Milchprodukten, er vervoll- ständigt seine Nahrung mit dem, was man aus Unterholz,

Sumpfgebieten und Flüssen an Eßbarem holen kann. Aber auch hier sind Entwicklungen und regionale Abstufungen einzukalkulieren. Leopold V. soll auf einem Landfrieden bestimmt haben, daß die Bauern an Wochentagen Selchfleisch und Kraut und Gerstenbrei essen, an Fasttagen Hanf, Linsen und Bohnen. Reiche Bauern hielten im 13. Jahrhundert Hühner und Gänse. Aber sie hatten sie in so großer Zahl an ihre Grundherren als Pachtzins abzuliefern, daß sie selber selten in den Genuß ihres Federviehs kamen. Wildbret, Fische und Öl ist dem Adel und den Rittern vorbehalten. Das Brot der Bauern wurde meist aus Roggen- oder Hafermehl gebacken; Gerstenbrot galt als »herrenspise«. Vor allem aber wurde Weizenbrot für die Adligen gebacken, das Wort »semel«, das weißes Weizenmehl meinte, war schon verhältnismäßig früh bekannt. Den Bauern diente Wasser als Getränk, in süddeutschen und österreichischen Gegenden auch Birnen- und Apfelmost, in ganz Deutschland auch selbstgebrautes Bier. Bei den Rittern bevorzugte man seit Aufschwung des Weinbaus den Wein, noch gegen Ende des 13. Jahrhunderts lehnte man Bier in ritterlichen Kreisen als unfein ab. Die Sitte, für das Gesinde einen schlechteren Trank, den »leurentranc« zu bereiten, mag früh auch in Bauernhäuser gedrungen sein. Ab 1300 begann man in deutschen Landen, die Weinsorten genauer auseinanderzuhalten, man handelte ab dato den »Elsässer«, den Neckarwein, den Rheinwein und so fort, weitere Unterscheidungen gab es nicht. Eine besondere Spezialität des Mittelalters war der über Kräuter, Gewürze oder Honig abgeklärte Weißwein. Er hatte im hohen Mittelalter auch die Bezeichnung Klarwein, Klartrank, »lûtertranc« oder »clarêt«, war sehr schwer und berauschte rasch.

Ernährung und geschichtliche Entwicklung gehören zusammen. Man hat die Dynamik einer Epoche oder die relative innere Gleichförmigkeit einer anderen auch immer auf bestimmte Ernährungs-Faktoren zurückgeführt. Einen wichtigen Platz in der mittelalterlichen Ernährung nehmen die Hülsenfrüchte ein, insbesondere die an Proteinen reichen Bohnen und Erbsen. Man hat sich die Mühe gemacht, die Lebensmittel-Versorgung von Fuhrleuten auf Herrenhöfen, von Maurern, von 12–18jährigen Schülern in einem Internat bei Aix-en-Provence für das Schuljahr 1364/5 auf ihre Kalorienmengen, Fettanteile, den Vitamingehalt und so fort zu untersuchen. Man hat genau überprüft, was die Leute in den mittelalterlichen Spitälern zu essen bekamen. Resultat: von der einzigen Unzulänglichkeit in punkto Vitamine abgesehen, war die mittelalterliche Ernährung vernünftig und gut. »Eine Schale Milch, ein Stückchen Butter und eine Orange hätten genügt, um ihre Ernährungsweise zu vervollständigen und die Forderungen eines Ernährungswissenschaftlers des 20. Jahrhunderts erfüllen zu lassen« (L. Stouff).

Die mittelalterlichen Vorspeisen und Nachtische illustrieren vielleicht, wie gesund dieses Essen war. Als Eröffnungsspeisen können Innereien (intestina und interiora) fungieren, auch Geflügelspeisen, Kapaune, Rebhühner und so fort, gesotten, gebraten, in Würzbrühe angerichtet. Aber auch vegetarische Speisen stehen an erster Stelle, Erdbeeren, in Friaul zuerst in der Wasserschüssel gekühlt und hernach in Wein angerichtet, frische Nüsse, Salate, Fische. Als Süßspeise liebt man das auch als Fastenspeise geltende, zerkleinerte und in Mandelmus getränkte Weißbrot, auch ein Tellerchen mit Nudeln und frischem gesüßtem Rahm darüber, auch eine Art Weinpunsch oder Weinchaudeau, der mit Buttergebäck und Gewürzen versetzt war.

Auch beim Nachtisch hat man sich gerne an die Saison und an das gehalten, was das eigene Land hergegeben hat. Folgen wir wieder Santoninos Reisebericht, so reichte man in der Untersteiermark frisches Obst zum Abschied, Kirschen in einer silbernen, korbähnlichen Schüssel, auch, dies in einem Kloster, konservierte Äpfel, einen honighaltigen Konfekt und selbstverständlich Wein dazu. Als Obst-Dessert gab man Birnen, Äpfel, Nüsse, Pfirsiche. Auch Käse trifft man häufig zum Abschluß, und schließlich kann im Mittelalter merkwürdigerweise die Suppe zu Ausgang der Speisenfolge an vorletzter Stelle stehen. An letzter Stelle serviert man eigentlich immer Backwerk, als Beilage oder als allerletzten Gang, manchmal ergänzt durch gekochtes Obst, durch »weigselmuß« oder irgendeine der benachbarten Speisen, die zumeist neben zerstoßenem Weißbrot und Gewürzen, vor allem Ingwer, auch Mehl und Milch enthielten.

Auch für die mittelalterlichen Essenszeiten haben wir keine generelle Auskunft; auch hier ist nach Ständen und Stadien zu urteilen. Im Frühmittelalter lagen die Dinge offenbar anders als im 12. Jahrhundert, wo man sich in ritterlichen und großbürgerlichen Kreisen angewöhnt hatte, mindestens vier Mahlzeiten einzunehmen, das Frühstück (jentamen), das Frühmahl (prandium, pranzo), die Merenda und das Nachtmahl (souper, cena). Genoß man zum Frühstück oft nur einen Schluck Wein, so wurde beim Prandium gegen 9 Uhr morgens »ernstlich gespeist«, es entsprach unserem Mittagessen, kannte die Suppe jedoch nicht. Zur Merenda nimmt man wieder Wein und ein Stück Brot, brockt das Brot in das Getränk und macht sich so eine Art Kaltschale. Das Nachtmahl ab 3 Uhr, meistens gegen 6 Uhr spätnachmittags, ist die Hauptmahlzeit des Mittelalters, sie reicht bis zum Dessert und bis zum Schlaftrunk.

Natürlich hat man sich in den oberen Reihen der Gesellschaft, auch beim höheren Klerus, im Verlaufe der Zeit besonders ausgestattete Eßzimmer und Eßsäle zugelegt, davon reden ja vielerlei Gemälde und Altartafeln. Aber man hat, alter höfischer Tradition zufolge, sein Mahl auch gerne im Freien eingenommen. Daß diese Gepflogenheit noch im 15. Jahrhundert für den Adel fortbestand, verrät uns die Nachricht des Aeneas Silvius von 1444: im bischöflich-passauischen Schloß Ebelsberg bei Linz hätten die Abendessen zur Sommerzeit unter den Ulmen beim Innenhof-Brunnen stattgefunden. Die Notwendigkeit, Gäste wegen der Unzulänglichkeit des Hauses besser im Freien zu bewirten, kennt man nur in Dörfern, nicht einmal bei den Pfarrern draußen, allenfalls bei den Filialkirchen. Man hat Lust, »draußen« zu sein. Der mittelalterliche Drang »zum Licht« spielt hier ebenso mit wie die Freude an der Natur. »Es war der himmel gar lautter und schön«, heißt es einmal in einer Klosterneuburger Aufzeichnung von 1344; an einem solchen Tag zog man mit Schüsseln und Tellern zu den »boumen« und »plumlein«.

Überladen und dekoriert haben wir uns den mittelalterlichen Eßtisch nicht vorzustellen. Trinkgläser mit buckeligen Nuppen kennen nur die großen Patrizier oder überhaupt nur der Adel. Auch Teller sind rar. Die Tafelszenen mittelalterlicher Malerei bieten uns allemal den gleichen Anblick, der noch einem »Verhaltens«-Interpreten wie Erasmus vertraut ist: manchmal reiche Tischtücher, manchmal auch nicht, aber immer steht wenig darauf, Trinkgefäße, Salzfaß, Messer, Löffel, das ist alles, zuweilen sieht man die Brotscheiben, die quadrae, die im Französischen »tranchoir« oder auch »tailloir« heißen. In bäuerlichen und zünftigen Kreisen ist es üblich, daß zumindest der Mann sein Messer mitbringt, das Heft aus Holz, Bein oder Edelmetall, die Klinge geschwungen oder zugespitzt. Nach dem Essen hat man das Messer mit einem Stück Brot oder der Hand rasch abgewischt. Auch der Löffel ist ein sehr altes Eßgerät. Die ältesten Löffel sind aus Holz gefertigt, dann auch aus Horn, später erhielten die Holzlaffen einen Metallgriff, und schließlich wurden ganze Metall-Löffel aus Zinn, Bronze oder Silber gearbeitet. Zweizinkige Gabeln findet man auf den Altarbildern nur selten und nur zu Ausgang des Mittelalters. Zum Anspießen des Fleisches, zum Tranchieren und Vorlegen kennt man die Gabel wohl in der Küche des Mittelalters, bei Tisch erscheint sie aber erst Ende des 17. Jahrhunderts.

Tischsitten und »Tischzuchten« sind ein Kapitel für sich. Ob Sebastian Brants Gemälde »Von Tisch-Unsitten«, ein Stück aus seinem 1494 erschienenen Narrenschiff, realistisch ist, werden wir schwerlich exakt sagen können. Aber in Einzelbildern muß es das damals gegeben haben:

Eh er die Speis herunterschluckt,
wird in den Becher schnell gelugt,
versuppt wird's Essen mit dem Wein –

damit schwenkt er die Backen sein,
daß furchtbar sein Gesicht aufschwillt,
das Zeug ihm fast zur Nas rausquillt,
der Nachbar sorgt, daß jener nicht
prust's ihm in Becher und Gesicht.

Brant hat in dieser Reimerei nicht bloß »Unsitten« zu Papier
gebracht und diejenigen aufgespießt, die »den Schmutz der
Händ aufs Brot« schmieren oder »mit Fingern in das Salzfaß
greifen«, er hat durch die Hintertür auch Regeln gegeben, man
klopft das Ei nicht und spaltet es nicht, man rülpst nicht, man
wischt sich nicht mit der Hand den Mund ab und so fort. Lange
haben Ritter wie Bauern mit den Fingern gegessen, deshalb die
Gießgefäße und Handtücher bei Tisch. Tannhäusers bekannte
Tischzucht hat schon zwei Jahrhunderte vor Brant die Flegelei
und den Grobianismus seiner Landsleute beim Namen genannt.
Das ganze Mittelalter ist nichts anderes als ein immer wieder
neu aufgenommener Kampf, den menschlichen Verrichtungen,
worunter auch das Essen zu zählen, das Allzu-Menschliche,
das Animalische zu nehmen und in eine Norm, eine Etikette
zu bringen: die Geburtsstunden von Form- und Taktgefühl. Es
muß eine Sisyphusarbeit gewesen sein. 677 fiel der hl. Leodegar,
der Bischof von Autun, in die Hände seines Feindes, des Haus-
meiers von Neustrien. Man reißt ihm die Zunge heraus, zer-
schneidet ihm Wangen und Lippen, zwingt ihn, barfuß durch ein
Wasserbecken mit spitzen Steinen zu gehen, und blendet ihn
schließlich. Man muß derlei Verrohung im Auge behalten, wenn
man den mittelalterlichen Weg zum »Anstand« recht beurteilen
will.

Leicht und gerade war dieser Weg der Domestizierung und
Zivilisation auf keinen Fall. Man hat sich ihm nicht nur durch
Taubheit zu entwinden gesucht, sondern auch durch jene »gro-
bianische Umkehrung« im 15. Jahrhundert: man verspottet das
»schlechte« Benehmen, indem man es scheinbar gerade zur
Vorschrift macht. Die Weisung, nicht lange in der gemeinsamen

65 Und noch im – sonst sehr viel aufwendiger und »unruhiger« gewordenen –
Spätmittelalter bleibt der Eßtisch eine einfache Sache. In bäuerlichen Kreisen hat
man noch lange in unserem Jahrhundert nach dem Essen den Löffel (die Gabel
kennt man immer noch nicht so recht) in die Schublade geworfen oder am Bord
aufgehängt. »Die wirtschafft der künder (Kinder) des dulltigen (geduldigen)
Hiob«. Aus dem Speculum humanae salvationis, gedruckt bei Günther Zainer in
Augsburg, um 1472.

Schüssel herumzusuchen, für den Tisch der Bauernfamilie, aber
auch der Handwerksmeisterfamilie offenbar bald ein Problem,
lautet dann so:

>   »bei allem dem daz ich dich lehr
>   grab in der schizzel hin und her
>   nach dem aller besten stuck;
>   daz dir gefall, daz selb daz zuck,
>   und leg ez auf dein teller drat;
>   acht nicht wer daz für ubel hat.«

(bei allem lehre ich dich das / grabe in der Schüssel hin und her /
nach dem allerbesten Stück; / dasjenige, das dir gefällt, reiße an
dich, / und lege es auf deinen Teller schnell; / achte nicht darauf,
ob das jemand für ein Übel hält). Vielleicht hat erst Erasmus in

333

seinem Buch »De civilitate morum puerilium«, in den Vorschriften für das anständige Benehmen eines Fürsten, die Tischsitten ganz »ins Reine« gebracht, in den Hinweisen, ohne Kopfbedeckung zu Tisch zu gehen, rechts vom Teller den Becher und das Messer zu legen, links das Brot, nicht das Mahl mit dem Trinken zu beginnen oder eine angebotene Speise, die einem nicht gesund ist, nicht einfach brüsk abzulehnen, sondern höflich zu danken, nicht das Essen hinunterzuschlingen und bei Tisch nur zu reden, wenn es nötig ist.

Daß die Küche, in der das Essen bereitet wird, ein Arsenal von »Eißern geschirr« war, darauf haben wir hingewiesen. Ob dunkle Bauernküche in einer Ecke oder gewaltige Küchenanlage im herzoglichen Palast mit sieben riesenhaften Herdstellen und einem diensttuenden Koch als Oberaufseher: immer ist es eine lange Liste von »öhrichten Schüsseln«, »schnauzeten Kandeln«, »Bratschlitten«, »Feuerböckh« oder eisernen »Dreyfüß«. Den vielen Küchengeräten entsprechen die vielen Tätigkeiten, die zur Zubereitung des Nahrungsmittels nötig waren. Da stand das Zerschneiden der Äpfel, der Zwiebeln, des Krauts an, das Zerkleinern durch Stoßen im Mörser bei Safran, Mandeln, Hühner- und Krebsfleisch, das Passieren von gestoßenem Hühnerfleisch durch ein Sieb oder Tuch, das Auslösen oder Schälen von Krebsen, Mandeln und Gerste, das Füllen von Backwerk mit Äpfeln oder Salbeiblättern, das Kühlen von Erdbeeren in frischem Wasser, das »Spicken« von Fleisch, Geflügel und Süßspeisen mit Gewürznelken, mit Zimtrinde oder Mandelkernen, das Herstellen einer Gallerte für Fische, das Formen von Gebildespeisen, das Bestreuen fertiger Speisen mit Mandelmus, Mandelkernen, Weinbeeren, Gewürznelken, Anis oder anderen Gewürzen, mit Äpfeln oder Zwiebeln, schließlich das Beträufeln mit Gewürzsauce, Defrut oder Honig. Abgeschmeckt hat man das einzelne Gericht auf mannigfache Weise, mit Essig, den man wieder mit Gewürzen versetzen konnte und offenbar nur in kleinen Mengen verwandte, mit Butter und Gewürzen, mit Öl, mit Honig, mit Zwiebeln, mit Ingwer und Zimt.

Die Vielzahl der Gewürze, wir haben hier nur die wichtigeren genannt, spricht für ihre Beliebtheit in allen Schichten. Man kann sich mit Gewürzen über mancherlei Krankheit hinweghelfen, um Gewürze zu bekommen, machen Kaufleute weite Reisen, setzen Seeleute ihr Leben aufs Spiel, geben die Banken Kredit, erhöhen die Bauern die Zahl ihrer Schafe. Gewürze, von weit her geholt und allmählich auf dem städtischen Markt eine eigene Wirtschaftsbranche, waren eine teure Sache; das niedere Volk konnte sie sich eigentlich gar nicht leisten. Santonino erzählt einmal, »die Deutschen« gebrauchten gerne rohe Zwiebeln als Ersatz für Gewürz- oder Kräutersauce. Das Gewürz der einfachen Leute ist die Zwiebel. Im übrigen waren die Gerichte der mittelalterlichen Küche »wohl stark, aber nicht scharf gewürzt« (H. Wegener). Wir vergessen dabei nicht, daß reichlich verwendete Gewürze eine antiseptische Aufgabe hatten und daß sie schließlich auch als Verdauungshilfe gedacht waren. Wie die Grenze zum Grundnahrungsmittel hin fließend war – Honig war kein Gewürz, sondern Zuckerersatz –, so auch die zum Konservierungsmittel hin: Wein hätte ohne starke Gewürze gar nicht haltbar gemacht werden können. Oft war das eine und andere Nahrungsmittel, man denke nur an Fische, schon durch den langen Transport auf eine kräftigere Gewürz-Zutat angewiesen.

10 Des Menschen Hand

»Verflucht sei der Acker um deinetwillen«, so spricht Gott zu Adam, der vom Baum der »Erkenntnis des Guten und Bösen« gegessen hat. »Mit Kummer sollst du dich darauf nähren dein Leben lang.« Den Unterton hören wir deutlich: Arbeit hat in diesem Leben, das Adam nicht mehr anders als im Schweiße seines Angesichts führen kann, den Makel des Fluchs erhalten. Das Dasein im Paradies und vor dem Sündenfall war ohne diesen Arbeits-Fluch; Gott pflanzte den Garten Eden und setzte den Menschen hinein, »daß er ihn baute und bewahrte«. Von der Last der Handarbeit ist hier ebensowenig die Rede wie im »Goldenen Zeitalter« der römischen Antike, in dem es den labor als Mühe und als werkende Tätigkeit gar nicht gegeben hat.

Arbeit im härenen Gewand eines notwendigen Übels nimmt das Arbeiten, wie immer man es im einzelnen taxieren möchte, aus dem fiktiven Katalog der zentralen Lebenswerte heraus und rückt es an die – bewußt vernachlässigte, weil geringere Werte aufzeigende – Peripherie. Die Neuzeit hat eigentlich nicht mit einer »Umwertung« bis dahin gültiger Werte begonnen, sondern genauer mit einer Vereinseitigung, mit der radikalen Verdiesseitigung der »Condition humaine«. Ausgerechnet die niederste, verachtetste aller Tätigkeiten innerhalb der Vita activa, die Arbeit, hat alles andere verdrängt und erfüllt nun allein das Panorama des Lebens.

Die »Entfesselung« der Arbeit, mit der die Neuzeit anhebt, hat das Gesicht der Erde verändert wie keine andere Revolution der Geschichte. Der arbeitende Mensch schien, wie einst Prometheus, der legitime Erbe der dämmernden Gottheiten. Ihren Erfolg verdankte die Arbeit gerade dem Verzicht auf alle übergeordnete Begründung des menschlichen Tuns. Als »animal laborans« konnte sich der Mensch erst absolut setzen, nachdem er sich zuvor aller hemmenden Bindungen entledigt hatte. Er mußte erst die Nabelschnur der Transzendenz durchschneiden, um sich in radikaler Ausschließlichkeit auf der Basis seiner Leiblichkeit, Körperlichkeit zum Maßstab seiner Unternehmungen machen zu können. Wobei nun freilich in einer Kette von Folge-Revolutionen die Maschinisierung zur Automatisierung und diese wiederum zu den unabsehbaren Steuerungsmöglichkeiten der Mikro-Elektronik geführt hat. Den Acker, von dem im Schöpfungsbericht die Rede ist, sehen wir gar nicht mehr. Das Terrain der Handarbeit ist verschwunden. Der »Arbeiter«, an der mit hydraulischen Pressen ausgestatteten Produktionsstraße postiert und unverwandten Blickes die Kontrolllampe registrierend, hat mit seinem industrialistischen Vorfahr kaum mehr den Namen gemein. Aus der manuellen Mühe ist psychischer Streß geworden.

Wollte man die bildhaften Arbeits-Darstellungen zum Maßstab nehmen, begänne die Arbeit im Mittelalter vergleichsweise spät. In Böhmen, in der heutigen Tschechoslowakei, taucht bilddokumentarisches Material über die Arbeit erstmals zu Ausgang des elften Jahrhunderts auf. In Wirklichkeit haben wir natürlich viel weiter zurückzugehen. Wenn Johann Fischart in seinem Glückhaften Schiff von Zürich von 1576 den Reim wagt »Dann nichts ist also schwer und scharf, / das nicht die Arbeit unterwarf«, so greift er damit auf die in Vergils Georgica festgehaltene Gewißheit zurück, daß Arbeit alles unterwerfe (Labor omnia vincit improbus et duris urgens in rebus egestas). Vergils Formel ist ebenso häufig zitiert wie mißverstanden worden, nicht zuletzt eben in dem Sinne, daß Arbeit zur alles bezwingenden, alles veranlassenden und bewirkenden Macht geworden sei. Sie erscheint, ganz im Sinne des Marxschen Diktums, als das »sich bewährende Wesen des Menschen«.

Indessen lassen sich die Dinge, geht man dem mittelalterlichen Arbeitsverständnis näher nach, nicht ganz so unkompliziert und eindeutig an. Das Wort »Arbeit« ist von einem Stamm herzuleiten, der das Begriffsfeld »verwaist« umschreibt. Ich bin ein Waisenkind, also muß ich arbeiten. Die schicksalhaft-gesellschaftliche Isolierung macht Arbeit zur doppelten Mühsal. Kann

Arbeit überhaupt mehr als eine Form von Buße sein? Gott »gap Adam daz er arbeite«, versichert einer der ersten großen deutschen Prediger, »daz gab er sîn zu einer buoze«. Die Verachtung der manuellen Arbeit bleibt auch im Mittelalter verbreitet und mischt sich mit dem in der Genesis festgehaltenen Deklassement von Arbeit.

Und selbstverständlich mengen sich ständisch-soziologische Abgrenzungen in diese distanzierte Interpretation von Arbeit. Man muß es ausdrücklich sagen, daß Bauernarbeit »ohne Sünde ist«. Der Cluniazenser Bonizo, der dies Urteil im 11. Jahrhundert seine Runde machen läßt, kann das Wort deshalb wagen, weil Arbeit, die nicht schlechthin auf Weltlichkeit gerichtet ist – wie die bäuerliche – einer besonderen christlichen Anteilnahme sicher sein darf. Bauernarbeit ist gottgewollte Daseinsvorsorge, da machen die mönchischen Theologen ebenso eine Ausnahme wie in ihrer eigenen »arbeit der gehorsamkeide«, die in Gebeten und geistlich-asketischen Übungen, aber auch in karitativer Tätigkeit vor allem den Armen und Kranken gegenüber besteht.

Es gehört in die gleiche Linie, wenn der Ritterstand, durch die bürgerliche Geldwirtschaft in seiner materiellen Existenz bedroht, sich mit Haß und Verachtung gegen das Rechnen und Spekulieren der städtischen Händler wendet und sich von aller manuellen, regelmäßigen Erwerbstätigkeit distanziert. Solche Arbeit ist unter Ritterwürde. »Ritterliche arebeit«, die Dichter des 12. und 13. Jahrhunderts sprechen immer wieder davon, ist Mühe und Qual, die der Ritter aktiv bejahend auf sich nehmen muß, um »êre« und »minne« zu gewinnen. Arbeit ist hier also Dienst, Frauendienst, Herrendienst, Gottesdienst. Walther von der Vogelweide will »werben umbe werdekeit / mit unverzagter arebeit« (sich bemühen um hohes Ansehen und innere Würde mittels unverdrossener Arbeit). Die Bewährung in dieser »arebeit«, die letztlich auf das summum bonum der Scholastik bezogen ist, bringt Achtung. Entzieht sich der Ritter seiner standesgemäßen Arbeit, so wird er ehrlos.

Die übrigen Laienstände, der Bürger- und Bauernstand, haben

66 *Die Verachtung und Deklassierung manueller Arbeit bleibt im Mittelalter*
verbreitet. Links ein entschlossen ausschreitender Krieger mit Helm, Panzer,
Schild und Lanze, rechts ein Mann, der eine ihn niederdrückende Last schleppt,
auf ihr steht »labor« (= Mühe, Arbeit). Aus einer Handschrift des frühen 10.
Jahrhunderts der Psychomachia des Prudentius, um 499.

eine vergleichbare Tugendethik der »arebeit« nie entwickelt. So
profitieren sie also nur davon, wenn dem ritterlich-überhöhten
Arbeitsbegriff eine Entwicklung entgegenläuft, in der Arbeit sehr
konkret und sehr positiv gefaßt wird. Der Benediktiner Rathe-
rius von Verona, Bischof und sicher auch empfindsamer Intellek-
tueller, redet in der Mitte des 10. Jahrhunderts dem Armen ins
Gewissen: »Wenn du kannst, sage ich, raffe dich auf, gemeinsam
mit deiner Frau, und arbeite mit deinen Händen, woher du dich
und andere zu ernähren imstande sein magst. Das kann ich nicht,
sagst du. So beklage also diesen Mangel, denn er wiegt schwer
und bringt Nachteile. Bettle, was zum Leben genügt, und hüte
dich vor dem Überfluß. Sieh zu, daß du daher nicht Mäuse und
Würmer ernährst.« Noch Thomas von Aquin kann in seiner
1266–74 geschriebenen Summa theologica erklären, daß nur die
Notwendigkeit zur körperlichen Arbeit zwinge (»Sola enim
necessitas victus cogit manibus operari«); das Gebot der körperlichen Arbeit sei nicht allgemein verpflichtend (»Praeceptum de
labore manum non obligat aliquem singulariter«).

Aber es ist vorhanden: damit ist der Weg frei zu jener hochmittelalterlichen Wendung zur aktiven Arbeit, in der bejahte und gesuchte Anstrengung um eines Zieles willen befürwortet wird. Die Mönche Benedikts arbeiten, ihre Regel legt auf die manuelle Beschäftigung sogar das größere Gewicht. Feld und Garten gehören dazu, aber auch das Handwerk, ja es blieb, für die Landwirtschaft holte man sich freie und unfreie Bauern und später Laienbrüder, am längsten in den Händen der Mönche. Und da, wie bekannt, sehr viele Adelsabkömmlinge in den Klöstern leben, kommen Leute, die sonst wohl nie einen Pinsel, einen Meißel oder gar eine Kelle in die Hand genommen hätten, in unmittelbare Berührung mit der Hände Arbeit und mit den Künsten.

Das Ora et labora, das sich durch die Mönchsregeln von den Benediktinern bis zu den Franziskanern hindurchzieht, nimmt dem heidnisch-antiken Lastcharakter der Arbeit seinen Boden und gibt der Arbeit eine durchaus andere, auch christliche Version: »Wer nicht tätig ist, soll auch nicht essen« (2.Thess. 3,10). Arbeit ist unerläßlich für jeden Menschen ohne Unterschied des Standes. Die Legende vom hl. Mönchsvater Antonius, einem jener großen Eremiten am Anfang des christlichen Mönchslebens, ist nicht nur lebendig geblieben, sondern später vielfach variiert worden. Antonius, um eine asketische Nachfolge Christi bemüht, will ein Urteil über seine Lebensführung haben. Er erhält die Eingebung, in Alexandrien gehe ein einfacher Gerber seinem Handwerk nach, der sei Gott noch wohlgefälliger als er in seiner Einsiedelei. Antonius bricht sofort auf, lernt den demütigen Alten als einen seiner Arbeit still Hingegebenen kennen und kann ihm nur erklären, daß er, der Gerber, »in aller Ruhe das Reich Gottes erlangt« habe. Thomas von Kempen, der in diesen vier unter seinem Namen gehenden Büchern »De imitatione Christi«, nach der Bibel das verbreitetste Buch der Weltliteratur, immer wieder vom begnadeten Handwerk sprach, hätte dem Fingerzeig der Antonius-Legende nichts hinzuzufügen gehabt.

Arbeit macht glücklich, auch das ist eine mittelalterliche Version. In seinen zahlreichen Balladen, in denen Eustache Deschamps (ca. 1346–1406) das Lob des einfachen Lebens singt und die Abkehr vom Hofe nahelegt, tritt der redliche und einfache »Arbeiter« immer wieder auf. Er gewinnt in aller Lebensbescheidenheit seine Arbeit lieb, »bringt sein Werk fröhlich zu Ende«, aber sieht in seinem langen Leben »vier Könige und ihr Reich enden«. Ziel der Arbeit ist zwar nicht der wirtschaftliche Aufschwung, aber doch die Erhaltung aller Gesellschaftsmitglieder, einschließlich derer, die für ihren Unterhalt nicht selbst sorgen können. Thomas von Aquin hat das in seiner Summa theologica auf einen einfachen Nenner gebracht: »Die Arbeit hat einen vierfachen Zweck. Zuvörderst und zuoberst soll sie das Lebensnotwendige beschaffen; zum zweiten den Müßiggang, die Ursache so vieler Laster, vertreiben; zum dritten durch Kasteiung des Leibes die Fleischeslust zügeln; zum vierten ermöglicht sie, Almosen zu spenden.«

Arbeit ist nützlich. Berthold von Regensburg meint »alliu diu antwerk oder ander arbeit, sie sîn geistlich oder werntlich, die eht der werlte nützelich und êrlich sind« (alle die Handwerke oder andere Arbeiten, seien sie geistlich oder weltlich, die nun doch der Welt nützlich und für sie ehrenvoll sind). Und an anderer Stelle: »Swâ ir danne die arbeit angrîfet, diu der werlt nütze ist und êrlich ist, diu ist ouch gote lobelich« (welche Arbeit auch immer ihr übernehmt, sie ist ehrlich und der Welt nütze und sie ist von Gott belobt). Den christlichen Seligkeitscharakter der Arbeit hat die unter dem Namen »Reformation Kaiser Sigmunds« kursierende Staatsschrift von 1439 dann so indiskutabel betont, daß die früheren theologischen Kontroversen wie vergessen schienen: »Es sol yderman sein arbait ton (tun) unb sein teglich prot (Brot); wer das tut, der ist selig vor got und der welt.«

Die Exaltation und Verabsolutierung der Arbeit verhindert die Anerkennung bestimmter Stände und ihrer spezifischen Funktion. Die spätmittelalterlich-christliche Tugendethik for-

dert jetzt die »arbeit«, indem sie die »müezecheit« (den Müßiggang) ausschließt. Aber man meint eine Arbeit, die dem jeweiligen Stand angemessen bleibt. Arbeit ist breiten Schichten,
natürlich vor allem den Städtern, das besondere Vehikel für
die Emanzipation vom Knechtsdienst. Auf der anderen Seite
steht sie dem Höhenflug eines besonderen gesellschaftlichen
Selbstbewußtseins schon ihrer Natur nach im Wege. Gerade die
städtische Oberschicht fiel immer wieder, wollte sie »groß tun«,
in die Kopien des Adels zurück. Das mochte um so deplazierter
wirken, als dem städtischen Meister oder Fernhändler, das
gehört zur betriebsamen Arbeit wie das Ei zur Henne, die Zeit zu
fehlen beginnt. Ein adlig sich gebärdender Kaufmann zwischen
Tür und Angel, mit fliegenden Rockschößen, das wirkt mehr
komisch als originär. Tatsächlich mag das Reimsprüchlein, das
sehr bezeichnende, bei diesen Neureichen zu Hause gewesen
sein: »Manger wainot daz guot, / daz er vertuot: / so wain ich min
zit, / die mir nieman wider git.« (Mancher beweint das Gut, das er
vertut: so bewein' ich meine Zeit, die mir niemand wieder gibt).
In diesem Hader mit Gut und Zeit kommt schon der rechnende
Rationalismus der frühkapitalistischen Ära zum Vorschein, die
allzeit kalkulierende und mithin kleinkarierte Pedanterie der
»Pfeffersäcke«, die der Ritter (und Strauchritter) mit einer Hand
vom Tisch wischen konnte.

Zwischen der körperlichen Arbeit, die in der im 12. Jahrhundert einsetzenden »Theologie der Arbeit« ihren festen Standort
erhält, und den Gegebenheiten von Land und Flur besteht ein
Zusammenhang. Das eine bedingt das andere. Alle, die den
Boden bestellen, sind Arbeiter im wörtlichen Sinne des Wortes,
»laboratores« nach dem Herzen der früh- und hochmittelalterlichen Ständetheoretiker. Lebt der Bauer gut, lebt er schlecht?
Einer der führenden Pariser Theologen zu Beginn des 15. Jahrhunderts fragt allen Ernstes, wer denn angenehmer lebe »als ein
guter Ackermann, der seine Frau und seine Kinder hat, drei oder
vier Tagwerk Land und zwei Rinder, um es zu pflügen, und
damit zufrieden ist«. Sicher hat sich in diese Sozialanalyse schon

ein Schuß Landromantik und antihöfische »Moralität« gemischt. Fallen die idyllisierend-ständischen Rücksichten weg,
kann der Aufklärungsschriftsteller Johann Michael von Loen
1740 schreiben: »Heut zu Tage ist der Landmann die armseligste
unter allen Creaturen: Die Bauern sind Sclaven, und ihre Knechte sind von dem Vieh, das sie hüten, kaum noch zu unterscheiden.«

Sieht man die Dinge unter der aufklärerischen – freilich
antimittelalterlichen – Devise »Recht auf Bildung«, so erscheint
der Bauer des Mittelalters ganz als das »dumme Vieh«. Nicht
nur die Bewußtseinsstufe legt die Analogie zu seinem Viehzeug
nahe, auch die Primitivität und die Schinderei seiner Handarbeit.
Der Bauer und seine Ochsen, das ist ein Synonym. Alles hängt im
Mittelalter vom Boden und von der Agrarwirtschaft ab. Aber der
Boden ist karg, und das Gerät von der einfachsten Art. Der
Boden kann nicht richtig durchgearbeitet werden, der Pflug
greift nicht tief genug. Immer noch hält sich der alte räderlose
Pflug, der auf die lockere Ackerkrume und den ebenen Gang der
Mittelmeerländer zugeschnitten ist. Seine symmetrische Pflug-
schar, selten mit Eisen beschlagen, häufig aber nur aus feuerge-
härtetem Holz, ritzt die Erde mehr, als daß sie sie aufreißt. Der
Räderpflug mit asymmetrischer Schar und Streichbrett und
beweglichem Pflugkarren, von einem kräftigeren Gespann gezogen, breitet sich im Laufe des Mittelalters aus und ist ein
beträchtlicher Fortschritt. Aber auch ihm macht der schwere
Lehmboden zu schaffen.

Wenn sich der Bauer am Ende dem Ziele nähert, dann nicht
deshalb, weil sich die Geräte vervollkommnet hätten, sondern
weil er »rund um die Uhr arbeitet«, weil er das Feld dreimal, um
die Wende vom 13. zum 14. Jahrhundert sogar viermal pflügt.
Auch dann ist die Arbeit nicht getan. Nach dem Pflügen müssen
die Schollen, wie eine Miniatur des englischen Luttrell-Psalters
vom Anfang des 14. Jahrhunderts verrät, mit der Hand zerteilt
werden; auch hier kann nur auf eine beschränkte Wirkung
gehofft werden. Daran schließt sich das Jäten von Disteln und

343

67   *Der Holzschnitt eines unbekannten Meisters meint keine Schilderung »sozialer Lage«, sondern eine bestimmte Szene aus dem »Buch der Weisheit der alten Meister« (»Vnd auff ein tag gieng er mit seinen zweien weibern holtz ein zuo tragen ab dem feld«). Und verrät doch viel von dem, was am Ausgang des Mittelalters im bäuerlichen Lebenskreis denkbar oder sichtbar war. Druck von Leonhard Holl in Ulm, 1483.*

anderem Unkraut, das allerdings nicht überall im Schwange war. Und auch dafür stehen, wie man im Luttrell-Psalter sehen kann, nur unzulängliche Werkzeuge zur Verfügung, Forken und mit einem Stiel versehene Sicheln. Die Egge, schon Ende des 11. Jahrhunderts auf dem sogenannten »Teppich« von Bayeux, einer Stickerei, dargestellt, breitet sich erst im 12. und 13. Jahrhundert aus.

Das Feld muß immer noch, von Zeit zu Zeit, mit dem Spaten umgegraben werden: Handarbeit in ihrer härtesten, qualvollsten Form. Kein Wunder, wenn noch in den Relikten des Dorfes unserer Gegenwart von den »durch und durch versachlichten« Beziehungen der Dorfbewohner untereinander die Rede ist, von einer besonders festgefressenen Art gefühlsarmer Kultur. Recht auf Leben hat nur der, der sich in die kollektive Ordnung einfügt und zum gemeinsamen Überleben beiträgt. Abweichlerische Individualität, übermäßige Armut, (oft schuldlose) Unfähigkeit zur Arbeit, Neuerer, Außenseiter: das alles ist die Bedrohung des bäuerlichen Lebens und Alltags. Die grausame Gerechtigkeit dieser Welt kennt keine unschuldigen Opfer. Die »Sachen«, der Besitz sind das einzig Dauerhafte und Verläßliche dieser Dorfwelt. Veränderungen und technische Fortschritte erweisen sich als »zäher Schneckengang« (U. Jeggle).

Die Sicheln mit ihrer unregelmäßig gebogenen, beim Handgriff eher geraden, in der Endpartie stark verlängerten Klinge bleiben über Generationen, über Jahrhunderte hin im Gebrauch. Erst im 15. Jahrhundert beginnt man zum Mähen des Getreides, und auch jetzt nur zögernd, Sensen zu verwenden. Anfangs handelt es sich um eine gewöhnliche Heusense, die seit langem zur Heumahd verwendet wurde. Erst als am Griff, dem Sensenstiel, ein Rost zum Ablegen des Getreides befestigt wurde, entstand die neue, die Getreidesense. Sie war bis in unser Jahrhundert hinein im Gebrauch (wie man bis zum 18. Jahrhundert das Getreide in der Hauptsache immer noch mit Sicheln schnitt). Kalender- und Bibelminiaturen bilden auch hölzerne Rechen für Heu und Gras ab, wie wir sie heute noch haben, auch geflochtene Körbe, zweizähnige Jäthacken, eiserne, zu Gartenarbeiten verwendbare Schaufeln, zu Ausgang des Mittelalters diese besondere Art von Garten- oder Winzermesser, die einer Sichel mit nicht abgewinkelten Griffen glichen.

Waren die Garben gebunden, auch dafür haben wir mittelalterliche Bilder, wurden sie in die Schober oder Scheunen oder gedeckten Feimen gefahren. Nach der Ernte kamen die Drescher auf gedeckte Tennen in der Mitte der Scheunen. Weder schriftliche Quellen noch spätere mittelalterliche Miniaturen weisen andere Geräte als die aus Halter und Schläger bestehenden Dreschflegel auf, wie man sie bis weit in unser Jahrhundert hinein verwendet hat. Das ausgedroschene Stroh muß sich noch eine Säuberung gefallen lassen, wozu man hölzerne Gabeln,

Schaufeln (Kornschaufeln), Besen und Siebe verwendete. Das Getreide wurde geworfelt, und der durch die Besen aufgewirbelte Wind trug die leichtere Spreu davon. Das Korn lief dann durch die Siebe, Miniaturen stellen sie häufig dar, und wurde von Unkraut und Sand gesäubert. Erst im 16. Jahrhundert entdeckt man auf Bildern Bretterrinnen, frei auf Ständern aufgehängt und mit einem Sieb am Ende versehen. In sie wurde das Korn geschüttet und durch Schütteln des Siebes vom Schmutz befreit.

Sind die Ernten im Laufe der mittelalterlichen Jahrhunderte größer geworden? In frühmittelalterlicher Zeit konnten im Jahr der vom König veranlaßten Bestandsaufnahme die Aussaatmengen bei Dinkel 36 Prozent, bei Weizen 40, bei Gerste 38 und bei Roggen 100 Prozent des Ertrags erreichen. Das sind Zahlen, die unter Ergebnissen der Spätantike liegen; es ist anzunehmen, daß in späteren mittelalterlichen Jahrhunderten drei- bis vierfache Ernteerträge erzielt wurden. Aber es gibt noch keinen chemischen Kunstdünger, und der natürliche Dung reicht bei weitem nicht aus. Die Viehzucht ist schwach. Daran sind die Viehseuchen schuld, aber auch die Stellenwerte auf der agrarwirtschaftlichen Kategorientafel: das Weideland kommt erst an zweiter Stelle und bleibt gegenüber den Feldern und Kulturpflanzen vernachlässigt. Die Versorgung mit pflanzlicher Nahrung hat den Vorrang; der Fleischbedarf läßt sich auch mit Wildbret decken. Zudem werden in erster Linie Tiere gehalten, die im Wald und vom Wald leben, Schweine und Ziegen, ihr Mist geht zum großen Teil verloren. Bei den anderen »häuslichen« Tieren, Pferden und Kühen, Gänsen und Enten, Hühnern und Tauben, wird er sorgfältig gesammelt, Taubenmist ist etwas ganz besonderes. Manchmal hat der Pächter einen »Topf Mist« als Grundzins zu entrichten, eine Kostbarkeit. In Mönchweier haben Güterverwalter des 12. Jahrhunderts kraft besonderen Vertrags »den Mist von einer Kuh und ihrem Kalb und das Kehricht des Hauses« zur Verfügung, als Lohn für ihre Tätigkeit und zur Verwendung für ihren eigenen Boden.

Und dennoch ist Bauernarbeit, so hoffnungslos, so gnadenlos

sie sein kann, keine eingleisige Sache. Die Monokulturen des 19. Jahrhunderts oder gar die großagrarische Branchen- und Spezialwirtschaft sind noch in ferner Sicht. Die Skala der bäuerlichen Arbeit reicht vom Viehhüten bis zur Obst- und Gemüsekultur, vom Brotbacken bis zur Pferdezucht. Auch, wie man meinen möchte, »einfache« Arbeiten erfordern besondere Fertigkeit. »Der mehder (Mäher) soll so geschickt sein«, heißt es in einem Weistum, »daß er soviel gras mehen könnte, als er an seinem wurf heimtrage; der schneider (Schnitter) soll so geschickt sein, daß er auf sein sichel uff seinen rücken steg und neun halm in einer hand zehle und die einsmals abschneide«. Den hl. Wenzel, den böhmischen Patron, schildern zeitgenössische Bilderfolgen beim Säen und Mähen, beim Dreschen und bei der Weinlese, beim Mahlen und Mehlsieben und Backen: wir denken nicht daran, daß mit diesem – zum Wohle der Armen wahrgenommenen – Arbeitskanon der Arbeitstag und das Arbeitsjahr des Bauern ganz erschöpft wäre. Indessen machen die Ausschnitte, die wir den Bibelillustrationen oder Altarblättern entnehmen, die quantitativ-materiellen Defizite wieder wett durch ihre qualitative Verläßlichkeit und Unbekümmertheit: Sprache und Zeit der Bibel werden ungeniert in die eigene Gegenwart transponiert. Hat der mittelalterliche Maler das biblische Gleichnis von der Getreideernte zu erzählen, so zeigt er beim Mähen der Ähren akkurat gezähnte Sicheln, das Garbenbinden, ihre Anordnung in Mandeln und Schobern: die Bauernarbeit gründet sich auf ein ansehnliches Arsenal von Fertigkeiten und Gerätschaften. Daß sich der Getreideertrag im Laufe der Jahrhunderte erhöhte, schon der Übergang zur Brachfeldwirtschaft tat das seine dazu, ließ sich gar nicht vermeiden. Das machte aber eine bessere Aufbewahrung notwendig. Anfangs hatte man dafür Getreidegruben, die in der Erde ausgehöhlt waren. Dort war das Korn, gegen Luftzutritt geschützt, recht gut gelagert. Miniaturen zeigen indessen hölzerne Truhen, und schriftliche Anmerkungen erwähnen vom 10. Jahrhundert an Speicher und Schüttböden. Stadt und Land haben da ihre

Unterschiede: Truhen und Speicher sind für das Land charakte-
ristisch, während die Städter ihre ausgedehnten Schüttböden
besaßen. Das Getreide hat man – hier und dort – in Leinensäcken
getragen und transportiert; die wenigen, die sich aus dem
Mittelalter erhalten haben, in unseren Museen heute findet man
meist solche des 19. oder unseres Jahrhunderts, lassen wichtige
Rückschlüsse zu auf die Ausgriffe von Mehlproduktion und
Mehlhandel. Lange haben die Bauern ihr Mehl zwischen rotierenden Mühlsteinen selbst gemahlen. Bis die Wassermühlen
einzogen (und mit ihnen auch eine ganz neue Möglichkeit
städtisch-bäuerlicher Kommunikation), schlugen die Bauern
auch auf häusliche Art Graupen in Hand- oder Fußstampfen und
benützten Ölpressen in ihren Dörfern.

Die Mehlzubereitung und natürlich das Brotbacken ist Hausarbeit, die bei den Bauern in der gleichen Arbeitskleidung
erledigt wird wie draußen auf dem Feld. In dieser Hinsicht ist die
mittelalterlich-bäuerliche Bevölkerung bis in die Frühneuzeit
hinein fast auf dem Stand des romanischen Zeitalters stehengeblieben. Die Frauenbekleidung beruht auf einem einfachen,
geraden und hemdartigen Schnitt, Männer pflegen bei der Arbeit
nicht weniger einfache Kittel zu tragen, die sich nur in der Länge
unterscheiden. Reichen die Röcke der Frauen meist bis zur Erde,
so tragen die Männer ein kürzeres Gewand je nach Alter und
Rang. Der »Herr« kommt im langen Gewand und vor allem mit
langem Mantel daher, die Offiziersuniformen bis zu den NS-
Funktionären unseres Jahrhunderts hinein sind noch ganz nach
diesem Herrenstil, während den niederen sozialen Schichten, in
der Hauptsache dem Bauern, der ja nun auch beweglich sein und
arbeiten können muß, nur ein kurzes, wetterwendisches Röcklein gegönnt ist. Die Farbe auf vielen Abbildungen läßt vermuten, daß der Anzug aus hausgewebtem, gebleichtem Leinen
verfertigt war. Der einfache, locker übergeworfene Mantel für
kältere Tage bestand wohl aus nichtappretierter Schafwolle
grauer Farbe und wurde auf der linken Schulter geknüpft oder
gebunden.

Auch in der gotischen, spätmittelalterlichen Zeit hat sich an der ländlichen Arbeitskleidung, im Gegensatz zu den eitlen und modischen Varianten der Stadtkleidung, nicht viel geändert. Landbewohnerinnen trugen bequemere, weitere Kleider als städtische Frauen, lange Schürzen schützen das Unterkleid. Auch hier spürt man, von den riesigen Vermögensunterschieden zwischen Dorf und Stadt abgesehen, die ländliche Orientierung an der Praxis und am Arbeiten. Bäuerinnen haben nicht viel Zeit und nicht viel Möglichkeit zum Repräsentieren. Die Kleidung der Landfrauen – die verheirateten wickelten noch eine einfache Hülle um den Kopf – hielt sich bis in unsere Generationen hinein, nur der Rock wurde kürzer. Auch beim männlichen Arbeitsanzug fanden die neuzeitliche, an germanische Gewohnheiten anknüpfende Hosenform mit vereinigten Hosenbeinen und die Veränderung des Rocks in ein Unterhemd, über das man ein »Jackett« anzog, nur langsam Eingang. Als die Renaissance eine Verkürzung der Hosen über das Knie brachte und die städtischen Handwerker hinter dieser Novität nicht zurückblieben, mußten die Maler den Ackermann oder den Hilfs-Bauarbeiter immer noch in altmodischen Hosen und Kitteln darstellen: draußen auf den Dörfern hatte man andere Sorgen und andere Wertkategorien.

Dafür saß man, was Schafwolle oder Flachs anging, an der Quelle. Hat die massive Arbeitslast tagaus tagein einfach keine Zeit gelassen für den Anschluß an die »große« Mode? Der Bauer war Selbstversorger, und wenn das Wort von der in der Stadt einsetzenden und bald in breitester Form dort praktizierten Arbeitsteilung seine Gültigkeit hat, so bedeutete das für die bäuerliche Arbeit, daß sie allem gelten mußte, wessen das Dorfleben benötigte. Im strengen Sinne war der Bauer, was das Essen, die Lebensmittelaufbewahrung und die Vorratskammer anbetraf, nur auf Salz angewiesen. Das konnte er nicht gut selbst produzieren. Die antiken und mittelalterlichen Salzstraßen und Salzstädte machen klar, wie unersetzbar und unentbehrlich das Salz war, wir Soldaten haben das in den russischen Dörfern während des Zweiten Weltkriegs auf eine drastische Weise wieder erfahren. Der reiche Bauer hat in spätmittelalterlicher Zeit anspruchsvollere Arbeitsgeräte wohl auch in Auftrag gegeben, dem dorfansässigen Schmied oder Sattler; eine gelinde Form von Arbeitsteilung erfährt auch noch das Dorf des Mittelalters.

Ansonsten steht der Bauer für sich selbst da. Die ihm abverlangte Omnipotenz bestimmt die Vielfalt seiner Arbeit. Kalenderminiaturen zeigen uns immer wieder spezielle Werkzeuge, die bei der häuslichen Verarbeitung tierischer Produkte verwendet wurden. Wie die ältesten Butterfässer aussahen, können wir nur anhand späterer Analogien vermuten. Waren sie aus Ton oder aus Holz? Kalenderbilder des Reformationsjahrhunderts präsentieren uns ausschließlich Butterfässer verschalter Form; sie ähneln Gefäßen desselben Typs aus unserem Jahrhundert. Sicherlich waren diese unbeweglichen Gefäße, in denen der Rahm mit dem Quirl und später mit dem Stößel bearbeitet wurde, schon lange bekannt. In diesem 16. Jahrhundert werden dann in schriftlichen Quellen auch faßartige drehbare Buttermaschinen erwähnt, wohl vom Typ der Serene, neben der jedoch das ältere

68   Arbeit der Frau und des Mannes nach altchristlich-mittelalterlichem Verständnis: Eva spinnt, Adam bearbeitet das Land. Aus dem »Spiegel menschlicher Behaltnis«, gedruckt von Anton Sorg in Augsburg, 1476.

350

Butterfaß bis ins 20. Jahrhundert bestehen bleibt. Milch wurde in bauchige irdene Gefäße gegossen, gesalzene und ausgelassene Butter ruhte in Töpfen und irdene Ausstecher formten weiße Quarkklumpen.

Bauernarbeit ist allemal – nur selten vorgegebene und nie technisch perfektionierte – Bewältigung von Natur. Feld, Wiese und Wald geben das große Terrain der Bewährung her, zu welcher der Bauer immer herausgefordert bleibt. Die Bauersfrau ist Helferin dabei, von ihrer speziellen Zuständigkeit für Haus und Herd einmal abgesehen. Aber sie hat neben dem Haushalt noch andere Arbeitsbereiche, die sie selbständig wahrnimmt. Dazu gehört vor allem das Flachsbrechen mit dem Flachs- oder Hanfstengel. Vorher waren die Samenköpfe auszuschlagen, das Stroh auf feuchten Wiesen zu rösten und in Backöfen oder in Flachsdarren zu trocknen. Auf Holzschnitten trifft man häufig auf eine Frau, die mit einem hölzernen Klopfer aus den Flachs- oder Hanffasern, die nach dem Brechen übriggeblieben waren, Flachsflocken riffelt. Dann mußten die Fasern noch mit einem hölzernen, schon im Mittelalter mit eisernen Nägeln versehenen Kamm ausgekrempelt werden: erst jetzt konnte man auf einem Spinnrocken oder später auf Spinnrädern spinnen. Flachs- und Hanfarbeit von der Aussaat bis zur Ernte und ihrer Verarbeitung war Frauenarbeit. Eva als Spinnerin, das ist ein altes ikonographisches Thema.

In einer städtischen Version bekommt man diese spezifische Frauenarbeit im Konstanzer Haus zur Kunkel vorgestellt, in einundzwanzig Fresken, der einzigen uns bekannten Serie dieser Art aus dem Mittelalter. In diesem Haus am Münsterplatz wohnte um 1300 Konrad von Überlingen, Angehöriger eines wohlhabenden Patriziergeschlechts, ein gelehrter Herr, Kleriker, Magister und Arzt, dessen Verwandte wohl im Leinenhandel tätig waren und dessen italienischem Studienaufenthalt wir mit ziemlicher Sicherheit diese Weberfresken verdanken. In großen Buchstaben sind die Bilder, in drei Reihen nebeneinandergestellt, zugleich kommentiert worden: die dargestellten Frauen sagen in einem Vers, was sie tun. Zuerst bekommt man die Zubereitung des Hanfes demonstriert, das Brechen, das Schlagen mit dem Dechsholz, das Hecheln, schließlich wird der Faden ausgesponnen und im einfachen Webstuhl gewoben. Es folgen verschiedene Verarbeitungen und die Herstellung von Taschen und Gürteln und von Seidenwebereien. Und endlich gewährt man uns einen Einblick in die Gestaltung des Feierabends: für die Besinnlichen ist es das Stundengebet, für die jungen Mädchen die Schönheitspflege, das Ausruhen hinter dem Ofen, das zu zeigen man sich nicht geniert, und zuallerletzt die öffentliche Badestube.

Die Konstanzer Bilder, in Stil und Komposition an die Abbildungen der kaum jüngeren Manessischen Liederhandschrift erinnernd, suggerieren den Eindruck von Zeitvertreib und Idylle. Wo Flachsbearbeitung und Spinnen, Nähen und Sticken im großen Arbeitsraum und von vielen Dutzenden von Frauenhänden, also im Manufakturbetrieb erledigt wurde, konnte es harte, mörderische Kollektiv-Arbeit werden. In Hartmann von Aues »Iwein« (zwischen 1180 und 1210) begleiten wir den Helden auf seinem sagenhaften Zug auch vor die Burg zum »Schlimmen Abenteuer«. Sie wird ihm geöffnet. Es dauert nicht lange, so steht der Artusritter »innerhalp dem tor« vor einem geräumigen »wercgaden«, einem Arbeitshaus. Dort sieht er, durch »ein venster«, »wol driu hundert wîp« (an die dreihundert Frauen) arbeiten. Sie sind, in Kleidung und Gestalt, von »vil armeclichen« Aussehen. Sie weben Gold und Seide, viele arbeiten »an der same« (am Stickrahmen). Die »des niene kunden« (sich nicht darauf verstanden), erledigten Grundarbeiten, »die lâsen, dise wunden, / disiu blou, disiu dahs, / disiu hachelte vlahs, / dise spunnen, dise nâten« (sortierten die Fäden, jene wickelten auf, / jene schlug den Flachs, und jene brach ihn, / und jene hechelte ihn, / diese spannen, jene nähten).

Allen »galt ir arbeit niht mê« (brachte die Arbeit nicht mehr ein) als daß sie »von hunger und von durste« waren (Hunger und Durst litten), »mager unde bleich« aussahen, größte Entbehrungen an Körper und Kleidung hinzunehmen hatten und auf ihrem Tisch nur selten Fleisch oder Fisch sahen. Sie kämpften mit bitterer Not. Als sie den Ritter sie beobachten sahen, rannen ihnen aus Schande die Tränen auf ihre Gewänder. Als der unerschrocken nach den Gründen ihres Schicksals sich erkundigte, erfährt er, daß sie als Geiseln hier sind, daß sie »die besten wât« anfertigen (die prächtigste Kleidung), und doch nur »von dem pfunde niuwan vier pfenninge« als Lohn erhalten (bloß vier Pfennige vom Pfund). »Der lôn ist alze ringe / vür spîse und vür cleider« (der Lohn ist viel zu kärglich / für Nahrung und Kleidung). Und in lodernder Verzweiflung fügen sie an: »von unserme gewinne / sô sint sî worden rîche« (Von unserem Verdienst / sind sie reich geworden).

Man hat sich oft überlegt, was mit diesen »edeln armen« gemeint ist. Ein Bild der sozialen Wirklichkeit zur Zeit des Nordfranzosen Chrétien von Troyes, des Stoff-Erfinders, wo Frauen in Werkstätten oder Fabriken (gynécées, Genitien) unter herrschaftlicher Leitung für einen Hungerlohn zu arbeiten hatten? Oder hat Chrétien das Bild christlicher Sklavinnen nachzeichnen wollen, die in den Seidenfabriken der Moslems arbeiteten? Zunächst gehört es zu einem der vielen – visionär komponierten – Abenteuer, die unser Held bestand und die dreihundert Geiseln damit befreite. Aber die Hinweise auf die von Arbeit und Entbehrung gezeichneten Leiber, auf die Auszahlung eines Spottlohns, auf die Ausbeutung durch die »Kapitalisten« geben Hartmanns höfischem Roman an dieser Stelle doch eine zweifellos wirklichkeitsnahe Aussagekraft: so konnte Frauenarbeit schon im Hochmittelalter geartet sein.

Die Bilder im Konstanzer Kunkelhaus entstanden, als die Bodensee-Wirtschaft noch nicht organisiert war, als es noch keine etablierten Leinen- und Wollweberzünfte am Bodensse gab. Sie haben die Frauenarbeit in der Leinenherstellung mehr und mehr zurückgedrängt. Draußen in den Dörfern gab es das noch für viele Jahrhunderte, die Spinnstube an den langen Winterabenden, die Frau und die Mädchen vor dem Spinnrokken. Er hat, ein uraltes Gerät, in manchen Regionen wohl deshalb überlebt, weil das Spinnen darauf verhältnismäßig einfacher, wenn auch langsamer als auf dem Spinnrad war; noch in unserem Jahrhundert war er da und dort in Gebrauch. Auf dem Spinnrocken hat sich das – ausschließlich bäuerlich gewordene – Flachs- und Hanfgarn gut spinnen lassen, während sich die älteren Typen von Spinnrädern besser zum Spinnen von Wolle eigneten.

Zum bäuerlichen Arbeitsumgang mit der Natur, nicht selten ein elender Existenzkampf mit ihr, gehören die Haus- und Arbeitstiere ebenso wie der Garten, der Wein- und Obstbau. Flachs und Hanf hat der mittelalterliche Bauer zunächst in den Gärten neben anderen Gewächsen angebaut, besonders neben Gemüse: das verlangte besondere Pflege und sollte vor Schäden durch Zäune geschützt werden. Im Laufe der Jahrhunderte kam mancherlei Neues in diese allerlei Wildschäden ausgelieferten Gärten, der Safran, der schon im 13. Jahrhundert auftauchte, die zu Anfang des 16. Jahrhunderts aus Indien und Amerika mitgebrachten Gewächse wie die Tomate, Angurie oder Paprika. Damals lernte man auch den Tabak kennen und versuchte, Gewächse zur Farbenerzeugung zu pflanzen.

Und um den Pluralismus der Landarbeit voll zu machen: der »Bauer« ist auch Weingärtner, Imker, Jäger, Fischer. Wein ist vom frühesten Mittelalter an, ob allemal die römische Besatzung den Anfang gemacht, wird mancherorts heute in Frage gestellt, ein beliebtes Getränk, mehr noch: Heilmittel und Stimulans in gänzlich unersetzbarem Sinne. Das Geheimnis seiner Güte hing von der Technologie seiner Bearbeitung ab, vom Stampfen in Bottichen bis zum Pressen und zum Gären in den Fässern. Von der Winzerpresse berichten schriftliche Nachrichten schon des 10. Jahrhunderts. Das Mittelalter kannte die große hölzerne Kelter, deren Konstruktion sich in ihren Grundzügen bis ins 19. Jahrhundert nicht änderte. Natürlich war auch die Sorte der Weinrebe und der genaue Arbeitsvorgang im Weinberg von Bedeutung. Im 14. Jahrhundert begann man in den Städten den

Weinbau zu kultivieren, neue Arten österreichischer und burgundischer Reben einzuführen und den Weinhandel, den nur ein kapitalkräftiges Patriziat auf ein größeres Niveau heben konnte, in einem internationalen, das heißt nicht nur den Gesichtskreis der Stadtwirtschaft berührenden Maße auszubauen.

Wer Weingärtner als Bauer war, hat auch hier im wesentlichen sich selbst versorgt, und er hat das auch mit seinen Schafen und möglicherweise seiner Schafherde so gehalten. Die Wolle war wichtig, die Schafschur die unerläßliche Arbeit hierfür. Die Form der Schere hat sich während des ganzen Mittelalters bis in die Neuzeit hinein kaum geändert. Bienenschwärme gab es draußen in den Wäldern seit eh und je, die Zeidelbären unternahmen des Honigs wegen – den man auf dem Land als Zuckerersatz brauchte – recht anstrengende Expeditionen. Was war einfacher, als ein Stück Baumstamm auszuhöhlen, das Bienenversteck nachzuahmen und diesen Klotz – den ältesten mittelalterlichen Bienenkorb – mitsamt dem Schwarm Waldbienen in die Nähe seines Bauernhauses zu tragen? Zu Ausgang des 15. Jahrhunderts trifft man auf eine vergleichsweise reiche Imkerliteratur, und auf Abbildungen dieser Zeit erscheinen verschalte, aus Stroh geflochtene Bienenkörbe.

Jagdausübung war Herrenrecht und dem Bauern streng verboten. Aber er war die Stimme des Waldes und des Tieres oft mehr gewöhnt als der Mann der Burg oder des Hofes, und er war auf Wildbret in einem sehr viel existenzielleren Maße angewiesen als die adlige Schloßküche. Der Bauer, der sprichwörtlich schlaue, ist ein Meister im Netzelegen und Fallenstellen, und freilich ein barbarischer Spielverderber, wo es um feudales Waidwerk mit eigener, elitärer Gewohnheit und Sprache ging. Dafür blieb der Fischfang fürs erste die Provinz der ärmeren Leute auf dem Land. Man fischte allein, oder gesellte sich zu Gruppen zusammen, die Zünften ähnelten. Die nahmen dann lange Schleppnetze oder eine ganze Auswahl von Netz-Arten mit, während der einzelne Fischer sich zum Fang mit einer Angel rüstete, mit einem Wurfnetz, mit einer Reuse oder einem kurzen

Schleppnetz. Die mittelalterliche Fischerei steht schon am Übergang zum handwerklichen Gewerbe, wie sich denn im Fischfang überhaupt der Bauer und der Städter teilten.

Aber die Stadtarbeit des Mittelalters war alles in allem doch feiner und kannte sie nicht so drastisch, die zerschundenen Hände und die früh gealterten Gesichter, die gnomenhaften Männer und die buckligen Weiber draußen in den Dörfern. Die Arbeitsteilung, in der Stadt dadurch praktiziert, daß sich das immer weiter verästelnde Handwerk von der Landwirtschaft absondert, bleibt noch für Generationen mit dem Land verbunden. Die Fortschritte der Landwirtschaft beeinflussen die Entwicklung der Gewerbe. Und umgekehrt ist eine Entwicklung der Landwirtschaft ohne Eisenbearbeitung, ohne Schmiedehandwerker, Töpferei, Tucherzeugung und so fort nicht vorstellbar. Das Handwerk hat sich in einem langen Prozeß von der agrarischen Arbeitswelt emanzipiert, nicht allein, weil die »Besseren« und Findigen in die Städte zogen und den großen Trend zum Neuen mittragen halfen, sondern auch, weil eine neue arbeitsethische Bewegung in Gang gekommen war, die man am liebsten mit »Städtergeist« umschrieben hätte. In den aufwachsenden Städten steht das »Haben« durchaus an der Stelle einer Lebensdevise. Die Begriffe Eigentum und Besitz empfangen aus einer fast lyrisch ausgedrückten Stimmung erneut ihren vergessenen Sinn, Gottes Gabe zu sein. Das Dasein wird in der Stadt von einem bisher nicht gekannten Aktivismus aufgelockert, der sich alle Lebensgebiete erobert, die Religion und die profane Berufsarbeit. »Man sol«, heißt es in einer Predigt Bertholds von Regensburg, »gote rilichen diene und frumeclichen unde frölichen und niht släferlichen« (man soll Gott in vollem Maße, fromm und fröhlich dienen und nicht einschlafen). Gott hat »nieman zer müezigkeit geschaffen«.

Die Stadt bringt, hier in elementarem Gegensatz zum Land, Tempo und Risikobewußtsein und Konkurrenzbereitschaft mit ins Spiel. Bertholds Anweisung: »daz ist, daß du kein dinc uf solt schieben, daz dir ze moute wirt« (daß du kein Ding aufschieben

fletffoztm.

69 *Müllerarbeit als Allegorie der »Rethorica«: handwerkliche Tätigkeit wird gewertet wie die »artes liberales«, die Sieben freien Künste. Holzschnitt des späten 15. Jahrhunderts.*

sollst, das du wagen kannst). Wir sollen nicht der Trägheit huldigen, sondern der »snellichkeit«. Das Lebensgefühl der Stadt bringt einen ersten Schuß Modernität in die mittelalterliche Lebensform. Die neue Version: man braucht nicht immer in der Kirche zu sitzen, wer Arbeit, sprich ein Amt hat, tut auch gottgefällig. Wer, wie Bruder Berthold, zu sagen wagt, »ich mac durchgenden tac niht alle zit gebeten unde zer kirchen gen« (ich mag nicht den ganzen Tag beten und zur Kirche gehen), der wird getröstet mit dem Bemerken, daß Gott ihm »ein amt gegeben da mit er got dienen sol«. Die christliche Tat hier auf Erden, Berthold läßt keinen Zweifel darüber, ist höher als die Seligkeit der Heiligen im Himmel. Das Symbol menschlichen Lebens: die Ameise, die »alle zît arbeitet«. Natürlich ist es von hier aus nur ein kleiner Schritt hinüber zum bürgerlich-aufklärerischen Rationalismus und zur Säkularisierung, in deren Windschatten das religiöse Grundbewußtsein zugunsten eines eigengesetzlich-kapitalistischen Erwerbslebens aufgegeben wird. Indessen läßt sich nicht verleugnen, daß solcher Aktivismus auf alle Fälle ein positives Verhältnis zur Arbeit mit sich bringt und diametral der proletarischen Auffassung gegenübersteht, die das Wort Arbeit synonym mit Übel und Unglück verwendet.

Schwer zu sagen, was beim städtisch-bürgerlichen Handwerk und vor allem beim Handel – der ausschließlich eine Sache der Stadt war – herausgekommen ist, zumal die Palette der Städte in ihrem soziologischen Habitus allmählich von einer tollen Buntheit wurde, Nürnberg neben Bopfingen, Buchau neben Lübeck. Eine Arbeit über die Nürnberger Mittelschichten des 15. Jahrhunderts hat jüngst zu Tage gefördert, daß reich ohne Zweifel die Blechschmiede waren, vor allem die Hammerwerksbesitzer und im Verlag tätigen Großunternehmer, wohlhabend die Goldschmiede und Messingschläger, gutsituiert die Kandelgießer und arm die Spengler, hoch die Anzahl der zwar selbständigen, aber für Verleger tätigen Meister und der unselbständigen Stückwerker. Als Folge des Verlagswesens – gemeint nicht Buchverleger im heutigen Sinne, sondern Unternehmer, welche die Produktion an Heimarbeiter »verlegen«, vergeben – waren auch die mit der Herstellung von Waffen beschäftigten Meister mittelmäßig bis ungünstig gestellt. Erstaunlich die relativ ungünstige Stellung des Kunstgewerbes, wo Ausnahmen allerdings die Regel bestätigen. Sieht man von den Leinewebern ab, so waren die Vermögensverhältnisse der Textilhandwerker und ebenso der Meister des Leder- und Pelzbearbeitungshandwerks günstig. Dagegen überwiegen in den zahlenstarken Gewerken der Schneider, Schuster, Gürtler und Beutler, bei denen der Verlag schon im 15. Jahrhundert von Bedeutung gewesen sein mag, die kleinen Vermögen.

Die großen, die riesigen Vermögen sind in der Hand der ratsfähigen, der patrizischen Familien, wenn sich auch die Spitzenvermögen, den »Millionären« unserer Zeit vergleichbar, im Nürnberg des ausgehenden 15. Jahrhunderts insgesamt vier, in der Hand von Nicht-Patriziern befanden. Wie sehr diese elitäre Pyramide nach oben hin immer spitzer wird, verrät das Untersuchungsbild nahezu jeder Stadt, wobei freilich die Faustregel gelten kann: je reicher die Stadt, desto aristokratischer und demokratiefeindlicher ihr gesellschaftlich-politischer Zuschnitt, je »normaler« das städtische Volksvermögen, desto »demokratischer« und zunftfreundlicher ihr Stadtstaat. In Nürnberg gehörten in der Mitte des 15. Jahrhunderts noch rund dreißig Prozent der Nicht-Kaufleute, der Handwerker, Wirte und »Metallunternehmer« zur »Ehrbarkeit«, zu den oberen Zehntausend sozusagen, am Ende des Jahrhunderts waren es, auf einem gehobenen Niveau (handwerkliche Großgewerbetreibende, freie Berufe), nur noch zwölf Prozent. Die Chancen für einen Aufstieg in das Patriziat waren gering; der Weg eines städtischen Gemeinwesens, das doch immer unter genossenschaftlich-gleichen Vorzeichen und Forderungen begonnen hatte, zur Adelsstadt war im mittelalterlichen Deutschland so selten nicht: auch hier müssen wir uns hüten vor dem romantischen Glauben, in jeder mittelalterlichen Stadt stecke *die* Beisteuer zur modernen Demokratie.

Dies freilich illustriert jede Stadt, die außerordentlich starke Berufsdifferenzierung innerhalb der Zünfte: in der Stadt wird, wie Max Weber einmal gesagt hat, jede Tätigkeit zum Beruf. Das ergibt eine unendlich reiche Offerte von Berufen, die es mit den – ja immer entdeckungsreichen – Berufsverzeichnissen unserer Gegenwart sehr wohl aufnehmen kann. Große deutsche Städte wie Köln, Nürnberg oder Regensburg hatten bis zu fünfzig zünftlerische Handwerksgruppierungen, wobei man sich auch in kleinen Städten die köstlichste Mühe gab, in der *einen* Zunft die möglichst gleichartigen Tätigkeiten unterzubringen, den Barbier oder gar den »phisicus« (den Arzt) bei den Fleischern und so fort. Johann Valentin Andreae hat in seiner wesentlich von mittelalterlichem Geist gespeisten Utopie »Christianopolis« (1619) einmal bemerkt, die »Christenstadt« sei eine einzige Werkstatt, ein Wort, das auf die württembergisch-schwäbischen Pietisten und ihre Arbeitsgesinnung von nachhaltiger Wirkung war. Wie

sehr es vor allem auf die größere mittelalterliche Stadt angewendet werden darf, bestätigt das Florentiner Gewerbeverzeichnis
von 1316 schon eindrucksvoll: es zählt über siebzig Tätigkeiten
auf, obwohl die Stadtstatuten zu dieser Zeit nur 21 kaufmänni-
sche und handwerkliche Vereinigungen als Zünfte anerkannten.
Unter den handwerklichen Berufen finden sich in dieser Aufzählung neben den »cridantes res admissas« – den Ausrufern
verlorener Gegenstände – auch Arbeiter in Steinbrüchen oder
solche des Textilgewerbes. Wie gesagt: in der Stadt besteht man
auf die Länge nur durch den Ausweis einer beruflichen Tätigkeit,
und die mittelalterliche Stadt kann sich in den überkommenen,
feudalaristokratischen Leitbildern nur dann Eigenrecht erkämpfen, wenn sie ihr Geviert hinter den Mauern zu einer Bastion von
Kapital und Arbeit ausbaut.

Am weitesten differenziert waren die städtischen Metallhand-
werke, die Textilhandwerke und – bereits mit einem gewissen
Abstand – die Bauhandwerke. Das Schmiedehandwerk trennte
sich im Mittelalter von der Eisenerzeugung, mit der es einst fest
verbunden war. Die Meister des schwarzen Handwerks verstanden vor dem 10. Jahrhundert Stahl mit weicherem Schmiedeei-
sen bei der Erzeugung von Klingen zu schweißen, konnten Stahl
härten und sogar nachlassen. Den Schmied umsprühten bei der
Bearbeitung des geschmolzenen Metalls Funkengarben. Er allein
konnte die vielbegehrten Waffen herstellen: er erschien leicht als
ein Zauberkünstler, den man ebenso bewunderte wie fürchtete.
Ganz selbstverständlich, daß ein Annalist die im Jahre 868 den
Himmel überquerenden Feuerzeichen mit der im Schmelzofen
Funken aussprühenden Eisenschmelze verglich. Natürlich ging
der hohen Stufe des Schmiedehandwerks die Entfaltung der
mittelalterlichen Technik voran; dann zog das spezialisierte,
Eisen bearbeitende mittelalterliche Handwerk seines eigenen
Wegs. Seit dem 14. Jahrhundert formen Hämmer, mit Wasser-
kraft in Eisen- und Hammerhütten angetrieben, Pflugscharen,
Sicheln, Sensen und schwere Stücke. Aber das ist schon der
moderne Teil des Schmiedehandwerks. In seiner traditionellen

70 Schmied mit Lederschuhen, Beinlingen, vorgebundenem Lendenschurz, Lederwams und kurzgeschorenem Haar bei der Arbeit. Auf seinem in einen Baumstumpf eingelassenen Amboß formt er Eisenringe, ohne welche die Radnaben der Wagen schlecht denkbar wären. Aus dem Ortus sanitatis von Jakob Meydenbach, Mainz 1491.

Version ist es da für das Beschlagen von Werkzeugen, Rädern, Wagen und für ihre Reparaturen, für die Herstellung von Hufeisen und für vielerlei benachbarte Arbeiten.

Genügte dafür ein verhältnismäßig kleiner Grundbestand althergebrachter Werkzeuge, so benötigte die Gießerei nicht eiserner Metalle und die Metallschlägerei ein immer anspruchsvolleres Instrumentarium. Der Schmuck mit feiner Granulation, mit Filigran, verfertigt in den Werkstätten der Schmuckarbeiter lange vor der Jahrtausendwende, hat nicht nur an Schönheit, sondern auch an technisch vollendeter Durchführung auch für moderne Begriffe kaum etwas zu wünschen übriggelassen: der mittelalterliche Goldschmied ist Handwerker und Künstler in einem einzigartigen Maße. Das Wort vom »königlichen Beruf« des Goldschmieds darf dabei auch wörtlich genommen werden. Der Umgang mit Gold war auch eine Frage von Kapital und Privileg; daß sich auch Männer adligen und gar königlichen

361

Geblüts unter die Goldschmiede mischten, war vor allem im früheren Mittelalter nicht ganz so selten. Gold war eine rare Sache und der Inbegriff der materiellen Kostbarkeit. Auch die Kirche gebrauchte für ihr sakrales Gerät nicht immer nur Edelmetall, sondern auch Buntmetall und Zinn: die Rede vom Zinn als dem »Silber des kleinen Mannes« hat nur bedingt ihre Richtigkeit. Der Bauer hat sich bis in die Anfänge der Frühneuzeit hinein der hölzernen Geschirre bedient, während sich in der Stadt Zinngeschirr wohl nur im mittel- oder großbürgerlichen Haushalt befand.

Vielleicht hat diese Feinkunst unter den Leuten der Metallarbeit, obwohl in Werkstätten den Zunftvorschriften gemäß mengenmäßig festgelegt, ihre Gesellen und Meister noch am weitesten im Lande herum gebracht: die Zinngießer kommen auf ihrer Wanderschaft durch ganz Europa, und dabei berühren sich die besten Produktionszentren, hohes handwerkliches Können und ein sozusagen internationaler Formenschatz. Die Lederbranche macht dagegen einen eingezogeneren, »lokaleren« Eindruck. Daß der Schuster mit seinem Schemel bei seiner Arbeit »sitzt«, wäre wie ein Symbol dafür. Er braucht eine eiserne Ahle für sein Geschäft, den Kneip zum Schneiden des Leders, Meißel mit verschieden breiter Schneide, hölzerne Leisten und den Knieriemen.

In die unmittelbarste Nähe gehört die Sattlerarbeit, die sich anfangs vom Riemerhandwerk, der Zügelerzeugung, der Taschnerei und anderen Häute verarbeitenden Branchen nicht unterschied. Erst im 14. Jahrhundert entstand eine Menge selbständiger Gewerbe in diesem Bereich, an die zwanzig dürften es gewesen sein. Jetzt wurde jedem Städter geläufig, daß der Handschuhmacher nicht Sättel erzeugte, und der Schuster, der aus neuem Material Schuhe machte, etwas anderes war als der Flickschuster, der altes Schuhwerk ausbesserte, daß es Zügelarbeiter gab und Steigbügelmacher, Täschchenproduzenten und solche, die nur Hausschuhe herstellten oder nur Geldbeutel und so weiter.

»Leder« sagen wir und denken dabei heute an eine Art Fertigprodukt. Im Mittelalter war die Lohgerberei eines der ersten Handwerke, das empirisch chemische Prozesse nach jahrhundertealten, in Rezepten erhaltenen und durch Generationen überlieferten Erfahrungen benutzte. Schon im frühen Mittelalter wurde die Beize aus aufgelöstem Kalk und Asche in Trögen bereitet. In sie tauchte man die rohen Häute, um sie von den Haaren zu befreien, wobei der Erzeuger auch die Zeit der Laugenwirkung genau einhielt. Aber auch die Beiztechnik von Häuten in Eichenrindlohe kannte man. Dabei benutzten die lederverarbeitenden Handwerker, die Lohgerber, Kürschner, Sämisch- und Pergamentarbeiter die gleichen oder ähnliche Werkzeuge, halbmondförmige Messer, Schabebänke und ähnliches. Bei den Sattlern, Taschnern und verwandten Berufen verwendete man dieselben Werkzeuge, wie sie die Schuster hatten, soweit man Holz brauchte zu seiner Arbeit, die üblichen Werkzeuge der Holzbearbeitung. Nur die Lederfärberei hatte, wie übrigens auch die Textilfärberei, ihre strengen Geheimnisse; die Rezeptur hütete man eifersüchtig vor der Konkurrenz. Die Lederfärber benützten oft den gleichen Rohstoff wie die Kollegen beim Textil, nur hielten sie sich viel mehr an die Oberfläche; im 15. Jahrhundert gab es in den Städten schon viele geschickte Meister in diesem Fach.

Daß da modische Dinge mit hineinspielen, läßt sich leicht denken. Gerade das Färben von Leinen unterlag neben dem des Tuchs der mittelalterlichen Mode; es läßt sich recht gut verfolgen, wie einmal geweißtes Leinen en vogue ist, ein andermal gefärbtes. Das grobe, billige Tuch behielt meist die graue Farbe der Naturwolle. Das bessere verstanden die »Schwarzfärber« schwarz oder blau, die »Schönfärber« in eine ganze Skala anderer Farben zu färben. Der größeren Gruppe der Schwarzfärber standen dafür Galläpfel zur Verfügung, im 16. Jahrhundert auch Eichenrinde, Eisenfeilspäne und bestimmte Sorten von Heidelbeeren, blau wurde mit Färberbaryt gefärbt und seit den großen Übersee-Expeditionen auch mit Indigo, einer sich rasch verbreitenden Konkurrenz für das Baryt. Auch die Schönfärber gebrauchten eingeführte Färbermittel neben den einheimischen. Die Stoffe wurden in Kesseln in heißen Farblösungen geweicht. Mit den gleichen Farben arbeiteten auch die Leinenfärber, in deren Zunft auch das Manglerhandwerk beheimatet war. Die mittelalterlichen Miniaturen sind wahre Musterkarten für die Arbeit der Tuchscherer, Färber und Mangler, eine staunenswert einfallsreiche Folge, in die sich freilich auch flandrische oder englische Luxusstoffe gemischt haben.

Wem gebührt mehr Beifall im Hinblick auf diese prächtigen Stücke, den Stoffherstellern oder den Schneidern? Die saßen auf ihren Tischen und hantierten mit Nadel oder Schere, übrigens zunächst elastischen, den Schäferscheren nicht unähnlichen Instrumenten, die im Verlaufe des 11. Jahrhunderts durch ein Werkzeug ganz neuer Form ersetzt wurden. Die Stofferzeugung gehört mit zu den ältesten Handwerken, sonderte sich von der Landwirtschaft nie so streng ab und stand der Hausarbeit nicht fern. Am häufigsten figuriert auf Abbildungen der Schütze als Symbol des Weberhandwerks. Den Webstuhl kennt das Mittelalter als Plättchenwebstuhl, als Vertikalwebstuhl, als – fortschrittlichsten – horizontalen Trittwebstuhl mit einem Fach zum Durchwerfen des Schiffchens. Archäologische Funde machen wahrscheinlich, daß in der Mitte des 12. Jahrhunderts der Webstuhl mit Trittbrett und zwei Kämmen aufkam, in der Mitte des 13. Jahrhunderts der waagrechte Webstuhl für zwei Arbeiter, um 1320 das Kettenanscheren auf Holzrahmen für die Tuchweberei. Als man später mehr Trittschemel hinzufügte, flog das Schiffchen durch die Vorlage in immer komplizierteren Webebindungen. Auf den liegenden Holzwebstühlen wurde bis zur maschinellen Tucherzeugung die Hauptmasse an Leinen und Tuch auf eine häusliche Art gewebt. Freilich überlegten die Weber selbst immer wieder, wie ihnen neue Einrichtungen zu rascherem Weben verhelfen könnten. Die Webersprache des 15. und 16. Jahrhunderts beweist allerdings, daß sich in den Spuleinrichtungen vom kleinen Handwerkszeug bis zu den großen hölzernen, komplizierten Konstruktionen und Haspeln während der ganzen Epoche der Textilmanufaktur nicht viel änderte.

Vom Webstuhl geht es zur Stoffzurichtung und Veredelung. Die Leinenzubereitung war recht einfach; man ließ es ungefärbt, selten jedoch im Rohzustand. Seine Stücke wurden auf dem Gras zum Bleichen ausgebreitet und mit Wasser begossen, wie man es in manchen Landgegenden Europas mit der weißen Wäsche bis heute macht. Dann wurden sie gekocht und wohl auch gestärkt und gemangelt. Bald erscheint auch gefärbtes Leinen. Die Herrichtung von Wollgewebe war schwieriger. Man hat es schon im frühen Mittelalter gewalkt, indem man mit hölzernen Knütteln im Wasser auf das Gewebe einschlug, später standen dann – 1086 erscheint erstmals diese Spezialmühle – Walkmühlen zur Verfügung. Von Graupenmühlen unterschieden sie sich nicht wesentlich; sie waren auch mit Wasserantrieb versehen und nicht selten an städtische Mühlen angeschlossen.

Mit einem besonderen Eisen, dem Noppeisen, wurde das frisch gewebte Tuch von Knoten gereinigt, dann wurde es zur Verdichtung und Verfilzung der Bindung gewaschen und gewalkt. Zum Verfilzen hatte man den Wollbogen, ein Instrument, das einem Geigenbogen nicht unähnlich war und sich unter den Emblemen der Tuchmacherarbeit häufig findet. Die Saite peitscht das gewalkte Tuch, das Wollhaar sträubt sich unter den Schlägen der »Wollkämmer«, und gleichzeitig verknüpfen sich die Fasern. Das so in mehreren Arbeitsgängen verfilzte und gewalkte Gewebe zeigte freilich immer noch ein dichtes, ungleich langes und zerrauftes Haar. Deshalb traten die Hechler an und hechelten das Gewirr, um das Haar in eine Richtung zu legen, mit Bürsten aus einer besonderen Distelart. War das Stück endlich auf dem Tisch ausgebreitet, fuhr die riesige Schere der Tuchscherer in die Wolle, um dem Ganzen vor dem Färben, wir benützen das Wort einer anderen Zunft, den letzten Schliff zu geben.

Gewiß hat in der Stadt der Mensch nach Arbeit und Arbeitsmöglichkeiten gesucht. Aber der Weg ging auch umgekehrt:

Material und »Stoff« haben eigene Bearbeitungs- und Berufs-gruppenzweige entstehen lassen. Die Tuchscherer, gegen deren riesige, im Wappen geführte Schere das Schneiderscherlein sich wie ein Zwerg ausmachte, waren ein solches Ergebnis des Arbeitsprozesses, wie umgekehrt es der Findigkeit der Leineweber zu verdanken war, wenn sie zu Ausgang des Mittelalters Bindung, Dichte und Stärke ihres Materials so zu handhaben wußten, daß die Skala vom groben Zeug bis zu feinen, durchsichtigen Schleiern für die Schönen im Lande ging. Der Lust am Probieren entsprang auch der im Übergang vom 13. zum 14. Jahrhundert in schriftlichen Aufzeichnungen schon häufig auftauchende Barchent, ein Gemisch aus Flachs und Baumwolle, ein linksseitig aufgerauhtes, flanellartiges Köpergewebe. Und wieder einem anderen Motiv, nämlich dem Import, verdankte die Seide ihre Existenz, für lange Zeit die absolute Luxusware, zu deren Eigenerzeugung man die größten Anstrengungen machte und seit den siebziger Jahren des 13. Jahrhunderts auch eigene Mühlen zum Zwirnen der Seide unterhielt.

Lag das Garn einmal da, nötigte es zum Flechten; die Technik des Garnflechtens und ihre große Verbreitung gehört schon nicht mehr ganz dem Mittelalter an. Auch hier redete die Mode ein Wort mit; sie gestattete, geflochtene Strümpfe und Handschuhe zu tragen. Es gab genug Arbeit für eigene Zünfte von Strumpfwirkern. Ihre flinken Häkchen und Drähte flochten Garn zu wunderlichen Formen und gaben ihm Gestalt in einer heute noch bewundernswerten Art. Auch an die Seiler denkt man dabei. Sie hatten im Bauer als dem Selfmademan lange Zeit einen Konkurrenten; der flocht seine Stricke, auch als Fischer, anfangs selber aus Hanf oder Bast. Geriffelte Hanffasern wurden aus den Bündeln gezogen und mittels einfacher hölzerner Häkchen gewunden. Mehrere Strähnen drehte man dann zu einem Strick. Die Erfindung des Seilerspinnrads hat diese Hausarbeit der Bauern unrentabel und überflüssig gemacht: das holte man sich fortan auf dem Markt in der Stadt.

Dafür stand dem Städter nicht jene bäuerliche Hauswirtschaft zur Verfügung. Die Arbeitsteilung in der Stadt brachte größeren, sogar wesentlich größeren Wohlstand, aber auch die wirtschaftliche Abhängigkeit vom Bäcker, Fleischer, Schneider und so fort und mithin ein Wirtschaftssystem, allmählich können wir ein Lied davon singen, das sehr viel komplizierter und vor allem sehr viel anfälliger war. Natürlich kannte der Bauer des Mittelalters die Verwertung des Fleisches von Haustieren, das Mehlmahlen, Brotbacken und so weiter: er kannte diese Arbeitsvorgänge nicht nur, sondern übte sie auch praktisch aus. Die Feinarbeiten und die »Spezialitäten« in diesem Betracht setzten sich erst in den Städten durch; eine ganze Reihe von Fleischerwerkzeugen wie Schlegel, Messer, Wetzsteine, Arbeitstische, einfache Kaminräucherkammern vermachte das mittelalterliche Stadthandwerk dem späteren Kleingewerbe. Die Fleischerzünfte hielten die Schlachthöfe instand, und die einzelnen zünftigen Handwerker legten ihre Waren in Fleischerläden oder Fleischbänken aus.

Technologisch orientierte Wirtschaft lebt nicht zuletzt vom Besonderen, Speziellen. Gerade was die besonderen Lebensmittel und die Genußmittel anlangt, hat die mittelalterliche Stadt sprichwörtliche Spezialitäten hervorgebracht, von den Nürnberger Lebkuchen bis zum Lübecker Marzipan, vom Münchener Bier bis zum Kasseler Rippenspeer. Diese feine, von den – um nur *ein* süddeutsches Beispiel zu nennen – ländlichen Knödeln sich sehr deutlich unterscheidende »Fabrikation« bedurfte eines feineren Instrumentariums. Das Backen von Brot und Gebäck in einfachen Tonöfen war auf dem Lande eine alte Sache. In der Stadt kamen im Verlaufe des 14. Jahrhunderts die raffiniertesten Gebäckarten dazu, die ihrerseits wiederum die seltensten Zutaten und die speziellsten Geräte erforderten. Bei der mittelalterlichen Lebzelterei, berühmt durch den Reichtum an Gestalt, Geschmack und Geruch, erhöhte sich das Handwerk einmal mehr zur angewandten Kunst.

Die Kunstfertigkeit war denn auch ein Merkmal, das sich mehr und mehr mit dem Spezialistentum vermengte, sich in den Zunftwelten absonderte und abstrahierte und das Allgemeine

71 *Der Planet Mercurius und seine Kinder. Merkur, in ältester antiker Zeit als bärtiger Mann dargestellt, der Gott des glücklichen Gelingens, erfand die Leier und die Hirtenflöte. Von links oben nach rechts unten: Uhrmacher – Orgelbauer – Maler – Lehrer, der einen seiner Schüler übers Knie gelegt hat – Goldschmied – Bildhauergehilfe bei der Arbeit – Bildhauer mit Frau, auf dem gedeckten Tisch eine gebratene Gans. Hausbuchmeister, um 1480.*

oder doch nahezu jedem Erlernbare der Arbeit auf dem Lande weit hinter sich ließ. Den Müller fand man wohl in selteneren Fällen auch dort. Aber er war ein »Meister«, welchen Titel das Dorf nicht zu vergeben mochte, ein vorindustrieller Ingenieur. Die Mühle war die einzige technische »Gesamtanlage«, die in vorindustrieller Zeit existierte, ein Triumph der mittelalterlichen Mechanik: durch die Einführung eines komplizierten hölzernen Räderwerks gelang es ihr, die zeitraubende Handarbeit durch den Vorspann einer Wasserkraft zu ersetzen. Das Prinzip, die Rotation einer horizontalen Achse auf eine senkrechte zu über- führen (wo es sein mußte, auch umgekehrt), erleichterte nicht nur das Drehen der Mühlsteine, sondern auch den Antrieb anderer Getriebe: Pumpwerke, Schleifmaschinen, Wäscheman- geln, Walkmühlen, auch Hammerwerke und Pressen wurden so angetrieben. Müller sein hieß, die Mechanik der Getriebe und die Hydrotechnik in den damals bekannten Prinzipien verstehen. Schleifer, Messerschmiede, Schwertfeger, Tuchmacher, Leinwe- ber und andere Handwerker konnten seine Mitarbeit nicht entbehren.

Wir müßten noch viele Dutzend von Berufen paradieren lassen, um auch nur einigermaßen dessen habhaft zu werden, was mittelalterlich-städtische Arbeitswelt zu bieten hatte. Daß technologische Innovationen und Verfeinerungen sich wie ein roter Faden durch die Berufsgenealogien ziehen, ist offenbar. Der Fährmann, der einen nicht-intellektuellen öffentlichen Beruf ausübte, scheint das ebensowenig zu belegen wie der Gastwirt, der tabernarius oder hospitarius, dessen Tätigkeit mehr Wert auf die Ehrsamkeit und den gemeinsamen Ehrenkodex legen mußte als auf bestaunte Techniken. Beim Bierbrauer, der diesen Wirt möglicherweise belieferte, war das schon anders. Er begründete, der Zauberer dieses durchsichtig-goldenen, schäumenden Ge- tränks, den Ruhm seiner Disziplin dadurch, daß er die prakti- schen Erkenntnisse der organischen Chemie benutzte. Höchst bezeichnend, daß ein humanistisches Traktat des 16. Jahrhun- derts, »De cerevisis« überschrieben (Über die Biere), die Bierbrauerei für einen Teil der Naturforschung erklären konnte. Ganz als Adepten der Naturerkundung verstanden sich die Ärzte, die ambulant tätig waren, Magier auf der Suche nach Vermögen, und wenn sie sich in den Städten niederließen, als normal seßhafte Bürger geführt wurden. Verständlich, wenn die frühesten Quellen und Fachschriften eher die Patienten als die Ärzte beschirmen wollen. Die Ausbildung und Fähigkeit war oft zweifelhaft, und das Verhältnis zwischen Arzt und Patient wird nicht selten mehr von Furcht als von Vertrauen diktiert gewesen sein. Übrigens sind Ärzte und Apotheker hin und wieder für die Folgen falscher Behandlung und Rezepte verantwortlich ge-macht worden, das konnte bis zur Todesstrafe gehen. Selbst der Apothekerberuf, der als praktische medizinische Spezialisierung im 12. und 13. Jahrhundert Gestalt gewann, kann sich dem Zunftkodex nicht entziehen. Zünftlerische Arbeit muß »ehr-lich« sein. Das Kollektiv, das Gemeinwesen, steht für sie ein oder nicht. Das Land kennt eine derartige öffentliche Approbation nicht.

Eines Handwerks sollten wir noch gedenken, des Schreibers, des Illuminators, des Malers. Auch Schreiben ist eine Arbeit, und zwar im wörtlichsten Sinne des Wortes. »Qui scribere nescit«, heißt es in einer Schreibunterschrift des 8. Jahrhunderts, »null-um putat esse laborem. Tres digiti scribunt, duo oculi vident. Una lingua loquitur. Totum corpus laborat« (Wer nicht schrei-ben kann, denkt, das sei keine Arbeit. Drei Finger schreiben, zwei Augen sehen. Eine Zunge spricht. Der ganze Körper arbeitet). Der Schreiber mußte, auf einer Bank sitzend, die Füße auf einen Schemel gestützt, das Pergament auf einem Pult oder auf den Knien, in arger Monotonie arbeiten. Im Durchschnitt brauchte man zwei bis drei Monate, um einen Text mittleren Umfangs zu kopieren. Das Ende der Abschreiberei mochte man gleichfalls »mit ganzem Körper« erhoffen. »Wie den Seemann der langersehnte Anblick des vertrauten Gestades nach mühe-voller Reise aufheiterte«, heißt es in einem frühmittelalterlichen Bericht über diese lediglich »sekundäre« Arbeit, »so jubelt auch der von Erschöpfung überwältigte Schreiber, der das ungeduldig erwartete Ende seines Buches nahen sieht. Wer nicht schreiben kann, schätzt die Mühen des Abschreibers gering ein; wer diese Arbeit aber einmal unternommen hat, weiß, wie hart sie ist.«

Man mußte erst einmal seine sieben Sachen beisammen haben, um mit diesem verantwortungsvollen Geschäft beginnen zu können. Die Tintenhörner mußten da griffbereit sein, die Federn, die Messer zum Radieren, nicht zuletzt die Pergamentblätter, aus Kalbs- oder Schafhäuten hergestellt, mehrere Tage in Kalkwasser gelegt, danach gespannt und beidseitig abgeschabt und schließlich zugeschnitten. Die größte Mühe aber machte das Schreiben selber, genauer gesagt die Schreibhaltung: sie war alles andere als bequem. Wie auf zahlreichen Evangelistendarstellungen in Bibelabschriften zu sehen, lag die Spitze des vierten Fingers an der Handwurzel, der fünfte war aufgestützt und mußte das Gewicht der ganzen Hand tragen, während die übrigen drei Finger gestreckt sein sollten. Derlei unnatürlichen Anstrengungen hatte man sich über Wochen und Monate hin nahezu pausenlos auszusetzen! Wenn die Schreiber am Ende einer solchen Arbeit ihrem Herzen Luft machten, verstehen wir das. Hier wird das Schreiben als Sühne für eine schwere Schuld betrachtet, dort gibt man seiner Freude über das Ende der Mühsal Ausdruck. Der eine denkt an den späteren Lohn im Himmel, während der andere einen mehr weltlichen Lohn im Auge hat: »Hie hat das puch ein end. / Gott unss sein gnad send, / darzu ochsen und rinder / und ein schon frawe on kinder«: der Stoßseufzer dessen, der sinnenkräftige Natur und Körperlichkeit bei seiner Schreiber-Schwerarbeit nicht vergessen hat (Hier hat das Buch ein End. / Gott uns seine Gnade send, / dazu Ochsen und Rinder / und eine schöne Frau ohne Kinder). Schreibarbeit war zunächst Klosterarbeit, wie wir die geistige Überlieferung der Antike im frühen und hohen Mittelalter ja wesentlich den Klöstern verdanken. Die Schreibstuben oder Scriptorien der Klöster, bei den Benediktinern große gemeinsame Arbeitsräume, bei den Zisterziensern und Kartäusern kleinere Zellen, werden dementsprechend geführt worden sein, als manufakturartige Produktion oder mehr als individueller Einzelbetrieb.

Dem Schreiber ist die Arbeit des Illuminators benachbart. »Illuminierte« Handschriften, das scheint ein abseitiges Spezialgebiet zu sein, in Wirklichkeit sind sie das Herzstück der mittelalterlichen Malerei, die Gipfelleistungen, geschaffen von den ersten Meistern ihrer Zeit für die höchsten Ansprüche des Königshofes und der hohen Geistlichkeit, und nun schon praktisch die einzige transportable Form der Malerei, der Stamm, von dem die Waldmalerei allemal abzweigt, so deutlich, daß sie oft genug nur als vergröberte Buchmalerei erscheint. In den beiden hochgotischen Jahrhunderten führt die französische Buchmalerei, zusammen mit der von ihr kaum zu trennenden englischen, zum absoluten Höhepunkt der Buchmalerei Europas. Nach dem Zeugnis Dantes ist der Ausdruck »illuminieren« in Paris geprägt worden, und um ein »Erleuchten«, ein Strahlend-Machen der Handschriften handelt es sich im genauesten Sinn.

Aber die Buchmalerei mit ihrer ritterlichen, federnden Kraft und ihrer ganzen mystischen Süße, durchsichtig, mit messerscharf gezogenen Konturen und – im späten 13. Jahrhundert – oft von einer ernst-verhaltenen Farbigkeit, wird nur noch ausnahmsweise von Klerikern gehandhabt, wie das vorher die Regel war. Sie ist in die Hände von Laien übergegangen. Schon im 13. Jahrhundert gibt es in Paris Werkstätten namhafter Meister, eigentlich Verleger, die mit Gesellen auf Bestellung arbeiten, meist in höfischem Auftrag. Als sich die böhmische darstellende Kunst unter der Herrschaft Karls IV. rasch entfaltete, als Prag zum Mittelpunkt des Sacrum Romanum Imperium wurde, wuchs die Zahl dieser weltlichen Künstler. Schon 1348 entsteht in Prag die Korporation der Maler und Schildermaler, anfangs ganz im Charakter einer religiös-karitativen Bruderschaft, mit der Zeit aber durch Ausdehnung ihres Wirkungsbereiches sehr viel mehr eine Handwerkerzunft. Zu ihr gehörten Glaser, Goldschmiede, Pergamentarbeiter, Buchbinder und Holzschnitzer, die sich freilich späterhin absonderten und ihre eigenen Korporationen bildeten. Zur Malerbruderschaft gehörten aber auch viele Hofkünstler, die ihrerseits mit vielerlei fürstlich-kaiserlichen Freiheiten und Privilegien ausgestattet waren.

Auch die mitteleuropäische Malerei hat ihren, namentlich im 14. Jahrhundert einsetzenden, mit »Fortschritt« zu überschreibenden Prozeß. Arbeitstechnik und Materialien werden reicher. Neben der Buch- und Wandmalerei, die damals ihren Höhepunkt erreichte, tritt die Glasmalerei und die Malerei auf Holzplatten, die manchmal mit Leinwand überzogen und mit einer Schicht gemahlener Kreide bedeckt waren. Gerade von der Holzplattenmalerei mit ihren seltenen Arten von Temperafarben und ihren getriebenen Goldplättchen ging eine starke Wirkung aus. Mit diesem künstlerisch-technischen Wandel scheinen die Krisen dieses 14. Jahrhunderts, ausufernd in die Angst vor Tod und Verwesung, aufs unmittelbarste verknüpft. Noch wird die Alltagswelt der Erfahrung nicht abgebildet. Aber sie wird erhöht durch eine Traumwelt hingebungsvoller Lebenslust. Der Künstler ist insofern an dieser ersten »Verweltlichung« beteiligt, als er selbst seine persönlichen Ideen und Intentionen verkündet, und das Dogma des Auftraggebers nicht mehr den Inhalt bestimmt.

Damit ist der Weg frei zum Meisterwerk, zur Schöpfung des freien Künstlers, der sinnliche Alternativen zur Wirklichkeit entwirft. Man wird freilich dabei nicht nur oder nur in selteneren Fällen an das Groß-Werk denken. Im engen Raum der städtischen Werkstatt, mit dem kleinen Hilfspersonal, das dem Meister zur Verfügung steht, lassen sich oft nur kleinere Arbeiten bewältigen. Die kleinen Maßstäbe und das weniger widerspenstige Material – Riemenschneiders Lindenholz – laden zu Experimenten und zu einem dynamischeren, expansiveren Stil ein. Es ist der erste Sieg modernen Virtuosentums, der allzu leicht beherrschten Technik, der allzu handlichen Mittel. Und endlich auch der Sieg der Persönlichkeit, der geistigen Energie und Spontaneität des Individuums, das sich der mittelalterlichen Korporation – noch Dürer war Nürnberger Zunftgenosse –

entzieht und hinsichtlich seiner Kunst nicht mehr an einem objektiven Was, sondern an einem subjektiven Wie orientiert ist.

Das war alles, sagen wir, Arbeit aus des Menschen Hand, und im wesentlichen haben wir auch recht damit. Aber Kultur ist innovativ und auf Veränderung angelegt. War das Mittelalter im Grunde gegen die Technik eingestellt (J. Le Goff)? Blieb es bei der Maxime, daß Holz das Gute sei und Eisen das Böse, analog dieser zitierten Gewißheit, daß Gott das Land gebaut, der Mensch aber die Stadt? War man gegen die Maschine eingestellt wie man das Ziel der Arbeit nicht im wirtschaftlichen Aufschwung sah, weder der des einzelnen noch der der Allgemeinheit, sondern in der Erhaltung aller Gesellschaftsmitglieder, einschließlich derer, die für ihren Unterhalt nicht selbst sorgen konnten, der armen Teufel, der Müßiggänger, der Aussätzigen, der Lahmen?

Selbstverständlich war das menschliche Kapital ein kostbarer Besitz. Die Mehrzahl der von den »Herren« dekretierten Rechtskodifikationen dürfte der Absicht entsprungen sein, sich die Maschine Mensch so sicher wie möglich zu erhalten. Selbst Rad und Wagen haben da keinen schnellen Wandel gebracht. Noch im 11. Jahrhundert fordern die Mönche von Saint-Vanne von ihren Hörigen im lothringischen Lammesfeld, »Getreide sechs Meilen weit auf ihren Schultern zu befördern oder vielmehr auf ihrem Nacken«, »cum collo«, wie es im Text heißt. Das Tragen als Buße und frommes Werk hat eine psychologisch-geistliche, aber natürlich auch eine konkrete wirtschaftliche Bedeutung. Die große und wohl auch seltsame Kampagne, welche die Normandie um die Mitte des 12. Jahrhunderts wie ein Fieber erfaßt, ist auch ein verborgener Triumph der Handarbeit: »In diesem Jahre (1145) brachen die Menschen — zunächst in Chartres — auf, um mit ihren Schultern Karren voller Steine, Holz, Nahrung und anderer Dinge für das Werk der Kirche herbeizuschaffen, deren Türme damals gerade im Bau waren.« Robert von Torigny, dem wir diesen Bericht verdanken, weist ausdrücklich darauf hin, daß diese Bewegung auch anderswo

»und allenthalben« zu beobachten gewesen sei. Von der Normandie meldet Abt Haimo, »Könige, Fürsten, Männer, die in der Welt über Macht und Ehren und Reichtum geboten, Männer und Frauen von edler Geburt, beugten ihren stolzen Nacken, um sich vor die Karren zu spannen und den Wein, den Weizen, das Öl, den Kalk, die Steine, das Holz und die anderen zum Lebensunterhalt und zum Bau der Kirchen notwendigen Dinge nach Art der Tiere bis zur Wohnstatt Christi zu ziehen.«

Indessen gibt es eine zunächst unauffällige Gegenbewegung, die sich um so dramatischer anläßt, als man ihr die religiöse Provenienz gleichfalls nicht streitig machen kann. Im Kloster, das »den Intellektuellen der mittelalterlichen Welt hervorgebracht hat« (J. A. Schumpeter), denkt man schon früh an maschinelle Unterstützung und Hilfsdienste. Man nimmt dort die Arbeitsteilung vorweg. In St. Riquer finden sich schon im 9. Jahrhundert ganze Straßenzüge mit den fachweise gruppierten Werkstätten der Waffenschmiede, der Sattler, der Buchbinder, der Schuster und so fort: macht sie zur Grundlage der Produktion. »Die Loslösung des Handwerks vom Haushalt vollzieht sich erst in den Klöstern« (A. Hauser). Noch im bürgerlichen Arbeitsethos der mittelalterlichen Zunftordnungen wirkt der Geist der Ordensregeln nach; Klosterwerkstätten sind Betriebe zur Warenerzeugung, aber sehr oft auch technologische Versuchsanstalten.

Es ist natürlich eine arge geschichtliche Vergewaltigung, wenn man behauptet, »vom 4. bis fast zum 15. Jahrhundert« habe es im westeuropäischen Kulturbereich »keine nennenswerte rationale naturwissenschaftliche Forschung gegeben« (R. Wendorff). Abgesehen von der Einführung des neuen Vorspanngeschirrs, habe man in dieser Epoche »nur *einen* technischen Fortschritt zu verzeichnen, im Einsatz der Wassermühle zu handwerklichen bzw. industriellen Zwecken« (J. Le Goff). Diese ernsthaft gemeinte Bilanz verrät nur zu gut, wie groß der Nachholbedarf der mittelalterlichen Technikgeschichte noch immer ist. Sollte die früh eingeführte Kriegsmaschine, in welcher Ausführung auch immer, ohne jegliche forschende Überlegung entstanden sein? Die Verwendung der Armbrüste markiert einen Wendepunkt in der Kriegstechnik. »Die todbringende und gottverhaßte Kunst der Armbrust- und Pfeilschützen«, so legt das die zweite Lateransynode von 1139 in verdächtiger Schärfe fest, dürfe »bei Strafe des Anathems (= Exkommunikation) nicht gegen Christen und Katholiken ausgeübt werden«. Diese Fernwaffen hatten sich in den oberitalienischen Städten, in Ungarn und im Orient, aber auch in England, Frankreich und Burgund Ausgang des 12. Jahrhunderts durchgesetzt. Ulrich von Lichtenstein schildert in seiner 1227 entstandenen »Venusfahrt«, wie ihn Otto von Lengenbach auf der Heerstraße südlich von Wien unter anderem mit fünfzig Armbrustschützen begrüßt.

Das moderne Dilemma zwischen der von Menschenhand erschaffenen Technik und der von Gott geschaffenen Erde hat das Mittelalter in Vorahnungen sehr wohl gespürt. Man macht es sich zu leicht, zieht man sich auch hier auf die alles umspannende Dominanz des kirchlichen Dogmas zurück und sieht in der Technik des Mittelalters eine nurmehr statische Erscheinung, die »in den Dienst Gottes gestellt« war. Dann hätte es nicht sein dürfen, daß sich nach dem Tod des großen technischen Neuerers Villard de Honnecourt »die leidenschaftliche Suche des Mittelalters nach neuen Energiequellen« nicht beruhigt und das perpetuum mobile, wir müssen sagen die selbsttätige Maschine die Gemüter immer wieder bewegt hat. »Ich habe viele Männer gesehen«, schreibt Pierre de Maricourt, einer der fähigsten Köpfe seiner Zeit, 1269 in seinem Werk über den Magnetismus, »die sich auf der Suche nach der Erfindung dieses Rades aufrieben.« Dabei kann eine ganz unmittelalterliche Fortschrittsgläubigkeit aufkommen, die notwendigerweise von einer auffallenden Distanz dem Überkommenen gegenüber genährt wird. »Nie werden wir auf die Wahrheit stoßen, wenn wir uns mit dem begnügen, was bereits erkannt wurde«, meint Gilbert de Tournai. »Wer vor uns geschrieben hat, ist kein Herrscher, sondern ein Führer. Die Wahrheit ist allen zugänglich, und niemand konnte je ganz von ihr Besitz ergreifen.« Bernhard, zwischen 1114 und 1119 Magister an der Domschule zu Chartres, faßt diese beinahe aufklärerische Forscherhaltung poetischer: »Wir sind Zwerge, die auf den Schultern von Riesen sitzen. Wir sehen mehr und weiter als sie, nicht weil unser Blick schärfer oder unser Körper größer ist, sondern weil sie uns in die Lüfte tragen und uns um ihre Riesenhaftigkeit größer machen.«

Die Physik des Mittelalters, von der wohl noch bedeutenderen Kosmologie und der nie untergegangenen Vorstellung von der Kugelförmigkeit der Erde einmal abgesehen, hat denn auch ihre wichtigen und »modernen« Seiten. Wir brauchen nur an jene englische Gelehrtengruppe des frühen 14. Jahrhunderts zu denken, die sich der Erforschung von Steigerung und Nachlassen der Formen und Eigenschaften (wie wird Wasser bald heiß, bald kalt usw.) zuwandte und den folgenden drei Jahrhunderten ein immer wieder neu angegangenes Stoffgebiet öffnete. Das Ergebnis: neuartige und zutreffende Definitionen der gleichförmigen Geschwindigkeit und der gleichförmig beschleunigten Bewegung, »die Galilei übernahm und nicht verbessern konnte« (E. Grant).

Die Liste der Erfindungen, die Handarbeit im Mittelalter erleichterten oder ersetzten, ist nach dem jetzigen – erst an ihrem Anfang stehenden – Stand der Technikgeschichte von einer fast verwirrenden Fülle. Nach der Mühle gehört das Spinnrad unmittelbar in diese Reihe. Seine erste Erwähnung, eine Einschränkung seiner Anwendung wegen der mangelnden Qualität des damit erzeugten Garns, so die Verfügung der Stadt Speyer 1280, ist zugleich ein Stück zünftlerischen Wirtschaftsstils: der technische Fortschritt gerät in Widerspruch zur allein am »Auskommen« orientierten Wirtschaftsgesinnung der Zünfte. Mit der Verbesserung des Spinnrads hängt die Entwicklung zweier Maschinenelemente zusammen, derer sich dann noch viele andere Geräte bedienten: des Pedals und des Kurbelsystems. Das Pedal wird seit dem 13. Jahrhundert verwendet und bleibt für den Trittwebstuhl dann unerläßlich. Die Kurbel ist älter, aber erst durch die Kröpfung Anfang des 15. Jahrhunderts für das Hand-

werk verwendbar. Eine Weiterentwicklung ist auch der Kran des
14. Jahrhunderts; er geht auf die Hebemaschine der Antike
zurück. Veränderungen der menschlichen Arbeitssituation
brachte auch die Nockenwelle (10. Jh.), der gegliederte Dreschflegel (um 1050), der Zahnhammer (12. Jh.), die hydraulische
Säge mit automatischem Vorrücken des zu bearbeitenden Stücks
(um 1240), die Schraubenwinde (um 1240), die 1351 erstmals
erwähnte Wasserkraft für das Ziehen von Stahldraht, der bewegliche Vorderwagen (1396), die Saug- und Druckpumpe, die
Maschine zum Ausbohren von Holzröhren oder die Schleifma-
schine für Edelsteine, alles Neuzugänge des frühen 15. Jahrhunderts.

Ganz zweifellosen technischen Fortschritt bringt die Wassermühle. In ihr greifen, darauf haben wir aufmerksam gemacht,
derart verschiedene Technologien und Arbeitsvorgänge ineinander, daß man sie geradewegs als die »mittelalterliche Fabrik«
(J. Gimpel) bezeichnet hat. Auch die Wassermühle greift auf eine
antike Vorgängerin zurück; ihre ersten Exemplare dürften im
2. vorchristlichen Jahrhundert entwickelt worden sein. In den
germanischen Volksrechten werden Grundbesitzer genannt, die
Stauwehre zur Errichtung von Mühlen bauen wollten. Im
9. Jahrhundert gehörten Wassermühlen bereits zur Ausstattung
der großen Domänen. Aber sie waren immer noch so kostspielig
und selten, daß man Ortschaften nach ihnen benennen konnte,
Mühlheim, Mühlhausen und so fort. In Mode kam die Wassermühle, jetzt mit Argwohn an Hoheitsrechte geknüpft, im
13. Jahrhundert. Ihre Arbeitseinsparung ist evident, und ihre
Verwendungsmöglichkeit anscheinend unbegrenzt. Nach und
nach erscheint sie als Walkmühle (1086), Gezeitenmühle
(1120/1125), Gerbmühle (1138), Windmühle (1180), Schleif-
mühle (1195), Eisenmühle (1197), Senfmühle (1251), Mühle
zum Zwirnen der Seide (Seidenmühle 1272), Papiermühle
(1276), Mörsermühle (1321) und Waidmühle (1348). Man
gründet Mühle-Aktiengesellschaften, man liefert sich hartnäcki-
ge, gehässige Gefechte um die Nutzung der Wasserkraft: die

72   *Vorrichtungen zum Steigen und Ablassen. Hausbuchmeister, um 1480.*

379

Mühle löst eine Welle des Fortschritts aus, die man am liebsten mit der Vokabel »Industrielle Revolution« belegt hätte.

Vielleicht gibt sich der Fortschritt – davon haben wir in der Tat zu reden – im Bereich der Bau- und Hüttenindustrie noch komplexer und noch augenfälliger als bei der *einen*, wenn auch variablen Wasserkraftmaschine »Mühle«. Die Steinbrüche des Mittelalters wachsen in Größen und Gewohnheiten hinein, die man mit den Kohlebergwerken des 19. und den Erdölquellen des 20. Jahrhunderts vergleichen darf. Man hat ausgerechnet, daß in den drei Jahrhunderten wirtschaftlicher Expansion in Frankreich, in der Spanne zwischen dem 11. und 13. Jahrhundert, mehr Gestein zu Tage gefördert wurde als jemals im alten Ägypten (obwohl allein die Cheopspyramide auch für moderne Begriffe ein Riesenbau war). Die mittelalterliche Vortriebstechnik hat Paris, auf einem Hunderte von Kilometern umfassenden Stollensystem aufgebaut, zu einer »schwebenden Stadt« gemacht, Paradebeispiel der mittelalterlichen Stadt, die den Charakter der permanenten Baustelle nie ganz verloren hat, auch nicht des Umschlagplatzes für Transportkähne und des Arbeitsplatzes von Maschinen für das Ein- und Ausladen.

Die Fortschritte der Hüttenindustrie dürften auch dem hintersten Dorf nicht verborgen geblieben sein. Da der mittelalterliche Bergbau noch mit dem Hütten- und Münzwesen, Erze schmelzenden und Geld prägenden Produktionszweigen, aufs engste verschwistert war, mag sich die Kunde von Kuttenberg, das war zu Beginn des 14. Jahrhunderts eine der reichsten Silberfundstätten Europas, für den staunenden Bauern wie ein Märchen aus Tausendundeiner Nacht angehört haben. Nicht weniger als siebzehn kleine Münzämter wurden im Wälschen Hof in Kuttenberg zum Königlichen Münzamt vereinigt. Dahinter stand ein breites Organisationssystem der Silber- und Kupfergewinnung, das »Silberproben«, das Schmelzen, das der Schmelzer oder Roster im Brennhaus oder Brenngaden besorgte, das Saigern des Kupfers und sein Körnen, dem man im Körnhaus nachging, wo zum Andrehen der rasch rotierenden Trommel ein großes Rad verwendet wurde, der Weg zur Gießkammer, von dort zu den Schmiedehäusern, wo die Metallstreifen mit großen Scheren in viereckige oder runde Stücke, Blättchen oder Schrotel zerschnitten wurden, schließlich der Schlußakt beim Lorierer in der Weißkammer, der für die »Säuberung« zuständig war, und beim Präger, der mit seinem Schemel bei den Prägstöcken saß und mit mächtigen Hammerschlägen die mit eingelegten Silberplättchen versehenen Doppelstanzen einschlug: ein solches Unternehmen wie das zu Kuttenberg war ein »sagenhafter« Großbetrieb. In technologischer Hinsicht kommt er der Frühform der Manufaktur gleich. An die zweihundert Arbeiter hatte das Kuttenberger Münzamt um 1500.

Maschinen im mittelalterlichen Bergbau, man erwartet da schon eine Selbstverständlichkeit. Wasserkraft haben die mittelalterlichen Techniker erstmals in der Hüttenindustrie herangezogen. Der erste mit hydraulischen Blasebälgen versehene Schmelzofen wird 1323 erwähnt, wenn auch der erste größere Hochofen wohl erst 1380 entstand. Die neuen technischen Errungenschaften wurden − nach den klösterlichen Ordensleuten − durch die Facharbeiter propagiert, die durch halb Europa zogen. Der Bergbau war so modern, daß die Bergleute sich ihre Siedlungen, von Freiberg bis Goslar oder Joachimsthal, zu freien Städten erklären ließen und im Bergbau damit, gerade in Deutschland, die Totalität des Zunftsystems erstmals erschüttert wurde. »Kunst macht frei.« Wer unter »Kunst« eine Spezialarbeit im Sinne besonderen handwerklichen Könnens versteht, wird diese Maxime zunächst auf den Bergmann im Harz, in Sachsen, in Tirol oder im Breisgau beziehen; an ihm bewahrheitet sich dieser Rechtsanspruch am frühesten. Sein Beruf ist schwer und verlangt Privilegien. Wegen seiner Beherrschung der Abbautechnik ist er in seiner Arbeit faktisch unabhängig und unersetzlich, auch wegen seiner »geheimen« Kenntnisse der Schmelzprozesse. Weil er dort zwei Arten von Bergbauhämmern zu verwenden verstand, Schlägel und Eisen, wurden beide Geräte bald zum Symbol seines Standes. Allmählich gab es ein

73　*Ein unterschlächtiges Wasserrad mit Daumenwelle und Schwanzhammer als Antriebskraft in einer Schmiedewerkstatt. Rechts hinten die Esse, oben am Bildrand ein Steinmetz bei der Arbeit. Aus Spechtsharts »Flores Musicae«, Druck von Johann Prüss, Straßburg 1488.*

ganzes Arsenal bergmännischer Gerätschaften, Keile und Keil-hauen, Schaufeln, Kratzen, Äxte, Brechstangen, Tröge und Schubkarren.

Die Haspler und Treiber, die Stürzer und Häuer, die Säuberer und »Kunstmeister« (die Pumpenarbeiter der zur Wasserförde-rung benutzten Maschinen), die Pocher und Scheider: der Berg-bau hatte eine ganze Hierarchie von Spezialisten. Ob auch die Verdienstmöglichkeiten einer hierarchischen Struktur entspra-chen, sei dahingestellt. Die Skala geht sicherlich quer durch alle »Schichten«, die am abenteuerlich-glückhaften Geschäft in und mit den Minen teilhatten, von der elenden Ohnmacht der Lohnarbeiter, der Vorhut des Industrieproletariats, bis zum selbständigen Produzenten, von der mittel- und namenlosen Hilfskraft bis zum reichen, Bergregale (Bergrechte) ausnützen-den Investor.

Ob die alsbald gebildeten Genossenschaften unter den Bergar-beitern die lohnrechtlich und technologisch hochentwickelten Arbeitsverhältnisse in dieser Branche stabilisiert oder gar verein-facht haben, ist sehr zu bezweifeln. Auch die »Bauhütte«, die entsprechende Organisationsform unter den Facharbeitern des mittelalterlichen Bauhandwerks, hat ja offensichtlich nie dazu gedient, auf überlokaler Ebene so etwas wie »bessere Lohnver-hältnisse« zu schaffen. Es gab freilich, sicherlich die originellste Erscheinung in der Entwicklung der mittelalterlichen Arbeits-verhältnisse, den freien Lohndienstvertrag, der Schauerleute, Träger, Lader und Löscher, Erdarbeiter, Gesinde, Frauen, die als Tagelöhnerinnen im Textilgewerbe arbeiteten, kurzfristig ge-bunden hat.

Nicht selten griff man zu dieser Rechtsform der Arbeitsentloh-nung, um den Verbitterten und Aufmüpfigen im Heer der Arbeitenden den Boden zu nehmen. Im Januar 1331 weigerten sich die in Westminster beschäftigten Maurer »am Montag oder Dienstag zu arbeiten, weil ihnen seit Weihnachten kein Lohn ausbezahlt worden ist und sie befürchten, dessen, was ihnen gebührt, verlustig zu gehen«. Der Schatzmeister hat ihnen dann die ausstehenden und fälligen Gehälter ausbezahlt. Am Mittwoch erschienen sie wieder am Arbeitsplatz. In Utrecht ist 1474 ein Streikverbot für Textilarbeiter erlassen worden, gemeint waren die Walker und Walkergesellen, die gemeinsam versucht hatten, Lohnerhöhungen durchzusetzen.

Weber- und Walkeraufstände und Gesellenkrawalle gibt es die Menge im Mittelalter. In Florenz kam es, vor einem hochpolitischen Hintergrund, am 20. Juni 1378 zu einem Aufstand zünftiger Wollarbeiter und anderer Tagelöhner, als Salvestro de Medici nach einem Konflikt mit dem Rat einen Vertrauten aus dem Palazzo Vecchio herausrufen ließ: »Es lebe das Volk.« Dem Sturm auf die Adelspaläste folgte eine Sitzung der Aufständischen außerhalb der Mauern und eine Formulierung ihres Programms. Höheren Lohn wollte man, eine eigene Zunft, Mitbestimmung am Stadtregiment, Befreiung von der Gerichtsgewalt. Antworten, Kompromisse, scheinbare Zugeständnisse folgten. Als aber am 28. August über 5000 Arbeiter auf der Piazza San Marco zusammenkamen und neue Forderungen aufstellten, zunächst einmal die Abrechnung mit den »Verrätern«, hatte sich die Obrigkeit schon wieder gefaßt und neu formiert. In der Kirche Santa Maria Novella warteten die Arbeiter auf die Antwort. Sie erfolgte am 31. August: die »Ciompi«, die Wollarbeiter, werden von der Bürgermiliz überwältigt und entwaffnet, ihr Zunftbanner aus dem Stadtpalast geworfen, ihre Zunft aufgelöst. Man treibt sie wieder zur Arbeit zurück.

Die »Bauhütten«, im wesentlichen wohl durch die Intentionen des Bauherrn zustande gekommen, scheinen nicht in Richtung dieser »Krise des Feudalismus«, sondern gerade auf die Gegenseite, auf den Geist von Zusammenarbeit und Bruderschaft zu verweisen. Aber man wird sich da freilich vor romantisch-phantastischer Überhöhung, zu der nicht zuletzt gewisse Mystizismen des Freimaurertums Anlaß gaben, hüten müssen. Die – wenigen – erhaltenen Ordnungen zeigen, daß wir es vor allem mit Vorschriften über Arbeitszeiten, Pflichten der Arbeiter, unter anderem der Geheimhaltung, und endlich mit bestimmten

Bußbestimmungen zu tun haben, Dingen also, die den ersten Fabrikordnungen des 19. Jahrhunderts wiederum am Herzen lagen.

Die Arbeit am Bau, zunächst ganz in klösterlicher Hand und in gotischer Zeit mit der Erfindung des Kreuzgewölbes auf ein neues, künstlerisch-technisches Niveau gehoben, war eine ebenso neue wie komplizierte Sache. Ihr durch »Ordnungen« beizukommen, war ein Anliegen, das die Arbeit in den Maschinensälen des frühen 19. Jahrhunderts wieder notwendig machte. Nicht, daß die Baukunst des Mittelalters eine Provinz der Technokratie gewesen wäre. Sie ist in hohem Maße empirisch. Die Trennung von Architektentätigkeit und Bautätigkeit hat sie noch gar nicht gekannt. Die Ingenieure und Baumeister holen ihr Wissen nicht in Schulen, sondern während der Lehre und Wanderzeit. Die baustatischen Kenntnisse sind spärlich. Die Bauteile mißt man nach Faustregeln und nach Erfahrung. Die zeichnerische Lösung statischer Aufgaben kennt man noch nicht. Erst der Niederländer Simon Stevin (1548–1630) benützt das Kräfteparallelogramm, ohne das graphische Statik nicht denkbar ist.

Die Mailänder hatten mit ihrer Kathedrale, bevor es den Petersdom gab, die größte christliche Kirche des Abendlandes, ihre eigenen Schwierigkeiten. Die rasche Folge der verantwortlichen – auch deutschen – Baumeister bezeugt das einmal mehr. Auf einer stürmischen Sitzung Anfang 1400, die einberufen worden war, um den vehementen Einwänden des französischen Baumeisters Jean Mignot zu begegnen, leugneten die lombardischen Meister uni sono, daß von spitzbogigen Arkaden ein waagrecht wirkender Schub ausgeht. Das Gewölbe der Kathedrale von Beauvais ist zweimal herabgestürzt. Beim Weiterbau des grandios angelegten Ulmer Münsterturmes kam das Unglück nicht über Nacht, sondern am heiligen Sonntagvormittag. »Im 1492. jar hat sich das Minster anfahen sencken«, schreibt Sebastian Fischer in seiner kaum zwei Generationen später entstandenen Chronik, »daß man gefircht hat, es wer umfallen.

74 *Bis zur Einführung der neuen Materialien Beton und Glas hat sich die Praxis des Bauens in ihren wesentlichen Vorgängen nicht geändert. Links der Zubereiter des Mörtels und der Träger, oben auf dem Turm der Mann mit dem Senkblei, rechts die Bearbeitung eines Steinblocks und andere handwerkliche Verrichtungen. Nachzeichnung (fol. 27v) aus dem Hortus Deliciarum der Herrad von Landsberg, um 1170.*

Ain mal an aim Suntag waren die leut an der predig, da fielen zwen stain herab auß dem gwelb, da flohen die leyt uß der kirchen, dan sie mainten, der thurn welte umfallen, aber die stain heten niemans troffen.« Die zwei Steine, die aus dem Gewölbe fielen, genügten, Ulm in panischen Schrecken zu bringen. Man setzte keinen Stein mehr auf den begonnenen Turm. Er blieb Fragment.

Die Arbeit auf den Baugerüsten, freie Arbeit und sicherlich einer der ersten Anziehungspunkte für alle, welche in der Stadt Abenteuer und die Freiheit suchten, war eine gesuchte, aber auch gefährliche Sache. St. Aethelwood, den Bischof von Winchester, apostrophierte man als magnus aedificator, weil er auf der Baustelle von einem herabstürzenden Balken getroffen wurde; Bischof Popo von Trier bekam auf dem Gerüst einen Sonnenstich. Die Steinmetzen hatten im Mittelalter ihre eigenen Schutzheiligen, im Wertheimer Haus Zu den Vier Gekrönten sieht man sie einhellig beisammen, Severus, Severinus, Capophorus und Victorinus. Die Steinhauerleute, die ihre Arbeit oft genug in

Lebensgefahr zu verrichten oder abzuschließen hatten, werden den Segen dieser Vierheit nötig gehabt haben.

Aber man hatte natürlich im Bauhandwerk auch sein großes Geräte- und Maschinenarsenal. Das Bauen in der Stadt ist erst wieder durch die Metallkonstruktionen des 19. Jahrhunderts übertroffen worden. Das städtische Bauhandwerk in seiner stark saisonbedingten Arbeitsweise braucht Leute zur Bedienung von Hebemaschinen wie der großen Tretkräne, wo mehrere Menschen in einem Rad laufen mußten, um den Kran in Bewegung zu setzen. Aber es benötigt auch Männer zum Schleppen schwerer Lasten, von Holz, dem ersten und für lange Zeit wichtigsten Baustoff, von Steinen, von Kalk, von Wasser. Im Kirchenbau, wo man die großartigsten und bis heute bestaunten – man denke an die Kathedralen von Chartres bis Straßburg, von Mailand bis Paris – Fortschritte machte, begannen die Baumeister immer mehr Eisen zu verwenden. Die Abrechnungen der mittelalterlichen Bauhütten registrieren Schlösser und Klammern, eiserne Leisten oder Nägel die Menge. Buchilluminatoren der Zeit zeigen uns einen kleinen Ameisenstaat um die entstehenden gotischen Kirchen herum, Steinmetzen, die ihre Steinblöcke traktieren, Zimmerleute, die Balken für das Gerüst oder den Dachstuhl zurechtmachen, Maurer, die Mörtel mischen und Ziegel in Waschtrögen anschleppen, Dachdecker, die Schindeln auf den Dachstuhl des Domes legen. Das Bauen am Bau und auf dem Bau wird zur Provinz des Facharbeiters. Kellen zu gebrauchen, Mischinstrumente, Schabeisen, Hammer oder Meißel, war genauso anspruchsvoll wie die Bedienung der Flaschenzüge oder die Steinbearbeitung mit dem Zweispitz, einer Art Pickel, oder mit der Fläche, einem Beil. Baustoffe waren Holz und Stein. Die steinernen Bauwerke des deutschen Mittelalters sind ohne Ausnahme mit Mörtel aus gebranntem und gelöschtem, mit Sand vermischtem Kalk gemauert. Die Betontechnik, bereits den Römern bekannt, hat erst Bramante (1444–1514) wiederaufgenommen. Er hat, als erster Ingenieur der Neuzeit, zur Herstellung von Mauerwerk Beton in Holzschalungen gegossen.

Was uns vom Mittelalter trennt, sind wohl auch andere Tonla-
gen von Sitte und Anstand. Gewiß erfreuen sich nach einer
langen Periode verstärkter Verdrängung heute gewisse Tenden-
zen von »Körperbefreiung« eines Aufwinds. Immer mehr Leute
joggen, auch nebenan auf der Stadtstraße, Stillen in der Öffentlichkeit wirkt nicht mehr peinlich, Tätowieren ist kein Tabu
mehr. Aber das kann nicht darüber hinwegtäuschen, daß der
»Prozeß der Zivilisation« (N. Elias) im Verlaufe der Neuzeit mit
einer Anhebung der Peinlichkeits- und Schamgrenzen verbunden
war und körperbezogene Themen hinter die Vorhänge verdrängt
hat. Man braucht da nicht einmal an den Bereich der Sexualität
zu denken. Vielen mag es heute schon peinlich sein, auch nur
ohne Deodorant zu schwitzen oder in feiner Gesellschaft sich zu
schneuzen oder schallend zu lachen. Was sich früher in der
Öffentlichkeit abspielte – die barocken »Bauernbilder« vom
Schlage der Bruegel halten ja im wesentlichen spätmittelalterliche Szenen fest – und woran keiner Anstoß nahm, wurde
inzwischen hinter die Kulissen abgeschoben. Der Gang zur
Toilette und die dortigen Verrichtungen sind eine diskrete Sache.
Für den stadtbürgerlichen Literaten Hans Folz, geboren zwischen 1435 und 1440 in Worms, gestorben Anfang 1513 in
Nürnberg, hat es diese verriegelte Tür nicht gegeben. »Darnoch
auff meim prifet ich scheiß, / Darunter ein saw (Schwein) der
kirßkern (Kirschkerne) peiß.« So in einer seiner selbstgedruckten
Verserzählungen, die, beileibe keine »besondere« Literatur, viel
gelesen wurden. In einem seiner Fastnachtsspiele: »Dem ran
schmalz auß der arskerben« (-kerben: -falte). Sentenzen wie
»Wer sich zwayer weg wil fleyssen, / Der muß die pruch (wird
sich die Hose) oder arßloch zureyssen« sind in den knapp
geführten Dialogen seiner Spiele an der Tagesordnung, immer in
eine »realistische« und recht »natürliche« Sprache gefaßt (»Gen

posen selten niemant gelingt, / Je mer man den dreck rurt, je fester er stinkt«: Gegen böse Menschen richtet man selten etwas aus usw.).

Sprache, Haltung und Handlung sind höchst ungeschminkt. Im Erlauer Osterspiel des 15. Jahrhunderts aus dem westlichen Kärnten: »Da! da! nüßel! / mein herr slecht mein fraun an den drüßel« (auf die Schnauze). Vielleicht war hier das Publikum, das sich über die Balgereien auf den Brettern des »Theaters« gaudiert hat, eher ländlicher Provenienz. Bei den Bauern ist die Toilette bis weit in unser Jahrhundert hinein der Stall, dort hat man seine Notdurft wie seine Arbeit auch im Beisein anderer Familienangehöriger verrichtet. Aber das Grobianische ist keinesfalls auf die soziologisch einfacheren, wie man gerne gesagt hätte, primitiveren Regionen beschränkt. Allenthalben weht eine Luft von Unbefangenheit und, mit diesem Wort würden wir heute sofort kommen, von Inhumanität. Das Mittelalter darf noch Phantasie haben und ausleben, die – notwendigerweise aufeinander abgestimmte – sezierende und nivellierende Apparatur unserer Moderne sieht man noch gar nicht. Gleichmäßig

75 *Im Mittelalter verliefen die Schamgrenzen, wie diese Illustration zu den von Heinrich Steinhövel übersetzten Fabeln des Äsop unschwer verrät, noch anders als in der Zivilisation unserer Generationen. Druck von Johannes Koelhoff, Köln 1489.*

temperierte und aufgefangene Vernünftigkeit fehlt überall. Man schwankt zwischen grausamer Härte und schluchzender Rührung. Wie man mit Geisteskranken verfuhr, bezeugt ein Bericht über die Behandlung Karls VI., der als König doch die beste aller Pflegen gehabt haben dürfte. Um den armen Wahnsinnigen gelegentlich baden zu können, wußte man nichts besseres zu tun, als ihn durch zwölf schwarz gemachte Männer erschrecken zu lassen, als ob die Teufel ihn holen kämen. Während einer kurzen Unterbrechung des grausigen Gemetzels unter den Armagnacs 1418 gründet das Volk von Paris in der Kirche des heiligen Eustachius die Bruderschaft vom heiligen Andreas. Jeder, ob Priester oder Laie, trägt einen Kranz von roten Rosen. Die Kirche ist ganz voll davon und duftet »comme s'il fust lavé d'eau rose« (als sei sie mit Rosenwasser gewaschen).

Man könnte in derlei Ungereimtheiten, wie wir heute empfinden, Erscheinungen eines Verfalls und eben einer spätmittelalterlichen Endzeit wittern. Aber es handelt sich da wohl nur um andere Schattierungen und Farben. Hartherzigkeit und Naivität finden sich in frühmittelalterlicher Zeit ebenso wie jene schreckliche Strafbereitschaft, die, das ganze Mittelalter umfassend, für unser Gefühl dem Sadistisch-Grausamen nie ganz entraten kann. Kaiser Heinrich II. (973–1024), in unseren Geschichtsbüchern meist als »frommer Mann und Freund der Bischöfe« bezeichnet, schickte seine Gattin Kunigunde barfüßig über glühende Pflugscharen, um ihre eheliche Treue zu überprüfen. Glaubt man der Chronik, dann hat die (mittlerweile heilig gesprochene) Frau diese »Eisenprobe« damals unversehrt überstanden. Ihre Unschuld war damit erwiesen. Die Version für die Leute: Gott hat der keuschen Kunigunde geholfen.

Derlei Urteilsproben sind im ganzen Mittelalter üblich. Der Scharfrichter brachte eine verdächtige Person zur Fluß- oder Seemitte, entkleidete und fesselte sie dort, anschließend warf er sie ins Wasser. Ging die angebliche Hexe unter, war sie unschuldig. Floß sie jedoch »wie eine Gans«, war der Teufelspakt offensichtlich, denn Wasser stößt seit der Taufe Jesu Christi

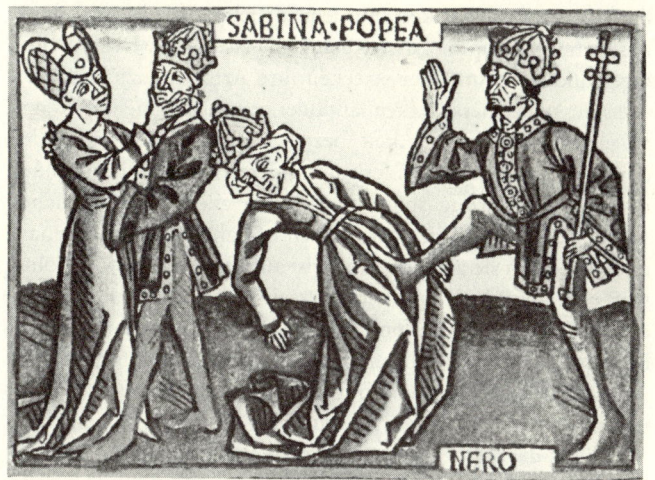

76 *Mittelalterliche Unmenschlichkeit in antikem Gewand: Nero mißhandelt Poppaea. Aus Steinhövels Übersetzung von Boccaccios »Von den erlauchten Frauen«, Ulm bei Johannes Zainer, um 1474.*

Sünder ab. Derart sakral-magische Begründungen waren nicht bloß Volksglaube, sondern gleichfalls von Gelehrten der theologischen und juristischen Fakultäten zu hören. Aus karolingischer Zeit werden Strafarten wie abgerissene Lider, herausgerissene Augen, ganz oder teilweise abgeschnittene Nasen, abgehackte Hände und Füße, abgeschnittene Hoden immer wieder gemeldet. Der unverstehbare Katalog hat sich am Ausgang des Mittelalters wohl etwas dezimiert. Aber Kindsmörderinnen, es genügt der Verdacht, wirft man immer noch, in einen Sack gebunden, in den Fluß, und »Blenden« oder »Vierteilen«, wir lassen uns da nicht von Phantasien eines Schmiedemeisters der Gründerzeit anstecken, sondern halten uns einfach an das gerichtshistorische Material, gehört immer noch ins richterliche Arsenal.

Wie allemal: auch hier zeigt das Mittelalter zwei Gesichter und jedenfalls keine kontinuierliche Eindeutigkeit. Der gleiche Karl der Große, der den Bischof in Le Mans absetzen läßt, weil

391

der einen seiner Kleriker, mit dem er nicht zufrieden war, hatte kastrieren lassen, läßt die Kreuzprobe einführen. Der Beschuldigte und sein Ankläger strecken ihre Arme kreuzförmig aus. Wer die Arme zuerst sinken läßt oder ganz zusammenbricht, gilt als überführt. Grausamkeit beziehungsweise das Empfinden davon scheint noch auf einer ganz anderen Ebene zu liegen; auch in der Kriegführung spürt man das in allen mittelalterlichen Jahrhunderten. Als die Normannen im Jahre 885 Paris einnahmen, brachten sie alle um, die nicht auf die Ile de Paris geflohen waren, während die Franken ihrerseits »den Feind mit kochendem Wasser, Öl, Wachs und Pech bedienen ließen« und »unzählige hinschlachteten«. Dem Abt von Saint-Germain gelang es, »mit einem einzigen Pfeilschuß sieben Menschen zu durchbohren, und scherzend befahl er, sie in die Kirche zu tragen«. Am Vorabend der Reformation, in diesen abergläubischen und von Fratzen verfolgten letzten Jahrzehnten des 15. Jahrhunderts, hätte dieser makabre Humor auch noch seinen Platz, auch noch im Paris des 16. Jahrhunderts, in dem es zur Festfreude des Johannestages gehörte, ein oder zwei Dutzend Katzen lebendig zu verbrennen. Zu dieser sehr berühmten Feier versammelte sich das Volk, Musik spielte auf. Dann hing man am Gerüst einen Sack oder Korb mit den Katzen auf. Sack oder Korb fingen an zu glimmen. Die Katzen fielen in den Scheiterhaufen und verbrannten, während sich die Menge über ihr Schreien und Miauen gaudierte. Auch König und Hof sind anwesend. Waren Ketzerverbrennungen, Foltern, öffentliche Hinrichtungen schlimmer als dieses köstliche Katzenfest?

Man wird in Rechnung stellen, daß das Triebleben noch archaischer ist, noch ungehemmter und ungenierter. Im Mittelalter sprach man ganz allgemein unverhüllter von den verschiedenen Seiten des Trieblebens, gab man, im Sprechen wie im Handeln, den eigenen Affekten offener nach. Das Maß der Zurückhaltung und der Intimisierung – wie späterhin in der Kleinfamilie als der einzigen Enklave der Sexualität – ist noch nicht so groß. Sexualität ist wie alle anderen natürlichen Funktionen des menschlichen Lebens etwas, was dazugehört; gerade sie bietet sich noch nicht in gesellschaftlich verfeinerten Formen dar. Das »Raffinierte« fehlt ihr ebenso wie sich die Entladung der Affekte im Kampf in noch ganz »ungestörten« Formen äußert. Möglich, daß Grausamkeit und Lust an Qual und Zerstörung in den Frühzeiten der Völkerwanderung sich ungedämpfter gaben. Aber auch die Wende vom hohen zum späten Mittelalter zeigt sich da, in mancherlei Partien des Nibelungenlieds, keinesfalls domestiziert und »artig«. Gewisse Arten von Turnierspielen am Ausgang der Epoche erinnern, in den literarischen Entwürfen wie in den tatsächlichen Aufführungen, unmittelbar an die »alte« Lust am Leben, am Essen, Trinken, Schlafen, an das Kriegsgetümmel, an dem man seine Freude hat, an die Toten mit den aufgerissenen Flanken, die todbringenden Lanzen, die wiehernden Pferde, die Hilfeschreie der Unterliegenden. Von einem Ritter der Zeit des französischen Königs Philipp II. August (1180–1223) wird glaubhaft erzählt, er habe sein Leben damit verbracht, »zu plündern, Kirchen zu zerstören, Pilger anzufallen, Witwen und Waisen zu unterdrücken. Er gefällt sich besonders darin, die Unschuldigen zu verstümmeln. In einem einzigen Kloster, dem der schwarzen Mönche von Sarlat, findet man 150 Männer und Frauen, denen er die Hände abgeschlagen oder die Augen ausgedrückt hat. Und seine Frau ist ebenso grausam. Sie hilft ihm bei seinen Exekutionen. Ihr macht es selbst Vergnügen, die armen Frauen zu martern. Sie ließ ihnen die Brüste abhauen oder die Nägel abreißen, so daß sie unfähig waren, zu arbeiten.« Krankhafte Entartungs- und Ausnahmeerscheinungen? Es würde nicht schwerfallen, auch für die Endzeit des Mittelalters, Jan Huizinga hat etliche gesammelt, Zeugnisse von fast unvorstellbaren Grausamkeitsentladungen vorzulegen.

Das Grausame, Rohe, Grobianische ist also nicht nur auf die rüden Bauern beschränkt. Ganz im Gegenteil hat man eher den Eindruck, daß Angriffslust dort noch stärker wächst – und sichtbar wird, das mag mit der Quellenlage zusammenhängen –, wo emanzipative Verwirklichungsmöglichkeiten am ehesten

77 *Pure Heiligenlegende? Oder haben – auch in manchen Ecken mittelalterlicher Literatur greifbare – erschreckende Roheit und Perversität solche Gedan-
kenkonzepte erst möglich gemacht? Das Martyrium der hl. Dorothea. Aus
Jakob von Viroggios Leben der Heiligen, Druck von Günther Zainer in Augsburg, 1471.*

gegeben sind. Führte tatsächlich »das Gros der weltlichen
Oberschicht des Mittelalters«, wie Norbert Elias einmal sagte,
»das Leben von Bandenführern«? Jene eigentümliche Atmosphäre der Lebensunsicherheit und der latenten Furcht, das wir
gerade aus den beiden letzten Jahrhunderten des Mittelalters
kennen, spräche gewiß nicht gegen eine solche Analyse. »Sint
uns allen ist gegeben / ein harte ungewissez leben« (Seitdem ist
uns allen gegeben / ein gänzlich ungewisses Leben): das allgemeine Lebensgefühl ist wohl kaum stärker geprägt als durch diese
tiefgreifende Verunsicherung, die mit den »Gefahren aus Weg
und Straßen«, das ist ja ein Topos der mittelalterlichen Literatur,
am nächsten gekennzeichnet ist. Der Krieger des Mittelalters
liebt den Kampf, und er lebt in ihm. Das Rauben und Plündern
und die Rolle des Schwertes stehen obenan in der Reihe der

Ereignisse, ein Blick in irgendeine der Chroniken oder Annalen genügt da. Und wenn da auch mancherlei thematische Automatik mit im Spiele war: gerade in dieser Monotonie verrät sich die Seelenlage der Zeit am meisten. Rauben und Plündern, Wegnehmen und Zustechen lieben nicht nur die Ritter, sondern auch die aufsteigenden Städter, man lese nur einmal die Berichte über die Städtekriege der mittelalterlichen Spätzeit, wo gemordete Greise, vergewaltigte Weiber, ausgerissene Weinstöcke, angezündete Dörfer, geschändete Grablegen sozusagen zur Normalkost gehören.

Sexualität und Liebe im Mittelalter können nur vor diesem Hintergrund verstanden werden. Die Linien des Derben und Rohen dominieren, fürs erste, auch hier. Das kann sich zunächst einmal in einer für uns einigermaßen befremdlichen Unbekümmertheit äußern. Für die englische Gesandtschaft hat der Herzog von Burgund die Badestuben zu Valenciennes herrichten lassen, »pour eux et pour quiconque avoient de famille, voire bains estorés de tout ce qu'il faut au mestier de Vénus« (für sie und für wen immer sie im Gefolge hatten, auch Bäder, mit allem versehen, was zum Dienste der Venus erforderlich ist): eine exklusivere Form jener Badstuben-Laszivität, ohne die das spätere Mittelalter mit seiner unzerstörten Lust an Handgreiflichkeiten aller Art gar nicht auskommen will. Unter den mechanischen Ergötzlichkeiten des Lusthofes zu Hesdin erwähnen die Rechnungen »ung engien pour mell moullier les dames en marchant par dessoubz« (eine Maschine, um die Damen naß zu machen, wenn sie darunter vorbeigehen). Was man bei Hofe – übrigens gemünzt nicht »für die Gäste« allgemein, wie bei manieristisch-barocken Höfen, sondern speziell für die »eigenen« Damen – mit einigem Raffinement zustande bringt, wird in der Badstube, im Gefälle sozusagen zwischen Kasino und Mannschaftsraum, in sehr direkter Form erledigt: die Frau bekommt den Wasserkübel auf den entsprechenden Körperteil, und die herumsitzenden Männer quittieren das mit prustendem Gelächter.

Es gebe in der »erotischen wie in der frommen Literatur des Mittelalters«, sagt Jan Huizinga einmal, »kaum eine Spur echten Mitleids mit der Frau, ihrer Schwachheit und den Gefahren und Schmerzen, die ihr die Liebe bereitet«. Durchblättert man die deutsche mittelalterliche Literatur – Huizinga hielt sich an die französische und niederländische jener Zeit–, so möchte man dieser Feststellung fast folgen. Da sitzt einer in der Schenke, vom Wein umnebelt, einer der genialsten Dichter des lateinischen Mittelalters, seine Buhle von gestern und vorgestern hört er schon wie Englein droben im Himmel singen, und reimt:

Wer, der in den Kohlen sitzt,
Bleibt wohl unversehret?
Wann hat zu Pavia von
Unschuld man gehöret?
Wo Frau Venus' Wink die Ruh
Jedem Jüngling störet,
Mit dem Lärvchen ihn bestrickt,
Mit dem Aug betöret?

Sende hin den Hippolyt –
Niemand ist ja reiner –,
Und am andern Morgen ist
Er wie unsereiner;
Venus' Bettweg findest du
Nirgends allgemeiner:
Mancher feste Turm ist da,
Für die Keuschheit keiner.

Zugegeben, für uns heute sind das, was Ton und Inhalt angeht, nicht gerade umwerfende Verse. Für damals müssen sie einiges Schockierende an sich gehabt haben, wird doch selbst der gerühmte, heilige Ordo, die gottgewollte Ordnung der Stände über den Haufen geworfen: Weiber und Liebe holt man sich überall. Der »feste Turm«, was immer an verläßlicher Ordnungskraft damit gemeint sein mag, ist längst gefallen. Der bezeichnenderweise Anonymus gebliebene Archipoeta, der Verfasser, lange Zeit Hofdichter des Kölner Erzbischofs Rainald von Dassel, der seit 1156 Kanzler Friedrichs I. Barbarossa war: der Anonymus bleibt in der Dunkelheit seiner schon aus den Fugen geratenen Welt. Er kann nur noch »singen«, daß ihm vorbestimmt sei, dereinst am Wirtshaustisch zu enden (was er möglicherweise auch getan hat). Er ist, obwohl ritterlicher Abkunft, ständischer Vagant auf seine Weise. Die Vagantendichtung des 12. Jahrhunderts lebt wesentlich von einem gänzlich »mobilen«, ironisch-zynischen Bild der Liebe, beheimatet, oft nur in Andeutung und also von besonderem Reiz, auch in den gleichzeitigen Carmina burana:

Es stand ein Mädchen,
In rotem Kleidchen.
Wer sie berührte:
Das Kleidchen knisterte. Eia!

Ob »Verführung« oder nicht, ob Besuch im Dirnenhaus oder bei einer einsamen, jung-sehnsüchtigen Witwe: die Frau ist, auch in den vielen einschlägigen Gedichten der Carmina burana, keinesfalls Partnerin oder auch nur das Gegenüber, das einem in Dingen der Liebe einen größeren, psychisch anspruchsvolleren Einsatz abzwingt. Die Frau ist ein Ding, an dem man sich abreagiert, ein Objekt dessen, der den Tag beherrscht, des Mannes. Daß in den allermeisten »Liebesliedern« dieser Sorte die Lust des phallisch-starken Mannes am »Hernehmen« gemeint ist, kann gar nicht übersehen werden, wie denn überhaupt auffallen muß, daß gerade die Oberschicht der mittelalterlichen Gesellschaft von einem eigentümlichen Mißtrauen gegenüber den Frauen verfolgt ist. Frauen sind Objekte der sinnlichen Befriedigung. Die Freude an Plünderung und Vergewaltigung, das Verlangen, niemanden als Herrn über sich anzuerkennen, korrespondieren mit dieser »Oberlage«. Dem Krieger ist die

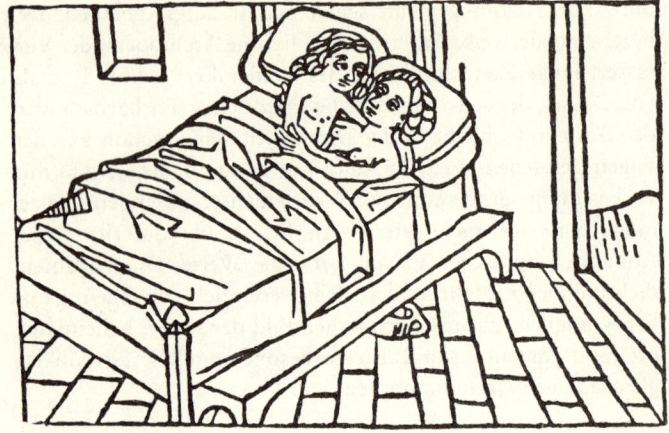

78 »Hie beschlafft Peleus sein haußfrawen thetis«. Aus der Historia Trojana
des Guido de Columna, Druck von Anton Sorg in Augsburg, 1482.

Frau ein Wesen inferiorer Art. Frauen sind dem Manne gegeben
»pour sa nécessité et délectation«. So hat man das später einmal
ausgedrückt, aber sehr genau auch eine bestimmte Mentalität
des Mittelalters damit getroffen. Sehr bezeichnend, daß man
einmal sagen konnte, der Minnesang widerspreche eigentlich der
»ritterlichen Geistesart« (E. Wechssler). Für das Gros der ritterlichen Männer geht es, man wird sich das nicht einfach und rüde
genug vorstellen können, um den männlichen Sieg und die
weibliche »Niederlage«. Das beginnt schon sehr früh, eigentlich,
»seit man schreiben kann«, das heißt, seit man »veröffentlicht«.
Schon Neidhart, er freilich in vieler Hinsicht revolutionär,
verkehrt in seiner von 1215 an erscheinenden Dichtung die
Minne in ein Kontrastprogramm und verfremdet sie zum Kehr-
bild der bloßen, gierigen, fingernden Sexualität:

Minne, hôhe sinne solten dîn geleite sîn.
ich muoz mich ze manegen stunden für dich schamen:
du verliusest dicke dînen riutelstap.

daz dû swachen vriunden gîst dîn haerîn vingerlîn,
dêst dîn êre kranc.
daz dû, frouwe, habest undanc!
in dîn haerîn vingerlîn ein kneht den vinger dranc.

(Minne, hoher Sinn sollte dein Geleite sein. / Schämen muß ich
mich nur allzuoft für dich. / Immerzu verlierst du deinen
Ehrenstab. / Daß du an unedle Freunde deinen Haarring gibst, /
ist deines Ansehn's Fall. / Daß du, Dame, seist verwünscht! / Ein
Knecht hat seinen Finger in den Haarring dir gesteckt.) Was an
Tönen noch während der hohen Zeit der staufischen Klassik sich
nicht unterdrücken läßt, kehrt in späteren Generationen immer
wieder, es geht da *eine* Linie bis hin zu den Fastnachtsspielen des
15. Jahrhunderts, wo einer zur allgemeinen Freude seines Publikums erzählen kann, was er in »fremden landen« erlebt, auch
»in der Schwaben lant«:

Do het ein paur ein hibsche diern,
Die priet die allerpesten piern
Unter irem hemd in irer kachel.
Ob jemant wer, der het den stachel,
Wurd im der piern in seinen schlunt,
Die piren machten in gesunt.

(Da hatte ein Bauer eine hübsche Magd, / Die briet die allerbesten
Birnen / Unter ihrem Hemd in ihrem Gefäß. / Hätte jemand den
nötigen »Stachel«, / Käme ihm von den Birnen etwas in seinen
Schlund, / Die Birnen machten ihn gesund.)
Ob »Fingerlin« oder »Stachel«: konkreter läßt sich nimmer
sagen, was der Mann bei den Weibern will. Im übrigen ist jetzt
»Volkspoesie« am Werk, jetzt erfahren wir auch, wie man's bei
den einfachen Leuten gehalten hat, während um 1200, das liegt
in der Natur der Sache, nämlich der Quellenart, nur die ritter-
lich-adlige Oberschicht zum Sprechen kam. Indessen ist die
Atmosphäre hier wie dort von der gleichen Roheit. Die fast-

nächtliche Komik kann uns einmal unter dem Titel »Der Scheys-send« einen enormen Diarrhötiker bieten, ein andermal ist unter der Überschrift »Nachthunger« die Bauerntochter Objekt einer Reihe sich anpreisender Männer, und wieder ein andermal nimmt es ein Mann mit sieben Weibern auf. Schmutz oder ritueller Tabu-Bruch? Auch aus den Bildern und Zeichnungen, allein die Kaltnadelradierungen des von 1464 an tätigen soge-nannten Hausbuchmeisters sind ein attraktives Beispiel dafür, verschwindet das Vulgäre ja noch lange nicht. Und so, wie der Bauer seit Neidharts Zeiten und vor allem im Fastnachtsspiel als Tolpatsch und Aufschneider, als Ackertrapp und Knollfink vorgestellt wird, so erscheint die Frau als das bedrohliche Eheweib, als die Kupplerin und die häßliche Vettel. Der Mann lebt sich aus, und alle lachen, unter den Frauen des Publikums vielleicht noch am wenigsten die, die noch nicht zu den Alten gehören und noch mithalten können, die also die potentiellen Kombattantinnen sind. Die Geschichten sind bedrückend genug:

Als mein weib auß dem kintpet ging,
Erhart (wartete) ich kaum pis es wart nacht.
Also die geilen mich anfacht:
Behentlich wart ich zu ir mausen
Und begund sie auch zu erzausen,
das die betstat mit uns einprach.

An anderer Stelle werden noch stärkere Register gezogen:

Mein muter schwengert ich ein nacht
Und hab tragend (schwanger) mein meit (Magd) gemacht
Mein schwester selber genotzert (genotzüchtigt),
Mein dochter irs meitungs (ihre Jungfernschaft) erwert
(genommen)
Und sechs kaczen gehelst zu dot.

Da mag mancherlei Aufschneiderei oder jedenfalls, gelegenheits-halber, unwirkliche »Verkürzung« mit im Spiele sein. Aber ganz so irreal wirkt dieses Arrangement nun auch wieder nicht, hält man sich die Nürnberger Verhältnisse – die Verse stammen aus Nürnberg – der Zeit vor Augen. Hier ist die Ehefrau ganz auf die passive Rolle der mater familias verwiesen, dort blüht männer-bündische Exklusivität in allen Varianten. Außereheliche Liebe in ihren verschiedenen Formen wird weitgehend geduldet. Vor-eheliches Konkubinat kommt häufig vor. Die aus solchen Ver-hältnissen entsprossenden Kinder wuchsen mit den ehelichen auf, wurden auch testamentarisch bedacht, ohne freilich den vollen Status der anderen Familienmitglieder zu erreichen. Aber man macht auch vor den Kindern kein Geheimnis aus diesem Unterschied, der Mann hat sich auch vor der Gesellschaft seiner außerehelichen Beziehungen nicht zu schämen. Ehemänner ha-ben nicht selten eine ständige Geliebte; in Mainz scheint zeitwei-se Bigamie geduldet worden zu sein.

Wem der unverhüllt-rüde Ton unserer Zitate mißfällt, aus Stücken notabene, die nicht für »Untergrund«-Literatur stehen, sondern auf normalen »Bühnen« des Marktplatzes gegeben wurden, wird hinnehmen müssen, daß derlei »offene« Sprache der natürlicht Ausfluß »offenen« Benehmens ist. Man findet es auf allen Etagen der Gesellschaft. Auch das höfische Leben des Spätmittelalters, die Höhen der staufischen Klassik scheinen spurlos vorübergegangen, kennt die gröbere Lebensart. Das Germanische Nationalmuseum in Nürnberg bewahrt einen Spielteppich auf, eine wahrscheinlich aus dem Elsaß stammende Arbeit um 1385–90. Das prachtvolle gotische Werk zeigt Herren und Damen bei der – etwas dezenteren französischen – Art des »Schinkenklopfens«, darunter ein Paar beim »Füßeln«. Daß dies in Anwesenheit einer gekrönten Dame geschieht, verrät deutlich, daß man auch bei Hofe derberen Späßen nicht abgeneigt war.

Alles ist einfacher. Man macht nicht soviel Federlesens mit Trieben und Neigungen, auch beim Essen nicht:

Kein edeler man selbander sol
mit einem leffel sûfen niht;
daz zîmet hübschen (höfischen) liuten wol,
den dicke (sehr) unedellich geschiht.

Tannhäusers Hofzucht muß für unsere Begriffe ganz von unten
anfangen, er muß zunächst den Obersten der Oberen sagen, daß
man sich – Taschentücher hat man noch keine – zwar beim
Schneuzen der Hand bedient, aber doch bei Tisch eine gewisse
Vorsicht walten lassen und sich nicht ins Tischtuch schneuzen
sollte:

Swer ob tem tische sniuzet sich,
ob er es ribet an die hant,
der ist ein gouch (Narr), versihe ich mich,
dem ist niht besser zuht bekannt.

Wenn du kein Handtuch hast, heißt es im gleichen Spruch, wisch
dir die Hände nicht an deinem Rock ab, sondern laß sie
trocknen. Die Gabel bleibt noch lange ein Luxusgegenstand,
sie ist in ganz ausgesprochenem Maße ein »Zivilisationsgerät«
(N. Elias). Man soll nicht schmatzen und schnauben beim Essen,
nicht über die Tafel spucken. Aus der gleichen Schüssel oder
auch von der gleichen Unterlage mit anderen zu essen, ist
selbstverständlich. Man soll sich nur nicht über die Schüssel
hermachen wie ein Schwein, und nicht das Abgebissene in die
allgemeine Soße tauchen.

Noch einmal tritt einem die selbstverständliche, offenbar nie
beklagte Genossenschaftlichkeit mittelalterlichen Lebens entgegen. Man übernachtet zu mehreren, niemand kennt anderes.
»And if that it forten so by nyght or Any tiyme / That you shall lye
with Any man / that is better than you / Spyre hym what syde of
the bedd / that most best will ples hym, / And lye you on tother
syde, / for that is thi prow« (Teilst du das Bett mit einem Mann
höheren Standes, frage ihn, welche Seite er vorzieht): sogar den

79 *Mann und Frau im Bad. Holzschnitt aus dem »Kalender deutsch« des*
Ulmer Druckers Johann Schaeffler, 1498.

Respekt vor dem »höheren« Mann weiß diese englische Tischzucht (zwischen 1463 und 1483) in Einklang mit der Gemeinschaftlichkeit zu bringen.

Auch das Nackte stört diese »Brüderlichkeit« nicht. Ritter
werden im Bade, wie wir mit Erstaunen festgestellt haben, von
Frauen bedient, und ebensooft wird ihnen der Nachttrank ans
Bett von Frauen gebracht. Wenigstens in den Städten scheint es
häufig gewesen zu sein, daß man sich zu Hause auszog, bevor
man ins Badhaus ging. »Wieviel laufft der Vater«, sagt ein
Beobachter aus der Zeit, als die Fastnachtsspiele gang und gäbe
waren, »bloß (nackt) von Hauß mit einem einzigen Niederwad
über die Gassen, samt seinem entblößten Weib und bloßen
Kindern dem Bad zu.« Man hat das wohl schon registriert, aber
in der allgemeinen Konvention der Zeit nichts Anstößiges darin
gesehen. »Wie viel lauft neben ihnen die gantz entblößten zehen,
zwölfe, viertzehn und sechszehnjährigen knaben her.«

Der Hausbuchmeister läßt einen durch ein großes offenes

403

Bogenfenster in das Badehäuschen gucken: zwei junge Leute und ein Mädchen sitzen nackt im Wasser nebeneinander und unterhalten sich. Ein zweites Mädchen, schon ausgekleidet, öffnet eben die Türe, um zu ihnen ins Wasser zu steigen. Im großen, offenen Bogen des Badehäuschens sitzt ein Knabe, der die Badenden mit seiner birnenförmigen Laute unterhält. Von oben, von der zweiten Etage des Badhauses aus, sehen Magd und Knecht der sich vergnügenden Herrschaft zu. Liebe ist so natürlich wie Essen oder Reiten, Jagd oder Plünderung. Nacktheit wird man erst später eliminieren, und für das »Obszöne«, von dieser Tendenz einer im Leben versagten Wunschvorstellung nie ganz frei, ist hier kein Raum.

Bordelle gibt es am Ausgang des Mittelalters in großer Zahl, aus der Fremde versorgt und, wie man »höheren Orts« argumentiert, zum Schutz der einheimischen Mädchen und Frauen nicht nur geduldet, sondern in das städtische Leben ganz unproblematisch integriert. Speziell im 14. Jahrhundert hat sich die städtische Prostitution erheblich ausgeweitet, möglicherweise in ursächlichem Zusammenhang mit der zunehmenden Abriegelung der Zünfte und mithin der steigenden Zahl der ledigen Handwerker. Berufsmäßige Prostituierte gingen der Arbeit nach, aber auch ledige Frauen der Arbeiterschicht und manche verheiratete Frau, der solche Tätigkeit willkommenen Nebenverdienst einbrachte. Die »Schönen Frauen«, die »Hübscherinnen«, sind innerhalb des Stadtwesens eine eigene Korporation, wenn wir auch keinen hinreichenden Quellenbeleg dafür haben, daß Dirnen regelrechte »Zünfte« mit Ordnung, Satzung und Richtern besessen haben.

Aber sie gehören dazu, auch hier: selbstverständlich und ohne Skrupel. Nicht selten, daß man sie hohen Gästen zur Begrüßung entgegenschickt. Ein Wiener Stadtrechnungsprotokoll von 1483: »Umb den Wein den gemain Frawen 12 achterin. Item den Frawen, die gen kunig gevarn sind, 12 achterin Wein.« Bürgermeister und Rat konnten die hohen Gäste im Frauenhaus auch freihalten. 1434 bedankt sich Kaiser Sigismund beim Berner

Stadtmagistrat dafür, daß er ihm und seinem Gefolge drei Tage lang das Frauenhaus unentgeltlich zur Verfügung gestellt habe. Jedes Heer wird von Dirnen begleitet, jede größere Versammlung zieht sie scharenweise an. Während des Konstanzer Konzils (1414–18) sollen 1500 Dirnen in der Stadt gewesen sein, 1800 »Hübscherinnen« habe das (1431 zusammengetretene) Basler Konzil gesehen.

Prostitution war in der mittelalterlichen Gesellschaft unter Berufung auf Augustinus gestattet. Für ihn ist die Dirne nicht deshalb ein verabscheuungswürdiges Geschöpf, weil sie sich um materiellen Lohnes willen Männern hingibt, sondern weil ihre ganze Existenz der Fleischeslust gewidmet ist. Sexualität rangiert in der mittelalterlichen Sündenskala an oberster Stelle, einer der deutlichsten Dualismen mittelalterlicher Geistigkeit, bedenkt man die gleichzeitige, vorhin geschilderte Ungeniertheit in sexuellen Dingen. Sexuelle Lust und die Wildheit der sexuellen Regung beweisen die Erbsünde. Sie sind das, was Augustinus die böse Begierde, Konkupiszenz nennt. Das »Fleisch« gehorcht nicht dem Willen. Das ist die Konkupiszenz, die durch die Taufe aufhört, Schuld zu sein, aber nicht verschwindet. Die Libido ist eine Strafe für den Ungehorsam. Alles, was aus dem Beischlaf geboren wird, ist »Sündenfleisch«.

Abgesehen davon, daß dies eine merkwürdige, allein den »Ehezweck« gelten lassende Ehelehre ergab, so geriet auch das Bild der Frau unter dieser Perspektive in eine für unsere heutigen Begriffe mehr als desolate Situation. »Ich wüßte nicht«, schreibt der alternde Augustin, »wozu die Frau dem Mann als Hilfe gegeben worden wäre, wenn nicht zum Kinderkriegen«, »si pariendi causa subtrahitur« (ziehen wir den Grund, zu gehorchen, einmal ab). Das Fleisch gehorcht nicht dem Willen, es gefährdet die Herrschaft der Seele »im eigenen Haus«. Das Ausgeliefertsein an den Trieb irritierte den intellektuellen Mann, der Herr über sich selbst sein wollte. Hinter den berückenden Frauen erscheint die archetypische Figur der verführten Verführerin, Eva, die mittelalterlichen Autoren ständig präsent war.

Kurz und bündig sagt Maximus von Turin in einer Predigt: Die Ursache allen Übels ist das Weib.

Die Formel fand Anklang. Ihr Echo hallt durch die Jahrhunderte. Die mittelalterlichen Bußbücher mit ihrer konkreten Kasuistik nennen die Dinge beim Wort. Im »Corrector sive medicus« des Bischofs Burchard von Worms gibt es am Schluß der Beichtfragen sogar ein Paket spezieller Fragen für Frauen. Was sind typisch weibliche Sünden? Zwei große Bereiche des Verbotenen schälen sich heraus, teilweise ineinander verschlungen: Sexualität und Zauberei. Gratian systematisiert im 12. Jahrhundert das kanonische Recht und konstatiert, daß jeder, der seine Frau zu überschwenglich liebe, einem Ehebrecher gleichkomme. Die Katharer lehnen Sexualität und Fortpflanzung überhaupt ab. Eine der Mythen, an die sie glauben, gilt der Vorstellung, daß weibliche Seelen, sofern sie das Paradies erreichten, dort nicht in Frauengestalt Einlaß fänden, sondern einen männlichen Körper annähmen.

Nacktheit ist Sünde. Die prägnante Urform des Motivs schuf Athanasios in der Vita des hl. Antonius. Nach mißlungenen Versuchen, den Eremiten auf schlechte Gedanken zu bringen, soll es der Teufel, der arme, gar auf sich genommen haben, sich in der Nacht in eine Frau zu verwandeln, nur um Antonius zu verführen. Aber jener habe durch den Gedanken an Christus die Feuerglut gelöscht. Noch für Hus, er geht vom Anblick »schöner« Malerei aus, gilt jene Reihe: Schönheit gleich Versuchung gleich Sünde.

Verständlich, warum die Weiblichkeit einer Frau im Mittelalter so gerne in Gestalt der Keuschheit einer Nonne gebilligt wird. Solche Ablehnung der sexuellen Physiologie des Weibes entspricht wiederum frühchristlichen Interpretationen, in diesem Falle den laodicäischen Vorschriften des 4. Jahrhunderts und allen ihren nachfolgenden Resonanzen. Die Jungfrau ist mehr als die Frau. Im Speculum Virginum (Jungfrauen-Spiegel), einem im 12. und 13. Jahrhundert beliebten geistlichen Werk, vergleicht man die Früchte der Jungfräulichkeit, der Witwenschaft und der

Ehe miteinander. Die verheirateten Frauen, so die Erläuterung der Miniatur, ernten nur das Dreifache der Saat, für mittelalterliche Begriffe schon ein unerhörtes Ergebnis, die Witwen hingegen das Sechzigfache und die Jungfrauen gar das Hundertfache.

Die Abscheu vor der Unkeuschheit verbindet sich mit einer Distanz von der Schwangerschaft. Man empfindet sie als unrein, als Elend. Wohl hat sich der Rechtsgrundsatz, daß Schwangere nicht mehr für sich allein haften, langsam durchgesetzt. 1437 war Magdalena, die Frau eines Tullner Korbknechts, »umb keczerey und zawberlich sach« zum Tod durch Verbrennen verurteilt worden. Aufgrund ihrer eigenen Reue und Bitten, aber auch um »meiner swangerhaytt willen« ist ihr die Strafe schließlich erlassen worden. In der theologischen Literatur, in der Theorie sozusagen, bleibt die große Reserviertheit gegenüber der verheirateten und gar gebärenden Frau. Der Pariser Theologe und untadelige Kanzler Jean Gerson hat eine vielgelesene Abhandlung über die Vortrefflichkeit des jungfräulichen Standes geschrieben, die nur so strotzt von Argumenten gegen das Leid und die Qualen der Ehe.

Denn letztlich laufen alle diese literarischen Bevorzugungen der jungfräulichen Reinheit auf eine breite Warnung vor der Ehe hinaus. Auch eher »weltliche« Schriften reihen sämtliche unglücklichen Ehen auf, von denen das Altertum spricht. Häretiker aller Sorten verdammen die Heirat, die Zeugung von Nachkommen, unter Berufung auf Christus. Hat er nicht dazu aufgerufen, der Welt, dem Ort der Verderbnis, zu entfliehen und sich von ihrem Schmutz zu befreien? Gerson meint, den Teufel gerade in seinen Verkleidungen zu erkennen, will heißen die großen, im echten Wortsinn ver-rückenden Gefahren, die mit der Inthronisation der Libido verbunden sind. Er weiß aus Erfahrung, daß der Wolf im Schafspelz erscheinen kann: »Amor spiritualis facile labitur in nudum carnalem amorem« (Die geistliche Liebe verfällt leicht in eine rein fleischliche Liebe). Und so unrecht hatte er ja damit gar nicht. Schon im St. Trudperter Hohenlied, diesem unbegreiflich frühen Zeugnis deutscher Mystik, ist das ganze Leben des frommen Menschen in die erotische Bildwelt des Hohenliedes gelegt. Für spätere mittelalterliche Jahrhunderte wird man innerhalb dieser Spezies immer wieder zu trennen haben, in die Verkleidung des Amourösen in kirchliche Formen, wie französische Lyrik, nicht ohne obszöne Bildersprache, sich geben kann, und in bestimmte Sprachformen und »Erlebnisberichte« deutscher Mystiker und vor allem Mystikerinnen, in denen erotische Untertöne und Anspielungen auf erotische Elemente unüberhörbar sind.

Gemessen an der bewußten Körperlichkeit oder gar der »sexuellen Revolution« unserer Tage, stehen wir also vor der Sexualauffassung des Mittelalters wie vor einer fast unverständlichen Wand von Körperfeindlichkeit *und* Askese. Alles, was Sexualität betrifft, ist unrein. Das ist zumindest die offizielle Meinung, die kirchliche Lehre. Die Kirchen-Tradition und ein erneutes Studium des Alten Testamentes, besonders des Leviticus, des Dritten Buches Mose, bestärken die Geistlichen noch in dieser Haltung. Für Zuwiderhandelnde sind Strafen vorgesehen, wobei mildernde Umstände berücksichtigt werden. Wer seine Frau in der Fastenzeit »erkannt« hatte, mußte ein Jahr Buße tun, wer dabei betrunken war, nur vierzig Tage. Die Kirche gestattete Geschlechtsverkehr nur zum Zweck der Fortpflanzung und verbot jegliche Verhütungspraktiken. Indessen hat man sie gekannt; die Schule Gerhards von Cremona in Toledo hat die Werke Avicennas und Rhazes', in denen Verhütungsmittel beschrieben werden, ins Lateinische übertragen. Aufgezählt werden verschiedene Getränke auf pflanzlicher Basis, Flüssigkeiten zur Einführung in die Gebärmutter vor oder unmittelbar nach dem Geschlechtsakt, gymnastische Übungen, welche die Frau nach dem sexuellen Akt ausführen sollte, schließlich Salben, die auf das männliche Glied aufzutragen waren. Mittelalterliche Theologen und Kirchenrechtler unterschieden mit Augustinus, der Autorität für die ganze Epoche blieb, zwischen dem Abort eines noch nicht vierzig Tage alten Fötus – Gott hatte ihm, wie man annahm, noch keine Seele eingehaucht – und der bereits beseelten, über vierzig Tage alten »Leibesfrucht«. Sie abzutreiben, wurde als Mord angesehen. Die Kirchenstrafe dafür war hoch, kam indessen selten vor ein kirchliches oder weltliches Gericht, so daß man sich kaum ein Urteil über etwaige Zahlen von Abtreibungen erlauben kann. In Beichtspiegeln, weltlichen Rechtsbüchern oder Apothekerhandbüchern sind Abtreibungsmittel häufiger aufgeführt als empfängnisverhütende. In den meisten Büchern dieser Gattungen wird der Arzt an das Verbot erinnert, weiblichen Bitten um Verschreibung von Abtreibungsmitteln nachzukommen. In der populären Perspektive liegen Mittel zur Abtreibung unmittelbar neben Zauberei und Prostitution. Gerhard von Modena verurteilte 1233 Giftmischer, die sich mit Magie beschäftigten; er beschuldigte sie, Abtreibungen vorgenommen und ihre Läden zu Zentren der Unzucht und des Ehebruchs gemacht zu haben.

Gerade diese Atmosphäre von drohender Warnung und permanentem Sündenbewußtsein, von Hemmung und offenbar schwer realisierbarer Askese gibt der mittelalterlichen Sexualität einen Anstrich von Unfrohheit und Härte. »Notzucht«, was immer man darunter verstanden haben mag, wird schrecklich bestraft, in Frankreich und England mit Blendung, Kastrierung oder Hinrichtung. In jedem, auch dem kleinsten Rechtskodex, nimmt Vergewaltigung einen breiten Raum ein; das fällt auf. In Deutschland hat man sich mit der Auspeitschung des Täters »begnügt«, in Ausnahmefällen ist es den vergewaltigten Frauen erlaubt, an der Austeilung von Schlägen mitzuwirken. Kaum denkbar, daß diese Buße den Pegel der Gewalttätigkeiten irgendwie veränderte. Aus vielen Gerichtsprotokollen wissen wir, daß – um einmal den niedrigsten Stand zu Wort kommen zu lassen – Bauern über ihre Frauen herfielen, Messer und andere Gegenstände gegen sie schleuderten, ja manchmal in wütender Raserei ihre eigenen Kinder töteten.

Bauern konnten die kirchlichen Schriften oder die städtische Literatur nicht gut kennen. Sie bezogen ihr »theoretisches« Material von fahrenden Sängern, regelmäßiger von den Predigern: in beiden Fällen dürfte die Rede von den minderwertigen Weibern die bäuerliche Brutalität nur gefördert haben. Tatsächlich zeigt auch in diesem Betracht das Mittelalter ein Janusgesicht. Auf der einen Seite die Frauenverherrlichung, die in der »Minne« gipfelt, davon später, auf der anderen Seite der beständige Hinweis auf die – in der Frau vollzogene – Inkarnation des Bösen. Die Frau ist verantwortlich für den Sündenfall. Diesen Makel kann sie nicht loswerden. In der bürgerlich-städtischen Literatur, sonst in Fragen der Sexualität nicht von der kirchenväterlichen Rigorosität, lebt das Bild der Frau wesentlich von den häßlichen Eigenschaften der Weiblichkeit. Die Frau ist schwach, sie kann es der Stärke, der Willensstärke, der ethisch-moralischen Stärke des Mannes nicht gleichtun. Die imbecillitas sexus, mit »Leichtsinn« nur unzulänglich übersetzt, ist der Frau eingeboren.

Bezeichnend, daß die mittelalterliche Kunst diese »Geburtsfehler« immer wieder festgehalten hat. Die Gegenüberstellung von Eva und Maria in der mittelalterlichen Kunst wird von dem Gedanken bestimmt, daß durch Eva die Sünde in die Welt kam, durch Maria aber der Weg zum Heil freigemacht wurde. In der Kathedrale von Autun aus dem 12. Jahrhundert ist ein Dämon abgebildet, der eine Frau bei den Schultern packt, während sich eine Schlange um ihren Körper windet und ihre Brust aussaugt. Am Eingang der Kirche von Moissac sieht man die Schlangen wieder: sie hängen an den schlaffen Brüsten einer Frau, eine Kröte sitzt auf ihrem Schoß, und die Quälerei wird vom Teufel überwacht. Noch Peter Dell (um 1490–1552), über den etwas vom altbayerischen spätgotischen Barock in die kunstgeographische Domäne Riemenschneiders gedrungen ist, gibt die sieben Todsünden als Frauengestalten wieder, ganz im Rahmen altüberkommener christlicher Begriffsallegorie.

Wir verstehen, wenn der Weg von solcher Verteufelung bis zur heillosen Wirklichkeit von »Hexen« nicht weit war. Wenn auch die eigentliche Hexenjagd im 16. und 17. Jahrhundert, ja mitten in den Generationen der Aufklärung einsetzt, so beginnt doch

das Mittelalter mit jener grausigen Praxis von »Hexenprozes-
sen«. Vor dem 14. Jahrhundert noch eine ausgesprochen Seltenheit, beginnt man sich darnach doch einzureden, daß gewissen
Frauen es gelinge, einen Bund mit dem Teufel zu schließen, und
daß ihre Handlungen reale Folgen zeitigten. Meilenstein in
dieser Entwicklung ist ebenso die Bulle Summis desiderantes
affectibus des Papstes Innocenz VIII. aus dem Jahre 1484 wie der
– vielaufgelegte – »Hexenhammer« der Inquisitoren Jacob
Sprenger und Heinrich Institoris. Hexe ist, wer im Bund mit dem
Satan steht und die Person Christi nebst Taufe und Sakramenten
ableugnet. Das wäre, überdenkt man's, eine nahezu plausible,
theologische Definition. Indessen steht außer Zweifel, daß bei
den Hexenverfolgungen – zwischen 1300 und 1500, so hat man
ausgerechnet, waren zwei Drittel aller der Hexerei Beschuldigten
Frauen – nicht nur psychologische und soziale Motive eine Rolle
spielten, sondern eben auch mehr oder minder kaschierte Frauenfeindschaft, der die Verbindungslinie Hexe–Verführerin–
Zauberin in irgendeiner Gewichtung immer zugrunde lag.
Mancherlei anderes schwingt mit, Angst, Wut, Begierde, auch
gewiß ein Gefühl von Verzweiflung inmitten einer streng geordneten, ganz vom Diesseits abziehenden und auf das Jenseits
verweisenden Welt: Frauenfeindschaft war gewiß einer der
stärksten Impulse. Einer der beiden Autoren des »Hexenham-
mers«, der sich brüstete, in einem halben Jahrzehnt 48 Hexen
verbrannt zu haben: »Es gibt drei Dinge, die nie befriedigt sind –
was sag' ich denn, es gibt noch ein viertes, das nie ›genug‹ sagt,
und das ist der Bauch der Frauen.«

Ängste – war es in diesem Falle Sexualangst? – führen zu
lähmender Depression oder zu lodernder Aggression. Oftmals
haben sich die Frauen des Mittelalters zur Wehr gesetzt. Schon
im Ruodlieb, dem originellen Versroman aus dem letzten Drittel
des 11. Jahrhunderts, wendet sich die Ehebrecherin scharf gegen
ihren Buhlen, der sich damit rechtfertigen will, daß er durch sie
verlockt worden sei. »O Treulosester, warum lügst du so über
mich? Du ahmst Adam nach, der die Schuld auf Eva abgescho-

ben hat.« Da die Frau trotz ihres Vergehens wegen ihrer echten Reue und der freiwilligen Buße, die sie auf sich nimmt, eine vorbildliche Figur wird, hat sie positiven Wert. Er wird erkauft durch die Zerstörung der verführerischen Gestalt. Noch in den Fastnachtsspielen oder im Traktat Appellatio mulierum Bambergensium, in dem Albrecht von Eyb die Bamberger Frauen vor Gericht ihre Männer anklagen läßt, können, in Umkehrung des Pauluswortes »Vir est caput mulieris« (Epheser 5,23: der Mann ist des Weibes Haupt), Frauen als Anklägerinnen auftreten. Sie sind mit der ihnen zugewiesenen Rolle unzufrieden. Ihr Aufbegehren kann sich in mindestens zweierlei Weise zeigen, in einer gleichsam wörtlichen und jedenfalls drastischen, mit der sie es den Männern heimzahlen, Lucas Cranach liefert dafür mit einer lavierten Federzeichnung von 1537, auf der Frauen in wahrem Furor Geistliche überfallen, ein Beispiel, und in einer höheren Form von Widerstand. Ihre Anteilnahme an den häretischen Bewegungen des Mittelalters – sie sympathisieren vor allem mit den Katharern – oder ihr Interesse für die halbhäretischen Strömungen, beispielsweise für die Begarden, hat hier ihren Ursprung.

Natürlich wird die Frau im Mittelalter nicht unterschiedslos verachtet. Sie ist »Stand«, wenn auch, wie der Abt Hugo in seiner zu Anfang des 12. Jahrhunderts entworfenen »metaphysischen Hierarchie« es will, an allerletzter Stelle hinter den Aposteln, den Heiligen, den vollkommenen Mönchen, den guten Bischöfen, den guten Laien. Und sie ist nicht Stand, nicht nur, weil sie in den ältesten Ständeordnungen mit ihrer Dreiteilung in oratores, bellatores und laboratores (Beter, Krieger und Arbeiter) nicht vorkommt, sondern weil sie – sie in erster Linie – in ihrer gesellschaftlichen Stellung vom jeweiligen Familienstand und natürlich auch von ihrer Klassenzugehörigkeit bestimmt ist.

»Die Frau«, das konnte man nur im physiologischen, genauer gesagt nur in demjenigen Sinne meinen, in dem die theologischen, philosophischen oder juristischen Traktate Rolle und Bedeutung der Frau zu kennzeichnen versuchten. In öffentlichrechtlicher Perspektive konnten Frauen in ihrer Gesamtheit als ein Stand mit mittelalterlichen Standesmerkmalen und eigenem Recht gar nicht angegangen werden. Die Frau ist im Mittelalter von öffentlichen Ämtern ferngehalten, es ist ihr verwehrt, Rechtspositionen zu erlangen, sie kann nicht Richterin werden oder Bevollmächtigte anderer vor Gericht (procurator), sie darf keine Strafprozesse einleiten, sie ist unfähig, vor Gericht Zeugnis abzulegen oder als Eideshelferin zu dienen, sie bleibt von der Stadtregierung ausgeschlossen und besitzt weder ein aktives noch ein passives Wahlrecht für städtische Körperschaften oder überregionale, von Städten beschickte Amtsversammlungen, sie besitzt als Äbtissin keine kanonische, sondern lediglich organisatorische, leitende Autorität, sie bleibt in einer ausschließlich von Männern beherrschten Religion vom Altardienst ausgeschlossen und hat keinen Zugang zum Altar: sie wird rechtlich anders behandelt als der Mann. Sie schuldet dem Manne Gehorsam. Der englische Rechtsgelehrte Bracton (gest. 1268), Verfasser eines fünfbändigen Werkes »De Legibus et Consuetudinibus Angliae« (Über die Rechte und Rechtsgewohnheiten Englands), das bis ins 18. Jahrhundert hinein Handbuch des englischen Common law blieb, führt zur Unterstreichung dieses Rechtssatzes den Fall an, in dem ein Ehepaar gemeinsam eine königliche Urkunde fälschte. Die Sache wurde entdeckt, der Mann durch den Strang hingerichtet, die Frau jedoch freigesprochen. Bracton erklärt es damit, daß sie der Herrschaft ihres Mannes unterstand, folglich nicht umhin konnte, mit ihm zusammenzuarbeiten.

Indessen stoßen wir auch auf Verhältnisse, die der Stellung der Frau als Neben- und Untergruppe widersprechen. Man hat mit Recht im Blick auf die Naumburger Stifterfiguren darauf hingewiesen, daß Männer und Frauen dort gleich groß sind: das seelische Miteinander der Geschlechter verweist auf eine andere, innere Anschauung vom Wesen der Frau. Die Denkmäler drükken dasselbe aus, was die Krönungsordnung von König und Königin im Mittelalter zum Gesetz erhebt: die Frau ist »consors«, Schicksalsgefährtin des Mannes, sie teilt nicht nur sein Leben, sondern sie lebt es mit ihm als ein gemeinsames und unteilbares. Geweiht wie die Könige, werden die Frauen Teilhaberinnen am Thron, consortes regni. Dem Beispiel der Königinnen folgend, erreichten allmählich auch im Hochadel die Frauen Zugang zur gleichen politischen Verantwortung wie der Mann. Es gibt eine Fülle von Beispielen für das ganze Mittelalter, in denen Königinnen, Herzoginnen, Gräfinnen, Burgherrinnen nach dem Tod oder bei längerer Abwesenheit ihres Mannes rechtskräftig »die Geschäfte führten«. Eine der tiefsten Dichtungen des deutschen Mittelalters, Wolfram von Eschenbachs »Parzival«, hat dieser gleichwertigen geistig-politischen Funktion der (adligen) Frau beredten Ausdruck verliehen. Die Frau ist hier über das blitzende und gefährliche Spiel mit der Treue, in dem hohe Minne so oft ihre geheimsten Reize findet, hinausgewachsen. Sie steht nicht auf der höfischen Bühne, sondern im Schicksalsraum des Lebens ihrer Männer, »consors« auch seiner »arebeit«, seiner Kämpfe, seines Dienstes an Gott und Reich als Lehnsherr, seiner Fürsorge für die Untergebenen, die Kirche, die Armen.

Auch im städtisch-bürgerlichen Umkreis stößt man bei näherem Zusehen auf Rechtsverhältnisse, die einen an die Vorstellung von der »Gleichheit« der Frauen denken lassen. Die Heiratsbeschränkungen des Landes, die erb- und vermögensrechtlichen Folgen von Ungenossenehen, alle diese aus der Unfreiensphäre stammenden Beschränkungen und Nachteile fallen weg in der Stadt: sie garantiert die freie Wahl des Ehepartners. In der deutschen Fassung des Freiburger Stadtrechts von 1293 heißt es: »Ein wip ist genoz irs mannes, und der mann des wipes, und erbet (erbt) ein wip iren mann und ein mann sin wip.« Die standes- und erbrechtliche Gleichstellung der Eheleute ist damit garantiert. Der mindergeborene Ehegatte, gleich ob Mann oder Frau, hat im Rahmen der Bürgerfreiheit die Rechtsstellung des anderen freien Ehegatten. »Heirat macht frei in der Stadtluft« (E. Ennen). Damit hat die Frau, in vielen

Stadtrechten ist das ausdrücklich gesichert, doch Anteil an der stadtbürgerlichen Freiheit, sie haftet beispielsweise mit ihrem Brautschatz nicht für die Mannesschulden. Sie darf, sofern sie im Handel oder im Handwerk tätig ist, über das im Beruf Verdiente verfügen. Der von 1385 bis 1433 in Wien lebende Nikolaus von Dinkelsbühl hat sich in einer Predigt, in der auch die Frage auftrat, »ob ein fraw ain arbeit kan, damit sy etwas gewinnen und erarbeiten mag«, ausführlich ausgelassen über diesen Rechtsgrundsatz. Auch dort, wo die Frau »Nur-Hausfrau« ist, hat der Vater zwar die Familienführung, aber auch die Frau kann – gesondertes – Vermögen haben und behalten: auch auf den bürgerlichen Porträts des ausgehenden Mittelalters sind Mann und Frau gleich groß dargestellt.

Natürlich betreffen diese Rechtsstellungen eine Entwicklung, die sich über mehrere Generationen erstrecken kann. Es gibt auch ein Kapitel »Aufstieg der Frau im Mittelalter«. Man kann, davon ausgehend, daß mittelalterliche Gesellschaft sich allemal als Männergesellschaft präsentiert, die Frau in einer immer nur zweitrangigen Rolle belassen, man kann aber auch, und dies wohl zu Recht, in der mittelalterlich-höfischen Kultur »eine ausgesprochene weibliche Kultur« (A. Hauser) erkennen und damit der Frau einen ganz anderen als inferioren Stellenwert zuweisen.

Wie ist es zu dieser führenden, tonangebenden Stellung der Frau gekommen? Nach adlig-ritterlicher Auffassung, wir haben hier noch ganz an die krieggewohnte und kriegliebende Atmosphäre der mittelalterlichen Frühzeit zu denken, gehört die Frau in die Kemenate. Dort in der Burg kann sie sich nicht wehren, allenfalls mit List und Schläue. Während sich das Leben des – adligen, ritterlichen – Kriegers »nur« um das Waffenhandwerk dreht, wird die Frau der höheren Schicht für geistige Bildung, für Lektüre freigesetzt, sie kann Dichter, Sänger, gelehrte Kleriker heranziehen – einer der Ursprünge des Minnesangs und der Minnehöfe – und Zirkel friedlicherer, geistiger Regsamkeit entstehen lassen. Schon während des 12. Jahrhunderts ist die

415

Bildung der Frau »durchschnittlich feiner als die des Mannes« (E. Wechssler). Akzeptieren wir dieses Faktum, dann verstehen wir auch, warum sich hier langsam eine gesellschaftliche Dominanz der Frau herausschält: den Frauen haben die Männer ihre ästhetische und sittliche Erziehung zu verdanken. Die Frau, gestern noch abhängig von der Willkür ihrer Familie und ihres Lehnsherrn, gewinnt jetzt eine Geltung, die in der fortschreitenden Verweltlichung der Kultur nur noch zunehmen wird.

Nicht nur die Edelfrau erlebt diesen gewissermaßen emanzipativen, frauliches Selbstverständnis überhaupt erst ermöglichenden Prozeß. Die Mystikerin Hildegard von Bingen, reiselustige Äbtissin und politisch außerordentlich interessierte Frau, hielt für sich an der traditionellen Ideologie von der »natürlichen« Überlegenheit des Mannes fest. Eine subtilere Analyse ihrer Schriften offenbart indessen deutlich einen emanzipatorischen Ansatz. Die Mystikerinnen suchten ein individuelles Verhältnis zu Gott, und – übergingen damit die (ihnen verwehrte) Vermittlerrolle des Priesters. Sie stellten also – wie die Edelfrau im Lebensbereich des Kriegers – die hierarchische Ordnung (der Kirche) in Frage, weshalb sie auch öfters in den Verdacht der Ketzerei gerieten. In Hildegards Beschreibungen der menschlichen Charaktere werden die »natürlichen« weiblichen Eigenschaften zwar als gegeben hingenommen, aber im Gegensatz zu den kirchlichen Dogmen positiv interpretiert. Gerade in ihrer Person läßt sich die schizophrene Situation ablesen, in die »intellektuelle« Frauen im Hochmittelalter im Zwiespalt zwischen Dogmen und weiblichem Selbstbewußtsein gerieten.

Nur die einfache Frau, die Bauersfrau, kann an diesem Aufstiegsprozeß – war es nur Anpassung, Resignation, oder nicht gar ein versteckter Auflehnungsversuch, wenn eine durchschnittliche Frau ins Kloster ging? – nicht teilhaben. Ihr fehlen alle materiellen und gar alle intellektuellen Voraussetzungen dazu. »Sô dich nû ein gebûr / nimt ze sîner rehten ê / sô geschach nie wîbe als wê«, dies das Argument, mit dem der junge Helmbrecht seine Schwester Gotelind zu überreden versucht, gleich ihm aus dem Haus ihres bäuerlichen Vater zu fliehen. »Wenn du einen Bauern ehelichst«, hätte man am einfachsten übersetzt, »so wirst du die unglücklichste Frau auf Erden.«

Es gibt im übrigen nicht nur ständische Unterschiede, sondern auch solche zwischen Stadt und Land, zwischen den Generationen oder zwischen den Regionen. Santonino, der in den achtziger Jahren des 15. Jahrhunderts von Aquileia kommend Kärnten und Osttirol bereist, verheiratet mit einer Udineser Patriziertochter, Vater von fünf Söhnen und einer Tochter, Kanzler des Patriarchen von Aquileja, berichtet verblüfft und konstant davon, daß bei den Gastmählern, zu denen seine Reisegruppe geladen wurde, die Ehefrauen als Hausfrauen und vielfach auch Verwandte aus dem niederen Adel mit ihren Ehefrauen mit dabei waren. Der Platz an der Seite der Hausherrin oder einheimischer Damen bereitet ihm heimliches, sichtliches Unbehagen. Die unterschiedliche Einschätzung der Frau im Deutschen und im Italienischen könnte nicht besser belegt werden. Auch die französische Courtoisie findet im adligen Landleben Deutschlands, auch zur Zeit des Minnesangs, keine eigentliche Entsprechung.

Und selbstverständlich gibt es Unterschiede in den beruflichen Reservaten und Möglichkeiten der Frau. Man erwartet gerade für das Mittelalter eine Beschränkung auf die berühmten 3 K (»Kinder, Küche, Kirche«): davon kann keine Rede sein. Erst das 19. Jahrhundert hat die kleinbürgerliche »Idylle« der Familie und diesen Verweis der Frau auf einen privaten und politisch irrelevanten Sektor gebracht. Vier Bereiche von mittelalterlichen »Frauenberufen« – das Wort erweckt teilweise falsche Vorstellungen – fallen besonders auf, die beruflichen Aufgaben der Edelfrau, der Bürgerfrau, der »gelehrten Schwester« und der Bauersfrau. Daß die adlige Frau in Abwesenheit ihres Mannes ein Großteil Aufgaben übernehmen konnte, von konzentrierter Herrschaft in großen Lehnsgebieten bis zur Gutsverwaltung und Aufsichten über die Bauern, sagten wir. Als Heinrich V. die barische Festung Mousson in Lothringen belagerte, verlangte er, erbittert über den langen Widerstand, die Kapitulation, sonst werde er den in seiner Hand befindlichen Grafen von Bar töten. Die hochschwangere Gräfin von Bar erbat sich in der Feste 24 Stunden Bedenkzeit, währenddessen kam sie mit einem Sohn nieder, verpflichtete die Burgbesatzung eidlich auf den Neugeborenen, und die erneute Aufforderung zur Übergabe wurde abgewiesen. Auch Amtspflichten konnte die Edelfrau übernehmen. Im Katalonien des 11. Jahrhunderts saßen Frauen des vuigier, der ein offizieller Amtsträger war, ähnlich wie belehnte Gräfinnen oder Äbtissinnen zu Gericht.

Selbstverständlich ist die adlige Frau auch Hausherrin und Hausfrau: man bäckt sein Brot selbst, braut sein Bier, gewinnt Butter und Käse, kocht ein. Das Fleisch kommt in die Räucherkammer, man unterhält eine Kerzengießerei. Zugleich aber gehört diese Frau mit zur »Gesellschaft«. Leistet ein Bischof als gesellschaftlich hochgestellter Gast, Santoninos Reisetagebuch berichtet häufig davon, einer Einladung Folge, eilt ihm der Gastgeber, einer Einholung vergleichbar, bis an das äußere Tor seines Wohnsitzes entgegen. War es eine Burg, wartet weiter innen die Hausfrau in Begleitung ihres Gefolges. Erst jetzt, im Hof, kommt es zum eigentlichen, von der Hausfrau besorgten Willkomm, wobei die Hausfrau dem Bischof den Handkuß entgegenbringt. Immer wieder erzählt Santonino, daß es sich die Hausfrauen der Oberschicht nicht hätten nehmen lassen, die Speisen aus Ehrerbietung gegenüber dem Gast wie in einem bürgerlichen Haus persönlich zuzubereiten, ob auf Burg Finkenstein oder Monsberg oder Gonobitz. Daß wir das wörtlich zu nehmen haben und die Frauen der Oberschicht nicht eine theatralische Oberaufsicht über die Kocherei zelebrierten, belegt die von Santonino dafür gewählte Vokabel »officium«. Dementsprechend hat die Reisegesellschaft nach dem Essen auch ausdrücklich der Hausfrau für ihre Kochkunst Lob gezollt. Auch zum Abschied konnte sich die Hausfrau an dem für eine kurze Strecke gegebenen Ehrengeleit beteiligen.

Die Bürgersfrau ist in Dingen beruflicher Entfaltung besser daran. Wie sie, zumindest in den mittleren und unteren Bürgerschichten, ihr Kind – statt einer Amme, wie beim Adel – selbst ernährt und damit den Erlebniskreis der Mutter sehr viel tiefer und persönlicher ausschöpft, so hat sie auch einen deutlicheren Zugang zum Beruf als einem Selbsterwerb. Wollten wir von der Beisteuer des Berufs zur »Selbstverwirklichung« reden – was ahistorisch wäre, weil frühestens in der Aufklärung diese gedankliche Dimension überhaupt erst angeschnitten wird–, so käme die Frau des Bürgerstandes am besten weg. Die Geschichtsschreibung des ausgehenden 19. Jahrhunderts konnte der ernstlichen Meinung sein, daß im Mittelalter die Frauen von keinem Gewerbe ausgeschlossen waren, wofern nur ihre Kräfte ausreichten. Das ist sicher zu arglos gemeint. Es gab da mancherlei Barrieren und Begrenzungen. In Würzburg durfte ein Fleischer die von ihm gemachten Würste nicht durch Weib, Magd oder Kind verkaufen lassen, und der Bischof der Stadt verbot auch die Hilfstätigkeit von Frauen in der Öffentlichkeit; auch durften die Frauen der Reußen (Schuhflicker) nicht in der Stadt nach alten Schuhen umherlaufen, das sollten die Männer tun. Offenbar waren moralische Motive der Anlaß zu solchen Verboten, nicht Fragen physischer Leistungsfähigkeit. Ein so ausgesprochen männliches Handwerk wie das des Dachdeckers oder Schmiedes wurde im Mittelalter bis zum Ende des 16. Jahrhunderts auch von Frauen ausgeübt.

Jedenfalls ist die Frau in der Stadt nicht nur Mutter und Erzieherin. Ob in unseren mittelalterlichen Städten Frauenüberschuß herrschte, ist neuerdings wieder heftig umstritten gewesen. Für einige Städte haben wir – statistisch freilich nicht unbelastete – Zahlen. Auf tausend männliche Erwachsene in Frankfurt kamen 1100 Frauen im Jahre 1383, 1207 in Nürnberg im Jahre 1449 und 1246 im Basel des Jahres 1454. Wie immer auch, die Frau war quantitativ nicht in der Minderheit, und wir verstehen, wenn einzelne Stadtrechte ganz selbstverständlich von »Söhnen und Töchtern« reden, die ein Handwerk erlernen.

80 Die Herstellung von »Häfen« (Töpfen, Krügen, Schüsseln) zählt am Ausgang des Mittelalters zu einer der gewohnten Tätigkeiten der Frau. Unser Kar-
tenblatt (»Zweier«) zeigt eine Frau an einer aufgehängten, von ihr mit dem
linken Fuß angestoßenen Töpferscheibe. Die »Hefneryn« ist eben dabei, mit
einer Art Schablone Rillen in den Körper eines schlanken Gefäßes zu drehen.
Vorne rechts ein Stück Ton. Aus einem höfischen Kartenspiel der sog. Ambraser
Sammlung, um 1466.

420

Das Augsburger Recht von 1276 sagt: »Wer sein Kind kein Handwerk läßt lernen, es sei Sohn oder Tochter, was Lohn dem verheißt, kommt er zu klagen, das soll ein Burggraf richten, als die Schuld beschaffen ist.«

Und die Skala der Möglichkeiten ist weit. Für das mittelalterliche Frankfurt hat man 65 Frauenberufe festgestellt: »Die Verfertigung von Schnüren und Bändeln, Hüllen und Schleiern, Knöpfen und Quasten war ganz in Frauenhänden. Wie an der Schneiderei beteiligten sie sich an der Kürschnerei, Handschuh- und Hutmacherei, verfertigten Beutel und Taschen, lederne Brustflecke und Sporleder. Selbst bis in die kleine Holz- und Metallindustrie reichte ihre Tätigkeit: Nadeln und Schnallen, Ringe und Golddraht, Besen und Bürsten, Matten und Körbe, Rosenkränze und Holzschüsseln gingen aus ihren Händen hervor. Die Feinbäckerei scheint vorzugsweise ihnen oblegen zu haben; fast ausschließlich beherrschten sie die Bierbrauerei und die Herstellung von Kerzen und Seifen.« Daß die Frankfurter Badstuben ihre Provinz war, hätten wir vornherein angenommen. Aber auch »Abschreiberinnen und Briefdruckerinnen kommen wenigstens vereinzelt vor; schon 1346 wird eine Malerin und von 1484 ab häufig Juttchen die Puppenmalerin genannt« (K. Bücher).

Die wichtigste Frauenbranche dürfte indessen das Textil- und Bekleidungsgewerbe gewesen sein. Spinnerinnen und Kämmerinnen waren in Frankfurt so zahlreich am Werk, daß sie von Rats wegen beaufsichtigt wurden: »Auch sollen die, die von dem rade (Magistrat) daruber gesast (gesetzt) werdin, die kemmerschen besehin (die Kämmerinnen beaufsichtigen).« Wie die Edelfrau – Karl der Große hat seine Töchter im Umgang mit Spinnrocken und Spindel unterweisen lassen, damit sie erlernten, »was eine ehrbare Frau können muß« – spinnt auch die Bürgersfrau zu Hause. Burkhard Zink (1396–1474) aus Augsburg sagt von seiner zweiten Frau: »Sie war schön, fromm und spann viel.« Auch Näherinnen, Schneiderinnen und Seidenstickerinnen und Flickschneiderinnen finden wir in großer Zahl in den Städten, teilweise mit eigenen Ordnungen und auch mit der Konzession, Lehrtöchter ausbilden zu dürfen.

Aber auch im Handel stellt die Frau »ihren Mann«, als Handels- oder Kauffrau. Gelöbnisse oder Bürgschaften der Kauffrauen waren unbeschränkt verbindlich. Wegen ihrer Verpflichtungsfähigkeit war die Kauffrau auch verschuldens- und konkursfähig. Frauen verkauften die Waren, die ihre Männer in der Werkstatt produziert hatten; die Dürerin bot die »Holgen« (Heiligenbilder) ihres weitberühmten Mannes als Einblattdrucke feil. Selbst für das Schmiedehandwerk konnte das gelten. Eine Lübecker Satzung spricht von den »vrouwen, de dar sittet vppe deme markede by den yserbenken« (von den Frauen, die da auf dem Markt bei den Eisenbänken sitzen), und fügt an: »de dat yserwel veyle hebben« (die das Eisenwerk feilbieten).

Aber es gibt auch Frauen im Groß- und Fernhandel, und wir haben sogar Namen solcher Unternehmerinnen. Die Witwe des 1418 in Augsburg gestorbenen Sigmund Gossenbrot erhielt ihren beiden unmündigen Söhnen das Vermögen, ja vermehrte es durch geschickte Geldanlagen, und Barbara Lauginger, Witwe des schnell zu Reichtum gekommenen Augsburger Kaufmanns Hans Lauginger, hat in den vierziger Jahren dieses Jahrhunderts das Vermögen für ihre fünf Söhne vergrößert. Die Frau des Nürnberger Blechschmiedes Konrad Eschenloer kam selbst aus der Eisenbranche. Nach dem Tod ihres Mannes zog sie im Herbst 1475 mit 53 Zentnern Blech auf die Frankfurter Messe; auch die Große Ravensburger Handelsgesellschaft gehörte zu ihren Kunden. Fast unglaublich ist die Biographie der Margery Kempe, die mit einem der angesehensten Kaufleute der Stadt Lynne verheiratet war und »nebenher« zunächst eine Brauerei, dann eine Getreidemühle betrieb, bevor sie in einem Siegeszug durch die Hintertür »gelehrte Schwester« wurde.

Es gibt eine ganze Reihe solcher »frommer Frauen«, die sich mit Unterstützung von Priestern und Ordensbrüdern in Form eines Selbststudiums weiterbildeten und dabei ihre Kenntnisse über das übliche Maß ausdehnten und vertieften. Von der –

81 Kulturgüter bewahrt und tradiert vor allem die Frau. Eine städtische Patri-
zierfrau mit langem, faltenreichem Kleid, Brustlatz und Haube beim Spiel mit
der Knickhals-Laute. Aus »Schwester Demut«, Druck von Konrad Dinckmut,
Ulm 1482.

hochgebildeten und dichtenden – Benediktinerin Roswitha von
Gandersheim geht da, über Mechthild von Hackeborn, die
hl. Gertrud, Mechthild von Magdeburg oder Hildegard von
Bingen *eine* Linie bis zu den Mystikerinnen in der Spätzeit des
deutschen Mittelalters. In der im 13. Jahrhundert von niederlän-
dischen Städten ausgehenden Beginenbewegung wandten sich
die Frauen als Gemeinschaft auch der Arbeit unter Kranken und
Elenden zu. Natürlich blieb den Frauen hierfür der Besuch von
universitären Bildungsanstalten verschlossen. Aber es gab auch
Ärztinnen im Mittelalter, in Mainz, in Frankfurt, in südwestdeutschen Städten, kaum je mit regelrechter medizinischer Ausbildung, obwohl in Salerno Lehrerinnen der Heilkunde erwähnt
werden. 1322 hatte sich eine gewisse Jacoba vor einem Pariser
Gericht wegen ärztlicher Tätigkeit zu verantworten. Ihr eigenes
Verteidigungsplädoyer kommt einem großartigen Kommentar

zur Verantwortung des Arztes gleich. Über weibliche Chirurgen und weibliche Apotheker werden wir schon durch eine Schrift des 13. Jahrhunderts unterrichtet; der Beruf der Apothekerin hat sich von da an kontinuierlich bis in unsere Gegenwart hinein weiterentwickelt.

Die Tatsache, daß selbst Dirnen, Bademägde oder »Dienerinnen« in Städten berufsorganisatorisch erfaßt sein konnten, legt uns die Frage nahe, welche Rolle die Frau in den Zünften spielte. Wesentlich scheint, daß die Frau, in erster Linie die Meistersfrau, nicht nur deshalb bei den Zünften erscheint, weil deren bruderschaftlicher Gedanke auch die ganze Meisterfamilie in das zünftlerischer Freizeit- und Brauchtumsleben mit einschließt. Die Zunft ist auch der Ort der Familienfeste im kleinen und großen, ist auch Ehevermittlung, wenn man das moderne Wort dafür gebrauchen will. Aber auch als Partnerin, als Meisterin, etwa mit der Fortführung der Werkstatt ihres verstorbenen Mannes, ist die Frau im ganzen Mittelalter zur Zunft zugelassen. Gewiß gab es auch hier eine Entwicklung nach oben und unten. Im 16. Jahrhundert werden Frauen-Konzessionen in den Zünften wesentlich enger gehandhabt als im 13. oder 14. Jahrhundert. Aber eine Mitgliedschaft und eine Gleichberechtigung der Frau muß es immer wieder gegeben haben, entsprechend der Basler Bauleutezunftordnung von 1271: »In dirre selben zunf sint die vrowen als die man« (in dieser Zunft gelten die Frauen soviel wie die Männer).

Es hat schließlich sogar Frauenzünfte gegeben, in denen die – sonst gleichberechtigt fabrizierende – »Genossin« einem nur weiblichen Zunftverband angehörte. In Köln gab es Produktionszweige, in denen Frauen eindeutig dominierten. Die Garnmacherinnen, die Goldspinnerinnen, die Seidenweberinnen und Seidenspinnerinnen bildeten eigene Zünfte. Die bedeutendste war die Zunft des Seidengewerbes, das um 1500 an der Spitze des Kölner Textilgewerbes stand. Im übrigen waren Kölner Frauen bei ihrer Handelstätigkeit nicht auf bestimmte Güter und Handelsbereiche festgelegt; sie handelten mit Metallen und Metallwaren ebenso wie mit Textilwaren und Textilrohstoffen.

Unser Bild von der Frau im Mittelalter bliebe unvollständig, wollten wir das nicht mit einbeziehen, was man damals »Minne« genannt hat. In einer der jüngsten, umfangreichen Monographien über »Die Frau im Mittelalter« wird die Minnedichtung mit dem einzigen Satz abgetan, sie habe im Vergleich mit dem höfischen Roman »mit der Realität noch weniger zu tun«. Punktum. Dies das erste und letzte Mal, wo der Minnelyrik in diesem Buch »gedacht« wird. Entweder hat diesen Satz rührende Einfalt geboren, oder er ist ein wissenschaftlicher Skandal.

Aldous Huxley hat einmal in einem geistvollen Traktat über die »Moden der Liebe« gehandelt und dabei daran erinnert, wie sehr »Liebe« Gesetzen und Konventionen, Stilen und Idealen unterworfen ist. Paul Kluckhohn hat in seinem Werk über die Auffassung der Liebe im 18. Jahrhundert und in der Deutschen Romantik diese Abhängigkeiten auf breiter Ebene nachgewiesen. Natürlich steht auch die mittelalterliche Minnedichtung, um es anders zu sagen, die hochhöfische Dichtung in Zeit und Geschichte, sie hat in der Empfindung für die Polarität der Geschlechter einen Stellenwert, den man gar nicht überschätzen kann. Man vergleiche nur einmal den Anspruch der hohen Minne, den die staufische Klassik – jene nur politisch zu wertende Wende vom 12. zum 13. Jahrhundert – gestellt hat, mit den arg menschlichen, um nicht zu sagen kläglichen Verhältnissen, die am Hofe Karls des Großen geherrscht haben. Alkuin warnt einen seiner Schüler vor den »gekrönten Tauben, die in den Räumen des Palastes herumfliegen«. Daß die Warnung am Platz war, zeigt die Liste der »verführten« Töchter Karls, der bekanntlich späterhin seine Konkubinen am Hofe unterbrachte. Einer der Chronisten spricht vom »beschmutzten kaiserlichen Lager«. So viel ist sicher, daß von einer Kultur in Dingen der Liebe keine Rede sein konnte. Liebe war kein Thema. Die berühmte »karolingische Renaissance«, die historische Leistung dieser Epoche, meint Errungenschaften im Bildungs-, Wirtschafts- und Verwaltungsbereich, nicht Verfeinerungen in den Beziehungen der Geschlechter zueinander. Die Freundschaft wird in Briefen der Karolingerzeit weit mehr gefeiert als die Liebe.

Es ist freilich nicht leicht, historische Wirklichkeit und Minnesang zueinander zu bringen, entzieht sich doch diese Dichtung dem biographisch-anekdotischen Zugriff und zielt in einen Raum der überpersönlichen Fiktion, der reinen Kunst, der Idee. Worte wie frouwe, minne, guot, edel, liebe, lîp, herze, das Grundvokabular also des Minnesangs, sind kaum übersetzbar. Und doch lassen sich konkrete geschichtliche Nahtstellen zwischen Dichtung und Zeit herausspüren. Die höfisch-ritterliche Poesie hat die Liebe gewiß nicht entdeckt. Es gab auch früher »Liebesgedichte«. Wir denken an jenes zweisprachige Gedicht, gegen Ende des 10. Jahrhunderts, auf die freigebliebene Seite eines älteren Rechtstextes geschrieben, mit einem romanischen Refrain, der die volkstümliche Tradition von Liebesliedern mit der kirchlich-gebildeten Tradition des geistlichen Morgenhymnus verbindet: das »älteste erhaltene romanische Liebesgedicht« (G. Hilty), ein volles Jahrhundert vor Beginn des provenzalischen Minnesangs.

Indessen hat die Minnedichtung das Zueinander von Individuum und Liebe erst recht entdeckt und der Liebe einen neuen Sinn, der »Gesellschaft« ein neues Tugendsystem gegeben, wobei die soziologische Konstellation nur der äußere Anlaß für die Bewegung eines viel umfassenderen geschichtlichen Vorgangs geworden ist. In Minnelyrik und höfischem Roman geschieht »praktisch zum ersten Male seit dem Untergang der Antike« (M. Wehrli) der Durchbruch zu einer profanen, humanen Kunst mit eigener Ethik und einer eigenen Religion: zweifellos eine der tiefsten Zäsuren in der Geschichte der Literatur und, vor großem geistesgeschichtlichen Hintergrund gesehen, ein Vorgang, der »zu den unsterblichen Vermächtnissen der Kultur der Menschheit« (J. Le Goff) zu rechnen ist.

Es ließen sich Belege finden für die historische Resonanz. Maßnahmen zum Schutz werdender Mütter tauchen erstmals zu Ausgang des 13. Jahrhunderts auf. Wer sagt uns, daß solche

Neuerung mit der durch den Ton der Minnelyrik geschaffenen neuen Seelenlage gar nichts zu tun hat? Die courtoisen Manierenvorschriften, die der Stauferklassik folgen, dokumentieren doch nachdrücklich Veränderungen im Lebensgefühl, eine Mäßigung der Affekte, eine Modellierung des Verhaltens und des ganzen emotionalen Lebens. Sie heben sich deutlich ab vom rüden Männerton der Krieger-Korporationen und haben den Zivilisationsprozeß auch sehr beeinflußt. Minne als »zuht« meint innere Disziplin, die bei Walther übrigens einen – politisch und damit geschichtlich-wirklich datierbaren – nationalen Klang erhält (»tiuschiu zuht gât vor in allen«, deutsche Lebensart übertrifft die anderen alle). Minnelyrik kann sehr wohl zum Instrument eines ständigen Prestigekampfes zwischen den einzelnen Herren werden, auch dies ein Beleg für vielerlei Zusammenhänge mit der historischen Wirklichkeit. Letztlich ist Minnesang weniger Zierat der Geselligkeit und des Gesellschaftsspiels als politischer Panegyrikus, der, wenn auch verschlüsselt, Realitäten meint.

Unter den Erklärungen, die man sich zur Entstehungsfrage des Minnesangs gemacht hat, überzeugt diese am raschesten: Minnesang ist der Wunsch, bei Hofe anzukommen. Das wäre eine nahezu triviale Realität. Aber der Patronage bedurfte der »Sänger« damals in ganz existenziellem Maße, zumal er nichts anderes als ein »Aufsteiger« war. Minnesang meint immer die Beziehung des sozial niedriger stehenden Mannes zu einer sozial höherstehenden Frau: das Bild von der Frau als einem zweitrangigen und gar mit erblichen Makeln behafteten Wesen muß hier verschwinden. Daß der Minnesang die Frau des Mittelalters in einer gesellschaftlich-realen Umgebung, aber auch im tief geistigen Sinne auf eine ungeahnte Höhe gehoben hat, ist ohne Zweifel.

Indessen machen einem die Nachweise, wie es zu dieser leiblich-seelischen Revolution gekommen ist, gerade in Anerkennung solcher Wende und solcher Modernisierung, um so mehr zu schaffen. Hinweise auf die in fast allen Lebensbereichen

82 *Maria, das Kind säugend. Aus der »Geistlichen Auslegung des Lebens Jesu Christi«, gedruckt bei Johann Zainer in Ulm, um 1485.*

spürbare »Renaissance des 12. Jahrhunderts« bringen nicht viel, auch nicht die Reminiszenzen an französische oder frankopro-venzalische Vermittlungen, an die volle Ausbildung des poli-tisch-kriegerischen Feudalwesens und die Wirkungen der Kreuz-züge, an gewisse ketzerische Strömungen, die dann für die asketische Sinnlichkeit in der Minnelyrik verantwortlich wären. War es die weltliche Weiterentwicklung einer mönchisch-ritter-lichen Tradition, die in der zisterziensischen Marienverehrung schon Vorbilder abgegeben hatte? War es der – intellektuell, seelisch bewältigte – Ausbruch aus der Burg, aus einer Inselwelt, die eine erotische Hochspannung erzeugt hatte? Der Ausdruck einer gefolgschaftsmäßigen Huldigung und also doch, wie man's wenden will, eine letztlich nur politisch zu verstehende Huldi-gung? Oder haben wir dem Gedankenkreis vom Gefolgschafts-ethos eine eher gegensätzliche Motivation vorzuziehen: Minne-lyrik als der dichterische Protest des »Untergebenen« gegen die bestehende Institution der Ehe, gegen das zeitgenössische Sozial-gefüge, ja gegen die kirchliche Sexualethik? Und wie wäre mit

428

dieser Deutung zu vereinen, daß Minnelyrik doch allemal in Formen einer Ritualisierung der sexuellen Begierde erscheint und dieser angeblich antifeudale Zugriff nirgendwo seinen feudalen Habitus ablegen kann?

Die Frage drängt mehr und mehr: was ist Minne? Heinrich von Veldeke, einer der früheren Minnesänger, hat sich diese Frage im gleichen Wortlaut vorgelegt, in dem inzwischen berühmt gewordenen »dore got, wat is minne?« (In Gottes Namen, was ist Minne?) Die Antwort, abzielend auf die Herrschaft der Minne über die ganze Welt bis zum Jüngsten Tag, erscheint uns unpräzise genug; es ist nur die Funktion umschrieben, nicht die Begrifflichkeit. Die »Spielregel« sah etwa so aus: der Dichter, ritterliches Glied einer Hofgesellschaft, sieht seine einzige Aufgabe darin, die übermächtige Liebe zu seiner Dame zu bekennen. Sie ist bereits verheiratet, ihr Name darf, sonst wäre sie kompromittiert, unter keinen Umständen genannt werden. Der Dichter, möglicherweise selbst verheiratet, liebt seine Dame seit Kindesalter. Er sehnt sich vergeblich nach ihrer Huld, ja das letzte Ziel seiner Wünsche wird mitunter sehr offen genannt. Aber die Dame ist der Inbegriff des Höchsten und Schönsten; sie beugt sich nicht zum Liebhaber herunter. Erfüllte Minne wäre keine Minne mehr.

Der Unterschied zur »niederen« Minne, zum Alltag der Liebe, wo sich der Stärkere, der Mann, die Frau als »das« Gegenüber »herholt«, wo er eben kann, ist freilich augenfällig. Minne in diesem hohen Sinne kann einen schon benommen machen. Hartmann von Aue sieht seinen Iwein in dieser von Leidenschaft gestörten Lage: »im ist benamen vergeben, / ode ez ist von minnen komen / daz im der sin ist benomen« (Er muß tatsächlich vergiftet sein, / oder die Minne hat es angerichtet, / daß er den Verstand verloren hat). Aber »Minne« zielt auf Bewältigung des Eros und auf dessen Integration. Die verzehrende Sehnsucht und Absolutheit der Tristan-Liebe führt, in einer exklusiven Steigerung des lyrischen Minnedienstes, an Grenzpositionen heran, die schon – mit keinesfalls zufälligen Reminiszenzen übrigens an

Heidnisches – nicht mehr »normale« Minne ausdrücken, sondern heimlichste, gefährlichste Zonen einer Konkretheit. »Ichn denke ir nâhe« (ich denke nahe zu ihr hin), heißt es in einem der Lieder Friedrichs von Hausen. Minnelyrik ist wesentlich nicht Aussage der Liebe, sondern Reflexion über sie, nicht Rede über eine (bestimmte) Frau, sondern über das Weibliche überhaupt, »Sô wol dir, wîp, wie reine ein nam!« (Wohl dir, Frau, welch makelloses Wort!), so heißt die klassische Zeile Reinmars, die Walther so gepriesen hat. In ihr wird nur noch der Name, der Begriff des Weiblichen gefeiert, und sie macht vollends offenbar, wo der Minnesang im mittelalterlichen Bild von der Frau diese klägliche Frauenfeindschaft radikal aufgehoben und neue Akzente gesetzt hat.

Das spätere Mittelalter, wir hätten das über aller – unumgänglichen – Bestandsaufnahme von roher, sehr direkter Sexualität fast nicht mehr erwartet, kennt feinste Bekundungen von Liebe. Dazu hat der Minnesang den Grund gelegt. Plötzlich hat sich die Düsternis jener verquälten theologischen Sexualtheorien und dieser zynischen, in grobem Zugriff sich erfüllenden Geschlechtlichkeit verzogen: eine Landschaft der Liebe, die nicht zarter sein könnte. Der erotische Kern des Minnesangs ist echt. Das – wesentlich ständisch zu verstehende – Wort von der Rollendichtung kann nicht darüber hinwegtäuschen, daß alle die Großen unter den Minnesängern aus wirklich Erlebtem schöpften. Wir wollen nicht leugnen, daß die Umsetzung von Leidenschaft in Selbstverleugnung aus dem Vermächtnis des Minnesangs allemal herauszuhören ist, daß Wolfram seinen »Parzival« für eine Frau geschrieben hat, daß vergeistigte Liebe, im Geistigen sublimierte Liebe gemeint sein wollte. Aber das Ideal hat die Wirklichkeit nicht unterdrücken, sondern sie nur erheben können: es sind dem Minnesang köstlichste Zeugnisse von Liebe entsprossen.

Walther von der Vogelweide hat, anknüpfend an die frühhöfische Lyrik des Kürenbergers und Dietmars von Aist, die strenge, festgelegte Künstlichkeit und den Scheincharakter dieser überpersönlichen Gesellschaftskunst vollends durchbrochen; er beginnt zu sagen, was er wirklich empfindet. Die weite, freie ländliche Natur, der leuchtende Sommer, die blumenüberglänzte Frühlingswiese: das alles ist nicht mehr nur poetischer Schmuck, sondern die wirkliche Szenerie. Walther vollzieht den Übergang von der Kunst zur Natur, vom Gesellschaftlichen zum Erlebnis – und Bekenntnishaften, von der Minne zur Liebe. Und er huldigt nicht – nur – der unnahbaren Herrin, sondern wendet sich auch an das Mädchen, das ihn entzückt:

Herzeliebez frowelîn,
got gebe dir hiute und iemer guot.
kund ich baz gedenken dîn,
des hete ich willeclîchen muot.
was mac ich dir sagen mê,
wan daz dir nieman holder ist? owê, dâ von ist mir vil wê.

(Herzgeliebte kleine Herrin, / Gott gebe dir heut und immer Gutes! / Könnt ich dich besser begrüßen, / so würd ich es gerne tun. / Was kann ich dir mehr sagen, / als daß niemand so hold ist? O weh, / davon muß ich viel leiden.)

Als Anmut und Güte eines Mädchens von geringem Stande Besitz von diesem Manne ergriffen, tauscht er die ferne »frowe« mit dem nahen »frowelin«. Über Reichtum und Schönheit stellt er die unverfälschte und ganze Herzensliebe. Allein diese paar Buchstaben sind ein Dokument dafür, daß der Mensch des Mittelalters, der Alltag des Mittelalters diese innerlichste und schönste Form der Zuneigung: Liebe auch erlebt hat. Walther kann seinem Mädchen zurufen: Mögen die anderen, die vornehmen Damen, edel sein und reich und hochgemut: du bist gut! »Nemt, frowe, disen kranz«: dem Mädchen, das ihm gefällt, bietet er eine Frühlingsgabe an und fordert es auf zu ländlichem Tanz und zum Besuch der Blumen und Vöglein des Waldes. Errötend nimmt es an und folgt ihm. In seinem Glück freut er sich so sehr, daß er erwacht: alles war nur ein Traum. Doch nun

muß er den ganzen Sommer lang allen Mädchen unter den
breiten Sonnenhut schauen, ob er nicht doch die Geträumte
wiederfindet. Am schönsten und beseeltesten, dem Volkslied am
nächsten, erklingt der Ton der Liebe in jenem Lied, das unsterb-
lich geworden ist:

> Under der linden
> an der heide,
> dâ unser zweier bette was,
> dâ mugt ir vinden
> schône beide
> gebrochen bluomen unde gras.
> vor dem walde in einem tal,
> tandaradei,
> > schône sanc diu nahtegal.

(Unter der Linde, / auf der Heide, / da unser beider Lager war, / da
könnt ihr schön / gebrochen finden / die Blumen und das Gras. /
Vor dem Wald in einem Tal – / tandaradei – / sang schön die
Nachtigall.)

Das ist schonendes Hineindenken in das Herz der Geliebten,
indem der Dichter, der Mann, müssen wir sagen, das Mädchen
selber sprechen läßt, in unvergleichlich schwebendem Verhüllen
und Andeuten, ergriffen, jubelnd, schamhaft und neckisch zugleich, wobei der Naturlaut des Vogelrufs – tandaradei – in der
Mädchenrede selbst wiederkehrt. In welchem Maße ein solches
Gedicht »nur« Poesie, hochartifiziell ist, kommt kaum zu Bewußtsein. Hätte uns das Mittelalter nur dies Lied beschert, wir
wären allein mit diesem document humain hundertfach ent-
schädigt für alle die übrigen mittelalterlichen Zeugnisse von
»Liebe« als bloßem Rudiment animalischer Begehrlichkeit.

Walthers Mädchenlieder sind ein Zwischenspiel, kein endgül-
tiger oder gar vollzogener Abstieg zur »niederen Minne«. Walthers letztes Wort bleibt eine Liebe, in der die hohe Idee der
Minne und des reinen Namens der Frau weder ins unwahr

Verstiegene noch ins genrehaft Anspruchslose entartet, wo vielmehr »friundîn unde frowe in *einer* waete« (Freundin und Frau in einem Gewand) erscheinen, wo im Antlitz der Geliebten die spirituellen Züge und die Verkörperung menschlicher Ideale deutlicher hervortreten. Der höfische Horizont ist nur noch Umriß. In der Ferne gewinnt das Ewigweibliche Gestalt, in der Qual und dem Glück der Liebe, die sich den zeitlichen und den soziologischen Bindungen entzogen hat:

> Wol mich der stunde, daz ich sie erkande,
> diu mir den lîp und den muot hât betwungen,
> sît deich die sinne sô gar an sie wande,
> der si mich hât mit ir güete verdrungen.
> daz ich gescheiden von ir niht enkan,
> daz hât ir schoene und ir güete gemachet,
> und ir rôter munt, der sô lieplîchen lachet.

(Wohl mir der Stunde, da ich ihr begegnete, / die mir den Leib und das Leben hat bezwungen, / seit ich meinen Sinn so ganz an sie wendete, / um den sie mich mit ihrer Güte gebracht hat. / Daß ich von ihr nicht zu scheiden vermag, / das hat ihre Schönheit und ihre Güte gemacht / und ihr roter Mund, der so lieblich lacht.)

Wir werden dieses Gedicht als das nehmen müssen, was es ist: ein männlich-knappes Bekenntnis zur Urkraft der Liebe, zur Schönheit und Reinheit der Frau. Es gibt eine Art von Mißtrauen, das Bekleidetes und Verhülltes, Reines und Keusches von vornherein nur für verlogen halten und hinter den Aktionen der Geschichte nur immer die bösen Techniken zur Festigung der Herrschaft erkennen kann. Auf das Mittelalter bezogen hieße das, in den Bemühungen der Kirche und ihrer Diener nur Augenwischerei, nur »Opium für das Volk« sehen zu wollen, im Vorantritt, den der Ritter seiner Dame gewährt, nur den schäbigen Trick des Schlitzohrs, der nicht weiß, ob nicht etwa Feinde in dem zu betretenden Raume sind, lieber läßt man einmal die Frau voran. Auf unser Gedicht bezogen hieße das, daß dies nicht die ganze Wahrheit sein kann, daß noch etwas von sogenannten »desillusionierenden« Absichten dahinterstecken muß, die unseren prominenten Gewährsmann »auch nur« als Menschen präsentieren.

Dietrich Bonhoeffer sagt einmal, »das Mißtrauen und der Argwohn als Grundverhalten gegen die Menschen« sei »der Aufruhr der Minderwertigen«. So sehr eine bestimmte moderne, angeblich soziologisierende Wissenschaftsrichtung sich bemüht, auch aus den kirchlichen und weltlichen Unternehmungen des Mittelalters lediglich Manöver zur Stützung der »Herrschaftsstruktur« herauszulesen, so wenig wird sie uns weismachen können, daß ein Gedicht wie dieses noch des »Hintergrundberichtes« bedarf. Das hier ist eine mit allen Sinnen erlebte Liebe *und* der Versuch, sie in den hergebrachten ordo zu integrieren. Nicht caritas und nicht concupiscentia sprechen aus diesen Zeilen, sondern echtes, tiefes Liebesempfinden, ohne alle Frivolität, aber getragen von schwerem, verantwortetem Ernst.

Er kann im Minnesang eingebunden sein in das Höchste, was diese mittelalterlichen Generationen überhaupt sehen konnten: die geschaffene Welt nicht als Material und Handwerkszeug, als technische Aufgabe, sondern als ein von Gott ins Dasein gerufenes Gegenüber, das der Treuhandschaft des Menschen anvertraut ist. In dieses Ja zur Schöpfung kann menschliche Liebe eingebunden sein, als das höchste irdische Geschenk und die gleichzeitig schönste Besiegelung der göttlichen Transparenz. Albrecht von Johannsdorf, zeitlich und geistig in unmittelbarer Nähe, hat dieser christlich fundierten Menschenliebe schönsten Ausdruck gegeben. In einem seiner Sprüche erzählt er, wie er und »ein wîp« in Zwist geraten seien. »Nu waenet si dur daz ich var / daz ich si lâze frî« (Nun hofft sie, wegen meiner Fahrt, / daß ich sie freilasse).

Ob ich si iemer mêre gesehe,
desn weiz ich niht für wâr.
dâ bî geloube mir, swes ich ir jehe,

83 *Mädchen mit Haube und perlenbesetztem Stirnreif. Federzeichnung in*
Braun von Martin Schongauer, Ausgang 15. Jahrhundert.

ez gêt von herzen gar.
ich minne si vür alliu wîp
und swer ir des bî gote.
alle mîne sinne und ouch der lîp
daz stêt in ir gebote.
in erwache niemer ez ensî mîn erste segen
daz got ir êren müeze pflegen
und lâze ir lîp mit lobe hie gestên.
dar nâch êweclîche
du gip ir, herre, vröide in dîme rîche,
daz ir geschehe alsô, als müeze ouch mir ergên.

(Ob ich sie jemals wiedersehe, / das weiß ich wahrlich nicht. /
Drum glaube sie mir: was immer ich gestehe, / es kommt ganz
von Herzen. / Ich liebe sie vor allen Frauen / und schwöre ihr's zu
bei Gott. / Mein ganzer Sinn und mein Leben / steht in ihrem
Gebot. / Ich wache niemals auf, daß nicht mein erster Segens-
wunsch sei, / Gott möge für ihr Lob sorgen / und lasse sie in Ehren
hier bestehn. / Darauf in Ewigkeit / gib ihr du, Herr, Freude in
deinem Reich, / daß ihr so geschehe, wie's auch mir ergehen
möge.)

Wer Gott nicht dient, immer wieder sagt es Hartmann von
Aue, kann auch der Frau nicht dienen. Sie ist die Hüterin aller
höchsten Güter des Lebens, und ihre Ehre ist fest verankert. Die
Ritterpoesie »schafft eine neue Grundlage für die Würde des
Menschen« (A. J. Gurjewitsch), indem sie der Frau eine moralisch höhere Funktion zuweist, mit der sie zur gleichsam mode-
rierenden Kraft der Gesellschaft wird. In dieser kopernikani-
schen Umkehr des mittelalterlichen Frauenverständnisses vom
bloßen, ausgelieferten Gattungswesen zum unverwechselbaren
Individuum mit seinem ganz eigenen Persönlichkeitswert liegt
die großartige – und freilich geschichtlich greifbare und wirksame – historische Leistung des Minnesangs.

Und gewiß auch darin, daß er »moderne« Liebe in Ausdrucksformen, in Worte gebracht hat. Die – wiederum geschichtlich tief

wirksame – Marienverehrung und die vielgestalte Hinwendung zur »Mädchen-Frau« in der spätmittelalterlichen Malerei profitieren ebenso davon wie Liebeslied und Liebesbezeugung am Ausgang des Mittelalters, bis hin zu den »letzten Rittern« dieser Epoche, zu Hugo von Montfort oder Oswald von Wolkenstein, bis hin zu Johannes von Tepls gewaltig instrumentiertem Gebet in seinem »Ackermann aus Böhmen«, das der Verherrlichung Gottes ebenso gilt wie der Ehrung der Frau, ja bis zu den Spruchdichtern und Meistersingern, die, wenn sie schlichte, echte Liebe meinen, immer wieder zu den Farben des Minnesangs zurückgreifen. Mag man sich das Liebesgedicht – und mithin die Liebesauffassung – der Moderne überhaupt vorstellen ohne die Vorgaben des Minnesangs?

Grundelemente voll erfüllter Liebesbindung, wie das 12. Jahrhundert sie versteht, sind die freiwillige Hingabe und der eigene Willensentscheid über eine mögliche Weigerung. Pflichten kennt diese Liebe nicht. Die von allen Kanzeln gelehrten Pflichten der Ehe stehen solcher Freiheit entgegen. Die Lieder der Stauferzeit – nicht des späteren Minnesangs – reflektieren über die Ehe nicht. In der französischen Version der Troubadourlyrik wird abgelehnt, daß Liebe im idealen Sinne zwischen Verheirateten überhaupt bestehen kann. Zwischen deutscher »Minne« und Ehe gibt es Nahtstellen. Wolfram, das Tagelied in ganz unkonventioneller Weise in eine neue, leidenschaftliche Plastik formend, wagt die Pointe, daß das schönste nächtliche Stelldichein das mit der eigenen Gattin sei: »er mac des tages erbeiten: / man darf in niht ûz leiten / ûf sîn leben. / ein offen süeze wirtes wîp kan sölhe minne geben« (er kann den Tag abwarten: / man muß ihn nicht wegführen / um seines Lebens willen. / Ein offen süßes Eheweib kann solche Minne geben). Hier ist, auf dem Umweg über die Minne, wohl nicht ganz ohne einen ironischen Unterton, jene Ehe entdeckt, die der Minnesänger Herrand von Wildonie, ein militärisch und politisch führender Ritter der Steiermark, zu Ende des 13. Jahrhunderts zur komisch-grausamen Konsequenz ausmalt:

...dâ sî vant
ein schaere, und stach vil balde dar
ir selben ûz ein ouge gar,
daz ez ir über ir wengel ran...

(da fand sie eine Schere, und stach kurzerhand sich selbst ein Auge aus, so daß es ihr über ihre Wangen rann.)

Der Ritter, er selbst wenig ansehnlich und seiner Gattin in großer Liebe hingegeben, verliert im Kampf ein Auge. Die schöne Frau zeigt ihm ihre unverbrüchliche Treue, indem sie in die Kemenate geht und sich selbst den gleichen Schmerz zufügt. Aus der »Gleichheit«, wie sie die Naumburger Stifterfiguren dokumentieren, aus der geistigen Ebenbürtigkeit der Frau (den adligen Frauen dort ist als Sinnbild nicht etwa die Spindel, sondern das Buch beigegeben) ist die nachfolgende, folgsame »Hausfrau« geworden. Aber die Ehe ist damit auch zum literarischen »Thema« geworden. Das Minnelied spricht nun von Liebe und Ehe in ihrem ganzen menschlichen Bereich, und in zunehmendem Maße werden beide zum Gegenstand einer schon individualisierten, persönlichen Aussage; die Gedichtsammlungen Hugos von Montfort und Oswalds von Wolkenstein wirken wie Tagebücher einer gänzlich persönlichen Handschrift dazu.

Die altgermanische Ehe hatte einen durchaus patriarchalischen Boden: die Frau untersteht der Muntgewalt und ist rechtlich weitgehend handlungsunfähig, wenn man den Sippenvertrag zur Ehe bedenkt, nur Objekt. Der kirchliche, erst im Verlaufe des 12. Jahrhunderts sich voll etablierende Rechtssatz »consensus facit nuptias« (erst die rechtlich-vermögensmäßige Übereinstimmung der beiden Ehepartner ermöglicht die Eheschließung) legt die persönliche Gleichberechtigung von Mann und Frau wenigstens im Ansatz zugrunde. Er ist sehr viel moderner als die theoretisch-theologische Beisteuer, die man der mittelalterlichen Ehe mit auf den Weg gab. Die paulinische Auffassung gesteht der Ehe keinerlei Eigenwert zu. Augustinus ersinnt die sonderbare Lehre von der »Paradieses-Ehe«, in welcher der Zeugungsakt ohne leibliche Lust vollzogen worden sei. Der Scholastiker Peter Abälard (1079–1142) fragt sich, Augustinus folgend: »Ist bedrückendere Unterjochung denkbar als die des Menschen, der nicht mehr Herr seines eigenen Körpers ist?« Die Ehe ist nicht dazu da, so Jonas, der Bischof von Orleans, schon im 8. Jahrhundert, um die Sinnenlust des Mannes zu befriedigen, sondern um den Fortbestand des Menschengeschlechtes zu sichern. Die »procreatio prolis« (die Hervorbringung der Nachkommenschaft) ist die einzige Rechtfertigung. Noch im späteren Mittelalter beherzigt man sie nur mit allergrößter Distanz. Noch Eustache Deschamps, der bedeutendste französische Dichter des ausgehenden 14. Jahrhunderts, stellt seine Tausende von Versen in »Le miroir de mariage« unter die beiden Devisen »Glücklich, wer keine Kinder hat« und »Glücklich, wer unverheiratet ist«.

Das 12. Jahrhundert bringt die Institutionalisierung auch im kirchlichen Sinne. Jetzt wird die Ehe als familiengründendes Institut und dadurch als Fundament für das menschliche Leben und dessen Ordnung zu den Sieben Sakramenten gezählt. Die Orte des Eheschlusses im Verlaufe der mittelalterlichen Generationen – vom Privathaus oder Versammlungsplatz zum Vorplatz der Kirche, zum Portal der Kirche und schließlich zum »Traualtar« im Kircheninneren, vom Standesamt reden wir noch nicht–, illustrieren den Weg der Ehe als Institution aufs deutlichste. Seit dem Hochmittelalter ist schriftlich niedergelegt, daß ein Zusammenleben ohne rechtliche Schließung der Ehe verboten ist und die Frau unehrlich macht. Dagegen ist der Brauch, daß die jungvermählte Frau zum Manne zieht, nicht immer und überall gegeben. Der Augsburger Kaufmann Hans Rem, aus einem der Geschlechter, die Augsburg zur großen Handelsmetropole gemacht haben, hat Söhne und Töchter »alle mit seim gemachel ob ain Jar in seim haus und cost gehalten«. Ehebruch wird streng bestraft. Wenn der Ehemann seine Frau, so die Bestimmung des Lilienfelder Banntaidings von 1495, mit einem Ehebrecher auf frischer Tat ertappt, ist er befugt, selbst zu richten. Bringt er die

Angelegenheit jedoch vor Gericht, soll so geurteilt werden, daß man Frau und Ehebrecher zusammenbinde, beide in eine Grube werfe, in der Art, daß die Frau unten und der Mann oben zu liegen kommt, und mit einem Schlegel einen Stock durch beide schlage.

Mag sie noch so frauenfeindlich sein und hadern mit den keifenden, bösen Eheweibern, die bürgerliche Literatur, ehe-feindlich ist sie nicht. Gutes Handwerk bedingt auch eine gute Ehe. Heinrich Stainhövel (1412–1477/78), aus alter Esslinger Patrizierfamilie, seit 1450 Stadtarzt im reichen Ulm, gibt sozusa-gen einen Kurztitel aller seiner Dichtungen, wenn er vermerkt, er habe »von staettigkait vnd getruwer gemahelschafft so manger frowen geschriben« (über die Beständigkeit und über die treue Führung der Ehe so mancher Frauen geschrieben). Tatsächlich haben wir, wenn auch »Ehe« in allen Literaturen eines der einförmigsten und unergiebigsten Themen zu sein scheint, rüh-rende Zeugnisse für Ehen, in denen eine liebende Gemeinschaft-lichkeit zu Hause gewesen sein muß.

Man sucht sie am besten im Alltag und am Wege. Die Caritas Schmidt, die seit 1445 mit dem reichen, im Osthandel tätigen Nürnberger Albrecht Scheurl verheiratet ist, unterschreibt in ihren Briefen an den in Schlesien weilenden Ehemann mit »Eure Liebste«. Die drei Söhne ließen ihn sehr grüßen. Sehnsucht hat sie nach ihm. »Und, lieber man, ich pit (bitt') euch auf alle freuntschaft, das ihr wolt heimer kumen zu mir und zu euren sun und euer fremtheit auf wolt lassen.« Ist das nicht, in seiner herzlichen Einfachheit, ein schönes Zeichen für mittelalterliche Ehe? Natürlich gibt es auch Enttäuschungen, die Niederungen der Gewöhnung, alle die Kehrseiten des Allzumenschlichen. In Burkard Zinks vierte und letzte Ehe trat, wie seine Chronik meint, ein »zorniges weib«. Und er reagiert, wie das Männer seines – fortgeschrittenen – Alters wohl häufiger machen: »Also laß ich das weib leben und tuen was sie will und han mich gar darein ergeben von meiner kind wegen.« Die Kinder, die will der Vater vor dem Beißzänglein retten. Und es muß solche weib-

84 *In den neunziger Jahren des 15. Jahrhunderts hat Israhel van Meckenem sich selbst und seine Frau in einem Kupferstich festgehalten, nicht nur ein schönes Zeugnis für die mittelalterliche Wirklichkeit der Ehe, sondern auch, als frühestes graphisches Selbstbildnis, ein deutliches Beweisstück für den Einbruch von »Realismus« in dieser Zeit.*

lichen Hausteufel gegeben haben. Ein Gerichtsprotokoll von 1478 hält fest, daß die Ehefrau einen Holzschuh habe auf ihrem Mann entzweigeschlagen, ein Drucker von seiner Frau geschlagen und aus dem Bett geworfen worden sei, und einem dritten »ist sein lieb frouw in das antlit gefallen und hat im die backen zerrissen«. »Sein lieb Frau«: der Protokollant dürfte bei Anbringung dieser Reverenz einen bitteren Geschmack zu unterdrücken gehabt haben.

Aber Zink hat 1420 die Elisabeth, eine arme Magd, geheiratet. Sie war in Stellung bei jenem Kaufmann, bei dem er selbst diente. Der Patron muß das als eigenmächtige Handlung empfunden haben, jedenfalls hat er den Zink entlassen. Die beiden waren in großer Not. Burkard kann nur in sein Tagebuch kritzeln: »doch was (war) mir das weib lieb und was gern bei ir.« Aber auch die Elisabeth ist ihm »hold« und weiß ihre Liebe mit den Forderungen des Tages zu verbinden. Was sie ihm sagte, hat Burkard auch festgehalten: »Mein Burkart, gehab dich wol und verzag nit, laß uns ainander helfen, wir wöllen wol auskommen.« Sie spinnt, verdient also mit, er wird Lohnschreiber bei einem Geistlichen (»und mein weib und ich saßen zusammen, und ich schrib und sie span«). Eine junge, tapfere Ehe. »Doch seien wir oft bei ainander geseßen die gantzen nacht und gieng uns gar wol und gewunnen was wir bedorften.« Zink hat dieser Ehe noch Jahrzehnte später gedacht.

Frühes Heiraten war üblich. Daß man in Hochadelskreisen aus politischen Gründen Kinderehen schloß, wissen wir. Moritz, der dritte Lehnsherr von Berkeley, ehelichte im 13. Jahrhundert – dem gleichen Jahrhundert, in dem der achtjährige Friedrich II. 1202 erstmals verlobt wurde – Eva, die Tochter des Seniors von Zouch. Braut und Bräutigam waren acht Jahre alt. Elternfreuden genossen sie bereits vor ihrem vierzehnten Lebensjahr. Nicht selten lebten miteinander vermählte Minderjährige für Jahre getrennt bei ihren Eltern oder Vormündern. Die Kirche gab das Recht, zu heiraten, sobald die Geschlechtsreife erlangt war. Dürers Mutter heiratete mit fünfzehn Jahren, Ullman Stromers, des Nürnberger Patriziers zweite Frau, mit vierzehneinhalb Jahren, seine Tochter mit vierzehn. Zeitweise mußte der Nürnberger Rat verbieten, daß Lehrlinge heirateten. War ein Ehepartner verstorben, wählte man oft schon wenige Monate später den nächsten. Daß man warten müsse, bis man heiraten könne, bis man wirtschaftlich etabliert sei, war wohl bürgerliches Denken und ist auch praktiziert worden, aber Regel und Konvention war das keinesfalls. In der bäuerlichen Gesellschaft, wo Ehen noch am ehesten, und zwar nach pragmatischen und biologischen Gesichtspunkten, vermittelt wurden, und dies weit bis in die Neuzeit hinein, war die Altersgrenze unmittelbar mit derlei »Verträgen« gekoppelt und damit auch ganz unvernünftigen, ganz papierenen Lösungen entzogen. Andererseits waren damit auch »Zwangsehen« verbunden. Die Zwanzigjährige hatte einen leidenden Witwer von fünfzig zu heiraten, die sechzehnjährige Tochter, einziges Kind des Handwerksmeisters, den Altgesellen und so fort: die Töchter trugen die Last der üblichen »Heiratsverträge« doppelt, zumal in den meisten Rechtslandschaften das Erstgeburtsrecht nur für die männlichen Erstgeborenen galt und der Erbanspruch der Söhne vor denen der Töchter rangierte.

Neben den Spottbildern der Heirat, das Mädchen an der Hand des greisen Hagestolzes, der junge Geselle an der ehelichen Seite der reichen Witwe, stößt man vereinzelt freilich auch auf Liebesheiraten; sie sind nicht erst mit der Romantik aufgekommen. Vielleicht hat sich der Adel, verständlicherweise, den Möglichkeiten, Persönlichkeit und Liebe sich durchsetzen zu lassen, freier hingegeben. Mathilde von Toskana, in ihrer kämpferischen Selbstsicherheit schon fast eine Gestalt der Renaissance, hat 1102 ihren persönlichen Besitz dem Papsttum übergeben und in zweiter Ehe den um viele Jahre jüngeren Herzog von Bayern geheiratet; politische Erwägungen waren wohl vorhanden, konnten aber kaum den Ausschlag geben. Daß Eleonore von Aquitanien, nach Auflösung ihrer Ehe mit Ludwig VII., bei Nacht und Nebel bis Poitiers durchritt, um den Grafen von Anjou zu ehelichen, dem sie zehn Jahre voraus hatte, gehört sicherlich in das gleiche Kapitel, auch die Ehen aus dem Niederadel, in denen Töchter angemessene Partien ausschlagen und einen selbstgewählten Partner zunächst privat, dann kirchlich heiraten konnten. Am seltensten war wohl in bürgerlichen Kreisen die »Hausfrau« – so sprach man im allgemeinen von seiner Ehefrau – auch die Geliebte. In den erhaltenen Briefwechseln etwa der Nürnberger Scheurl oder Paumgartner meint man allerdings Töne ganz »privater« Beziehungen zu hören, die jenseits eines – gar nicht mehr nötigen – Ehe-Kalküls liegen mochten.

In den großen Bürgerstädten vom Schlage Nürnbergs dürfte man sich im allgemeinen an diesen Ritus gehalten haben: nach der feierlichen Werbung durch den Vater oder einen würdigen Herrn kommt die Eheberedung durch den Familienbevollmächtigten zustande, darauf ein fester Vertragsabschluß über die materiellen Bedingungen, vor allem über die Mitgift. Sie spielte eine entscheidende Rolle, auch in bäuerlichen Kreisen, wo Schafe, Schweine, Rinder als Mitgift daherkommen konnten. Die Übergabe von Heimsteuer und Morgengabe an die Ehegattin als Widerlage des Heiratsguts rundet das Bild der Hochzeitspräliminarien ab. Im »Helmbrecht« besteht die Morgengabe aus wertvollen Gewändern. Anderswo geht es weniger poetisch zu, da gibt Gilg der Fleischhacker zu Hollenburg 1420 seiner Frau Elsbeth ein halbes Haus, das er in diesem Ort besitzt, oder Wilhelm der Häusler, also ein bescheidenerer Mann, verschreibt 1417 seiner Frau Beningan drei Wein- und Getreidezehente, die er als Burgrecht vom Stift Göttweig innehatte. Die Großen der Welt haben mehr gegeben. Friedrich der Schöne legte 1313 seiner Gemahlin Isabella von Aragon fünfzehntausend Mark Silber als Morgengabe zu Füßen.

Die »Verlobung« meint ursprünglich das eigentliche Heiratsgelöbnis, das heißt den Handschlag des Paares vor den Verwandten und das Anstecken der Ringe. Man denkt dabei an jenes süße Liedlein, den Schluß eines lateinischen Liebesbriefes einer Nonne aus einer Tegernseer Briefsammlung, der Reminiszenzen an den Verlobungsakt in eine selige Melodie hineinwebt:

Dû bist mîn, ich bin dîn:
des solt dû gewis sîn.
dû bist beslozzen
in mînem herzen:
verlorn ist daz slüzzelîn:
dû muost immer drinne sîn.

(Du bist mein, ich bin dein: / dessen sollst du gewiß sein. / Du bist verschlossen / in meinem Herzen: / verloren ist das Schlüsselein: / du mußt für immer drinnen sein.)

Der Besiegelung dieser nunmehr »abgeschlossenen« Dauer dient der kirchliche Akt der Eheschließung, allmählich, wie wir sagten, vom Kirchenäußeren in die Kirche und schließlich vor den Altar verlegt. Altarbilder namentlich des 15. Jahrhunderts zeigen uns häufiger die Vermählung Mariens, in der Verlöbnis und Heiratsakt zusammenfallen; das Zusammenlegen der Hände des Paares segnet der Geistliche. Es ist die gleiche Zeit, in der Verordnungen zur Einschränkung der Hochzeitstafeln und der Hochzeitsfeierlichkeiten immer häufiger werden; sie werden bis zur Aufklärungszeit nicht mehr verschwinden. Im Melk des Jahres 1497 hat man die detailliertesten Vorschriften vorgelegt, wie man in Zukunft Hochzeit zu feiern habe, unter ausdrücklichem Hinweis, daß das auch für den Allerreichsten zu gelten habe. Bei der Feier des Eheversprechens werden zwei Tische erlaubt, am Tag der eigentlichen Hochzeit dürfen beim »Führmahl« sechs Tische besetzt sein sowie ein Tisch für den Truchsessen. Wird als Festessen Fisch aufgetischt, so soll das bloß in *einem* Gang geschehen. Beim festlichen Abendessen sind nur zwei Tische erlaubt, Fisch darf keiner gereicht werden.

Für das aufwachsende Kind war in Bürger- und Bauernhäusern die Mutter da, in adligen Kreisen die »Amme«. Der Glaube, Nachkommenschaft habe keinen Wert an sich, auch der mutlose Hinweis, die Freuden der Mutterschaft brächten nichts, diese mittelalterlich-seltsamen Dreingaben dürfen nicht darüber hinwegtäuschen, daß man in Haus und Hof offenbar auch von der Gegenmeinung lebte. Wir vergessen nicht, wie wenig gefühlsbetont, nach unseren heutigen Empfindungen, die städtisch-bürgerliche Chronik am Ausgang des Mittelalters sich gibt. Berücksichtigt man diese Nüchternheit, so bleibt immer noch viel Beweismaterial für Elternliebe. Dem Burkard Zink ist ein Jahr nach der Hochzeit ein Bub geboren worden, das Ändlin, »das was sicher als ein hüpsch kind, daß im (ihn) iederman zarten muest«. Der Frankfurter Patrizier Bernhard Rorbach, dem ein Söhnlein bald nach der Geburt starb, hat selbst den Sarg verfertigt: Vaterliebe jenseits von Gesetzlichkeit. Denn die Theorie, daß Elternschaft allein beim Vater liege, war gewiß sehr viel wirksamer und folgenreicher. Sie hat von Aristoteles her die

Scholastik beherrscht und lange bis in die Neuzeit hinein gegolten.

Zur großen Kindersterblichkeit passen die große Kinderzahl und die schnelle Geburtenfolge. Der Ahnherr der Nürnberger Großkaufmanns- und Patrizierfamilie Stromer hatte aus drei Ehen dreiunddreißig Kinder; selten, daß in den folgenden Generationen der Familie bis zum Vorabend der Reformation weniger als sechs Kinder aufwuchsen. Eine der Töchter, Anna, die mit fünfzehn heiratete, brachte in den Jahren 1380 bis 1388 jedes Jahr – mit Ausnahme von 1385 – ein Kind zur Welt. Anna Tucher, die Gattin des Nürnbergers Anton Tucher, gebar in achtzehn Ehejahren elf Kinder. Ihr Mann gehörte zu den reichen, weitgereisten und aufgeweckten Patriziern und hinterließ ein höchst interessantes Haushaltsbuch. Sie selbst hat nicht geschrieben, wie manche ihrer Standesgenossinnen und alle Bauersfrauen. Aber sie hätte jenem Troubadourlied wohl recht gegeben, in dem eine Verfasserin zwei Frauen besingt und dabei die eine, dem Kindergebären als einer himmlischen Strafe geltende Strophe beschließt mit dem Satz: »Und nichts als Entbehrung bringt das Leben dem Eheweib.«

12 Vom broiderlichen leven

Daß weder die Kunst noch die Literatur des Mittelalters eine Person in ihren Eigenarten und ihren individuellen Sonderheiten schildern, ist ein gewiß für unsere Gegenwart nur schwer verständliches Faktum. Gewiß tauchen in den Epitaphien oder Ornamentscheiben, den Brunnenfiguren oder Altartafeln auch »Einzelne« auf. Aber sie sind nicht verabsolutierte, von ihrer sozialen oder politischen Umgebung losgelöste Individualitäten, sondern ganz im Gegenteil Abbilder ihrer Sozialität und nur innerhalb dieser nie aufgegebenen Bindung zu verstehen. Aus der für das 12. Jahrhundert überlieferten, aber wohl älteren Sitte, in den Kirchen über den Gräbern der Ritter deren Waffen, vor allem den Schild aufzuhängen, entwickelte sich der spätmittelalterliche Totenschild, manchmal noch aufzufinden in der Form des wirklich getragenen zugespitzten Reiterschildes: nicht einmal ein »Gesicht« hat diese Holzplatte, die doch ein Erinnerungsstück an einen hervorragenden Menschen sein will. Selbst solche Grabplatten, die »den Einzelnen« plastisch und figürlich darbieten, führen fast ausnahmslos die Standeszeichen des Verstorbenen mit, sein Wappenschild und das umgürtete Schwert. Die rahmende Inschrift stellt den Verstorbenen als Standesgenossen vor, mit Namen, Verdiensten und Todesdaten.

Der Einzelne gilt als Vertreter seines Ranges, seiner gesellschaftlichen Stellung, er wird nach einem feststehenden Typus dargestellt. Der konventionelle Schönheitskanon präsentiert den Adligen mit blondem oder rotem, goldenem oder flachsfarbenem, oft auch gelocktem Haar, mit blauen, hellen oder grauen Augen, möglicherweise sind da Erinnerungen an die nordischen Krieger aus der Zeit der Einfälle wachgeblieben. Wo dieser Kanon von eigenwillig-genialer Künstlerhand durchbrochen wird, auf dem Grabmal des Grafen Heinrich von Sayn (gest. 1247) etwa, das als eines der frühesten persönlichkeitsbezogenen Darstellungen deutscher Plastik gefeiert wird, sind die Züge des mächtigen Hauptes zwar in eine erstaunliche Lebenswahrheit getaucht, fast häßlich anzuschauen, aber sie ergeben kein Porträt. Die Imagines der Römer, die Abbilder der Toten, die man in den Leichenbegängnissen mittrug, zum Verwechseln ähnliche Konterfeis der Verstorbenen, waren da viel weiter. Parzival in dieser zweifellos größten Dichtung des deutschen Mittelalters ist nicht »Faust«, nicht Einzelmensch, der nach seinem Standort sucht, sondern umgekehrt Angehöriger einer Gesellschaftsgruppe, der als Artusritter die abenteuernde Weltfahrt aufnimmt und, durch alle tumpheit wandernd, über den zwîfel zur saelde findet. Es geht nicht um Befreiung und schwer erkämpfte Mündigkeit, sondern um Einordnung im nunmehr gefundenen Einssein mit Gott. Ziel dieses Lebens – und dieser Dichtung – ist, Gott wiederzufinden, den Gral erneut zu schauen und so in Heilsfülle, nicht als Gescheiterter, zurückzukehren.

Das Mittelalter kennt jene pure und isolierte Individualität, in der die griechische Tragödie ihre Gestalten leben und leiden läßt, nirgendwo. Demzufolge kennt mittelalterliche Dichtung auch Tragik im antiken Sinne nicht. Es gibt keine Medea oder Elektra; Kreon oder Haimon sind in mittelalterlicher Version gar nicht denkbar. Das mittelalterliche Theater hat sein Gemeinsames »nur« in der Konfrontation des Menschen mit der Problematik des Todes (nicht der Hybris, der Staatsgewalt und so fort). Selbst wo in den nominalistisch intendierten Stadien dieser mittelalterlichen Theaterstücke eine wachsende Freude am Lebensexperiment und an der Lebensskepsis spürbar wird, beziehen sie sich doch allesamt auf Gruppen- oder Typenphänomene der Daseinsproblematik, noch nicht auf Individualprobleme und ihr spezifisch personelles Infragestellen der menschlichen Existenz.

Gewiß erleben wir Entwicklungen in diesem Betracht. Die künstlerische Krise des Spätmittelalters zeigt in der Literatur der mystischen Frömmigkeit deutliche Zeichen einer verstärkten Individualisierung. Wenn jetzt Unsagbares sagbar gemacht werden kann, so liegt das auch daran, daß sich in der Paradoxie der

Sprache Göttliches und Menschliches treffen und daß sich im Mündigwerden der Laien eine neue Darstellungsform hervorwagt, die sachlich-nüchterne, die literarisch-prätentiöse, die »moderne« Prosa. Aber die Gesellungs- und Wohnformen, mithin die Lebensweise deuten noch in eine ganz andere Richtung. Die Siedlungsstruktur des Mittelalters wird immer von einer Gemeinschaft und einem Kollektiv bestimmt. Den Solitär bringt erst die Renaissance, den Auszug aus der Innenstadt, der in Florenz die Villa extra muros und eine neue, dem »Tuskulum« der römischen Antike entsprechende Wohn-Ideologie zeitigt, die »Solitude« des feudal-barocken Lebensstils vorwegnehmend.

»Dorf« und »Kloster«, »Stadt« und »Burg« des Mittelalters kennen diese dem sozialen und politischen Gefüge aufsagende Vereinzelung noch gar nicht. Sie sind, in ihrer Bauweise, in ihrer Gestalt, alle von einer genossenschaftlichen Prämisse her bestimmt. Die genossenschaftliche Form des altalemannischen Dorfes hat neuere Forschung öfters betont. Erst ein Jahrtausend später wird mit der Industrialisierung aus dem politisch-genossenschaftlichen Dorfverband eine Einwohnergemeinde. Den mittelalterlichen Hang zur »Gemeinsamkeit« kennt das Dorf unter den Siedlungsformen am ungeniertesten. Wo Teilnahme an Dorfrechten geboten ist, stößt man gradewegs auf »das Verbands- oder Gildeförmige der Dorfgenossenschaft« (K. S. Bader). Daß mit »Gilde« eine »städtische« Vokabel auf das Dorf angewandt wird, ist kein Wortfehler; in der Dorfgemeinschaft inner Etters hat man ebenso seine gemeinsamen Pflichten wie bei den Zünften in der Stadt. Das Etter- und Zaunrecht führt zur Vereinigung der Einzelräume, die Hofnachbarn rücken zusammen, das Dorf wird einheitlich abgeschlossen, das Hoftor wird zum Dorf- und Falltor, die Hofhecke zum Dorfzaun. Wo Städte sich mit festen Mauern umgeben und der Adel seine Burgen aus dem Dorf verlegt, darf auch der Bauer (und seine Herrschaft) auf die Sicherung des Dorfes bedacht sein. Rheinische oder fränkische Dörfer erhalten eine Mauer, eine kleine Befestigung, die sich von der Ummauerung der Minderstädte nur wenig unterschei-

449

det. Nicht nur verfassungsrechtlich, auch im äußeren Bild kommt das Dorf der kleinen Stadt recht nahe. Auch das Dorf ist eine geschlossene, zahlreiche Heimstätten umschließende Siedlungseinheit, ein Komplex von miteinander in Verbindung stehenden, gemeinsamen Anlagen wie Anger, Brunnen, Weg, Dorftore, Rathaus und so fort. »Bloßes Nebeneinander von Höfen ergibt noch kein Dorf« (K. S. Bader). Dies – die Genossenschaftlichkeit des Dorfes noch einmal deutlich illustrierende – Wort mutet wie eine andere Version jenes Diktums von Rousseau an: das bloße Nebeneinander von Häusern mache noch keine Stadt aus.

Das mittelalterliche Kloster ist die geradewegs perfekte Kollektivanlage, aus einer Hand entworfen und für einen bestimmten, geschlossenen geistlich-weltlichen Aufgabenkreis bestimmt. Der berühmte St. Galler Klosterplan, der auf Befehl von Abt Gozbert 820 für einen Neubau des Klosters gezeichnet wurde, keine schematische Skizze, sondern ein maßstabgetreuer und in Ansätzen tatsächlich verwirklichter Bauplan, hat alles in seinem Entwurf, bis hin zu den Tischbänken im Refektorium, zu den Altären, dem Dreschplatz, den Gemüsebeeten und Obstgärten, den Ställen und Handwerker-Werkstätten, für Drechsler, Sattler, Schuster, Schwertfeger, Poliere und so fort, bis hin zum Schulhaus und zu den Räumen für Freizeit (vacatio). In dieser kleinen Stadt, die eine vollkommen geordnete Gesellschaft beherbergen will, muß jeder an seinem Platz bleiben. Sie ist nach himmlischem Vorbild gebaut, und man weiß, daß die Himmelsbewohner hierarchisch eingeteilt und geordnet sind.

Besteht das Kloster, jedes größere, also in Wirklichkeit aus zwei nebeneinanderliegenden Quartieren, dem der Konventualen und dem der Laien, so zeigt die »Stadt« des Mittelalters gleich deren mehrere, das der Patrizier, der Handwerker, der Kaufleute, der »Unterschichten«, der Stadtklöster, der Pfleghöfe und so weiter. Und doch ist die mittelalterliche Stadt zur Verkörperung, zum baulichen Sinnbild kollektiven, wenn man so will, »broiderlichen levens« geworden. Die »Gemeinde«

verbindet alle. Erst heute, in einer Zeit, in der das Berliner Hansa-Viertel von 1957 ebenso als Dokument von qualitätvollem Rang wie als deutliches Zeichen von Gemeinschafts-Verleugnung empfunden wird, erkennen wir, daß ausschließlich die mittelalterliche Tradition der körperschaftlichen Verantwortung es war, die zu – wir müssen das Wort ernst nehmen – »entsprechenden« Raumbildungen führte. Unsere heutige westliche Gesellschaft hat keine – innerlich eigenständigen – Korporationen mehr, sondern nur noch Leute. Sie sind »abstrakt« organisiert, nicht auf Ruf-, Sicht- oder Hilfsweite, sondern karteimäßig, telefonisch, datentechnisch. Es gibt heute nur abstrakte Körperschaften. Sie bieten dem Stadtplaner keinen Anhalt mehr für eine baulich-räumliche Visionalisierung. Die mittelalterliche Stadt ist als Gehäuse einer Groß-Körperschaft gebaut worden, die sich ihrerseits in – städtebaulich sich niederschlagende – klar umgrenzte Korporationen aufteilte.

Selbst die Burg ist nicht frei von einer auf Gemeinschaftlichkeit angewiesenen Bau- und Lebensform. Fürs erste halten wir die »Burg« als die aristokratische Gegenspielerin gegen die gemeindlich-genossenschaftliche Stadt, als die Einzahl gegenüber der Mehrzahl, als den Singularismus gegen den Pluralismus. Näher betrachtet, gibt sich indessen auch die Burg, sehen wir einmal von den ohnehin legendären, meist nur in den Vorstellungen der Romantik lebendigen Ein-Mann-Behausungen ab, als eine auf das Zusammenspiel einer Gruppe gebaute Siedlungsform. Wer »burgherrliche Familie« sagt, darf nicht an die moderne Etagenfamilie denken. Auf Ganerbenburgen konnte sich eine beträchtliche Anzahl von Bewohnern und Dienstpersonal aufhalten. Die Plassenburg hatte einen Hofstaat von weit über fünfzig Menschen. Aus den drei Grundelementen der Burg – Turm, Ringmauer, Palas – und aus ihren vier Funktionen – militärisch, verwaltungstechnisch, wirtschaftlich, standessymbolisch – ist eine Kombination von Wohn- und Wehrbau und eine Wohnstatt nicht nur für eine – die burgherrliche – Familie erwachsen, sondern auch für eine – zu Fuß auftretende oder berittene – Besatzung, für einen zuzeiten sehr umfänglichen Kreis von Dienstpersonal. Auch für die Soldaten, für die Knechte und Mägde, für Textilherstellung oder Viehhaltung hat die Burg da zu sein. Ulrich von Hutten hat in einem lateinischen Brief vom 25. Oktober 1518 an den städtischen Patrizier Willibald Pirckheimer in Nürnberg wissen lassen, was es mit einem ritterlichen Burgleben auf sich habe. Von vornehmer Abgeschlossenheit, von aristokratischer Distanz – und Einsamkeit – keine Rede. »Der ganze Tag bringt vom Morgen an Sorge und Plage, ständige Unruhe und dauernden Betrieb. Äcker müssen gepflügt und umgegraben werden, Weinberge müssen bestellt, Bäume gepflanzt, Wiesen bewässert werden; man muß eggen, säen, düngen, mähen und dreschen; jetzt steht die Ernte bevor, jetzt die Weinlese.« Die »Burg« ist ein halber Hof. Sie hat in architektonischer Hinsicht auf die vielerlei fortifikatorischen Bedingungen Rücksicht zu nehmen, sie steht aber auch in einem weiteren sozialen Kontext. »Die uns ernähren, sind bettelarme Bauern, denen wir unsere Äcker, Weinberge und Wiesen und Wälder verpachten.«

Ein Für-Sich-Leben demonstriert mittelalterliche Architektur in keinem ihrer Bereiche, und sie bleibt uns ja auch den großen, monarchischen Einzelbau schuldig: das weltliche Monument absolutistischer Einzelherrschaft vom Schlage der Pyramiden oder der barocken Schloßanlagen fehlt im Mittelalter (wie wir das Sacrum Imperium Romanum, das im fünfzehnten Jahrhundert den Zusatz »teutscher Nation« üblich machte, nicht zu den festgefügten, zentralistisch geführten, ausholenden Imperien der Weltgeschichte zählen). Das Mittelalter gebiert nicht den durchorganisierten Untertanenstaat, sondern die ständische Gesellschaft und den Ständestaat. Er wird von der Existenz einflußreicher korporativer Gruppen bestimmt und gewährt, in den Grenzen der Gruppe, »eine relative Gleichheit« (A. J. Gurjewitsch). Die Ständegruppe setzt der Entfaltung der Persönlichkeit recht scharfe Grenzen. Die Korporation formt nicht nur das Individuum, das führte uns nur auf weiter unverbindliche Fährten in den Bereich der Geistes- und Kulturgeschichte, sie ist ihm auch das »politisch« relevante Kennzeichen. Alle ständisch-sozialen Kategorien sind auch und vor allem Rechtskategorien. Sein Recht kann das Individuum nur als Mitglied einer Korporation geltend machen.

Gesellschaften, Bünde, Gilden, Korporationen: Föderalität auf welchen Etagen auch immer macht den Grundzug des ausgehenden Mittelalters aus. Es genügt nicht, daß die städtische Eidgenossenschaft sich zum Schwurverband der »Stadt« verbündet. Diesem Bund folgen der Verbund einzelner Städte und schließlich Bünde ganzer Stadtlandschaften. Vom Rheinischen Städtebund des Jahres 1254 geht ein breiter Strang von »Einungen« bis ins Reformationsjahrhundert, so verwirrend farbig wie die – bezeichnenderweise nie großflächig auftretende, nie alles über einen Kamm scherende – Territorial-Landschaft des Mittelalters selber. Die Gegner der Städtebünde, denen es letztlich um die Aufrichtung einer genossenschaftlichen, nicht herrschaftlichen Staatlichkeit ging, waren die »Herren«, die sich ihrerseits zu Bünden zusammenschließen, gleichfalls in einer unübersehbaren Vielfalt im Spätmittelalter. Auch der Ritter tritt, wo er geschichtlich am wirksamsten ist, nur in corpore auf. Schon zu Zeiten Ludwigs des Bayern, im ersten Drittel des 14. Jahrhunderts, stößt man auf Ritterbünde. Der 1379 gestiftete »Löwenbund«, der schwäbische Bund der »Schlegler« (von Schlegel = Hammer) oder die südwestdeutsche Rittergesellschaft vom St. Jörgenschild haben überregionale Ausdehnung und Bedeutung erreicht. Seit der Mitte des vierzehnten Jahrhunderts kommen Ritterorden vollends in Mode. Jeder Fürst muß seinen »Orden« haben, König Johann in seinen »Chevaliers Nostre Dame de la Noble Maison« (1351), Pierre de Lusignan in seinem Schwertorden, der von seinen Mitgliedern ein reines Leben verlangte, Ludwig von Bourbon in den Orden »mit dem Goldenen Schild« und der »Distel«, die bayerischen Herzöge von Holland-Hennegau mit ihrem Antoniusorden, dem T-Kreuz mit Glöcklein und so fort. Wie diese vornehmen Clubs sich gaben, verrät uns der Reisebericht des Ritters Jörg von Ehingen: ihm gaben die Fürsten und Herren, deren Gebiete er berührt, allemal ihre »Gesellschaft, ritterliche Gesellschaft, Ordensgesellschaft«. Man spürt schon das Illustrative und Gemachte in diesen Unternehmungen. Die 1377 von Herzog Albrecht III. von Österreich gestiftete Gesellschaft vom Zopf hat je länger, desto weniger verbergen können, daß hier ritterliche Ordnung und Tugend auch wie in einem Museum gepflegt sein wollten.

Am liebsten hätte man sich, was die nicht einmal andeutungsweise vollständige Bestandsaufnahme dieses »broiderlichen levens« anlangt, zu dem der Reimchronist Gotfrid Hagen in der zweiten Hälfte des 13. Jahrhunderts die Kölner anmahnt, auf seine geschichtliche Imaginationskraft verlassen, auf Bilder, auf optische Assoziationen. Man sieht die über Wochen, über Monate andauernden Prozessionen des Weges daherkommen, in Staub gehüllt und mit matten, in akustischen Fetzen sich verlierenden Gesängen: sie rekrutieren sich aus Gruppen, Orden und Gilden, immer wieder figurieren andere Genossenschaften, immer wieder andere Reliquien. Sie konkurrieren, was ihre Farbigkeit und ihr ungewollt-theatralisches Arrangement angeht, mit den Schaustellungen bei den fürstlichen Einzügen, mit den Hinrichtungen auf dem Markt der Stadt, mit dem grausamwollüstigen Spektakel der Scheiterhaufen, mit der bis in die Formen der Lynch-Justiz hinüberspielenden Verurteilung »zum Stehen am Pranger«. Immer ist die mittelalterliche Welt mit dabei, die »Öffentlichkeit«, die Gesellschaft, das Nacheinander und Nebeneinander von Gruppen und Gemeinschaften: die mittelalterliche Gesellschaft ist korporativ von oben bis unten. Sie ist nicht anonym und nicht »durchlässig« geworden, dafür aber erfahrbar, sichtbar, darstellbar. Jede Gruppe zeigt sich in dieser Haltung und dieser Kleidung, die für sie »an-ständig« war, das heißt ihrem Stand adäquat war. Es ist kein Zufall, sondern spätromantische Nostalgie, wenn man zu Makarts Zeiten, die »Deutsche Edison-Gesellschaft« gab es gerade und auch Daimlers schnellaufenden Explosionsmotor, die »vaterlän-

85 *Urzeichen mittelalterlicher Nächstenliebe: der hl. Martin teilt seinen Mantel*
mit einem Armen. Aus der Heidelberger Handschrift des »Wälschen Gast« des
Thomasin von Zerclaere, um 1215/16.

dische Industrie« in einem Festzug darstellen wollte und dabei die Arbeiter aus den zehn-, zwanzigjährigen Montagehallen – in mittelalterlichen Zunftkostümen daherkommen ließ, allenfalls hatten sie versteckt ein Zahnrad dabei. Wo die Vorzeigbarkeit der »Industrie« im Sinne eines berufsständischen und berufsethischen »Ausdrucks« gefragt war, konnte man, mitten in diesen frühen achtziger Jahren, wo Schwerindustrie und Kartellierung die Führung übernehmen, nur zu den Vorgaben des Mittelalters greifen.

Natürlich stehen nicht handwerklich-technologische und schon gar nicht gewinnorientierte Perspektiven voran, wo es im Mittelalter um die Grundierung einer Gemeinschaft ging. Die alles umschließende Gläubigkeit, in welche die Epoche gebettet war, dürfte auch hier den Anfang gemacht haben. Am Rande der regulären Gottesdienst-Übungen entstanden mancherorts kleine Gruppen, in denen sich Geistliche und Laien zu Gebetsgemeinschaften zusammenschlossen. Eine Berner Handschrift überliefert die Statuten einer in der mittelalterlichen Frühzeit entstandenen, dem hl. Petrus gewidmeten societas von Geistlichen. Zwölf Kleriker schlossen sich zusammen, bestimmten einen Anführer und verpflichteten sich zu gemeinsamen Bußübungen und Gebeten. Am Aposteltag versammelten sie sich in der Kirche, sangen die sieben Bußpsalmen und eine Gebetslitanei, nahmen einander die Beichte ab und ministrierten bei der Messe. Erkrankte ein Mitbruder, gingen die anderen zu ihm, sangen Bußpsalmen und besprengten ihn mit Weihwasser, während einer der Geistlichen die Messe für ihn las. Tag und Nacht wachten sie bis zu zwölf Tagen bei ihm und begnügten sich in dieser Zeit mit Wasser und Brot. Nahte der Tod, versammelten sich alle und spendeten dem Sterbenden die Letzte Ölung. Nach dem Begräbnis lasen sie alle einen Monat lang die Messe für den Verstorbenen, danach übernahmen sie noch während eines ganzen Jahres der Reihe nach abwechselnd dieses Amt.

Gebetsverbrüderungen zugunsten Verstorbener treten zuerst im angelsächsischen Bereich auf, begegnen im 8. und 9. Jahrhundert dann im ganzen Karolingerreich und werden in einer Quelle der Synode von Attigny, wahrscheinlich aus dem Jahre 762, erstmals überliefert: ein Totenbund von vierundvierzig Bischöfen und Äbten, jeder mußte für ein verstorbenes Mitglied hundert Psalter und hundert Messen lesen lassen. Gebetsverbrüderungen sind das ganze Mittelalter hindurch lebendig geblieben, mit zunehmender Häufigkeit und Bedeutung. In sie aufgenommen zu werden, galt als eine große Ehre, die viele anstrebten. Noch die fraternitates der Barockzeit leben aus dieser Tradition, bis hin zu den Zeichen, die sie sich gaben. Das in Gold und Emaille ausgeführte Kleinod der »Gesellschaft der brüderlichen Liebe und Einigkeit« von 1592, auf dem sich zwei weibliche Gestalten, auf der einen Seite mit einem Palmzweig, auf der anderen mit einer Waage zueinander neigen, ein Emblem in Anlehnung an den ersten Vers von Psalm 133, ist ein solches Gesellschaftsstück in Anlehnung an die mittelalterlichen Ordenszeichen, in Sachsen in mehreren Stücken hergestellt und vergeben.

Aber auch die barocken Bestattungsbruderschaften wurzeln in den mittelalterlichen Gebetsverbrüderungen, in die man schließlich, neben dem Klerus, auch Laien aufnahm. Die Mitglieder dieser Korporationen entstammten am Ende allen Gesellschaftsschichten; den Konfraternitäten gehörten sowohl der Kaiser als auch die Ärmsten aus dem Volke an. Die größte mittelalterliche Totenkonfraternität war wohl der Reichenauer Gebetsbund, der im 9. Jahrhundert etwa vierzigtausend Mitglieder besaß und sich über das gesamte Frankenreich erstreckte. In den jüngeren Fassungen der Verbrüderungen trat zum Gebetsversprechen noch die Zusage gegenseitigen Gastrechts, wenn sich die Mitglieder verbrüderter Gemeinschaften auf Reisen befanden. Aus »bloß« religiösen Beweggründen entstanden, erweiterte sich die Fraternitas damit zur Schutzgilde mit sozialen und rechtlichen Auswirkungen, wobei der ursprüngliche Kern des Gebetsgedankens davon unberührt blieb: Begräbnis und Seelenheil bleiben auch in den Neugründungen des späteren

Mittelalters das eigentliche Motiv. Um 1250 treten erstmals die Pauliner auf, auch »Väter des Todes« genannt, im 14. Jahrhundert die Alexianer und die ihnen verwandten Begarden und Beginen. Sie alle widmen sich im besonderen der Pflege der Pestkranken und dem Begräbnis der Pesttoten. Neben der Krankenpflege war die Totenbestattung die Hauptaufgabe der 1360 gestifteten Jesuaten, während die schon im 12. Jahrhundert im Pariser Katharinenspital wirkenden »Hospitalinnen vom hl. Augustin« durch ein spezielles Gelübde sich verpflichtet hatten, die im Gefängnis Verstorbenen und die nicht angeforderten Leichen zu begraben. Auch die sogenannten »Seelnonnen« beteten, gemeinschaftlich lebend, für die Verstorbenen und versahen den örtlichen Begräbnisdienst. Als eine ihrer wichtigsten Aufgaben sahen die Kalandsbruderschaften die Sicherung des Seelenheils und die Sorge um die Bestattung ihrer Mitglieder an. Zur Erfüllung ihrer Aufgabe besaßen sie oft ihre eigenen Geräte vom Bahrtuch bis zum Kerzenleuchter, die zum Teil mit den Konfraternitätszeichen, ähnlich einem Zunftzeichen, geschmückt waren, semantischen Vorläufern eben jenes – barock ausgedeuteten und allegorisierten – »Kleinods« der sächsischen Bruderschaft, von dem vorhin die Rede war.

Die im Spätmittelalter entstandenen städtischen »Elendsbruderschaften« zeigen, daß die Funktion der Bruderschaften manchmal auf bestimmte Gruppen beschränkt war. Die Paderborner »confraternitas exulum«, wörtlich übersetzt also die Bruderschaft der im Elend, das heißt im Ausland Lebenden, reicht wie die Mainzer »Elende Bruderschaft« bis ins 14. Jahrhundert zurück. Die Trierer Elenden-Bruderschaft, deren Mitgliederliste 1437 beginnt, hat sehr viel mehr als nur »Elende«, Fremde aufgenommen, vielmehr den buntgemischten, »unehrlichen« und nicht rechtsfähigen Personenkreis der fahrenden Leute, also landstreichende Bettler, Spielleute und Gaukler, Wahrsager und Schausteller, Taube und Blinde, übrigens auch Frauen. Selbst die sozialen Randgruppen also, die »Fahrenden«, haben, das ist fast ein Paradox, ihren festen Standort in dieser

Gesellschaft. In einer Art Fördergruppe innerhalb dieser Trierer Bruderschaft finden sich Adlige und Bürgermeister, Amtsleute, Notare, Kaufleute, Handwerker. Man hat sich zu einer Gebetsgemeinschaft zusammengeschlossen und zur Begräbnisversicherung; zum letzten und bei den »Elenden« vielleicht zum ersten Male wird mit der Beerdigung das Ansehen des Todes (und des Toten) vor aller Welt sichtbar gemacht. Aber es gibt auch einen Aufgabenbereich jenseits der religiösen Zielsetzung. Die Trierer Elenden-Bruderschaft ist auch Bettlerherberge, stellt ein Minimalprogramm für den individuellen Bettel auf und regelt interne Streitigkeiten nach internem Kodex. Als weiteren Beleg für den erstaunlich weiten Aktionsradius der mittelalterlichen Stadt und die Raumerfahrung der Zeit überhaupt nehmen wir, wenn der Einzugsbereich der Mitglieder von Essen bis Luzern reicht, von Paris bis Merseburg, von Soest bis Eger. Wie sehr diese, so würden wir heute sagen, soziale, aber auf Vereinsebene arbeitende Einrichtung eine öffentliche Aufgabe erfüllt hat, wird daraus ersichtlich, daß aus ihr im Laufe des Reformationsjahrhunderts die stadttrierische »Almonsenei« wurde, eine städtische Institution.

Die kirchlichen und im besonderen die aus der Ordnung des Klosters herauskommenden Impulse sind aus derlei Genossenschaften unschwer herauszulesen. 1388 gründet der Nürnberger Handelsherr Conrad Mendel eine Wohnstatt für zwölf hilfsbedürftige alte Handwerker. Die »Zwölfbrüderhäuser« der Stadt haben, wie übrigens auch die Totenbruderschaften, die Stürme der Reformation ebenso überstanden wie die der Aufklärung; sie sind erst 1807 geschlossen worden. Aber es waren keine freud- und tonlosen »Altersheime«, ohne »Programm« und tiefere Sinngebung, sondern Einrichtungen, in denen das Verhalten der »Brüder« – so nannte man die ohne Entgelt aufgenommenen Männer – keine geringe Rolle spielte. Mendel hat das dreistöckige Brüderhaus unmittelbar neben der von seinem älteren Bruder Marquart schon sechs Jahre zuvor erbauten Zwölfbotenkapelle errichtet; das Haus war mit dieser durch einen Gang verbunden.

Die »Brüder«, obwohl nach der ausdrücklichen Bestimmung des Stifters niemals Ordens- oder Weltgeistlichen zur Führung überantwortet, innerhalb der strengen Hausordnung wohl auch zum »Ausgang« oder zu gelegentlichen Nacharbeiten aus ihrer früheren Arbeitsbranche freigegeben, waren als eine religiöse Gemeinschaft ganz in die Bindungen der gottesdienstlichen Ordnung gestellt. Der Platz des Hauses war im Hinblick auf den täglichen, dreimaligen Kirchgang der Alten gewählt. Was für alle Lebensbereiche gilt, gute Ordnung, gilt auch für die Tischsitten der Brüder: »Daß sie fein züchtig und einig miteinander essen und solange zu Tisch sitzen bleiben, bis das Uhrlein, so der Regelmeister vor ihme hat, auslauffen thut. Auch sollen sie bey Tisch ihr sweigen halten.« Das erinnert sehr an das Vorbild der Klosterordnung.

Aber nicht nur im religiösen Bereich und, so würden wir heute sagen, dem der Sozialfürsorge stößt man allenthalben auf Strukturen der Genossenschaft. Ähnlichkeit im Risiko ist eine der wichtigsten Voraussetzungen für das Genossenschaftsverhältnis. Risiko vor allem der personalen, individuellen – und nicht nur den Kapitaleinsatz betreffenden – Art kann schon bei seßhafter Tätigkeit wie im Bergbau gegeben sein, häufiger und intensiver ist es im Mittelalter aber bei einer Tätigkeit fern von Zuhause erlebt worden. Bei der Kauffahrt zu Lande, bei der Schiffahrt, bei der Fischerei zeigt sich die Gemeinsamkeit persönlichen Risikos besonders deutlich. Bei Gefahren – daß der Händler jeder Art besonderen Gefahren ausgesetzt war, ist ohne Zweifel – ist die Bruderschaft Gleicher wertvoller als Herrenzucht und Knechtstreue. Kaufleute suchten auf Reisen in erster Linie gegenseitige Stütze. Aus der Handelskarawane entwickeln sich – wiederum religiös fundierte – Gruppen und Bruderschaften. Die Soziabilität auf dem eigentlichen Berufsgebiet hat kooperativ unternommene Aktivitäten zur Folge, und selbst hinsichtlich des »Personals« liegt das Entstehen von Kompagnonformen mehr auf der Hand als jede Form einer strikten Subordination: die wirtschaftlichen Organisationsformen zu

Ausgang des Mittelalters, im Frühkapitalismus, wie man sich das dann am Ende des 19. Jahrhunderts zu nennen angewöhnt hat, haben in der »Kompagnie« ihren höchsten Ausdruck gefunden.

Die Genossenschaft hat gerade in der Wirtschaftsorganisation des Mittelalters einen wichtigen Platz, die funktionelle Mitbestimmung, die gleichsam demokratische Beratung, die Entscheidung des »merren teils«, der Mehrheit, wie sie die Städtebünde auch kennen und praktizieren, das egalitäre Milieu. Auch im Bergbau, sofern er als freier Bergbau betrieben wurde, nicht durch das königliche Regal entstanden, stoßen wir auf Verträge vom Ende des 12. Jahrhunderts – die Entwicklung dürfte schon früher eingesetzt haben –, mit denen Selbständige in freiwilligem Gruppenverband nicht nur die Gebietsabtretung des Grundherren an sie regeln, sondern auch wichtige Details des Abbaus, der Entlohnung, der Verteilung des Ertrags. Die Art des Berufs brachte es mit sich, daß der Einzelne gezwungen war, sich mit anderen zu assoziieren. Aus dieser Zusammenarbeit entsteht die Organisationsstruktur der »Gewerkschaft«, Anfang einer, der Name sagt uns das, bis in unsere Gegenwart hineinreichenden, in ihrem politischen Gewicht freilich sehr andersartigen Entwicklung. Auch die mittelalterliche Bauindustrie hat ihre genossenschaftliche Organisationsform gehabt, in der »Bauhütte«, in der, auch skeptischste moderne Forschung hat dem nicht widersprochen, »ein Geist von Zusammenarbeit und Bruderschaft« herrschte und »sittliche Gesetze und brüderliche Verhältnisse« (A. H. Wegerif) ihren Niederschlag gefunden haben. Die wenigen Bauhüttenverordnungen, die auf uns überkommen sind, geben den mystischen Überhöhungen, wie sie das Freimaurertum den Logenorganisationen – auch hier also eine wichtige Wirkung in der Neuzeit – zugeschrieben hat, allerdings wenig Raum. Was man hier am Bauplatz und in der Bauhütte (loge, lodge) vereinbarte, hat viel Ähnlichkeit mit den Fabrikordnungen des früheren 19. Jahrhunderts und galt vor allem den festgelegten Arbeitszeiten, den Pflichten der Arbeiter, unter

461

anderem der Geheimhaltung, und mancherlei Ordnungs- und Bußbestimmungen.

Die gemeinsame Risikobereitschaft, wie man sie auf Fern-fahrt, im Bergstollen oder auf dem Baugerüst erwarten mußte, hat eine gemeinsame Rechnung nahegelegt. Konnte man im Handwerksbetrieb der Stadt schon von Sicherheit reden? Das mittelalterliche Handwerk hat gewiß einen engen persönlichen Kontakt zwischen Meister und Gesellen gekannt, aber der Meister wird doch – im eigenen Haus – wohl schwerlich einen Kompagnon geduldet haben. Aber wenn auch die Beziehung hier eher paternalistischer als konfraterneller Art ist: die Zunft gibt dennoch das leuchtendste – und bis in unsere Gegenwart hinein wirksame – Beispiel mittelalterlicher Genossenschaftlichkeit. Wenn man das Wort »Kartell« in diesem Zusammenhang überhaupt gebrauchen will, dann allenfalls im Hinblick auf die der Zunft verdankten Sicherung der bürgerlichen Nahrung ihrer Mitglieder, die Ausschaltung der außerzünftigen Konkurrenz, um gegenüber dem Markt bestehen zu können, die Festsetzung der Minimalpreise, der Beschäftigtenzahlen, der Menge des Rohmaterials, kurz der Aufteilung und Sicherung des Marktes und mithin die Erledigung wirtschaftsorganisatorischer Bedürf-nisse. Aber die Zunft, darauf haben wir hingewiesen, ist sehr viel mehr als ein kartell- oder gewerkschaftsähnlicher Interessenver-band. Die einst in der Geschichtswissenschaft entfachte Diskus-sion, ob das »Nahrungsprinzip« oder das »Erwerbsstreben« den mittelalterlichen Handwerker beherrscht habe, hat sich als recht ahistorisch erwiesen. Sicherheit will die Zunft schaffen, das ist das Ziel des Zunfteintritts. Da die Zunft praktisch als Zwangs-verband figurierte, sagen wir wohl richtig: deshalb ist kein Handwerker, kein in der Stadt Arbeitender an ihr vorbeige-kommen.

Wie sehr der erste, urtümlichste aller bürgerlichen Wünsche, nämlich Sicherheit zu erlangen, mittels der Zunft verwirklicht werden sollte, sagt schon die Reformation Kaiser Sigmunds vom Jahre 1439, fast ein halbes Jahrtausend Zunftgeschichte stand damals noch bevor: »Unsere Vorfahren sind nicht Toren gewesen. Die Gilden sind zu dem Zwecke erfunden worden, daß Jeder durch sie sein tägliches Brot verdiene und Niemand ins Handwerk des anderen übergreife. So wird die Welt ihr Elend los, und Jeder kann seinen Unterhalt finden.«

Nicht überall sagte man »Zunft«, auch »Gilde« und »Amt«, »Zeche« oder »Innung« gehören zu den gebräuchlicheren Bezeichnungen. Auch »Bruderschaft« hörte man häufig. Gerade dieses Wort ist uns wichtig, macht es doch klar, daß der Gedanke vom »broiderlichen leven« auch das (kleine) Heer des mittelalterlich-städtischen Handwerkers formiert hat. Jede Zunft, auch ihre sozusagen »normale« Ausgabe – in Wirklichkeit gab es zahllose Typen und Zwischentypen von Zünften – kann ihre brüderschaftlich-religiöse Provenienz nicht verbergen. Die Zunft kümmert sich um die Größe des einzelnen Betriebs und um die Zahl der jeweils beschäftigten Personen – keiner soll mehr als eine Werkstätte oder einen Verkaufsstand besitzen–, sie bestimmt die Arbeitszeiten und die Höhe der Lohnzahlungen, sie fixiert die Qualität der Waren und Arbeiten der Zunfthandwerker und führt die Qualitätskontrolle durch. Wo in den Lauben oder im Kaufhaus einer Stadt Waren ausgelegt waren, mußten sie den Zunftstempel tragen, erst dann war das anerkannte »zünftige« Arbeit. Der Stadtmagistrat hat alle drei Dinge, die Selbstkontrolle, die Selbstverwaltung und die eigene Rechtsprechung der Zünfte nur unterstützt. Obrigkeit und Zunft waren aufeinander angewiesen, und nicht selten hat die Zunft, vor allem nach 1500, gemeindliche Hoheitsaufgaben zusätzlich und gleichsam als Auftragsangelegenheit ausgeführt.

Aber die Zunft ist darüber hinaus auch Instanz in Dingen der »ethischen« Qualität, sie fragt auch nach dem Verhalten ihrer Mitglieder, nicht nur nach dem Gewicht, der Länge und Breite der fabrizierten Tuche. Die Bestimmungen über das Verhalten bei den »Morgensprachen« (Zunftversammlungen) sind der Zahl nach nahezu ebenso häufig wie die Gewerbevorschriften der Zunft. Unentschuldigtes Fernbleiben, Unpünktlichkeit und vorzeitiges Weggehen werden mit einer Strafe belegt. Bei den Morgensprachen durfte keiner unaufgefordert sprechen, einen Amtsbruder beleidigen oder eine Waffe tragen. Das Erscheinen bei der Morgensprache war ebenso wichtig wie die Teilnahme am Begräbnis eines verstorbenen Genossen oder eines Familienmitgliedes. Der Meister haftet für seine Gesellen auch in einem moralischen Sinne. Die Kölner Goldschmiede und Goldschläger legen 1397 fest, daß Lehrjungen außer einem Brotmesser kein weiteres mit sich führen, nicht außerhalb des Meisterhauses schlafen und nicht ohne Wissen des Meisters spielen dürfen. Duldete dieser eine Übertretung der Vorschriften, wurde er mit der gleichen Strafe belegt wie der Lehrling, nämlich mit 1 Mark. Der Meister bei den Breslauer Täschnern, der seinem Gesellen erlaubte, an einem Arbeitstag zu feiern, büßte mit 2 Groschen.

Die Zunft ist, hier bewahrheitet sich das Wort noch einmal, eine große Familie, und wollten wir die unüberhörbaren religiösen Impulse und alle die Freizeit und Fest mit einschließenden Resonanzen der Zunftkultur annullieren, so könnten wir sagen: ein Versicherungsverein auf Gegenseitigkeit. Die Zunfteinnahmen aus Eintrittsgeldern, Beiträgen, Strafen, Stiftungen oder Zinserträgen fließen in die Bruderschaftskasse. Daraus werden arme oder kranke Meister verpflegt, Witwen und Gesellen, werden »dürftige Zunft-Genossen« unterstützt. Besser waren freilich solche Zünfte dran, die, wie die Barbiere in Lüneburg, die Schmiede in Lünen, die Kesselflicker in Hamburg, eine eigene Armenkasse besaßen. Auch eigene Krankenkassen, sogenannte »Krankenladen« wurden geführt. Wenn ein Mitglied wegen Krankheit verarmte und die Bruderschaft um Hilfe bat, sollten die vier Büchsenmeister der Schiffer-Brüderschaft in Straßburg im 15. Jahrhundert zwei oder vier weitere Mitglieder hinzuziehen und gemeinsam beraten, wie viel dem verarmten Bruder aus der Büchse gegeben werden sollte. Dabei entschied die Meinung der Mehrheit. Die Bader in Straßburg (1487) liehen dem Kranken auf Antrag gegen ein Pfand 3 Schilling aus der »Büchse«. Die Schneider Schleswigs (1415) legten fest, daß dem bedürftigen

erkrankten Meister aus der Büchse »eine summe geldes« geliehen werden solle. Nach der Genesung war der Betrag zurückzu-
zahlen. Starb der Meister, konnte sich die Zunft an seinem
Nachlaß in Höhe der Darlehenssumme schadlos halten, mußte
jedoch auch für sein ehrliches Begräbnis Sorge tragen.

Auch eine Art von Gesundheitsvorsorge gehörte zum zünfti-
gen Kodex. Persönliche Sauberkeit ist eine der wichtigsten
Voraussetzungen für die Gesundheit; darauf achteten auch die
Meister bei ihren Gesellen und Lehrlingen. In vielen Zünften
wurde den Gesellen neben dem wöchentlichen Lohn ein Badegeld gewährt. In Leipzig erhielten bei den Riemern 1512 die
Gesellen alle vierzehn Tage, die Lehrlinge alle vier Wochen
Badegeld. In Nürnberg gingen die Zimmergesellen des städtischen Bauamtes vierzehntäglich eine Stunde vor der Zeit von der
Arbeit zum Baden, ein Beispiel, das dann auch bei den Steinmetzen Nachahmung fand. Einzelne Gewerke waren so sehr auf
Sauberkeit ihrer Gesellen bedacht, daß sie auf das Fernbleiben
vom Bade die Strafe von einem Wochenlohn aussetzten. Oft
wurde der bekannte »blaue Montag« zum Badetag der Gesellen.

Die umfassendste Sicherung – und unserem heutigen System
am nächsten kommend – boten diejenigen Zünfte, die eine
eigene Kasse zur Unterstützung der Arbeitslosen unterhielten.
Zu ihnen gehörten die Schiffer, Flößer und Schiffbauer im Speyer
des 15. Jahrhunderts. Sie hatten sich zur Unterstützung der im
Winter arbeitslosen Gesellen eine eigene Lade eingerichtet. Im
Sommer mußten Meister wie Gesellen hierzu regelmäßige Beiträge, das »Nikolausgeld« zahlen, die Schiffer bei jeder Fahrt
1 Denar, die Gesellen 1 Heller, die Schiffbauer, Flößer und
Kercher alle Fronfasten (etwa alle Vierteljahr) 1 Denar. Aus den
angesammelten Mitteln wurde den im Winter arbeitslosen Gesellen ein Darlehen gegeben. Daß diese Form der Arbeitslosen-
unterstützung in Speyer schon sehr lange üblich war, beweist
eine Quelle bei Hilgard von 1338, in der das Nikolausgeld
bereits erwähnt wird.

Aber auch an die Kinder und an die Alten, an die erwerbslosen

Phasen im menschlichen Leben hat man in den Zünften gedacht. Zur sozialen Sicherung in Kindheit und Jugend boten die Zünfte ihre Leistungen nur subsidiär an: der Eintritt der Notlage hat die Hilfe nicht automatisch ausgelöst. Man sprang von seiten der Zunft erst dann ein, wenn der Einzelne aus eigener Kraft – und mit Hilfe der weiteren Familie – die Notsituation nicht mehr meistern konnte. Vielfach hatte der junge Meister gleich mit dem Eintritt in die Zunft Sonderbeiträge für den Sarg verstorbener Meister und Witwen und zum Unterhalt armer Witwen und Waisen zu zahlen. Die Brüderschaft der Hamburger Korbmacher legt 1595 in ihrer Ordnung fest: »Und wenn einer der Meister verstirbt, soll der Witwe und den Kindern von den anderen Mitbrüdern dieses Handwerks die Hand gereicht« werden. Die Bestimmung, zweifellos viele Generationen zurückreichend, meint auch Unterstützungen in Form kleinerer Geldzuwendungen; auch eine Versorgung der Witwe und der Kinder mit Naturalien ist sehr wahrscheinlich.

Dies, daß die »Versicherung« die Frau des Meisters und dessen Kinder mit einschloß, läßt uns beinahe von einer Familienmitversicherung im heutigen Wortsinne sprechen. Man ist bereit, wie es in vielen Zunftordnungen fast formelhaft heißt, »Freud und Leid« miteinander zu teilen. Auch die Alten gehören dazu. Die Rußfärber in Lübeck (1500) erhielten, wenn sie ihr Amt wegen ihres Alters nicht mehr ausüben konnten oder wollten, wöchentlich 4 Schilling. Dafür sollten sich andere Färber untereinander einigen, seinen Teil mit zu färben. Die gleiche Regelung galt für die Witwen der Zunft. In Köln gewährten die Böttcher ihren alten Genossen »eine auskömmliche, lebenslängliche Rente«.

Die Zunft gab einem ganzen Handwerkerleben Sinn und Halt. Das Lebensende, wir denken an unsere Überschrift »Leben vom Tode her«, ist vor allem und von Anfang an einkalkuliert worden. Die Übernahme der Begräbniskosten bei Armut des Verstorbenen war bei den meisten Zünften die Regel. Die »Totenladen«, die Begräbnis- und Sterbekasse sorgten dafür. In vielen, deren Auszahlung betreffenden Verordnungen findet man zusätzliche Leistungen, so daß man in ihnen »eine frühe Quelle unserer heutigen Lebensversicherung« (S. Fröhlich) erkennen kann. Schon bei den Badern in Lüneburg findet sich die Bestimmung, beim Tod eines Genossen sei neben dem Begräbnis auf Kosten der Zunft ein Schilling auszuzahlen. In Mainz besaß die Schneiderzunft schon 1397 eine eigene Sterbekasse. Sie galt nicht nur den Meistern, sondern auch den Gesellen, bei deren Tod ebenfalls eine bestimmte Summe ausgezahlt wurde. Sozialleistung in diesem Falle war auch, daß die Zunft für die zur Bestattung und Totenmesse nötigen Kerzen sorgte. Die meisten Innungen besaßen eigenes Leichengerät, bestehend aus Bahren und Tüchern, die bei einem Begräbnis gestellt wurden.

Vergleichen wir mit der ritterlichen oder der mönchischen Sodalitas, so kann die Zunft als das Beispiel der bürgerlichen Gemeinschaft – auch die städtische Patrizierschaft traf sich ja in ihren Zünften – wohl bestehen. Sie hat im Verlaufe des Spätmittelalters ihre moralischen Forderungen deutlich erhöht und dadurch den Zugang bewußt erschwert: eine Elite-Gruppe, eine Korporation mit elitären Ansprüchen, mit eigenen Moralnormen, mit eigenen sozial-politischen Idealen. Wer das Reglement verletzt, wird moralisch verurteilt und bestraft. Nur insoweit gibt es in den mittelalterlichen Gesellungen ein Prinzip der Gleichheit ihrer Mitglieder. Die Korporation fordert von ihren Mitgliedern die Unterordnung unter eine bestimmte Disziplin, aber sie gibt ihnen – und nebenbei bemerkt deren Kindern und Nachkommen – auch den festen Halt in ihrem Handwerk und ihrem Gemeinwesen. Auf diese stabilisierende, den kollektiven Status garantierende Funktion mag keiner verzichten, auch der intellektuelle und der künstlerische Arbeiter nicht. Freilich rekrutierte sich deren Zahl nicht aus einer so großen Schicht, zudem aus einer, die sich, durch ihr »Handwerk« bedingt, zwischen den ständischen Fronten bewegte. Ein Zeugnis für solche Dichterkorporation ist die Dichter-Bruderschaft, die sich im Kreise Karls von Orléans unter dem Motto »Liebhaber als

Observanten einer geistlichen Ordensregel« bildete und sich »les amoureux de l'observance« (»Die Liebenden der Ordensregel«) nannte, auch die 1507 gegründete Barbarabruderschaft der Innsbrucker Künstler. Sie hatte als vornehmste Bruderschaft der Stadt Vorrang bei allen Prozessionen und Feierlichkeiten. In ihrem 1507 begonnenen Buch steht auf Seite 10: »Maximilian Römischer und Hungrischer Künig etc. ist im anfang dieser Bruederschafft derselben obrister Bruedermaister und genedigster Hanndthaber worden.«

Haben wir hier eher zwischenständische Sonderkorporationen vor uns, ähnlich den schon früh vorhandenen Laienbruderschaften zur Pflege kirchlichen Gesangs, die sich bald verselbständigten und in der Pflege weltlicher Kunst und Geselligkeit ein reicheres Feld fanden, so erscheinen uns die Meistersinger als das Urbild einer der Kunst, näherhin der Dichtung gewidmeten Genossenschaft. Auch diese Korporation hat ihre weiten Wirkungen bis ins 19. Jahrhundert hinein; der letzte Meistersinger soll 1862 in Ulm gestorben sein. Nach der Tradition hat Frauenlob die erste Singschule in Mainz gegründet; das Bild in der Manessischen Handschrift scheint dem recht zu geben. Unter den Themen der Meistersingerei nehmen Gotteslob, christliche Moral und Nachdichtungen biblischer Texte einen großen Raum ein: der ursprüngliche Zusammenhang mit den geistlichen Bruderschaften wird einmal mehr spürbar. Stand die Mainzer Singschule zunächst in Beziehung zum Hofe, so wird die Mainzer meisterliche Liedkunst am Ende eines sozusagen verlängerten Mittelalters ganz zur Domäne des Bürger- und Kleinbürgerstandes. Die älteste nachweisbare Gründung einer Meistersingerschule im strengen Sinn ist 1449 in Augsburg erfolgt. Noch im 15. Jahrhundert entstanden Singschulen in Worms, Speyer und Straßburg, im darauffolgenden gab vor allem das Nürnberg Hans Sachsens den Anstoß zu vielen weiteren Gründungen, übrigens ohne Widerhall in Norddeutschland.

Die aristokratische Barockkunst und ihre in »Gesellschaften«

und »Sodalitäten« neu erstandenen Organisationsformen haben sich in mancherlei Parodien über den platten Meistersang lustig gemacht. Gewiß stand man einigermaßen hilflos vor dieser »Volkskultur«, und ganz sicher hat man gespürt, daß die Träger dieser Kunst aus einer Schicht kamen, die vom städtischen Regiment und überhaupt von politischer Teilhabe ausgeschlossen waren. Auch uns will die Mischung aus kleinbürgerlicher Duckmäuserei und pathetischem Kunstanspruch in der Meisterkunst nicht immer behagen. Aber es bleibt ein wichtiger historischer Hinweis, wenn hier in der – gedrechselten, gleichsam auf die Hobelbank gespannten – Sprache der Dichtung die »Ehrlichkeit« der Zunftarbeit aufs neue demonstriert wird, in Reimpaardichtungen wie:

Nach dem solt du vom tisch aufstehn,
dein Hend waschén und wider gehn
an dein gewerb und arbeyt schwer.
So sprocht Háns Sachs, Schumachér.

Hier ist zünftische Ordentlichkeit (und Gesundheitsvorsorge) in (nur gesprochene) Dichtung gepackt. Wer die in der »Tabulatur« versteckten Kunstregeln und den »Merker« als obersten Grad in der Hierarchie der Schulmitglieder dazunimmt, die zeremoniösen Gesellschaftsordnungen der Meistersingerei, zieht mühelos die Verbindungslinien zu den übrigen Ausdrucksformen der mittelalterlichen Genossenschaftlichkeit.

Sie ist in Regeln gefaßt und institutionalisiert wie die Sodalitas an den Universitäten und den französischen Collèges, wo Stipendiatenverbindungen, später sagt man Studentenkorporationen, ihre gemeinsame Mahlzeit einnehmen, um die Freundschaft zu vertiefen. Am Collège d'Harcourt (1311) will es der Brauch, daß Lektoren am Ende ihrer Übungen den Freundschaftstrunk (potum amicabilem) anbieten. Die Verquickung von Existenzweisen, die heute sorgfältig voneinander getrennt sind – Lernen, Freizeit, religiöse Betätigung, Privatleben –, ergibt eine ganz eigenartige Form von sinnlich gesteigertem Gemeinschaftsleben und gemeinschaftlicher Muße. Diese Genossenschaftlichkeit ist aber auch völlig regellos und ganz dem Zufall überlassen, auf Reisen etwa, wo allerlei Gefahren immer wieder zu Zusammenschlüssen geführt haben. Man hat schon im 14. Jahrhundert seitens der Kirche zur Verkleinerung der kirchlichen Reisegesellschaften angehalten, vergebens. Auch das Reisen vollzieht sich in Gemeinschaft.

Und selbstverständlich das Leben zu Hause: die Familie ist die »Grundstruktur der mittelalterlichen Gesellschaft« (K. Bosl). Man hat die im Spätmittelalter in Italien, in Frankreich, in den Niederlanden aufkommenden großen Parteikämpfe nach ihren Entstehungsursachen zu befragen gesucht und eigentlich nur im grassierenden Familienstolz eine vernünftige Erklärung gefunden: die Solidarität des Geschlechts dominiert allenthalben. Roland weigert sich in Roncesvalles lange, in sein Horn Olifant zu stoßen, um Karl zu Hilfe zu rufen; er möchte seinen Verwandten keine Schande machen. Die Vendetta, die Blutrache, ist im mittelalterlichen Abendland lange üblich. Im »Haus« – das Wort »Familie« kennt das Mittelalter so gut wie gar nicht – vollziehen sich die lebensentscheidenden Vorgänge. Vasallen, die nicht »behaust« (casati) waren, also kein Gnadengeschenk oder Lehen erhielten, wurden schon in der Karolingerzeit immer seltener. Die »familia« als Personalverband aller von einem Herrn abhängigen Menschen ist überall »die stärkste und einzig wirksame kollektive Bindung« (K. Bosl). Mit Ausnahme der Herrenschichten gibt es außerhalb der familia keine Menschen, ja sie konnten gar nicht existieren: sie waren Außenseiter, vogelfrei, schutzlos. Auch dort, wo diese frühere familia der Herren durchbrochen wurde, durch neue Gruppen und Schichten, die der mittelalterlich-archaischen Gesellschaft den Todesstoß versetzen, bleibt die sozusagen privat gewordene Familie das Fundament. Das spätmittelalterliche Handels- und Kreditwesen, die Kompagnien und Gesellschaften sind ohne sie nicht zu denken, die kleinen und großen Stadtmagistrate mit ihren –

oft genug gerügten – Besetzungen, die sagenhaften, die alte Ständeordnung umstürzenden Ausbrüche: der Aufstieg der Fugger ist ein Familien-Aufstieg.

»Welher pezzer waer getan«, fragt Heinrich der Teichner (um 1300–vor 1377, wer als der Bessere geschaffen sei), »purger oder pawman« (Bürger oder Bauer). Die Antwort kann nur lauten, daß der »mensch gepeten / von geselleschaft in ein leben / daz natur nicht hat geben« (daß der Mensch durch den Umgang mit der Gemeinschaft in ein Leben hineingestellt ist, das von Natur aus nicht vorgegeben ist). Der soziale Anschluß an die Gruppe entscheidet. Nur als Mitglied einer Gruppe – der Familie, der Sippe – kann sich einer den Boden und seine Früchte aneignen und sich bestimmter Rechte bedienen. Es ist die Schicksalsgemeinschaft, die dem Einzelnen Rückhalt bietet. Man versteht, warum Magie von den Theologen des christlich-mittelalterlichen Europa verworfen wird: nicht nur des Schadens wegen, den sie anrichten konnte, sondern weil sie individuelle Selbsthilfe sein will, weil sie rein egoistischen, praktischen Zwecken dient.

Das Mittelalter kennt sie nicht, »die« Freiheit, wie sie dann von der Aufklärung und der Philosophie des deutschen Idealismus bemüht wird. Es kennt nur »Freiheiten« im Sinne von Privilegien. Die sind allemal korporativ gefaßt, die Freiheit der Stadtgemeinde, der Bürgerschaft, der Zunft und so fort. Verstoßung aus dem Familienverband, überhaupt aus der »öffentlichen« Gemeinschaft ist (noch) eine Strafe und als Exkommunikation eine fürchterliche Waffe. Erst die Kraft Luthers (und damit einer neuen, anderen Zeit) kann sich über sie hinwegheben. Bis dahin bleibt das Individuum eingeschlossen in die Sodalität von seinesgleichen. Auch dem mittelalterlichen Künstler liegen die Versuchungen des modernen Subjektivismus fern. Die Bildhauer und die Bauleute nennen ihre Namen lange nicht, noch im 14. Jahrhundert sind die Namen der Komponisten von Musikstücken unbekannt. Es kommt hier nicht auf den einzelnen Komponisten an, um so mehr auf die »ordenunge« in seiner

86 Nicht zuletzt führt ständisch-ethischer Verfall zur Unsicherheit des Daseins;
das flache Land hat mit Schrecken und Ohnmacht allemal zu rechnen. Viehräu-
berei: eine Gruppe adliger Reiter in Rüstung sprengt von links in das Bildfeld
und treibt vier Kühe und drei Schafe vor sich her, die Abbreviatur von Landschaft oben und unten ist die Folie der Flucht. Farbige Miniatur aus dem Soester
Nequambuch, 1315–1421.

Musik, mithin auf den Ausweis von Zünftigkeit und Korporationszugehörigkeit.

Ist es nur die Angst, die den Menschen des Mittelalters in den Schutz von Gemeinschaften treibt? Keine Frage, daß die Natur, die »Elemente« diesen mittelalterlichen Generationen hart zugesetzt haben. Von Hungersnöten ist oft die Rede, Tier- und Menschenseuchen suchen ganze Regionen heim. Der Wald gibt Nahrung, Niederwild und Waldfrüchte, Heidelbeeren, Vogelbeeren, Äpfel, Birnen, Pflaumen, Kastanien, Pilze, den Honig wilder Bienen, Einstreu und Viehfutter, besonders Bucheckern und Eicheln, mit denen die Schweine gemästet werden. Der Wald bietet nicht nur Feuerholz, sondern auch Bauholz für Tragbalken, Schindeln und Bretter, Holz, aus dem Schuhe, Werkzeuge und Schüsseln gemacht werden, Holzkohle zum Schmieden, Harzfackeln zur Beleuchtung, Eichenrinde zum Gerben der Häute. Aber gerade deshalb, weil er die Existenz so sehr ermöglicht, ist seine existenzbedrohende Macht so ernst: er ist dunkel, furchterregend und voller Gefahren.

Man ist den Zugriffen der Natur, den Überschwemmungen, den Gewittern, den hundert kleinen Boshaftigkeiten ebenso ausgeliefert wie denen der Jahreszeiten, der sengenden Sonne, der starren Winterkälte, wenn die Pferde ausgleiten und das Vieh im Stall zu darben beginnt. Die Kühe, die Pferde sind das halbe Leben, noch die Votivtafeln an der Schwelle zu unserer Gegenwart verzeichnen in der überwiegenden Mehrzahl Bitten um Heilung kranker Haustiere und um Schutz gegen Viehseuchen. Der Winter ist die schrecklichste aller Jahreszeiten. Noch während der Aufklärung können es die Historiker nicht lassen, die Härtegrade der einzelnen Winter treulich aufzuzeichnen. Sie tun es nicht nur deshalb, weil sie die Art der Annalisten, »Prodigien« festzuhalten, nicht lassen können. Wer keine Lampe hat oder sie aus Furcht vor Bränden nicht anzünden will, muß in der Dunkelheit wachend oder schlafend das erste Licht des neuen Tages abwarten. So warten sie alle auf den warmen Hauch des Frühjahrs: erst jetzt beginnt das neue Jahr.

Waren die Menschen des Mittelalters – mehr als achtzig Prozent haben auf dem Land gelebt – in Angst gehüllt? Wir haben uns seit Kierkegaard angewöhnt, in »Angst« und »Furcht« zu scheiden. »Angst« hat keinen unmittelbaren Bezug. »Es« ängstigt mich. Johannes überliefert das Jesuswort: »In der Welt habt ihr Angst«, das Objekt ist nicht angegeben. »Angst« ist synonym mit »Enge«: eine Beklemmung vor Ungewissem, Unsichtbarem. »Furcht« hat seinen bestimmten Gegner, ich fürchte mich vor diesem, vor jenem nicht. »Fürchtet euch nicht vor mir«, diese Aufforderung korrespondiert mit dem timor Domini, mit der Furcht vor dem Herrn. Furcht – im Deutschen hat man das Wort Ehrfurcht – ist etwas Ergründbares, Angst etwas Unergründbares.

Wollen wir diese aus der Zerrissenheit und der depressiv-nihilistischen Stimmungslage des Vormärz herausgewachsenen Kategorien auf das Mittelalter übertragen, ließe sich in den Jahrhunderten vor 1500 sicherlich an Ängste denken. Das, was man mit Millenarismus überschrieben hat, der Glaube, daß Christus am Ende dieser Weltzeit den Teufel fesseln und ein Tausendjähriges Reich errichten werde, nach dessen Ablauf das Weltgericht, Himmel und Hölle folgen: dieser Glaube trägt gewiß Züge von Ängsten an sich. Wenn auch Augustinus und andere Kirchenlehrer ihn theologisch überwunden hatten, trat er doch im 8. Jahrhundert, um die Jahrtausendwende und am Ausgang des Mittelalters wieder erneut hervor, vermischt jetzt mit den Vorstellungen vom Anti- und Endchrist und dem Endkaiser. Dieser chiliastisch eingekleideten Zukunftser-wartung huldigten vor allem die apokalyptischen Sekten des Spätmittelalters, die Joachimiten, die Flagellanten, die Tabori-ten, die Böhmischen Brüder. Das war die Zeit, in der die Angst vor dem Tode grassierte: die Mortalität traf nicht nur »Ballungs-gebiete«, sondern war über das ganze Land ausgedehnt und be-drohte viel unmittelbarer die gesamte Gesellschaft, Handel und Wandel.

Indessen muß erinnert werden, daß das »Es«, von diesen

gequälten Blicken in einer heraufziehenden Endzeit einmal abgesehen, im Mittelalter noch gar keinen Boden hat. Der Tribut, den wir der Aufklärung haben zahlen müssen, liegt in der Selbstverantwortlichkeit und in der Machbarkeit unserer Welt. Sie sind heute, innerhalb der verdüsterten Wege einer postindustriellen Gesellschaft, einer vielfachen Eigenbedrohung und einer undurchschaubaren Anonymität gewichen. Im Mittelalter scheint gerade an der Stelle dieses entpersönlichenden »sekundären Systems« (H. Freyer) die personale Beziehung gestanden zu haben, die persönliche Lebensbeziehung, die alles, was »Staat« im modernen Sinne heißen mag, ersetzt hat. Dazu gehören auch die persönliche Glaubensbeziehung, die gerade für den »einfachen« Menschen in Bildern und Reliquien, in Legenden und Heiligenleben sich verdinglicht hat, die persönliche Umweltbeziehung, in der jede Form von Infragestellung und Entfremdung noch gebannt schien.

Das »Es«, die lauernde Düsternis, das Nichts kennt das Mittelalter nicht, dafür die Furcht vor den gleichsam handfesten Gefahren, was weniger ist als alle die bedrängenden Perspektiven in eine ganz und gar unbeschriebene Zukunft. Gefürchtet hat man sich wohl allenthalben, auf dem Dorf, wo ein einfacher Holzriegel die Türe schloß, in der Stadt, wo man wachen und abwarten konnte, ob es an das Stadttor pochte. Selbst Ulrich von Hutten, der streitbare Ritter, gesteht, das Leben »in den bekannten Burgen« schildernd, alle seine Hoffnung sei »täglich mit Gefahr und Furcht verbunden«. Sicherheit und Ruhe ist nirgends. Vielleicht ist gerade deshalb in allen diesen mittelalterlichen Jahrhunderten der Glaube so wach, Leben sei nur von Gott geliehen, und Liebe werde zuletzt mit Leid belohnt. »Wir seynd allzumal Bettler«, dieses Lutherwort, sein letztes, hat noch eine ganz mittelalterliche Farbe.

Ob Angst oder Furcht: Genossenschaft und Gemeinschaft sind deshalb so unabdingbar, weil sie kollektive Selbsthilfe bieten. Nicht selten ist die Zugehörigkeit zur Zunft, etwa bei Frauen, vom Gedanken an den Tod diktiert. Das Gebet ist wirksamer, wie Jesus sagt, wenn es von einer Gruppe gesprochen wird. Es ist Hochmut, die Zwänge des Gemeinschaftslebens abzulehnen. Vollkommenheit ist nur in der Gemeinschaft, im »broiderlichen leven« zu finden. Und freilich auch: »Versicherung« im Sinne eines Lebens- und Daseinsschutzes. »Wie Euch in Eurer Weisheit wohlbekannt«, so ein bayerisches Schriftstück am Ende des 8. Jahrhunderts, »ist der Sommer vergangen, es wird kälter, das Gemüse wird seltener und das Laub verwelkt, die Schwalben bereiten sich zum Aufbruch, das Vieh findet keine Weide mehr. Bitte schickt uns ein wenig zu unserem Unterhalt.« Und gleichfalls aus dem 8. Jahrhundert ein Vertrag, abgeschlossen zwischen einem völlig mittellosen und einem vermögenden Mann: »Es soll so sein, daß Ihr mir mit Speise und Kleidung helft und mich erhaltet, und zwar dementsprechend, wie ich Euch diene und zu nützen vermag. Bis zu meinem Tod muß ich Euch dienen und gehorchen, wie es einem freien Manne zukommt. Zeitlebens werde ich mich Eurer Gewalt oder Munt (Schutzverhältnis) nicht entziehen können, sondern ich werde, solange ich lebe, unter Eurer Gewalt und Eurem Schutz bleiben.« Den Inhalt dieses Textes haben Historiker als Beginn der Lehnsbindungen interpretiert, um es verkürzt zu sagen: der Lehnstaat als eine der großen Klammern des Mittelalters ist herausgewachsen auch aus den Lebensängsten dieses Menschengeschlechts.

Vielleicht liefert uns das reinste Beispiel mittelalterlich-korporativer Selbsthilfe das Spital, bis heute der abendländische Inbegriff von Hilfe und Pflege, Wirkstätte einer Caritas, deren Gegenstand Hilfsbedürftige jeder Art waren. Das Vorbild der klösterlichen Hospitäler, in denen die Kirche von ihren ersten Anfängen an der Alters- und Krankenfürsorge sich zuwandte, und die Erfahrungen der Kreuzzugszeit flossen im Bild und in der Funktion des »Hospitals« zusammen. Mit der Entwicklung der Städte im 13. Jahrhundert errichtete auch die Bürgerschaft eigene Spitäler, meist »Heilig-Geist-Spital« genannt. Sie wurden, hier in langsamem Prozeß, dort sehr rasch, auch zu Beispielen einer Bürokratisierung des Gesundheits- und Wohlfahrtswe-

sens; das kirchlich-bruderschaftliche Spital wird zu einem Fall
von »Kommunalisierung«.

Das Hl. Geist-Spital in Lübeck, schon 1280 gegründet, zeigt
mit einer Reihe winzigster Einstuben-Häuschen (6 qm), umschlossen vom hohen gotischen Kirchengewölbe, noch heute
seine ursprüngliche Form. Auch in Nürnberg blieb über sechs-
hundert Jahre hinaus ein Hl. Geist-Spital erhalten, die 1339
großzügig angelegte Stiftung des reichen Kaufherrn Konrad
Groß. Sie nahm nicht nur Alte, Sieche und »Kindbetterinnen«,
sondern auch Priester, Schulmeister und zwölf arme Schüler in
den 128 Betten ihrer Häuser auf. Den Bürgerspitälern gingen
Laienhospitäler voraus. Das »hospitale pauperum« (Armenspi-
tal) in Zwettl wurde von Hadmar II. von Kuenring gegründet
und war für dreißig Arme und zehn Diener bestimmt. 1194 war
das Spitalgebäude bereits fertiggestellt. Das Laienhospital in
Heiligenkreuz, bezeugt für etwa 1190, war eine Stiftung Heinrichs von Zöbing.

Das Spital hat natürlich keine Ähnlichkeit mehr mit dem
klösterlichen hospitium (hospes = der Fremde, der Gastfreund),
dem Gästehaus im Klosterbezirk, in dem man die berittene Schar
königlich, den staubbedeckten Wanderer dürftig beherbergt. Es
ist eine selbständige Institution geworden. Sein umfangreicher,
landwirtschaftlich genutzter Grundbesitz — Begüterte konnten
sich hier eine Altersversorgung sichern und hinterließen dem
Heim dann ihren Besitz — gaben noch lange nach 1500 dem
städtischen Haushalt das eigentliche Rückgrat, so nachhaltig
und so selbstverständlich, daß manche derart »versorgte« Stadt
den Anschluß an die Industrialisierung verpaßte: mittelalterlich-
statisches Denken gegen das dynamische, fortschritts- und lei-
stungsorientierte Denken der Neuzeit. Man mag sich das Spital,
auch in seiner Baulichkeit, nie anders als »behäbig« vorstellen;
in vielen mittelalterlichen Städten war es der weitläufigste
»öffentliche« Baukomplex.

Das Spital will »nur« versorgen, pflegen, helfen. Man inve-
stiert allenthalben, ob aus Angst, ob aus klüglichem Lebenskal-

477

kül, in dieses Versorgungsinstitut. Am Ende ist der Spitalmeister der geheime Finanzier der Stadt, Herr über einen krisenfreien Fundus. Ist das Spital die moralische Rechtfertigung reich gewordener Bürger? Ist es ein frühes Vorspiel der Isolierung, der repressiven Ausschließung Deklassierter, deren Existenz die Wohlhabenden stört? Es ist auf jeden Fall ein wichtiger Schritt in Richtung institutionalisierter, und das heißt doch reflektierter, »angewandter« Krankenpflege und Medizin, auch ambulant wahrgenommener Armenfürsorge. Es gab in der mittelalterlichen Stadt die »Ladenpfründner«, arme Männer und Frauen, denen man durch den »Laden« des Spitals täglich eine Suppe reichte. Das Aufkommen der Bürgerspitäler zeigt, daß das Christentum nun anders gelebt wird, daß es sich nicht mehr auf symbolische Kompensationsriten beschränken will, die einige wenige – Priester, Mönche – für alle ausüben. Die Einrichtung des städtischen Spitals bedeutet die Verurteilung des liturgischen Festes, und damit der klösterlichen Kunst.

Wenn man heutzutage in medizinisch-klinischer Nomenklatur die Folgen zu langen Eingeschlossenseins in Kranken-»Anstalten« benennen will, spricht man von »Hospitalismus«. Wo komplexere Erscheinungen zur Diskussion stehen, ist das Hospital immer noch Vorbild, nicht das »Krankenhaus«, das sich neben dem Stadthaus, dem Rathaus, dem Freudenhaus wie Dutzendware ausmacht. Das Spital war sehr viel mehr als das – »nur« von Leistungsmedizin und aseptischen Voraussetzungen bestimmte – Krankenhaus: eine Großfamilie, eine kleine Welt für sich, die ihre füllige, reiche, farbige Tagesordnung hatte. Man hat mit den Pflegefällen und den Alten etwas »gemacht«, sie waren angesprochen und hatten ihre kleinen und großen Funktionen in diesem Tageslauf, lange, bevor man sich – wie heute – an die Möglichkeiten von Arbeitstherapie machte. Freilich hatte man, im Gegensatz zu jedem in Abteilungen und undurchschaubare Techniken aufgespaltenen modernen Krankenhaus, noch einen gemeinsamen Boden: den christlichen Glauben und seine Gebote. Mochten die Alten in ihrer »Freizeit«

handwerkeln, mitarbeiten an den Hausdiensten und so weiter: zu den Mahlzeiten und zu den gemeinsamen, auch Sang und Spiel erlaubenden Veranstaltungen traf man sich im Zeichen des Glaubens. Jedes nur nennenswerte Spital hatte seine Kapelle, in der man sich täglich mehrmals, eine Sinngebung und Füllung der Zeit ohnegleichen, zu gemeinsamem Gebet und Gesang einfand.

Am Vitalistag (28. April) des Jahres 1472 hat sich der aus einem adligen Ministerialengeschlecht stammende, ritterbürtige, aber noch nicht zum Ritter geschlagene Hans von Urbach im Esslinger St. Katharinenspital auf Lebenszeit eine Pfründe zu seiner Versorgung gekauft. Laut Verpflichtungsurkunde sind dem neuen Pfründner täglich zu reichen »eine alte Halbmaß Wein aus der Brüder Faß«, dazu drei »Haiden« (Semmel) oder nach Wunsch ein Siechenlaib »wie man sie gewöhnlich backt«, dazu Kost »aus der Brüder Hafen«, wie man sie täglich einem freien Bruder gibt. Zum täglichen Wein kommt noch im Herbst der halbe Eimer (ein Großmaß) aus der Spitalkelter – ein Beleg für enormen Weinverbrauch des Einzelnen –, zu dessen Aufbewahrung ihm der umzäunte halbe Keller an der Spitalkelter eingeräumt wird. Die Behausung Hans von Urbachs ist noch nicht fertig. Bis seine Gemächer gerichtet sind, kann er in das Haus des Kaplans ziehen. Ist der Bau fertiggestellt, wird ihm eine Stube und eine Kammer eingeräumt samt dem dazu nötigen Holz.

Die – mit dem Tod Hans' von Urbach endigenden – Leistungen kennzeichnen den Lebensbedarf eines gutsituierten Bürgers am Ausgang des Mittelalters. Die Kost ist für alle freien Pfründner gleich, ebenso die Belieferung mit Wein. Die Wendung »Kost aus der Brüder Hafen« darf nicht vermuten lassen, man habe eine Art Eintopf bekommen; »aus der Brüder Küche« müßte man übersetzen. Nur der zusätzliche halbe Eimer macht klar, daß auch im Spital das ständische Denken nicht verschwunden ist. Die bessere, noch fertigzustellende Behausung illustriert, daß das Spital vollbesetzt war. Die ärmeren Spitalbewohner waren weniger großzügig untergebracht. Für sie gab es gemeinsame

Wohn- und Schlafräume und auch geringere Speisen. Nicht ohne Grund hebt die Urkunde hervor, daß Hans von Urbach die Verköstigung der »freien« Brüder erhalte. Tatsächlich wohnen, wie spätere Urkunden dieses Haus ausweisen, verschieden eingestufte Pfründner in diesem Altersheim, solche, die wie Urbach ihre Pfründe kauften und damit Anspruch auf allerlei Vergünstigungen hatten, und solche, die sich als »arme Siechen« derlei Sprünge nicht leisten konnten und von der Freigebigkeit und den milden Stiftungen der frommen Leute und der Stadt lebten. Ihr Aufenthaltsraum war die allgemeine »untere Stube«. Sie sind zu unterscheiden von den »gemeinen Armenleuten«, von den Armen in der Stadt, die vom Spital zwar mit versorgt wurden, dort aber nicht zu wohnen brauchten.

Hans von Urbach hat, was seine Spitalwohnung anlangte, besondere Wünsche erfüllt bekommen. Die Wohnstube wurde mit »bernschem« Glas verglast, mit einer besonders feinen Glasart ähnlich den Butzenscheiben, die Schlafkammer getäfelt und mit einem »Simsen« versehen. Hier werden die Fenster mit »Waldglas«, einer geringeren Sorte, bestückt, doch soll in ein Feld ein Schieber zum Lüften und Hinausgucken kommen. Ferner ist ihm ein »Herdlein für einen Ofen zu machen«, darauf kann er kochen. Und schließlich wird der genannte »halbe Keller« gegen das Kellerlein unter der Spitalschmiede eingetauscht.

Der alte Urbach hat sich augenscheinlich wohlgefühlt in »seinem« Spital. Obwohl er die notarielle Schreiberei doch sehr zu beherrschen schien, hören wir über fünfzehn Jahre nichts mehr von ihm. Dann läßt er sich noch einmal ein paar Vergünstigungen verbriefen und übergibt schließlich, »aus Dank für die Treue und Wahrheit«, seine Schorndorfer Mühle dem Spital, mit allen Gerechtigkeiten und Zubehör, eine sehr bedeutende Schenkung. Schließlich hat der Spitalmeister ins große Buch einzutragen: »Dieser Junker Urbach ist gestorben im Hospital die Valentini (14. Februar) anno 1503.« Eine Generation lang hat Urbach sein Leben im Spital verbracht. An seinen Tod, sein

Begräbnis und seinen Grabstein haben er und das Spital schon lange gedacht, auch an die Totenmessen, die späterhin zu seinem Gedächtnis gelesen werden. Die in Sandstein gehauene Grabplatte findet sich noch heute in der Nordwestecke der Eßlinger Frauenkirche: »hans – von – urbach – pfrintner – jm – spital – dem – got – genetig – sy.«

Das Spital hat sich, nicht zum Vorteil dieser so geruhsam und vergnüglich geführten »Welt im kleinen«, früh Spezialisierungen gefallen lassen, Leprosorien, in Süddeutschland auch Gutleut-Häuser genannt, die Leprakranke aufnahmen, Blatterhäuser für Blattern- und später auch Syphiliserkrankte, Pesthäuser, die alle außerhalb der Stadtmauern »im Feld« lagen, man sprach im Spätmittelalter von den »Feldsiechen«. Auch Narren- oder Tollhäuser gab es in manchen Städten, gefährliche Irre hat man in den beiden letzten Jahrhunderten des Mittelalters auch da und dort in Stadtmauer-Türmen untergebracht.

Die Armenfürsorge blieb sicher die umfangreichste Spital-Aufgabe. Man hat einen mächtigen, auch räumlich ausladenden Betrieb in Gang gesetzt, um die – stationären und ambulanten – Armen zu verköstigen. Die Kremser Bürgerspital-Rechnung des Jahres 1461 verrät, daß hier den Insassen häufig Fleischspeisen geboten wurden. In allen Zeiten des Jahres, in denen Fleisch erlaubt war, reichte man es fast durchweg dreimal wöchentlich, Rind-, Kalb- und auch Schweinefleisch. Die Spitalmeister-Rechnungen des Marktes Perchtoldsdorf geben ein Bild von vergleichsweise einfacher Kost. Die vielen Ausgaben für Fische, als Fastenspeise üblich, fallen auf. Aber man hat nur den billigen, gesalzenen und getrockneten Seefisch gekauft. Auch die üblichen Fleischsorten, Schmalz, Öl, Salz und Gewürze brauchte man in der Küche; die Ausgaben für Getreide und Gemüse sind eher gering. Beides hat man im Eigenbau selbst gewonnen oder sich in Form von Abgaben zubringen lassen.

Arme scheinen die Städte und Klöster manchmal wie kleine Heerscharen überzogen zu haben. In Cluny ernährte man manches Jahr bis zu 17 000 Arme. Das Konstanzer Spital beherbergte

3000 Bettler, die alle zwei Monate wiederkamen. Straßburg soll
1530 bei 30 000 Einwohnern 23 500 Bettler gehabt haben, Basel
zur selben Zeit 40 000. Man wird, was die Städte anlangt,
skeptisch gegenüber diesen Zahlen sein. Aber daß die Gassen der
spätmittelalterlichen Stadt nicht ohne Rudel von Bettlern zu
denken sind, die sich an den Stadttoren manchmal zu bedroh-
lichen Gruppen scharten, daran können wir kaum zweifeln.
»Die Armut ist eine soziale Konstante in der mittelalterlichen
Stadt (E. Maschke).

Und Betteln ist im Mittelalter ein Beruf. Bettler sind ein
»organisierter Stand«. Als Unehrlicher, Unredlicher und Be-
scholtener stand man auf der untersten Stufe der Rangordnung.
Arm waren die Bedürftigen, auch die Kranken, besonders aber
jene, die als Unselbständige gegen geringen Tagelohn eine
ungelernte Arbeit verrichteten und ständig am Rande des Exi-
stenzminimums lebten. Die unverheirateten und verwitweten
Frauen sind davon besonders betroffen. 1410 werden in Frankfurt innerhalb sämtlicher Steuerpflichtiger 13,7 Prozent als arm

87 Ein Arzt mit langem Mantel und Barett behandelt links einen »Siechen«,
der an einer inneren Krankheit leidet. Auf dem Pergament, das der Medicus in
der Rechten hält, einem »Rezept«, steht: »Dir ist slaffen ungesund«. Rechts
operiert er einen Kranken am Oberschenkel; zur Sicherheit hat er den »Siechen«
an einen Pfahl gebunden. Aus der Heidelberger Handschrift des »Wälschen
Gast« des Thomasin von Zerclaere, um 1215/16.

bezeichnet. Darunter waren aber nur 7,8 Prozent Männer, dagegen 33,6 Prozent Frauen arm. Indessen sah man auch im hörigen Bauern einen »armen Mann«, Dorfbewohner waren »arme liute«: die »Armen« sind auch eine politische Kategorie, und schließlich wird »arm und reich« überhaupt zum Sammelbegriff für »alle«.

Armut konnte freiwillig gewählt oder erlitten sein. Erst im Verlaufe des 15. Jahrhunderts beginnt man, zwischen unfreiwilligen, unverschuldet in Not geratenen Armen und Armen aus Arbeitsscheu zu unterscheiden. In der städtischen Bettelordnung hat sich diese Trennung noch vor 1500 niedergeschlagen. Aber über beiden Gruppen steht die fünfte Seligpreisung der Bergpredigt (Matth. 5,7), »Selig sind die Barmherzigen, denn sie werden Barmherzigkeit erlangen«, und die andere Versicherung Jesu: »Was ihr getan habt einem unter diesen meinen geringsten Brüdern, das habt ihr mir getan« (Matth. 25,40).

Im übrigen nimmt man die jammervollen Scharen, die sich in den Kirchen drängen und den Gottesdienst mit ihrem Lärmen und Schreien stören, viel böses Volk unter ihnen, »validi mendicantes« (rüstige Bettler), nicht nur als eine entsetzliche, aber gottgegebene Plage: auch Haß schleudert man gegen sie, auch in literarischer, auch in theologischer Form. Der mittelalterlichen Wohltätigkeit lag sicher nicht überall die vom Christentum verkündete Nächstenliebe zugrunde, auch viel Sorge der Opfernden um die eigene Glückseligkeit war dabei. Bis zum 14., mancherorts bis zum 15. Jahrhundert leistet man sich auch nicht den leisesten Versuch, den Armen radikal aus seiner Lage zu befreien. Man zieht es vor, ihn zu verköstigen und ihn in seiner Lage zu belassen. Das gehört sozusagen zum guten Ton. Wer nur einigermaßen sich zu den Wohlsituierten rechnen darf und »abgeben« kann, besitzt eine Almosentasche. Sie darf als Symbol für die, nach unseren Begriffen, deutliche Widersprüchlichkeit des mittelalterlichen Armenproblems gelten. Sie kann sich, auf der Wende vom 13. zum 14. Jahrhundert von dreieckiger, oben abgerundeter Form, dazu eine breite Klappe und Quasten an der

Unterkante, in preziösester Seiden- und Goldstickerei zeigen, wenn sie eine Liebesgabe war, mit einer artigen Minneszene und Amor als gekröntem Haupt obenauf: ausgerechnet die Armentasche.

Armenfürsorge als Gesellschaftsspiel? Der Arme als Alibi? Kein Zweifel, daß die Kirche in der Existenz von Reichtum und Armut eine wechselseitige Verbindung sah, begründet durch die These, daß die reichen Menschen für die Erlösung der Armen geschaffen sind und die Armen für die Erlösung der Reichen. In der milden Gabe an die Armen sieht man eine Art Quelle zur »Versicherung« der Seelen der Besitzenden. Alkuin schreibt, daß Almosen, an die Armen ausgeteilt, dem Gebenden den Einzug in den Himmel gestatten. Materielle Reichtümer, die den Armen gegeben wurden, so Hrabanus Maurus in genauer Übereinstimmung, verwandeln sich in ewige Reichtümer. Umgekehrt sehen sich die Bettler als Erwählte Gottes. Armut erstrebt man wie ein Ideal. Die Kirche nahm das Armutsgelöbnis von jedem an, der »aus Demut und zum allgemeinen Nutzen und nicht aus Gier oder Faulheit« darnach strebte. Armut war kein aufgezwungener Zustand, aus dem herauszukommen wünschenswert gewesen wäre, sondern ein Zustand der Selbstabkehr und der Abkehr von der Welt. Das Mittelalter braucht die Armut. Sie ist untrennbares, notwendiges Element der gesellschaftlichen Praxis.

Krankheit hat eine ähnliche Rolle wie Armut. Auch die Aussätzigen braucht die mittelalterliche Gesellschaft. Sie hält sie sich wohl vom Leibe, da sie eine Gefahr bedeuten, will sie aber dennoch in Sichtweite haben, um sich, durch die Fürsorge für sie, ein gutes Gewissen zu sichern und darüber hinaus magisch alle Übel auf die Kranken abzuwälzen. Der altfranzösische Dichter Berol aus der Bretagne erzählt die schreckliche, begreiflicherweise in späteren Versionen von Tristan und Isolde nicht überall aufgenommene Geschichte von König Marke, der die schuldige Isolde ohne langes Bedenken den Aussätzigen ausliefert. »Hundert Aussätzige, gar mißgestaltet, mit zersetztem, über und über weißem Fleisch, waren auf ihren Krücken mit klappernden

· Incipit lib·IIII· De medicina 𝕰 D I
C I
N A

eft. quæ
corporif t
uieꝰ uſ re
ftaurat ſa
luꞇꞛ.'euiꝼ
ꞇ꤮ꞇ ꞇoria
uerſar inmorb꓿ꞷ·uuꝺ ꞁerib.Adhanc

88 *Ein Wundarzt führt am rechten Oberarm eines Mannes den Aderlaß aus.*
Der Arzt hat den Messerstiel im Munde und greift mit der rechten Hand an den
Kopf des Mannes, die linke Hand hält ein Becken, in welches das Blut fließt.
Älteste bisher bekannte bildliche Darstellung eines deutschen Arztes – die Hand-
schrift des 12. Jahrhunderts stammt aus Engelberg südlich des Vierwaldstätter-
sees – bei seiner Tätigkeit. Abt Frowin von Engelberg hatte mit diesem Codex
die Etymologien Isidors von Sevilla (um 560–636) abschreiben lassen, ein Sam-
melwerk, dessen IV. Buch »De medicina« mit dieser Initiale beginnt.

Rätschen herbeigekommen und umdrängten nun den Scheiterhaufen, um unter ihren geschwollenen Lidern hervor mit blutunterlaufenen Augen das Schauspiel zu genießen. Yvain, der
häßlichste der Kranken, rief dem König mit schriller Stimme zu:
›Du willst dein Weib in diese Glut werfen, o König. Sie hat es
wohl verdient, doch währt es nicht lange genug. Das große Feuer
wird sie rasch verzehren, der große Wind wird ihre Asche rasch
verstreuen. Und wenn die Flamme binnen kurzem in sich
zusammenfällt, sind ihre Leiden vorüber. Willst du eine ärgere
Strafe hören, bei der sie wohl lebt, doch in großer Schmach und
ständiger Sehnsucht nach dem Tode? Willst du, o König?‹ Der
König entgegnete: ›Sie mag leben, doch in großer Schmach, die

485

schlimmer ist als der Tod. Wer mir eine solche Strafe nennen kann, soll mir lieb und wert sein.‹ ›So will ich dir denn ohne Umschweife meine Gedanken eröffnen, o König. Siehe, ich habe hier hundert Gefährten. Gib uns Isolde, auf daß wir sie gemeinsam besitzen! Das Leiden schärft unser Begehren. Gib sie deinen Aussätzigen. Keine Dame hat je schlimmer geendet. Siehe, unsere Lumpen kleben an unseren schwärenden Wunden. Sie, die an deiner Seite in kostbar besetzten Gewändern juwelengeschmückt einherging, die in marmorverzierten Sälen gewohnt, edlen Wein getrunken und Ehren und Freuden genossen, wird, wenn sie den Hofstaat ihrer Aussätzigen erblickt, wenn sie in unseren elenden Löchern wohnen und mit uns schlafen muß, ihre Sünde erkennen. Dann wird Isolde die Schöne, Isolde die Blonde nach diesem hell lodernden Scheiterhaufen Verlangen tragen.‹ Der König hört ihn an, erhebt sich und steht lange reglos da. Dann tritt er rasch auf die Königin zu und faßt sie bei der Hand. Sie schreit: ›Erbarmen, Herr, verbrennt mich lieber, verbrennt mich!‹ Der König ergreift sie, Yvain nimmt sie, die hundert Kranken umdrängen sie. Sie kreischen und schreien dergestalt, daß alle Herzen in Mitleid hinschmelzen. Yvain aber ist froh. Isolde geht, Yvain führt sie fort. Der schauerliche Zug zieht zur Stadt hinaus.«

Zu den Ausgestoßenen zählen letztlich alle Kranken. In einer Welt, die Krankheit und körperliche Mißbildung für ein äußeres Zeichen der Sünde und des göttlichen Zorns hält, müssen die damit Behafteten als gottverflucht gelten. Dem steht freilich die Christenverpflichtung entgegen, in jedem Kranken, sei er arm oder reich, Gottes Anruf zum Handeln aus Barmherzigkeit zu hören. Für den Christen muß Krankendienst Gottesdienst sein. Schon Gregor von Nyssa (331–394) leitet die Verpflichtung zur Krankenhilfe aus der Auffassung vom Menschen als Imago Dei, als Ebenbild Gottes ab. Auch hier also gibt sich die mittelalterliche Welt in einer eigentümlichen Widersprüchlichkeit. Hier bewußte Körperlichkeit, die in der Betonung, ja Verherrlichung der körperlichen Kraft ihren Ausdruck findet. Dem um 1230 von

Eike von Repkow abgefaßten Sachsenspiegel entnimmt man, daß ein Mann über sein liegendes Gut, seinen Grundbesitz, nur so lange verfügen darf, als er nachweislich in der Lage ist, mit Schwert und Schild versehen von einem Stein aus ein Streitroß zu besteigen. »Behinderte« sind nicht rechtsfähig. Wie eng im Mittelalter Körperkraft und Recht aufeinander bezogen waren und sich gegenseitig bedingten, läßt der weitverbreitete Zwei- kampf erkennen, genauer gesagt der gerichtliche Zweikampf als Beweismittel im Sinne des Gottesurteils (neben den Ordalen = Gottesurteilen des glühenden Eisens, des kochenden Wassers oder der Kaltwasserprobe). Man hat auf diese Urteilsfindung, trotz früh vorgebrachter kritischer Einwände, immer wieder zurückgegriffen, bis in die erste Generation der Renaissance hinein, in der man sich in Brunnenfiguren gefiel, die einen Ritter mit mächtig aufgebauschtem Geschlechtsteil zeigten. In enger Verbindung mit diesen Rechtsvorstellungen steht die Forderung der Freiheit von körperlichen Gebrechen oder Defekten als Bedingung für die Lehns- und Erbfähigkeit, von der die soge- nannten Krüppelkinder ausgeschlossen blieben. Von daher er- scheint es fast als eine Selbstverständlichkeit, daß an die Person des Königs entsprechende Maßstäbe angelegt werden: es genügt auch eine kleinere Form von körperlicher Mißbildung, um ihn von Salbung und Krönung auszuschließen.

Auf der anderen Seite Weltflucht, strenge Askese und ausge- prägte Körperfeindlichkeit. Der »miles Christi« und der »athleta Christi«, der Mönch und Priester als Streiter für die Sache Christi, der mit dem ersten Drittel des 12. Jahrhunderts zu einem in hartem körperlichem Training geschulten Mönchs-Ritter geworden ist, wirken da fast wie ein Fremdling. 1084 gründet Bruno von Köln, der lange Jahre die Reimser Domschule geleitet und sich dann mit einigen Gesinnungsgenossen nach Molesme bei Langres zu einem Eremitenleben zurückgezogen hatte, im schwer zugänglichen Gebirgstal Cartusia (la Chartreuse, Kartause) nordöstlich von Grenoble eine aus primitiven Hütten und einem Kirchlein bestehende Niederlassung, fernab von allem irdischen Treiben. Er und seine sechs Gefährten unterwerfen sich einem Schweigegebot und verpflichten sich zu strengster Askese und zur Abtötung des Körpers. Dieses neue Mönchsideal begleitet eine gleichfalls auflebende religiöse Bewegung, die der Armut gilt und der Rückkehr zu den Ursprüngen, so, wie Jesus und seine Jünger gelebt hatten. Mit Männern wie Norbert von Xanten, der später als Gründer des Prämonstratenserordens und Erzbischof von Magdeburg hervortrat, wird die Armutsbewegung und die Antikörperlichkeit eine Massenbewegung, die im Radikalismus der Katharer oder Albigenser – Gott schuf das Unsichtbare, der Teufel alles Sichtbare – ihren Höhepunkt erreicht.

Vor einer derart großen Spanne zwischen dem Athletentum des – auch im Mönchshabit auftretenden – Elite-Ritters und der radikal-dualistischen Auffassung, die den menschlichen Körper als reines Teufelswerk deklariert, hat es die Medizin nicht leicht. Im Grunde steht man der Krankheit ohnmächtig gegenüber. Gesundwerden ist nicht mit Wissen oder Diagnose, sondern mit Glaube, noch mehr mit Aberglaube verknüpft. Gregor von Tours (um 538–594) schreibt lange über den Staub vom Grab des hl. Martinus und sieht in ihm ein Heilmittel, das alle Medikamente auch der geschicktesten Ärzte übertrifft. »Er reinigt den Leib wie Springwurz, die Lunge wie Ysop und den Kopf wie Bertramwurzel.« Die hagiographischen Schriften Gregors sind überreich an Zeugnissen für den Gebrauch von Staub, Öl und Wachsstückchen von den Gräbern der Heiligen zu Heilzwecken bei allen Krankheiten.

Zauber und Magie bedingen Heilbehandlungen von Anfang an. Sie halten sich, neben allen kirchlich-religiösen Versionen und Versuchen, das ganze Mittelalter hindurch, ja die Kirche gibt den Zauberpraktiken ein christliches Gewand und versucht Gott zurückzugeben, was des Teufels war. Bäume und Quellen wurden Heiligen geweiht, Gebete um Regen, um Fruchtbarkeit und Heilung von Kranken ersetzten die heidnischen Beschwörungen. Einen ganzen Wust von »Rezepten« hat die magische

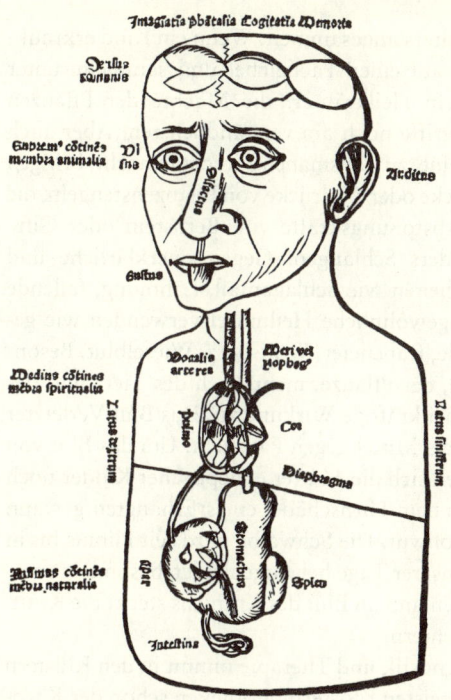

Jmaginatia phätalia Cogitatia Memoria

Ochua squansnia

Empiem° cötinès membra animalia

DI fina

Cerebrum

Auditus

Gustus

Medius cötines media fpiritualis

Vocalis arteres

Derivat kopbeg?

Pulmo

Cor

Diaphragma

Imusus cötines media naturalis

Epar

Stomachus

Splen

Inteltina

89   Als der fünfundzwanzigjährige Johann Peyligk, hernach Professor der
Rechte an der Leipziger Universität, 1499 in Leipzig bei Melchior Lotter sein
später vielfach aufgelegtes Philosophiae naturalis compendium erscheinen ließ,
hatte er alles gesammelt, was man damals über die Natur des Menschen wußte.
Das Gehirn beherbergt den »Sensus communis«: die Vorstellungskraft (Imagi-
nativa), die Einbildungskraft (Phantasia), die Denkfähigkeit (Cogitativa) und
das Erinnerungsvermögen (Memoria). Der Kopf ermöglicht das Sehen (Visus)
und Hören (Auditus), den Geschmacks- und Geruchssinn (Gustus und Olfac-
tus). Die Luftröhre (Vocalis arterea) und Speiseröhre (Meri oder Ysophagus)
führen zu Lunge (Pulmo) und Herz (Cor), das Zwerchfell (Diaphragma) trennt
von der Leber (Epar), dem Magen (Stomachus), der Milz (Splen) und den
Gedärmen (Intestina). Der mittelalterliche Sinn für Systematik bewährt sich
auch in dieser, aus jahrhundertealter Überlieferung gewonnenen Anatomie: der
oberste Teil des Menschen enthält die membra animalia (die Verstandes- und
Sinnesorgane), der mittlere die membra spiritualia (die belebenden, beatmenden
Teile), der unterste die membra naturalia (die Teile der menschlichen Natur).

489

Medizin des Mittelalters angesammelt. Wenn ein Kind erkrankte, brachte man es auf einen Fachgiebel und sammelte unter Beschwörungsformeln Heilkräuter: die Mächte der Pflanzen sind für heutige Begriffe noch am verständlichsten. Aber auch Metalle und edle Steine, zu Talismanen zurechtgemacht, bringen Heilung, Wurzelstöcke oder Abdrücke von Pflanzenstengeln, die Anziehungs- und Abstoßungskräfte von Bernstein oder Gifte von Tieren, besonders Schlangen. Gegen unerklärliche und unheimliche Krankheiten wie Schlaganfall, Lähmung, fallende Sucht muß man ungewöhnliche Heilmittel verwenden wie getrocknete Hirnschale, Rabeneier, Wolfsherz, Wieselblut. Besonders dem Lebenden, der Pflanze, mehr noch des Tiers und des Menschen kommt heilkräftige Wirkung zu. Das Blut Verletzter galt schon in Rom als Mittel gegen Fallsucht. Um das Blut von Hingerichteten rissen sich die Mütter epileptischer Kinder noch in der Neuzeit. Aus dem Hirnschädel eines Erhängten gewann man Pillen gegen Tollwut. Die Schwalbe wird seit Plinius bis in die Volksmedizin unserer Tage bei Augenleiden besonders empfohlen. In den Klauen und im Blut des Kranichs steckt die Kraft, die Geburt zu erleichtern.

Medizin mit Diagnostik und Therapie nimmt in den Klöstern ihren Anfang. Die meisten Klosterbibliotheken schon der Karolingerzeit besaßen medizinische Schriften, die aus antiken Traktaten zusammengeschrieben waren. Daß selbst gynäkologische Lehrbücher nicht fehlten, überrascht, wo Mönche das weibliche Geschlecht sonst doch kaum der Erörterung für wert befunden haben. Mönchsmedizin und Klerikerärzte sind bis ins 18. Jahrhundert hinein tätig gewesen. Ihnen gegenüber haben die weltlichen Ärzte zunächst den Nachteil, daß sie der »Infirmie« (Krankenhaus) des Klosters keine eigene »Praxis« und dem mönchischen Eigenstudium keine regelmäßige Ausbildung entgegenzusetzen haben. Die Namen dreier Leibärzte der Babenberger aus der ersten Hälfte des 13. Jahrhunderts kennen wir, ihre medizinische Ausbildung und Tätigkeit bleibt aber in Dunkel gehüllt. Die Leibärzte Heinrich (1204 bis um 1239 nachweisbar) und Symon (1240) führten den akademischen Titel eines Magisters, was für eine gründliche Ausbildung spricht. Bezeichnend, daß diese Männer auch in der herzoglichen Kanzlei eine wichtige Funktion ausübten.

Offenbar hatten die Ärzte von Anfang an nicht nur in den Wundärzten (minutores), in den Salbadern und allen diesen Hunderten und Tausenden von »Wissenden« Konkurrenten, sondern auch bei ihren nächsten Kollegen, den Apothekern. In der ältesten deutschen Apothekerordnung, der von Basel, die in den Jahren 1271 bis 1322 entstand, wird dem Apotheker die Behandlung von Kranken ausdrücklich untersagt. Die Nähe der beiden Berufe wird erklärlich aus der Diagnostik der mittelalterlichen Medizin; Puls und Urin sind hier die beiden wesentlichen Faktoren. Unter den diagnostischen Sonderschriften des früheren Mittelalters, den Puls- und Urintraktaten, haben die Urinschriften eindeutig das Übergewicht. Aber auch der Aderlaß war wichtig. Die Bibliothek des Klosters Einsiedeln bewahrt einen Kodex des 12. Jahrhunderts auf, eine Abschrift der Etymologien des spanischen Bischofs Isidor, der die wahrscheinlich älteste bildliche Darstellung eines deutschen Arztes bei seiner Tätigkeit enthält. Man sieht da, wie ein Wundarzt am rechten Oberarm eines Mannes den Aderlaß ausführt. Der Arzt hat den Messerstiel im Munde und greift mit der rechten Hand an den Kopf des Mannes, während die Linke ein Becken hält, in welches das Blut fließt.

Das mittelalterlich-medizinische Konzept hatte sicher den einen Vorzug, daß ihm eine ebenso indiskutable wie ganzheitliche Lehre zugrunde lag. Sie muß von gleicher positiver Wirkung gewesen sein wie die letzten Endes immer durchscheinende mittelalterliche Krankheitserklärung, nämlich Gott: Krankheit hat einen Sinn im Heilplan Gottes und demzufolge auch für das kurze Erdenleben vor Eintritt in das große Ziel, das Jenseits. Die naturalistische Medizin fragt nicht nach dem – religiösen – Sinn, sondern nach den natürlichen und besonderen Ursachen der Krankheit. Das große Ereignis in der abendländischen Medizin ist die von der zweiten Hälfte des 11. Jahrhunderts an vollzogene

491

90 *Apotheker mit Mörser. Umliegend Kräuter. Aus dem »Ortus sanitatis« der Offizin von Jakob Meydenbach, Mainz 1491.*

Rezeption des arabisierten Arztes Galenos (129–ca. 200 n. Chr.) aus Pergamon, der dort zuerst als Gladiatorenarzt praktizierte, dann in Rom Forscher und Lehrer war. Was Galen wirklich meinte und lehrte – der Grundgedanke seines Krankheitskonzepts ist die Qualitäten- und Qualitätenmischungslehre –, ist weniger wichtig als das, was das Mittelalter aus seinem, durch die Araber vermittelten Vermächtnis herauslas: die Säftelehre. Gesundheit ist an das normale Verhältnis der vier Körperflüssigkeiten gebunden, an Blut, Schleim, schwarze Galle und gelbe Galle. Als »normale Komplexion« erscheint derjenige Gesundheitszustand, bei dem die richtige, die ideale Säftemischung vorhanden ist. Wer lange leben will, muß ein »geordnetes« Dasein führen. Ein Mensch, der maßvoll lebt, verbrennt in- und auswendig wie eine Kerze, das heißt er stirbt sanft und ohne große Schmerzen. Bei einem unordentlichen Lebenswandel hat man einen schlimmen Tod zu erwarten.

Galens Humoralpathologie (humor = Saft) verträgt sich

deshalb so selbstverständlich mit der mittelalterlichen Glaubens-
welt, weil sie der Ansicht von der Krankheit als Folge der Sünde
ebenso entgegenkommt wie der täglichen Mahnung, ein gottes-
fürchtiges und das Ende bedenkendes Leben zu führen. Die
verschiedenartige Lebensführung – aus der Flüssigkeitsmi-
schung ergeben sich nach Galen die vier Arten von Temperamen-
ten – macht klar, warum die Menschen so verschiedenartig ihr
Leben beenden. Das menschliche Dasein ist kurz und von
mannigfachen Krankheiten bedroht. Gott hat aber den Menschen gegen alle Leiden Hilfe gewährt, in Gestalt von Ärzten und
von Kräutern. Galens Humoralpathologie ist auch durch die
Samenlehre des Paracelsus nicht außer Kraft gesetzt worden.
Erst Andreas Vesal hat 1543 (»De humani corporis fabrica«) die
galenische Anatomie als das entlarvt, was sie war: Tieranatomie.
Und erst Virchows Zellularpathologie in der Mitte des letzten
Jahrhunderts hat dem Körperkonzept des Mediziners eine neue
Grundlage gegeben. Jetzt interessierte den Arzt nicht (mehr) der
gesamte Körper, sondern nur noch eine kranke Zelle. Krankheit
wird lokalisierbar.

Während des ganzen Mittelalters bleibt Galen die erste und
letzte Instanz. An »Fortschritte« der ärztlichen Kunst in dieser

91   Darstellung der »Melancolica«, die zusammen mit dem Flegmaticus, San-
guinicus und Colericus die vier »Complexionen« bilden. Aus Johann Schaeffers
1498 in Ulm publiziertem »Kalender deutsch«.

493

Epoche wird man mithin nicht denken wollen. Die angewandten Arzneimittel, im wesentlichen »Kräuter«, haben wohl zumeist keinen Nutzen gestiftet, oft genug eher Schaden angerichtet. Nicht selten dürften daher die Kranken es vorgezogen haben, sich einem Bader, der praktischen Sinn besaß, anzuvertrauen, statt einem gelehrten Arzt, der nur wußte, was in den Büchern Galens und der Araber stand. Während des 15. Jahrhunderts beschäftigten sich viele Ärzte mit anatomischen Studien, allerdings ohne nennenswerte Fortschritte herbeizuführen. Auch die »Incisores«, die Chirurgen Jacobus und Cyriacus, die nach den Weisungen graduierter Ärzte in den Jahren 1441 und 1444 die ersten »Anatomien« an der Wiener Universität durchführten, brachten nichts Neues. Wo die Chirurgie sich zu großen Eingriffen und schweren Amputationen entschloß, haben die mangelnde Reinlichkeit – von Asepsis gar nicht zu reden – und die ungenügende Blutstillung häufig zu einem fatalen Ausgang geführt. Schmerzlinderung oder -betäubung erfolgte durch Alkohol. Der Patient wurde trunken gemacht, durch eine heruntergezogene Kappe wurden ihm die Augen verdeckt und zum Trost wurde Christi Passion vorgelesen. Medizingeschichtliche Sammlungen bergen heute teilweise hübsch gestaltete chirurgische Instrumente, Sägen verschiedener Größen für Amputationen, Messer, besonders für das Schneiden von Gallen- und Blasensteinen, Haken zum Halten der Wundränder, Zangen, Scheren, Bohrer.

Gesundheitsvorsorge und Sozialhygiene haben sich allerdings, siehe Galens Erklärung des unordentlichen Lebenswandels, da und dort bemerkbar gemacht. Das Bild vom frommen, mildtätigen und naturverstehenden Arzt, wie ihn Martin Stainpeis in seinem, das ärztliche Ethos des ausgehenden Mittelalters repräsentierenden Werk »Liber de modo studendi seu legendi in medicina« vorgestellt hat, paßt ganz in diese »öffentliche« Arztfunktion. Zwar sind die unter dem Stauferkaiser Friedrich II. erlassenen sozialmedizinischen und sozialhygienischen Vorschriften, die auch den Gewässern und dem Boden, den Nahrungsmitteln und den Medikamenten galten, Episode

92 Ein Arzt erklärt einem Studenten in einer Krankenstube eine Anzahl Krank-
heitsbilder: älteste deutsche Darstellung klinischen Unterrichts. Aus dem »Ortus
sanitatis«, Druck von Jakob Meydenbach, Mainz 1491.

geblieben, schon deshalb, weil sie nur Sizilien galten. Dagegen ist der schon im 12. Jahrhundert verfaßte sogenannte Aristotelesbrief des spanischen Juden Johann von Toledo mit seinen Anweisungen zum rechten Essen und Schlafen auch in Deutschland auf offene Ohren und »geneigte Leser« gestoßen. König Alexander, der Adressat des Briefes, soll nach dem Aufstehen ein wenig wandeln, die Gliedmaßen angemessen und gleichmäßig strecken und das Kopfhaar kämmen. Darauf soll er gute Kleider anziehen und die Zähne und das Zahnfleisch mit wohlriechenden Rinden abreiben. Beim Essen soll er aufhören, ehe er völlig gesättigt ist. Noch mehr als der Aristotelesbrief wurde in Deutschland das Regimen Arnolds von Villanova (gest. 1311) benutzt, übersetzt und nachgeahmt. Hier ist der Adressat der König von England, der, falls es ihm an Ärzten fehle, drei Mittel an ihre Stelle treten lassen solle: frohen Sinn, Ruhe und Mäßigkeit beim Essen. Der Vers 365 dieses dreieinhalbtausend Verse umfassenden Werkes enthält das berühmte »Post coenam stabis aut passus mille meabis« (Nach dem Essen sollst du ruhn, / Oder tausend Schritte tun).

Das richtige Schlafen, Mundspülungen und der Aderlaß wegen der schlechten Säfte sind Dinge, die immer wieder neu erörtert werden. Medizinische Kalender haben seit der Karolingerzeit die Vorsichtsmaßnahmen aufgeführt, die je nach Jahreszeit notwendig waren, im Winter warme Speisen, genügend Bewegung und seltene Kopfwaschung, um sich vor Erkältungen zu schützen, im März Bäder nehmen, aber den Aderlaß meiden, im Mai kein Wasser auf nüchternen Magen und Bier überhaupt nicht und so weiter. Gesundheitsvorsorge betraf auch die zunehmende städtische Hygiene. Da gab es allmählich Bestimmungen zur Beseitigung des Abfalls – der damals in einem Haus viel größer war als heute –, Verbote, Schweineställe an der Straßenseite anzulegen oder in zu großer Zahl Tiere zu halten, präzise Verordnungen zur Reinhaltung der Märkte, die strenge Handhabung der Lebensmittelschau, die Verbote in Zürich oder Basel, nicht verkaufte Fische am Abend in den Marktbuden

93 *Ein Arzt beim Aderlassen. Aus Johann Schaeffers »Kalender deutsch«, Ulm 1498.*

zurückzuhalten, oder die Augsburger Forderung, nicht einwandfreies Fleisch kenntlich zu machen. Der Weg zur modernen Stadthygiene hat Jahrhunderte gedauert. Noch 1573 verlangt der Frankfurter Stadtarzt Joachim Struppius (1530–1606) energisch, daß das Ausgießen von Urin auf die Straße verboten werden müsse.

Erfolge der ärztlichen Kunst haben sich dementsprechend langsam eingestellt. Für das Mittelalter hat man auf große »Erfolge« auf keinen Fall zu hoffen. Zwar scheinen die Menschen damals nicht so klein und, wie man wohl meinte, gesundheitlich so anfällig gewesen zu sein, wie man uns dargestellt hat. Der sprichwörtlich »kleine« Karl der Große war tatsächlich, wie sein Biograph Einhard berichtet und wie sich 1861 bei der Graböffnung an seinem Skelett zeigte, sieben Fuß = 1,92 m groß. Neuerliche Ausgrabungsergebnisse der mittelalterlichen Archäologie führen zu der fast enttäuschenden Erkenntnis, daß es »schon« damals kleine und große Leute gab. Aber die durchschnittliche Lebenserwartung lag bedeutend niedriger als bei uns heute. Wer mehr als vierzig oder fünfzig Jahre zählte, galt als sehr alt und »weise«.

Die Kindersterblichkeit betrug mehr als fünfzig Prozent, wodurch die Familienstruktur, bei sehr hoher Geburtenziffer, ganz wesentlich bestimmt wurde. Dabei hat man, vor allem bei den höheren Ständen, der Geburt und dem Neugeborenen eine geradezu feierlich-umständliche Hilfe angedeihen lassen. Das neugeborene Kindlein, viele Altartafeln zeigen uns das, wird in einem Bottich oder in einer flachen Holzwanne mit warmem Wasser gewaschen, mit vorgewärmten Tüchern getrocknet und anschließend in eine Wiege gelegt. Kaum ein Bild einer Wochen- stube, das für die Herstellung des Bades nicht besondere Sorgfalt erkennen ließe. Man achtete auf die richtige Wärme des Bade- wassers und überzeugte sich davon durch Eintauchen der Finger- spitzen oder der Füße. Da und dort auf den Altarbildern kann man sich mühelos die Ausstattung einer gutbürgerlichen Wo- chenstube zusammenlesen. Da steht ein Bottich, ein Füllkrug, eine Flasche aus Ton. Auf der Sideltruhe, einer Truhe, die auch als Bank verwendet wurde, wartet die flache Holzwanne, ein Kupferbecken mit Kamm und Pinsel, unter der Truhe eine Nähkassette. Mutter Anna erhält die stärkende Suppe, eine der Mägde badet Maria in einem Bottich, beim Bett steht die Fürbank, auf der Schmalseite des Bettes ein geschnitzter Tisch mit Zinnteller und Becher.

Hygienische Vorschriften galten schon der werdenden Mut- ter. Sie soll Gram und Ärger von sich fernhalten und ein gleichmäßiges Gemüt bewahren. Sie soll nichts Schwerverdau- liches essen, lieber häufiger essen und scharfe, gewürzte Speisen vermeiden. In die mittelalterlichen Entbindungsvorschriften mischt sich eine Fülle guter Ratschläge mit solchen, die medizi- nisch unzulänglich sind. Das Neugeborene wird gebadet, nach- dem die Nabelschnur mit einem Faden abgebunden und ein in Olivenöl getauchter Verband aus Leinenstreifen um seinen Körper angelegt worden ist. Ein Tropfen Olivenöl kommt auf seine Augen; Nase und Ohren werden ihm gereinigt. In allen mittelalterlichen Vorschriften heißt es, daß die Pflegeperson und insbesondere die Hebamme reine Hände haben soll und auch geschnittene Nägel, damit das Kind nicht verletzt wird. Das Neugeborene darf nicht neben der Mutter schlafen; die Gefahr,

498

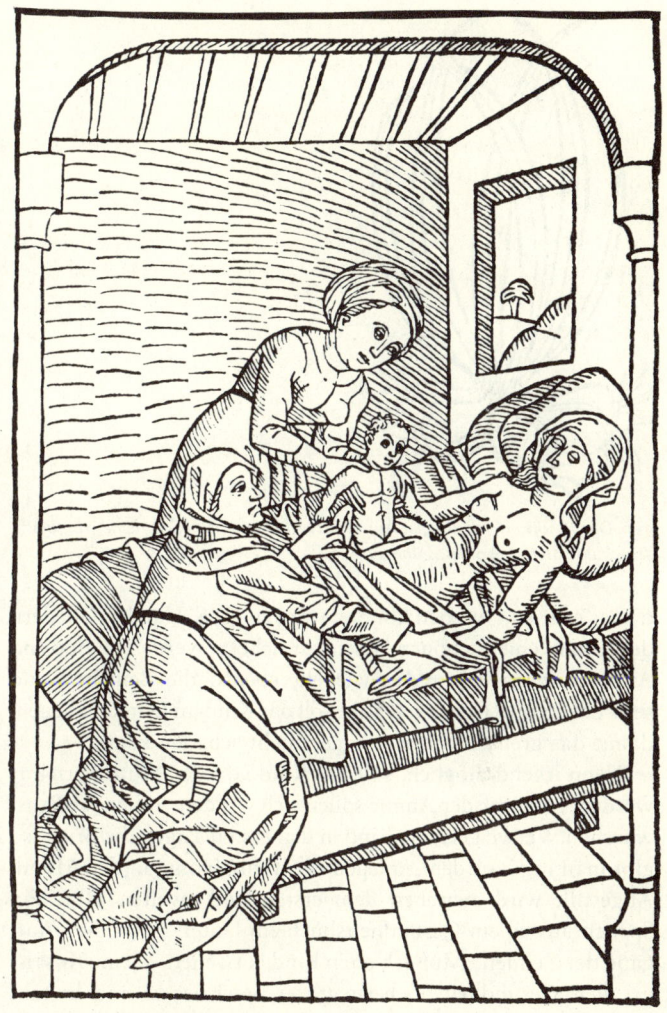

94 *Geburt eines Kindes. Holzschnitt aus »der selen wurczgart«, gedruckt von Konrad Dinckmut in Ulm 1483.*

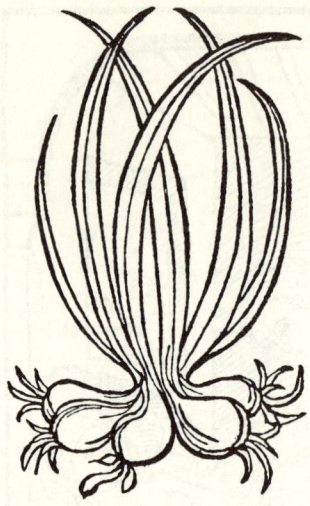

daß es erdrückt werden könnte, wäre zu groß. Um den Gliedern
des Kindes einen schönen Wuchs zu sichern, werden Hände und
Arme ausgestreckt und gewickelt, ebenso die Beinchen und
selbst der Kopf. Die ersten Tage soll das Kind im Dunkeln liegen,
damit das grelle Licht den Augen nicht schaden kann.

Wenn irgend möglich, soll das Kind von der Mutter ernährt
werden. Mutter oder Amme sollen sich vor dem Stillen die Brust
waschen. Verweigert das Kind in den ersten Tagen die Brust, so
gibt man ihm vor dem Anlegen ein wenig Honig in den Mund.
Abgestillt wird zwischen dem ersten und zweiten Jahr. Ein
Spruch aus einem Gesundheitsbüchlein lautet: »Mit dem Aufgang der Zehnen / Muß ich mein Kind entwenen.« Seine Kost ist
in allen Gesundheitsbüchern genau beschrieben und besteht
hauptsächlich aus süßen Breien. Zahllose Vorschriften gibt es,
um das Zahnen zu erleichtern.

Die Bewegungsfreiheit des Kleinkindes war stark eingeschränkt, schon die überkommenen Begriffe Wickelkind und Fatschenkind verraten das. Meist wurde das Kind in ein großes leinenes Tuch gehüllt, das über den Kopf reichte. Darnach schlug man es darin ein und umwickelte es von Kopf bis zu den Füßen mit Bändern. Schließlich lag das Wickelkind in einer Wiege, deren Form keine wesentlichen Abweichungen zeigt: segment-bogenförmige Kufen, zuweilen Tragegriffe. Das Herausfallen des Kindes verhindert das Anlegen von Kreuzbändern. Aus heutiger Sicht hätte man am liebsten angefügt: wohl dem Kindlein, das trotz dieser Halterungen und Einschnürungen zu einem regsamen Menschen herangewachsen ist. Es scheint dann freilich eine lebendig-warme Kinderstube gehabt zu haben; die Verwendung von Gehschulen und von Spielzeugen verschieden-ster Art ist für das Mittelalter überliefert. Großer Beliebtheit erfreuten sich Tonpuppen in einfachster Gestalt, Frauenfiguren, Turnierpferdchen oder Phantasiegestalten, Windräder, Stecken-pferde und Kreisel. Und dann gab es bald, in dieser bis zum siebenten Lebensjahr sehr behüteten Kindheit, eine muntere Reihe von Fang- und Suchspielen.

Wahrscheinlich gelingt es uns gar nicht mehr, jene Gottergeben-
heit und überwältigende Betroffenheit noch einmal wach werden zu lassen, mit der die Leute des Mittelalters vor den Bildern
standen, vor den Glasscheiben der großen Kirchenfenster, deren
glutrote, blaue, fahlgelbe Pracht in der Morgensonne wie ein
Wunder aufleuchtete, vor den im Widerspiel des Lichtes aufer-
stehenden Plastiken, vor den fromme, lange Geschichten erzäh-
lenden Altartafeln. Sie werden nur gestaunt, nur so den Mund
offengelassen haben. François Villon, ein studierter Pariser, der
ein unstetes Leben führte zwischen Verbrechen, Genuß und
Gefängnis, hat in seiner Dichtung der Mitte des 15. Jahrhunderts
auch ein Gebet an Maria, das er für seine Mutter geschrieben:

> Femme je suis pourette et ancienne,
> Qui riens ne sçai; oncques lettre ne leuz;
> Au moustier voy dont suis paroissienne
> Paradis paint, où sont harpes et luz,
> Et ung enfer où dampnez sont boulluz:
> L'ung me fait paour, l'autre joye et liesse...

(Eine arme und alte Frau bin ich, / Die nichts weiß; nie las ich
einen Buchstaben; / In der Kirche, deren Pfarrkind ich bin, / Seh
ich das Paradies gemalt, mit Harfen und Lauten, / Und eine
Hölle, wo die Verdammten gekocht werden: / Das eine macht
mir Furcht, das andre Freude und Wonne...)

Für solche Leute – man rechnet, daß an die neunzig Prozent
der Gesamtbevölkerung im Mittelalter auf dem Lande lebten,
also: für die allermeisten Leute – war »Bildersprache« der
einzige Zugang zu eigenen, höheren Vergewisserungen im Denken und Glauben. Man versteht, warum es für die Kirche ein so
schweres – und übrigens mit aller Entschiedenheit angegangenes –

Problem war, die Heiligenverehrung nicht in Bildfetischismus umschlagen zu lassen. Man brauchte die Kunst, weil man nicht lesen konnte, oder umgekehrt: die Kunst wäre überflüssig gewesen, wenn jedermann hätte lesen und abstrakten Gedankengängen hätte folgen können. Die Kunst ist das Medium der mittelalterlich-kirchlichen Propaganda. Durch sie ist man in eine feierliche, der Kälte und dem Schmutz des Alltags entzogene Stimmung versetzt worden, wenn auch sicherlich viele der Gläubigen den symbolischen Sinn der – das war sie ja zunächst ausschließlich – kirchlichen Kunst und ihre raffinierte Formensprache nur schwer begriff.

Als »bloßes Vergnügen des Auges«, so hat der hl. Nilus einmal gesagt, wollte der Klerus seine Kunst auf keinen Fall gelten lassen. Es ging ihm auch, allen modernen Interpretationen der mittelalterlichen Kirche als Musterfall einer repressiven Herrschaftserhaltung zum Trotz, um die Verstehbarkeit der Dogmen und um einen verständlichen Gottesdienst, dafür könnten vielerlei Beispiele herangezogen werden. Die Benediktbeurer Passion, in einer Handschrift der Carmina burana wahrscheinlich um 1220/30 in der Steiermark angelegt, bringt ihren Text vorwiegend in Latein. Daneben stehen aber, erstmals in Deutschland, auch größere Partien in der Volkssprache. Publikum soll nicht mehr allein die Klostergemeinschaft sein. Man will auch die Leute »draußen« erreichen, eben jene Mehrzahl, die nicht im entferntesten so viel las wie wir heute, die aus »Augenmenschen« bestand, die den Inhalt der biblischen Parabeln und die Schicksale der Heiligen und Märtyrer an den Fassaden und Portalen der Kirchen ablas.

Und was die »Höheren« anlangte: man brauchte die Geschichte von König Artus oder Lancelot nicht selbst gelesen zu haben und konnte doch aus einer ständigen visuellen Erfahrung heraus mit diesen Männern und ihrer vor-bildlichen Ritterschaft etwas verbinden. Man muß einmal eine mittelalterliche illuminierte Handschrift selbst in der Hand gehabt haben, um in der ungefügen, handgemachten Schwere eines solchen Stückes, vor allem in diesem Zusammenwirken von Wort und Bild – »Illustration« wäre eine armselige moderne Vokabel dazu – so recht den Unterschied zum Taschenbüchlein unserer Tage zu erkennen.

Man sieht im Mittelalter »mehr« und anders. Und man hört mehr und anders. Die Eisenacher Dominikaner führen 1322 mit ihren Schülern in Gegenwart des Landgrafen Friedrich von Thüringen das Zehnjungfrauenspiel auf. Als Friedrich »sach unde horte, das die funf torichte juncfrawen uss dem ewigen leben geslossen worden unde das Maria unde alle heiligen vor sie bothin (baten) unde das nicht enhalf«, da zieht sich der Landgraf »mit grossem zorne« auf die Wartburg zurück, »unde dornach sso slugk in der slagk (traf ihn der Schlag) von dem lange zorne«. Als er »sach unde horte«, sagt der Chronist. Das Wort hören, wir müßten heute sagen: »nur« das Wort hören kann den Menschen des Mittelalters bis ins Innerste treffen.

Wir Zeitungsleser und Fernsehverbraucher können uns kaum mehr vorstellen, wie gewaltig die Wirkung des gesprochenen Wortes auf unbefangene Menschen ist, die des Schreibens und Lesens unkundig sind. Die orale Kultur lebt – heute noch – im vortechnischen Dorf Indiens oder Afrikas, auch die Schulkinder lauschen dort mit angehaltenem Atem den Mythen und Legenden, den dunklen Erzählungen der wissenden alten Leute. Die Kraft der Mythen und Symbole ist geblieben. Sie beflügelt die Phantasie, sie löst Assoziationen aus. Den Industriemenschen erfüllt das eintönige, monotone Leben des archaischen Dorfes, das so arm an Abwechslung ist, bald mit Langeweile. Die Dorfbewohner empfinden sie nicht, für sie wird die kleinste Abweichung zum großen Spektakulum: ein Musikant, ein Händler, der Besuch des Fremden, sie lösen mehr Empfindungen, Neugier, Staunen, Nachwirkung in uns aus als ein dramatisch bepackter Film. Jedes Fest, lange und sehnsüchtig erwartet, wird zum Höhepunkt, und kommt gar eine Theatergruppe, so hört man deren Worte mit einer Intensität, die bei uns nur noch die Kinder besitzen.

Für den mittelalterlichen Mönch, für den hl. Bernhard, den Mann, der spricht und zuhört, ist das Wort alles. Das gilt für alle Mönche. Das Wort ist das Material, aus dem ihre ganze Kultur erbaut ist. Auch im künstlerischen Schaffen des Zisterzienserordens nimmt das Wort, das heilige, einen zentralen Platz ein. Die Bibel ist das Grundmuster, nach dem das Gewebe jeglicher Reflexion entstand. Im Oratorium lassen die Mönche in der Kälte des frühen Morgens einen ersten Lobgesang, einen Ruf der Hoffnung erklingen. Er zieht durch die Gänge und Tore, verebbt an den äußersten Ecken und Nischen. Man mag sich das mittelalterliche Kloster gar nicht denken ohne das akustische Pendant, ohne die lauten Lesungen bei der Mahlzeit oder hernach, ohne das – laute – Lesen eines Textes, zu dem jeder einzelne Mönch nach der letzten Mahlzeit verpflichtet ist.

Wie beim Volk Freude und Trauer in Liedern und Tänzen sich ausdrücken, wie Frauen unter rhythmischem Händeklatschen tanzen, um den Ruhm eines siegreichen Helden zu verkünden, so bemüht sich die gottesdienstliche Liturgie, der angeborenen Freude an Klang, Gesang und Gestik zu entsprechen. Der Weg der mittelalterlichen Kirchenliturgie ist nichts anderes als eine sich differenzierende Ver-lautbarung. Das Verkünden des obrigkeitlichen Herolds draußen, die Gerichtssitzung draußen, die Prozession: allemal geben das gesprochene Wort, das Aufgenommene und Gehörte den Ausschlag. Unter den ersten Studentengenerationen des 14. und 15. Jahrhunderts finden sich noch lange Analphabeten, für uns völlig unverständlich heute. Das Rätsel löst sich, wenn man weiß, daß ein sehr wesentlicher Teil des damaligen akademischen Unterrichts aus der Lesung besteht. Der Lehrer, dies macht er dem Vorleser im Kloster nach, liest den vorgeschriebenen oder gewählten Text (daher der Name Lectura, Vorlesung) und kommentiert ihn vortragend. Der »Kommentar« ist die wichtigste Form der gelehrten Literatur des Mittelalters. Auch die Disputation meint gesprochenes Wort in der Gruppe, oder, dies eine Beisteuer zum Leben der »Korporationen«, in der Lehrer-Schüler-Gemeinschaft. Noch

96　*Rudolf der Schreiber überreicht zwei Besuchern seiner Schreibstube je ein
Schriftstück, mit Siegeln, wie sie vor allem in den Frauenklöstern verwendet
wurden. Seine beiden jugendlichen Schreiber haben sich ihre langen Pergament-
streifen über das Knie gelegt und scheinen trotz der mühsamen und gezwunge-
nen Schreibhaltung ihrer Rechten guter Dinge. Miniatur aus der Manessischen
Liederhandschrift, zwischen 1300 und 1340.*

die frühhumanistischen »Redeakte« in den Universitäten, ja noch die beliebten Dialoge in den Humanistenbriefen zeugen von der selbstverständlichen Handhabung gesprochener Sprache.

Lautes Lesen ist üblich und überkommen. Das stumme Lesen, das tacite legere, ist für Augustinus, er folgt hier antiker Tradition, etwas Außergewöhnliches. Im Mittelalter ging individuelle Lektüre nicht nur gelegentlich, sondern häufig oder gar in der Regel laut vonstatten. In Wolframs »Parzival« liest Ginover einen Brief, »des manec ouge (manches Auge, zu ergänzen derer, die umher standen) über lief, / dô ir süezer munt gelas / al daz dran geschriben was«. Daß Ginover ihren Brief laut las und praktisch vorlas, macht uns die Wirkung der Szene auf die Umgebung klar. In einer der Fassungen des Heldenepos »Wolfdietrich« aus dem 13. Jahrhundert sitzt der junge Held allein am Meeresstrand und liest in einem Brief, der seine eigenen Jugendschicksale beschreibt, merkt aber nicht, daß er dabei von einer Meerfrau belauscht wird. Sie erfährt auf diese Weise alles über ihn: »die frouwe lîse hôrte (»hörte heimlich zu«), unz daz er gar ûz gelas« (bis er ganz zu Ende gelesen hatte). Auch wer für sich liest, liest laut. Noch Erasmus bat den Empfänger eines seiner Briefe, diesen allein für sich zu lesen, damit die darin enthaltene vertrauliche Nachricht auch vertraulich bleibe. Wer las, sprach zugleich. Wie in der Antike, ist das secum legere (das Mit-Sich-Lesen, das stumme Lesen) im Mittelalter noch lange der Ausnahmefall.

Es entspricht dieser Gewohnheit, wenn man zwar um 1200 herum sicherlich manchen höfischen Roman für sich und im stillen Kämmerlein liest, in der Hauptsache aber der eigentlichen Form der Kommunikation zwischen Dichter und Publikum huldigt, dem öffentlichen Vortrag vor einem Hörerkreis, der zu diesem Zweck versammelt ist. Das ist noch lange der Brauch. Noch gegen Ende des 15. Jahrhunderts strich ein Bearbeiter unseres Wolfdietrich-Epos den Text auf 333 Strophen zusammen, um ihn »auf einem sitzen« (in einer Sitzung) bewältigen zu können. Das wird so gegen zwei Stunden gedauert haben. Im frühen 13. Jahrhundert sprechen die Erzähler der großen Romane wie Hartmann von Aue, Wolfram oder Gottfried von Straßburg von ihrem Publikum, als ob es ihnen unmittelbar gegenübersäße. »Ir ummesezzen« (ihr Umsitzen) heißt es im Willehalm.

Literatur als Gesellschaft, möchten wir sagen. Das gleichsam öffentliche Konkurrenzsingen, wie es mit zunehmender Kodifikation des Minnesangs sich einstellt, im »Wartburgkrieg« unvergessen festgehalten, gehört in diesen Zusammenhang, noch die über persönlich-berufliche Rivalität hinausgehende Singschule der Meistersinger. Richard Wagner hat uns diese Gesellschaftlichkeit der Literatur-Rezeption mit der Festplatz-Szene vor den Toren Nürnbergs auf seine Weise lebendig gemacht. Und noch lange hing in unseren Bürgerhäusern das leicht stockfleckige Kupferstichlein »Aus Weimars goldenen Tagen«: die beiden großen »Musensöhne« Goethe und Schiller, der eine liest vor, der andere sekundiert, inmitten der Hofgesellschaft. Daß man im Mittelalter im Kollektiv denkt und erfährt, bewahrheitet sich auch hier. Kunstgenuß, wir rechnen »Literatur« ihm zu, ist immer auch gesellschaftliche Begegnung. Sie wird in einem Bereich »gespielt«, der Öffentlichkeit immer mit einschließt. Im Theater kennt man die Trennung in Bühnenpersonal und Publikum, in Rampe und Festsaal noch gar nicht. Die Nürnberger Handwerker, die ihre Fastnachtsspiele inszenieren, kommen direkt in die »gute Stube«. Das Passionsspiel auf dem Markt ist umringt von den Zuschauern; sie sind den Spielern auf Tuchfühlung nahe. Man spielt gemeinsam im Rhythmus der Jahreszeiten, das Osterspiel ist das nächste, dann sind diejenigen die Spieler, die heute unter den Zuschauern sind.

In der Adelsgesellschaft, die dem höfischen Roman und Minnesang huldigt, ist das nicht anders. Auch das ist Gesellschaftsspiel. Auf den Autor kommt es nicht einmal so sehr an wie auf die Erzählung und das gemeinsame Erlebnis des Erzählten. Und wenn die Damen und Herren auf ihren Sitzen vor lauter

Unterhaltung nicht zur Ruhe kommen wollen, wirft der Erzähler seine Stimme in die Runde und bittet um Aufmerksamkeit. Er muß Stille haben. Incipit historia. »ob ir welt daz ich iu sage / wie er zuo der âvientiure rit, / sô swîget und hoeretz mit guotem sit« (wenn ihr wollt, daß ich euch sage / wie er zu dem Ereignis dieses Gedichtabschnittes ausritt, / so schweigt und hört zu in gutem Anstand). Mit diesen Worten hat der aus dem Nürnbergischen stammende Ritter Wirnt von Grafenberg (um 1210/15) seine Zuhörer wieder versammelt. Er hat aus den Stimmungsreizen der Artus-Landschaft mit ihrem Waldesdickicht und Mondlicht, mit ihrem Wind und Wolkendunst nie Gehörtes zu erzählen. Die »avientiure«, eines von Wirnts Lieblingswörtern, war hier der Inbegriff für Zauber, Schrecken, Verheißung.

Wie hat man vorgetragen? Vom »Singen und Sagen« reden wir, wenn wir die Alten meinen, heute noch, und wahrscheinlich dürfen wir die Kopula wörtlich nehmen. Man hat zweierlei damit gemeint. Ob mehr gesungen worden ist als vorgetragen, müssen wir ebenso unentschieden lassen wie die Frage, ob beim Vortrag improvisiert, ob vorgelesen oder ein auswendig gelernter Text rezitiert worden ist. Die Rezitation durch die Singstimme ist auf alle Fälle in Rechnung zu stellen. Man hat sich ausgerechnet, daß allein eines der Bücher von Wolframs »Parzi- val« – Lachmann hat den Gralsroman in sechzehn eingeteilt – anderthalb Vortragsstunden benötigte; wir werden also an häufige Fortsetzungs-Stunden zu denken haben. Daß man die »Sitzungen« auch mit höfischer Munterkeit unterbrochen hat, wissen wir aus dem »Helmbrecht«:

als sie danne daz getâten
einen tanz si dâ trâten
mit hôchvertigem gesange
daz kurzte die wîle lange.
vil schiere kom ein spilman
mit sîner gîgen huob er an:
dô stuonden ûf die frouwen

509

die möht man gerne schouwen,
die ritter gegen in giengen
bî handen si si viengen.
dâ was wunne überkraft
von frouwen und von ritterschaft
in süezer ougenweide.

(Als sie damit fertig waren, / begannen sie einen Tanz / unter höfisch-frohem Gesang. / Das ließ die Zeit schnell vergehn. / Bald kam auch ein Musikant / und begann auf seiner Geige zu spielen. / Da erhoben sich die Damen / – man sähe sie heute noch gerne – / die Ritter gingen ihnen entgegen / und faßten sie an den Händen. / Das herrliche Schauspiel / das die Damen und die Ritter da boten, / war ein Augenblick unermeßlicher Freude.)

Anschließend zerstreut man sich mit Jagen (»einer jagete diser birste«, einer jagte, dieser ging auf die Pirsch) und mit sportlicher Betätigung (»dô schôz aber der ander / mit dem bogen zuo dem zil«: Zu gleicher Zeit schoß wieder der andere / mit dem Bogen auf ein Ziel). Auch der literarisch Interessierte kam nicht zu kurz: »sô gie dar einer und las / von einem der hiez Ernest«: da ging einer hin und las / von einem (vor), der Ernst hieß, gemeint ist der Roman über den bayerischen Empörer Herzog Ernst, eine der langlebigsten Dichtungen des deutschen Mittelalters.

Wer hat vorgelesen? Wir dürfen annehmen, daß es anfänglich der Dichter selber war, der seinen Auftraggebern vortrug. Natürlich hat es darüber hinaus auch berufliche Sänger und Sprecher gegeben, der »Marner«, ein wandernder schwäbischer Lieddichter der Mitte des 13. Jahrhunderts, der offenbar um 1270 in höherem Alter ermordet wurde, ist nur *ein* Beispiel hierfür. Noch die Reden Heinrichs des Teichners (um 1300–vor 1377) sind ganz in Gedanken an das Repertoire eines berufsmäßigen Sprechers konzipiert. In Hartmanns »Iwein« liest eine »maget« ihren Eltern aus einem »wälschen« Buche vor. Aus dem altfranzösischen Hunbaut erfahren wir, daß zehn Ritter und sechs Damen der Lesung eines jungen Mädchens lauschen.

Mit Sicherheit darf angenommen werden, daß nicht nur der »videlaere« (Fiedler, Geiger) am Werk war, wo es um das »âventiure sagen« ging, sondern auch der Ritter selbst. Die These, die Literatur des Hochmittelalters sei nur oder vorwiegend für Hörer bestimmt gewesen, ist längst erschüttert. Da und dort ist nachgewiesen worden, daß auch Fiktionen eines Hörerkreises in manchen Vers mit hineingewoben wurden, daß nicht nur für das Ohr geschrieben wurde und die Vortragsbestimmung dieser Dichtung in bestimmten Fällen einfach entfällt. Es konnten sicher weit mehr Vertreter von Adel und Ritterschaft um 1200 lesen als wir bisher angenommen haben, und der große, heute nur neidvoll hingenommene Vorzug des hochmittelalterlichen Dichters, sein Publikum sehen zu können und unmittelbar für Menschen zu sprechen, mit denen er täglich umging, muß den Ritter auch ganz persönlich gereizt haben. Wenn schon das Lied aus der zweiten Hälfte des 11. Jahrhunderts, das Ezzo gedichtet und Wille vertont haben, sich ausdrücklich an eine bestimmte soziale Schicht wendet, nämlich die weltlich-geistliche Führungsschicht der »herren«, so wird diese vigilante Gruppe der Ritter gewiß nicht bloß auf den Sitzen der Unterhaltenen geblieben sein.

Die Masse der Belege ist jedenfalls zu groß, als daß wir uns unter dem höfischen Publikum nur glotzende Analphabeten vorstellen dürften. »Es gab schon Leser, als die Prosaliteratur noch sehr dünn gesät war, und es gab noch viele Hörer zu der Zeit, da sie ihren Siegeszug anzutreten begann« (M. G. Scholz). Damit ist auch die Ausschließlichkeit, mit der man auf die Gedächtniskultur des Mittelalters gepocht hat, recht in Frage gestellt. Daß Oralkulturen vom Standpunkt der Schrift aus kaum je adäquat analysiert werden können, ist für uns heute ebenso einsichtig wie die Tatsache, daß die Verschriftlichung eine rapide Abnahme der Gedächtnisinhalte zur Folge hatte. Zumindest das frühe und hohe Mittelalter muß über ein beachtliches, vor allem präzises Reservoir lediglich mündlich überlieferten Gedächtnisgutes verfügt haben; sonst hätte es zu diesen

511

haargenauen Repetitionen von Rechtsurkunden, die eine oder zwei oder noch mehr Generationen nach dem »Fall« entstehen konnten und die man ein wenig unglücklich als »Fälschungen« führt, nie kommen können. Das Auswendigkönnen war eine Kunst, die zweifellos im Mittelalter, wo der Mehrzahl der Bevölkerung kein Schreibpapier zur Verfügung stand, geschweige denn eine Schreibfähigkeit, auf einer völlig anderen Höhe stand als heute. Ein des Lesens und Schreibens unkundiger Laie konnte einige Gebete auswendig, und je nach sozialem Rang dürfte ein Grundbestand auswendig beherrschter kirchlicher und weltlicher »Texte« dazugekommen sein, deren Umfang uns heute nur Staunen abnötigt. Aus der Spätantike wissen wir, daß einige Leute die ganze Aeneis, das waren immerhin etliche tausend Verse, auswendig gekonnt haben.

Wir haben also die intellektuelle und literarische Bildung schon während der sogenannten staufischen Klassik, der Zeit um 1200, nicht zu unterschätzen. Viele Männer gerade aus dem Ritterstand gehörten damals zum Lesepublikum. Allein Wolframs Dichtung, ein großartiges Kunstwerk auch in Dingen des – ungemein weitmaschigen – Aufbaus, kann unmöglich nur als auswendig gelernter Text oder gar nur als Improvisation aufgenommen worden sein, so wenig wie Volkslieder damals nur wie die Heckenröslein am Wegrand aufgewachsen sein können. Sie haben in den allermeisten Fällen individuelle Schöpfer und Ausgestalter gehabt, die ihr Handwerk verstanden haben; die Versionen aus den Tagen der Romantik und »Des Knaben Wunderhorn« sind heute längst revidiert. Man wird sich sogar manch einen der Autoren von Wolfram bis Konrad von Würzburg im Arbeitszimmer und am Schreibpult vorzustellen haben, als versierten Schriftsteller, der dann und wann zu einem der Bücher seiner Bibliothek greift und sein literarisches Werk nach einem umfänglichen und gar nicht mehr naiven Konzept erarbeitet.

Die Frage, wie weit und wie lange sich das mittelalterliche Analphabetentum ausgebreitet hat, ist damit auch berührt. Es gibt prominente Beispiele, von Karl dem Großen, dem Initiator einer großen geistig-künstlerischen Renaissance, der anscheinend lesen konnte, aber das Schreiben nie gelernt hat, bis zu den späteren Jahrhunderten: im 12. Jahrhundert gehört unter die Analphabeten der Patriarch zu Aquileja und Bischof von Triest, immerhin einer der Ehrwürdigsten unter den Großen der katholischen Kirche, im 13. Jahrhundert König Rudolf von Habsburg, der zumindest kein Latein verstand und deshalb als »illiteratus«, als »ungebildet« gelten mußte. 1358 konnten von dreizehn Meißener Domherren fünf nicht unterschreiben, 1370 von den dreizehn Angehörigen des Brixener Domkapitels nicht ein einziger. Den 1947 heilig gesprochenen Nikolaus von Flüe (1417–1487), dem noch im Ausgang dieses 15. Jahrhunderts der Ruf eines »lebenden Heiligen« nachging, Inspirator mehrerer Gebetsbüchlein und Gebetstexte, besuchte 1474 der Hallenser Hans von Waldheim und trug in sein Reisetagebuch ein: »Bruder claus ist ein purer leye, er kan nicht gelesen.« Schließlich begegnet man seltsamen Schwundprozessen; die Generationen haben das Schreiben wieder verlernt und vergessen wie das Pulver oder die Technik, zu drucken. In St. Gallen, ausgerechnet in diesem Konvent, der zu den leuchtendsten Sternen der Karolingerkultur gezählt und wo man zum ersten Mal das Wort »deutsch« geschrieben hat: in St. Gallen waren 1291 der Abt, der Propst und neun Mönche des Stifts nicht fähig, eine Verleihungsurkunde zu unterschreiben.

Aber man wird vorsichtig sein und auch hier, sollte sie sich je eingeschlichen haben, die Häme und die Hybris der Modernen ganz ausschließen müssen. Ob man die Etikette »litterarum penitus ignarus«, mit welcher der Humanist und Klosterabt Johannes Trithemius (1462–1516) den »Bruder Nikolaus« bedacht, richtig übersetzt mit »des Lesens und Schreibens völlig unkundig«, ist ohne Gewähr. Immerhin hatte Flüe vor seinem Eremitenleben als Sachsler Bauer eine hohe Stellung in Gericht und Rat inne und immerhin haben wir zwei Briefe von ihm an die Räte von Konstanz und Bern (1482) überliefert. Er muß also mindestens mit Schreibern umzugehen gewußt und später auch in Ranftl mit Hilfe eines Geistlichen etwas lesen, eher wohl buchstabieren gelernt haben. Konnte Ulrich von Lichtenstein, nicht nur beliebter Minnesänger, sondern auch im Widerstand des Steirer Adels gegen die Ungarnherrschaft eine politisch bedeutsame Persönlichkeit, weder lesen noch schreiben, seine Dame dagegen beides? Er habe das Büchlein zehn Tage lang ungelesen gelassen: »Mîn schrîber bî mir niht enwas, / der mir mîn heinlîch brieve las« (Mein Schreiber, der mir meine vertraulichen Briefe vorlas und solche auch oft schrieb, war nicht bei mir). Indessen wird in Ulrichs »Frauendienst« das Bild vom Briefverkehr zwischen Minner und Herrin derart exzessiv in den Verkehr gebracht, daß man auch dieses Darstellungsmittel zu den zahlreichen parodistischen Zügen des Werkes rechnen muß. Hat uns Wolfram von Eschenbach (1170–um 1220/37), unter den Epikern des deutschen Mittelalters wohl der größte, bare Münze gegeben, wenn er im »Parzival« erklärt: »unkundig ist mir ganz daz lesen, / Wie kundig andere daz gewesen.« Und »ichne kan decheinen buochstab«. Auch im »Willehalm« beteuert er, nicht lesen zu können. Sollte tatsächlich das uns überlieferte Werk Wolframs schriftlos geschaffen worden sein? Zeigt nicht Wolframs Umgang mit Namen, Namenslisten und deren Einbau in Vers und Reim deutlich die Merkmale literarischer Schreibtischarbeit? Mehr als einmal bezeugen Wolframs Epen, daß ihm Lesen und Schreiben durchaus geläufige Sachen waren. Zahlreich sind die Fälle, in denen Gestalten seiner Dichtung lesend oder schreibend dargestellt sind. Sollte er mit diesen »Geständnissen« in einer Art von understatement sich, den Mann der Stirne, für den Mann der Faust haben reklamieren lassen wollen?

Sicher ist, daß man im späten 13. Jahrhundert Bücher zum Lesen geschrieben hat. Mit diesen Leseromanen beginnt die neuere Literatur. Ob solche Liebes- und Abenteuerromane als Lektüre vor allem für die Damen produziert werden oder nicht: jetzt, wo die Dichtung zur Lektüre wird, kann ihr Genuß auch zur

Leidenschaft, zum täglichen Bedürfnis, zur Gewohnheit werden. Jetzt verbreitet sich auch, für das 12. Jahrhundert haben wir einzelne Kunde davon, das zurückgezogene individuelle Lesen, die »private«, nicht mehr gesellschafts- und genossenschaftsbezogene Lektüre. Wie liest man? Bei Tag las man unter größtmöglicher Ausnutzung des Tageslichts, das durch die Fenster einfiel. Durch Schrägstellung des Lesepults – viele sind uns auf Altarbildern überliefert – konnte die Wirkung des Tageslichts noch verbessert werden. Bei Dunkelheit sorgten Wachskerzen für eine wenigstens notdürftige künstliche Beleuchtung. Handelt es sich um große und umfangreiche, »dicke« Manuskripte, benützt man das Stehpult; für die kleineren Manuskripte, wie sie besonders das Spätmittelalter kennt, hat man das Setzpult. Aber es gibt auch Beispiele dafür, daß man bei der Lektüre ohne Pult auskommen konnte. In »Der Welt Lohn« hat Wirnt von Grafenberg »ein buoch in sîner hant«. Der Verfasser von »Der Saelden Hort« spricht vom Buch »in megten, witwen handen« (in der Hand von Mädchen, von Witwen).

Ob die Brille – Berylle kommen schon, wir sagten es, Ausgang des 13. Jahrhunderts vor – bereits bei dieser Lektüre von Handschriften-Büchern eine Rolle gespielt hat, wissen wir nicht. Als der Buchdruck aufkam, wurde sie auf alle Fälle wichtig; 1450 und 1472 werden in Frankfurt am Main Brillenmacher genannt. Dagegen haben wir Angaben über Format und Aussehen solcher Lesehandschriften des 13. Jahrhunderts. Am häufigsten scheinen kleinere Formate, 16–17 cm × 10–12 cm kursiert zu sein, wenig sorgfältig geschrieben und im allgemeinen auch schmucklos. Es gibt eine Handschrift Z des Nibelungenliedes, auf schlechtem Pergament geschrieben, mit Rändern ganz kurz und scharf eingebogen und sehr abgegriffen, so schmutzig und fettig, daß man sie sich im Ränzel eines fahrenden Sängers denken muß.

Wer las? Im Zuge der sogenannten Karolingischen Renaissance hieß schreiben und lesen lernen lateinisch schreiben und lesen lernen. Nicht in der Muttersprache, sondern in der Fremdsprache eignete man sich fremdes Bildungsgut an. Mit diesen

»klösterlichen Schuljahren des abendländischen Geistes« (E. R. Curtius) formieren sich zwei Gruppen, die des lateinkundigen Mönchs oder Klerikers, des litteratus, und des schrift- und lateinunkundigen Laien, des illiteratus. Die Begriffe »litteratus« und »illiteratus« bezeichnen also nicht verschiedene Bildungsgrade, sondern verschiedene Bildungsformen: hier die mündliche Überlieferung, dort die lateinische Buchtradition.

Indessen machen Stadt und Bürgertum, in erster Linie der Fernhandel Kenntnisse notwendig, die mit der Klerikerbildung, mit lateinischer Grammatik und Rhetorik nichts zu tun haben: in die bald städtischen Lateinschulen dringt die Vulgärsprache ein. Der Unterricht in der Umgangssprache bricht das Bildungsmonopol der Geistlichen und zieht die Verweltlichung der Kultur von selber nach sich. Er führt schließlich dazu, daß es bereits im 13. Jahrhundert gebildete Laien gab, die nicht mehr lateinisch konnten. Heinrich von dem Türlin hat zwischen 1215 und 1230 einen verwickelten Großroman geschrieben, »Der âvientiure Crône«, der, eines von zahllosen Beispielen, sozusagen Literatur über Literatur ist und eine intime Bekanntschaft des Publikums mit einer großen Anzahl von Artusromanen bereits voraussetzt. Das Publikum weiß mit solchen Kompilationen schon umzugehen, es ist »literarisch«. Und der Dichter folgt dieser Entwicklung. Im ausgehenden 12. und erst recht im 13. Jahrhundert wird er Autor von Berufs wegen, ein lese- und schreibkundiger Mann. In der Regel dürfte es sich dabei um Leute mit profunder Belesenheit und genossener Schulbildung gehandelt haben.

Kurz, um 1200 stoßen wir schon auf einen hochkultivierten Literaturbetrieb, auf ein Lesepublikum, auf Dichter, die »zu den gebildetsten Menschen ihrer Zeit« (F. Tschirch) gehörten. Natürlich sind nicht nur Adel und Ritterschaft Konsumenten dieser Literatur, auch der Bürger ist bald mit von der Partie. In Lübeck ging die Kaufmannschaft im 13. Jahrhundert zur Schriftlichkeit über. Im Jahr 1345 fängt das – noch lateinisch geführte – Handlungsbuch eines Rostocker Kaufmanns an. In Nürnberg setzt das Handlungsbuch der Holzschuher im Jahre 1304 ein, die Chronik des Ulman Stromer 1360, das Handlungsbuch der Regensburger Runtinger 1386. Um 1420 entstehen die Aufzeichnungen des Ulmer Kaufmanns Kramer, 1442 beginnt Ott Ruland in Ulm sein Handlungsbuch. In Nebensätzlein, manchmal nur in Stichworten oder Titeln wird in diesen und vielen anderen »Bürger-Büchern« auch immer der geistlich-weltlichen Literatur gedacht, ein Zeichen, wie rasch sich das Bürgertum unter die Literaturkonsumenten gemischt hat. Im 14. Jahrhundert breitet sich die Erbauungsliteratur ebenso aus wie das Lesen. Daß einige Insassen der Nürnberger Zwölfbrüderhäuser, also zur Ruhe gesetzte Handwerksmeister, schon vor 1500 »fleissig gelesen haben«, geht aus den Unterlagen hervor. Ein Lautenist, der 85 Jahre alt wurde, dies allerdings aus einer nach 1500 datierten Quelle, »hat fleißig gelesen, ja bis an sein Ende ohne Brillen«.

Auch die Lieferanten dieser Literatur sind wichtig, genauer gesagt ihre »Setzer«, die Schreiber. Ihr Leben läßt deshalb Vergleiche mit den Dichtern zu, weil auch für den, der sich auf das Schreiben verlegt hat und davon leben muß, Kleriker oder nicht, die höfische Patronage die einzige Form ist, in welcher er seinen Lebensunterhalt finden kann. Aber auf der Burg und Pfalz ist ursprünglich weder Raum noch Interesse da, den Produzenten oder gar den Vervielfältiger von Dichtung dauernd zu ernähren oder zu belohnen. Der Krieger und der Schreiber: da liegen zwei Elemente im Widerstreit. Es ließe sich für diese Koinzidenz die romantische Geschichtsphilosophie eines Ernst von Lasaulx ins Feld führen, der resigniert einmal festgestellt hat, zuerst komme der Held und die Tat, hernach folgten der Kritiker und der Schreiber. Zuerst frische Natur, dann die Blässe der Gedanken und Theorie. Der Schreiber sitzt zwischen den Stühlen. Er hat sich seinen »Stand« erst einmal zu schaffen und hat in den meisten Fällen einen kläglichen, elenden Alltag. Man ist den Malern der berühmten Miniaturen, die das Stundenbuch des Herzogs von Berry zieren, nachgegangen und hat nicht

Mönche und fromme Nonnen entdeckt, sondern Handwerksmeister, deren Leben weit entfernt davon war, sehr erbaulich zu
sein. Der eine beschuldigt den anderen des Diebstahls, der eine
ersticht den anderen mit seiner Sippe zusammen auf heller
Straße: eine abenteuerliche Skala von Haß und Leid. Kaum zu
belegen, daß der Banden- und Sippenterror im Deutschland des
15. Jahrhunderts – Stichwörter wie »Raubritter« und »Bürger-
kämpfe« genügen – dem Frankreich eines Herzogs von Berry
unterlegen gewesen sei. Daß auch die deutschen Schreiber keine
Glückspilze waren, davon dürfen wir ausgehen. Aus dem Hand-
schriftenboom dieses Jahrhunderts – mehr als siebzig Prozent
der aus dem Mittelalter überkommenen Handschriften stammen
aus dem 15. Jahrhundert – dürften sie profitiert haben. Aber dann
sollen durch das Aufkommen des Buchdrucks im Heiligen
Römischen Reich mehr als vierzigtausend Schreiber brotlos
geworden sein.

Bildungsträger numero eins waren Kleriker und Kloster. Der
Gedanke der Bildung ist zunächst nur in der Kirche denkbar. Die
Hebung der Klerikerbildung, das ist der Anstoß aller schulischen
und wissenschaftlichen Bemühungen. Das profane Wissen, aufbewahrt aus antikem Bestand in der Notation der »septem
artes« (Sieben Künste), wird hier einbezogen. Kann der Geistliche ernstlich ohne Rhetorik und Dialektik, ohne Hermeneutik
auskommen, wenn er den Menschen das Wort Gottes verkünden
und auslegen soll? Noch in der Mitte des 13. Jahrhunderts
meint Berthold von Regensburg: »Ir laien kunnet nit lesen als
(wie) wir pfaffen.« Aber bis um 1400 konnten auch viele Priester
nur lesen. Man wird die Bildung des niederen Klerus überhaupt
nicht überschätzen dürfen. Es reichte wohl fürs erste, wenn er
imstande war, Messe zu lesen und Gebete zu sprechen, ohne
grobe Schnitzer zu machen wie jener baierische Mönch des
8. Jahrhunderts, der seine Taufformel mit »in nomine patria et
filia« verkündete, was ungefähr »im Namen das Vaterland und
die Tochter« hieße. Viele Landpfarrer waren in dieser Frühzeit
so arm wie ihre Schutzbefohlenen. Der Zehnte ging an ihnen

vorbei und wurde von den weltlichen und geistlichen Grundherren konfisziert. Die Vaganten, die seit der Karolingerzeit auftretenden ortsungebundenen Geistlichen, die sich seit dem 12. Jahrhundert erst recht ausbreiteten, hatten einen, vorsichtig ausgedrückt, recht unterschiedlichen Bildungsgrad und trugen gewiß nicht zur Festigung allseitiger Bildung bei. Und was die Klosterbildung angeht, im frühen Mittelalter von einzigartigem Rang, so hat ihr das Aufkommen der weltlichen Dichtung, des Troubadours, des berufsmäßigen Spielmanns, das Hervortreten des Ritters als Dichter, das wichtigste Terrain genommen, wenn auch noch die lateinisch geschriebene Dichtung, an der alle Schichten des Klerus beteiligt waren, für lange Zeit ein Posten in der mittelalterlichen Literatur geblieben ist.

Der Ritter, Bildungsträger numero zwei, hat durchs ganze Mittelalter der Prämisse »Wildu vürhten den tôt, / sô muostu leben mit nôt« gehuldigt. Auch hier hat präsentes Todesbewußtsein eine starke Gläubigkeit provoziert. War dieses ritterliche Christentum, entsprechend dieser besonderen sozialen und psychischen Lage, nicht etwas anderes, mit einer Wertskala, die dem Bücher schreibenden und lesenden Kleriker fremd bleiben mußte? Spätestens die staufische Klassik, dies eine der deutlichsten Wirkungen des Minnesangs, muß uns klarmachen, daß Adel und Rittertum auch in eine spezifische Kulturaufgabe hineingewachsen sind. Im »Lancelot«, dem ersten deutschen Prosaroman, der sehr genauen Übersetzung einer französischen Vorlage aus dem ersten Drittel des 13. Jahrhunderts, kann sich der ritterliche Titelheld zurückziehen und zu »malen«, das heißt zu schreiben beginnen, »was ihm widerfahren war«. Das Ritterideal beschränkt sich nicht mehr auf die beständige Bereitschaft zum Kampf und auf tätige, wie immer gezielte Hilfe. Auch Bildung, auch »Theorie« fangen an, einen Platz zu haben. Hartmann von Aues »Iwein« hebt, nach üblichem Präludium, mit den gar nicht schwerterrasselnden und nach älterem Wertmuster auch gar nicht attraktiven Versen an:

> Ein rîter, der gelêret was
> unde ez an den buochen las,
> swenner sîne stunde
> niht baz bewenden kunde,
> daz er ouch tihtennes pflac.

(Ein Ritter hatte Schulbildung genossen / und las in Büchern, / wenn er mit seiner Zeit / nichts besseres anzufangen wußte, / dichtete er sogar.) Hartmann betont hier nicht, daß er lesen kann – Lesefähigkeit wäre angesichts aller Bildung, die aus seinen Werken spricht, ohnehin vorauszusetzen –, sondern daß er über Schulkenntnisse, über lateinische und französische Sprachbildung verfügt. Thomasin von Zerklaere, ein Adliger aus Cividale in Friaul, lange Zeit am Hofe des Patriarchen von Aquileja, präsentiert in seinem »Welschen Gast«, einer Lebenslehre dieses frühen 13. Jahrhunderts, einen Lektürekanon für die »kint«, fügt freilich auch an, auch »ein man, der tiefe sinne niht verstên kan« (ein Mann, der tieferen Sinn nicht verstehen kann), solle die »âventiure« lesen. Höfische Romane als Lektüre der jungen Nobilität: es gibt eine Fülle von Beispielen aus der Literatur der staufischen Klassik, in denen Kinder als Lesende und Lernende, mitunter wahre Wunderkinder an Bildung vorgestellt werden. Im Jüngeren Titurel lernt sich der Titelheld mit »gramatik« zu beschäftigen, liest aber lieber von »ritterschaft« und »minne«. Die Dichtung des 12. und noch 13. Jahrhunderts setzt ein vorwiegend höfisch orientiertes, vorwiegend ritterliches Publikum geradewegs voraus; auch der niedere Adel ist an dieser Rezeption beteiligt. Die Handschriften, später sagt man: die gedruckten Bücher läßt der Adel anfertigen. Wir haben Belege dafür, daß hier in Einzelfällen schon bibliophile Motive mit im Spiel waren, freilich auch solche, die in die Bereiche von Prestigedenken und nicht ganz uneigennützigem Mäzenatentum verweisen.

Bildungsträger numero drei: die Frauen. Vor allem die volkssprachige geistliche Literatur ist für Frauen gedichtet worden.

Die bis heute tradierte Auffassung, Frauen seien die einzigen Angehörigen der weltlichen Stände gewesen, denen eine Lesefähigkeit zuzusprechen sei, ist neuerlich etwas moderiert worden: häufiger als die Männer hätten sie lesen können. Seit Jakob Grimm hat man dabei immer wieder auf einen Passus des Sachsenspiegels verwiesen, in dem von den Gottesdienst-Büchern die Rede ist, »die vrowen pleget to lesene« (die Frauen zu lesen pflegen). Sicher ist, daß im späteren Mittelalter nirgends so viel »Literatur« gelesen und verarbeitet wurde wie in den Schwesternkonventen, daß in Kreisen von literaturinteressierten Frauen Briefe von Hand zu Hand gingen und so etwas wie »Lesezirkel« etabliert wurden: die Frauen sind jetzt, am Ausgang des Mittelalters, ein fest einkalkulierbares Lesepublikum.

Bildungsträger numero vier: das städtische Bürgertum, genauer gesagt die städtische Schule. Natürlich kennt auch das Mittelalter, vielleicht noch mehr als unsere auf »Scheine« und amtliche Zertifikate eingestellte Gegenwart, die »private« Art, sich Kenntnisse anzueignen und sich weiterzubilden. Solches Selbststudium kann dann schon das Aufklärer-Wort von den beruflichen »Nebenstunden« oder gar unsere moderne, hart umkämpfte Vokabel von der »Freizeit« vorahnen lassen. »Ich komme keinen Augenblick zur Ruhe, um mich meinen geliebten Studien zuzuwenden«, schreibt Bischof Claudius schon im frühen Mittelalter, »denn ich bin jeden Tag im Dienst. Im Frühjahr packe ich meine Pergamenthandschriften und meine Waffen zusammen und ziehe bis an die Küste hinunter, um mit den Sarazenen und Mauren zu kämpfen. Am Tag führe ich das Schwert, nachts greife ich zu meinen Büchern und zur Feder; nur so kann ich versuchen, meine Träume zu verwirklichen.«

Der »terminbesetzte« Kirchenmann, okkupiert mit handfesten politischen und militärischen Aufgaben, der nur »nach Dienstschluß« sich der Lektüre und schriftstellerischen Arbeit widmen kann, das will nicht ganz zum Bild des altmodisch-geruhsamen Mittelalters passen. Die Dinge sind selbstverständlich noch nicht so institutionalisiert und differenziert, auch gerade im Hinblick auf Bildung und Ausbildung nicht. Die offenbar einzige Tochter des großen Augsburger Handelsherrn Lucas Rem, die zu Hause aufwuchs, lernt lesen und schreiben, eine insgesamt »gute Schulbildung« (E. Maschke), daheim. Hausunterricht im Sinne von Laienbildung hat es schon um 1200 gegeben, Erziehung durch einen Burggeistlichen, durch einen »gelehrten« Mann und so fort ist manchmal überliefert.

Und natürlich gab es Schulen, auch sie bemerkenswert früh. Schon seit der Mitte des 13. Jahrhunderts standen auch in kleinsten Städten Schulen für den Elementarunterricht der Laien zur Verfügung. Wie die Schulstuben aussahen, können wir nur noch ganz schlecht rekonstruieren. Dem spärlichen Quellenmaterial nach zu schließen, hat man in ihnen eine Art Werkstätte gesehen, vielleicht waren es sogar kellerartige Räume, zu denen Luft und Sonne nur spärlichen Zutritt hatten. Die Schüler saßen auf kleinen Hockern oder einfachsten Bänken. Schon um die (kleine) Schar seiner Zöglinge besser überblicken zu können, nahm der Lehrer einen erhöhten Sitzplatz ein. Vor dem Schullokal des späteren Mittelalters wurde womöglich eine Aushängetafel, einem Wirtshausschild ähnlich, angebracht, die Schüler der verschiedenen Altersstufen anlocken sollte. Als Schreibmaterial dienten Holztafeln mit Vertiefungen, in die Wachs glatt eingestrichen war; ihre Fläche konnte mit spitzen Griffeln aus Holz, Metall oder Bein beschrieben werden. Gegen Ende des Mittelalters kamen Schiefertafeln auf, die mit Kreide oder Metallgriffeln beschrieben wurden: trotz des billigeren Papiers, das mit dem Reformationsjahrhundert in die Lande zog, bis weit in unser Jahrhundert hinein die Lern- und Schreibgelegenheit der Elementarschüler.

Die meisten Abbildungen, die einen Lehrer zeigen, etwa der – wahrscheinlich in der Schweiz beheimatete – »Schulmeister von Esslingen« der Manessischen Liederhandschrift (zwischen 1300 und 1340), geben ihm sein Attribut in die Hand, die kräftig ausladende Rute. Sie ist sein Standessymbol. In der Vita des Anselm von Canterbury (1033–1109) beginnt der Dialog zwischen Anselm und einem Abt mit dessen Geständnis, sie verprügelten die Kinder im Kloster »Tag und Nacht«. Weil der Abt diesem Geständnis die mokante Erfahrung anfügt, »und sie werden immer noch schlimmer«, entspinnt sich ein langes Gespräch über die wahre und falsche Erziehungsmethode. Indessen scheint die Regel der Aufklärung, »laeti magistri, laeta schola« (frohe Lehrer, eine frohe Schule) noch ganz unentdeckt: beim Schreiben lernen, bei Verstößen im Singen und so weiter setzt es Prügel. Das Kunstmuseum Basel besitzt das Aushängeschild eines Schulmeisters von 1519, gemalt von Ambrosius Holbein (um 1494–1519/20): der Magister hilft mit der Rute beim Schreibunterricht nach, zwei andere Schüler sind mit Lesen beschäftigt, der eine auf der Bank sitzend mit einem Buch in Händen, der andere auf einem Schemel mit einem Buch auf der Bank. Das Mädchen wird von der Schulmeistersfrau instruiert.

Das Memorieren von Gebeten, Liedversen oder Bibelsprüchen spielt, neben lesen, schreiben und rechnen, auch in der Stadtschule eine große Rolle. Aber das Leben, genauer gesagt das verfügbare Wissen für das Leben hat hier doch den Vorrang, während die geistlichen Schulen ihre früheren, allgemeiner bildenden Funktionen an die jungen, aufblühenden Universitäten abgeben und zu Zubringerschulen der Kirche werden. Der Schulmeister der in Zusammenwirken mit der Pfarre eingerichteten Bürgerschule zu Wiener Neustadt, so eine Ordnung des 15. Jahrhunderts, hatte die Schüler im Chorgesang zu unterweisen, den Kirchengesang zu lehren und zu leiten. Am Abend sollte vorgeübt werden, was in der Kirche zu singen war, auch Lateinunterricht gehalten werden. Das Essen nimmt man gemeinsam ein. Die Schule hatte sich nicht nur bei den Gottesdiensten, sondern auch bei den Leichenbegängnissen zu beteiligen.

Neben den Klosterschulen scheinen bereits im 13. Jahrhundert auch städtische Mädchenschulen existiert zu haben. Meist werden die unehelichen Kinder ebensogut ausgebildet wie die ehelichen. Freilich muß man diese Ausbildungsmöglichkeiten und -ebenen in ihrer lokalen Beziehung ganz wörtlich nehmen:

Schullehrer und, auch dies im ganzen Mittelalter, Schulfrauen halten sich nur die Höfe, der Klerus und die Städte. Dörfer und flaches Land gehen leer aus, dort wachsen mit jeder Generation neue Analphabeten heran. Das Gefälle zwischen Florenz, wo im 14. Jahrhundert jedes zweite Kind die Schule besuchte, und irgendeinem Dorf in der Rhön oder im Schwarzwald oder in der Heide ist grotesk und unüberbrückbar.

Auch der Umgang mit Büchern muß vor diesem krassen, erst durch Luther und erst durch die Aufklärungspädagogik angegangenen Mißverhältnis gesehen werden. Das Buch, das handgeschriebene, hat noch etwas von einem archaischen, ja mythischen Eigenleben an sich. Es spricht selbst, allenfalls durch den Vorleser. »Ich bin der Borte genant«, so der Prolog in Dietrich von der Glezzes »Borte«, oder »Ich heize ein spiegel der tugende«, oder »Ich bin ein buoch alsô getiht / daz nieman bôsheit übersiht« (Anfang des Buchs »Buchs der Rügen«). »Ich bin ein minne büchelin«: die »Bücherwelt«, wie Novalis das einmal nannte, ist noch nicht so perfekt etabliert, als daß ein Buch nicht auch als Lebewesen erscheinen könnte.

Aber man gewöhnt sich an die Kraft der Buchstaben und Seiten. Man »bewältigt« und sammelt sie, nicht nur, wie in den Anfängen des Mittelalters, in den Klöstern, sondern auch in der rationalistisch-pragmatischen Luft der Bürgerstädte. »Wâ vund man sament sô manic liet?«, fragt Johannes Hadloub, um 1300 in den Kreisen des Züricher Stadtadels und Patriziats zu Hause, in einem seiner Lieder. Die Antwort: »man vunde ir niet im künicrîche, / als in Zürich an buochen stât.« (Wo könnte man so viele Lieder beisammen finden? / Man würde im (deutschen) Königreiche nicht so viele finden, / wie in Zürich in Büchern aufgezeichnet sind).

Seltsam, wie rasch der Dichter (und dann der Rezensent) auf den Helden folgt, wie rasch sich ein erstes »historistisches« Bewußtsein einstellt. Schon das Nibelungenlied, jenes um 1200 in Passau zusammengeschriebene epische Großwerk, hebt an mit diesem »Uns ist in alten maeren wunders vil geseit« (In alten

97 *Ein Patrizier mustert seine Büchertruhe. Aus dem »Ortus santiatis« der Offizin von Jakob Meydenbach, Mainz 1491.*

Geschichten wird uns vieles Wunderbare berichtet). Das mächtige, tragische Urgestein dieser höfischen Gegenwart ist bereits Geschichte. Und schon um 1430 kann der Nürnberger Chronist und Kompilator Heinrich Deisler, der eigentlich ein Bierbrauer war, getrost sagen, er sei es, »der die craniken (Chroniken) gemacht und auch auß vil alten puchern (Büchern) geschriben hat«. Vergangenheit wird im Buch zur Gegenwart. Eine Generation später werden Männer wie der Esslinger Ratsschreiber Niklas von Wyle (um 1410–1478) mit ihrer frühhumanistischen Übersetzungsprosa jene deutsche Form von Renaissance einleiten, die schon erste Formen von Vergangenheitssehnsucht und nationaler Romantik heraufbeschwört.

Bücher beginnen Waffen zu werden. Allmählich hat man Arsenale davon. Nördlich der Alpen kommt im 14. Jahrhundert der Brauch auf, Bücher, die man häufig zur Hand nimmt, so einbinden zu lassen, daß man sie bequem mit sich tragen konnte. Dafür wurde um den Band ein Ledertuch gespannt, dessen überlappende Enden sich zusammengerafft mit einem Haken oder Knoten am Gürtel befestigen ließen. Solche »Buchbeutel« hat man zu wertvollen Kunstwerken gestaltet, mit durchbrochenen und ziselierten Messingbeschlägen und -schließen. Man bedingt sich, wegen des umgehenden Bücherklaus, angekettete Bücher aus, und man stellt sie in die Bürgerstube. In den Mariendarstellungen des 15. Jahrhunderts findet man unter den Attributen Marias nicht nur *ein* Buch, sondern eine kleine Bücherei von vier, fünf Büchern. Bibliotheken etablieren sich schon sehr früh. Sie gehören schon zu den Reichtümern der Weltlichen in der Karolingerzeit. Der frühe St. Galler Bibliothekskatalog dieser Zeit umfaßte zunächst 284 Bände, nach verschiedenen Neuerwerbungen stieg er auf 428 Nummern an. Paris hat schon um 1300 eine öffentliche Bibliothek, im 14. Jahrhundert trifft man in Süddeutschland bei Narisilis von Inghen, dem Gründer der Heidelberger Universität, auf eine schon voll ausgestattete Humanistenbibliothek. Sie wird bei den Augsburger, Straßburger oder Nürnberger Patriziern dann zur Selbstverständlichkeit.

Literatur wird Organisation. Schon in der Stauferzeit beziehen sich Dichter aufeinander, stehen auch teilweise in persönlicher Bekanntschaft, und es gibt – nach einem rheinisch-mitteldeutschen Vorspiel unter oberdeutscher Führung – bis zu einem gewissen Grad eine literarische Hochsprache über den Mundarten. Schließlich: es entwickelte sich ein Kanon der Dichter und Werke, der über Jahrhunderte hin verbindlich blieb. Dazu gehört, daß die Autoren aus ihrer Anonymität heraustreten und zumindest ständisch anerkannte Größen werden. Neidhart von Reuental kann sagen: »Den si alle nennent / von Riuwental / und sînen sanc erkennent / wol über al« (Den sie alle nennen / den von Reuental, / und kennen seine Lieder / ringsum im Land). Meistersang und Humanismus stellen die organisierte Literatur in eine neue Aktualität, man denkt an den vielgelesenen, in Nürnberg geborenen Hans Rosenplüt (um 1400/05–1470), der ein stattliches Œuvre hinterlassen hat, an Hans Folz (1435/40 bis 1513), der als erster eine Presse besessen und seine Werke

98 *Gerade die mittelalterliche Schulstube bedarf einer frischen Luftzufuhr,
weshalb der – natürlich mit einer Rute bewaffnete – Lehrer das rechte obere
Fensterlein öffnen ließ. Die beiden schwarzen Raben und weißen Tauben auf
den Köpfen der Stadtschüler sind als synonyme Prädikate – wie unser »schwarzes Schaf« – zu verstehen. Aus einem Druck von Johannes Otmar, Reutlingen,
um 1490.*

selbst veröffentlicht hat. Der aus einer Konstanzer Patrizierfamilie stammende Mystiker Heinrich Seuse (um 1295–1366) hat, der erste bekannte Fall im deutschen Schrifttum, seine Hauptwerke selber in einer »Ausgabe letzter Hand« zusammengestellt, und Hugo von Montfort hinterließ, auch das ein Novum, wie nachher Oswald von Wolkenstein eine sorgfältig ausgestattete Gesamtausgabe seiner Lieder.

Literatur ist ein Geschäft, ein Großunternehmen geworden, vielleicht hat die Einführung des Schreibstoffs Papier im Verlaufe des 14. Jahrhunderts nicht unwesentlich dazu beigetragen. Aus dem 15. Jahrhundert kennen wir regelrechte Großbetriebe, wie denjenigen Diebold Laubers im Elsaß, bei denen man unbebilderte wie illustrierte Handschriften kaufen konnte (viele davon haben sich erhalten). Innerhalb dieser »Literarisierung« kommt der Buchdruck, wie fast alle großen Erfindungen, nicht wie die Fata Morgana über der Wüste. Als Johannes Gutenberg (vor 1400–1468) 1455 mit der zweiundvierzigzeiligen lateinischen Bibel das erste große Werk der neuen Kunst vorlegte, wollten es Text und äußere Gestalt bis in jede Einzelheit den beliebten und allseits gesuchten Prachthandschriften der Zeit nur gleichtun. Fast eine Million Exemplare hat man bis 1500 gedruckt. Und schon waren Bestseller dabei, Thomas a Kempis »Imitatio Christi«, das »Confessionale« des St. Antoninus von Florenz, die »Legenda Aurea« des Jakobus de Voraigne.

Der Zahl nach bleibt das Publikum dünn. Vielgelesen und mit viel Auflagen versehen, bei den eben genannten Titeln an die hundert oder noch mehr, heißt nicht, von einem Massenpublikum konsumiert. Es wäre ein Anachronismus, ginge man im Mittelalter von einer breiten Leserschaft aus. Man hat ausgerechnet, daß für den Ausgang des 15. Jahrhunderts bei einer Gesamtbevölkerung Deutschlands von 13 Millionen Menschen, davon anderthalb Millionen Städtern, 75 000 Menschen als Oberschicht und Lesepublikum anzusprechen sind, das entspricht 5 Prozent der Stadtbevökerung und 1 Prozent der – mit dreizehn Millionen sicher hoch gegriffenen – Gesamtbevölke-

528

rung. Von den Handschriften der von Otto von Passau in den achtziger Jahren des 14. Jahrhunderts geschriebenen Lehrdichtung »Vierundzwanzig Alte« befand sich ein Drittel, vielleicht sogar die Hälfte in den Händen bürgerlicher Leser, Bürgermeistern und Beamten, Kaufleuten und Scholaren, Studenten und Handwerkern. Auch ein Basler Bäcker und ein Schuhmacher aus Schlettstadt waren darunter. Ein paar Jahre später haben Buch und Flugschrift zu den Waffen der Reformation gehört.

14 Kommunikation ohne
Vervielfältigung

Für »Raum« im heutigen Sinne des Wortes hat das Mittelalter
keine Vokabel zur Verfügung gehabt. »Spatium« meinte etwas
anderes, Ausdehnung, genau das, was wir mit »Zwischenraum«
zu übersetzen hätten. »Locus« bezeichnete einen bestimmten
und bestimmbaren Ort, den ein Körper einnehmen kann, mehr
also den »Punkt« als das, was wir heute unter der komplexen
Dimension »Raum« verstehen. War für den Menschen des
Mittelalters »Raum« identisch mit »Welt«, und sie eine selbstverständliche, gar nicht weiter reflektierte Größe?

Sie war groß und klein zugleich. Groß insofern, als man die
vernünftige und einleuchtende Argumentation des Aristoteles
zugunsten der Kugelgestalt der Erde bereitwillig akzeptierte. Die
immer noch verbreitete Meinung, vor Kolumbus' Entdeckung
Amerikas habe man die Erde für flach gehalten, ist ein elender
Irrtum. Aristoteles und Ptolemaios sind viel gelesen worden, und
Sacroboscos Lehrbuch »Über die Sphäre«, gleichfalls geschätzt,
hat die verhältnismäßige Riesigkeit des Alls drastisch veranschaulicht. »Das oft wiederholte, irreführende Vorurteil, der
mittelalterliche Mensch habe sich an der Vorstellung eines
kleinen, übersichtlichen Universums erfreut und dieses Bild einer
engen, überschaubaren Welt sei erst im 17. Jahrhundert von der
allmählich vordringenden Erkenntnis der Unbegrenztheit des
Alls zerstört worden, sollte daher endlich überwunden werden«
(E. Grant).

Freilich hätte man die Leute wohl kaum zählen können, die
um 1470, als Martin Behaim seinen »Erdapfel« hat anfertigen
lassen, mit dieser ältesten erhaltenen Darstellung der Welt in
Kugelgestalt, von Amerika noch keine Spur, nichts anzufangen
gewußt hätten. In den Stadtchroniken des Spätmittelalters sind,
so bei Burkard Zink, flächenhaft voneinander getrennte Städte

99   Weniger aus der antik-ptolemäischen als aus der von Johann von Sevilla
(um 560–636) begründeten frühchristlichen Tradition sind die spätmittelalterlichen Zonen- und Klimatenkarten gespeist. Die sonstigen TO-Karten (obere
Hälfte Europas, unten je ein Viertel Afrika und Asien) sind durch eine Scheibe
von 5 Zonen ersetzt. Die oberste und unterste erscheinen je als »zona frigida
inhabitabilis« (kalte und unbewohnbare Zone), die zweite von oben als »zona
temperata habitabilis« (warme bewohnbare Zone = Europa). Merkwürdig, daß
»darunter« eine heiße und unbewohnbare Zone folgt, erst darauf das bewohnbare Asien und Afrika: man muß sich dieser Sonnenzone genähert haben, um
»Schwarzer« geworden zu sein. Merkwürdig auch, daß diese »Scheibe« sehr
richtig die beiden Pole aufzeigt. Aus dem wahrscheinlich von Martin Landsberg
in Leipzig um 1495 gedruckten »Opusculum« des Johannes de Sacro Bosco
(John Holywood) aus der ersten Hälfte des 13. Jahrhunderts.

wie Mainz, Nürnberg oder Augsburg so nahe beieinander, daß sie wie eine Einheit erscheinen. Die Struktur des politischen Raumes scheint das dem Chronisten nahezulegen. Aber dieser Bereich ist flächenhaft und geographisch gar nicht greifbar; die besondere Lage eines Ortes, die besonderen landschaftlichen Gegebenheiten eines Fürstentums interessieren Zink gar nicht. Der Raum wird nicht nach Kilometern gemessen, sondern nach Rechten, die das Wesen eines Subjekts ausmachen. Die räumliche Entfernung ist nicht entscheidend. Die Welt in ihren äußeren Gegebenheiten reicht so weit, wie das Auge sieht und das Bewußtsein von ihr weiß. Der Raum entspricht dem eigenen, visuell erfahrenen Erlebnisbereich: der Raum reicht von Horizont zu Horizont. Das Dort ist wie das Hier. Der Raum ist so groß wie das eigene Bewußtsein. Aber er kann im einzelnen Menschen auch als Innenraum »erfahren« werden, mittelalterlicher Regionalismus und Universalismus sind verschwistert, wenn Heiliges Reich und eigene Stadt in eins gedacht werden, wenn das eigene Bewußtsein seine Universalität auf das Vergangene projiziert.

Die Lust zur Projektion, die Sehnsucht, einmal »über den Berg« zu kommen, kann auf elementare Weise angeheizt werden. Auch das Leben in der Stadt kann ja unter dem Motto der Eintönigkeit stehen. In der Gesetzlichkeit und abgezirkelten »Ehrlichkeit« der Werkstatt, die Fenster lassen nur fahles Licht herein, ist das Reich des »Meisters« beschlossen. In der Regie des Kochtopfes und der Mägde, des Spinnstuhls und der Kinder, der Kleidung, ist das Reich der Hausfrau beschlossen. Das Reich des Geistes ist mit dem der Augen begrenzt. Der Mensch ist eingeschmolzen in die Sphäre seines Hauses und seiner Nachbarschaft. Es gibt keinen Fortschritt, keine Verwandlung. Ein geschichtsloses, ein stagniertes Dasein? Was die Geschichte bringt, ist nur Unglück: Raub, Plünderung, Brand. Es gibt auch keine Ziele im weltlichen Wortsinne, das Dasein ist plan ausgebreitet. Bestünde selbst die abenteuerliche Möglichkeit, aufzusteigen zu den Schichten des Besitzes und des glanzvollen Spieles

– die weitgehende Absperrung der Stände nötigt nicht dazu. In diesem statisch ebenen Dasein, ohne Kurve und vertikale Höhenachse, ist die Welt des Einzelnen eine Tragödie der Gleichförmigkeit, ein Bühnenstück mit tausendfacher Wiederholung. Dieselbe Kirche, dieselben Sünder, dieselben Nachbarn, dieselben Häuser, dieselbe Arbeit, immer der gleiche Tag.

Darum ist die Wanderbewegung, die Sehnsucht nach Aventiure so exzessiv, darum die Wanderhorden der Kinder, die mit der Erfahrung des ewig Wiederkehrenden, Alten, heranwuchsen, darum tobt sich in einzelnen Wanderern, in Romfahrern und Scholaren der ganze Trieb nach Änderung und Wechsel aus. Wollte man die eine Dimension, die aus dem Ring nachbarlich-häuslichen Lebens hinausführte, den Himmel beiseite lassen, so führte nur die »Wanderschaft« hinaus: man ist im Mittelalter mit Inbrunst, mit Leidenschaft gereist. Im 12. Jahrhundert wird das Thema Wandern und Reisen zur beliebten Ausdrucksform eines geistigen Anliegens, und der Tannhäuser meint es, im Rückblick auf sein eigenes Wanderleben, schon gar nicht mehr wörtlich, wenn er singt: »Ahi wie saelic ist ein man, / der für sich mac geriten! / wie kum mir der gelouben kan, / daz ich muoz winde biten!« (Ach, wie gesegnet ist ein Mensch, / der vor sich hinreiten kann! / Wie wenig er mir zu glauben imstande ist,: / daß ich die (verschiedensten) Winde aushalten muß.)

Auch diese Reiselust hat ihre Entwicklungen und Eigenheiten. Wir werden sie zu trennen haben von der allgemeinen Beweglichkeit, die jene ländliche Gesellschaft des Mittelalters auch immerzu gespürt und gezeigt hat, auch hier ganz im Gegensatz zu der immer noch modernen Vorstellung von der »Seßhaftigkeit« bäuerlicher Menschen. Bewegungswillig und wandlungswillig war man, eine »halbnomadische« Gesellschaft (J. Le Goff). Landhunger, Kriege und religiöse Unruhen sorgen für den Willen zum Wandel. Was indessen die Feudalherren und die Kreuzfahrer, die Reisenden und die Pilger auf die Straßen treibt, ist schiere Sehnsucht, nicht der Zwang der Umstände, sondern ein modischer und kollektiver Drang. Er verfällt wie der Kreuzzugsgeist auch. Nicht, daß das späte Mittelalter kein fahrendes Volk mehr gekannt hätte. Aber im 14. Jahrhundert ändern sich die Dinge; die Fahrenden gelten von nun an als Vagabunden und als Gesindel; selbst Pilgerfahrten geraten in Verdacht; dem wandernden Volk beginnen Kirche und Moralisten voller Mißtrauen gegenüberzustehen.

Daß man im Mittelalter gerne gereist ist, hat etwas von einem Widerspruch an sich. Hier die Gefahr, dort die angebliche Lust. Tatsächlich hat man sich dem Reisen in Gebirgslandschaft, das nur den Charakter des Abenteuers trug, nach Möglichkeit zu entziehen gesucht (W. Schadendorf). Die Beschwerlichkeit des Loibl-Übergangs ist für Paolo Santonino in der Reisegesellschaft des Bischofs von Caorle Anlaß genug zu betonen, wie weit dieses Unternehmen davon entfernt sei, ein Vergnügen (gaudium) zu sein. Immer noch sind die Alpen und ihre Ausläufer, wie einst Livius sagte, horribile visu, schrecklich anzuschauen, alles andere als eine Urlaubslandschaft. Aber dieselbe Reisegesellschaft sieht sich 1486, an einem reisefreien Tag, stundenlang die Aufenthaltsstadt, die Stadt Krainburg an. Und man legt einen Abstecher nach Arnoldstein ein, der Umweg von zehn Meilen fällt anscheinend gar nicht ins Gewicht. Die Lust am Schauen obsiegt immer wieder. Santonino wird nicht müde, in seinem Reisetagebuch von den Altären und Kirchenschätzen und Kartausen zu erzählen. Das perlustrare, das Durchwandern und Durchmustern einer Sadt oder einer Kirche ist ihm eine vergnügliche Sache, und auf den spätmittelalterlichen Herrscherreisen gab es da und dort »richtige Stadtbesichtigungen« (A. M. Drabek).

Was die Fortbewegungsart angeht, so erwähnt Santonino lediglich das Gehen zu Fuß und das Reiten zu Pferd. Wir wissen jedoch, daß im Mittelalter auch das Tragen eine der gängigen Beförderungsweisen blieb. Die von Menschen getragene Sänfte, aus dem Tragstuhl entwickelt, kam freilich nur hochgestellten Persönlichkeiten und dies meist nur im Hochgebirge zustatten. Der Wagenverkehr war wegen der Straßenverhältnisse gering.

Und er war, eine Federung fehlte ja, auf den holprigen Straßen für den Menschen eine Qual. Mußte ein Kranker oder Verwundeter transportiert werden, legte man eine möglichst hohe Strohschicht in den Karren, um die Stöße zu dämpfen, oder man zog es, auch für Damen, vor, eine Tragsänfte zu verwenden, die zwischen zwei hintereinander gehenden Pferden aufgehängt wurde. Reiten oder Gehen – nicht selten kommen die zu Fuß gehenden Reisenden den auf der Straße Reitenden im Nachtquartier zuvor. Wer zu Fuß geht, kann freilich in Schweiß gebadet sein. Übrigens hat man, auch wenn man »zu Pferd« reist, schwere Fuhrwerke im Gefolge; die Verwendung eines Frachtwagens bei Pferdereisenden ist eine fast selbstverständliche Sache.

Herbergen sind nur in ganz geringem Maße vorhanden, ohnehin nie Glanzfälle von Bequemlichkeit. Man muß seine persönlichen Beziehungen haben, und man hat sie denn auch in der mittelalterlichen Genossenschaftlichkeit und »Brüderlichkeit«, die Gesellen oder Meister reisen von Zunfthaus zu Zunfthaus, die Leute der geistlichen Orden von Kloster zu Kloster, die Adligen von Burg zu Burg, die Bischöfe von Pfarre zu Pfarre und so weiter. Im 13. Jahrhundert setzt sich in den Städten die »herberge« im engeren mittelalterlichen Sinne durch, ein Name, neben dem die Bezeichnung »gasthûs« weniger gebraucht wird. Der Wirt, »gasthalter« oder »gastgeber«, der eine heizbare Gaststube und Schlafzimmer für seinen Gast, »er sey pfaff oder lay«, bereit hat, ist Vertrauensperson und sehr rasch auch ein angesehener Mann in der Stadt; im großen Worms hat man 1493 den Schwanenwirt zum Stadtschultheißen gewählt.

Daß man auch auf Wasserwegen gereist ist, dürfen wir nicht vergessen. Von Herzog Leopold VI. wird in der »Continuatio Claustroneoburgensis« überliefert, daß er im Herbst des Jahres 1217 mit dem Schiff von Split nach Akkon sechzehn Tage benötigte, quod antea valde inauditum est (was bis dahin völlig unerhört war). Bei einer Entfernung von rund 2200 Kilometern und mithin einem täglichen Mindestdurchschnitt von 140 Kilo-

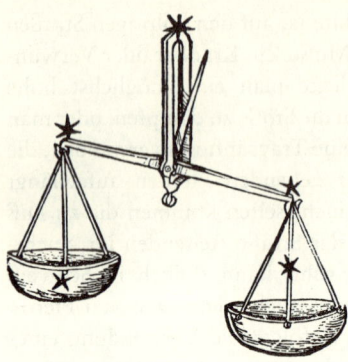

100 Wichtige Orientierungshilfen für das Reisen bleiben der Sonnenstand und die Situation der Sterne. Das Sternbild der Waage. Aus einem Druck Erhart Ratholdts, Augsburg, um 1490.

metern freilich eine Rekordleistung. Eiserne Anker treten im 9. Jahrhundert auf, der Kompaß wurde im 12. Jahrhundert von den Arabern übernommen. Mit der Verbesserung des Kompasses durch Pierre de Maricourt bahnten die abendländischen Wissenschaftler der Schiffahrt den Weg zur Eroberung der Meere.

Auch auf den Landreisen scheint die Orientierung nicht schlecht gewesen zu sein. Paolo Santonino kann seiner Leserschaft die Lage von Friaul, das mare inferum, das mare superum, die Zusammenhänge zwischen Gail, Drau und Donau so veranschaulichen und die topographischen Einzelheiten derart voraussetzen, daß man zum Urteil kommen kann: »Grundsätzlich scheinen die geographischen Kenntnisse gut gewesen zu sein« (H. Hundsbichler). Dies nicht von einer Kaufmannsreise ausgehende Generalurteil über die Vertrautheit mit dem Kartenbild kann freilich nicht darüber hinwegtäuschen, daß auch die fortschrittlichsten Karten des 15. Jahrhunderts außer Flußläufen und gebirgigen Erhebungen, wenn es gut ging, noch die wichtigsten Straßenverbindungen enthielten, mehr nicht. Die mittelalterliche Karte diente »nie als Wegweiser für Reisende« (A.-D. v.

536

d. Brincken). Wollte man sicherer gehen, mußte ein Itinerar herangezogen werden, auf dem die Streckenverhältnisse festgehalten waren. Kaufleute, Wallfahrer, Mönche, Institutionen haben solche Texte angelegt, Burgen waren Fixpunkte hierfür, Wasserläufe, der Sonnenstand, die Straße selbst. Am bequemsten und zuverlässigsten freilich waren ortskundige Führer, Standesgenossen, Freunde oder Bekannte des Reiseleiters; einmal konnte auch der Pfleger einer Burg als Vorreiter (precursor) fungieren, sehr viel häufiger stellen die bevollmächtigten Organe des Territorialherrn ein »Geleit«. Der Geleitschutz war nicht nur eine annähernde Gewähr für Sicherheit (und natürlich eine besondere Form für Ehrerweisung), sondern auch eine beliebte Geldquelle und darüber hinaus ein wichtiges Privileg im Aufbau der Landesherrschaft.

Die Straßen damals, das ist ein Kapitel für sich. In England hat man im Mittelalter den Kaufmann »Staubfuß« (piepowder) genannt, ein beredtes Prädikat auch für die Beschaffenheit der Straßen. Sie haben, nicht zuletzt aus Rücksicht auf die Hufe der Zug-, Trag- und Reittiere – ein verlorenes Hufeisen konnte zu einer Tragödie werden – meist nur einen Erdbelag. Der Meister des Albrechtsaltars Joachim und Anna von 1440 in der Stiftssammlung zu Klosterneuburg zeigt eine Straße mit Wagengeleisen, eine mit – kleinen – Steinen gespickte Piste. War es trocken oder gar heiß, konnte sich keiner der Reiseteilnehmer retten vor Verschmutzung. Die Mitnahme von Wechselkleidung war nichts außergewöhnliches, und wer einigermaßen von Stand war und sich im Quartier vorangemeldet hatte, wurde dort mit neuer Unterwäsche empfangen. Morastig sind diese Straßen freilich erst nach Regenfällen von mehreren Tagen geworden. Dann konnten sich Gebirgswege in einen reißenden Bach verwandeln und dann war die Haltbarkeit der Verkehrswege bei weitem überfordert. Indessen müssen wir aus allerlei Quellenhinweisen schließen, daß der allgemeine Zustand der mittelalterlichen Verkehrswege besser war als ihr Ruf (H. Hundsbichler). Der florentinische Gesandte Francesco Vettori meint 1507, die Straßen in Deutschland seien gut gebaut (bene assetate), man könne sie durchweg mit vierrädrigen Wagen befahren.

Aber das klingt dann wieder zu selbstverständlich. Von Fahren konnte nur reden, wer des Weges sicher war. Der Schrecken sitzt Wernher dem Gartenaere noch in den Gliedern, wenn er im »Helmbrecht« sich erinnert: »ûf den strâzen und ûf den wegen / was diu wagenvart gelegen« (Auf allen Straßen und Wegen / hatte der Wagenverkehr aufgehört). Reisen ist ein Abenteuer. Wer eine längere Reise zu bestehen hat, zu den Heiligen Stätten nach Jerusalem oder Rom, trifft testamentarische Verfügungen. Rudolf II. von Kahlenberg, der 1182 eine Pilgerfahrt nach Jerusalem unternahm, schenkte dem Stift Heiligenkreuz einen Weingarten in Thalern. Die Rechtsauffassung wendet sich ganz entschieden gegen Straßenraub. Raub auf »veligher strate«, so in einer Lübecker Fassung, »ane redelike sake«, ohne einen Rechtsanspruch, ist »wider got, ere und recht«. Gott und die (ordentliche) Welt stehen zusammen, Weg und Steg zu schützen, gerade auch den »Steg«, die Brücke, die besonderer Ingenieurleistungen bedurfte. Nur wenige Steinbrücken gab es nördlich der Alpen, im alpenländischen Raum selber herrscht im Brückenbau das Holz vor, selbst die bedeutende Handelsstadt Villach besaß »nur« eine Holzbrücke im Suburbium. Zum Brückenbau oder zur Brückenreparatur gibt die Kirche Ablässe, um der Allgemeinheit, des Handels und Wandels willen, man hat eigene Brückenämter und Brückengerichte: der »Weg«, der in der Bibel als die Richtung zur Wahrheit erscheint, hat eine mehr als wörtliche Bedeutung, und die Rechtsfunktion der Brücke findet in Volks- und Kinderliedern ebenso ihren Niederschlag wie ihre baukünstlerische, zwischen hüben und drüben vermittelnde Zeichenhaftigkeit.

»Die Welt ist kleiner geworden«, heißt einer der Slogans unserer Tage. Damit ist auch, in pathetischen Vorträgen und fleißigen Abituraufsätzen, nachdrücklich betont worden, daß in früheren Zeiten und im Mittelalter zumal die Verständigung über größere oder große Distanzen hinweg sehr viel schwieriger

101 Ein – gewiß nicht alltäglicher, großer – Reisewagen des 14. Jahrhunderts:
Jakob auf der Reise nach Ägypten. Kolorierte Federzeichnung aus der Stuttgarter Handschrift der Weltchronik des Rudolf von Ems, 1383.

gewesen sei als heute. Die Welt sei damals groß und unverstan-
den, im wörtlichen Sinne des Wortes »un-er-fahren« gewesen;
heute habe man sie, als politische und wirtschaftliche Notwendigkeit, in der Tasche.

Wer genauer zusieht, wer den mittelalterlichen Alltag überprüft daraufhin, muß lächeln über diese Primitivität und Arro-
ganz. Jede mittelalterliche Königs- oder Kaiserurkunde verzeichnet Zeugenreihen, also persönlich anwesende Attestaten, die uns
Inhaber von Reisepässen und Autokennzeichen staunen macht:
der Pfalzgraf von Burgund steht neben dem Wittelsbacher, der
Bischof von Verdun neben dem von Merseburg oder Chur. Die
feierliche Belehnung Balduins von Hennegau mit Namur, ein
Beispiel für Hunderte, fand 1190 auf dem Hoftag zu Schwäbisch
Hall statt. Wir haben heute feste nationale Grenzen mit Kenn-
karten und Visazwang, trotz den mühsamen Versuchen, überna-
tionale, etwa europäische Einigungen herzustellen. Schon in den
dreißiger Jahren unseres Jahrhunderts haben sich die Alten
wehmütig an gewisse Gepflogenheiten der Jahre um 1900
erinnert, als man Reisende auf bestimmten europäischen Grenzstationen auch ohne den Anflug von Wahrnehmung oder gar
Registrierung passieren ließ.

Die Grenzstationen zwischen den heutigen beiden deutschen Staaten: das Mittelalter war eine große, helle und humane Welt dagegen. Die Anliegen, die ein italienischer Abt dem Kaiser, der gerade in Nürnberg war, vorzutragen hatte, waren alles andere als kleinkariert-national. Aber sie waren schwer nachprüfbar, und der Kaiser und seine engere Umgebung benötigten reiche Erfahrung und ein gutes Gedächtnis, um den differenzierten Verwaltungsaufgaben irgend gerecht werden zu können. Die Leistung des Gedächtnisses muß im Mittelalter überhaupt von ganz anderer Art und Effizienz gewesen sein als bei uns heute. Das, was der Geschichtswissenschaftler »Urkundenfälschungen« nennt, waren in der Hauptsache Zweitausfertigungen von höchster Zuverlässigkeit, die man oft erst ein oder zwei Generationen später ausstellte, mit den letzten und kleinsten Details der Privilegien und Zubehöre bis hin zu den Waldhufen und Hühnern und Pfennigabgaben. Das behagliche Wort, was man schwarz auf weiß besitze, könne man getrost nach Hause tragen, ist erst lange nach dem Mittelalter geboren worden, in einer, nebenbei bemerkt, offenbar sehr gutartigen und sehr gutgläubigen Zeit. Im Mittelalter hat man erst spät begonnen – auch hier gehen die Klöster voran –, die Schriftlichkeit von Abmachungen und Verträgen durchzusetzen. Im bäuerlichen Rechtsbereich liegen solche Anfänge erst in der frühen Neuzeit; das Gewohnheitsrecht unserer Gegenwart ist ein letzter Rest davon.

Das Gedächtnis hatte im Mittelalter nicht nur eine rechtschaffende, öffentliche Funktion, deren sich natürlich Herrscher mit langer Regierungszeit wie Friedrich Barbarossa oder der Habsburger Friedrich III. besonders bedienen konnten, sondern blieb auch ein wesentliches Element für die persönliche, für die private Erfahrung von Raum und Zeit. Wer die Dinge »schwarz auf weiß« vor sich hat, entledigt sich ihrer in seinem Gedächtnisvorrat wie er von ihnen, den Aufgeschriebenen, abhängig geworden ist. Im Mittelalter, wo nur rechtliche oder literarisch-künstlerische Dinge von besonderer Bedeutung aufgeschrieben worden sind, auf einem Stück Pergament, das nur eine Handvoll Leute

102 *Transport im Mittelalter ist nichts als Mühe und Gefahr. Ein zweirädriger Karren mit Weinfaß und Ballen. Aus den von Heinrich Steinhövel übersetzten Fabeln des Äsop, Druck von Johannes Koelhoff, Köln 1489.*

lesen kann, Mönche oder ein paar Stadtbürger, trägt man die Erzählungen und Ereignisse, die Teilungen und Übereinkünfte im Gedächtnis, »im Kopf« durch die Jahre, in vielen Fällen sicherlich durchs ganze Leben.

Schon in der Spätantike, so hat man festgestellt, gab es Leute, welche die zwölf Bücher von Vergils Aeneis mit ihren 952 Versen auswendig gekonnt haben, mit sich führend als ein immer parates Reservoir sprachlicher, ästhetischer, menschlicher Schönheiten. Auch für das Mittelalter, dem Vergil immer noch als der Dichter schlechthin gegolten hat, haben wir solche Beispiele mnemotechnischer Fähigkeiten. In einer Welt, wo man selten oder nie »in den buochen las«, geht das geistige Erleben und Bewahren gar nicht über den Schreibtisch und über den Buchstaben, sondern von Mensch zu Mensch. Man sieht im »anderen« nicht zuletzt den Zuträger von Nachrichten und Neuheiten, man achtet auf ihn und hört ihm zu, nicht nur in der Burgkemenate, wo einer der fahrenden Leute seine Fiedel gezogen hat und eine »Novelle«, eine Neuheit zum Besten gibt, sondern auch am Stadttor oder in irgendeinem Gehöft, wo ein Fremder haltgemacht hat.

541

Weil man angewiesen ist auf die mündliche Nachrichtenwei-
tergabe, weil man die Welt vom Hören und Sehen her erlebt, ist
sie nicht auf den Atlas oder den Prospekt verbannt. Sie ist keine
zu Tode zerredete Selbstverständlichkeit, wie uns das passieren
kann, sondern das Primär-Erlebnis überhaupt. Vielleicht liegt in
dieser offenen und versteckten, aber nie ausgesetzten Beschäftigung des Mittelalters mit dem Universum »Welt« der Grund
dafür, daß die wichtigste und hitzigste geistige Auseinandersetzung dieser Zeit den Universalien galt, den Gattungen, den
allgemeinen Wesenheiten, im besonderen der Frage, wie das
Allgemeine, das Universale sich zu den Dingen verhalte. Am
tiefsten hat man dem Satz »universalia sunt realia« nachgehangen:
nur Ideen sind wirklich. Plato hat diese Ansicht gelernt, das
Mittelalter hat sie gelebt. Die mittelalterliche Menschheit, so die
damalige Grundansicht, bildet ein Universalvolk, in dem die
klimatischen, nationalen, lokalen Differenzen nur als sehr sekundäre Merkmale zur Geltung kommen; sie steht unter der
nominellen Herrschaft eines Universalkönigs, eines Cäsars, der
diese Regierung zwar fast immer nur theoretisch ausübt, in
seinen Ansprüchen aber nie aufgegeben hat, unter der tatsächlichen Herrschaft einer Universalkirche oder vielmehr zweier
Kirchen, die beide behaupten, die universale zu sein.

Die mittelalterliche Welt baut sich auf als eine wunderbare
Stufenordnung von Vorstellungen, von geglaubten Abstraktionen, wie eine Kathedrale oder eine jener kunstvollen »Summen«
der Scholastiker: eine große, wohldurchdachte und wohlgeord-
nete Hierarchie von Universalien. Sie hat einen Universalstil, der
alle Kunstschöpfungen von der Schüssel bis zum Dom, vom
Türnagel bis zur Königspfalz, durchdringt und gestaltet: die
Gotik, sie hat eine Universalwissenschaft, die den Sinn alles
Denkens ausweist: die Theologie, sie hat ein Universalrecht, das
römische, eine Universalsprache, das Lateinische.

Erst wer diesen tatsächlich umfassenden, universalen Bau
erkennt, wird die Unterschiede zu unserem heutigen Weltverständnis abwägen können. Das Motto »Die Welt ist kleiner

geworden« wirkt dagegen eher oberflächlich und allenfalls als eine von geographischen und technologischen Kategorien her genährte Meinung. Wenn wir auch schon von der Verfassung eines Weltstaats haben reden hören: vorerst hat man in Europa von Südtirol bis Irland mit nationalistischer Verbissenheit noch genügend zu tun, ganz abgesehen davon, daß die Dritte Welt die Epoche des Nationalismus erst eigentlich zu erleben scheint. Die mittelalterlichen Mönchsorden haben natürlich nicht nach Nationalitäten gefragt. Der Italiener Bonaventura fand Heimat im Pariser Konvent, Wilhelm von Hirsau, der große Reformer aus Regensburg, führt die strengen Regeln der Cluniazenser ein, die im französischen Cluny ihren Ausgang nahmen. Die Cluniazenserkunst – allein sie – umspannt halb Europa.

Das Mittelalter eine dumpfe Masse provinzieller, verhockter, gleichsam im eigenen Safte schmorender Lebenskreise? Dem Bauernvolk sagt man geradezu nomadische Wanderlust nach, und wer sich nur einigermaßen in den Genealogien der höheren Kreise umtut, konstatiert einen »weiten Horizont des Familienbewußtseins« (E. Maschke). Menschen ohne Weltkenntnis? In der sehr viel später »Merigarto« (Meergarten, Welt) genannten

103 Wedekind setzt in einem Ruderboot mit Sitzbank über die Elbe. Aus Bothos »Croneken der sassen«, gedruckt bei Peter Schöffer in Mainz, 1492.

Kosmographie in Versen, einem Bruchstück um 1070, kann seelenruhig der angesprochen werden, »der fone Arabie verit in Egiptilant in sinem werva« (der auf seiner Reise von Arabien nach Ägypten fährt). Walther von der Vogelweide, der mit Recht von sich sagen kann, »ich han lande vil gesehen«, lebt in seiner Dichtung geradezu von der Begegnung mit dem anderen und Fremden, der Tannhäuser erzählt, er sei »in Kreta beinahe umgekommen«, Wittenweiler kennt Flandern sehr wohl, Oswald von Wolkenstein (»Zwar renner, koch so was ich doch und marstaller, / auch an dem rüder zoch ich zu mir, das was swer, / in Kandia und anderswo«, Ich war Laufbote, Koch, wahrhaftig, und Pferdemeister, / auch am Ruder zog ich, das war schwer, / bis nach Kreta und sonstwohin) hat tatsächlich die halbe Welt »er-fahren«. Hans Folz, zwischen 1435 und 1440 in Worms geboren, gibt in seinem Bäderbüchlein, dem ersten seiner Art in Deutschland, eine Art deutschen Bäderprospekt mit intimer Ortskenntnis von Wien und Gastein bis Wiesbaden und Ems, Peter Suchenwirt bringt es in seinem Fürstenpreis »Von Herzog Albrechts Ritterschaft« aus der zweiten Hälfte des 14. Jahrhunderts schon zu einem ersten Ansatz europäischer Völkercharakteristik.

Wichtig ist, daß diese Raumerfahrung ihre geistigen Kontakte und Konsequenzen zeitigt. Im 12. und 13. Jahrhundert bemächtigt sich ein »kleines Übersetzerheer« (E. Grant) der Naturwissenschaften der Antike, die Mathematik profitiert aus Euklid, die Medizin von Galen, nächst Hippokrates dem bedeutendsten Arzt der Antike, die Physik von griechischen und arabischen Gewährsleuten. Schon im 13. Jahrhundert träumen die genuesischen Brüder Vivaldi davon, Indien zu gewinnen: Vasco da Gama erreicht es am 20. Mai 1498.

Wir propagieren heute »Weltweite«, und sind regionale Zulassungsgrenzen bei Universitätsabsolventen durchaus gewöhnt. Wer den Hallenhof der 1238 von Kaiser Friedrich II. erweiterten Universität Padua betritt, sieht zahlreiche Wappen von Hörern an den Wänden, die hier akademische Würden erlangten, darunter viele Deutsche: die »Internationalität« unserer heutigen

Universitäten ist gegenüber der mittelalterlichen ein beschämendes Kapitel. Die Handelszüge der hansischen und süddeutschen Kaufleute in alle Welt hatten kaum eingesetzt, als Thomasin von Zerclaere aus der nordostitalienischen Stadt Cividale in zehn Büchern eine Gebrauchsethik ausbreitet, die er als »welscher«, das heißt als lombardisch-romanischer Gast zu Anfang des 13. Jahrhunderts in deutschsprachige Lande sendet. Das, was damals »deutsche« Dichtung ist, ist von der damals »französischen« ebensowenig zu trennen wie die »Deutsche« romanische Baukunst von der byzantinischen, das Grabmal Theoderichs des Großen in Ravenna von seinen römischen oder syrischen Vorbildern oder die Urform des Kölner Doms von der französischen Kathedrale.

In einer derartigen Freizügigkeit von Vorbildern, Übernahmen und Weiterentwicklungen, die wir heute überall bewundern, wenn wir als Urlauber durch die Kunst- und Kulturlandschaften der Normandie oder Burgunds, Süditaliens oder Polens ziehen, muß Kommunikation, und zwar weit über Volkstums- und Landschaftsgrenzen hinaus, in einem sehr ernsthaften Maße wirksam gewesen sein, dafür ließen sich Hunderte von Beispielen aus der Geistes- und Kulturgeschichte liefern. Als man vor kurzem jahrzehntelange Forschungen über den Lebensraum der mittelalterlichen Stadt abschloß, war eines der wichtigsten Ergebnisse, daß der Gesichtskreis nicht nur der norddeutsch-hansischen, sondern auch der süddeutschen Städte »durchaus nicht eng war, sondern einen schönen Teil der ›damaligen‹ Welt umfaßte« (H. Ammann). In der Hauptsache erstreckte sich der einem in Dinkelsbühl oder Wittlich oder Mettmann wohnenden Bürger allgemein bekannte Raum von der Ostgrenze Ungarns und Polens bis nach Spanien und England, von Süditalien bis zur Nord- und Ostsee. Auch fernere Räume wie Skandinavien, das Baltikum und Rußland, der Balkan, die südlichen Randländer des Mittelmeers, sind gelegentlich oder zeitweise im Blickfeld der oberdeutschen Bürgersleute erschienen.

Am Ausgang des Mittelalters haben dann die Fahrten nach

Indien und der deutsche Anteil an der Kolonisation Südamerikas neue Ausblicke eröffnet, ein Beweis dafür, daß das Gesichtsfeld des mittelalterlichen Menschen keine lebenslang hingenommene, ein für allemal feststehende Sache war, sondern daß, wie in der Dichtung seit dem 13. Jahrhundert auch, neue Welterfahrungen auch wesentliche Veränderungen des Horizonts bewirkt haben. Entscheidend dabei ist wohl, daß diese Forschungsergebnisse sich nicht nur auf die größten der Hansestädte, auf Paradebeispiele wie Lübeck oder Bremen beziehen, oder auf die ersten Fernhandelsplätze in Oberschwaben, sondern auf die größeren und Kleinstädte des mittelalterlichen Süddeutschland überhaupt. Alle diese Städte leben Jahrhunderte vor 1500 von einem jährlichen Zuzug an Familien aus einem Raum von je 200 km Ausdehnung sowohl in nord-südlicher wie in west-östlicher Richtung. Der Markt- und Messebesuch, der Besuch auswärtiger Schützenfeste und so fort hat die Bürger dieser Städte nachweislich in einen Umkreis von hundert bis zweihundert Kilometer Ausdehnung geführt, abgerechnet die eigentlichen, bis nach Übersee greifenden Fernhandelszüge. »Dabei ist zu unterstreichen, daß der weite Gesichtskreis in der Stadt nicht etwa nur bei der führenden Kaufmannschaft vorhanden war, sondern durch den umfassenden Bevölkerungsaustausch, dann durch die weitreichenden Gesellenwanderungen im Handwerk auch in weiteren Bevölkerungsschichten« (H. Ammann).

Natürlich hält das Mittelalter nicht stand, wenn wir die damaligen Verkehrsmöglichkeiten und Verkehrsleistungen mit den heutigen vergleichen. Ein Alltag mit Buch, geschweige denn mit Tageszeitungen oder Fernsehen, ein Leben nur mit Pferd und Wagen: das Pferd ist das Zeitmaß, im Jahre 1200 wie im Jahre 1800. Seine Leistungen sind, gemessen an den traumhaften Rekorden unserer Tage, von entwaffnender, enttäuschender Rückständigkeit. Kaiser Friedrich II., der Staufer, legte im Jahre 1236 auf einer Reise in Italien in zwei Tagen und einer Nacht, das heißt 36 Stunden reitend, insgesamt 120 km zurück, was selbst bei 18 Stunden Marsch und 18 Stunden Rast einem

Durchschnitt von kaum 6–7 km entspricht. Acht Jahre später, 1244, ritt Wilhelm von Holland von Venedig nach Brünn. Er benötigte für die 736 km 16 Tage, hat also täglich 46 km hinter sich gebracht. 1301, so berichtet die Österreichische Reimchronik, haben ungarische Reiter laut König Wenzel, an einem Tag 6 Rasta, das heißt 56,4 km geschafft.

Man hat das noch gesteigert, früher und später. Die schon für das 12. und 13. Jh. namentlich zu Reisen von Kirchenfürsten – »die immerhin mit einem gewissen Gefolge gereist, meist geritten sind« (L. Pastor) – ermittelten Leistungen von 40 bis 45 km pro Tag wurden von der Reisegesellschaft des Bischofs Pietro Carlo 1486/87 auf reinen Reiseabschnitten nicht nur erreicht, sondern mehrmals überboten. Da Carlo im Gebirge reiste, verdient das höchste Beachtung. Daß einmal sogar siebzig Kilometer an einem Tag bewältigt wurden, ist sicherlich eine Spitzenleistung. Die Itinerare der deutschen Herrscher aus dieser Zeit weisen eine solche Strecke für einen einzigen Tag nie auf. Die Pilger hingegen, eilige Leute, die möglichst rasch zu ihrem Ziel gelangen wollten, brachten es auf Maximalleistungen von sieben bis acht Meilen, fünfzig bis sechzig Kilometer pro Tag, auch in gebirgigem Gelände. Die fünfzehnköpfige Reisegesellschaft des samländischen Bischofs Dietrich von Cuba legte 1473 die Strecke von Rom nach Heidelberg, vermutlich in größter Eile, in zwanzig Reisetagen zurück, ohne einen einzigen vollen Rasttag: 912 km, in einem Tagesdurchschnitt also von 48 km. Wir rechnen mit Stundenkilometern: auf die genannte Spitzen-Tagesleistung von rund 70 km angewendet, ergäbe das eine Stundengeschwindigkeit von 5 km/h.

Im 10. Jahrhundert benötigte man für einen Ritt ohne Pferdewechsel von Saloniki nach Belgrad, für diese 550 km, 8 Tage. Diese Tages-Kilometerzahl von 65,6 km hat der Ritt der siebenbürgischen Gesandten für die 620 km von Konstantinopel bis zur Heimat mit einer Tagesleistung von 77,5 km noch übertroffen. Ohne Pferdewechsel erreichte man im Reisetempo in der Stunde ohne Rastzeit also 7–12 km, mit Pferdewechsel allenfalls

104 »Zeit« und Eile lernt auch das Mittelalter kennen: Postreiter. Feder in
schwarz, Münchner Meister, um 1450.

das Doppelte, 12–15 km. Im östlichen Reiten kannte man noch
eine Höchstgeschwindigkeit, mit der das Pferd unter Gefährdung seines Lebens das Ziel erreicht. Reiten »im Pferdetod«
nannte man das. Mit Pferdewechsel hat die Mongoleipost des
13. Jahrhunderts auf diese Art an einem Tag 341 km zurückge-
legt, was einer Stundengeschwindigkeit von nahezu 20 km entspricht.

Aber derartiges ist weit entfernt von den durchschnittlichen
Leistungen in Mitteleuropa. Dort hat sich die Reisegeschwindig-
keit von täglich 25–60 km nicht erhöht und wird sich bis zum
18. Jahrhundert nicht erhöhen. Auch die aus Ungarn stammende,
im 15. Jahrhundert aufkommende Kutsche und die barocke
Chaise, die wenigstens ein bißchen gefedert war, haben daran
nichts geändert. Die erste Nachricht vom Fall Konstantinopels traf

1453 in Venedig, 1 400 km Luftlinie entfernt, genau einen Monat danach ein: und sie kam in Windeseile! Konstantinopel wurde am 29. Mai dieses Jahres eingenommen. Bis die erste Nachricht in österreichischen Landen eintraf, dauerte es bis in den Juli.

Offenbar hat den Menschen des Mittelalters diese Langatmigkeit, um nicht zu sagen Langeweile nicht beunruhigt. Wer es nicht anders kennt, wird nichts daran zu beanstanden haben. Selten genug, daß man Wetten darüber abschließt, wer der Erste sei, wie 1381 zwischen dem französischen König Karl VI. und seinem Schwager, dem Herzog von Touraine. In Montpellier wettet man, wer zuerst in Paris ankomme. Die beiden jungen Männer, angefeuert vom Anblick der Schönen der Stadt, setzen 5000 Francs, eine beachtliche Summe. Sie starten in Begleitung je eines Ritters, reiten Tag und Nacht und wechseln wiederholt die Pferde. Das Rennen macht der Herzog, der sich, während der König in Troyes acht Stunden schläft, auf der Seine in einem Kahn bis Melun bringen läßt, dort ein neues Pferd besteigt und Montpellier–Paris schließlich in viereinhalb Tagen macht.

Aber das sind Wetten um den ersten Platz, nicht Absprachen gegen die Zeit. Erst das neue Ich- und Weltverständnis der Renaissance bringt da einen Wandel und bricht mit dem Einverständnis, das den Menschen des Mittelalters in seiner Umwelt hält. Jetzt kann es einem passieren, daß ein Stadtschreiber der Reformationsjahre in einen Protokolleintrag seines Stadtbuches die Bemerkung einfließen läßt, man habe heutzutage ja ohnehin nur wenig Zeit – ein Lamento, das uns sehr geläufig ist und von dem wir gerne annehmen, daß wir es erfunden hätten. Das Mittelalter beginnt man mit einer Zeitauffassung, die seiner Geschichtsauffassung durchaus entspricht. Die Zeit ist »spationiert« und wird wie der Raum erlebt, als gegenwärtig, als ein Phänomen, das (auch) Eigentum Gottes ist, und mithin keinen Gegenwert hat. Man kann ihm gleichgültig gegenüber sein. Weithin ist das Mittelalter, wir sagten es, agrarische Gesellschaft und »Land«; das Zeitempfinden paßt sich dem Land an, auf dem Land herrscht die natürliche Zeit. Über Kloster und Kirche dringt eine geistliche Zeit ein; die Verweltlichung der Zeit ist eines der erregendsten Kapitel der Epoche.

Die klösterliche Stundeneinteilung, gemessen mit Wasseruhren, Klepsydren, wohl auch dem in der Antike erfundenen und von der Welt des Islam überlieferten, die Sonnenstellung anzeigenden Astrolab, überspielt die bäuerliche Zeit. Für sie waren Sonnenaufgang und Sonnenuntergang, der landwirtschaftliche Arbeitsrhythmus und die Feste des Kirchenjahres die wesentlichen Kriterien des Zeitverständnisses. Villard de Honnecourt, um die Wende vom 12. zum 13. Jahrhundert in Honnecourt bei Cambrai geboren, hat in seinen Zeichnungen einer hydraulischen Säge wohl auch den ältesten Entwurf eines Uhrwerks geboten. Die Kerzenuhr, die Wasseruhr und die, nur für Viertelstunden, allenfalls für Stunden konstruierbare Sanduhr werden ebenso überflüssig wie die Sonnenuhr, die unter den vieren immerhin die handlichste geworden war. Im Wiener Uhrenmuseum liegt eine Taschen-Sonnenuhr Friedrichs III. von 1451 mit eingebautem Kompaß, und im Germanischen Nationalmuseum zu Nürnberg zeigt man eine süddeutsche Klappsonnenuhr aus der Zeit vor 1471, wahrscheinlich das Modell für ein in Edelmetall ausgeführtes Geschenk an den Papst.

Der Umgang mit der Zeit ist sozial gebunden, und die Erfindung der Räderuhr ist also auch ein Politikum: die Kirche verliert hier ihre Kontrollfunktion. Die Räderuhr mit Hemmung bietet eine gleichmäßige und zuverlässige, von äußeren Umständen schon unabhängigere Lösung. Sie gibt eine konkrete Stundenbegrenzung und erfordert ein »pünktlich« geordnetes Leben: sie beherrscht den ganzen Tag. Das Abstraktum »Zeit« schiebt sich vor. Die Zeit »läuft« unwiderruflich. Als dann der Mechanismus der Räder-Turmuhren – um die es sich zunächst ausschließlich handelt – ab Ende des 13. Jahrhunderts existierte, man nennt gerne die Jahreszahl 1284, fand man sehr schnell heraus, wie man ein Schlagwerk mit dem Uhrwerk verbinden könne. Noch in der ersten Hälfte des 14. Jahrhunderts kamen, zunächst wohl in Italien, diese großen Schlaguhren auf. Mailand mit einer Datierung von 1336 bietet das erste nachweisbare Beispiel dafür. Jetzt wird der Einbau von Turmuhren Mode bei den größeren und schließlich auch kleineren Städten. Noch der barocken Stadt ist die »große Uhr« an der Kirche oder am Rathaus die bürgerlich-behaglich genossene Sensation. Aber durch ihre »Waag«-Unruhe und den Gewichtantrieb war die Räderuhr, als verkleinerte Wand- und Standuhr dann auch zu Ausgang des Mittelalters im vornehmen Bürgerhaus zu finden, immerhin noch von der Schwerkraft abhängig und deshalb als tragbare Uhr nicht funktionsfähig. Im 15. Jahrhundert wurden der schwerkraftunabhängige Federantrieb, um 1500 die schwerkraftunabhängige Unruhe erfunden: die Uhr war transportabel. Dem Nürnberger Uhrmacher Peter Henlein schreibt man die Verkleinerung des Werkes und gewisse Verbesserungen der Unruhe zu; ein schweres, um 1510 entstandenes dosenförmiges Gebilde mit der nachträglichen Signatur »Peter Hele« (Henlein), das sehr gut seiner Werkstatt entstammen kann, hat sich erhalten.

Bis zu diesen Sackuhren hilft man sich auch im Rechnen, trotz der breiter werdenden Geldwirtschaft, mit höchst primitiven und summarischen Verfahrensweisen. Rechenfehler sind etwas Gewöhnliches und von niemandem Gerügtes, der Begriff der Rechnungsprobe fehlt noch vollständig. Die Verwendung der Null zur Bezeichnung des Stellenwertes ist unbekannt. Man operiert mit dem Rechenbrett, einem ebenso umständlichen wie unzuverlässigen Apparat. Dividieren war eine Kunst, die fast niemand beherrschte. Man »tatonnierte«, das heißt: man versuchte es so lange mit verschiedenen Resultaten, bis ein einigermaßen plausibles herauskam.

Exakte Messung und verläßliches, präzises Zeitverständnis wird niemand von solchen Köpfen erwarten wollen. Das Mittelalter versteht Grenze nicht als Linie, kaum als Saum. An den Rändern findet sich kein fest abgegrenztes, in sich geschlossenes Territorium. Überall ist noch Neuland, auch das Meer, die stärkste Naturgrenze, ist Aufforderung zur Überwindung leeren

Raums: alles ist noch ungegliedert, wie die Weltkarte, die von 1230 bis zum Zweiten Weltkrieg im Benediktinerinnenkloster Ebstorf in der Lüneburger Heide stand, und viele spätere Weltkarten es dartun: die kreisrunde Weltscheibe schwimmt auf dem Weltmeer. Was auf der anderen Seite ist, darf man nicht fragen. Nichts von geometrischer und physikalischer Abstraktheit. Wer im Mittelalter Strecken mißt, tut das nicht mit metrischen Maßen. Die geodätische und astronomische Präzision ist noch weit entfernt.

Nahezu alle Maßeinheiten des Mittelalters beziehen sich auf den Menschen, der arbeitet in diesem Raum. Das beginnt mit Elle und Yard, der Länge des menschlichen Unterarms, und dem Klafter, der Spannweite menschlicher Arme. Dem »Fuß« und »Schritt« liegt unmittelbar der Weg des Wanderers zugrunde; die Meile aus tausend Doppelschritten ist das gängigste Längenmaß; auch die »Tagreise« oder »Tagfahrt« (das Wort wird dann identisch für den Sitzungsort oder die Versammlung, die man an einem Tag erreichen kann) geht vom menschlichen Erlebnis aus. Flächenmaße schätzen die Fläche, die man an einem Tag mit dem Gespann pflügen kann, »Tagwerk«, »Morgen«, »Joch«, Hohlmaße die Summe, die zu bestimmter Zeit bewältigt werden, der Scheffel, der Eimer, der Malter als die Menge, »die auf einmal gemahlen wird«. Der Fachmann weiß, daß sich diese Maße im modern-exakten Sinne nicht fassen lassen. Eine Tagreise kann 20 oder 100 km lang sein: der Raum ist noch dehnbar und die Erde noch weit.

Verständlich, warum ein eigentlich modernes Zeitbewußtsein im Mittelalter nirgends zu finden ist. Jeder Stiftungsakt, der in den Chroniken des Spätmittelalters genannt ist, ist der eigenen Gegenwart des Chronisten gleich nahe. Das Bewußtsein der Gegenwart macht aus einem Vorgang, der sich durch Jahrhunderte hinzieht, eine Einheit – Kaiser Augustus, die Heiligen Drei Könige, ein Komet, der gesehen worden ist, Maria, die Heilige, die der Stadt Bewahrerin ist, oder ich, Diepold Schilling, der Chronist – das ist eins. Die Fürstenangst von 1460, die Abfassungszeit der Chronik, erlebt die 1388 geschlagene – und in der Chronik notierte – Schlacht bei Döffingen als Jetztzeit. Der Mensch des Mittelalters kann Zeit und Raum geschichtlich nicht konkretisieren, die chronologisch verschiedensten Ebenen werden simultan und schließlich auf *einer* Ebene dargestellt. Der Chronist datiert nach Heiligentagen und sieht im übrigen keine Entwicklung. Geschichte wird »zeitlos« erlebt. Und die Zeit wird nicht in ihrer Tiefe verstanden, sie bietet sich dar wie der Zug der Sklaven und Tänzerinnen auf einem ägyptischen Kalksteinrelief, ohne Hintergrunddimension, ohne Perspektive.

Die Länge der Zeit spielt demnach auch keine wesentliche Rolle. Mülichs Augsburger Stadtchronik beginnt mit dem römischen Kaiser Drusus, der Augsburg habe ummauern lassen und ihm das Wappen gegeben habe, und fährt dann unmittelbar mit 1348 fort: »do ward die sturmglogk hie gegossen.« Drusus und die Augsburger Sturmglocke sind gleicherweise Gegenwart. Das Bewußtsein braucht die Zeit nicht zu füllen, weil es sie in ihrer Tiefe nie erfahren hat. Die aufgezeichneten Ereignisse werden einer Dauer eingeschrieben und haben so echten Inschriftencharakter. Sie entsprechen den Inschriften an Kirchen und Rathäusern. Das Pergament oder Papier ist gleichsam nur stellvertretend. Männer, Ernten, Kriege, Preisschwankungen stehen in diesen Chroniken unmittelbar nebeneinander, sind gleichwertige Ereignisse. Sie betreffen eine feste Lebenseinheit, eine geordnete Welt. Geschichte ist statisch, nicht dynamisch.

Wie sich das Raum- und Zeitbewußtsein im Leben und Denken eines Einzelnen widerspiegeln kann, darf kurz noch illustriert werden. Wir haben dafür Dionysius Dreytwein ausgewählt, in Esslingen am Neckar 1498 geboren und dort 1573 gestorben, ein Mann, der auch nach unseren Begriffen alt geworden ist. Er hat einen Band von 194 grauen, papierenen Blättern hinterlassen, die wir als »Tagebuch« bezeichnen würden, wenn nicht Persönliches durchweg mit kleinen und großen Weltbegebenheiten von Einst und Jetzt verflochten und nicht immer die Rede vom möglichen »Leser« wäre: Dreytwein hat immer auch an die Öffentlichkeit gedacht. Er ist nicht Privatmann und schon gar nicht einer von denen, die zufällig in einer Stadt wohnen. Er ist ihr Bürger im Vollsinn des Wortes, und wenn der Magistrat der Reichsstadt Esslingen, seiner Stadt, dem Herzog Christoph von Württemberg eine diplomatische Note wegen der jüngsten Grenzvorfälle schickt, schreibt Dreytwein, »wir haben den hertzog christoffel wegen der jüngsten spän gefragt« – wir: die Stadt, der Rat, er und seine Mitbürger sind eine Einheit.

Unser Dionys, aus einer Familie, die mit irdischen Gütern nicht gesegnet gewesen war, zieht nach dem Tod seines Vaters in die Fremde, mit ganzen vier Schillingen in der Tasche. Das nächste Jahrzehnt seines Lebens ist buntbewegt. In Markgröningen verbringt er seine dreijährige Lehrzeit. Als Geselle zieht er nach Straßburg, wo er bis zum Bauernkriegsjahr 1525 bleibt, genau in den Jahren, in denen das Volk von der »newen lere«, von der Reformation erfaßt ist. Dann geht es rheinaufwärts, nach Kolmar, Basel, Solothurn, und wieder weiter nach Trier, Mainz, Bingen, Frankfurt. Nochmals kehrt er in den Süden des Reichs zurück, wo er sich in Breisach, in Freiburg im Breisgau und in Kenzingen aufhält. Nach zwölfjährigem Aufenthalt in der Fremde steht er eines Tages wieder auf der Esslinger Pliensaubrücke, der heute ältesten erhaltenen Steinbrücke nördlich der Alpen nach der Regensburger Donaubrücke.

Aus dem Knaben ist ein Mann geworden. Aber er hat seine Vaterstadt auch darnach noch verlassen, einmal, wie er in seiner Chronik sagt, mit einer Reise »ins Böhmerland und auf Nürnberg zu«. Da rüstet sich das Reich zum Zug gegen die Türken, die von Wien kommen; Dreytwein packt die Kampflust, er zieht mit vor Wien. Als der Krieg beendet ist, wandert er nach Schlesien, nach Kösen in die Mark, nach Pommern, nochmals in die Mark, nach Meißen und schließlich nach Bayern. Wir sehen heute viel von der Welt. Aber es sind nicht wenige unter uns, zumal solche, die das im Auftrag ihrer Firma oder Behörde tun, die abends vom Flugplatz heimkommen und – nichts gesehen haben. Unser

105 Mittelalterlicher Handel ist ohne Risiko und Gefahren nicht denkbar: vor einem Stadttor wird das Schiff mit Säcken beladen. Aus der Historia Trojana, Druck von Anton Sorg, Augsburg 1482.

Dionysius Dreytwein hat nicht nur viel gesehen, sondern seine Eindrücke auch immer wieder festgehalten, sie sind ihm ein unvergänglicher, reicher Lebensbesitz geworden. 1555 wird er vom Rat zum Torschließer bestellt, was er nie verwunden hat. »Mich dunkt«, schreibt er, »daß mir größere Schmach nie widerfahren sei.« 1543 hatte er die Katharina Wolff von Cann- statt geheiratet. Aus der Ehe stammten zwölf Kinder, von denen fünf am Leben geblieben und nur drei ihn überlebt haben.

Uns interessiert, was Dreytwein erlebt, erfahren und vor allem: wie er es erfahren hat. Unwetter und Erdbeben, Hagelge- schosse so groß wie Kindsköpfe, Kometen mit Feuerschweifen sind von Gott gesandte Zeichen, in denen sich die menschliche Unordnung widerspiegelt. Ihr Ende gibt Anlaß zur Umkehr und Buße. Am 18. September 1519, das weiß Dreytwein genau, zieht Herzog Ulrich von Württemberg, »der rote teufel«, wie unser Dionys ungeniert hinzufügt, vor die Stadtmauer, um Esslingen zu brechen. »Der erst Schuß, den ich gesechen han«, das notiert er als einen Vorfall für sich, »der geschach in der kremer zumfftstuben, da wollte ich meinem leibenn vatter wins ein

555

subenn bringenn, dem gott genad.« Und dann: »Da erschrack ich vonn dem schus, das ich mytt der subenn (Suppe) zu bodenn fiell, dann der hertzog schoss fast inn die häusser und man fing auch ann zu schiessenn auf dem brotturm, das ich selbs gesechenn han.«

Ein Feuergefecht, und wahrscheinlich eines der ersten, das die Gegend zwischen Schurwald und Fildern je gesehen hat, das war eine unvergeßliche Sache. Ulrich will »anfachenn zu styrmenn (stürmen), deshalb ein grosses geschrey inn das volck kam. Da zündtt man alle pechpfanne auff, die bronenn (brannten) die ganntze nacht«. Aber auch Friedfertiges, gleich Eindrucksvolles weiß Dreytwein zu berichten, wundersame Vorfälle daheim und draußen, Menschen mit zwei Köpfen, »was ich selbst gesechen han«, oder die Einritte der Potentaten in die Reichsstadt, die er nicht nur als Torhüter sorgsam verzeichnet, sondern auch in der Zeit, in der er als Zunftbürger mehr als zwei Drittel seiner Chronik zu Papier brachte. Das welsche und »teutsche« Volk zieht hinter Karl V. einher, achthundert Maultiere, beladen mit Rüstung und Kleidern und Kleinodien, »was man nu dencken soll«, Herzog Moritz von Sachsen oder der Erzherzog Ferdinand von Österreich, des Kaisers Bruder, und wieder der Kaiser Karl V. selbst, mit Bären und Affen, Hirschen und »englische hund«, »mytt grossenn hern, auch ettliche gefangenen grose herrn und potentattenn an kettenn gebunden, nemlich der kurfyrstenn hertzog Hanns von Sachsenn, der fur auch in einem wagen gefangen, und ein anderer her, den ich nit gekandt, und ein Haufen Spanier« mit gelbsamtenem Barett und rotweißen Federn.

Das monoton wiederkehrende »was ich selbst gesechen han«, belegt einmal die persönliche Art, in der man das Gesehene empfängt, nicht über die Bildröhre und nicht im Rotationsdruck, sondern auf ganz eigene und individuelle und deshalb wohl auch unvergängliche Weise. Bezeichnend aber auch, daß sich Dreytwein immer wieder selbst vergewissert. Kaum einer unter den fast zweihundert großen und kleinen Einträgen, in dem nicht gleichzeitig vermerkt wäre, woher der Schreiber diese Nachricht hat. In vielen Fällen hat unser Dreytwein es selber gesehen, daheim in Esslingen, aber auch in der näheren Nachbarschaft, zu denen er auch Städte wie Nürtingen, Kirchheim oder Göppingen zählt, in Heidelberg oder Straßburg. Einmal soll in Straßburg ein Gotteslästerer, von einem Juden dazu gebracht, auf den Scheiterhaufen. In letzter Minute wird er freigesprochen: »das holtz war schon auf der hauptstatt, das hab ich selbs gesechenn«.

Erstaunlich, wie kritisch sich Dreytwein verhält, wenn er sich nicht auf seine eigenen Augen verlassen kann. Über die Schlacht bei Sievershausen in der Lüneburger Heide berichtet er das, was er »glaubhafftig von dennen gehertt han, die selbs mitt und darbey gewesenn sind«. Über den Sieg des Herzogs Heinrich von Braunschweig über den Markgrafen schreibt er nur, weil er sich mit einem unterhalten konnte, der »darbei gewesen ist und von dem ich auch seine malzeichenn«, also Wunden vom Schlachttag, »un hauptt gesechenn hab«. Selbst als aus der Nähe, aus Nördlingen, »eine wahrhaftige uncrystliche ungöttliche geschicht« zu erzählen ist, fügt er an, daß er sie »von einem gutten erlichen burger zu Esslingen« habe.

Nachrichtenvermittlung ist noch kein Geschäft. Was man hört, ist immer Ereignis und immer Zufall: man scheint diesen Angeboten im Mittelalter wesentlich kritischer gegenübergestanden zu haben als wir heute, die wir uns mühsam in Schulen und Kursen beibringen lassen müssen, wie man zwischen den Zeilen zu lesen und unter welchen Kriterien man Radio zu hören und fernzusehen habe. Einer der Einträge Dreytweins ist überschrieben mit »Eine newe zeittung zu Siben Birgenn«. Aber das Wort hat noch seinen alten Sinn: eine neue Nachricht. Zeitungen tauchen erst zu Beginn des 17. Jahrhunderts auf. Wer ihm Nachrichten bringt, sind die Männer auf den Planwagen: »ward mir gesagtt von kauffleitten und ist auch war gewesen«. Sie dürften im Mittelalter die Hauptinformanten gewesen sein. Schon Caesar hat festgehalten, daß die Gallier gewohnt seien, Reisende sogar wider ihren Willen anzuhalten und nach allem möglichen, was sie etwa gehört oder gar beobachtet haben, auszufragen. »Und in den Städten stellt sich die Volksmenge um die Kaufleute herum und zwingt sie, laut zu erzählen, woher sie kommen und was sie dort in Erfahrung gebracht haben.«

Irgendeine regelmäßige Nachrichtenübermittlung gab es im Mittelalter nicht. Manchmal werden auf höchster Ebene, in königlichem oder kirchlichem Auftrag, Läufer oder Boten einge-setzt, am Ausgang des Mittelalters beginnen die – teilweise dazu verpflichteten – Metzger auf ihren Fahrten, Post mitzunehmen, in einer Stadt wie Nürnberg können schon um 1450 Flugblätter mit Neuigkeiten aufwarten. Unser Dreytwein muß sich, wie die meisten seiner Zeit, auf die Durchreisenden verlassen. Einmal sind es Leute aus »des Kaissers fenlein«, die ihm von der Schlacht in der Ehrenberger Klause erzählen, das andere Mal bringt ein Bote aus Straßburg glaubwürdige Kunde mit, oder einer, der in Prag war und dort einen Stadtaufruhr erlebte. Als Herzog Christoph in Stuttgart ein großes Festschießen veranstaltet mit anschließendem großen Essen, zählt der arme Esslinger Tor-wächter, das Wasser muß ihm im Mund zusammengelaufen sein, die einzelnen Gänge auf samt den Fuder Wein, die man ins Lusthaus fahren ließ. »Des han ich selber gehort von den kochen, die den pastetten han bachen.« Die persönliche, noch ganz ohne das Zwischenreich der Technik auskommende Nachrichten-übermittlung überwiegt bei weitem. Ganz selten einmal merkt Dreytwein an, er habe das in einer alten »geschryft« gelesen oder in einer Chronik, noch seltener, daß man habe darnach »einen truck ausgehen lassen«. »Das hab ich gettruckt gesechenn, das soll ein warhaytt sein.«

Wir sind heute dankbar für solche Skepsis; wir wenden jedenfalls, nach mancherlei Erfahrung, viel Zeit und Geld daran, unsere Informationskonsumenten zur Distanz zu erziehen. Das Mittelalter war alles andere als eine »tumpe« und abgeschlosse-ne Welt, deren Horizont vom einen Bergzug zum anderen ging. Dreytwein, unser Esslinger Gewährsmann, auf einfachem Po-sten und ohne erkennbare Schulbildung, notiert sehr wach,

106 *Fährnis des Reisens: Ein Krämer kommt mit seiner – als Lasttier dienen-*
den – schwachen Eselin an eine »tieffe lachen« und bleibt stecken. Ein Mann
naht sich, in dem der Krämer einen Mörder sieht. Da nahm der Krämer – die
Szene des Bildes – »sein spieß und stach den Mörder zetod«. Aus dem am
25. September 1482 fertig gewordenen »Buch der heiligen altvätter« des Augs-
burger Druckers Anton Sorg.

wenn die Quellen seiner Nachrichten unsicher sind. »Niemand keinen rechten grund erfahren kunt, wie oder wan«, heißt es da, oder, mit deutlich zweifelndem Unterton, man höre augenblicklich »gar viel von zauberey«. Kaum eine politische Nachricht, die nicht mit eigenem, ebenso selbständigen wie ungenierten Kommentar versehen wäre.

Das Entscheidende: Dreytwein, einer von Tausenden, überprüft die Nachricht, wie einer der Zunftgenossen die »Ehrlichkeit« der ihm angebotenen Ware überprüft. Von dumpfem, kritiklosem Hinnehmen der Informationen keine Rede. Das »Berieseln«, unter dem wir stöhnen, beginnt erst viel, viel später: die aktive Nachrichtenaufnahme wird zur passiven Neuigkeiten-Hinnahme. Der eigentliche Umschlag in Dingen der Außen-Kommunikation passiert in dem Augenblick, in dem eine Drau-ßen-Nachricht kurzfristig von einer anderen abgelöst wird und weder auf ihre Stichhaltigkeit überprüft werden kann noch zu werden braucht. »Alle vierzehn Tage«, schreibt Chr. Fr. Grieb 1850 in seinem Taschenbüchlein über »Die Wunder der elektrischen Telegraphie«, »alle vierzehn Tage kommt eine neue Post aus Indien und der neuen Welt an; so daß eine auch noch so plausible Lüge, wenn zu uns gebracht, durchschnittlich nicht länger leben kann als vierzehn Tage.« Das Publikum halte seine »bloß speculative Neugierde bis zur Ankunft der Post zurück«. Das »Certifikat« kommt durch die sozusagen beglaubigte Technik.

Gewiß, unsere Nachrichten kommen schneller. Aber kommen sie alle, werden wir perfekt bedient? Während des Zweiten Weltkriegs ist es dem Heilbronner Kreisleiter, einem berüchtigten Mann, gelungen, die grausamen Erfahrungen, die man bei Fliegerangriffen in norddeutschen Städten gemacht hatte, den Einwohnern seiner Stadt fernzuhalten, der Hauptgrund, warum in einer einzigen Bombennacht fast die gesamte Bevölkerung der Heilbronner Altstadt ihr Leben lassen mußte. Kommunikation im 20. Jahrundert? Was wissen wir wirklich vom 17. Juni damals in der DDR, was wissen unsere Behörden und Planer

107 *Das gräßliche Ende einer Reise: Hunde zerfleischen einen Mann. Aus dem Reisebuch des Johannes de Montevilla, Druck von Bernhard Richel in Basel, um 1481.*

wirklich voneinander, wenn es um Entscheidungen für morgen geht? Nehmen wir den Ausstoß der Kommunikationsindustrie noch ernst? Theoretisch müßte der Informationswert in dem Maße wachsen, in dem sich die unwahrscheinlichen Nachrichten häufen. In Wirklichkeit aber führt die Häufung unwahrscheinlicher Nachrichten zu einem Zustand, den die Informationsindustrie das »weiße Rauschen« nennt: die Zerstörung der Information durch Zusammenballung von Information.

Das aus dem Lateinischen stammende Wort »Kommunikation« meint wörtlich das Gemeinsam-Machen von Neuem und Wissenswertem; das Gespräch ist, wo nicht die Folge, so doch wenigstens die Begleiterscheinung dazu. Macht es die Schnelligkeit, die quantitative Häufung der Nachrichtenfolge? »Die Kompaßnadel und die Feder, die Schiffe und die Druckerpressen«, meint Jean Paul 1813, hätten »die Einsamkeit der Völker aufgehoben«. Wie sehr hat er sich geirrt, wenn er sich von den technischen Zuwächsen auch einen Zuwachs an Welterfahrung und an Miteinander versprach. Die Geräte haben uns das Sprechen abgenommen, unser Massenkonsum findet heute solistisch statt, wir sind »die unbezahlten Heimarbeiter für die Herstellung des Massenmenschen« (G. Anders). Wenn Minute um Minute Nachrichten um den Erdball gefunkt werden, so hat diese Errungenschaft nichts daran geändert, daß »wesentliche« Dinge nach wie vor ihre Weile brauchen, ein Kunstwerk, ein Gedicht, eine Freundschaft, eine Krankheit, ein Gespräch. Für Dreytwein war das Gespräch die Voraussetzung für den Gewinn einer Neuigkeit. Er hat diese Neuigkeit – wie seine Umwelt – direkt und persönlich mitbekommen, als eine nachprüfbare und von ihm auch nachgeprüfte Gegebenheit. Wir gehen nicht mehr auf Fahrt, und die berühmte »Schrumpfung der Entfernungen« bringt uns zunächst einmal nicht mehr als eine schablonisierte Erfahrung und die Omnipräsenz von allem. Wir erfahren das Neue über die »Medien«, ohne daß wir uns selbst »einschalten« könnten, aus zweiter Hand. Wir haben diese Wirklichkeits-sicherheit von damals nicht mehr. Sind wir, mit Fotosatz oder Telex, innerlich reicher geworden? Hat man im Mittelalter, was die Wirklichkeit des menschlichen Daseins anlangt, weniger »gewußt«? Sind wir weitergekommen, seit sich der »Informa-tion« eine Industrie mit tausend Verästelungen angenommen hat?

15 Glaube ohne Vernunft

Wenn man modernen Analysen Glauben schenken darf, ist der Glaube, der christliche Glaube, nicht mehr das tragende Element unseres Daseins. Freilich, es gibt Gegenstimmen, und es gibt immer wieder Hinweise auf überraschende Neuansätze und auf wiedergewonnenes kirchlich-religiöses Terrain. Aber mit dem Wort von der Säkularisierung wird es doch seine Richtigkeit haben, mit der Verweltlichung dessen, was im Mittelalter und wohl noch in der frühen Neuzeit eine Provinz des Glaubens und der theologischen Prämissen war. Menschliche Verhaltensweisen, gesellschaftliche Ordnungen, sittliche Forderungen und kulturelle Leistungen haben sich inzwischen von der religiösen Grundlage, der sie ursprünglich entwachsen sind, gelöst und sind zu weltlichen, profanen Dingen geworden. Der Mensch ist mündig geworden. Aber im gleichen Atemzug fragen wir uns, ob das überhaupt möglich ist, eine lückenlose Durchdringung und Beherrschung der Erfahrungswelt. Was nützt der hochintellektuelle, nur-intellektuelle »Überbau«, wenn die Basis des menschlichen Körpers ihn nicht zu tragen versteht? Gibt es noch jemanden, der in der Vernunft das fortdauernd-feste Regulativ allen Lebens sieht? Oder liegt uns die Frage nicht näher, warum wir nur so unvernünftig sein konnten, uns allein auf die Vernunft zu verlassen?

Deum et animam scire cupio, sagt Augustinus, der Vater der mittelalterlichen Gedankenwelt: Ich suche Gott und die Seele. Die Welt ist für den Menschen des Mittelalters kein wissenschaftliches Phänomen, sondern eine Tatsache des Glaubens. Geistige Richtschnur ist die von Anselm von Canterbury und schon lange zuvor von Augustinus aufgestellte Norm: »Neque enim quaero intellegere, ut credam, sed credo, ut intellegam« (ich will nicht erkennen, um zu glauben, sondern glauben, um zu erkennen). »Denn eher wird die menschliche Weisheit sich selbst

108 Ein Mann von königlicher Statur betet zum gekreuzigten Christus; um das
Kreuz in trauernder Haltung Maria (links) und Johannes (rechts). Oben knien
die personifizierten Gestalten von Sonne und Mond als Hinweis auf die Endzeit,
mit dem Füllhorn als dem Symbol der Gnade und des Überflusses. Aus dem
Psalter Ludwigs des Deutschen, zweites Drittel des 9. Jahrhunderts, mit Nach-
trag von süddeutscher Hand aus dem Ende des 9. Jahrhunderts.

am Felsen des Glaubens einrennen, als diesen Felsen des Glaubens einrennen.« Gegenwart und natürlich auch die Vergangenheit sind dieser Gewißheit untergeordnet. Von hier aus verstehen wir einmal mehr, warum das Mittelalter den Begriff der historischen Entwicklung nicht zu fassen vermag. Alles ruht von Ewigkeit her in Gott. Die Welt ist nur ein zeitloses Symbol, ein geheimnisvoller Kriegsschauplatz des Kampfes zwischen Heiland und Satan, zwischen den Erwählten und den Verdammten. So hat es schon an der Schwelle des Mittelalters der Genius der christlichen Kirche, Augustinus, gesehen und in seinem Werke »De civitate dei« ergreifend beschrieben. Über den Portalen der großen Kirchen und Kathedralen, ernsthaften Versuchen, wie wir wissen, die Profile des himmlischen Jerusalem auf Erden sichtbar werden zu lassen, haben die Parler oder die Ensinger, die großen Baumeisterdynastien der hochgotischen und spätgotischen Zeit, das Jüngste Gericht in ein Relief gebracht. Hie der Gang der Seligen, die einziehen ins Paradies, dort der Rachen der Hölle, der die Sünder aufnimmt, den grausigen Zug der Verlassenen, in den auch zwei Männer mit dem Krummstab und einer mit einer Tiara gestoßen sind, zwei Bischöfe und auch ein Papst.

Tatsächlich ist die religiöse Stimmung des Mittelalters für uns noch am ehesten vor einem Altarblatt dieser Zeit nachzuvollziehen, vor einer der Landschaften, wie sie sich im 15. Jahrhundert auch auf die heiligen Tafeln wagen. Die Welt der Dinge und Taten ist nicht völlig abgetan oder geflissentlich ignoriert; sie ist da, aber draußen. Durch die hohen Fenster scheint sie herein, in zauberhaften Formen: Berge, Städte, Burgen, Flüsse, Mühlen, Schiffe. Aber alles wie durch ein Fernrohr gesehen, gleichsam nicht dazugehörig: nur wie eine unwirkliche Vision oder eine schattenhafte Erinnerung flattert es um die Seele. Die Seele aber, des Raumes ledig, ruht schon auf Erden in Gott.

Fast nicht mehr rekonstruierbar, wie damals statt unserer wechselnden Generalwerte von heute, »Politik« oder »Bilanz«, »Lebensstandard« oder »Umwelt« und so fort, das Im-Lot-Sein mit Gott an allererster Stelle der öffentlichen Werteskala stand.

In den Familienchroniken der Städte werden die Kinder in fast testamentarischer Beschwörung angehalten, »got dem herrn danckpar« zu sein, »fromlich und erlich« und »gotforchtig« zu sein, und jede der Kurzbiographien im Mendelschen Hausbuch schließt mit dem ängstlich-hoffenden »dem Gott genad«. Natürlich ist die eigene Stadt, Köln oder Augsburg, christlichen Ursprungs, Gott persönlich hat sie »gezieret«, Augsburg ist das Reich Gottes auf Erden. Als 1389 in Augsburg »ein groß sterb« sich ausbreitete, »gieng man umb die stat und laß vor jedem tor ein evangeli«. Die Stadt und ihre Kirchen sind auch im städtebaulichen Sinne eine gottweltliche Einheit, die Stadtfreiheit liegt in den Händen der Stadtheiligen. Gott ist gleich Recht, die mittelalterliche Stadt steht dafür. Grundsätzlich ist ja jede Stadt, immerhin die letzte und »weltlichste« Rechtschöpfung des Mittelalters, sehr viel mehr als nur ein politisch-rechtlicher Zweckverband. Aus dem Boden der sakral gefaßten Eidgenossenschaft wächst auch die Tendenz, die vorgegebene sakrale Einheit konkret zu verwirklichen: politisches Handeln in der Welt ist Gottesdienst.

Die Frage, »was sagt Gott dazu?«, ist die tiefste, ja die einzige Frage des Mittelalters. Alle Stände unterwerfen sich dieser Frage, auch wenn Fluchtversuche immer wieder gemeldet werden, aus menschlichen, aus allzumenschlichen Gründen. Aber die Kirche ist die große Auffangstation, die allen entgegenkommt, den Herren des Adels und den armen Schluckern. Die kaum mit dem Nötigsten sich bekleiden konnten, haben die Pfarrer bedenkenlos um Hilfe gebeten. In seinen um 1223 geschriebenen Wundergeschichten erzählt Caesarius von Heisterbach vom Kölner Priester Ensfried, wie er am Festtag des hl. Gereon, am 10. Oktober, in dessen Kirche gehen will. »Ein Armer folgte ihm mit zudringlichem Geschrei, und weil Ensfried nichts bei sich hatte, was er ihm geben konnte, ließ er den Schüler, der ihm folgte, einstweilen vorausgehen. Er trat beiseite in einen Winkel der Kirche der seligen Gottesmutter Maria, wo am Palmsonntag die Bischöfe dem Volk gewöhnlich den Ablaß erteilen. Und weil er sonst nichts auszuziehen hatte, band er vor den Augen des armen Mannes seine Hose auf und ließ sie fallen. Der Bettler hob sie auf und ging erfreut davon. Der heilige Mann wollte sein gutes Werk verheimlichen, aber auf Gottes Wink wurde es bei dieser Gelegenheit ans Licht gebracht, um Späteren ein Beispiel zu sein. Er kam von Sankt Gereon heim und setzte sich an den Kamin. Als er nicht wie sonst den Pelz ablegte, um sich zu wärmen, sagte Friedrich, Stiftsherr an derselben Kirche, zu ihm: ›Legt den Pelz ab und wärmt euch!‹ Es war nämlich kalt, und er war ein alter Mann. Er antwortete: ›Das ist nicht nötig.‹ Da entgegnete Friedrich: ›Ich glaube gar, Ihr habt keine Hose an.‹ Er vermutete es, weil der Priester errötet war. Schließlich gestand er, sie sei ihm heruntergerutscht; von dem guten Werk sagte er nichts. Über diese Antwort lachte der Kleriker, und durch ihn ist das Ganze bekanntgeworden.«

Die Priester draußen auf den Dörfern leben wie Adlige und Bauern, ortsgebunden und ländlich, meist ohne Standesgenossen. Der Bischof in der Stadt übersieht die unfertige Pfarreiorganisation. Seelsorge bietet nur einfachste Tröstungen für menschliche Schwäche und Krankheit; von Erziehung der Laien ist nichts zu merken. Die Seelsorge in der Stadt ist weniger magisch und weniger liturgisch orientiert. Sie sprach Einzelmenschen an und ließ sie aussprechen; sie konnte nicht befehlen, aber mußte überzeugen. Das Priestertum ist mancherlei Versuchung ausgesetzt. Die reizvollste ist nicht der Umgang mit Frauen, sondern die geistliche Macht über Mitmenschen, die Karriere, die Rechtsposition.

Dennoch strömen die Menschen, die Bauern, die Bürger in die Kirchen und Kapellen, und auch die Adligen beugen dort ihre Knie. Frühmesse ist jeden Tag; an Sonn- und Feiertagen steht man mehrfach, drei- oder viermal in der Kirche oder betet dort mit beiden Knien am Boden – Sitzbänke kennt das Mittelalter nicht. Der Kirchenbesuch ist eine selbstverständliche Sache, für die sich bald leicht sicht- und kontrollierbare Rang- und Sitzordnungen ergeben; noch in der Mitte des 19. Jahrhunderts hat man die Sitzplätze in der Kirche, die seit Generationen in der Familie sein konnten, in der Zeitung annonciert und weiterverkauft. Kein Zweifel, daß der »kleine Mann« des Mittelalters allen Glanz der Kirchen mit hungrigen Sinnen und Augen mitgenossen hat. Von der Biblia pauperum sprachen wir, der Armenbibel, einem typologischen Bilderbuch mit Evangeliumszenen, aber auch mit außerbiblischen Ereignissen, die der arme Mann auf leuchtenden, purpurnen, schwefelgelben, tiefblauen Glasscheiben sehen konnte, das Bild statt der Schrift, und er wird es mit offenem Mund und aufgerissenen Augen getan haben. Die Geistlichkeit selber tat viel, den Gottesdienst auszuschmücken. Sein Gepränge in hohen, weiten Räumen, die feierlich seltsamen Töne der Liturgie, der ganze Stimmungszauber starker und geheimnisvoller Eindrücke wirkte als Gruß aus oberen Sphären, aus einer himmlischen Welt, und er wirkte um so tiefer aufs Gemüt, als Tausende ihren Alltag in engen Straßen, in niedrigen Gelassen, in dumpfen Häusern verbrachten. Mit bunter Pracht wurden die Kirchenfeste begangen, keineswegs nur in den romanischen Ländern.

Für viele, für die meisten ist der Kirchenraum, ob Dorf, ob Stadt, der einzige größere Versammlungsraum, in dem sich die Gemeinde und die Genossenschaft ihrer ansichtig wird. Die Kirche, ohnehin täglich besucht, ist alles andere als eine genierte und unwirkliche Sonntagssache und schon gar keine Baukastenkirche aus der Gründerzeit, die Staub angesetzt hat, noch ehe sie eingeweiht ist. In der Kirche des Mittelalters ist man zu Hause, trifft man sich, kommt man und geht man, im Arbeitskittel, im Hausfrauenhabit, im Sonntagsstaat oder weiten Halsausschnitt: der Kirchgang ist eine familiäre und eine gesellschaftliche Sache und auf alle Fälle der schönste, der eindrucksvollste Teil des Tages. Die Kirche, im wörtlichen Sinne als der Kirchenraum, ist der komprimierteste Ausdruck mittelalterlichen Lebens, tränenüberströmt kann man dort die ganze Nacht über auf den Bänken knien, Schwatzen und Herumwandeln während der Messe scheinen üblich gewesen zu sein, es bleibt nicht bei Zeichen und

109 *Ein Priester predigt von der Kanzel seiner – durch vier Männer und sieben Frauen repräsentierten – Gemeinde. Aus »der selen wurczgart«, Druck des Ulmer Konrad Dinckmut von 1483.*

verstohlenen Blicken, sogar die Dirnen suchen in der Kirche nach Bekanntschaften. Herrad von Landsberg, die fromme und gelehrte Äbtissin des Klosters Hohenburg auf dem Odilienberg, hat in ihrem »Hortus deliciarum« aus der zweiten Hälfte des 12. Jahrhunderts davon geschrieben und dagegen gewettert, daß die Kirchen zu Orten der Irreligion und Ausschweifung herabgesunken seien. Wohl hätten die Väter der alten Kirche angeordnet, Spiele in den Kirchen aufzuführen von der Grausmagie des Herodes, vom Wochenbett der Heiligen Jungfrau, von der Geburt Christi, um die Gläubigen in ihrem Glauben zu stärken und die Ungläubigen anzulocken. Heute würden die Kirchenräume durch Possenreißen und unsaubere Späße und offenes Spiel und noch Schlimmeres entweiht. »Nie gehen solche Versammlungen ohne Händel auseinander, hätten sie auch noch so friedlich begonnen.«

Im späteren Mittelalter haben sich die Kirchen wohl noch mehr den Arten und Unarten der einzelnen Dörfer und Landstriche geöffnet: die Regungen des einfachen Mannes wollten Hülle und Haus haben, und das Wirtshaus gab es noch kaum. Freilich waren das nicht oder nicht nur fremde oder destruktive Triebe, die in die Kirche drängten. Hundert Dinge verrieten, daß die Laienfrömmigkeit ihre eigenen Wege gehen wollte. War schon der Hunger nach volkstümlicher Predigt höchst bezeichnend, so war ein weiteres bedeutsames Zeichen für das eigene religiöse Gestaltungsbedürfnis der Laien, daß ihnen die lateinischen Texte der heiligen Handlungen und der Kirchengesänge nicht mehr genügten. Sie wollten ihr innerlichstes Anliegen in vertrauterer Sprache vor Gott bringen, zumal Schriftlichkeit immer noch eine Sache von wenigen war. Das Aufkommen deutscher Lieder religiös-kirchlichen Inhalts machte dem Volke eine stärkere seelische Teilnahme und persönliche Mitbetätigung möglich.

Der öffentliche Gebrauch des Dialekts – eine Schriftsprache gibt es ja noch nicht – geht zugleich in eine bestimmte politisch-soziale Richtung; Lieder in der Muttersprache sind vielfach zuerst in Ketzerkreisen gesungen worden, so daß sie die Kirche zunächst nur argwöhnisch betrachtete; sie blieben vom Meßritual ausgeschlossen. Aber auf die Dauer waren sie vom volkstümlichen Gottesdienst gar nicht fernzuhalten. Bei Prozessionen, Bittgängen, Kirchweihen, Jahresfesten für örtliche Schutzheilige und Erinnerungsfeiern an denkwürdige Begebenheiten der engeren Heimat, bei Naturunbildern, Errettungen und Wallfahrten fielen die vorgeschriebenen Bindungen.

Bei solchen Gelegenheiten, also nicht hochkirchlichen Festen, erklangen schon im 13. Jahrhundert deutsche Weisen. Als »ein gar nützliches Lied« stellt Berthold von Regensburg ein namenloses Pfingstlied des 13. Jahrhunderts vor:

> Nu biten wir den heiligen geist
> umb den rehten glouben allermeist,
> daz er uns behüete an unserm ende,
> sô wir heim suln varn ûz disem
>   ellende.
>   Kyrieleis.

Der älteste Text des folgenden Osterliedes stammt aus dem 15. Jahrhundert, ist aber im Kern sehr viel älter und hernach erweitert worden: ein allerliebstes Zeugnis österlichen Frohsinns, und freilich auch einer zärtlichen Frommheit, die in Buchmalereien und illuminierten Gebetbüchern, in dieser ganzen Entwicklung und Entfaltung vom klösterlich kargen Psalterium bis zum luxuriös ausgestatteten höfischen Stundenbuch ihren unnachahmlich schönen Niederschlag gefunden hat:

> Christ ist erstanden
> von der marter aller,
> des schüll wir alleu fro sein,
> christ scholl unser trost sein.
>   Kirioleis.

Alleluia, alleluia, alleluia,
des schüll wir alleu fro sein,
christ scholl unser trost sein.
Kirioleis.

Auch bei den Wallfahrten nach Rom erregten die deutschen
Gesänge Aufsehen. Viele Übersetzungen lateinischer Weisen
waren darunter; Luther hat einige davon benützt und umgear-
beitet, als es galt, dem Gemeindegesang einen Platz innerhalb der
Liturgie zu geben. Wie sehr sich der einfache Mann in der Kirche
zu Hause fühlte, wie sehr Gasse und Kirche zusammengehörten,
mag man daran erkennen, daß auch in öffentlichen Gottesdiensten Volkslieder religiösen Inhalts, meist gregorianischer Ton-
art, in der Muttersprache gesungen wurden, nach oder vor der
Predigt, zum Teil auch nach der Messe. Melanchthon versichert,
daß das schon vor der Reformation der Brauch gewesen sei.

Wir werden die Wirkung und den Stellenwert der kirchlichen
Feiern im Volksleben des Mittelalters nicht hoch genug veran-
schlagen können. Was sich hier an optischen und akustischen
Eindrücken entfaltet, ist noch völlig ohne Konkurrenz. Bilder,
Farben, Schriftzeichen und Gesänge trifft man nirgendwo in
solcher Dichte wie im Kirchenschiff, wenn die Ministranten
aufziehen und in den größeren Gotteshäusern die Orgel einsetzt
– das sind Wunderdinge, die die Bauersleute, die Kleinhäusler
und bescheidenen Handwerker der Städte in höchste Verwirrung gebracht haben mögen. »Ich war in der kyrchenn«, schreibt
einer der Chronisten des 15. Jahrhunderts, ein Mann aus der
Zunft, »und sach buben singen wie engkel so schönn, und in
einer seitenn ist ein newer altaar hinstellet worden, dessen ich nie
Herrlicheres in meinem leben han gesechenn.« Daheim hatte
man keine Bilder, allenfalls ein paar Stücke von dem, was wir
heute »religiöse Artikel« nennen. Die kleinen und großen Feste,
die man im Familienkreis, in der Zunftstube oder in der Patri-
ziergesellschaft feierte, vielleicht auch in einer Gassenecke oder
unter der Dorflinde, hatten viel zu viel Zufälliges und nicht zu-

letzt: zu viel Grobschlächtiges an sich, als daß sie hätten mit den gezielten und gekonnten Gottesdienstfeiern wetteifern können.

Die Kirchenfeste waren der Höhepunkt des mittelalterlichen Alltags, und sie waren zugleich die Konzentration, die Erfüllung aller standespolitischen und sozialen Aufstiegswünsche: die Kirche ist Anfang und Ende für die private wie für die öffentliche Sphäre. Wenn die Städtechroniken der Zeit von Köln oder Mainz oder Augsburg vor allem bei kirchlichen Feiern und Umzügen verweilen, zumal wenn ein Reichstag in ihren Mauern tagte, und Kaiser, Kardinäle und Bischöfe ihnen beiwohnten, dann vergessen sie auch nie den Hinweis, wieviel Klöster und Domkapitel und Bruderschaften dabeigewesen sind, wieviel Zünfte, wieviel Gesellenbünde, wer vom Inneren und Äußeren Rat und so fort: alles ist dabei, die ganze mittelalterliche Welt. Eine Prozession, die vom Bischof anläßlich einer Teuerung und heftiger Kälte angeordnet, unter Beteiligung Kaiser Maximilians und seiner Gemahlin abgehalten wurde, zog so viele Mitglieder des Welt- und Ordensklerus und so gewaltigen Zulauf der Bevölkerung herbei, daß das eine Heerschau des allgemeinen Lebens war. Welche Freude, wenn an einem Palmsonntag der junge König Maximilian mit seinem Hofgesinde in Schwäbisch Hall dem Palmesel vors Tor entgegen ging, wie es Rat und Klerisei ihrerseits gewohnt waren.

Wir Heutigen, an Zahlen und Statistiken und soziographische Analysen gewöhnt, sind versucht, Wesen und Entwicklung dieser mittelalterlichen Frömmigkeit in Zahlenmaterial zu fassen. Tatsächlich überrascht es einen zu hören, daß eine Stadt wie Esslingen, im Jahre 1400 mit rund 7000 Einwohnern eine durchschnittliche Mittelstadt, von allen damals in Deutschland vorhandenen Bettelorden je ein Mönchs- und Nonnenkloster in seinen Mauern hatte, dazu zwei große Pfarrkirchen, von denen die eine wie das Münster zu Ulm ganz auf Kosten der Gemeinde ging, außerdem 17 Kapellen, die keine kleinen Wegekapellen waren, sondern nahezu alle ihren eigenen Altar und ihre eigene, dotierte Priesterstelle hatten. Obwohl die eigentliche Pfarrkirche

110 *Autorität Kirche: Ein junger Mann kniet vor einem Bischof. Aus Hans*
Vintlers »Buch der Tugend«, Druck von Hans Blaubirer, Augsburg 1486.

seinerzeit durch den Stauferkaiser Friedrich II. der Gemeinde
weggenommen und dem Domkapitel Speyer geschenkt wurde,
hat es die bürgerliche Gemeinde durch die Kapellenordnung des
Jahres 1316 doch verstanden, ein Stiftungsrecht für Altarpfrün-
den in der Speyerer Kirche sich zu sichern.

Das war ein politischer Akt, aber auch ein sehr ernst zu neh-
mender persönlich-religiöser. Jede Zunft, jede begüterte Familie
möchte im allgemeinen Gotteshaus ihre eigene Kapelle, ihr
eigenes Weihebild haben. Es kam oft vor, daß die Altäre nicht
nach Heiligen, sondern nach ihren Stiftern benannt wurden.
Man kommt Gott, das mag die Meinung gewesen sein, durch
solche Leistungen näher. Das Innere der Kirchen wird immer
reicher, die Räume füllen sich mit persönlicher Wärme und
feinerem Stimmungsreiz. Und die Kunst des ausgehenden Mittelalters versteht es, beide anzusprechen, die Massen und die
Individuen: Kunst und Religion stehen in merkwürdigem Widerspiel zueinander. In Mengen leben Künstler und Handwerker
von Altären, Heiligenbildern, Monstranzen, Kelchen und Prie-
stergewändern, Weihekreuzen und Opferkerzen. Die Nürnber-

ger exportieren ihre Altäre und machen beste Geschäfte damit, in Salzburg oder in Ulm ist das nicht anders.

Man will ein Zeichen für seinen Glauben haben, und das bleibt nicht nur bei den Hausmadonnen, derer sich sogar so große Künstler wie Veit Stoß angenommen haben. Der Reliquienglauben hat hier seinen Ursprung, in einer natürlich bis ins frühe Mittelalter – keine Kirche ohne Reliquie oder Märtyrerzeichen – zurückreichenden Entwicklung. Als der Leichnam der hl. Elisabeth von Thüringen noch nicht bestattet war, riß eine Schar Frommer nicht nur Stücke von den Tüchern, mit denen ihr Antlitz umwickelt war, man schnitt ihr auch die Haare und Nägel ab, ja sogar Stücke von den Ohren und die Brustwarzen.

Immer wieder ist diese Gegenständlichkeit mittelalterlichen Glaubens mit der Werkgerechtigkeit verknüpft. »Der mensche treget got in allen sînen werken«, sagt Meister Eckhart in seiner »Rede der unterscheidunge«, Gott »muoz unsriu werk würken«. Stiftungen garantieren diese Bindung noch am ehesten, und man müßte Dutzende von Listen präsentieren, um auch nur einiger-maßen der religiös-mittelalterlichen Stiftertätigkeit ansichtig werden zu können. Größere Vermögen ermöglichen größere Stiftungen, das geht bis zu Spitälern, großen Kirchenbauten, Münstern, Klöstern, und Stiftungen können ihren Nutzeffekt im Hintergrund haben: man sichert sich seinen Platz im Spital oder Kloster. Aber man kann auch Glasscheiben in den Kreuzgang der Kölner Kartause stiften, eine Altartafel, einen aus Sandstein gemeißelten Christophorus in die St. Sebalduskirche zu Nürnberg. Für Basel wissen wir, wie auffallend die Zahl der gestifteten Frühmessen, Jahrzeiten und Totenmessen am Ausgang des 15. Jahrhunderts gestiegen ist.

Zu Tausenden und in allen möglichen Gattungen waren Bruderschaften über ganz Deutschland hin verbreitet, fromme Vereine, von denen sich nur wenige ausschlossen in den Städten und die der Gottes- und Heiligenverehrung, der Armen- und Krankenpflege, der gegenseitigen Hilfe in Not dienten. Lübeck hatte in den Jahren vor 1500 an die siebzig Bruderschaften, Köln achtzig, Hamburg über hundert. Die Verdinglichung, die Verstofflichung, welche die Lehre vom Schatz der überschüssigen Verdienste durchgemacht hatte, machte diese Bruderschaften zu einer Art Gewerkschaftswesen zur Aufspeicherung frommer Verdienste. Man führte förmlich Buch über die Summe erworbener Gnadenschätze. Das Register der Kölner Bruderschaft Sankt Ursula Schifflein zu Beginn des 16. Jahrhunderts verzeichnet über sechstausend Messen, mehr als dreitausend Psalter, zwanzigtausend Tedeums, Hunderttausende von Rosenkränzen, Paternostern und Ave Marias.

Für uns sind diese Zahlen befremdlich. Für den Kirchenchristen des Mittelalters wären sie es nicht gewesen. Hier nach modernen Vorstellungen und Kategorien urteilen zu wollen, hieße die Grundelemente der mittelalterlichen Gesellschaft verkennen und sie so zu materialisieren, wie man das Ding, das Leben, die Welt damals spiritualisiert hat. So wenig es damals in der »Zeit« und in der »Geschichte« ein Werden und eine Entwicklung gab, so sehr ist die Gegenwart des Heiligen gegenwärtig und greifbar. An Mariä Himmelfahrt werden in den mittelalterlichen Kirchen die Kräuter gesegnet. Man sieht das Datum in der Kirche. Die Datierung nach Heiligentagen, dieses ganze erste halbe Jahrtausend üblich, ist konkretisierte Zeit. Daß man Christus auf einen Palmesel setzt und in den Kirchen die Henker in den Passionsdarstellungen mit rohen, gefährlichen Stricken auftreten läßt, ist nicht Naivität, sondern uns nahezu unverständliche Wiedergabe von Wirklichkeit. 1454, so heißt es in einer Kölner Chronik, »an dem ostertag am morgens do unser her erstaun (auferstehen) solt, ward ein geschrai zu unser frawen in der kirchen«. Irgendein Ereignis stört den Gottesdienst, der die Auferstehung des Herrn hätte verkünden sollen. Die Folge: »und was unser herr erst umb zwe stund nach mitternacht erhaben«, das heißt: hat sich unser Herr erst um zwei Uhr nach Mitternacht erhoben. Sichtbare Zeit und zugleich gegenwärtig erlebte Heiligengeschichte sind unauflösliche Einheit. Der Heilige ist in seiner Kirche und kann ihr ganz körperlich erscheinen.

111   Der hl. Bernhard von Clairvaux umarmt den gekreuzigten Christus. Auf
dem Boden seine Attribute, Buch und Abtsmitra. Im Hintergrund ein Zisterzien-
serbruder als »stiller Zeuge«. Rechts unten das Wappen Bernhards, der aus
einem burgundischen Adelsgeschlecht kam, links wohl das Adelswappen des
Abtes eines fränkischen Klosters. Andachtsbild in Pergament aus der deutschen
Meßauslegung eines unbekannten Autors von 1471.

In einer Konstanzer Chronik steht unter dem Jahr 1466: »do ward unser frow in der sunnen, innen ob der tür uffgesetzt und sant Cunrat und sant Belaig von maister Vicenz, der was ain polirer.« Unsere Frau, die hl. Maria als Gegenwart, als Wirklichkeit.

Aus dieser Sicht heraus wird vielleicht auch verständlich, warum und wie der einzelne irdische Stand und Beruf »seinen« Heiligen fand. Der Edelmann schaut zum kriegerischen Engel Michael, dem Soldatenheiligen Georg und Sankt Martin, dem Reitersmann auf, der vom Pferd herunter seinen Mantel teilt. In Hubertus erkennt der jagende Herr sich selber, während die vierzehn Nothelfer, die man gegen Feuersnot, Viehschaden, Seuchen und alle Fährlichkeiten des täglichen Lebens anrief, so recht die Heiligen des kleinen Mannes, seiner Berufs- und Besitzsorgen wurden. Da und dort werden Umwege bei der Heiligenfindung deutlich. Daß für die Philosophen Sankt Katharina einstand, leuchtet einem ein: sie hat fünfzig zu ihrer Widerlegung entsandte Heiden in ihrem Kerker bekehrt! Die Holzschneider feierten das Fest der Heimsuchung als das ihre, weil am Tage ihrer Begegnung Maria und Elisabeth sich einander so zugeneigt hätten, wie das zwei Arbeiter tun, die eine große Säge bewegen: eine Begründung, auf die allenfalls der grübelnde Sinn eines Handwerkers gekommen sein könnte. Das Zunftfest der Nadelmacher wurde Weihnachten begangen, weil Maria in der Heiligen Nacht die Windeln mit Nadeln aufgesteckt habe. Die Metzger und Gerber wählten zudem ihren Sankt Bartholomä, da er seine Haut in Händen trägt. Die heilige Klara wurde, weil sie ein Gefäß mit dem Allerheiligsten hält, Patronin der Glasmaler, und Dorothea mit dem Blumenkörbchen genoß die Verehrung der Gärtner.

Volksfrömmigkeit, vor allem in dieser Spitzfindigkeit und diesem Standesehrgeiz, wirkt manchmal so, als ob man aus der Würde einer gotischen Basilika, durch eines der vielfach verschlungenen und verästelten Kirchenfenster, in die Kammern der kleinen Leute und ihre abgeschabten Hocker sehen würde.

578

Gläubigkeit liegt dann nahe bei Gutgläubigkeit, Einfachheit bei Naivität, die tatsächlich von den Priestern, von den klugen und wissenden »Medizinmännern« hinters Licht geführt und mißbraucht wird. Wir landen dann beim − sprichwörtlichen − mittelalterlichen Bauernglauben, der mit Vorstellungen durchsetzt ist, von denen manche flachsten Ursprungs waren: Bohnen steckt man, nur der Wortklang ist schuld daran, am Bonifatiustag, wogegen man am Gallustag keine Schweine schlachtet, damit der Speck nicht gallig wird.

Aber diese schließlich ins Hausbackene und überhaupt ins Dumpf-Unverstandene abrutschende Eigenheit kann die große, die gewaltige Wirkung mittelalterlichen Glaubenslebens nicht verdecken: die prägende Kraft eines halben Jahrtausends, die den Glauben zum Ausgangspunkt alles irdischen Werkens machte, einen Glauben, der uns deshalb übertrieben oder primitiv, exaltiert oder hintergründig, behäbig oder verkrampft erscheint, weil er nirgendwo durch jene Errungenschaft der Aufklärung und der Neuzeit gelockert ist: durch die Vernunft. Niemand ist da, der Grenzen abstecken wollte zwischen dem, was des Himmels ist, und dem, was der Alltag, die sogenannte bare Wirklichkeit verlangt. Niemand ist da, der die mittelalterliche, sublime Einheit von Glaube und Erkenntnis aufbrechen und der schrankenlosen Bejahung dieser Welt das Wort reden möchte, niemand, der dem Bauern erklären wird, daß seinem Acker nicht mehr der Kirchenchoral, sondern nur noch, um ein schwäbisches Sprichwort abzuwandeln, der Stallmist hilft.

Aber das sind, genaugenommen, schulmeisterliche und kleinbürgerliche Zensuren, erteilt einer Jahrtausendbewegung, die in Europa bis heute nichts Gleichwertiges an ihrer Seite gehabt hat. Die Wucht, mit der sie den Aufgang des karolingischen, des salischen, des staufischen Abendlandes getroffen hat, immer wieder neu gefaßt, ohne jedes Anzeichen verkrusteter oder kleingemünzter, provinzieller Verflachungen, ist das zweifellos größte Geschenk dieser Zeit, Maßstäbe setzend für das Leben ganzer Generationen. Allen Menschen, auch den gesalbten und gekrönten Häuptern, ist dieser Glaubensspender, dieser Gott, der Herr. Im März 1152 teilt König Friedrich Barbarossa Papst Eugen seine Wahl zum König mit, ganz in der Gewißheit, daß Menschenleben in Gottes Macht steht: »Da es nun dem schrecklichen Gott, der den Geist der Fürsten hinwegnimmt, der den Königen furchtbar ist und in dessen Hand doch alle Macht und alle Herrschergewalt ruht, gefallen hat, unseren Oheim und Erzieher seligen Angedenkens, den glorreichen König Konrad aus diesem Leben abzuberufen, versammelten sich die Fürsten des ganzen Reiches, wie vom Geiste Gottes bewegt, am 17. Tage nach seiner Beisetzung, in der Stadt Frankfurt entweder in eigener Person oder durch Entsendung vertrauenswürdiger Vertreter.«

»Der schreckliche Gott, der den Geist der Fürsten hinwegnimmt, der den Königen furchtbar ist« – das sind keine Formeln. Die alttestamentarische Drohung vom Gott der Rache sitzt dem frühen Mittelalter überall in den Knochen. Die Konsequenz, die aus dieser fürchterlichen Gewißheit gezogen wird, kann nur heißen: der Sünde und Schulden loszuwerden, es Gott recht zu tun, wo es nötig ist, auch als eine ecclesia militans, als eine Kirche mit Lanze und Schwert. Wo mittelalterliche Frömmigkeit in der Spätzeit dieser Epoche versickert und versandet gleichsam in Gelegenheitsgedichte und Gebrauchsgraphik, steht sie in ihrer Frühzeit wie ein flammendes Zeichen am Himmel, das Gottesvolk aufrufend, wir gebrauchen hier ein modernes und militärisches Wort, zum Einsatz für die Ehre Gottes und seine mißbrauchte, geschändete irdische Wirklichkeit. Nicht einmal das Grab Christi war mehr in den Händen der Christen: das Wort vom Kreuzzug greift über Nacht um sich, wird zum Fanal einer, zweier Generationen, die alles auf sich nehmen, um diesem Christenauftrag gerecht zu werden. Jerusalem ist das ferne Paradies auf Erden, Ziel aller Sehnsüchte. Wer dorthin als Büßer zieht, wird seine Sünderstrafen los und empfängt den Lohn seines Wanderns in der himmlischen Heimat.

Am 27. November 1095 ist auf der Synode von Clermont-

Ferrand Papst Urban II. auf einen weiträumigen Platz hinausge-
treten, weil die Halle des Sitzungsbaus die Menschenmasse gar
nicht mehr fassen konnte, und rief: »Aus dem Land Jerusalem
und der Stadt Konstantinopel kam schlimme Nachricht und
drang schon oft an unser Ohr... das Volk im Perserreich befleckt
die Altäre mit ihren Abscheulichkeiten und stürzt sie um; sie
beschneiden die Christen und gießen das Blut der Beschneidung
auf die Altäre oder in die Taufbecken ... Wem anders obliegt nun
die Aufgabe, diese Schmach zu rächen, dieses Land zu befreien,
als euch? Euch verlieh Gott mehr als den übrigen Völkern
ausgezeichneten Waffenruhm, hohen Mut, körperliche Ge-
wandtheit und die Kraft, den Scheitel eurer Widersacher zu
beugen. Bewegen und zu mannhaftem Entschluß aufstacheln
mögen euch die Taten eurer Vorgänger, die Heldengröße König
Karls des Großen, seines Sohnes Ludwig und eurer anderen
Könige. Sie haben die Heidenreiche zerstört und dort das Grab
der heiligen Kirche weit ausgedehnt. Besonders bewegen möge
euch das Heilige Grab unseres Herrn und Erlösers, das von
unreinen Völkern besetzt ist ... Wenn euch zum Zug dorthin
zärtliche Liebe zu Kindern, Verwandten und Gattinnen festhält,
dann bedenkt, was der Herr im Evangelium sagt: ›Wer Vater
oder Mutter mehr als mich liebt, ist meiner nicht wert‹, und:
›Jeder, der sein Haus, Vater, Mutter, Gemahlin, Kinder oder
Äcker um meines Namens willen verläßt, wird Hundertfältiges
erhalten und ewiges Leben haben.‹«

Wir Heutigen möchten hier nicht gern von Glaube reden, eher
von Ideologie und Fanatismus. Auf alle Fälle ist dieser Glaube
nicht der unsere. Aber wir haben nach den Erfahrungen der
letzten Jahrzehnte wieder ein deutlicheres Gespür für die Vorgänge damals auf dem Platz in Clermont: die Zustimmung, die
diskussionslose Bereitschaft der Menschenmenge steigert sich
bis zur Ekstase, der Papst im goldenen Ornat, an seiner Seite die
goldene Schar der Bischöfe – die Menge kniet unter Tränen
nieder, spricht das gemeinsame Schuldbekenntnis und nimmt
das Stoffkreuz entgegen.

Noch am Ausgang des Mittelalters ist unter allen, längst zur Volkssache gewordenen Pilgerfahrten diejenige nach Jerusalem dem Range nach die erste gewesen, sicher auch die mühseligste und der langen Seefahrt wegen die teuerste. Aber es bricht noch etwas von den scharfen, unabdingbaren Konturen der Kreuzzugsfrömmigkeit durch, wenn der junge Herzog Christoph von Württemberg in der Mitte des 16. Jahrhunderts in sein Tagebuch schreibt: »Da wir die hochheilige Stadt Jerusalem vor Angesicht hatten, war große Rührung in jedem, also daß wir als recht Christgläubige niederknieten und des Dankes voll waren. Und ich könnte das keinem beschreiben, wie mir zumute war vor so vieler Gnade Gottes, daß ich das erschauen durfte. Kam mir auch wohl in den Sinn, wie ich allein solche Seligkeit erlebte, und wenn das doch meine Brüder sehen könnten! Das ist mir beschieden durch Gottes unglaubliche Gnade! Er wird mir meine Sünden verziehen haben!«

Sünde und Buße sind die beiden Pole, zwischen denen sich der Glaube des Mittelalters bewegt. Gesündigt zu haben, ist Menschenlos; in Sünde zu verharren, die Hölle. Wer sündigt, ist nicht nur gegen die weltliche, sondern auch gegen die göttliche Ordnung. Der Katalog der Strafen, grausamster Strafen für unsere Begriffe, spiegelt die Unerbittlichkeit, die Unantastbarkeit des in den Weltstaat hineinragenden Gottesstaates wider: Falschmünzer werden »versotten«, Ehebrecherinnen lebendig begraben, Landesverräter gevierteilt, Verleumder gebrandmarkt, Mörder gerädert oder geschunden, Gotteslästerern oder Meineidigen wird die Zunge ausgerissen, Aufrührern die Hand abgehauen oder das Ohr abgeschnitten. Jeder weiß, was recht und unrecht ist: dieser Glaube ist nicht durch Vernunft und Vernünfteln zerredet oder aufgeweicht. Er ist nicht Privatsache, sondern Kernstück aller gesellschaftlichen Konvention. Als sich die Frau eines Dionysius Marter, eine offenbar geschundene Gestalt, der man nachsagt, ihren Mann im Totenbett selber erstochen zu haben, die Halsschlagader durchschneidet, ist dieser Selbstmord für die ganze Stadt ein Fingerzeig Gottes und ein Abkommen vom Weg, der uns allen gewiesen ist. »Gott welle sich ir erbarmen«, kann der Chronist nur erschrocken hinzufügen, »das bitt ich gott von gantzem meinem hertzen. Amen.«

Alles, was an Unglück und schlimmen Dingen in der Welt geschieht, ist ein Zeichen des Himmels, eine Antwort des strafenden Gottes. Dieselbe Chronik verzeichnet unter dem 28. April 1494 den Brand von vier Stadthäusern: »es war ein schrecklich feyr, das ich es mein lebttag nie gesechenn hab, so ein grausam durstig feyr.« Beim Wiederaufbau schlägt »es ein schmid zu tod und einem schuchmacher die zwen schenckell ab«. Das sind Vorzeichen genug für diese Stadt. »Ich halte solche heuser«, fügt der Chronist hinzu, »für lasterheuser, und es hatt so kommen müessen, dann es ist kein gotts forcht in dieser statt dan nur schweren, fluchen, zusuffenn und alle laster habentt iren gang. Gott erbarms, er weiß, wie und wan und warum es geschicht.«

Und es gibt am Ausgang des Mittelalters zunehmend Zeichen, wie Gott es meint. Nicht bloß die Menschen, auch Himmel und Erde waren in Aufruhr. Unheildrohende Kometen erscheinen, in England wüten furchtbare Stürme, wie sie nie vorher und nie nachher erlebt worden sind, riesige Heuschreckenschwärme suchen die Felder heim, Erdbeben verheeren das Land: Villach wird mit dreißig umliegenden Ortschaften verschüttet. »Als man nach Christi Geburt das Jahr 1356 schrieb«, notiert Tilman Elhen in seiner Limburger Chronik, »da waren große Erdbeben, die rasch aufeinanderfolgten, heute und morgen, und später noch mehr, und dauerten länger als ein Vierteljahr. Besonders am Tage Sankt Lukas, des heiligen Evangelisten, war das Erdbeben so heftig, daß Basel am Rhein, die herrliche Stadt, erschüttert und beinahe zerstört wurde. Auch viele Burgen und Türme im selben Land stürzten ein. Zu Basel fand eine große Anzahl von Menschen den Tod; sie wurden unter den Häusern erschlagen oder erdrückt.«

Wir stehen einigermaßen ratlos vor solchen Berichten. Wie sollen wir uns erklären, daß der Boden – damals – seine Gaben verweigert hat, daß Mißwachs und Dürre die Ernte allenthalben verdarben. Konkretes und Eingebildetes scheinen im Spiel. Diese Zeichen müssen wirkliche Zeichen gewesen sein, deutliche Äußerungen des gesamten kosmischen Geschehens. Wenn es wahr ist, daß damals ein großer Ruck, eine geheimnisvolle Erschütterung durch die Menschheit ging, so muß auch die Erde etwas Ähnliches durchgemacht haben. Und nicht nur sie, auch die Nachbarplaneten, ja das ganze Sonnensystem.

Eingebildetes deshalb, weil sich zwischen Sünde und Buße die Angst eingenistet hat. War Todesangst allemal die Geburtsstunde mittelalterlichen Glaubens? Ein Holzschnitt aus dem 15. Jahrhundert zeigt, in nahezu karikierender Einfachheit, »Das Ausschwitzen des Taufwassers in Todesangst«. Nicht nur das Dasein der Kleinen und Armen verläuft in Unsicherheit, natürlich, es gab auch milde Winter, und zu 1408 kann es heißen »In dem jar fandt man zu liechtmessen veygel und palbm«, aber im Grunde ist man immer dem Zugriff seiner Umgebung ausgeliefert: nicht nur das Dasein der Kleinen und Armen ist Unsicherheit, auch im Leben von Adel und Magistra-

112 *Visionen zwischen Untergang und Auferstehung: Der Apokalyptische Rei-*
ter. Aus der Koberger-Bibel, Nürnberg 1483.

584

ten sind jäher Schicksalswechsel und Gefahren fast die Regel. Man mag diese Grundstimmung der Lebensangst als chronologisch ablesbaren Prozeß erkennen und die im Spätmittelalter aufkommende Stimmung von Enttäuschung und Entmutigung mit ihr in ursächliche Verbindung bringen, man kann Lebensangst herauslesen, die deshalb Verneinung von Schönheit und Glück haben will, weil Qualen und Schmerz damit verbunden sind: gleichviel, das Mittelalter ist die Zeit der großen kollektiven Angst.

Ohne ihre Höllenangst (und andererseits ihre Heilsbesessenheit) wird man die Wesensart dieser Menschen von damals kaum ganz begreifen können. Im Schlußgebet des um 1480 in Straßburg als Druck herausgegebenen »Antichrist« heißt es: »Angst und Not bedrängen mich, entfliehen kann ich nicht. Ich sehe an die Waffen Christi, die ich verunehrt habe und durch sie nicht gestritten gegen meine Feinde.« Und der Schlußsatz: »So schreie ich: miserere mei deus. Gott, erbarme dich über mich!« Man hat Angst vor Gottes Zorn, der sich in schadenbringenden Naturereignissen und Katastrophen verrät. Wenn »haweschrecken« übers Land fallen, war die »hoffart« der Menschen daran schuld, was freilich die Klosterneuburger Leute anno 1340 nicht hindern kann, sich zu wehren »Wir lieffen in dem pach mit bekhen und phannen und mit hüettertafeln und verjagten die haberschreckhen.« Schon in einer Predigt des Bischofs Rather von Verona aus dem Jahre 963 wird gegen die Leute argumentiert, »die sagten, daß ein böser Mensch oder der Teufel einen Sturm errege, Steine und Hagel ausstreue, Weinberge und Felder verwüste, Blitze sende, Groß- und Kleinvieh und selbst Menschen töte«. Schon damals ist die Ansicht verbreitet, daß derlei Schläge nur Ausfluß des Bösen im Menschen seien. Man hat im Mittelalter nie gebrochen mit dieser Ansicht.

Angst ist der Grund, warum zum Glauben der Aberglaube sich gesellt. »Ich muß ordentlichen Aberglauben zu Jesus haben«, schreibt sich der Dichter Novalis noch 1798 in seine Notizen zur Religion. Und fährt fort: »Der Aberglaube ist überhaupt notwendiger zur Religion, als man gewöhnlich glaubt.« Wer auf die Frömmigkeit des Mittelalters und vor allem auf ihre Randerscheinungen, ihre extremen Formen sieht, wird diesen Satz unterstreichen. Das Reale und das »Geschaute« – die deutsche Mystik erzählt in ihren Visionsaufzeichnungen Bände davon – liegen unmittelbar beieinander. »Desselben jars 1473«, sagt eine der Städtechroniken, »ein klein wenig vor Ostern hatt es zu Dinckellspichell (Dinkelsbühl) blutt geregnet des habentt glaubhaftig leutt gesechenn und gesagt: Gott schick es zum aller besten. Amen.«

Man hat gegenüber dem Aberglauben im Mittelalter, namentlich gegen Hexen und Zauberei, eine schwankende Haltung. Erst um 1400 hat Johannes Gerson, der französische Theologe und »Doctor christianissimus«, ein Traktat gegen den Aberglauben geschrieben und sich dabei besonders gegen die »phantasia und melancholica imaginatio« im Menschen gewandt (gegen die Phantasie und melancholische Einbildungskraft). Aber der Aberglaube ist da, er treibt seine absonderlichsten Blüten, zur Abwehr des »bösen Blicks« muß man die kleinen Kinder mit Anhängern und Amuletten schützen, die Melker Annalen erzählen allen Ernstes von einer Frau, die eine Skulptur des am Ölberg betenden Christus betrachtete und daraufhin ein Kind gebar, das die Hände zum Gebet erhoben hatte, und die Steirische Reimchronik weiß zu berichten, daß die Ehescheidung König Ottokars von seiner Frau Margarethe große Naturkatastrophen bewirkte.

War das nun Wirklichkeit oder Imagination? Das Heilsame wechselt mit dem Verderblichen, das inbrünstige Gebet mit dem frommen Schlendrian, hinter der Bereicherung und Vervollkommnung des Daseins lauert auch das Krankhaft-Verderbliche, das freilich mit dem sogenannten »Gesunden« auf eigen tümliche Art verknüpft ist: der Glaube bedarf seines Gegenbilds, des Aberglaubens, des Kontrasts, des Schmutzig-Schwarzen, um das Licht des Gottesworts desto siegessicherer leuchten zu lassen. Die Pest, der schwarze Tod greift in die Städte und Stuben, auch er kein Zufall, wenn wir modernen Medizinge-

113 »Da gieng Joseph und Nicodemus hinauß mit leytern (Leitern) und lösten den Herrn ab dem Kreutz«. Aus der »Passion nach dem text der vier evangelisten«, Druck von Anton Sorg in Augsburg, 1480.

schichtlern glauben dürfen; jedes Zeitalter hat seine bestimmten Krankheiten. Begleiterscheinungen der Pest sind die Geißlerfahrten, Züge exaltierter Religiöser, die in großen Scharen von Ort zu Ort ziehen, fahnenschwingend, düstere Lieder singend, mit schwarzen Mänteln und absonderlichen Mützen bekleidet. Allmählich erhalten sie Verstärkung durch allerlei Elemente, Abenteurer, Bettelvolk, Deklassierte, Maniker, Pervertierte. Für die Zeitgenossen muß es ein beispiellos aufwühlender Eindruck gewesen sein, aus Furcht und Hoffnung, Ekel und Gottesschauer seltsam gemischt, wenn diese grauenhafte Lawine von Fanatikern, Irrsinnigen und Verbrechern sich heranwälzte, schon von fernher durch monotonen Gesang angekündigt: »Nun hebet auf eure Hände, daß Gott dies große Sterben wende! Nun hebet auf eure Arme, daß Gott sich über uns erbarme! Jesus, durch deine Namen drei, mach, Herre, uns von Sünden frei! Jesus, durch deine Wunden rot, behüt uns vor dem jähen Tod!«

587

Der Glaube ist keine Sonntags- und Feiertagssache und, fügt unser mittelalterlicher Zeitgenosse hinzu, nichts, was man diskutieren oder beweisen kann. Er ist noch nicht, wie Kierkegaard dann wollte, ein Sprung und eine Entscheidung, sondern im Mittelalter ein Rahmenprogramm, dem keiner entflieht. Er schließt alles ein, die selige Ruhe und die majestätische Mittagsstille, die diese Epoche zeigen kann, aber auch tiefe Erregung und Durchwühltheit, ihren Materialismus und Diabolismus. Hans Multscher in Ulm hat auf seinen Passionstafeln ganze Ameisenhaufen von fühllosen Halunken und hinterlistigen Banditen zusammengetrieben. Und der anonyme »Meister des Amsterdamer Kabinetts« hat in seinen Kupferstichen eine Zoologie von wüsten Wesen zusammengestellt; diese raufenden Bauern, lauernden Hurentreiber, zerlumpten Vagabunden und glotzenden Wüstlinge mit ihren stupiden Vogelgesichtern und geilen Schweinsschnauzen haben gar nichts Versöhnliches, und schon gar nichts Modernes an sich. Die Kräfte, die mittelalterlicher Glaube zu halten hatte, müssen unbändig gewesen sein. Wie ein klarer silberner Spiegel, dessen Grund undurchdringliche Tiefen, wahre Abgründe des Daseins hat. Über ihnen steht die Gestalt Christi. Ihm nachzuleben war (und ist) jedem durch die Taufe aufgetragen.

»Der Gedanke an den Tod ist uns in den letzten Jahren immer vertrauter geworden. Wir wundern uns selbst über die Gelassenheit, mit der wir Nachrichten von dem Tode unserer Altersgenossen aufnehmen. Wir können den Tod nicht mehr so hassen, wir haben in seinen Zügen etwas von Güte entdeckt und sind fast ausgesöhnt mit ihm. Im Grunde empfinden wir wohl, daß wir ihm schon gehören und daß jeder neue Tag ein Wunder ist. Es wäre wohl nicht richtig zu sagen, daß wir gern sterben – obwohl keinem jene Müdigkeit unbekannt ist, die man doch unter keinen Umständen aufkommen lassen darf –, dazu sind wir schon zu neugierig oder etwas ernsthafter gesagt: wir möchten gern noch etwas vom Sinn unseres zerfahrenen Lebens zu sehen bekommen. Wir heroisieren den Tod auch nicht, dazu ist uns das Leben zu groß und teuer. Erst recht weigern wir uns, den Sinn des Lebens in der Gefahr zu sehen, dafür sind wir nicht verzweifelt genug und wissen wir zuviel von den Gütern des Lebens, dafür kennen wir auch die Angst um das Leben zu gut und all die anderen zerstörenden Wirkungen einer dauernden Gefährdung des Lebens. Noch lieben wir das Leben, aber ich glaube, der Tod kann uns nicht mehr sehr überraschen. Unseren Wunsch, er möchte uns nicht zufällig, jäh, abseits vom Wesentlichen, sondern in der Fülle des Lebens und in der Ganzheit des Einsatzes treffen, wagen wir uns seit den Erfahrungen des Krieges kaum mehr einzugestehen. Nicht die äußeren Umstände, sondern wir selbst werden es sein, die unseren Tod zu dem machen, was er sein kann, zum Tod in freiwilliger Einwilligung.«

Dietrich Bonhoeffer hat diese Sätze in einem fast testamentarisch gemeinten Rechenschaftsbericht an der Wende 1942/1943 niedergeschrieben, schon vorgewarnt, daß das Reichssicherheitshauptamt auf Verhaftung dränge und Material sammle, schon im Angesicht der Rechenschaft vor einem Höheren.

Zwischen Dachziegeln und Sparren hat dieses Schriftstück Haussuchungen und Bomben überstanden. Es richtet an uns die Frage, ob diese bei aller Überlegung und aller Distanz vor ausgeleierten oder leeren Wendungen vorgebrachte Zuversicht auch noch die unsrige ist. Ob wir auch heute noch den Tod so einkalkuliert haben, wie man ihn damals in Berlin zwischen Fliegeralarmen und Gefallenennachrichten, Staatsbegräbnissen und Wehrmachtsbericht auch einkalkuliert hat. Was der Tod ist, das beschäftigt uns, vielleicht nur in Augenblicken und sicher nicht einmal in unseren überlegtesten, bewußtesten. Die Stunde des Todes ist dem Menschen bestimmt. Sie findet ihn überall, wo der Mensch sich auch hinwendet. Und wir müssen dafür bereit sein.

Sind wir das heute? Lassen uns die Ansprüche, die täglichen, stündlichen, einer ganz in den Verkettungen der Technik gefangenen, in Zeitnot zerrissenen Industriegesellschaft überhaupt noch nachdenken darüber? Ist der Tod für uns so etwas wie ein Betriebsunfall, den man tunlichst verschweigt, weil er beim besten Willen nicht in die Umrisse unserer – freilich da und dort arg fragwürdig gewordenen – technologischen Perfektion hineinpaßt? Haben wir ihn deshalb in die Krankenhäuser und die Krematorien verbannt, als das »Ableben«, als ein namenloses, unverstandenes, längst unpersönlich gewordenes Etwas? Oder beginnen wir selbst den Tod zu überlisten, als Moderatoren Tausender von Laboratorien, als Kontrolleure ganzer Industriebranchen, die niemand anderem als der Überwindung des Todes gewidmet sind, oder wenigstens: seiner Verzögerung, seiner sacht betriebenen, aber mit vielen Einfällen betriebenen Verdunkelung? Der berühmte, als einziger im Druck hervorgehobene Satz des »Zauberberg« lautet: »Der Mensch soll um der Güte und der Liebe willen dem Tode keine Herrschaft einräumen über seine Gedanken.« Unsere Maxime, unser krampfhaft verfolgtes Finale: dem Tode ja keine Herrschaft gönnen.

Im Mittelalter hat man gerade andersherum gedacht: unter der Herrschaft des Todes Leben zu haben. Dieses Leben steht im

114 *Allmacht Tod. Aus dem »Tenor Fraternitatis de Memoria mortis«, dem Statutenbuch einer um 1490 in Ulm gegründeten, Geistlichen wie Laien offen-stehenden Bruderschaft zur Vorbereitung auf den Tod. Erschienen bei Johannes Reger in Ulm am 28. September 1491.*

Vergleich zu unserer Lebenssituation mehr als ungeschützt da. So etwas wie soziale Sicherheit kennt das Mittelalter, wenn wir einmal von den tastenden, hinter dem Ofen gefaßten und selbstverständlich einkalkulierten, keinesfalls grenzenlosen Un-terstützungsbeschlüssen der Zunftmeister absehen, an keiner Stelle. Sekurität gibt es damals nicht, weder im öffentlich-sozialen noch im persönlichen Sinne. Es mangelt an allen Erleichterungen und Beschleunigungen des Daseins, welche die seitherige Entwicklung der Technik bewirkt hat. Jede technische Erfindung ist ein Stück rationalisierten Lebens. Die Ausnützung der Dampfkraft hat in unsere friedlichen, die Verwendung des Schießpulvers in unsere kriegerischen Unternehmungen ein Ele-ment der Uniformität und Mechanisierung gebracht, das jenen Zeiten fehlte. Die Überantwortung des Todes an Sterbekassen und Friedhofsämter, die mit den aus der Gründerzeit herkommenden Bestattungsgesellschaften auch ein gehöriges Stück »Technik« in das Geschäft mit dem Tode brachte, ist dem Mittelalter schon deshalb unbekannt, weil statt der anonymen Organisation immer noch das Unmittelbare und Zufällige die Überhand hat: im Mittelalter ist der Einzelne sehr viel mehr als heute seiner Umwelt und den irdischen Mächten ausgesetzt.

Ein paar Beispiele belegen das. Die Natur ist noch lange nicht in dem Maße dem Menschen unterworfen, sozusagen domestiziert, wie heutzutage. Freilich kann einer wie Neidhart von Reuental »Es gruonet wol diu heide, / mit grüenem loube stât der walt« singen, und der Tannhäuser stimmt ein erstes »Winter ade« an und zählt die Zeichen des frühlingswarmen Neubeginns beglückt der Reihe nach auf, »Da stet viol unde kle, / sumerlaten, gamandre, / die werden zitelosen; / ostergloken vant ich da, die liljen und die rosen« (Da wachsen Veilchen und Klee, / junge Schößlinge, Gamander, / die lieben Krokusse; / Osterglocken fand ich dort und Lilien und Rosen«). Aber diese »Naturlyrik« bleibt immer noch in eigentümlich stilisierten, formelhaften und distanzierten Profilen gefangen. Der Mensch des Mittelalters vereinigt sich schon nicht mehr völlig mit der Natur, aber er stellt sich ihr auch noch nicht gegenüber. Man ist sich der Grenze zwischen beidem nicht bewußt. Die Natur ist (noch) nicht empirische Welt für sich, eine außerhalb des Menschen befindliche Gegebenheit, und eben darin noch nicht bewältigt, »kontrolliert«, sondern ein Stück unberechenbaren Gotteswerks an der Seite des Menschen. Gleichsam noch wirkliche Natur, herrlich und schauerlich, ein unnahbares Geheimnis.

Erst spät, am Ausgang dieser Epoche haben sich die Maler an eine realistischere Darstellung ihrer Konturen gewagt, auch jetzt noch mit einem seltsamen Schleier, den sie über ihren Ausschnitt legen: er muß der Distanz entsprochen haben, die der Reisende und der Krieger, der Jäger und der Kaufmann der Natur auch in Wirklichkeit entgegengebracht haben. Man ist jedes Mal heilfroh, den möglichen Zugriffen der Natur ungeschoren entron-

nen zu sein. Schnee ist nicht Anlaß zu Wintersport, sondern
Mühsal und Gefahr, vor der man sich zu schützen sucht, so gut
das geht. Bergland und Gebirgspässe bringt man hinter sich,
schwer genug; von der Freundlichkeit oder gar von der Schönheit der Alpenwelt kann keine Rede sein.

Petrarca, der erste italienische Humanist, der 1374 in einem
Dorf bei Padua gestorben ist, hat als erster, sagt man, eine
Bergbesteigung gewagt. Livius' bereits angeführtes Wort, das er
gelegentlich der Schilderung von Hannibals Alpenübergang über
die Bergwelt zur Verfügung hat, »horribile visu« (schrecklich
anzusehen), hat für die königlichen und kaiserlichen Alpenüber-
gänge des hohen Mittelalters ebenso Geltung wie für die Kauf-
mannszüge, die sich im Spätmittelalter über die Pässe wagen.
Allemal treten einem die Alpenketten in furchterregender Droh-
gebärde gegenüber. Erst Albrecht von Hallers 1729 entstandenes philosophisches Lehrgedicht »Die Alpen« hat mit seiner
deutlichen Verdammung der zivilisierten Welt und der Partei-
nahme für ein Ideal unverbildeter Natürlichkeit die Furcht vor
den barbarischen Bergen zu nehmen versucht.

Und man hatte Anlaß im Mittelalter zu solcher Furcht. Keine
Zeitungen, keine Flugschriften, ja eigentlich auch keine Bücher:
alles ruht, wir haben davon gesprochen, in der mündlichen
Tradition. Wir verlassen uns heutzutage auf halb oder sorgfältig
gehörte Wetterprognosen, die Hotel- oder Urlaubsbestellung
auch über Kontinente hin ist längst keine Sensation mehr. Wir
brauchen nicht erst mündliche Nachrichten abzuwarten und sie
auf ihre Glaubwürdigkeit zu überprüfen; für uns ist ein Tenerif-
fa-Aufenthalt ebenso kurzfristig machbar wie ein Galaanzug
oder ein Fertighaus. Das Mittelalter braucht zu alledem nicht
nur Zeit, sondern auch Geduld. Niemand weiß, ob der Hausbau
oder die Bereitstellung von Barchent für den Weber auch gelingt,
ob die Dinge auch ihr gutes Ende nehmen, für den, der sich zur
Reise rüstet, am allerwenigsten. Jede Reise war ein gewichtiger
Entschluß wie für uns heute eine schwere medizinische Opera-
tion; jeder Schritt war umlauert von Gefahren, Eingriffen,

Zwischenfällen. »Bei der Abreise«, schreibt ein Benediktiner von seiner Reise von Reims nach Chartres, »gewährte mir mein Abt bloß ein Packpferd. Ohne Bargeld, ohne Kleider zum Wechseln und ohne andere notwendige Dinge kam ich nach Orbais. Dort gastfreundlich aufgenommen, erholte ich mich. Am nächsten Tag brach ich nach Meux auf. An den Wegkreuzungen gingen wir fehl und machten einen Umweg von sechs Meilen. Nachdem wir an Château-Thierry vorbeigekommen waren, verfiel das Packpferd, das bisher wie ein Bukephalos erschien, in Eselstrott.

Die Sonne hatte die Mittagshöhe überschritten und wollte untergehen, die ganze Luft schien sich in Regen aufzulösen; da brach dieser starke Bukephalos, von äußerster Anstrengung erschöpft, zwischen den Schenkeln des reitenden Burschen zusammen und verendete, wie vom Blitz getroffen, sechs Meilen vor der Stadt. Welche Verwirrung und Angst mich ergriff, mögen diejenigen ermessen, die einmal ähnliche Unfälle erlitten und sie mit verwandten Situationen vergleichen können. Der Bursche, der noch nie eine so weite und schwierige Reise mitgemacht hatte, lag nach dem Verlust des Pferdes völlig ermattet da. Für das Gepäck gab es kein Tragtier mehr. Der Regen goß in Strömen herab. Der Himmel war mit finsteren Wolken überzogen. Der Sonnenuntergang brachte die Androhung der Nacht.«

Eine alltägliche Sache. Man ist im Mittelalter ständig aufgefordert, sich mit den Mächten des Lebens auseinanderzusetzen, der Bauer mit Wetter und Getier, der städtische Handwerker mit den Gefahren vor seiner Stadtmauer, vor denen auch Nachtruhe trügen kann, der Kaufmann mit den fragwürdigen Praktiken der »Herren«, die nur gallige Laune für die »Pfeffersäcke« haben. Leben verbietet Froheit nicht, aber es zeigt jeden Tag auf Leiden. Zum Gebot der Nachfolge Christi gehört, seine Marter auf sich zu laden. »Wie wiltu dich vorstellen nach ime?«, fragt Berthold von Regensburg. »daz soltu mit vastene (mit Fasten), mit vachene (Wachen) und ander ungemach leidens durch sinen willen.« Nun da einmal in der Nachfolge von Christi Marter die erlösende Formel für das Elend dieser Welt gegeben ist, nun da eine Sinndeutung erreicht ist, gestaltet sich das Leiden des Herrn zu einem großen allegorischen Gemälde für die mannigfachen Härten dieser Welt: Kümmernis und Elend werden damit gedeckt, Arbeit und frierende Armut. Das Leben ist Mühsal und Abenteuer, und allemal ein – hingenommener – Aufruf zur Geduldigkeit: ein Leben, das anstrengt und verbraucht. Wer die Altartafeln des 14. und 15. Jahrhunderts mustert, dem fällt auf an den Gesichtern dieser Kriegsknechte und Würdenträger, dieser Mägde und demütig aufblickenden Frauen, daß ganz selten einmal ein glattes, faltenloses Antlitz zu einem blickt, meist nur dann, wenn kritisch-sarkastische Markierung den Maler zu dieser Ausnahme reizt. Das mittelalterliche Normalgesicht verrät frühes Altern. Die Belastungen, die fortwährenden, die Spannungen, die auch über dem angeblichen Müßiggang liegen, haben sich tief in diese nicht groben, aber gezeichneten Gesichter gegraben.

»Liut unde lant, dar inn ich / von kinde bin erzogen«, gesteht Walther von der Vogelweide, »die sint mir worden frömde / reht als ez sî gelogen. / Die mîne gespilen wâren, / die sint traege unt alt. / breitet ist daz velt, / verhouwen ist der walt: / wan daz daz wazzer fliuzet / als ez wîlent flôz, / für wâr mîn ungelücke / wânde ich wurde grôz« (Wo ich aufgewachsen bin als Kind, dies Land und seine Menschen sind mir fremd geworden, als hätte ein Märchen sie erlogen. Meine Freunde, mit denen ich spielte als Kind, sind müde und alt geworden, bebaut sind die Felder, die Wälder sind geschlagen, und wenn nicht im Fluß das Wasser strömte wie einst, ach, ich glaube, dann wäre mein Leid zu groß). Das ist das Lied eines alten Mannes. Aber auch zugleich die Erkenntnis vom Vergehen der Umwelt dieses Mannes.

Der Hinweis, daß man in einer hinfälligen und alternden Welt lebe, findet sich immer wieder in der mittelalterlichen Literatur-Dichtung, vor und nach Walther. Es ist kein literarischer Gemeinplatz, sondern Lebenserfahrung. Dieses Sich-auf-die-Schul-

115 Mittelalterliche Schrecken vor dem Hintergrund der Bibel: Judas erhängt sich an einem Holdrinbaum. Aus dem Reisebuch des Johannes de Montevilla, gedruckt bei Bernhard Richel in Basel, um 1481.

ter-Schlagen der Gründerzeit, dieses fürwitzige Vertrauen auf »ärztliche Kunst« und Medikamente: davon weiß niemand etwas. Aber man weiß, daß die Tage auf Erden gezählt sind. Die Menschen des Mittelalters sind früh gestorben. Ein Neugeborener hatte, wie in Europa bis zum Beginn des 19. Jahrhunderts und anderswo bis ins 20. Jahrhundert, eine durchschnittliche Lebenserwartung von 35 Jahren. Wahrscheinlich hat nur das 13. Jahrhundert diesen Höchststand erreicht. Man wußte das und hat sich, wenn wir das einmal mit diesem vereinfachenden Wort vorwegnehmen dürfen, darauf eingestellt. Man lebt vom Tode her. Wer krank wurde, war auf das baldige Ende gefaßt. War man vierzig geworden, war man alt. Um 1195 korrigierte Innocenz III. die vielzitierte Angabe des 89. Psalms, der Mensch werde siebzig, wenn es hochkomme, achtzig Jahre. Er verbesserte: »Wenige erreichen jetzt 60, ganz wenige 70 Jahre« – und starb mit 56. Auch hier ist das Beieinandersein und Zusammenrücken, das »brüderliche Leben« eine aufmunternde und erleichternde Sache, welche die Todesangst mindern mochte: man kann

sich helfen und Hilfen holen. Aber das fortwährende Beieinan-
derleben von Gesunden und Kranken hat bei Seuchen und
Tuberkulose die Ansteckung nur gefördert und die Lebenserwartung weiter gesenkt.

Und Seuchen kennt das Mittelalter in verheerendem Maße.
Die »Pest« ist das Schreckenswort, das durch die Gassen und
Treppenhäuser gehallt haben muß wie nur irgendeine Vokabel,
die lähmendes Entsetzen hervorruft. Wie die Pest sich bemerkbar
macht, hat Boccaccio in seinem um 1350 entstandenen Decame-
rone beschrieben, so nüchtern und naturwissenschaftlich, wie
nur ein Bericht aus der Dritten Welt sein könnte. »Sie verlief
nicht wie im Orient, wo Nasenbluten das klare Zeichen unvermeidlichen Todes war; sondern zu Anfang der Seuche bildeten
sich, bei Männern und Frauen in gleicher Weise, in der Leisten-
gegend oder in den Achselhöhlen bestimmte Schwellungen, die
manchmal so groß wie ein gewöhnlicher Apfel, manchmal so
groß wie ein Ei wurden, bei den einen in größerer, bei den
anderen in geringerer Anzahl; das Volk nannte sie Gavoccioli.
Von diesen zwei Körperteilen aus begannen die todbringenden
Pestbeulen in kurzer Zeit auf alle anderen Körperteile überzugreifen. Daraufhin änderten sich allmählich die Anzeichen dieser
Krankheit; es erschienen schwarze oder blau unterlaufene Flek-
ken, die bei vielen auf den Armen, an den Schenkeln und allen
anderen Körperteilen auftraten; bei manchen waren sie groß und
selten, bei anderen klein und zahlreich. Und so, wie anfänglich
die Pestbeule das sicherste Zeichen des baldigen Todes gewesen
war und weiterhin blieb, so waren es nun auch diese Flecken für
jeden, den sie befielen.«

Es ist noch immer unenträtselt, warum »der schwarze Tod«
oder »das große Sterben«, wie man die Pest bald nannte, von
Europa so plötzlich Besitz ergriff. Einige sagen, sie sei durch die
Kreuzzüge eingeschleppt worden, obwohl merkwürdig bleibt,
daß sie unter den Arabern niemals auch nur annähernd jene
Furchtbarkeit erreicht hat wie bei uns. Guy de Chualiac, der
päpstliche Leibarzt und der beste Arzt seiner Zeit, erklärt 1363

den Ausbruch der Pest mit der im März 1345 eingetretenen Konjunktur der Planeten, Saturn, Jupiter und Mars im Sternbild des Wassermanns. Die Beulenpest, die Boccaccio beschreibt, hat wahrscheinlich seit 1332 ihren Lauf von Indien aus genommen.

Sicher ist nur, daß die Ärzte nicht helfen konnten, richtiger: daß gar keine Ärzte da waren, die hätten helfen können. Niemand ahnt, daß die ansteckende Lungenpest durch die Luft übertragen wird, die weit weniger ansteckende Beulenpest durch Ratten und Insekten: man steht diesem erbärmlichen Sterben mit hängenden Armen gegenüber, mit flatternden, aufgerissenen Augen. Der Tod ist eine Macht im Mittelalter, nein er ist *die* Macht mitten im Leben, unzählige Darstellungen des Sensemanns beweisen das. Er mäht ganze Dörfer nieder, ganze Täler, ganze Städte. Die Sterblichkeit war entsetzlich. Florenz, 1338 mit 90 000 Einwohnern eine der größten europäischen Städte überhaupt, verlor mit 50 000 Menschen mehr als die Hälfte seiner Einwohnerschaft. Während der Höhezeit der Pest starben in Bern täglich sechzig Menschen, in Köln und in Mainz täglich hundert, in Elbing im ganzen dreizehntausend; von der Oxforder Studentenschaft zwei Drittel, von der Yorkshirer Priesterschaft drei Fünftel. Als die Minoriten-Mönche nach dem Aufhören der zweijährigen Seuche ihre Toten zählten, waren es über hundertzwanzigtausend; der Gesamtverlust Europas hat nach neuren Berechnungen wohl fünfundzwanzig Millionen betragen: man meinte damals, es sei leichter, die Übriggebliebenen zu zählen als die Umgekommenen.

»Nur wenige Leichen«, schreibt Boccaccio, »wurden noch von mehr als zehn oder zwölf Nachbarn zur Kirche geleitet, und auch ihre Bahren wurden nicht mehr von angesehenen und befreundeten Bürgern auf den Schultern getragen, sondern von einer Art Totengräber, die aus der Unterschicht kamen, sich Becchini nannten und ihre Dienste sich bezahlen ließen. Sie nahmen die Bahre und brachten sie mit eiligen Schritten nicht etwa in diejenige Kirche, die der Verstorbene vor dem Tod bestimmt hatte, sondern in die nächste beste. Hinterher kamen vier oder sechs Geistliche mit wenigen Kerzen, manchmal mit gar keiner, und legten den Leichnam mit Hilfe der erwähnten Pestknechte, ohne sich mit einer langen und feierlichen Zeremonie aufzuhalten, möglichst schnell in irgendein leeres Grab... Für die große Menge Leichen, die täglich und fast stündlich bei jeder Kirche zusammengetragen wurden, reichte der geweihte Boden zur Beerdigung nicht aus, besonders wenn man nach altem Brauch jedem Toten einen eigenen Platz geben wollte. Deshalb hob man auf den Kirchhöfen, als alles belegt war, ganz große Gruben aus und warf die hinzukommenden Leichen zu Hunderten hinein. Da wurden sie aufgehäuft wie Waren in einem Schiff, Schicht auf Schicht, mit ein wenig Erde bedeckt, so lange bis die Grube randvoll war...«

Der Bericht meint, auch wenn wir in den letzten dreißig, vierzig Jahren Unsagbares erlebt haben, immer noch Schaudervolles: Kirchen und Gruben voller Totengerippe. Nicht in Kriegen, nicht in Lagern, nicht hinter Stacheldrähten wütet der Tod, sondern mitten unter den Leuten, in den Häusern der Kürschnermeister und Ratsschreiber und Meierhofbauern. Und man kann sich nicht wehren gegen ihn. Keiner kann sich wehren gegen ihn. Dieses souveräne »ir sulent all ersterben« in Notkers Memento mori, einer alemannischen Dichtung aus der zweiten Hälfte des 11. Jahrhunderts, zieht sich wie ein cantus firmus durch das ganze Mittelalter. Der Tod ist, wie Notker sagt, der große »ebenaere«, der große Gleichmacher; im Hochmittelalter entfaltet sich angesichts des Sterbens die soziale Solidarität zu voller Blüte (W. Goez). Heinrich von Melk mahnt um 1160: »nû gedench aber, mensch, dînes tôdes«, denn diese Not des Todes erreicht »den armen unt den rîchen«. Wenn auch die Klassik der Stauferzeit und ihre Nachspiele die Todeslitanei in den Hintergrund gedrängt haben mag, so hat doch spätestens das 15. Jahrhundert das Thema wieder mit aller Wucht aufgenommen. Johannes von Tepl benützt für seinen »Ackermann«, ein Sammelband mit seinem Besitzvermerk beweist das, neben Traktaten von Bonaventura und Augustin Bernhards Schrift »De contemptu mundi« (Über die Verachtung der Welt) und vor allem einen »Tractatus de crudelitate mortis« (Abhandlung über die Grausamkeit des Todes), die Vadianus drei Generationen später in seiner Streitschrift über den »Allesfresser« Tod auch in der Hand gehabt haben könnte.

Grausamkeit des Todes, das darf man wörtlich nehmen. Linderungsmöglichkeiten und Betäubungsmittel fehlen fast ganz. Abt Alfred vom Zisterzienserkloster Rievaulx in Yorkshire liegt um die Weihnachtszeit des Jahres 1166 zwei Wochen lang im Todeskampf, in seinem Angesicht spiegelt sich entsetzliche Qual. Die Medizin kann den Tod nicht dosieren. Bis zum Ende des 15. Jahrhunderts ist der Arzt in der Sterbestunde nicht da, dann gibt es wenigstens für die sozial Höhergestellten einen ärztlichen Beistand. Ein Priester indessen fehlt nicht. Bestimmungen des St. Pöltner Propstes Caspar von 1441 verlangen, daß zur Ehrung des Heiligen Sakramentes und zur Vertiefung der Andacht den Priester vier Schüler in Chorröcken begleiten sollen. Jeder Schüler hat eine Laterne mit einer brennenden Kerze zu tragen. Aber durch diese zusätzliche Zeremonie soll kein Zeitverzug entstehen. Tritt der ein, soll der Priester allein zum Kranken gehen.

Allein diese Bestimmung macht deutlich, wie sehr man dem Tod ausgeliefert ist. Heuschreckenschwärme überfallen ganze Landstriche, von den kahlen Feldern greifen Seuchen aus, Prozessionen versprechen Rettung, potenzieren in Wirklichkeit die Ansteckungsgefahren, der nächste Winter deckt das Brennholz meterweis zu: ein Teufelskreis, der jeden in den Tod stoßen kann. Es bleibt kein anderer Weg für den im Mittelalter lebenden Menschen, als dem Tod wie einem Begleiter an die Hand zu gehen, scheu, zuckend, aber doch in der Erkenntnis, daß er, der Allgegenwärtige, im Erdenleben dazugehört. Er ist nicht das Unheimliche, von dem man am besten nicht spricht – wie wir das heute gewöhnt sind –, jeder kennt ihn, jeder erlebt ihn, daheim schon das Kind, wenn der Großvater, umringt von Kindern und

116 *Die Winter sind hart. Um sie überstehen zu können, bedarf es langer
Vorbereitung.* »Ich wil scheyter hawen also vil / Seit der winter kommen wil /
Mit seyner kelten (Kälte) also seren. / Daz ich mich vor dem frost müg erweren.«
November-Blatt aus Johann Bämlers Buchkalender, Augsburg 1483.

Enkeln, in seiner Stube die Augen schließt. Geburt, Hochzeit und
Tod sind die Zentralereignisse in den städtisch-privaten Aufzeichnungen des Mittelalters, wie einer der Chronisten sagt: er
berichte im folgenden davon, »wenn mein uranher und auch
mein anher ... geborren sind, auch zu wem sy sich ferheyrat hond
und auf welich zeit sy gestorben send und wa sy begraben
worden sind und ir jartag...«

Die Lebenseinheit einer Familie umfaßt lebende und tote
Familienangehörige. Der Friedhof ist bei der Kirche und mitten
in der Stadt; Leben und Treiben begegnet seinen Malen und
Zeichen täglich. Die Stellung der Toten in der Familie wird in der
Art deutlich, in der man ihrer in den Geschlechtsbüchern
gedenkt. Ein Frankfurter Chronist, Bernhard Rorbach, be-
schreibt ausführlich das Begräbnis seines Großvaters Johann in
Frankfurt. Die ganze Stadt ist von der Sache bewegt; alle
Glocken werden geläutet, man bringt die Waffen des Gestorbe-
nen zum Opfer, nach der Messe tragen Predigermönche und

Barfüßer den Toten zu Grabe. Johann war Frankfurter Schöffe, und sein Enkel schreibt: »man hat biß uf izund... kein scheffen Tot also begangen.« Bei anderen Toten wird wenigstens Ort und Art des Grabes genannt, mitunter sogar die Lage der Begrabenen. »Wa sy begraben worden sind«, will einer der Berichterstatter ausdrücklich von den Gestorbenen seiner Familie erzählen. Bernhard Rorbachs Schwester Katharina »liegt begraben nach irer begirde uf dem pfarkirchoffe mit dem heubt widder daz ewig liecht und mit den fuessen gegen dem Fronehoffe uber«.

Die Schilderungen der Begräbnisse nehmen in der überwiegenden Mehrzahl dieser Familienaufzeichnungen den breitesten Raum ein. Je mehr Honoratioren beim Begräbnis, je größer die Ahnenreihe, desto bedeutender der Gestorbene und seine Sippe, das war schon im bürgerlich-republikanischen Rom so. Aber es ist mehr, viel mehr dabei. Das ehrenvolle Begräbnis richtet sich auch auf das ewige Leben des Gestorbenen. Es ist auch ein Stück Todesbewältigung dabei: das Jenseits wird in das Diesseits hereingeholt. Jene mit dem Kopf zur Ewigen Lampe hin liegende Katharina hat Teil an der vom heiligen Licht ausströmenden Seligkeit. Die Familie ist in den Gräbern ihrer Toten zu Hause wie in ihren irdischen Besitzungen. So handelt wieder der größte Teil des Berichtes von Bernhard Rorbach über seine Schwester Elisabeth davon, daß sie – wegen Interdiktes in Frankfurt – vorläufig auf dem ungeweihten Rasen im Kreuzgang, nach Aufhebung des Interdikts aber mit allen Riten in der Kirche gegenüber dem Dreifaltigkeitsaltar begraben wurde. Das Weiterleben der Familie muß im geweihten Raum geschehen, im Bereich der Gnade, welche sich irdische Frömmigkeit vor dem Tode erkauft.

Ein Weiterleben nach dem Tode ist in der Tat gemeint. Rorbach beginnt sein Geschlechtsbuch mit einer Aufzählung der Stiftungen, Einbrüderungen in Gebets- und Ordensgemeinschaften, mit denen die wichtigsten Familienmitglieder ihr Weiterleben im Schutze der Gnade nach dem Tode gesichert haben. Ein anderer Chronist zählt in aller Breite die Ewigen Jahrtage auf, die Ewigen Lichter, die man gestiftet hat, die Kirchenfenster, Altartafeln, Kirchenstühle und so fort: wir kennen die heute noch erhaltenen mittelalterlichen Epitaphien und Totentafeln von Soest und Wesel bis Augsburg und Donauwörth. Nicht bloß auf den Grabmälern, auch in testamentarischen Verfügungen werden die Erinnerungen an den verstorbenen Verwandten festgehalten (was dann oft zu den Trugschlüssen der »großen« Familie und des »ganzen« Hauses geführt hat). Die oft zitierte Nervosität spätmittelalterlichen Glaubens spürt man hier gar nicht mehr. Mit ruhiger Selbstverständlichkeit, ja mit Pedanterie hat man die Stiftungsreihen zu Hause festgehalten, mit dem rührenden Vermerk manchmal: »des han ich ain brief«. Daß solche Briefe einiges, ja sehr viel kosten können, verschweigt man. Das fortdauernde Leben innerhalb der Familie ist wichtiger als eine Schatulle Gulden. Von der Inschrift, die ein Spital für Pilger in Donauwörth ausweist als von Konrad Walther 1420 gestiftet, schreibt der Nachfahr Ulrich: »...und geschrift sollen mein erben nimermehr ab lan gan, das ist mein geschaft und eur aller er.«

Der Einzelne erwirbt nicht für sich mit frommen Werken den Anspruch auf die ewige Seligkeit, sondern für die Familie, deren Leben er lebt und die seinem ewigen Weiterleben nach seinem Tode ihre Gebete widmet. Im Vorwort eines Geschlechtsbuches kann stehen, daß es niedergeschrieben sei »allen meinen verwandten und iren und meinen nochkumenden zu freude, eren und zu lyb«. In der Familie als einer Lebenseinheit von Lebendigen und Gestorbenen sind die Toten dauernd gegenwärtig. Jeder einzelne lebt sie gleichsam mit und bewahrt sie durch sein Gebet vor, wie es in diesen Büchern warnend heißt, dem »ewigen tode«. Bernhard Forbach übernimmt Aufzeichnungen seines Großvaters und Vaters über deren Kinder und fügt sich ganz unreflektiert in den Satz ein: »...wart min sone Bernhart geborn, das bin ich selber, und huobe ihn uß der dauf.« Der Schreiber trennt sich nicht vom Früheren; die Güterliste seines Großvaters ist immer gegenwärtig, heute, morgen. Das einmal in der Familie Geschehene bleibt ihr erhalten. Sie ist dauernd, Vergangenheit und Zukunft sind ihr ständig Gegenwart.

Sind Zeit und Tod damit überwunden? Hat man die »freiwillige Einwilligung in den Tod«, wie Bonhoeffer das in unserer eingangs zitierten Betrachtung genannt hat, vollzogen und schon hinter sich gelassen? Auch dem Mittelalter ist der Tod keine Kleinigkeit und kein Kumpan. Auch damals hat man geweint an den Gräbern. Aber es ist ein Unterschied, ob ich den Tod als ein Ende nehme oder einen Anfang, ob ich das Leben vergnügt und versichert lebe, oder auf Abruf, ob der Tod das Zeichen für Vergänglichkeit ist oder das Siegel der Ewigkeit. Diese Ewigkeit leuchtet über dem mittelalterlichen Alltag, seinem Schmutz, seiner Erbärmlichkeit, seiner Armut, seinen Abgründen.

Wenn wir die soziale Seite dieses Alltags mit unseren Entwicklungen vergleichen, gibt es vielleicht doch Verständigungsmöglichkeiten. Man hat den Ausgang des Mittelalters mehr und mehr damit verbraucht, in den Wogen des zunehmenden Wohlstands mit dem Tode fertig zu werden. Die Mors Improvida, der unvorhergesehene Tod, ist zum eigentlichen Zentralproblem geworden, und mit einem Mal steht er leibhaftig vor einem, der Tod in Person, der als Reigenführer die Menschen einzeln, paarweise oder in Gruppen seinem Reiche zugeleitet. Die Tanzleidenschaft des Zeitalters und der plastische Gestaltungs- und Dramatisierungstrieb, der ja auch in den Zeremonienfesten der Kirche sichtbar wird, verschwistern sich zur Symbolik der Totentänze, die das vierzehnte und fünfzehnte Jahrhundert in zahllosen bildlichen und dramatischen Darstellungen veranschaulicht hat: Jünglinge und Greise, Frauen und Kinder, Bauern und Bischöfe, Könige und Bettler, Narren und Heilige: alle drehen sich im Reigen, und der Tod spielt die Fiedel dazu. Die Darstellungen und, wie wir annehmen dürfen, die wirklichen, aus Frankreich kommenden, seit dem 14. Jahrhundert in Deutschland vorgeführten Totentänze sind nicht nur so etwas wie ein tolles Ballfest von Todgeweihten, danses macabres, nicht

nur ein Stück naturalistischer Vorahnung von Tod und Verwesung, sondern ungemein eingängige Warnungen vor der Mors
Improvida: auch die Predigten und erbaulichen Schriften war-
nen davor, und in der Allerheiligenlitanei der Kirche ist die Bitte
um Bewahrung vor einem plötzlichen, unvorbereiteten Ende
eingeschlossen.

Du mußt den Tod lernen. »So ist och der tod zuo allen zytten«,
meint Heinrich Steinhöwel in seiner aus dem Italienischen
genommenen »Griseldis« (um 1461), »den junge beraitt als
(wie) den alten vnd ist nieman begabet für jn«. Jeder muß das
lernen, übrigens auch hier bis hinunter zum einfachsten Mann.
Wird einer der Brüder, der ehemaligen Handwerker in den
Nürnberger Zwölfbrüderhäusern, Altersheimen also, krank, so
sehr, »das er sterben wolt«, so soll man ihm »von dem sterben
vorlesen«. Von Heinrich Seuse bis Thomas Morus oder Erasmus
von Rotterdam zieht sich da eine Linie von Literatur, die sich
müht um die ars moriendi, um das Sterbenlernen. Um 1465
erscheint in der Rheingegend, vermutlich in Köln, ein Holz-
schnittbuch unter diesem lateinischen Titel, das ein Bestseller
wird; zu Beginn des 16. Jahrhunderts ist es nach ganz Westeuropa vorgedrungen. Camillo de Lellis hat in Rom mit seiner
Ordensgründung der »Väter vom guten Tod« dieser Tradition
Rechnung getragen und noch die Barockfrömmigkeit des
17. Jahrhunderts zehrt unter dem Signal »Memento mori« vom
mittelalterlichen Erbgut. Zu Ausgang des 15. Jahrhunderts erscheint gleichzeitig in England und in den Niederlanden der
»Jedermann«, das Spiel vom reichen Manne, der plötzlich
sterben und vor Gott Rechenschaft ablegen muß. Hofmannsthal
hat in seiner Nachdichtung der niederländisch-niederdeutschen
Vorlagen seinen Jedermann auf die Nachricht des Todes in
bleichem Entsetzen antworten lassen: »Ganz und gar bin ich
unbereit / Für solch ein Rechnung legen.«

Das Spiel ging damals durch die deutschen Lande. Auf dem
rasch zusammengestückten Brettergerüst, das man umstand
im Geviert, sah man sie alle leibhaftig vor sich, genauer gesagt

über sich, Gott den Herrn, die Heiligen, Maria die Mutter, den Tod, den Teufel, gegen den noch Luther sein Tintenfaß geschleudert haben soll. Ohne Zweifel hat der »Jedermann« an eine wunde Stelle gerührt: je mehr man sich vom Tod umgeben sah, je sicherer und wirklicher seine Spuren sich abzeichneten, desto weniger wollte man sich zufriedengeben mit irgendeiner klugen und dogmatischen Abstraktion. »Mitten wir im Leben sind«, beginnt eine Antiphon des 11. Jahrhunderts, die Luther übersetzt hat, »mit dem Tod umfangen. / Wen suchen wir, der Hilfe tu / daß wir Gnad erlangen? / Das bist du, Herr, alleine...«

Man hat ihn gekannt, den Tod. Das Mittelalter, das sich seine Bilder macht und den Ausdruck seines Denkens und Glaubens wesentlich im Bildlich-Symbolischen findet, weiß, daß der Tod an dich und mich kommt, ein sehr persönlicher Tod, einen, den man beim Namen nennen kann. Spätestens im 15. Jahrhundert hat man sich angewöhnt, in der Tafelmalerei die Todesmahnung auch mit Portraitdarstellungen zu verbinden, die oberrheinische Allegorie auf Leben und Tod (um 1480) ist ein erschütterndes Beispiel dafür. Man weiß, wie der Tod aussieht, er ist kein anonymes, in Bakterien verkapseltes, in Karzinomen verpacktes Etwas, sondern vorstellbar, sichtbar, greifbar. In einer von Dürers Handzeichnungen reitet er als König daher, in einer der von Dürer entworfenen Glasscheiben als Bogenschütze, da zielt er auf den am offenen Grabe knienden Propst Sixtus Tucher, ein Gerippe mit der Krone auf dem Haupt, auf einem anderen Blatt hält er sich, während das Paar ahnungslos lustwandelt, im Hintergrund verborgen, die Sanduhr auf dem Kopf. Bei Hans Baldung Grien umkrallt er den nackten Leib der Frau, die sich im Spiegel beschaut, bei Hans Beham, dem Dürerschüler, neigt er sich, als Narr gekleidet, dem jungen Mädchen über die Schulter, und Burgkmair läßt ihn als Würgeengel durch prunkvolle Renaissancehallen rauschen. Der jüngere Holbein hat die Todesdarstellungen des Mittelalters in seiner Thematik zu symphonischem Reichtum gesteigert. Der Tod ist bei ihm vollends zur

117 Die Tafel aus einem Blockbuch um 1450, einer »Ars moriendi« (Kunst
des Sterbens), zeigt den auf Tod unvorbereiteten ›Jedermann‹ und veranschaulicht die Sünde (und zugleich Torheit) der Ungeduld. Der sterbende Mann, den
ein Teufel versucht, hat den Tisch umgeworfen und vertreibt seinen Arzt mit
einem Fußtritt. In deutschen Ausgaben lautet das Spruchband der trauernden
Gattin: »O was erlîdet er«, des Teufels: »ich hân im gelaicht«.

ständigen Kontrastfigur des Lebens geworden. Alles wird, jeden Augenblick, durch ihn in Frage gestellt. Wo immer er herzutritt, zerstört er ohne Erbarmen: er ruft den ungerechten Richter vor den Stuhl, den Krämer von seinem Handel ab, er greift dem pflügenden Bauern ins Gespann und trägt dem Priester Laterne und Glocke voran, er führt dem Arzt den Kranken in die Stube und ringt den Ritter im Kampfe nieder. Nur den gebeugten Greis geleitet er sanft ins Grab. Er war, der Alte, mit sich und dem Tode einig geworden. Er war vorbereitet.

Die Vorbereitung auf den Tod, die praktische Nutzanwendung sozusagen auf dieses mittelalterliche Leben von dem Tode her, hat den einfachen Mann wie den Theologen damals gleichermaßen beschäftigt. Heinrich Seuse, der in Konstanz geborene Dominikaner, in seiner mystisch gestimmten Lehre wesentlich durch Thomas von Aquin und Meister Eckhart bestimmt, hat in seinem 1326 niedergeschriebenen »Büchlein der ewigen Weisheit«, einem Dialog zwischen Diener und ewiger Weisheit, dem rechten Auffassen vom Sterben breiten Raum gegeben. Das leibliche Sterben sei mit dem geistlichen Sterben eng verbunden, aber niemand erkenne das darin verborgene Gesetz. Selbst unter den Priestern, den Dienern Gottes, fehle es an dieser Einsicht, trotz aller furchtbaren Beispiele eines plötzlichen Todes.

Seuse hat zugleich, das ist sicher kein Zufall, die erste Selbstbiographie in deutscher Sprache geschrieben. Die Sätze des »Dieners« im Dialog haben in ihrer erschütternden Nähe auch etwas sehr Persönlich-Bekenntnishaftes: »Und wenn sie nun auch an der Angel des bitteren Todes hängen und weh rufen, so werden sie doch nicht erhört. Sieh, so unter hundert Menschen, die geistliches Gewand tragen – ich will von den anderen schweigen –, nicht einer meiner Worte achtet zur Bekehrung und Besserung seines Lebens, so ist es nun dazu gekommen, daß unter Hunderten nicht einer ist, der nicht unvorbereitet in den Strick des Todes fällt, so wie ich. Wohl geschieht denen nun, die nicht uneinsichtig und unverständig sterben. Eitle Ehren, Wohlbefinden des Leibes, vergängliche

608

118 *Der Tod und die Bürgerin. Aus »Der doten dantz«, Druck von Heinrich Knoblochtzer, Heidelberg o.J.*

Liebe und das habgierige Suchen nach des Lebens Notdurft blendet die Menge. Willst du aber mit den wenigen dem jämmerlichen, unvorbereiteten Tode entgehen, so folge meiner Lehre. Siehe, der stete Anblick des Todes, die getreue Hilfe deiner armen Seele, die so sehr nach dir ruft, bringt dich bald dazu, daß du nicht nur alle Angst verlierst, daß du sogar seiner wartest.«

Es ist sicher, daß die Auffassung vom Tode, vielleicht sagen wir einfacher und richtiger: das Denken an den Tod die Haltung des Menschen im Mittelalter auf eine ganz andere Weise bestimmt hat als in unserer Gegenwart. Uns ist die rückwärts gewandte Projektion der Majestät Tod auf das Leben ein fast unfaßlicher und unverantwortlicher, jedenfalls schwer nachvollziehbarer Rückzug aus einer stündlich anstürmenden Gegenwärtigkeit. Für das Mittelalter ist die beständig hörbare Stimme des Todes die Aufforderung nicht nur zu seiner Überwindung, sondern auch zum Eintritt zu einem ganz neuen Gottesverständnis. Bei Meister Eckhart, einem Denker und Dichter von unvergleichlicher Wucht der Sprache, geht dieser über den Tod zu Gott führende Weg zuletzt bis zur Einheit mit Gott. Wer dazu kommt, fragt nicht mehr weiter:

er hat das Himmelreich gefunden und das ewige Leben schon auf Erden. Er hat den innerlichen Frieden, den Christus meinte, der da durchdringt alle Anfechtung und Widerwärtigkeit, Druck, Elend und Schande, er hat die Ruhe, darin man fröhlich sein kann.

Wie abgrundtief muß die Angst vor der Zersetzung des irdischen Lebens gewesen sein, angesichts des hohen Werts, den man der Unverweslichkeit der Leichen einiger Heiliger beimaß! Wie stark war der – zweifellos bewußte – Kontrast der schwarzen Trauerkleidung gegenüber der lauten Farbigkeit zumindest in der Stadt! Im 14. Jahrhundert kommen die mit Kapuzen versehenen, kuttenartigen Trauermäntel auf, die den Träger ganz verbergen.

Keine Rede also davon, daß man im Mittelalter die Hülle des Lebens leicht abgestreift hätte. Dazu war dieser Kampf zu ernst und dazu hat er zu viele Ansprüche gestellt: immer wieder hat sich die Kreatur aufgebäumt dagegen und ihre Rechte geltend gemacht. Die »freiwillige Einwilligung«, um Bonhoeffer noch einmal zu zitieren, kam keinem so leicht von der Zunge.

Vielleicht kommt dieses Selbst- und Wirklichkeitsbewußtsein am großartigsten im »Ackermann aus Böhmen« zum Ausdruck, jenem Trost- und Streitgespräch, das Johann von Tepl, Notar und Stadtschreiber in Saaz, um 1400 geschaffen hat. Der Ackermann und der Tod wechseln scharf und kantig die Worte. Der Tod hat dem Ackermann die Frau im Kindbett geraubt. In wilder leidenschaftlicher Anklage, maßlos vor Schmerz, fordert er vom Tod, als dem Mörder seiner Frau, Rechenschaft. »Ir habt unwiderbringenden raub an mir getan. Weget es selber, ob ich icht billich zürne, wüte und klage: von euch bin ich freudenreiches wesens beraubet, tegelicher guter lebetage entweret und aller wünnebringender rente geeußert. Frütig und fro was ich vormals zu aller stund; kurz und lustsam was mir alle tag und nacht, in gleicher maße freudenreich, geudenreich sie beide; ein jegliches jar was mir ein gnadenreiches jar. Nu wirt zu mir gesprochen: schab ab! bei trübem tranke, auf dürrem aste, betrübet, swarz und zersorten beleib und heule on underlaß! Also treibet mich der wind, ich

119 *Der Tod tanzt vor arm und reich, vor Bauer (links) und Gelehrtem (rechts), vor Mann (vorne) und Frau (mit Haube, Mitte hinten), aus seiner Tuba schlängeln sich die Würmer. Aus dem in Mainz um 1492 erschienenen »Doten dantz«.*

swimme dahin durch des wilden meeres flut, die tünnen haben überhand genommen, mein anker haftet ninder. Hierumb ich on ende schreien wil: ir Tod euch sei verfluchet!«

Überlegen weist der Tod den Kläger zurück. Der Ackermann beansprucht als Sohn dieser Erde das Recht, die Freuden dieses Diesseits zu genießen. Aber der Tod verweist auf die Eitelkeit und Hinfälligkeit alles irdischen Seins, über das ihm Gott die Macht verliehen hat. »Noch ist das aller gröste, das ein mensche nicht gewissen kan, wann, wo oder wie wir über es urblüpfling fallen und es jagen zu laufen den weg der tötlichen. Die bürde müssen tragen herren und knechte, man und weib, jung und alt, reich und arm, gut und böse. O leidige zuversicht, wie wenig achten dein die tummen. Wann es zu spate ist, so wellen sie alle frum werden. Das ist alles eitelkeit über eitelkeit und beswerung der sele. Darumb laß dein klagen sein und trit in welchen orden du wilt: du findest gebrechen und eitelkeit darinnen! Jedoch kere von dem bösen und tue das gute, suche den Fride und tue in stete, über alle irdische dinge habe lieb rein und lauter gewissen! Und das wir dir rechte geraten haben, das komen wir mit dir an Got, den ewigen, den großen und starken.«

Zum Entscheid treten beide vor Gott, den Ewigen, Starken. Der entscheidet, daß beide recht haben: dem Kläger gebührt die Ehre, dem Tod aber der Sieg in diesem Kampf.

Anhang

620

621

Ortsregister

Sachregister

632

Quellen- und Literaturverzeichnis

Quellen Freilich stehen für das Mittelalter heute Quellensammlungen zur Verfügung, wenn man die unklassifizierten, wie Huizinga einmal sagte, »formlosen« Epochen der modernen Geschichte daneben hält, sogar in sehr geordneter und sehr ertragreicher Gestalt. Neben vielen Urkundenbüchern und kleineren, regionalen oder lokalen Editionen, die für dieses Buch auch herangezogen worden, aber hier im einzelnen nicht aufgeführt sind, stehen für die Welt des Adels in erster Linie die Monumenta Germaniae Historica zur Verfügung, insbesondere die Reihen A 1 (Scriptores), B 1 (Scriptores Antiquissimi), B 2 (Scriptores), D 2 (Scriptores in usum scholarum) und B 15/6 (Epistolae). Dazu kommen die Acta imperii selecta, ed. J. Fr. Böhmer/J. Ficker, Neudr. der Ausg. v. 1870 (1967), die von J. Fr. Böhmer hrsg. Regesta imperii 1881–1951, die von Philipp Jaffé hrsg. »Bibliotheca rerum Germanicarum« (Bd. 1, 1864, bis Bd. 6, 1873), das »Corpus der altdeutschen Originalurkunden bis zum Jahre 1300«, hrsg. v. Friedrich Wilhelm (Bd. I, 1932, bis Bd. V, 1963–75), die innerhalb der Monumenta erscheinenden »Quellen zur Geistesgeschichte des Mittelalters« (Bd. 1, 1955 bis Bd. 11, 1979) und die von Rudolf Buchner hrsg. »Ausgewählten Quellen zur deutschen Geschichte des Mittelalters. Freiherr vom Stein-Gedächtnisausgabe« (Bd. I, 1955, bis Bd. XXXII, 1977). Freilich kommen alle diese Quellen auch ganz unvermeidlich der Erhellung des mittelalterlichen Klerikerlebens zugute, auch die von J. Fr. Böhmer begründeten »Fontes rerum Germanicarum« (Neudr. d. Ausg. 1843–1868, Aalen 1969) oder die Historischen Texte/Mittelalter, hrsg. v. A. Borst u. J. Fleckenstein, H. 1 (1965) bis H. 17 (1976).

Für das Leben der Geistlichkeit waren in erster Linie auszuwerten: Johannes Bühler (Hrsg.), Klosterleben im deutschen Mittelalter nach zeitgenössischen Aufzeichnungen, Leipzig: Insel 1921, die zweite Gesamtausgabe der nach den Texten der Monumenta Germaniae Historica in deutscher Bearbeitung herausgegebenen »Geschichtschreiber der deutschen Vorzeit« (96 Bde. in 98 Teilen, in unterschiedlichen Auflagen von 1879 bis 1944), die Quellenteile der von W. Goetz herausgegebenen »Beiträge zur Kulturgesch. des Mittelalters und der Renaissance« (H. 1, 1908, bis H. 53, 1934) und vielerlei regionale oder territoriale Einzeleditionen, beispielsweise die Regestenbände der Bischöfe bzw. Erzbischöfe von Mainz, Köln, Trier, Bamberg oder Straßburg.

Das *Bürgertum* hat in der Reihe B 4, Deutsche Chroniken (Bd. I, 1893/95 – Bd. V, 1923) sein Quellenwerk, vor allem aber in der großartigen Reihe »Die Chroniken der deutschen Städte vom 14. bis zum 16. Jahrhundert, hrsg. v. d. Hist. Komm. bei der Bayer. Akademie der Wiss.« (Bd. 1, Neuaufl. 1961 der Ausg. v. 1862 – Bd. 36, Neuaufl. 1968 der Ausg. v. 1931), in der dokumentiert sind die Städte Nürnberg, Augsburg, Braunschweig, Straßburg, Köln, Landshut, Regensburg, Mühldorf, München, Mainz, Lübeck, Dortmund, Neuss, Soest, Duisburg, Lüneburg. Aber auch die Deutschen Reichstagsakten sind für bestimmte Formen bürgerlich-städtischen Lebens aufschlußreich (Erste Abteilung, Bd. 1, Neudruck 1956 – Bd. 22, 1973; Mittlere Reihe, Bd. 3, 1, 1972 – Bd. 6, 1979; Jüngere Reihe, Bd. 1, Neudruck 1962 – Bd. 8, 2, 1971). Dazu kommen, speziell für das Leben des handeltreibenden Bürgertums, die »Deutschen Handelsakten des Mittelalters und der Neuzeit« (Bd. 1, 1923, bis Bd. 15, 1974).

Schließlich sind für alle drei Standesbereiche, in Einzelfällen mit Gewinn auch für das Leben der Bauern – man denke an Helmbrechts »Wernher der Gartenaere« (jetzt bei Fischer, Bücher des Wissens 6024) – Literatur-Editionen herangezogen worden, neben den ungemein instruktiven Einzelausgaben für Wolfram, Hartmann, Gottfried v. Straßburg und so fort besonders die – viel »Literatur« enthaltenden – »Deutschen Texte des Mittelalters«, Bd. 1 (1904) – Bd. 40 (1935) von der Preuß. Akad. d. Wiss. in Berlin, Bd. 42 (1948) – 71 (1981) v. d. Akad. d. Wiss. zu Berlin hrsg., die 4 Reihen Geistl. Dichtung – Höf. Dichtung – Realistik des späten Mittelalters – Drama des Mittelalters der seit 1964 auch in Neudrucken vorliegenden »Deutschen Literatur in Entwicklungsreihen«, die wertvolle mittelalterliche Texte zugänglich machende »Bibliothek des litterarischen Vereins in Stuttgart« (Bd. 1, 1842, bis Bd. 300, 1978/79), das von Michael Curschmann und Ingeborg Glier edierte dreibändige Werk »Deutsche Dichtung des Mittelalters« (München: Hanser 1980/81) und das zuletzt von H. Moser und H. Tervooren zum Druck beförderte Sammelwerk »Des Minnesangs Frühling«, Bd. I, Texte, Stuttgart ³⁶1977.

Indessen gibt der Umstand, daß die *bäuerliche Welt* in allen diesen Quelleneditionen und in der früheren sog. Kulturgeschichtsschreibung, etwa im Band »Der Bauer« der von Gg. Steinhausen herausgegebenen

»Monographien zur deutschen Kulturgeschichte« (Neuausg. unter dem Titel »Die deutschen Stände in Einzeldarstellungen«. 12 Bde., Jena: Diederichs 1924) oder in Johannes Bühlers Buch »Bauern, Bürger und Hansa« (1929) sozusagen unterrepräsentiert ist, Anlaß zu grundsätzlichen Bedenken. Auch die – in das Buch wo immer möglich eingeflossenen – »Ländlichen Rechtsquellen« (vgl. Peter Blickle [Hrsg.]), Deutsche Ländliche Rechtsquellen. Probleme und Wege der Weistumsforschung. Stuttgart: Klett-Cotta 1977) betreffen ja vorab Rechts- und Verfassungskodifikationen und geben häufig nur mittelbare Auskunft über die Wirklichkeit bäuerlichen Alltags. So, wie die Holzbauten des Mittelalters – und man hat ganz überwiegend in Holz gebaut – nahezu alle verschwunden sind, kommt in den überkommenen »Quellen« in erster Linie Herrenschicht, auch in ihrer usurpierten bürgerlichen Form, zu Wort. Selbst in der höfischen Dichtung, einer freigebigen Rednerin mittelalterlicher Welt, finden sich zum Burgenleben – immerhin ist die Burg das markanteste, vielleicht repräsentativste Bauwerk des Mittelalters – kaum mehr als sporadische, jedenfalls allemal »Rekonstruktionen« verlangende Äußerungen. Wer zudem in Rechnung stellt, daß die »Wirklichkeit« – und das ist auch die Wirklichkeit des Lebens und ganz besonders des Alltags – in der »Chronik«, in der »Biographie«, in der Dichtung, in der (für das Buch gleichfalls weitgehend herangezogenen) Malerei als Thema erst zu Ausgang des Mittelalters zum Durchbruch kommt, wird sich aus heutiger Sicht dem Thema »Alltagsleben im Mittelalter« nur zögernd nähern. Wir haben uns weitgehend, dies wäre dem Buch zugute zu halten, auf Ableitungen, Erschließungen und jedenfalls auf unvollständige, manchen modernen Bereich von »Wirklichkeit« aussparende Rekonstruktionen zu verlassen. Nur aus den allerwenigsten erhaltenen Quellenzeugnissen des Mittelalters sind unmittelbare Aufschlüsse über die Lebensverhältnisse im Alltag zu erwarten.

Literatur Auf möglichst vielen Bereichen solide Fundamente für eine mittelalterliche Realienkunde zu legen, gelingt nur strengster historischer Untersuchung. Diese Forderung unserer Gegenwart kommt einer Neubearbeitung der zuletzt in gewichtigen, um die Jahrhundertwende vorgelegten Werken zur mittelalterlichen Alltagsgeschichte (Alwin Schultz, Moriz Heyne, Alfred Martin, vor allem Georg Steinhausen) herangezogenen Quellen gleich. Aber nicht nur die präzisere, methodisch schärfere Quellenanalyse reizt uns heute, wir wollen, über den Pragmatismus der bloßen Bestandsaufnahme des ausgehenden 19. Jahrhunderts hinaus, auch den sozialgeschichtlichen »Kontext« der einzelnen »Realien« sehen. Neben einzelnen, freilich wesentlichen Untersuchungen in der jüngsten deutschen Mittelalterforschung (A. Borst, A. Nitschke, K. Bosl u. a.), sind hier Ansätze vor allem in der französischen und österreichischen Mediävistik hervorzuheben. In der französischen Forschung hat man innerhalb großangelegter Entwürfe zum Geist und zur Kultur des Mittelalters auch Studien über das Alltagsleben mit einbezogen (Bloch, Le Goff, Duby, Ariès, Riché). Die österreichische Historiographie hat mit den bis jetzt erschienenen 5 Bänden des in Krems beheimateten, von Harry Kühnel betreuten Instituts für mittelalterliche Realienkunde Österreichs einen gerade auch methodisch vorbildlichen Anfang zur Erfassung mittelalterlicher Sachkultur gemacht.

Zu Kapitel 1, Vom anderen Leben

Andreas, Willy Deutschland vor der Reformation. Eine Zeitenwende. Berlin: Duncker & Humblot [7]1972 – *Bandmann, Günther* Mittelalterl. Architektur als Bedeutungsträger. Berlin: Mann [5]1978 – *Borst, Arno* Lebensformen im Mittelalter. Frankfurt-Berlin: Propyläen 1973 – *Bosl, Karl* Europa im Aufbruch. Herrschaft – Gesellschaft – Kultur vom 10. bis zum 14. Jh. München: C. H. Beck 1980 – *Bosl, Karl* Frühformen der Gesellschaft im mittelalterlichen Europa. Ausgewählte Beiträge zu einer Strukturanalyse der mittelalterl. Welt. München-Wien: R. Oldenbourg 1964 – *Bosl, Karl* Die Gesellschaft in der Geschichte des Mittelalters (= Kleine Vandenhoeck-Reihe 231/231a) Göttingen: Vandenhoeck & Ruprecht [2]1966 – *Bosl, Karl* Die Grundlagen der modernen Gesellschaft im Mittelalter. Eine deutsche Gesellschaftsgeschichte des Mittelalters (= Monographien zur Geschichte des Mittelalters, Bd. 4/I u. II) Stuttgart: Hiersemann 1972. 2 Tle. – *Curschmann, Michael/Glier, Ingeborg (Hrsg.)* Deutsche Dichtung des Mittelalters. 3 Bde. München: Hanser 1980 und 1981 – *Dhondt, Jan* Das frühe Mittelalter (= Fischer Weltgeschichte Bd. 10) Frankfurt: Fischer Bücherei 1968 – *Elias, Norbert* Über den Prozeß der Zivilisation. Soziogenetische und psychogenetische Untersuchungen (= suhrkamp taschenbuch wissenschaft 158/9). 2 Bde. Frankfurt: Suhrkamp [8]1981, 1982 – *Flitner, Wilhelm* Die Geschichte der abendländischen Lebensformen (Piper-Paperback). München: Piper 1967 – *Fritzsche, Gabriela* Die Entwicklung des »Neuen Realismus« in der Wiener Malerei von 1331 bis zur Mitte des 14. Jahrhunderts (= Dissertation zur Kunstgesch. 18, 1982) – *Haeusler, Martin* Das Ende der Geschichte in der mittelalterlichen Weltchronistik (= Beihefte zum Archiv für Kulturgeschichte H. 13) Köln/Wien: Böhlau 1980 – *Huizinga, Johan* Geschichte und Kultur. Gesammelte Aufsätze (= Kröners Taschenausgabe 215). Stuttgart: Kröner 1954 – *Huizinga, Johan* Herbst des Mittelalters. Studien über Lebens- und Geistesformen des 14. u. 15. Jhs. in Frankreich und in den Niederlanden (= Kröners Taschenausgabe 204) Stuttgart: Kröner ^{11}1975 – *Jordan, Karl* Ausgewählte Aufsätze zur Geschichte des Mittelalters (= Kieler Hist. Studien 29) Stuttgart: Klett-Cotta 1980 – *Koselleck, Reinhart (Hrsg.)* Studien zum Beginn der modernen Welt (= Industrielle Welt Bd. 20) Stuttgart: Klett-Cotta 1977 – *Kurze, Dietrich* Nationale Regungen in der spätmittelalterlichen Prophetie, Histor. Zeitschrift 202 (1966), S. 1–23 – *Le Goff, Jacques* Kultur des europäischen Mittelalters. München-Zürich: Droemer-Knaur 1970 – *Leuschner, Joachim* Deutschland im späten Mittelalter (= Deutsche Geschichte Bd. 3, Kleine Vandenhoeck-Reihe 1410) Göttingen: Vandenhoeck & Ruprecht 1975 – *Leyen, Friedrich v. d./ Wapnewski, Peter* Deutsches Mittelalter. Frankfurt: Insel 1980 – *Liebertz-Grün, Ursula* Gesellschaftsdarstellung und Geschichtsbild in Jans Enikels Weltchronik. Mit Notizen zu Geschichtserkenntnis und Geschichtsbild im Mittelalter, in. Euphorion 75 (1981), S. 71–99 – *Nitschke, August* Revolutionen in Naturwissenschaft und Gesellschaft (= problemata Bd. 83) Stuttgart: Frommann-Holzboog 1979 – *Nitschke, August* Historische Verhaltensforschung (= UTB 1153) Stuttgart: Ulmer 1981 – *Pernoud, Régine* Überflüssiges Mittelalter? München: Winkler 1979 – *Riché, Pierre* Die Welt der Karolinger. Stuttgart: Reclam 1981 – *Schmidt, Heinrich und Margarethe* Die vergessene Bildersprache christlicher Kunst. Ein Führer zum Verständnis der Tier-, Engel- und Mariensymbolik. München: C. H. Beck 1981 – *Spörl, Johannes* Das Alte und das Neue im Mittelalter. Studien zum Problem des mittelalterlichen Fortschrittsbewußtseins, Hist. Jahrbuch 50 (1930), S. 297–341, 498–524 – *Sprandel, Rolf* Verfassung und Gesellschaft im Mittelalter (= UTB 461) Paderborn: Schöningh 1975 – *Steinhausen, Georg (Hrsg.)* Monographien zur deutschen Kulturgeschichte. 12 Bde., Leipzig: Diederichs 1899–1905 – *Ullmann, Walter* Individuum und Gesellschaft im Mittelalter (= Kleine

Vandenhoeck-Reihe 1370) Göttingen: Vandenhoeck & Ruprecht 1974 – *Weber, Max* Wirtschaft und Gesellschaft. Grundriß der verstehenden Soziologie. Studienausgabe, hrsg. v. J. Winckelmann. 2 Bde. Köln-Berlin: Kiepenheuer & Witsch 1964 – *Weimar, Peter (Hrsg.)* Die Renaissance der Wissenschaften im 12. Jahrhundert (= Zürcher Hochschulforum Bd. 2) Zürich: Artemis 1981 – *Zimmermann, Albert/Vuillemin-Diem, Gudrun (Hrsg.)* Soziale Ordnungen im Selbstverständnis des Mittelalters (= Miscellanea Mediaevalia Bd. 12/1 u. 2) Berlin-New York 1979/80. 2 Bde.

Zu Kapitel 2, *Die Leute auf dem Schachbrett*

Hintze, Otto Feudalismus – Kapitalismus (= Kleine Vandenhoeck-Reihe 313) Göttingen: Vandenhoeck & Ruprecht 1970 – *Schwer, Wilhelm* Stand und Ständeordnung im Weltbild des Mittelalters. Die geistes- und gesellschaftsgeschichtlichen Grundlagen der berufsständischen Idee (Veröffentlichungen der Görres-Gesellschaft zur Pflege der Wissenschaften im kathol. Deutschland, Sektion f. Sozial- u. Wirtschaftswissenschaft 7). Paderborn: Schöningh ²1952 – *Stoob, Heinz (Hrsg.)* Altständisches Bürgertum. 2 Bde. (= Wege der Forschung CCCLII u. CCCCXVII). Darmstadt: Wiss. Buchgesellschaft 1978 – *Wunder, Heide (Hrsg.)* Feudalismus. München: Nymphenburger 1974

Zu Kapitel 3, *Schildes ambet ist mîn art*

Bitschnau, Martin Burg und Adel in Tirol zwischen 1050 und 1300. Grundlagen zu ihrer Erforschung (Sonderband der Komm. f. Burgenforschung und Mittelalter-Archäologie). Wien: Österr. Akademie der Wiss. 1982 – *Borst, Arno* Das Rittertum im Mittelalter (= Wege der Forschung Bd. CCCIL) Darmstadt: Wiss. Buchgesellschaft 1976 – *Caboga, Comte Herbert de* Die Burg im Mittelalter. Geschichte und Formen (= Ullstein Buch 36068) Frankfurt–Berlin–Wien: Ullstein 1982 – *Dürst, Hans (Red.)* Rittertum. Schweizerische Dokumente. Hochadel im Aargau (= Dokumente zur aargauischen Kulturgesch. Nr. 2) Lenzburg: Kantonale Histor. Sammlg. ²1964 – *Franz, Günther (Hrsg.)* Deutsches Bauerntum im Mittelalter (Wege der Forschung 416) Darmstadt: Wiss.

Buchgesellschaft 1976 – *Hanckel, Hademoth* Narrendarstellungen im Spätmittelalter. Masch.-schr. Diss. Freiburg i. B. 1952 – *Hohendahl, Peter Uwe/Lützeler, Paul Michael (Hrsg.)* Legitimationskrisen des deutschen Adels 1200–1900 (= Literaturwissenschaft und Sozialwissenschaften, Bd. 11) Stuttgart: J. B. Metzler 1979 –. *Kühn, Dieter* Ich Wolkenstein, Eine Biographie (= insel taschenbuch 497) Frankfurt: Insel 1980 – *Langosch, Karl (Hrsg.)* König Artus und seine Tafelrunde. Europäische Dichtung des Mittelalters. Stuttgart: Reclam 1980 – *Mezger, Werner* Hofnarren im Mittelalter. Vom tieferen Sinn eines seltsamen Amts. Konstanz: Universitätsverlag 1981 – *Meyer-Hofmann, Werner* Burg als Repräsentationsbau, in: Zeitschr. f. schweizer. Archäologie und Kunstgesch. 34 (1977), S. 14–63 – *Pleticha, Heinrich* Ritter, Burgen und Turniere. Die Zeit des staufischen Rittertums. Würzburg: Arena ^{6}1977 – Adelige Sachkultur des Spätmittelalters (=Veröff. d. Instituts f. mittelalterliche Realienkunde Österreichs, Nr. 5: Sitzungsberichte) Wien: Österr. Akad. d. Wiss. 1982 – *Satrapa-Schill, Almut* Das Leben und die Versorgung auf mittelalterl. Höhenburgen. Diss. Stuttgart 1978 – *Schneider, Hermann* Heldendichtung. Geistlichendichtung. Ritterdichtung (= Geschichte der deutschen Literatur Bd. 1) Heidelberg: C. Winter 1943 – *Störmer, Wilhelm* »Spielmannsdichtung« und Geschichte. Die Beispiele »Herzog Ernst« und »König Rother«, in: Zeitschr. f. bayer. Landesgesch. 43 (1980), S. 551–574 – *Tuchman, Barbara W.* Der ferne Spiegel. Das dramatische 14. Jahrhundert. Düsseldorf: Claassen 1980 – *Winter, Johanna Maria van* Rittertum. Ideal und Wirklichkeit (– dtv Wissenschaft 4325) München: Deutscher Taschenbuch Verlag 1979

Zu Kapitel 4, Der tumpe gebûr

Bader, Karl Siegfried Studien zur Rechtsgeschichte des mittelalterl. Dorfes. 1. T.: Das mittelalterl. Dorf als Friedens- und Rechtsbereich, 2. T.: Dorfgenossenschaft und Dorfgemeinde, 3. T.: Rechtsformen und Schichten der Liegenschaftsnutzung im mittelalterl. Dorf. Weimar-Wien-Köln-Graz: Böhlau 1957, 1962, 1973 – *Blum, Jerome (Hrsg.)* Die bäuerliche Welt. Geschichte und Kultur in sieben Jahrhunderten. München: C. H. Beck 1982 – *Duby, Georges* Krieger und Bauern. Die Entwicklung von Wirtschaft und Gesellschaft im frühen Mittelalter. Frankfurt: Syndikat 1977 – *Franz, Günther* Geschichte des deutschen

Bauernstandes vom frühen Mittelalter bis zum 19. Jahrhundert. Stuttgart: Ulmer 1976 – *Guyan, Walter Ulrich* Altes landwirtschaftl. Gerät
aus dem Kanton Schaffhausen (= Wegleitungen durch das Museum zu
Allerheiligen, H. 3) Schaffhausen o. J. – *Harnisch, Hartmut* Bauern –
Feudaladel – Städtebürgertum. Untersuchungen über die Zusammenhänge zwischen Feudalrente, bäuerlicher und gutsherrlicher Warenpro-
duktion und den Ware-Geld-Beziehungen (= Abhandlungen zur Han-
dels- und Sozialgeschichte Bd. 20) Weimar: Böhlau 1980 – *Janota,
Johannes* Städter und Bauer in literarischen Quellen des Spätmittelalters,
in: Die alte Stadt 6 (1979), S. 225–242 – *Jöst, Erhard* Bauernfeindlich-
keit. Die Historien des Ritters Neithart Fuchs (= Göppinger Arbeiten zur
Germanistik 192) Göppingen 1976 – *Kuchenbuch, Ludolf* Bäuerliche
Gesellschaft und Klosterherrschaft im 9. Jahrhundert. Studien zur So-
zialstruktur der Familia der Abtei Prüm (Vierteljahrschrift für Sozial-
und Wirtschaftsgeschichte, Beiheft Nr. 66) Wiesbaden: Steiner 1978 –
Ländliche Kulturformen im deutschen Südwesten. Festschrift für Heiner
Heimberger, hrsg. v. Peter Assion. Stuttgart: Kohlhammer 1971 – *Le
Roy Ladurie, Emmanuel* Montaillou. Ein Dorf vor dem Inquisitor
1294–1324. Frankfurt-Berlin-Wien: Propyläen 1980 – *Lutz, Robert
Hermann* Wer war der gemeine Mann? Der dritte Stand in der Krise des
Spätmittelalters. München-Wien: Oldenbourg 1979 – *Schulze, Winfried*
Bäuerlicher Widerstand und feudale Herrschaft in der frühen Neuzeit
(= Neuzeit im Aufbau, Bd. 6) Stuttgart: Frommann-Holzboog 1980

Zu Kapitel 5, Vita apostolica

Borst, Arno Mönche am Bodensee 610–1525. Sigmaringen: Jan Thor-
becke 1978 – *Bosl, Karl* Armut Christi. Ideal der Mönche und Ketzer,
Ideologie der aufsteigenden Gesellschaftsschichten vom 11. bis zum
13. Jahrhundert (= Sitzungsber. d. bayer. Akad. d. Wiss. Jg. 1981, H. 1).
München: C. H. Beck 1981 – *Bühler, Johannes (Hrsg.)* Klosterleben im
deutschen Mittelalter nach zeitgenössischen Aufzeichnungen. Leipzig:
Insel 1921 – *Duby, Georges* Die Zeit der Kathedralen. Kunst und
Gesellschaft 980–1420. Frankfurt: Suhrkamp 1980 – *Evans, Joan
(Hrsg.)* Blüte des Mittelalters. Die Welt der Ritter und der Mönche
(= Knaurs Große Kulturen in Farbe). München-Zürich: Droemer-
Knaur 1980 – *Frank, Karl Suso (ed.)* Frühes Mönchtum im Abendland.

Bd. 1: Lebensformen Bd. 2: Lebensgeschichten. Zürich-München: Artemis 1975 – Klösterl. *Sachkultur* des Spätmittelalters. Intern. Kongreß
Krems a. d. Donau 18.–21. 9. 1978 (= Österr. Akad. d. Wiss., Phil.-Hist.
Kl., Sitzungsberichte, 367. Bd.) Wien: Österr. Akad. d. Wiss. 1980 –
Southern, Richard William Geistes- und Sozialgeschichte des Mittelalters. Das Abendland im 11. und 12. Jahrhundert. Stuttgart: Kohlhammer ²1980

Zu Kapitel 6, Bî der statmûs

Aus dem *Alltag* der mittelalterlichen Stadt (= Hefte des Focke Museums
62) Bremen: Bremer Landesmuseum für Kunst- und Kulturgeschichte
(Focke-Museum) 1982 – *Diederich, Toni (Bearb.)* Revolutionen in Köln
1074–1918. Ausstellungskatalog. Köln 1973 – *Egli, Ernst* Geschichte
des Städtebaues. Bd. 2: Das Mittelalter, Bd. 3: Die neue Zeit. Erlenbach-
Zürich-Stuttgart: Rentsch 1962, 1967 – *Ennen, Edith* Frühgeschichte
der europäischen Stadt. Bonn: Röhrscheid 1953 – *Ennen, Edith* Die
europäische Stadt des Mittelalters. Göttingen: Vandenhoeck & Ru-
precht ³1979 – Frankfurt um 1600. Alltagsleben in der Stadt (=Kleine
Schriften des Historischen Museums 7) Frankfurt am Main: Dezernat
für Kultur und Freizeit 1976 – *Gruber, Karl* Die Gestalt der deutschen
Stadt. Ihr Wandel aus der geistigen Ordnung der Zeiten. München:
Callwey ²1976 – *Haase, Carl (Hrsg.)* Die Stadt des Mittelalters. 3 Bde.
(= Wege der Forschung CCXLIII, CCXLIV, CCXLV) Darmstadt: Wiss.
Buchgesellschaft 1969, 1972, 1973 – *Haseloff, Otto Walter (Hrsg.)* Die
Stadt als Lebensform (= Forschung und Information Bd. 6) Berlin:
Colloquium 1970 – *Kühnel, Harry* Die materielle Kultur des Spätmittel-
alters im Spiegel der zeitgenöss. Ikonographie, in: Ausstellungskatalog
Gotik in Österreich. Krems: Kulturverwaltung ²1967, S. 7–36 – Das
Leben in der Stadt des Spätmittelalters (= Österr. Akad. d. Wiss., Phil.-
Hist. Kl., Sitzungsberichte, Bd. 325) Wien: Österr. Akad. d. Wiss. 1977 –
Maschke, Erich Die Unterschichten der mittelalterlichen Städte Deutsch-
lands, in: Gesellschaftliche Unterschichten in den südwestdeutschen
Städten (= Veröffentlichungen der Kommission f. geschichtl. Landes-
kunde in Baden-Württemberg, Reihe B, Bd. 41). Stuttgart 1967, S. 1–74
– *Müller, Werner* Die heilige Stadt. Roma quadrata, himmlisches
Jerusalem und die Mythe vom Weltnabel. Stuttgart: Kohlhammer 1961

– *Nagel, Gerhard* Das mittelalterl. Kaufhaus und seine Stellung in der Stadt. Eine baugeschichtl. Untersuchung an südwestdeutschen Beispielen. Berlin: Mann 1971 – *Pfalz, Franz* Bilder aus dem deutschen Städteleben des Mittelalters. 2 Bde. Leipzig: Klinkhardt 1869–71 – *Planitz, Hans* Die deutsche Stadt im Mittelalter. Von der Römerzeit bis zu den Zunftkämpfen. Graz-Köln: Böhlau 1954 – *Rausch, Wilhelm (Hrsg.)* Die Städte Mitteleuropas im 12. und 13. Jh. (= Beiträge z. Gesch. der Städte Mitteleuropas I) Linz 1963 – *Ropp, Goswin von der* Kaufmannsleben zur Zeit der Hanse (= Pfingstblätter des hansischen Geschichtsvereins 3) Leipzig: Duncker & Humblot 1907 – *Rörig, Fritz* Die europäische Stadt und die Kultur des Bürgertums im Mittelalter (= Kleine Vandenhoeck-Reihe 12/13) Göttingen: Vandenhoeck & Ruprecht 1955 – *Rücker, Elisabeth* Die schedelsche weltchronik. Das größte Buchunternehmen der Dürer-Zeit (= Bibl. d. Germ. Nationalmuseums Nürnberg z. dt. Kunst- u. Kulturgesch., Bd. 33) München: Prestel 1973 – Europäische *Sachkultur* des Mittelalters (= Österr. Akad. d. Wiss., Phil.-Hist. Kl., Sitzungsberichte, 374. Bd.) Wien: Österr. Akad. d. Wiss. 1980 – *Schlichting, Mary Elisabeth* Religiöse und gesellschaftliche Anschauungen in den Hansestädten des späten Mittelalters. Saalfeld: Günther 1935 – *Schmale, Franz-Josef* Das Bürgertum in der Literatur des 12. Jahrhunderts, in: Probleme des 12. Jahrhunderts. Reichenau-Vorträge 1965–1967 (= Vorträge u. Forschungen Bd. XII) Stuttgart-Konstanz: Thorbecke 1968, S. 409–424 – *Stoob, Heinz (Hrsg.)* Die Stadt. Gestalt und Wandel bis zum industriellen Zeitalter. Köln-Wien: Böhlau 1979 – *Töpfer, Bernhard (Hrsg.)* Stadt und Städtebürgertum in der deutschen Geschichte des 13. Jahrhunderts (= Forschungen zur mittelalterl. Gesch., Bd. 24) Berlin: Akademie-Verlag 1976 – *Veckinchusen, Hildebrand* Briefwechsel eines deutschen Kaufmanns im 15. Jh., hrsg. u. eingel. v. Wilhelm Strieda. Leipzig: Hirzel 1921 – *Weiss, Hildegard* Lebenshaltung und Vermögensbildung des »mittleren« Bürgertums. Studien zur Sozial- und Wirtschaftsgeschichte der Reichsstadt Nürnberg zwischen 1400 und 1600 (= Zeitschr. f. bayer. Landesgesch., Reihe B, Beiheft 14) München: C. H. Beck 1980

Bernt, Adolf Deutsche Bürgerhäuser. Tübingen: Wasmuth 1968 – Englisch, *Ernst/Jaritz, Gerhard* Das tägliche Leben im spätmittelalterlichen Niederösterreich (= Wiss. Schriftenreihe Niederösterreich 19–21) St. Pölten: Niederösterr. Pressehaus 1976 – *Heyne, Moriz* Das deutsche Wohnungswesen von den ältesten geschichtlichen Zeiten bis zum 16. Jh. (= ders., Fünf Bücher deutscher Hausaltertümer von den ältesten geschichtl. Zeiten bis z. 16. Jh., Bd. 1) Leipzig: Hirzel 1899 – *Schultz, Alwin* Deutsches Leben im XIV. und XV. Jahrhundert. Große Ausgabe. 2 Halbbde. Prag-Wien: Tempsky, Leipzig: Freytag 1892 – *Schultz, Alwin* Das häusliche Leben der europäischen Kulturvölker vom Mittelalter bis zur zweiten Hälfte des XVIII. Jahrhunderts (= Handb. der mittelalterl. u. neueren Gesch., Abt. IV, 1) München-Berlin: Oldenbourg 1903 – *Schwarz, Dietrich W. H.* Sachgüter und Lebensformen. Einführung in die materielle Kulturgeschichte des Mittelalters und der Neuzeit (= Grundlagen der Germanistik, Bd. 11) Berlin: Schmidt 1970 – *Waas, Adolf* Der Mensch im deutschen Mittelalter. Graz-Köln: Böhlau 1964 – *Wurmbach, Edith* Das Wohnungs- und Kleidungswesen des Kölner Bürgertums um die Wende des Mittelalters (= Veröff. des Hist. Museums der Stadt Köln, 1) Bonn: Hanstein 1932

Bertrich, Fred Kulturgeschichte des Waschens. Düsseldorf-Wien: Econ 1966 – *Foerster, Rolf Hellmut* Das Leben in der Gotik. München: Desch 1969 – *Heyne, Moriz* Körperpflege und Kleidung bei den Deutschen von den ältesten geschichtl. Zeiten bis zum 16. Jh. (= ders., Fünf Bücher deutscher Hausaltertümer, Bd. 3) Leipzig: Hirzel 1903 – *Keil, Ernst Wolfgang* Deutsche Sitte und Sittlichkeit im 13. Jahrhundert nach den damaligen deutschen Predigern. Diss. Berlin, Dresden: Ungelenk 1931 – *Kochendörffer, Karl* Zum mittelalterlichen Badewesen, Zeitschr. f. Deutsche Philologie 24 (1892), S. 492–502 – *Kunze, Johannes* Zur Kunde des deutschen Privatlebens in der Zeit der salischen Kaiser (Hist. Studien 30) Berlin 1902, Nachdr. Vaduz: Kraus 1965 – *Kulturdenkmäler des Alltags.* Ausstellung des Schweizer. Museums f. Volkskunde zum Jahr des Denkmalschutzes 1975. Basel 1975 – *Martin, Alfred* Deutsches

Badewesen in vergangenen Tagen. Jena: Diederichs 1906 – *Sroňková, Olga* Die Mode der gotischen Frau. Prag: Artia 1954

Zu Kapitel 9, Tandaradei

Arnold, Klaus Kind und Gesellschaft in Mittelalter und Renaissance. Beiträge und Texte zur Geschichte der Kindheit (= Sammlung Zebra. Schriften zur Entwicklung und Erziehung im Kleinkind- und Vorschulalter, Reihe B, Bd. 2) Paderborn: Schöningh/München: Lurz 1980 – *Ariès, Philippe* Geschichte der Kindheit. München-Wien: Hanser 1975 – *Denk, Rudolf* Musica getutscht. Deutsche Fachprosa des Spätmittelalters im Bereich der Musik (= Münchener Texte und Untersuchungen zur deutschen Literatur des Mittelalters Bd. 69) München: Winkler 1981 – *De Mause, Lloyd (Hrsg.)* Hört ihr die Kinder weinen. Eine psychogenetische Geschichte der Kindheit. Frankfurt/M.: Suhrkamp ²1980 – *Eis, Gerhard* Altdeutsche Hausmittel gegen Trunkenheit und Trunksucht, in: Mediz. Monatsschr. 15 (1961), S. 269–71 – *Elias, Norbert* Über den Prozeß der Zivilisation. Soziogenetische und psychogenetische Untersuchungen (= suhrkamp taschenbuch wissenschaft 158/9). 2 Bde. Frankfurt: Suhrkamp ⁸1981, 1982 – *Feilzer, Heinrich* Jugend in der mittelalterl. Ständegesellschaft. Ein Beitrag zum Problem der Generationen. Wien: Herder 1971 – *Fischer, Carl (Hrsg.)* Summa Poetica. Griechische und lateinische Lyrik von der christl. Antike bis zum Humanismus. München: Winkler 1967 – *Gelis, Jacques u. a.* Der Weg ins Leben. Geburt und Kindheit in früherer Zeit. München: Kösel 1980 – *Gillis, John R.* Geschichte der Jugend. Tradition und Wandel im Verhältnis der Altersgruppen und Generationen in Europa von der zweiten Hälfte des 18. Jahrhunderts bis zur Gegenwart. Weinheim-Basel: Beltz 1980 – *Gülke, Peter* Mönche – Bürger – Minnesänger. Musik in der Gesellschaft des europäischen Mittelalters (= Wiener Musikwissenschaftl. Beiträge Bd. 4) Köln/Wien: Böhlau²1980 – *Hartung, Wolfgang* Die Spielleute. Eine Randgruppe in der Gesellschaft des Mittelalters (= Vierteljahrschrift für Sozial- und Wirtschaftsgeschichte, Beih. 72) Wiesbaden: Steiner 1982 – *Heyne, Moriz* Das deutsche Nahrungswesen von den ältesten geschichtl. Zeiten bis zum 16. Jh. (= ders., Fünf Bücher deutscher Hausaltertümer, Bd. 2) Leipzig: Hirzel 1901 – *Johansen, Erna M.* Betrogene Kinder. Eine Sozialgeschichte der Kindheit. Frankfurt/M.:

Fischer ²1979 – *Keil, Ernst Wolfgang* Deutsche Sitte und Sittlichkeit im 13. Jahrhundert nach den damaligen deutschen Predigern. Dresden: Ungelenk 1931 – *Loux, Françoise* Das Kind und sein Körper in der Volksmedizin. Eine histor.-ethnograph. Studie. Stuttgart: Klett-Cotta 1980 – *Mezger, Werner* Hofnarren im Mittelalter. Vom tieferen Sinn eines seltsamen Amts. Konstanz: Universitätsverlag 1981 – *Pieth, Willy* Essen und Trinken im mittelhochdeutschen Epos des 12. und 13. Jahrhunderts. Diss. Greifswald, Borna-Leipzig: Noske 1909 – *Salmen, Walter* Der fahrende Musiker im europ. Mittelalter (= Die Musik im alten und neuen Europa 4) Kassel: J. Ph. Hinnenthal 1960 – *Schirokauer, Arno/Thornton, Thomas Perry (Hrsg.)* Grobianische Tischzuchten (= Texte des späten Mittelalters, H. 5) Berlin: Schmidt 1957 – *Schirokauer, Arno/Thornton, Thomas Perry (Hrsg.)* Höfische Tischzuchten (= Texte des späten Mittelalters, H. 4) Berlin: Schmidt 1957 – *Schivelbusch, Wolfgang* Das Paradies, der Geschmack und die Vernunft. Eine Geschichte der Genußmittel. München-Wien: Hanser 1980 – *Stäblein, Bruno* Musik und Geschichte im Mittelalter. Gesammelte Aufsätze. München: Fink 1981 – *Tannahill, Reay* Kulturgeschichte des Essens (dtv 1430) München: Deutscher Taschenbuch Verlag ²1979

Zu Kapitel 10, Des Menschen Hand

Bosl, Karl Armut, Arbeit, Emanzipation. Zu den Hintergründen der geistigen und literarischen Bewegung vom 11. bis zum 13. Jahrhundert, in: Knut Schulz (Hrsg.), Beiträge zur Wirtschafts- und Sozialgeschichte des Mittelalters. Festschrift für Herbert Helbig. Köln-Wien: Böhlau 1976, S. 128–146 – *Brandl, Bruno/Creutzburg, Günter (Hrsg.)* Die Zunftlade. Das Handwerk vom 15. bis 19. Jahrhundert im Spiegel der Literatur. Berlin: Verlag der Nation ²1976 – *Duby, Georges* Der heilige Bernhard und die Kunst der Zisterzienser. Stuttgart: Klett-Cotta 1981 – *Eggebrecht, Arne u. a.* Geschichte der Arbeit. Vom Alten Ägypten bis zur Gegenwart. Köln: Kiepenheuer & Witsch 1980 – *Fischer, Wolfram (Hrsg.)* Quellen zur Geschichte des deutschen Handwerks. Selbstzeugnisse seit der Reformationszeit (= Quellensammlung zur Kulturgeschichte 13) Göttingen-Berlin-Frankfurt: Musterschmidt 1957 – *Gimpel, Jean* Die industrielle Revolution des Mittelalters. Zürich-München: Artemis 1980 – *Grant, Edward* Das physikalische Weltbild des Mittelalters. Zürich-München: Artemis 1980 – *Heilfurth, Gerhard* Der Bergbau und seine Kultur. Eine Welt zwischen Dunkel und Licht. Freiburg/Br.: Atlantis 1981 – *Hitzer, Hans* Die Straße. Vom Trampelpfad zur Autobahn. München: Callwey 1971 – *Husa, Václav* Der Mensch und seine Arbeit. Die Arbeitswelt in der bildenden Kunst des 11. bis 17. Jahrhunderts. Prag: Artia, Lizenzausgabe Wiesbaden: Löwit 1971 – *Jurecka, Charlotte* Brücken. Historische Entwicklung – Faszination der Technik. Wien-München: Schroll 1979 – *Klemm, Friedrich* Der Beitrag des Mittelalters zur Entwicklung der abendländischen Technik (Beiträge zur Gesch. der Wiss. u. der Technik 2) Wiesbaden: Steiner 1961 – *Maschke, Erich* Beiträge zum Berufsbewußtsein des mittelalterlichen Fernkaufmanns, in: Wilpert, Paul (Hrsg.), Beiträge zum Berufsbewußtsein des mittelalterlichen Menschen (= Miscellanea Mediaevalia Bd. 2, 1964), S. 306–335 – *Mommsen, Hans/Schulze, Winfried* Vom Elend der Handarbeit. Probleme historischer Unterschichtenforschung (= Geschichte und Gesellschaft. Bochumer Histor. Studien Bd. 24) Stuttgart: Klett-Cotta 1981 – *Pirkl, Herwig/Pittioni, Richard/Rupert, Manfred/Sperl, Gerhard* Über die Eisenverhüttung in Winkl bei St. Johann in Tirol (= Studien zur Industrie-Archäologie, IX) Wien: Österr. Akad. d. Wiss. 1981 – *Schumpeter, Joseph A.* Kapitalismus, Sozialismus und Demokratie. Bern: Franke 1946 – *Stahleder, Helmuth* Arbeit in der mittelalterlichen Gesellschaft (=Miscellanea Bavarica Monacensia Bd. 42) München: Stadtarchiv 1972 – *Toch, Michael* Die Nürnberger Mittelschichten im 15. Jahrhundert (= Nürnberger Werkstücke zur Stadt- und Landesgeschichte 26) Nürnberg: Stadtarchiv 1978 – *Ven, Frans van der* Sozialgeschichte der Arbeit. Bd. 2: Hochmittelalter und Neuzeit (= dtv Wiss. Reihe 4083) München: Deutscher Taschenbuch Verlag 1972 – Die *Welt* des Hans Sachs. 400 Holzschnitte des 16. Jahrhunderts (= Ausstellungskataloge der Stadtgeschichtl. Museen Nürnberg Nr. 10) Nürnberg: Hanser 1976 – *Wiedemann, Konrad* Arbeit und Bürgertum. Die Entwicklung des Arbeitsbegriffes in der Literatur Deutschlands an der Wende zur Neuzeit (= Beiträge zur neueren Literaturgesch., 3. Folge Bd. 46) Heidelberg: Winter 1979 – *Wilpert, Paul (Hrsg.)* Beiträge zum Berufsbewußtsein des mittelalterlichen Menschen (= Miscellanea Medievalia. Veröff. des Thomas-Instituts der Universität zu Köln, Bd. 2) Berlin: de Gruyter 1964

Bernards, Matthäus Speculum Virginum. Geistigkeit und Seelenleben der Frau im Hochmittelalter (= Beihefte z. Archiv f. Kulturgesch. H. 16) Köln-Graz: Böhlau 1981 – *Blank, Walter* Die deutsche Minneallegorie. Gestaltung und Funktion einer spätmittelalterlichen Dichtungsform. Stuttgart: Metzler 1970 – *Denecke, Arthur* Entwicklungsgesch. des gesellschaftlichen Anstandsgefühls, in: Zeitschr. f. Deutsche Kultur-gesch. 2 (1892) S. 145–205 – *Diepgen, Paul* Frau und Frauenheilkunde in der Kultur des Mittelalters. Stuttgart: Thieme 1963 – *Eggers, Hans* Die Entdeckung der Liebe im Spiegel der deutschen Dichtung der Stauferzeit, in: Wolfgang Böhme (Hrsg.), Geist und Frömmigkeit der Stauferzeit (= Herrenalber Texte Bd. 2). Stuttgart-Frankfurt: Lembeck 1978, S. 10–25 – *Ennen, Edith* Die Frau in der mittelalterlichen Stadtgesellschaft Mitteleuropas, in: Hansische Geschichtsblätter 98 (1980), S. 1–22 – *Kuhn, Hugo* Dichtung und Welt im Mittelalter. Stuttgart: Metzler ²1969 – *Kuhn, Hugo* Liebe und Gesellschaft. Stutt-gart: Metzler 1980 – *Lewenhak, Sheila* Frauenarbeit. Ihre soziale Stellung von der Steinzeit bis heute. München: Kösel 1981 – *Schultz, Alwin* Das höfische Leben zur Zeit der Minnesinger. Neudr. der 2. Aufl. 1889. 2 Bde. Osnabrück: Zeller 1965 – *Shahar, Shulamith* Die Frau im Mittelalter. Königstein: Athenäum 1981 – *Willemsen, Carl A.* Kaiser Friedrich II. und sein Dichterkreis. Staufisch-Sizilische Lyrik in freier Nachdichtung. Wiesbaden: Reichert 1977 – *Wechssler, Eduard* Das Kulturproblem des Minnesangs. Halle: Niemeyer 1909 – *Wehrli, Max* Geschichte der deutschen Literatur vom frühen Mittelalter bis zum Ende des 16. Jahrhunderts (= Gesch. der deutschen Literatur von den Anfän-gen bis zur Gegenwart Bd. 1) Stuttgart: Reclam 1980 – *Wehrli, Max (Hrsg.)* Deutsche Lyrik des Mittelalters. Zürich: Manesse 1955 – *Wensky, Margret* Die Stellung der Frau in der stadtkölnischen Wirt-schaft im Spätmittelalter (= Quellen und Darstellungen zur Hansischen Geschichte, N. F. Bd. XXVI) Köln-Wien: Böhlau 1980 – *Wesoly, Kurt* Der weibl. Bevölkerungsanteil in spätmittelalterl. und frühneuzeitl. Städten und die Betätigung von Frauen im zünftigen Handwerk (insbe-sondere am Mittel- und Oberrhein), in: Zeitschrift f. d. Gesch. des Oberrheins 128 (1980), S. 69–117 – *Ziegeler, Wolfgang* Möglichkeiten der Kritik am Hexen- und Zauberwesen im ausgehenden Mittelalter. Zeitgenössische Stimmen und ihre soziale Zugehörigkeit (= Kollektive

Einstellungen und sozialer Wandel im Mittelalter, Bd. 2) Köln: Böhlau
1983.

Zu Kapitel 12, Vom broiderlichen leven

Attali, Jacques Die kannibalische Ordnung. Von der Magie zur Compu-
termedizin. Frankfurt/M.: Campus 1981 – *Baader, Gerhard/Keil, Gundolf* Mittelalterliche Diagnostik, in: Medizinische Diagnostik in Gesch.
und Gegenwart, Festschr. Heinz Goerke. München: Fritsch 1978,
S. 121–144 – *Baader, Gerhard/Keil, Gundolf (Hrsg.)* Medizin im mittelalterlichen Abendland. Darmstadt: Wissenschaftliche Buchgesellschaft
1982 – *Beuys, Barbara* Familienleben in Deutschland. Neue Bilder aus
der deutschen Vergangenheit. Reinbek b. Hamburg: Rowohlt 1980 –
Bog, Ingomar Über Arme und Armenfürsorge in Oberdeutschland und
in der Eidgenossenschaft im 15. und 16. Jahrhundert, Jahrbuch für
fränkische Landesforschung 34/35 (1974/75), S. 983–1001 – *Bosl, Karl*
Die »Familia« als Grundstruktur der mittelalterl. Gesellschaft, in:
Zeitschr. f. bayer. Landesgesch. 38 (1975), S. 403–424 – *Diepgen, Paul*
Über den Einfluß der autoritativen Theologie auf die Medizin des
Mittelalters (= Abhandlungen der Akad. d. Wiss. u. Lit. Mainz, Geistes-
u. Sozialwiss. Kl., Nr. 1) Wiesbaden: Steiner 1958 – *Fischer, Alfons*
Geschichte des deutschen Gesundheitswesens. Bd. 1: Vom Gesundheits-
wesen der alten Deutschen zur Zeit ihres Anschlusses an die Weltkultur
bis zum Preuß. Medizinaledikt. Hildesheim: Olms 1965 – *Fischer,
Georg* Volk und Geschichte. Studien und Quellen zur Sozialgeschichte
und Histor. Volkskunde (= Die Plassenburg Bd. 17) Kulmbach: Freunde
der Plassenburg e. V. 1962 – *Fischer, Wolfram* Armut in der Geschichte.
Erscheinungsformen und Lösungsversuche der »Sozialen Frage« in
Europa seit dem Mittelalter (= Kl. Vandenhoeck-Reihe Bd. 1476)
Göttingen: Vandenhoeck & Ruprecht 1982 – *Fröhlich, Sigrid* Die
Soziale Sicherung bei Zünften und Gesellenverbänden. Darstellung,
Analyse, Vergleich (= Sozialpolitische Schriften 38) Berlin: Duncker &
Humblot 1976 – *Gurjewitsch, Aaron J.* Das Weltbild des mittelalter-
lichen Menschen. München: C. H. Beck 1980 – *Hoffmann, Gerda*
Beiträge zur Lehre von den durch Zauber verursachten Krankheiten und
ihrer Behandlung in der Medizin des Mittelalters, in: Janus 37 (1933),
S. 129–44, 211–20 – *Jetter, Dieter* Grundzüge der Hospitalgeschichte

(Grundzüge Bd. 22) Darmstadt: Wiss. Buchgesellschaft 1973 – *Katzin-ger, Willibald* Das Bürgerspital, in: Histor. Jahrbuch der Stadt Linz 1977, S. 11–102 – *Lee, Andrew* Materialien zum geistigen Leben des späten fünfzehnten Jahrhunderts im St. Katharinenkloster zu Nürnberg. Mit besonderer Berücksichtigung der Predigten Johannes Diemars. Diss. Heidelberg 1969 – *Maschke, Erich* Die Familie in der deutschen Stadt des späten Mittelalters (= Sitzungsberichte der Heidelberger Akad. d. Wiss., Phil.-hist. Kl., Jg. 1980, 4. Abh.) Heidelberg: Winter 1980 – *Mitterauer, Michael* Grundtypen alteuropäischer Sozialformen. Haus und Gemeinde in vorindustriellen Gesellschaften (Kultur und Gesell-schaft, Bd. 5) Stuttgart: Frommann-Holzboog 1980 – *Mitterauer, Mi-chael/Sieder, Reinhard* Vom Patriarchat zur Partnerschaft. Zum Struk-turwandel der Familie. München: Beck ²1980 – *Reif, Heinz (Hrsg.)* Die Familie in der Geschichte (= Kleine Vandenhoeck-Reihe 1474) Göttin-gen: Vandenhoeck & Ruprecht 1981 – *Reininghaus, Wilfried* Die Entstehung der Gesellengilden im Spätmittelalter (= Vierteljahrschrift für Sozial- und Wirtschaftsgesch., Beih. 71) Wiesbaden: Steiner 1981 – *Rothschuh, Karl Eduard* Konzepte der Medizin in Vergangenheit und Gegenwart. Stuttgart: Hippokrates 1978 – *Sachße, Christoph/Tenn-stedt, Florian* Geschichte der Armenfürsorge in Deutschland vom Spät-mittelalter bis zum 1. Weltkrieg. Stuttgart: Kohlhammer 1980 – *Seering, Herbert* Die ritterlichen Leibesübungen in den höfischen Epen, in: Wolfram-Jahrbuch 1953, S. 48–100, 1954, S. 7–42 – *Sprandel, Rolf* Altersschicksal und Altersmoral. Die Geschichte der Einstellungen zum Altern nach der Pariser Bibelexegese des 12.–16. Jahrhunderts (= Mo-nographien zur Geschichte des Mittelalters, Bd. 22) Stuttgart: Hierse-mann 1981 – *Wagner, Margarete* Nürnberger Handwerker. Bilder und Aufzeichnungen aus den Zwölfbrüderhäusern 1388–1807. Wiesbaden: G. Pressler 1978 – *Zingerle, Ignaz V.* Das deutsche Kinderspiel im Mittelalter. Innsbruck: Wagner ²1873

Zu Kapitel 13, unde ez an den buochen las

Borst, Otto Buch und Presse in Esslingen am Neckar. Studien zur städtischen Geistes- und Sozialgeschichte von der Frührenaissance bis zur Gegenwart (= Esslinger Studien. Schriftenreihe Bd. 4) Esslingen: Stadtarchiv 1975 – *Engelsing, Rolf* Analphabetentum und Lektüre. Zur

Sozialgeschichte des Lesens in Deutschland zwischen feudaler und industrieller Gesellschaft. Stuttgart: J. B. Metzler 1973 – *Engelsing, Rolf* Der Bürger als Leser. Lesergeschichte in Deutschland 1500–1800. Stuttgart: Metzler 1974 – *Fleckenstein, Josef/Stackmann, Karl (Hrsg.)* Über Bürger, Stadt und städtische Literatur im Spätmittelalter. Bericht über Kolloquien der Kommission zur Erforschung der Kultur des Spätmittelalters 1975–1977 (= Abhandlungen der Akad. d. Wiss. in Göttingen, Philolog.-histor. Kl., 3. Folge, Nr. 121) Göttingen: Vandenhoeck & Ruprecht 1980 – *Morris, Colin* Zur Verwaltungsethik: Die Intelligenz des 12. Jahrhunderts im politischen Leben, in: Saeculum 24 (1973) S. 241–250 – *Piltz, Anders* Die gelehrte Welt des Mittelalters. Köln: Böhlau 1982 – *Scholz, Manfred Günter* Hören und Lesen. Studien zur primären Rezeption der Literatur im 12. und 13. Jahrhundert. Wiesbaden: Steiner 1980 – *Stackmann, Karl (Hrsg.)* Literatur und Laienbildung im Spätmittelalter und in der Reformationszeit. Kolloquium Wolfenbüttel 1981 (= Germanistische Symposien Bd. V) Stuttgart: Metzler 1982 – *Steinhausen, Georg* Geschichte des deutschen Briefes. 2 Bde. Berlin: Gaertner 1889–91, Nachdr. Dublin-Zürich: Weidmann 1968

Zu Kapitel 14, Kommunikation ohne Vervielfältigung

Ammann, Hektor Vom Lebensraum der mittelalterl. Stadt. Eine Untersuchung an schwäbischen Beispielen, in: Berichte zur deutschen Landeskunde 31 (1963), S. 283–316 – *Barth, Reinhard* Argumentation und Selbstverständnis der Bürgeropposition in städt. Auseinandersetzungen des Spätmittelalters (Kollektive Einstellungen und sozialer Wandel im Spätmittelalter 3) Köln-Wien: Böhlau 1974 – *Borst, Otto* Die Esslinger Pliensaubrücke. Kommunale Verkehrs- und Wirtschaftspolitik vom frühen Mittelalter bis zur Gegenwart (= Esslinger Studien. Schriftenreihe. Bd. 3) Esslingen a. N.: Stadtarchiv 1971 – Die *Funktion* der schriftlichen Quelle in der Sachkulturforschung (= Österr. Akad. d. Wiss., Phil.-Hist. Kl., Sitzungsberichte, 304. Bd., 4. Abh.) Wien: Österr. Akad. d. Wiss. 1976 – *Hundsbichler, Helmut* Reise, Gastlichkeit und Nahrung im Spiegel der Reisetagebücher des Paolo Santonino (1485–1487) Masch.schr. Diss. Wien 1979 – *Jammer, Max* Das Problem des Raumes. Darmstadt: Wiss. Buchgesellschaft ²1980 – *Leithäuser, Joachim G.*

Mappae mundi. Die geistige Eroberung der Welt. Berlin: Safari 1958 –
Nitschke, August Naturerkenntnis und politisches Handeln im Mittel-
alter. Körper, Bewegung, Raum (Stuttgarter Beiträge zur Geschichte und
Politik 2). Stuttgart: Klett 1967 – *Nitschke, August* Revolutionen in
Naturwissenschaft und Gesellschaft (= problemata frommann-holz-
boog Bd. 83) Stuttgart-Bad Cannstatt: Frommann-Holzboog 1979 –
Peyer, Hans Conrad Gastfreundschaft und kommerzielle Gastlichkeit
im Mittelalter (= Schriften des Historischen Kollegs 3) München: Hist.
Kolleg 1982 – *Rittner, Volker* Kulturkontakte und soziales Lernen im
Mittelalter. Kreuzzüge im Licht einer mittelalterlichen Biographie
(= Kollektive Einstellungen und sozialer Wandel im Mittelalter, Bd. 1)
Köln-Wien: Böhlau 1973 – *Rosien, Walter* Die Ebstorfer Weltkarte
(Schriften des Niedersächs. Heimatbundes, N.F. 19) Hannover: Nieder-
sächs. Amt f. Landesplanung und Statistik 1952 – *Schmidt, Heinrich* Die
deutschen Städtechroniken als Spiegel des bürgerl. Selbstverständnisses
im Spätmittelalter (= Schriftenreihe der Histor. Komm. bei der Bayer.
Akad. der Wiss. 3) Göttingen: Vandenhoeck & Ruprecht 1958 –
Sprandel, Rolf Gesellschaft und Literatur im Mittelalter (= UTB 1218)
Paderborn: Schöningh 1982 – *Steinen, Wolfram von den* Der Kosmos
des Mittelalters von Karl dem Großen zu Bernhard von Clairvaux. Bern/
München: Francke 1959 – *Wendorff, Rudolf* Zeit und Kultur. Geschichte des Zeitbewußtseins in Europa. Opladen: Westdeutscher Verlag 1980

Zu Kapitel 15, Glaube ohne Vernunft

Böhme, Wolfgang (Hrsg.) Geist und Frömmigkeit der Stauferzeit
(= Herrenalber Texte, Bd. 2) Stuttgart-Frankfurt: Lembeck 1978 –
Flasch, Kurt Augustin. Einführung in sein Denken. Stuttgart: Reclam
1980 – Das christliche *Gebetbuch* im Mittelalter. Andachts- und
Stundenbücher in Handschrift und Frühdruck. Staatsbibliothek Preußi-
scher Kulturbesitz, Ausstellungskatalog Mai–August 1980 – *Gurje-
witsch, Aaron J.* Das Weltbild des mittelalterlichen Menschen. Mün-
chen: C. H. Beck 1980 – *Lambert, Malcolm D.* Ketzerei im Mittelalter.
Häresien von Bogumil bis Hus. München: Callwey 1981 – *Lortz,
Johannes* Zur Problematik der kirchlichen Mißstände im Spätmittelalter, Trierer Theol. Zeitung 58 (1949), S. 257–79, 347–57 – *Peuckert,
Will-Erich* Deutscher Volksglaube des Spätmittelalters. Stuttgart: Spe-

mann 1942 – *Schairer, Immanuel* Das religiöse Volksleben am Ausgang des Mittelalters (= Beiträge zur Kulturgesch. des Mittelalters und der Renaissance 13) Leipzig-Berlin: Teubner 1914 – *Voragine, Jacobus de* Legenda aurea. Übers. v. R. Benz. Heidelberg: Schneider ⁹1979

Zu Kapitel 16, Leben vom Tode her

Ariès, Philippe Geschichte des Todes. München-Wien: Hanser 1980 – *Haining, Peter* Hexen. Wahn und Wirklichkeit in Mittelalter und Gegenwart. Oldenburg: Stalling 1977 – *Kettler, Wilfried* Das Jüngste Gericht. Philologische Studien zu den Eschatologie-Vorstellungen in den alt- und frühmittelhochdeutschen Denkmälern (= Quellen und Forschungen zur Sprach- und Kulturgesch. der german. Völker) Berlin: de Gruyter 1977 – *Rosenfeld, Hellmuth* Der mittelalterliche Totentanz (= Beihefte zum Archiv für Kulturgeschichte H. 3) Köln/Wien: Böhlau ³1974

Bildnachweis

Bibliothèque de la Couronne d'Aragon: 9
Staatliche Bibliothek Bamberg: 64
Staatsbibliothek Preußischer Kulturbesitz Berlin: 108, 111
Rheinisches Landesmuseum Bonn: 8
Bibliothèque Royale Brüssel: 5
Hessische Landes- und Hochschulbibliothek Darmstadt: 32, 34
Stiftsarchiv Einsiedeln: 88
Universitätsbibliothek Erlangen: 6, 28
Stiftsbibliothek St. Gallen: 47
Universitätsbibliothek Heidelberg: 2, 52, 85, 87, 96
Stiftsbibliothek Heiligenkreuz/Niederösterreich: 11
Universitätsbibliothek Jena: 17
British Museum London: 30, 41, 61, 117
Zentralbibliothek Luzern: 23
Bibliothek der Medizinischen Fakultät Montpellier: 58
Bayerische Staatsbibliothek München: 3
Graphische Sammlung München: 104
Sammlung Frau Kate Schaeffer New York: 83
Nationalbibliothek Paris: 4, 66
Stadtarchiv Soest: 86
Württembergische Landesbibliothek Stuttgart: 1, 7, 12–16, 18–27, 31, 33, 35–40, 42–46, 48, 49, 51, 55–60, 62, 63, 65, 67–70, 73–79, 81, 82, 85, 87, 89, 90–103, 105–107, 110–116, 118, 119
Nationalgalerie Washington, Rosenwald-Collection: 29, 50, 84
Österreichische Nationalbibliothek Wien: 10, 11, 54, 80
Fürstl. v. Waldburg-Wolfegg'sches Gesamtarchiv Wolfegg: 53, 71, 72
Herzog August-Bibliothek Wolfenbüttel: Umschlagabbildung

Für liebenswürdige Mithilfe bei der Bearbeitung des Bildmaterials danken Autor und Verlag Herrn Oberbibliotheksrat Dr. Peter Amelung von der Württ. Landesbibliothek Stuttgart und seinen Kollegen, Herrn Bibliotheksdirektor Dr. Wolfgang Irtenkauf, Frau Ingeborg Krekler und Frau Karin Kunze, Herrn Professor Dr. Rainer Jooß von der Pädagogischen Hochschule Esslingen am Neckar, dem Leiter des Deutschen

Landwirtschaftsmuseums Hohenheim Herrn Professor Dr. Karl-Rolf Scholtz-Klinken, dem Ltd. Staatsarchivdirektor Dr. Hans-Martin Maurer vom Hauptstaatsarchiv Stuttgart, den Herren Oberkonservator Dr. Heribert Meurer, Hauptkonservator Dr. Hans-Ulrich Roller, Oberkonservator Dr. Christian Väterlein vom Württembergischen Landesmuseum Stuttgart und Professor Dr. Dieter Vogellehner, Direktor des Botanischen Gartens der Universität Freiburg.

Insel taschenbücher
Alphabetisches Verzeichnis